ACCESO GRATIS ***a la Lectura en la Nube***

Para visualizar el libro electrónico en la nube de lectura envíe junto a su nombre y apellidos una fotografía del código de barras situado en la contraportada del libro y otra del ticket de compra a la dirección:

ebooktirant@tirant.com

En un máximo de 72 horas laborales le enviaremos el código de acceso con sus instrucciones.

IMPACTO DEL CERTIFICADO SUCESORIO EUROPEO EN LA PRÁCTICA NOTARIAL

IMPACTO DEL CERTIFICADO SUCESORIO EUROPEO EN LA PRÁCTICA NOTARIAL

ANTONIO RIPOLL SOLER
Doctor en Derecho
Notario

tirant lo blanch
Valencia, 2025

La aceptación de la presente obra ha tenido en consideración la evaluación y calificación otorgada por los expertos componentes del tribunal calificador de la tesis doctoral en la que se basa, cumpliendo con el criterio correspondiente de los revisores externos y ofreciendo la calidad debida a la presente edición.

© TIRANT LO BLANCH
EDITA: TIRANT LO BLANCH
C/ Artes Gráficas, 14 - 46010 - Valencia
TELFS.: 96/361 00 48 - 50
FAX: 96/369 41 51
Email: tlb@tirant.com
www.tirant.com
Librería virtual: www.tirant.es
DEPÓSITO LEGAL: V-2652-2025
ISBN: 978-84-1095-926-2

A Antonio, alegría, lealtad y genialidad
A María, perseverancia, sacrificio y sensatez
A Lucas, empatía, generosidad y justicia

Y a ti, Nuria...
Tres talentos me diste, aquí tienes otros tres

Índice

Agradecimientos

"No existe la casualidad, y lo que se nos presenta como azar surge de las fuentes más profundas."

Friedrich Schiller

Siempre me ha gustado leer los prólogos, proemios, introducciones, agradecimientos… en general, aquellos textos que animan al lector a leer un libro o que le ubican y explican la intrahistoria de, como se suele decir, *"la obra que tiene en sus manos"*. Aunque a mí me guste el Derecho, los libros jurídicos, en cierto modo, son áridos, tanto escribirlos como leerlos, lo cual no es crítica. Esa cualidad es reflejo de su esencia, en tanto en cuanto están destinados al análisis de las normas jurídicas, su aplicación y eficacia, las cuales, en no pocas ocasiones llevan aparejada la nota de coactividad, al menos así lo entendía Kelsen, desde su perspectiva positivista. En esta clase de libros, esas palabras introductorias tienen un especial valor, aproximan al lector a las circunstancias del autor, contextualizándolo, y, en ocasiones, suponen un guiño que invita a la lectura.

Por el mismo motivo, siempre pensé que, si algún día llegaba ese momento para mí, dedicaría unas líneas a tal fin. Si son bien recibidas o no por el que se aproxime a esta obra, el tiempo lo dirá. En cualquier caso, me gustaría que sirviesen para dejar constancia de la historia que hay tras las muchas horas de trabajo empleadas en crear esta monografía.

Así las cosas, no sé si fue casualidad o no que un buen día me inoculasen, con ocasión de una jornada Millennium en Zaragoza, el virus del Derecho Internacional Privado. Sin embargo, las *fuentes más profundas* a que se refiere la cita que encabeza esta nota se encuentran en las personas que me han acompañado durante este viaje iniciático en la apasionante Ciencia de los conflictos de leyes y a las que, de una u otra manera, resulto ser deudor de su ayuda, apoyo y generosidad.

Ha sido mucho el tiempo que he robado a mi familia con mis investigaciones sobre el Certificado Sucesorio Europeo. No ha sido fácil, *tempus fugit.* Han sido muchos tanto los momentos compartidos como las vivencias pospuestas, en una época vital, muy importante para esas personas que tanto significan para mi. Por eso, las primeras palabras de agradecimiento deben ser para aquella chica, que avanzaba con la cara descompuesta, en un mar de lágrimas desde la puerta del Colegio Notarial de Barcelona, en el año 2000, hasta el inicio de la calle del Notariado, Nuria, y a la que sigo viendo cuando años después miro a través de sus ojos; mi esposa y madre de mis hijos, compañera de vida, que aún y siempre sigue estando ahí, a mi lado, contra viento y marea, empujando a nuestra familia, con tanta fe como amor e ilusión, haciendo frente a los obstáculos que pone la vida en el camino y asiéndonos en los momentos difíciles.

Tiempo de mis hijos Antonio, María y Lucas, se escurre, entre las líneas de esta monografía. El mayor de los regalos que he recibido ha sido tenerlos, sentir su calor, el papel que me han otorgado en sus vidas, y ver como, incluso, ya mayores, confían en mi, me alientan en mis logros y apoyan en los días difíciles. Espero haber sabido inculcarles, con el ejemplo, que todo sacrificio tiene su recompensa y que sólo las cosas que se consiguen con esfuerzo llegan a ser de valor incalculable. Ellos, sin duda, los tres diferentes, los tres únicos y especiales, son y serán lo mejor que dejo.

De aquellos polvos estos lodos... siempre me acompañan mis hermanos, Carlos y Diego, siempre estuvieron y siempre estarán. Ambos, con sus cualidades, complementarios, los dos imprescindibles. Para mi son el anclaje de la palabra "familia" cuando esta transciende de la decisión de compartir tu vida con una persona y la estirpe que con ella formas.

Hacia donde vamos viene determinado por de dónde venimos, por eso no puedo dejar de acordarme de mis padres. De mi madre por predicar con el ejemplo y su constante esfuerzo de superación reinventándose en cada momento. Aún la recuerdo haciendo repicar una vieja máquina de escribir Adler, en aquel mirador, y en una mesa camilla, cuando yo no alcanzaba la edad de cuatro años, todas las tardes; ella fue doctora, en una época en la que la mujer lo tenía muy difícil y en la que los medios eran muy escasos. Y, cómo no, de mi padre, "el otro Savigny", juglar jurídico, que a lomos de solo su Código civil, cabalga por campos de Derecho luchando contra gigantes y molinos, cantando sus rimas y artículos *"de sol a sol, de era a era, como la alera foral aragonesa"*, en cierto modo, de su personalidad y orgullo hay algo en mi devenir académico del que esta monografía supone un hito.

En mi día a día me acompaña mi equipo en la notaría. Todos ellos, sin excepción, de una u otra manera me han ayudado, sin saberlo a testar mis conclusiones sobre el certificado sucesorio europeo. Al escribir estas líneas, necesaria y especialmente está presente Patricia, persona extremadamente trabajadora y competente, además, y antes que nada, magnífica compañera, su ayuda diaria ha sido de un valor inestimable, pues ha supuesto siempre una invitación a la reflexión al explorar los distintos caminos hacia la expedición del certificado sucesorio europeo y su recepción. Aún recuerdo tanto la expedición del primer certificado, como cuando conseguimos la inscripción de la primera escritura de herencia basada en el instrumento objeto de esta monografía.

Patricia, entro en mi vida de la mano de mi preparador, Don Jorge López Navarro, a quien tanto debo. Humildad, prudencia, esfuerzo y probidad, los valores que Jorge puso en práctica en el ejercicio de la profesión, no puedo olvidarme de cuando me despedía antes de los exámenes diciéndome: *"Antonio, ser notario no es medio sino modo de vida"*. Jorge, con su ejemplo, me enseñó que la profesión se ejerce de forma responsable y, especialmente, que hay una vida de estudio después de la oposición.

Esta monografía empezó como una advocación hacia el Derecho Internacional Privado. No puedo entender la disciplina sin el *Equipo Millennium DIPr*, todos sin excepción, desde el principio, me han acogido como uno más entre ellos y dado testimonio de apoyo y cariño, poniendo de manifiesto los valores que encierra la Universidad, tienen sin duda, una muy buena maestra.

También me gustaría agradecer, especialmente, al Profesor Dr. Don Federico Garau Sobrino los muy buenos ratos que hemos pasado en los distintos encuentros y, especialmente, compartiendo la experiencia de ser tribunal de los Certámenes *Millennium DIPr* en Zaragoza. Sus reflexiones académicas, enseñanzas vitales y anécdotas de la doctrina no han dejado de ser una parte importante de esta aventura.

No puedo olvidarme de los Profesores Dra. Doña Elena Zabalo Escudero, Dr. Don Andrés Rodríguez Benot y Dr. Don Guillermo Palao Moreno, los cuales integraron mi tribunal de tesis, y que junto a mi Directora conforman un magnífico poker de ases que el azar me ha regalado. Sus valiosas reflexiones, anotaciones e indicaciones han contribuido, sin duda, a apuntalar esta monografía. Es un regalo poder seguir intercambiando experiencias con ellos.

Y todo lo demás... Mis últimas palabras deben ser necesariamente hacia mi Directora de tesis y maestra, la Doctora María Pilar Diago Diago. Ejemplo vivo de vocación por su profesión y amor a la disciplina. Por mostrarme los ritos de la Universidad y del estudio de forma exquisita y en estado puro. Aunque *todos los caminos llevan a Roma*, no es lo mismo llegar a la Ciudad Eterna haciendo autostop que de la mano de Miguel Ángel.

Durante los años de elaboración de mi memoria de tesis fueron muchas las veces que dije: *“¡Ya está acabada!”*, tantas como ella me dijo: *“Estará acabada cuando yo considere”*. Si lo anterior fuera poco, además, atesora generosidad y humildad, compartiendo desinteresadamente su tiempo y los frutos de su trabajo con quien se acerca de su mano al apasionante mundo del Derecho Internacional Privado. Sus muchas enseñanzas, valores incuestionables y amistad sincera están ligados inescindiblemente a esta monografía. ¡Gracias, Pilar!

En un lugar de La Mancha, entre Zaragoza
y Alicante, a 18 de diciembre de 2024

Antonio Ripoll Soler

Prólogo

"El valor de un alpinista es inversamente proporcional a la cantidad de material que se lleva."

Reinhold Messner

Cuenta la leyenda que en ocasiones una norma jurídica es más que una norma jurídica y un libro es más que un libro. Eso mismo es lo que ocurre con el Reglamento Sucesorio (UE) 650/2012 y con la obra que tiene en sus manos.

Si usted, querido lector, está familiarizado con el mundo del Derecho Internacional Privado, seguro que tiene noticias de las bonanzas del Reglamento como hito de la armonización del Derecho sucesorio en la U.E.. En él se abordan las complejidades inherentes a las herencias transfronterizas, ofreciendo un marco jurídico uniforme para los tres sectores de la disciplina.

Ahora bien, es probable que no le sea tan familiar la implementación y aplicación práctica del Certificado Sucesorio Europeo que diseña el Reglamento sucesorio. A este Certificado, precisamente, se dedica la presente monografía que desvela uno a uno, todos los problemas que está generando su expedición y circulación y a los que los operadores jurídicos deben enfrentarse.

El certificado responde a una necesidad de la práctica en el contexto transfronterizo y es que los herederos, legatarios, administradores de la herencia... puedan probar su cualidad como tales o sus derechos o facultades en otro Estado miembro, de manera sencilla. Así lo afirma el Considerando 67 del

Reglamento. Con esta finalidad se diseña el Certificado que es un documento válido que tiene como objetivo el facilitar la tramitación "rápida, ágil y eficiente de las sucesiones con repercusión transfronteriza en la Unión Europea".

Su utilización no es obligatoria y tampoco viene a sustituir a otros documentos con efectos similares que existen en los diferentes Estados miembros. No tiene fuerza ejecutiva por sí mismo, si bien se le otorga efecto probatorio extremadamente importante en este contexto.

A su diseño se dedica el Capítulo VI del Reglamento, que, si se me permite, semeja una montaña rocosa con caminos mal rotulados y con veredas sin salida. Lo que en apariencia sería sencillo, se torna altamente complejo cuando se enfrenta a la realidad de la *praxis* notarial de los diferentes sistemas jurídicos. Aquí, surge la sorpresa de que el procedimiento y la operativa, en diferentes Estados, pueden no estar tan armonizados cómo cabría de esperar, por no contar con senderos bien marcados e iluminados.

En esta oscuridad a la que se enfrenta el práctico del Derecho, la monografía que tiene en sus manos, deja de ser un mero libro para convertirse en una guía práctica y completa para la elaboración y tramitación del certificado sucesorio europeo, centrándose, especialmente, en la perspectiva del notario español.

El Dr. Antonio Ripoll, notario en Alicante, hace las veces de sherpa en la expedición de alta montaña que supone escalar y tocar cumbre en la generación y circulación del Certificado. A través de un análisis detallado de la normativa, de la aún escasa jurisprudencia y de la doctrina, el autor proporciona las herramientas necesarias para afrontar los desafíos que plantea la gestión de una herencia con dimensión internacional. Lo hace, además, de manera proactiva, buscando soluciones más allá de lo que el Reglamento establece.

La obra se dirige a notarios, registradores, abogados, jueces, académicos y a todos aquellos profesionales que, en su ejercicio diario, se enfrentan a cuestiones relacionadas con el Certificado Sucesorio Europeo. No me confundo si les digo que su lectura les va a proporcionar muchas claves y les va a sacar de apuros cuando el camino se vea cegado, lo que convierte a este libro en un imprescindible en su biblioteca.

Debo dar la enhorabuena a su autor, hábil escalador de montañas jurídicas, por su obra que es mucho más que un libro, es una expedición intelectual que ilumina el camino del operador jurídico, abriendo nuevas posibilidades y nuevas interpretaciones de las reglas del juego establecidas en el Reglamento. En este sentido, al igual que los sherpas, que no sólo escalan montañas sino que ayudan a otros a escalarlas, el Dr. Ripoll nos invita a explorar las profundidades del Certificado Sucesorio Europeo, proporcionándonos recursos y herramientas indispensables para que esta aventura legal sea todo un éxito.

Zaragoza, otoño de 2024

María del Pilar Diago Diago
Catedrática de Derecho Internacional Privado
Universidad de Zaragoza

Introducción

El 4 de julio de 2012, se aprueba el *Reglamento (UE) 650/2012 del Parlamento Europeo y del Consejo, relativo a la competencia, la ley aplicable, el reconocimiento y la ejecución de las resoluciones, a la aceptación y la ejecución de los documentos públicos en materia de sucesiones mortis causa y a la creación de un certificado sucesorio europeo.*

La génesis de la norma que se cita arranca de un momento crucial del proceso de integración europeo que se ubica a finales del siglo pasado, donde, a través de la cooperación jurídica internacional, se pretende impulsar la Unión, pasando de una estructura que facilita la prestación de servicios y circulación de capitales a una Europa de personas.

El nuevo Reglamento, tras un tortuoso proceso legislativo, tiene por finalidad ocuparse de la herencia con elemento internacional, con el propósito de facilitar la circulación de personas que, como la lógica de la vida impone, traban relaciones humanas, de pareja, familiares y mudan de un Estado a otro. Pareja, familia y bienes, son intereses que deben protegerse cuando, finalmente, se produce el fallecimiento de las personas y se plantea la transmisión sucesoria del patrimonio del causante. Hoy en día, el abaratamiento de las comunicaciones, y el propio espacio económico que la Unión Europea propicia el que sea más común el tener propiedades en distintos países.

La acción de la Unión Europea se ejecuta, como no puede ser de otro modo, por el modelo competencial de los tratados fundacionales, a través de una norma de Derecho Internacional Privado. El nuevo Reglamento es completo abarca los tres sectores del Derecho Internacional Privado moderno, regulando la competencia, ley aplicable, y el reconocimiento, aceptación y ejecución de resoluciones judiciales y documentos públicos. Sin embargo, el legislador de la Unión, con buen criterio, va más allá, y establece un certificado sucesorio europeo con el propósito de facilitar la circulación de la herencia con elemento internacional.

La nueva normativa es muy compleja, afronta el reto de enfrentarse por vez primera a la transmisión hereditaria transfronteriza. De manera global, sufre la tensión entre distintos sistemas y tradiciones jurídicas, que perviven tras la nueva regulación pero que, de una u otra manera, han de ser volcados en el nuevo modelo de tramitación hereditaria.

La circulación del Certificado Sucesorio Europeo implica un previo conocimiento profundo del Reglamento que le da vida y de las soluciones que el nuevo texto implementa. El certificado viene a ser una suerte de crisol en el que se funden las soluciones de la nueva regulación para presentar una herencia internacional amigable a ciudadanos y operadores jurídicos.

Sin embargo, el viaje, a pesar de los años desde la entrada en aplicación del Reglamento, a día de hoy, no ha hecho más que empezar. El éxito del nuevo modelo y del propio certificado sucesorio dependen, en gran medida, de la preparación y estudio de los tribunales, autoridades y operadores jurídicos, llamados a aplicarlo. En este escenario los notarios juegan un papel esencial.

El presente estudio se realiza en dos niveles. En el primero se presenta el panorama de las sucesiones internacionales antes del Reglamento y se enfrenta a las soluciones que articula la nueva normativa. En un segundo nivel se pasa a analizar la figura del certificado sucesorio europeo tomando en consideración una doble perspectiva. La primera sería la del propio Reglamento, pues el certificado es uno solo para toda la Unión Europea. La segunda sería la de la expedición por notario español, que, a la postre, es el protagonista elegido por el legislador español para, salvo casos excepcionales, la emisión de certificados sucesorios cuando sea competente internacionalmente autoridad española. Se concluye presentando un protocolo o modelo de trabajo para la expedición del certificado sucesorio europeo por notario español y se incluyen unos formularios que den cobertura a ese proceso de expedición.

La presente monografía constituye el primer estudio integral del certificado sucesorio europeo, no solo a nivel español sino de la doctrina comparada, poniendo de manifiesto tanto el proceso de expedición como todas las patologías que pueden producirse desde la solicitud del certificado hasta su puesta en circulación, incluyendo aquellas que dan lugar a la retirada del certificado o suspensión de su eficacia, ocupándose también de sus efectos, tanto notariales como registrales. En la parte final se incluyen, además, unos formularios para ser empleados por el notario en la compleja labor de expedición de un certificado sucesorio europeo y la tramitación de las incidencias que pueden surgir una vez expedido.

La utilización del método científico facilita que se presente una obra eminentemente práctica, útil para los operadores jurídicos, pero tributaria de las enseñanzas de la Academia, produciendo una enriquecedora transferencia de conocimiento.

PARTE I

EL REGLAMENTO SUCESORIO (UE) 650/2012: MARCO GENERAL Y PRESENTACIÓN DE SOLUCIONES

Capítulo I

Marco general de las sucesiones en la Unión Europea

> *"Europa no se hará de una vez ni en una obra de conjunto: se hará gracias a realizaciones concretas, que creen en primer lugar una solidaridad de hecho"*[1].

1. CONTEXTO NORMATIVO: EL VIAJE HACIA EL R(UE) 650/2012

El proceso de integración europeo encuentra su génesis en la necesidad de evitar la tradicional oposición entre Francia y Alemania, la cual había dado lugar a las dos Guerras Mundiales que acaecieron en la primera mitad del siglo XX. La paz europea se convierte en el motor del proceso de convergencia de los distintos Estados europeos miembros que han sido invitados a la mesa de la Unión y de los que ansían formar parte de esta.

Es cierto que se trata de un proceso inconcluso, sometido a movimientos pendulares consecuencia de la necesidad de

---

1 Tomado de la *Declaración Schuman*, pronunciada por Robert Schuman, el 9 de mayo de 1950, que se considera el día en el que nació la Unión Europea. Visto en internet el 28/05/2018 < https://europa.eu/european-union/about-eu/symbols/europe-day/schuman-declaration_es >.

equilibrar tensiones y armonizar tradiciones seculares respetando rasgos diferenciadores.

La Unión Europea, dada su juventud, sigue, aún hoy, reinventándose. En ocasiones, surge la necesidad de superar escollos, no siempre fáciles, como, por ejemplo, con la salida del Reino Unido tras el proceso de *Brexit*, y sus efectos, que aún no son del todo conocidos.

Sin embargo, la posibilidad de una nueva Guerra Mundial focalizada en tensiones entre países de la Unión parece estar alejada de la mente de cualquier ciudadano europeo. No hace falta, por desgracia, hacer un ejercicio de imaginación, para ver la solidez de los Estados de la Unión, frente al conflicto de la Guerra de Ucrania, en el que ha sido necesario cerrar filas, por los distintos Estados miembros, para mantener un equilibrio entre la neutralidad y una toma de posición frente a las aspiraciones rusas.

En este sentido, da la impresión, los objetivos fundacionales de la Unión Europea parecen haberse alcanzado. Con ella, deberían venir de la mano la bonanza económica[2] y la creación de un espacio de seguridad, libertad y justicia.

La paz europea ha llevado consigo un cambio de perspectiva por parte de los ciudadanos de la Unión. Si bien es cierto que aún existen los distintos sentimientos nacionales, no lo es menos que, entre los que formamos parte de esta, existe la consciencia de pertenencia a algo que, si no está por encima

---

2 Sin embargo, la prosperidad económica debería verse como un efecto más del proceso de construcción europea, pues cuando se pretende anclar la Unión Europea en objetivos exclusivamente económicos se alzan con más fuerza las voces antieuropeístas; ya que cualquier crisis económica se plantea como argumento para frenar los objetivos globales de la Unión.

de las nacionalidades, sí, al menos, discurre paralelamente a las mismas y nos une a nuestros conciudadanos europeos.

Los europeos nos sentimos cómodos cuando hacemos uso de la libre circulación y pisamos suelo de otros Estados miembros. Esa situación de hecho, basada en la solidaridad que insuflaba la *Declaración Schuman*, genera que se propicien lazos no sólo económicos, también afectivos, podemos decir que la Unión Europea ha cambiado su paradigma de organización económica hacia una Europa de personas[3], como se ve en los distintos instrumentos normativos.

Las personas nos relacionamos en el ámbito de la Unión[4], cambiamos nuestro lugar de residencia, contraemos matrimonios

---

[3] FLAMINI, A. y LAROCCA, S., "El Certificado Sucesorio Europeo: una perspectiva unificadora", en MONJE BALMASEDA, O., *El patrimonio Sucesorio: Reflexiones para un debate reformista;* ed. DYKINSON, S.L., Madrid 2014, p.1668.

[4] A título meramente ejemplificativo, en la web del Instituto Nacional de Estadística (INE) se publican como datos provisionales de 2021, en relación a España, un total de 25.932 matrimonios celebrados en España en los que uno de los cónyuges, al menos era extranjero, de un total de 147.823, celebrados en España en ese mismo año, lo que representa un 17,54 % del total de matrimonios; en ese mismo año, fallecieron en España 450.687, de los cuales 17.123 eran extranjeros, lo que representa un 3,79 % de los fallecimientos acaecidos en nuestro país; 3922 personas fallecidas eran residentes en la Comunidad Valenciana, que encabeza la lista de persona fallecidas extranjeras por Comunidad Autónoma, lo que representa un 7,89 % de los fallecimientos en dicha comunidad; dichos datos han sido vistos el 28/07/2021 en < https://www.ine.es/dynt3/inebase/index.htm?type=pcaxis&path=/t20/e301/provi&file=pcaxis >; las estadísticas para toda la Unión Europea se pueden consultar en < https://ec.europa.eu/eurostat/statistics-explained/index.php?title=Population > (vistas 10/09/2018); se ha llamado la atención sobre los datos para España para mostrar la transcendencia de los mismos para la práctica del operador jurídico español, desde cuya perspectiva se aborda esta investigación.

dentro o fuera de nuestro país, fácilmente, con personas que no comparten nuestra nacionalidad o convivimos en pareja sin llegar a formalizar el vínculo matrimonial. Las relaciones humanas son complejas, de las mismas surgen relaciones de filiación, crisis matrimoniales y, como corolario de todo ello, la necesidad de articular la transmisión del patrimonio cuando acaece el fallecimiento[5].

Tradicionalmente se decía que el Derecho de Sucesiones era en el que convergía todo el Derecho Civil, pues bajo sus reglas se debería tutelar la transmisión de todo el patrimonio de una persona y propiciar la continuidad de las relaciones jurídicas.

Hoy dicha afirmación ha quedado, cuando no totalmente superada, sí matizada, pues con anterioridad a la aplicación de la normativa hereditaria, como efecto indirecto de esa libre circulación, se debe dilucidar qué concreto Derecho Sucesorio debe proceder a aplicarse de entre los distintos ordenamientos en conflicto que claman para sí un determinado supuesto de hecho.

Este nuevo escenario fáctico propiciado por la libre circulación coloca al Derecho Internacional Privado como pieza angular de convergencia entre las distintas regulaciones sucesorias de los Estados miembros de la Unión.

El legislador europeo no es ajeno a esa realidad y por ello el artículo 81.2.c) del Tratado de Funcionamiento de la Unión Europea establece que *"cuando resulte necesario para el buen funcionamiento del mercado interior, el Parlamento Europeo y el Consejo*

---

5 En este mismo sentido se pronunciaba ya el *Libro verde de sucesiones y testamentos* COM 2005 (65) final, al decir en su parte preliminar: *"La creciente movilidad de las personas en un espacio sin fronteras interiores, así como el aumento del numero de uniones entre nacionales de Estados miembros diferentes, acompañadas a menudo de la adquisición de bienes situados en territorio de varios países de la Unión, complican enormemente la sucesión"*.

adoptarán, con arreglo al procedimiento legislativo ordinario, medidas para garantizar: [...] c) la compatibilidad de las normas aplicables en los Estados miembros en materia de conflictos de leyes y de jurisdicción". De forma inteligente, de esta manera, por el legislador europeo, conocedor de las dificultades de llegar a una regulación única de determinadas materias ligadas a la esencia de los pueblos de Europa, se coloca el Derecho Internacional Privado al servicio del proceso de integración europeo. Resultando acertado que cualquiera que sea el Estado en que se escenifique el teatro sucesorio, en todos ellos se aplique una misma partitura jurídica como consecuencia de que todos los operadores señalen hacia un mismo ordenamiento jurídico.

Con los distintos instrumentos normativos institucionales que se gestan en la última década del siglo XX se produce un punto de inflexión en el que, habiéndose fijado ya las bases para la libre circulación de mercancías y capitales, la principal preocupación radica en convertir a la Unión en una Europa de los ciudadanos[6] en los que se propicie la libre circulación de éstos. La cooperación judicial en materia civil está presente en los dos grandes Tratados que se aprueban en tal momento: El Tratado de Maastricht, de 7 de febrero de 1992, y el Tratado de Ámsterdam, de 2 de octubre de 1997, en este último, además, se implementa la cooperación reforzada como solución de compromiso para obtener una más fácil integración por aquellos Estados que quieran participar en la misma en cada instrumento normativo, especialmente en el ámbito de cooperación civil[7].

---

6 Ver, en este sentido, FLAMINI, A. y LAROCCA, S., "El Certificado Sucesorio Europeo: una perspectiva unificadora", en MONJE BALMASEDA, O., *El patrimonio Sucesorio: Reflexiones para un debate reformista;* ed. DYKINSON, S.L., Madrid 2014, p. 1668.

7 Es de destacar que los primeros frutos de dicha forma de legislar son los R(UE) 1103/2016 (en adelante REM) y 2016/1104 (en adelante EPUR) por el que se establece una cooperación reforzada en

La cooperación en materia civil se convierte, a partir del Tratado de Ámsterdam en una prioridad que aparece desde el primer momento en los textos institucionales posteriores, destacando, como primero de ellos el Plan de Acción de Viena, de 3 de diciembre de 1998 en el que se establece que *"La cooperación judicial en materia civil es fundamental para el «espacio de justicia». Desde este punto de vista, hay que adaptar las normas en materia de problemas derivados de la coexistencia de diferentes leyes y jurisdicciones, sobre todo en lo tocante a las obligaciones contractuales y extracontractuales, divorcio, régimen matrimonial y sucesiones, y también desarrollar la mediación, especialmente para los conflictos familiares. Se estudiará la posibilidad de crear una red judicial civil para intensificar las relaciones de los profesionales en el ámbito europeo"*[8].

La acción del legislador de la antigua Comunidad Europea se había centrado hasta ese momento, en el ámbito civil, en propiciar la cooperación entre los distintos Estados miembros facilitando el reconocimiento mutuo de decisiones civiles y mercantiles. Al servicio de ese fin de concluyó el Convenio de Bruselas de 27 de septiembre de 1968 relativo a relativo a la competencia judicial y a la ejecución de resoluciones judiciales en materia civil y mercantil, antecedente inmediato del Reglamento (CE) 44/2001; el Reglamento Bruselas I posteriormente daría paso al Reglamento 1215/2012 conocido como Bruselas I-Bis, como consecuencia del proceso de revisión de los textos legales de la Unión.

---

el ámbito de la competencia, la ley aplicable, el reconocimiento y la ejecución de resoluciones en materia de regímenes económicos matrimoniales y uniones registradas, respectivamente; los cuales han sido aprobados por el procedimiento de cooperación reforzada, ante las dificultades de lograr la participación por todos los Estados miembros de la Unión, y sin perjuicio de las peculiaridades existentes respecto a, entonces, Reino Unido, Irlanda y Dinamarca.

8 Disponible 28/05/2018 en < https://eur-lex.europa.eu/legal-content/ES/TXT/HTML/?uri=LEGISSUM:l33080&from=ES >

Sin embargo, se trataba de una acción limitada, así se reconoce en el programa de medidas común a la Comisión y al Consejo[9] para la aplicación del principio de reconocimiento mutuo de resoluciones judiciales en materia civil y mercantil, recogiendo el requerimiento de los *Acuerdos de Tampere*[10], al decir que *"El principio de reconocimiento mutuo de las resoluciones civiles y mercantiles no es nuevo entre los Estados miembros. Sin embargo, su aplicación ha sido hasta la fecha limitada, y ello por dos razones esenciales: la primera es que muchos ámbitos de Derecho privado no están recogidos en los instrumentos vigentes. Es el caso, por ejemplo, de las situaciones familiares surgidas de relaciones distintas del matrimonio, de los regímenes matrimoniales y de las sucesiones".*

En dicho programa de medidas se declara expresamente: *"El ámbito principal en el que son necesarios los mayores avances es el Derecho de familia. Se elaborarán instrumentos jurídicos en los dos ámbitos siguientes: 1. Competencia internacional, reconocimiento y ejecución de sentencias en materia de disolución de los regímenes matrimoniales, consecuencias patrimoniales de la separación de parejas no casadas y sucesiones [...]"*[11]. La preocupación de resolver las sucesiones va de la mano de los aspectos vinculados a la economía del matrimonio y de las uniones registradas, lo que se refleja en los tres instrumentos normativos, de nueva factura, que se han ocupado, respectivamente, de cada materia[12].

9 DOCE C 12 de 15.1.2001, p. 1.

10 Acuerdos adoptados en Tampere por el Consejo Europeo, reunido los días 15 y 16 de octubre de 1999.

11 DOUE C 115 de 4.5.2010, p. 1.

12 Los citados Reglamentos REM y EPUR y R(UE) 650/2012, de 4 de julio relativo a la competencia, la ley aplicable, el reconocimiento y la ejecución de las resoluciones, a la aceptación y la ejecución de los documentos públicos en materia de sucesiones mortis causa y a la creación de un Certificado Sucesorio Europeo (en adelante, "Reglamento" o "Reglamento de Sucesiones"). De hecho, el *iter* normativo que se ha relatado es un lugar común en los considerandos de los tres citados Reglamentos.

El camino hacia la cooperación europea en el ámbito de las sucesiones tiene una nueva etapa con la puesta en marcha del "Programa de La Haya", adoptado en Bruselas los días 4 y 5 de noviembre de 2004[13]. En él se invita a la Comisión a que presente *"un libro verde sobre el conflicto de leyes en materia de sucesión, incluida la cuestión de la competencia, el reconocimiento mutuo y la ejecución de las resoluciones en este ámbito, un certificado de herencia europeo y un mecanismo que permita el conocimiento preciso de la existencia de las últimas voluntades y testamentos de los residentes de la Unión Europea, en 2005".*

En la última fase se sitúan los acuerdos adoptados por el Consejo Europeo los días 10 y 11 de diciembre de 2009, en el marco del llamado "Programa de Estocolmo"[14], en el que entre sus objetivos se establece que *"el reconocimiento mutuo debería ampliarse a los ámbitos que todavía no están cubiertos pero son fundamentales en la vida diaria, por ejemplo la sucesión [...], teniendo en cuenta al mismo tiempo los sistemas judiciales de los Estados miembros, incluido el orden público, y las tradiciones nacionales en este ámbito".*

Fruto de ese proceso, el 4 de julio de 2012, ve la luz el *R(UE) 650/2012 del Parlamento Europeo y del Consejo, relativo a la competencia, la ley aplicable, el reconocimiento y la ejecución de las resoluciones, a la aceptación y la ejecución de los documentos públicos en materia de sucesiones mortis causa y a la creación de un Certificado Sucesorio Europeo*[15]. Supone la culminación de un proceso que tiene su *dies a quo* el 14 de octubre de 2009, cuando se presenta la *Propuesta de Reglamento del Parlamento Europeo y del Consejo relativo a la competencia, la ley aplicable, el reconocimiento y la ejecución*

---

13 DOUE C 53 de 3.3.2005, p. 1.

14 DOUE C 115 de 4.5.2010, p. 1.

15 DOUE L 201/107 de 27.7.2012 (en adelante Reglamento Sucesorio).

de las resoluciones y los actos auténticos en materia de sucesiones y a la creación de un Certificado Sucesorio Europeo[16].

Es interesante traer a colación aquí, una vez más, la idea de que la regulación de las sucesiones, por el legislador de la Unión obedece a hacer más fácil la vida del ciudadano. Las cuestiones económicas[17] no son ajenas a ese fin, éstas, sin embargo, se van materializando o volcando en una serie de problemas concretos que se tratan de resolver. En los distintos textos programáticos que se han ido citando siempre se insistía en la necesidad de facilitar la libre circulación, a través del

---

16 COM(2009) 154 final, en adelante "Propuesta de Reglamento" o "Propuesta".

17 En este sentido resulta interesante traer a colación el *Documento de trabajo de los Servicios de la Comisión* que acompaña a la *Propuesta de 2009*, SEC (2009) 411 final, Bruselas 14.10.2009, en el cual, tras abordar los problemas que incrementan la complejidad de las herencias transfronterizas, se hace constar lo siguiente bajo el título de *"Alcance de los problemas"*: *"Cada año mueren en la UE unos 4,5 millones de personas. Si partimos del supuesto de que el valor medio de la masa sucesoria ronda los 137.000 EUR (es decir, aproximadamente cinco veces y media la renta bruta per cápita nacional), estaríamos hablando en total de 646.000 millones de euros al año. Entra dentro de lo razonable que entre el 9 y el 10 % del número total de sucesiones (unas 450.000) conlleva una dimensión «internacional». El valor medio de estas sucesiones se situaría en torno al doble del valor de una herencia media (es decir, 274.000 EUR), lo que totalizaría 12.300 millones de euros al año. Estas sucesiones pueden plantear problemas. Aun si se resuelven de manera razonable, el coste en concepto de honorarios legales puede oscilar entre un 2 % (2.466 millones de euros) y un 5 % (6.165 millones EUR) del valor total de las sucesiones internacionales. Se puede estimar que un promedio del 3 % (3.699 millones EUR) es una cifra realista. A ello hay que añadir los costes ocasionados por los retrasos, que cabe cifrar en años más que en meses y que podrían ser de una magnitud similar. Abordar estos problemas podría generar para los ciudadanos de la UE beneficios en torno a los 4.000 millones de euros al año".* Disponible en https://eur-lex.europa.eu/legal-content/ES/TXT/PDF/?uri=CELEX:52009SC0411&from=ES visto 10.02.2009.

reconocimiento mutuo, de resoluciones judiciales y documentos públicos relativos a las sucesiones. Sin embargo, cuando se aborda de lleno la cuestión relativa a las sucesiones en la Unión Europea, desde el momento inicial, los actores del proceso son conscientes de que el proceso debe ser mucho más ambicioso. La labor debe afectar a los tres sectores del Derecho Internacional Privado. Así se plasma en el Libro verde de Sucesiones y testamentos[18]. En sus preliminares se parte de una serie de premisas.

En primer lugar, la disparidad material existente entre los distintos Estados de la Unión a la hora de abordar la regulación del fenómeno sucesorio se constituye en el primer escollo a salvar.

La dificultad de armonizar todo el Derecho de sucesiones[19] hace que lo conveniente sea actuar, en primer lugar, desde el punto de vista de las normas de conflicto de leyes. A fin de superar, además, la disparidad, no solo sustantiva, sino también conflictual y procesal que existe entre los distintos Estados. La cuestión de determinar la ley aplicable a la sucesión se convierte en la primera prioridad.

En segundo lugar, se desecha abordar únicamente los aspectos relativos al reconocimiento de decisiones, pues la mayoría de los expedientes sucesorios se resuelven de manera no contenciosa. Siendo necesario adoptar una perspectiva más amplia.

---

18 COM (2005) 65) final.

19 Como se había hecho, en cambio, en otras materias, como la societaria, a través de la armonización mediante directivas donde la regulación, si no es igual, sí es fácilmente predecible. Cualquier operador jurídico, cuando se enfrenta a un tipo societario de otro país de la Unión es capaz de reconocerlo y reconducirlo en su forma de funcionamiento a uno de los tipos previstos en su propia legislación.

En tercer lugar, de la mano de la regulación de la ley aplicable, se ve imprescindible acometer los aspectos relativos a la competencia judicial. Sin embargo, la coexistencia, en el ámbito de la Unión, de países que resuelven la sucesión al margen de los juzgados y tribunales y que atribuyan facultades a otras autoridades o, incluso, profesionales, hace imprescindible enfocar la competencia desde una perspectiva mucho más amplia que la que se había venido haciendo hasta ahora en otros instrumentos normativos.

Por último, en cuarto lugar, una vida más fácil para el ciudadano debe venir de la mano de una simplificación administrativa y procedimental, para lo cual se ve conveniente la creación de un *Certificado Sucesorio Europeo.* Mecanismo de nuevo cuño, objeto de esta investigación, y que hace circular los documentos hereditarios con un nuevo vehículo, distinto de los anteriores, pero compatible con la subsistencia de los medios tradicionales.

El tiempo y los actores del proceso permitirán ver si el esfuerzo ha merecido la pena y el certificado desplaza a los vehículos tradicionales de circulación.

La concatenación de esas cuatro premisas es la que determina la generación del *R(UE) 650/2012 del Parlamento Europeo y del Consejo, relativo a la competencia, la ley aplicable, el reconocimiento y la ejecución de las resoluciones, a la aceptación y la ejecución de los documentos públicos en materia de sucesiones mortis causa y a la creación de un Certificado Sucesorio Europeo,* que, como ya se ha referido, y como su propio nombre indica, abarca los tres sectores tradicionales del Derecho Internacional Privado.

El legislador de la Unión, pese a tener las cosas claras desde el primer momento, al ir desarrollando la idea, se va a ir dando cuenta de lo ambicioso de la tarea. Resultando obligado a ir tomando posición en torno a problemas tradicionales del Derecho Internacional Privado, tales como la unidad o pluralidad de la sucesión.

Coexisten en el ámbito de la Unión Estados que dan un tratamiento unitario a la sucesión, aplicando una misma ley, cualquiera que sea la naturaleza y el lugar de situación de los bienes; frente a otros que siguen un criterio escisionista y aplican tantas leyes como lugares de situación de inmuebles existan, añadiendo, además, la ley aplicable a los muebles[20]. En el propio Libro verde se anticipa el problema relativo a la necesidad de determinar los posibles puntos de conexión para determinar la ley aplicable, así como la conveniencia o no de admitir la *professio iuris.*

Se ponen sobre la mesa otras muchas cuestiones, también de notable calado doctrinal, como el ámbito de la sucesión o las relativas a la yuxtaposición entre las transmisiones patrimoniales que se regulan dentro del estricto ámbito del Derecho de

---

[20] En líneas generales, dentro de la Unión Europea, los sistemas autónomos de Derecho Internacional Privado que se acogen al principio de escisión sucesoria serían los de Bélgica, Bulgaria, Chipre, Dinamarca, Francia, Irlanda, Letonia, Lituania, Luxemburgo, Malta, Reino Unido, Rumanía; frente a ellos, se alinean en el sistema de unidad sucesoria Alemania, Austria, Croacia, Dinamarca, Eslovaquia, Eslovenia, España, Estonia; Finlandia, Grecia, Hungría, Italia, Países Bajos, Polonia, Portugal, República Checa, Suecia. Para formular la anterior lista se ha utilizado CARRASCOSA GONZÁLEZ, J. y MARTÍNEZ NAVARRO, J. J., *Prontuario básico de Derecho sucesorio internacional*, Ed. Comares, Granada 2015. Sin embargo, la cuestión es mucho más compleja que la mera enumeración de países que militan en uno u otro sistema, pues, en ocasiones se producen desviaciones de tal regla o enumeración atendiendo, por ejemplo, bien a la admisión de la *professio iuris* o bien a la especial regulación de determinados bienes; también es frecuente que del ámbito de la ley sucesoria se desgajen determinadas cuestiones relativas a la administración o la partición, a favor de la ley propia del Estado regulador. Por ello, no solo surgirán problemas por acogerse a uno u otro sistema, también por sus excepciones o, incluso, por la propia delimitación del ámbito de aplicación de la ley sucesoria.

Sucesiones, frente a aquellas otras que se articulan acudiendo a los mecanismos, si cabe, más flexibles, del Derecho Mercantil.

Otros aspectos, en cambio, se dejan, no por menos importantes sino, tal vez, para no perder la perspectiva del reto legislativo. Nos estamos refiriendo a las cuestiones relativas a la averiguación de la última voluntad del causante, no llegándose a regular la creación, conexión o unificación de los registros de testamentos[21].

---

[21] Se habla deliberadamente de "registros de testamentos", por ser la denominación reiterada que aparece en los textos de la Unión, sin perjuicio de que en ellos tengan cabida no solo testamentos sino, en general, cualquier disposición relativa a la última voluntad de las personas. Debe ponerse de manifiesto que uno de los principales problemas a los que se ha enfrentado el legislador de la Unión a la hora de coordinar dichos registros es la diferente naturaleza y grado de obligatoriedad que los mismos tienen en las distintas legislaciones de cada Estado miembro, en lo que éstos existen, así, por ejemplo, en los países reticentes se ha planteado la problemática de dilucidar si la falta de toma de razón en los el Registro podría afectar a la validez de la disposición testamentaria (especialmente Reino Unido y, en menor medida, haciendo hincapié en el carácter informativo, Polonia y Eslovaquia); en otras ocasiones se ha yuxtapuesto el carácter obligatorio de los mismos frente al carácter voluntario, puede verse a este respecto las respuestas a las cuestiones 36 y 37 del Libro Verde de Sucesiones y Testamentos, Bruselas, 01.03.2005 COM(2005) 65 final {SEC(2005) 270}. Dichas cuestiones se formulan de la siguiente manera: *Cuestión 36: ¿Hay que prever la instauración de un sistema de registro de los testamentos en todos los Estados miembros? ¿Hay que prever la creación de un Registro centralizado?. Cuestión 37: ¿Qué modalidades deberían decidirse para facilitar el acceso a los elementos nacionales del sistema o al Registro centralizado por los presuntos herederos y las autoridades competentes (incluso a partir de su propio Estado miembro)?* Es de destacar que, en general todos los países eran favorables a la implementación del sistema, si bien, la forma de llegar a él no siempre era coincidente. Para algunos Estados miembros lo conveniente sería potenciar la firma y ratificación por todos los Estados miembros del Convenio de 16 de mayo de 1972, hecho en Basilea, relativo al

Sucede lo mismo con la regulación de los regímenes económicos matrimoniales y los efectos patrimoniales de las uniones registradas, que también se pospone. La solución que se dé a la economía matrimonial condiciona en gran medida la resolución de las herencias de los ciudadanos que circulan por la Unión, la implementación de su normativa corría paralela a la del Reglamento de Sucesiones, sin embargo, no ve la luz hasta cuatro años más tarde, consecuencia de un farragoso proceso normativo, basado en la cooperación reforzada[22].

De esta manera un proceso que se había gestado durante más de diez años eclosiona en 2009 y culmina con la publicación del Reglamento Sucesorio, el día 27 de julio de 2012, tras su aprobación el día 4 de julio de 2012.

2. DISEÑO NORMATIVO

En este momento procede perfilar la arquitectura del marco normativo cuyo punto de inflexión se encuentra en el Reglamento Sucesorio.

---

establecimiento de un sistema de inscripción de testamentos; que se llegue a un Registro centralizado o, simplemente, a una interconexión, en general, parece ser la menor de las preocupaciones, ésta se sacrificaría al servicio de la finalidad de implementación de un sistema de información adecuada.

22 Los nuevos Reglamentos REM y EPUR, que superan, si cabe, al Reglamento en complejidad, no solo se enfrentaron a la problemática de resolver las cuestiones técnicas vinculadas a la materia sobre la que operan sino, también, como punto de partida, a la problemática de admitir o no una determinada concepción del matrimonio, habida cuenta, especialmente, del no reconocimiento homogéneo del matrimonio entre personas del mismo sexo en todos los Estados de la Unión.

Dicho texto normativo, si bien constituye la pieza central del sistema, se completa, por un lado, con su Reglamento de ejecución 1329/2014, que contiene los formularios previstos en el Reglamento.

También debe tenerse en cuenta la normativa interna de implementación que dicta cada Estado miembro[23], para posibilitar la aplicación del Reglamento por sus autoridades y tribunales.

Por último, será imprescindible tomar en consideración, en esta parte, las distintas resoluciones del Tribunal de Justicia de la Unión Europea, las cuales, como sucede siempre, pero, especialmente en este caso, por lo novedoso de la materia, cobran una especial relevancia y están llamadas a precisar el nuevo régimen legal.

La colación de dichos textos normativos en esta parte preliminar, así como de la jurisprudencia, se hace desde una perspectiva general. Corresponde el análisis de las distintas soluciones legisladas en el momento oportuno, bien al presentar, en un momento posterior, el nuevo marco legal, bien al abordar el análisis del núcleo duro de este trabajo, que es el Certificado Sucesorio Europeo.

a. El Reglamento Sucesorio

El Reglamento de Sucesiones, institucionalmente, se presenta como un gran avance para la vida del ciudadano de la Unión, así, en este contexto, parece interesante traer a colación las

---

23 Consiguientemente, teniendo en cuenta que el presente trabajo analiza la práctica notarial española, en esta parte preliminar nos limitaremos a apuntar la labor normativa del Estado español; sin perjuicio de, en otras partes del desarrollo, traer a colación sí procede o se ve conveniente alguna de las soluciones adoptadas por los legisladores del ámbito comparado.

palabras de la Comisaria Europea de Justicia, Doña Vera Jourová[24], que, el mismo día de la entrada en vigor del Reglamento se refiere al mismo señalando:

"Today we are making it cheaper and quicker to deal with international successions and wills. Citizens preparing a will can now choose to have the law of the country of their nationality applied to their estate, even if they live in a different Member State and have assets located in different countries. This will give peace of mind and legal certainty to roughly 450,000 European families each year, who are involved in cross-border cases. The result will be faster and cheaper procedures, saving EU citizens time and money in legal fees"[25].

Como se ha visto, los objetivos de la Unión a la hora de abordar el complejo fenómeno de la sucesión internacional van evolucionando y sedimentándose en un proceso que dura más de diez años. El legislador de la Unión deja bien enunciados los objetivos materiales del Reglamento Sucesorio y, en este sentido, puede traerse a colación la cita del Considerando

---

24 Dichas palabras se recogen en el portal de noticias de la página de la Unión Europea, el 17 de agosto de 2015, se pueden consultar en el siguiente link < http://ec.europa.eu/justice/newsroom/civil/news/150817_en.htm > .

25 *"Hoy estamos haciendo que sea más barato y más rápido hacer frente a las sucesiones transfronterizas y testamentos internacionales. Los ciudadanos que preparan una sucesión internacional ahora pueden optar por que se les aplique la ley del país de su nacionalidad a sus propiedades, incluso si viven en un Estado miembro diferente y tienen activos ubicados en diferentes países. Esto dará tranquilidad y seguridad jurídica a cerca de 450.000 familias europeas cada año, que están involucradas en sucesiones transfronterizas. El resultado será más rápido y los procedimientos más baratos, ahorrando a los ciudadanos de la UE vez tiempo y dinero en los procesos legales* ". Debe tenerse en cuenta que las buenas intenciones del Reglamento se extienden no solo a los ciudadanos de la Unión Europea sino a aquellos otros que no siendo ciudadanos de la Unión se ven implicados en una sucesión que se ha de resolver por autoridad de la Unión, como consecuencia de los foros competenciales que la norma europea establece.

80, del mismo, al decir: "*Dado que los objetivos del presente Reglamento, a saber, la libre circulación de las personas, la organización por los ciudadanos europeos de su sucesión en el contexto de la Unión, y la protección de los derechos de los herederos y legatarios y de las personas próximas al causante, así como de los acreedores de la sucesión, no pueden ser alcanzados de manera suficiente por los Estados miembros y pueden, por consiguiente, lograrse mejor, debido a las dimensiones y los efectos del presente Reglamento, a escala de la Unión, esta puede adoptar medidas, de conformidad con el principio de subsidiariedad consagrado en el artículo 5 del Tratado de la Unión Europea. De conformidad con el principio de proporcionalidad enunciado en dicho artículo, el presente Reglamento no excede de lo necesario para alcanzar esos objetivos*".

Al servicio de lo que hemos llamado *objetivos materiales*, por ser directamente perceptibles por el ciudadano europeo al que, básicamente, va dirigida la nueva normativa, se coloca la regulación uniforme de una serie de materias, a las que se refiere programáticamente el Considerando 8, al decir: "*Para alcanzar esos objetivos, el presente Reglamento debe reunir las disposiciones sobre competencia, ley aplicable y reconocimiento, o, en su caso, aceptación, fuerza ejecutiva y ejecución de las resoluciones, los documentos públicos y las transacciones judiciales, así como sobre la creación de un Certificado Sucesorio Europeo*"[26].

La acción de la Unión lleva implícita una sinergia por la que no puede negarse que la aprobación del Reglamento Sucesorio supone un antes y un después en la resolución de las herencias vinculadas con la Unión Europea, no solo desde el punto de vista de la concreta apertura del proceso sucesorio. También la

---

26 En alguna ocasión aparece referido el Reglamento como Bruselas IV, lo cual, sin embargo, se considera inapropiado por ser mucho más amplio que los precedentes Reglamentos "Bruselas" e implementar, además, el Certificado Sucesorio Europeo, al cual va destinada gran parte de la regulación contenida en el R(UE) 650/2012.

propia planificación en vida de la sucesión hereditaria, a través de la regulación de la ley aplicable y la posibilidad de elegir la ley sucesoria, abre un abanico de posibilidades desconocido hasta entonces[27].

La aprobación del Reglamento Sucesorio es fruto de un complejo proceso de negociación, se trataba de dar una respuesta univoca y adecuada a cuestiones que son abordadas desde muy diferentes perspectivas en el seno de los distintos Estados miembros de la Unión. Se da la circunstancia, además, de que el Reino Unido e Irlanda, al no haber ejercitado la cláusula de *"opting in"*, quedaron fuera del Reglamento, lo que no les impidió, especialmente al primero, condicionar fuertemente la redacción de algunos preceptos[28]. En este sentido, resulta muy ilustrativa la lectura de las respuestas que dieron al *Libro verde de Sucesiones y Testamentos*[29], pues frente al sentir general de los distintos Estados miembros que valoran mejor o peor cada una de las cuestiones sometidas a consideración, en cambio, el Reino Unido e Irlanda, cuando responden una

---

27 Véase, en este sentido, RIPOLL SOLER, A. "Hacia un nuevo modelo de planificación sucesoria notarial: *La professio iuris*", *Revista de Derecho Civil*, vol. III, núm. 2 (abril-junio, 2016) Estudios, pp. 23-64, disponible 30/05/2018 en < http://nreg.es/ojs/index.php/RDC >.

28 En este sentido es tópica la cita del artículo 29 que contiene *normas especiales relativas al nombramiento y a las facultades de los administradores de la herencia en ciertas situaciones*; el cual se introduce para regular, básicamente, la interacción del Reglamento con la figura del *executor* británico. Sucede algo parecido con la polémica que se planteó en torno a la introducción de la letra i) del artículo 23, al dejar dentro de la ley sucesoria *"la obligación de reintegrar o computar las donaciones o liberalidades, adelantos o legados a fin de determinar las cuotas sucesorias de los distintos beneficiarios [...]"*, lo cual implicaba tensionar la subsistencia de las *charities*, tan propias del modo de canalizar liberalidades en el ámbito anglosajón.

29 COM 2005 (65) final.

gran variedad de temas, parecen no entender la finalidad de la pregunta y sorprenderse de la causa de esta.

Como consecuencia de intentar dar una respuesta adecuada a los objetivos enunciados, el Reglamento Sucesorio ve la luz con un amplio abanico de soluciones que hacen interactuar los tres sectores clásicos del Derecho Internacional Privado, como su propio enunciado pone de relieve: La competencia internacional; la ley aplicable; y, el reconocimiento y la ejecución de las resoluciones, así como la aceptación y ejecución de documentos públicos en materia de sucesiones *mortis causa.* Ligado a este último sector introduce *ex novo* el Certificado Sucesorio Europeo, el cual constituye el núcleo central de este trabajo de investigación.

El Reglamento no solo es complejo, es el más extenso de los textos de la Unión en materia de cooperación civil, tanto en preceptos como en el propio texto de cada uno de sus artículos y no ha sido superados por los posteriores y farragosos Reglamentos REM ni EPUR.

El texto legislado, que como se verá, supone un crecimiento exponencial sobre la Propuesta de 2009, comprende 83 considerandos y 84 preceptos, los cuales se articulan en siete capítulos con la siguiente estructura: Capítulo I "Ámbito de aplicación y definiciones (artículos 1 a 3); Capítulos II "Competencia" (artículos 4 a 19); Capítulo III "Ley aplicable" (artículos 20 a 38); Capítulo IV "Reconocimiento, fuerza ejecutiva y ejecución de resoluciones (artículos 39 a 58); Capítulo V "Documentos públicos y transacciones judiciales (artículos 59 a 61); Capítulo VI "Certificado sucesorio europeo" (artículos 62 a 73); y Capítulo VII "Disposiciones generales y finales" (artículos 74 a 84).

BONOMI, A. y WAUTELET, P. apuntan que el Reglamento descansa sobre ciertas ideas fuerza que son la unidad de la sucesión, la coordinación entre las distintas leyes nacionales, la elección de ley aplicable y el favor en relación con las disposiciones *mortis causa*[30]. Todas esas ideas se filtran en el modelo del Certificado Sucesorio Europeo tomándolas en consideración.

b. El Reglamento (UE) 1329/2014

El fundamento del que trae causa el Reglamento de ejecución (UE) 1329/2014 de la Comisión, de 9 de diciembre de 2014 por el que se establecen los formularios mencionados en el Reglamento (UE) N.º 650/2012 del Parlamento Europeo y del Consejo relativo a la competencia, la ley aplicable, el reconocimiento y la ejecución de las resoluciones, a la aceptación y la ejecución de los documentos públicos en materia de sucesiones mortis causa y a la creación de un Certificado Sucesorio Europeo se encuentra en el artículo 80, al decir: "*Establecimiento y modificación posterior de las certificaciones y los formularios a que se refieren los artículos 46, 59, 60, 61, 65 y 67. La Comisión adoptará actos de ejecución para establecer y modificar posteriormente las certificaciones y los formularios a que se refieren los artículos 46, 59, 60, 61, 65 y 67. Dichos actos de ejecución se adoptarán de conformidad con el procedimiento consultivo a que se refiere el artículo 81, apartado 2*".

Uno de los pilares en los que descansa la regulación de las sucesiones en la Unión Europea es conseguir la libre circulación de las herencias dentro de su territorio. Por eso, tanto en la Propuesta de Reglamento como en el propio Reglamento Sucesorio se hace referencia a la circulación de los documentos por los distintos Estados de la Unión. Aparecen ligados a este fin los conceptos de "reconocimiento", "ejecución", "aceptación"[31] y, como concepto autónomo de nuevo cuño, el

---

30 BONOMI, A. y WAUTELET, P., *op. cit.*, p. 50.

31 Este concepto se introduce en la rúbrica del Reglamento, no apareciendo en la Propuesta. Realmente conlleva una evolución conceptual en la circulación de documentos, cuanta más confianza existe

de "certificado sucesorio". Todos estos términos no son más que mecanismos al servicio de la libre circulación de los documentos hereditarios, la cual es el reflejo formal de la materialización de la libre circulación de las herencias, para dar cumplimiento a uno de los principios de la Unión: la libre circulación del ciudadano.

El Reglamento supone un desarrollo exponencial de la Propuesta, en este sentido, el Reglamento 1329/2014 no deja de ser una consecuencia de esa hipertrofia normativa.

Inicialmente, la Propuesta se apoyaba en las soluciones del Reglamento Bruselas I, las cuales no solo mandaba que fueran tenidas en cuenta sino a las que se hacía remisión expresa.

La Propuesta se limitaba a introducir, además, dos anexos relativos, respectivamente, a la solicitud y expedición del Certificado Sucesorio, lo cual podía ser lógico, teniendo en cuenta que era un documento de nuevo cuño, distinto de las resoluciones judiciales, transacciones y del tradicional documento público.

Así, la Propuesta del año 2009, en su Exposición de Motivos se declara tributaria del Reglamento Bruselas I[32], lo cual

---

entre los Estados miembros, menores son las trabas de circulación, por eso se habla de un concepto de "aceptación", como régimen mucho más liviano que el del "reconocimiento"; y es que, con el Reglamento, se pretende que los documentos sucesorios sean prácticamente aceptados, sin más, lo que no exonera de hacer una serie de comprobaciones a la autoridad receptora de los mismos.

32 En la p. 9, al comentar el capítulo relativo al reconocimiento y ejecución se dice: "*Las disposiciones de este capítulo se inspiran en las normas correspondientes del Reglamento (CE) nº 44/2001. Se prevé el reconocimiento de todas las resoluciones y transacciones judiciales a fin de hacer realidad en materia de sucesiones el principio de reconocimiento mutuo, que se sustenta en el principio de confianza mutua. Los motivos de denegación del reconocimiento se han reducido, pues, al mínimo necesario*".

se refrenda luego en los considerandos proyectados[33]. La remisión en bloque al aparato del Reglamento (CE) 44/2001 podría justificar que la Propuesta, de nuevo cuño, introdujese solamente dos anexos relativos a los formularios de solicitud y expedición, respectivamente, del Certificado Sucesorio Europeo, como documento creado *ex novo* en el Reglamento proyectado[34]. La complejidad del procedimiento de expedición

---

[33] Así, los considerandos (25) y (26), respectivamente establecen: "*(25) A la luz de su objetivo general, que consiste en el reconocimiento mutuo de las resoluciones dictadas en los Estados miembros en materia de sucesiones por causa de muerte, el presente Reglamento ha de prever normas en materia de reconocimiento y ejecución de las resoluciones inspiradas en el Reglamento (CE) nº 44/2001, y adaptadas, en su caso, a las exigencias específicas de la materia que regula el presente Reglamento. (26) Con el fin de tener en cuenta las diferentes formas de resolver las cuestiones relacionadas con las sucesiones en los Estados miembros, el presente Reglamento debe garantizar el reconocimiento y la ejecución de los actos auténticos. Con todo, no se puede equiparar estos documentos, por lo que hace a su reconocimiento, a las resoluciones judiciales. El reconocimiento de los actos auténticos significa que tienen el mismo valor probatorio en cuanto a su contenido y los mismos efectos que en su país de origen, y que gozan de una presunción de validez que puede desaparecer en caso de impugnación. Así pues, esta validez puede impugnarse en cualquier momento ante un órgano jurisdiccional del Estado miembro de origen del documento, en las condiciones procedimentales definidas por dicho Estado*".

[34] Así, en la p. 9, se dice en relación al certificado sucesorio: "*El presente Reglamento introduce un Certificado Sucesorio Europeo con el fin de permitir la rápida tramitación de los procedimientos internacionales de sucesión. Para facilitar la circulación de este documento en la Unión, conviene adoptar un modelo uniforme y designar a las autoridades que tendrían competencia internacional para expedirlo. La coherencia con las normas de competencia sobre el fondo impone que sea el mismo tribunal que es competente para conocer de la sucesión. Este certificado no sustituye a los certificados ya existentes en algunos Estados miembros. En el Estado miembro de la autoridad competente, la prueba de la cualidad de heredero y de los poderes del administrador o ejecutor de la sucesión se efectúa, por tanto, conforme al procedimiento interno*". Lo anterior se completa con el considerando

y los pormenores que pueden presentarse en su tramitación, pronto justificarían un replanteamiento de la solución adoptada y la aprobación de un Reglamento de ejecución. En dicho Reglamento, además, subyace la necesidad de dejar escaso margen al intérprete y por ello se ve aprecia una minuciosa regulación, cuestión distinta es si, finalmente, se consigue o no el objetivo.

Lo que se comenta salta a la vista con la sola comparación del texto articulado de la Propuesta con el texto plasmado definitivamente en el Reglamento Sucesorio.

Así, en la Propuesta se destina el capítulo IV al *reconocimiento y ejecución*, abarca solo cinco artículos (29-33) de moderada extensión. El capítulo V, comprendiendo sólo dos artículos (34-35), regula los *actos auténticos*. Por último, el capítulo VI regula el *Certificado Sucesorio Europeo*, en nueve artículos (36-44).

Frente a la corta estructura y extensión de la Propuesta, el Reglamento desborda el texto de esta no solo en número de artículos sino en una regulación más pormenorizada. Así, el capítulo IV regula el *reconocimiento, fuerza ejecutiva y ejecución de resoluciones*, en los artículos 39 a 58, comprendiendo, por consiguiente, veinte artículos; el capítulo V, importa tres artículos, el 59 al 61, pero de notable extensión, regulando los *documentos*

---

(27) al decir: "*(27) La tramitación rápida, económica y eficaz de las sucesiones internacionales en la Unión Europea requiere que el heredero, el legatario, el ejecutor testamentario o el administrador puedan probar fácilmente y sin necesidad de recurrir a un procedimiento contencioso su cualidad como tales en los Estados miembros en que estén situados los bienes de la sucesión. Para facilitar la libre circulación de este elemento de prueba en la Unión Europea, el presente Reglamento debe introducir un modelo uniforme de Certificado Sucesorio Europeo y designar a la autoridad competente para expedirlo. Conforme al principio de subsidiariedad, este certificado no debe sustituir a los procedimientos internos que se aplican en los Estados miembros. En el Reglamento se debe precisar la articulación con estos procedimientos*".

públicos y transacciones judiciales; por último, el capítulo VI se destina a la regulación del *Certificado Sucesorio Europeo*, totalizando veintidós artículos, el 62 al 73.

Siendo cierto lo anterior, la solución adoptada es lógica, no solo desde un punto de vista teleológico, también lo es si nos aproximamos a ella desde el propio marco jurídico del Derecho de la Unión Europea. La especificidad de la materia sucesoria puede llevar a pensar que si se hubiese acudido, sin más, a las soluciones del Reglamento Bruselas I, ahora Bruselas I-bis, hubiera generado una aplicación no uniforme del Reglamento, en estos aspectos; lo cual, salta a la vista, además y especialmente, en lo relativo al Certificado Sucesorio Europeo.

Así, el R(UE) 1329/2014 encuentra su base legal en el *R (UE) 182/2011 Parlamento europeo y del Consejo, de 16 de febrero de 2011, por el que se establecen las normas y los principios generales relativos a las modalidades de control por parte de los Estados miembros del ejercicio de las competencias de ejecución por la Comisión*[35]. A dicho Reglamento se hace remisión expresa en el artículo 81.2 y encuentra su fundamentación en los considerandos 78[36] y

---

35 DOUE 28.2.2011 L 55/13.

36 Dispone el considerando 78: *"A fin de conseguir condiciones uniformes para la ejecución del presente Reglamento, deben atribuirse a la Comisión competencias de ejecución en relación con la creación y posterior modificación de los certificados y formularios relativos a la declaración de fuerza ejecutiva de las resoluciones, las transacciones judiciales y los documentos públicos, así como con el Certificado Sucesorio Europeo. Estas competencias deben ejercerse de conformidad con el Reglamento (UE) no 182/2011 del Parlamento Euro peo y del Consejo, de 16 de febrero de 2011, por el que se establecen las normas y los principios generales relativos a las modalidades de control por parte de los Estados miembros del ejercicio de las competencias de ejecución por la Comisión"*.

79[37], que insisten en la necesidad de dotar de uniformidad en la aplicación del Reglamento.

El 9 de diciembre de 2014, se aprueba el R(UE) 1329/2014, que, en dos únicos artículos, implementa, fundamentándose en el R(UE) 650/2012 y la necesidad explícita de dotar uniformidad a su aplicación, cinco formularios.

Los nuevos formularios están destinados, respectivamente, a *la certificación relativa a una resolución en materia de sucesiones* (art. 46.3.b), plasmada en el anexo 1 como formulario I; a *la certificación relativa a un documento público en materia de sucesiones* (art. 59.1, y 60.2), dispuesta en el anexo 2 como formulario II; a *la certificación relativa a una transacción judicial en materia de sucesiones* (art. 61.2), establecido en el anexo 3 como formulario III; a *la solicitud de un Certificado Sucesorio Europeo* (art. 65.2), regulado en el anexo 4 como formulario IV; y, a *la expedición del Certificado Sucesorio Europeo* (art. 67.1), que se dispone en el anexo 5 como formulario V.

Es de destacar que, por lo que al Certificado Sucesorio Europeo se refiere, los anexos IV (solicitud) y V (expedición), llevan consigo, además del propio formulario cinco y seis anexos respectivamente, lo que da una idea de la envergadura de estos y, como se verá, de la complejidad de su cumplimentación, tanto para el solicitante como para el expedidor.

---

37 Conforme al considerando 79: "*Se debe utilizar el procedimiento consultivo para la adopción de actos de ejecución por los que se establezcan y se modifiquen posteriormente los certificados y formularios previstos en el presente Reglamento de acuerdo con el procedimiento contemplado en el articulo 4 del Reglamento (UE) no 182/2011*".

c. La interpretación del TJUE

Se ofrece y antepone aquí un panorama no exhaustivo de algunos de los fallos del TJUE, posponiendo la referencia a la normativa interna de implementación, por el hecho de que ésta última juega en un plano diferente y subordinada no solo a los Reglamentos sino, también, a la propia jurisprudencia del alto tribunal de la Unión.

El artículo 267 TFUE regula el régimen de la cuestión prejudicial para resolver sobre la validez e interpretación de los actos adoptados por las instituciones de la Unión. Dicha cuestión se puede plantear con carácter potestativo, por los órganos jurisdiccionales de un Estado miembro cuando estimen necesaria una decisión del TJUE para emitir el fallo; también se debe plantear con carácter obligatorio, cuando concurriendo tales circunstancias, la decisión del órgano interno no sea susceptible de recurso.

En el caso del Reglamento de Sucesiones concurren distintas circunstancias que hacen prever una intensa labor del Tribunal para armonizar la interpretación del Reglamento y las sucesiones a las que aboca.

Es cierto que el Reglamento contiene un elenco de definiciones generoso (art. 3), en las cuales resplandece la necesidad de realizar una interpretación autónoma[38]. Sin embargo, esa

---

38 En un interesante trabajo, LARA AGUADO, Á., "Claves del Reglamento (UE) 650/2012 a la luz de la jurisprudencia del TJUE: de la especialización a la (in)coherencia a través del mito del principio de unidad y las calificaciones autónomas unívocas", en *Revista Electrónica de Estudios Internacionales (REEI)*, nº 39, junio 2020, pone de relieve la problemática de acudir a este tipo de interpretaciones autónomas cuando se enfrentan conceptos enraizados en las tradiciones jurídicas de cada Estado, con una alta heterogeneidad, ver p. 30.

interpretación autónoma se deberá llevar a cabo, también, en las nociones y conceptos no definidos, a fin de garantizar la aplicación uniforme del Reglamento[39]. No debe perderse, además, la complejidad añadida que lleva el que la materia sucesoria esté fuertemente interrelacionada con otros Reglamentos, como el de régimen económico matrimonial y el de efectos patrimoniales de las uniones registrales; lo que propiciará una suerte de vasos comunicantes en la labor interpretativa.

Debe tomarse como punto de partida que la materia sucesoria, al igual que las vinculadas a la economía de la familia, matrimonial o no, hunde sus raíces en la esencia de cada ordenamiento jurídico del Derecho Privado de los Estados miembros. Serán constantes las tensiones que se generen entre esos ordenamientos internos y las soluciones que el Reglamento impone en aras del tratamiento uniforme de las sucesiones transfronterizas en el ámbito de la Unión.

Sin embargo, los problemas se plantean, incluso dentro del ámbito del propio Derecho conflictual de la Unión, como ha puesto de relieve la doctrina[40], pues el carácter fragmentario de los Reglamentos, en esta materia y la necesidad de delimitar los ámbitos de aplicación de textos normativos que pueden ser llamados conjuntamente a resolver un determinado supuesto de hecho hará imprescindible la labor del Tribunal de Justicia de la Unión Europea.

En otras ocasiones se corre el riesgo añadido de que se utilice el Tribunal de Justicia de la Unión Europea de forma desnaturalizada, como una última instancia para enmendar la

---

39 Ver BONOMI, A. y WAUTELET, P., *op. cit. Derecho Europeo…*, p. 54.

40 FONT I SEGURA, A., "Competencia para autorizar un acuerdo de partición de herencia celebrado por un tutor en representación e interés de unos herederos menores de edad (STJUE de 6 de octubre de 2015, Asunto C-404/14: Marie Matousková)", *La Ley Unión Europea*, nº 35, marzo-2016, pp. 1-12.

plana a las últimas instancias jurisdiccionales internas, como ya ha subrayado la doctrina[41] en el ámbito del Reglamento de Sucesiones. Esa práctica distorsionará el sistema, aunque trate de perseguir el efecto útil de una aplicación uniforme del Reglamento.

Es el propio Tribunal el que pone de manifiesto, como ha sucedido con otras materias, que en el ámbito sucesorio los conceptos del Reglamento se deben interpretar de manera autónoma a la interpretación que podría mantenerse, de esos mismos conceptos, si de cuestiones de Derecho interno se tratase[42].

Los principales problemas que ha tenido el Tribunal al abordar cuestiones relacionadas con el Reglamento de Sucesiones, en un primer grupo, han sido los relativos al ámbito material de este, como ha subrayado la doctrina[43]. Destaca, en este punto, cuándo debe considerarse una sucesión internacional[44], la interacción con el ámbito del estatuto personal en

---

41 FONTANELLAS MORELL, J.M.; "Los derechos legales del cónyuge supérstite en los instrumentos europeos de Derecho internacional privado"; en *Diario La Ley*, nº 61, 31 de julio de 2018, Ed. Wolters Kluwer, pp. 1-12, p. 10.

42 Ver STJUE de 1 de marzo de 2018 (C-558/16, *Mahnkopf*) (TOL 6.519.954). Una aplicación de esa interpretación autónoma es la que guía la STJUE de 16 de julio de 2020 (C-80/19) (TOL 8.012.485), cuando llama la atención sobre los considerandos 23 y 24 para determinar el concepto de "residencia habitual" en el Reglamento. La cual, considera LARA AGUADO, Á., *op. cit.* "Claves del Reglamento (UE) 650/2012…", tiene su proyección en el Derecho aragonés, en relación al derecho expectante de viudedad y su usufructo vidual.

43 FONTANELLAS MORELL, J.M., *op. cit. "Los derechos legales… "*., p. 6.

44 STJUE de 16 de julio de 2020 (C-80/19) (TOL 8.012.485); ver al respecto el comentario que hace de la referida sentencia MARIÑO PARDO, F. M., "De nuevo sobre la actuación notarial en el marco del Reglamento europeo de sucesiones. Sentencia del Tribunal

la parte excluida del Reglamento Sucesorio y que colinda con el R(CE) 2201/2003, actual R(UE) 1259/2010, en cuestiones vinculadas a autorizaciones judiciales en materia de partición o posible intervención judicial en materia de repudiación hereditaria, interviniendo respectivamente tutor o padres de menores[45]. Habría que hacer referencia aquí, también, a las cuestiones vinculadas al estatuto real y las posibles colisiones entre la naturaleza de los derechos reales e inscripción, excluidas del Reglamento, y la transmisión de estos, incluida en el ámbito de la Ley sucesoria[46]. La delimitación entre las cuestiones relativas al régimen económico matrimonial, excluidas del Reglamento, y las de naturaleza sucesoria[47], se incardinaría dentro de la temática del ámbito material interpelada al TJUE.

Se han planteado cuestiones, en segundo lugar, relativas a la competencia de tribunales y autoridades, tanto desde una perspectiva internacional como interna. Así, ha habido varios pronunciamientos relativos la naturaleza de las funciones notariales como tribunal o autoridad y al valor del documento público[48]. El Tribunal ha resuelto, también cuestiones relativas a la propia competencia internacional de los tribunales o autoridades de los Estados miembros para la expedición

de Justicia, de 16 de julio de 2020, C-80/19: E E. y loi applicable aux successions", *La Ley Unión Europea*, nº 85, octubre 2020, Wolters Kluwer (consultada edición digital). Ver también STJUE de 21 de julio de 2018 (C-20/17, Oberle) (TOL 6.646.651).

45 STJUE de 6 de octubre de 2015 (C-404/14, Matousková) y STJUE de 19 de abril de 2018 (C-565/16, Saponaro) (TOL 6.573.831).

46 STJUE de 12 de octubre de 2017 (C-218/16, Kubicka) (TOL 9.742.788).

47 STJUE de 1 de marzo de 2018 (C-558/16, Mahnkopf) (TOL 6.519.954).

48 STJUE de 21 de junio de 2018 (C-20/17, Oberle) (TOL 6.646.651); STJUE 16 de julio de 2020 (C-80/19) (TOL 8.012.485) y STJUE de 23 de mayo de 2019 (C-658/17 WB) (TOL 7.227.665).

de certificados sucesorios nacionales cuando no tienen competencia para expedir certificados sucesorios europeos[49]. Las cuestiones procesales relativas a la actuación de la autoridad expedidora en el proceso de expedición[50], también han ocupado al TJUE. Al igual que ha sucedido con la competencia funcional habiendo tenido que delimitar lo que debe entenderse por tribunal a los efectos del art. 3[51]. Más recientemente,

---

49 STJUE de 21 de junio de 2018 (C-20/17, *Oberle*) (TOL 6.646.651); en esta sentencia se niega que la competencia internacional para la expedición de certificados sucesorios nacionales pueda contradecir las normas del Reglamento, con lo que si no se puede expedir un Certificado Sucesorio Europeo, por incompetencia, tampoco se podrá expedir el certificado sucesorio nacional aunque la normativa interna lo ampare. La Sentencia insiste, además, en el principio de unidad de la sucesión y en la conveniencia de facilitar uno de los principios del Reglamento que es la coincidencia entre *forum y ius*.

50 STJUE de 17 de enero de 2019 (C-102/18) (TOL 6.988.000), interpretando el art. 65.2 en el sentido de que el formulario de solicitud del certificado sucesorio (formulario IV, anexo 4 R(UE) 1329/2014) es de uso facultativo. Ciertamente, sorprende que lleguen al Tribunal este tipo de cuestiones, pues el fallo parece evidente a la luz de los preceptos aplicados, con independencia de que la opción del legislador de la Unión respecto al uso de dicho formulario pueda cuestionarse, al menos desde una perspectiva de una deseable estandarización en los modos y prácticas de aplicación del Reglamento, cuestión sobre la que se volverá oportunamente.

51 STJUE de 23 de Mayo de 2019 (C-658/17) (TOL 7.227.665), la cual pone de manifiesto el carácter meramente informativo de la comunicación a que se refiere el último inciso del art. 3, en relación con el art. 79, fundamentando la resolución de la cuestión prejudicial en la naturaleza de la actuación, en ese caso, del notario al autorizar una escritura de declaración de herederos en la que se determina la cualidad de heredero de una determinada persona, sobre esta cuestión debe tenerse en cuenta lo que se tratará al exponer el régimen del reconocimiento y declaración de ejecutividad de resoluciones, así como el régimen de aceptación de documentos públicos. Puede verse el comentario que hace a esta sentencia, planteándose sus

se han presentado cuestiones prejudiciales relativas a los foros competenciales previstos en el Reglamento. Así, por ejemplo, en el asunto C-651/21, de 25 de octubre de 2021, se plantean las relaciones entre la competencia de los tribunales de la residencia habitual del causante, *ex* art. 4 y los del art. 13, cuando el heredero efectúa la renuncia ante un tribunal de su residencia. El art. 13, en su relación con el art. 28, respecto de la forma de la renuncia efectuada en el lugar de residencia habitual del heredero, también ha sido objeto de análisis por el TJUE, en sentencia de 2 de junio de 2022[52], reconociendo que no es necesaria que se cumpla para la renuncia la forma de la ley aplicable a la sucesión, bastando la forma del lugar en que la renuncia se efectúa. Se ha planteado y, en este caso, resuelto, en ámbito de foros de competencia, la necesidad de que cuando un tribunal aprecie que no es competente *ex* art. 4, aprecie de oficio la competencia subsidiaria del art. 10.1.a) [53]. Sobre el art. 10.1.a) También se ha pronunciado en auto de 17 de abril de 2023 (C-55/23), en el sentido de que la norma de competencia subsidiaria establecida en dicha disposición solo se aplica cuando la residencia habitual del causante en el momento del fallecimiento está situada en un Estado miembro no vinculado

---

efectos en relación al notariado español, MARIÑO PARDO, F.M., "Doctrina y algunas consecuencias sobre las actuaciones de los notarios españoles en el marco del Reglamento 650/2012 a partir de la STJUE de 23 de mayo de 2019", La Ley Unión Europea, nº 74, octubre 2019, Wolters Kluwer (consultada edición digital), el autor llega en las conclusiones a plantearse la posibilidad de que el propio notario español, sobre la consideración de tribunal, pueda expedir la certificación a que se refiere el art. 49.3, en relación a sus propios actos; si bien, considera que, en la práctica se generarían dificultades de circulación de dicha certificación. Ver también, sobre el concepto de "tribunal" y "resolución", a los efectos del Reglamento la STJUE de 16 de julio de 2020 (C-80/19) (TOL 8.012.485).

52 C-617/20 (TOL 8.983.168).

53 STJUE, de 7 de abril de 2022 (Asunto C-645/20) (TOL 8.902.975).

por ese Reglamento o en un tercer Estado. En STJUE, de 9 de septiembre de 2021, asunto C-422/20 (TOL 8.576.590), se ha resuelto sobre cómo se aprecia la inhibición *ex* art. 6, por el tribunal al que se declina la competencia *ex* art. 7, tomando en consideración, incluso, el supuesto de testamento otorgado antes de la vigencia del Reglamento.

En tercer lugar, conforme se ha ido avanzando en la puesta en aplicación de las soluciones del nuevo marco normativo, ha surgido, como es lógico, el problema de interpretar la normativa del vehículo de circulación de las herencias, diseñado en el Reglamento: El Certificado Sucesorio Europeo[54]. El Tribunal ha buscado el efecto útil de no vulnerar dos principios básicos del Reglamento: la unidad de la ley sucesoria[55] y una eficacia uniforme y homogénea del certificado sucesorio[56]. Muy importante, a los efectos de esta investigación, ha sido la cuestión prejudicial que se plantea el 4 de junio de 2021, asunto C-354/21, por la que se pregunta al Tribunal "... *en el sentido de que no se oponen a las disposiciones legislativas del Estado miembro en el que está situado el bien inmueble conforme a las cuales únicamente puede inscribirse el derecho de propiedad en el registro de la propiedad sobre la base de un Certificado Sucesorio Europeo en el caso en que dicho certificado recoja todos los datos necesarios para la inscripción*". La cuestión ha dado lugar a la STJUE de 9 de marzo de 2023 (TOL 9.436.902), en virtud de la cual: "*[...] no se oponen a una normativa de un Estado miembro que establece que la solicitud*

---

54 STJUE de 1 de julio de 2021 (C-301/20) (TOL 8.488.994).

55 Puede verse, en tono crítico, el comentario a la STJUE de 12 de octubre de 2017, *Kubicka*, de ÁLVAREZ GONZÁLEZ, S., "*Legatum per vindicationem* y R(UE) 650/2012"; en *La Ley Unión Europea*, nº 55, enero 2018; Ed. Wolters Kluwer.

56 TENA ARREGUI, R.; "Algunas cuestiones prácticas sobre la Jurisprudencia del Tribunal de Justicia de la Unión Europea en Relación al Reglamento de Sucesiones"; *El Notario del Siglo XXI*, nº 80, julio-agosto 2018, Ed. Colegio Notarial de Madrid, pp. 160-163, p. 160.

de inscripción de un bien inmueble en el Registro de la Propiedad de ese Estado miembro puede denegarse cuando el único documento presentado en apoyo de esa solicitud es un Certificado Sucesorio Europeo que no identifica ese bien inmueble". Lo que implica reconocer, *a sensu contrario,* que el Certificado Sucesorio Europeo puede ser bastante para lograr la inscripción si se ajusta o contiene las menciones previstas por la *lex registrii* del Estado miembro en el que la inscripción se pretenda.

En cuarto lugar, las nuevas instituciones, no quedan al margen de la labor del TJUE, así, el alto tribunal se ha ocupado de la *professio iuris,* en la STJUE de 9 de septiembre de 2021 (C-277/20) (TOL 8.579.253), donde se delimita un concreto pacto, como sucesorio, pero, en cambio, se excluye su viabilidad para contener una *professio iuris,* pues en el caso concreto podía suponer una escisión parcial de la ley sucesoria[57]. También se plantea en el año 2020, el 12 de agosto, asunto C-387/20, coincidente con otra del año 2022, cuestión prejudicial relativa a la posibilidad de hacer *professio iuris* por un no ciudadano de la Unión y las relaciones del Reglamento con los tratados bilaterales, a este respecto[58], esta última ha dado lugar a la Sentencia de 12 de octubre de 2023, con conclusiones que no compartimos en punto a la institución de la cláusula de elección de ley[59].

---

57 En el caso concreto se trataba de la posible aplicación de una *professio iuris* tácita, contenida en un pacto otorgado con anterioridad a la entrada en aplicación del Reglamento (art. 83). Sobre esta cuestión se volverá al hablar de los testamentos parciales, en este mismo capítulo.

58 C-21/22, de 7 de enero de 2022, la segunda cuestión prejudicial.

59 Se hace remisión en este punto a lo que se dice sobre la STJUE, de 12 de octubre de 2023 (C-21/22) (TOL 9.908.635), al analizar el régimen de la *professio iuris,* en el apartado, de esta investigación, correspondiente a la ley sucesoria.

La última Sentencia citada, no obstante, aparece conexa materialmente con una petición de decisión prejudicial que, en su día presentó el notario ante el que se pretendía otorgar el testamento, eligiendo ley[60]. En ella el TJUE niega competencia al notario, polaco, en este caso, para plantear la cuestión prejudicial, pues en el caso concreto no es reputado órgano jurisdiccional, al decir: *"[...] en el presente asunto, del conjunto de elementos aportados a los autos que obran en el presente procedimiento se desprende que el notario adjunto no ha de resolver un litigio ni debe dictar una resolución judicial, de modo que no ejerce funciones jurisdiccionales"*. No falta razón al Tribunal, pues en el caso concreto, la labor de otorgamiento de un testamento, no implica ejercicio de funciones jurisdiccionales. ¿Habría sido la misma respuesta si se tratase de algo vinculado a la expedición notarial de un certificado sucesorio europeo?¿A la resolución de una declaración de herederos abintestato?.

Posteriormente, en el asunto C-187/23 (Albausy), en sentencia de 23 de enero de 2025 (TOL 10.348.134), el TJUE niega legitimación para la interposición de la cuestión prejudicial a un tribunal cuando, pese a tener competencia orgánica, no ejerce funciones jurisdiccionales. En la fundamentación, además, analiza la transcendencia que tiene la oposición formulada a la expedición por un interesado en el marco del artículo 67.1, limitando en gran medida al órgano requerido para la expedición. En mi opinión, la solución que se da al caso concreto, es difícilmente generalizable. Requerirá en cada supuesto el análisis de las funciones internas atribuidas al expedidor.

---

60 Auto C-387/20, de 1 de septiembre de 2021.

d. Normativa interna de implementación

El Reglamento Sucesorio es cierto que opera en el nivel de Derecho Internacional Privado, como quedó expuesto anteriormente. No actúa directamente sobre el Derecho material de cada Estado miembro. Competencialmente existen límites para una acción normativa directa y, por otro lado, uniformizar todo el Derecho de sucesiones supondría una labor, en la práctica, inabarcable y difícilmente asimilable por los ciudadanos de la Unión.

Sin embargo, el Derecho interno no puede quedar al margen de la nueva norma, para ello es necesario que se dicten por los distintos Estados desarrollos que permitan enlazar la acción del legislador de la Unión con la propia normativa de cada Estado.

En el caso de España la cuestión tiene una complejidad añadida. La acción del legislador interno debería haber sido, a nuestro juicio, bifronte.

Por un lado, en el Reglamento Sucesorio un gran número de preceptos claman hacia una regulación interna procedimental. Cada Estado tiene sus autoridades y tribunales y sus normas procesales. No solo se trata de determinar la competencia y procedimiento para expedir los certificados a que se refieren los anexos I a III del R(UE) 1329/2014, lo cual, a lo mejor, podría haber sido relativamente fácil, como se ha hecho con otros formularios contenidos en otras normas de la Unión. También se trata de atribuir competencia para la expedición del Certificado Sucesorio Europeo, con el añadido, además, de que, siendo los notarios autoridad competente, deberá enlazarse la actuación notarial con la singular naturaleza que el nuevo documento conlleva.

Por otro lado, en el momento actual, se pone sobre la mesa al legislador interno la conveniencia de revisar nuestro sistema conflictual interno, a los efectos de clarificar las remisiones *ad intra* que propicia el Reglamento. Todo ello sin perjuicio de que uno y otro sistema conflictual regulan realidades diferentes[61]. Sin embargo, al parecer, los años transcurridos, no ya

---

[61] En general, la doctrina ha considerado, al interpretar el art. 38, que el Reglamento de sucesiones no se aplican a los conflictos internos existentes en el panorama legislativo español. En relación a los mismos, sigue plenamente vigente el artículo 16 y el art. 9.8 C.c., ver en este sentido, ALVÁREZ GONZÁLEZ, S. «El Reglamento 650/2012, sobre sucesiones y la remisión a un sistema plurilegislativo: Algunos casos difíciles o, simplemente, llamativos», en Revista de Derecho Civil, vol. II, núm. 4 (octubre-diciembre, 2015), pp. 7-28; el autor, sobre distintos supuestos complejos, sin olvidar la diferente dimensión y naturaleza que tienen los conflictos internos frente a los nacionales, llama la atención sobre distintas disfunciones que se producen con la entrada en aplicación del Reglamento; igualmente, mantiene un tono crítico sobre el hecho de que el legislador de la Unión haya prescindido de tomar en consideración las peculiaridades españolas que se generan por la existencia de la vecindad civil; concluye recordando la conveniencia, al menos, de una reforma legislativa que haga coincidir las soluciones a ambos tipos de conflictos. Recuerdan también la disparidad de soluciones entre el régimen interno e internacional, GARAU JUANEDA, L., «La integración del Reglamento Europeo en materia sucesoria en el Derecho interregional español», en *Bitácora Millennium DIPr,* 2015, nº 2, < www.bitacoradipr.com >, < http://www.millenniumdipr.com/archivos/1537312548.pdf >, visto 02.12.2020, p.12.; ver también GARAU JUANEDA, L. "La aplicación de los reglamentos de la UE a los llamados "conflictos internos" y el necesario cambio de paradigma sobre la función de las normas de conflicto", en Bitácora Millennium DIPr, 2019 nº 10, < www.bitacoradipr.com >, < http://www.millenniumdipr.com/archivos/1601637358.pdf >, visto 02.12.2020, p. 7; ver también, en el mismo sentido, CALATAYUD SIERRA, A., «Dos sistemas de solución de conflictos: sus diferencias y su encaje», en CALVO VIDAL, I. A. (Coord.), El nuevo marco de las sucesiones internacionales en la Unión Europea, Ed. Consejo General del Notariado, Madrid 2014, pp. 123-150; FONT i SEGURA, A., "La remisión intracomunitaria a sistemas plurilegislativos", en CALVO VIDAL, I. A., (Coord.), *El nuevo marco de las sucesiones internacionales en la Unión Europea*; Ed. Consejo General del Notariado, Madrid

desde su aprobación hasta su entrada de aplicación, sino, también, hasta el momento actual, parecen ser pocos para que el legislador español haya tomado en consideración el problema y la acción normativa se ha centrado sólo en los aspectos procedimentales; un problema que se perpetúa y cuya resolución queda aplazada *sine die*. Lo que se agrava, además, con algunos pronunciamientos de la DGFPySJ[62] de corte marcadamente

---

2014, p. 100 Los dos últimos autores citados, ponen una batería de ejemplos de planteamiento coincidente pero solución divergente, lo que no deja de ser una interesante llamada de atención a la necesidad de reformar el sistema. También se alinea en torno a las diferentes soluciones que coexisten ahora en nuestros conflictos internos frente a los conflictos internacionales GINEBRA MOLINS, M. E., "Sucesiones transfronterizas y Estados plurilegislativos"; en GINEBRA MOLINS, M. E. y TARABAL BOSCH, J., *El Reglamento (UE) 650/2012: Su impacto en las sucesiones transfronterizas;* Ed. Marcial Pons-Colegio Notarial de Cataluña, Madrid 2016, p. 262; en posición minoritaria, QUINZA REDONDO, en su comentario al art. 36 y 38, en IGLESIAS BUIGUES, J.L. y PALAO MORENO, G., *Sucesiones internacionales. Comentarios al Reglamento (UE) 650/2012*, ed. Tirant lo Blanch, Valencia 2015, p. 307, en la línea de las exquisitas intervenciones del profesor IGLESIAS BUIGUES, J.L., en todos los foros de debate en que participó, bien como asistente, bien como ponente, en los que se alineaba inequívocamente a favor de la técnica de las remisiones dinámicas en las normas de DIPr del Título Preliminar del Código civil, para mantener la unidad de resolución de conflictos a nivel interno e internacional.

62 RDGFPySJ 20.01.2022 (TOL 8.796.868). Ver el comentario a esta resolución que hace ESPIÑEIRA SOTO, I., "Pacto sucesorio gallego otorgado por extranjero residente en Galicia. Removiendo los obstáculos puestos por la resolución de la DGSJyFP de 20 de enero de 2022"; en *www.notariosyregistradores.org* , visto 26.10.2022 < https://www.notariosyregistradores.com/web/secciones/oficina-notarial/otros-temas/pacto-sucesorio-gallego-otorgado-por-extranjero-residente-en-galicia/ >. Desde un punto de vista académico, reivindicando con sólidos argumentos la aplicación de los derechos autonómicos civiles a los extranjeros, DIAGO DIAGO, M. P., "Aplicación del Derecho Civil Aragonés a extranjeros", XXXI

centralista y olvidando las relaciones horizontales que se dan entre los distintos Derechos civiles autonómicos y el Derecho civil común, contenido en el Código civil.

Sorprende que la implementación en el Derecho interno español, desde un punto de vista estrictamente procedimental, se realice a través de la Disposición Final Segunda de la Ley de Cooperación Jurídica Internacional en materia civil[63]. En dicha disposición final, se introducen, a su vez, dos nuevas disposiciones finales en la Ley de Enjuiciamiento Civil, la 25 y la 26.

La DF 26, que es la que nos interesa a estos efectos, introduce las reformas para implementar en España el Reglamento Sucesorio, bajo la rúbrica: *"Medidas para facilitar la aplicación en España del Reglamento (UE) n.º 650/2012 del Parlamento Europeo y del Consejo, de 4 de julio de 2012, relativo a la competencia, la ley aplicable, el reconocimiento y la ejecución de las resoluciones, a la aceptación y la ejecución de los documentos públicos en materia de sucesiones «mortis causa» y a la creación de un Certificado Sucesorio Europeo"*.

Por lo que se refiere al Reglamento Sucesorio, en la citada disposición final se abordan las siguientes cuestiones: a) Reglas de ejecución y reconocimiento de resoluciones de un Estado miembro de la Unión Europea al amparo del Reglamento (UE) n.º 650/2012 (competencia, asistencia jurídica gratuita, procedimiento de declaración de fuerza ejecutiva de una resolución, recursos contra la resolución sobre la solicitud de declaración

---

Encuentros, Foro de Derecho Aragonés 2022, encuentro 15 de noviembre de 2022. Puede verse una interesante y dura crítica a la Resolución, postulándose en favor de la aplicación de los distintos Derechos civiles autonómicos a los extranjeros en OÑATE CUADRADOS, F. J., "¿Sueñan los extranjeros con el derecho foral?", en *Bitácora Millennium DIPr,* N.º 16, Zaragoza, 2022, visto en internet 19.12.2022 < https://www.millenniumdipr.com/ba-105-suenan-los-extranjeros-con-el-derecho-foral >.

63 Ley 29/2015, de 30 de julio. BOE 31/07/2015, en adelante LCJI.

de fuerza ejecutiva, procedimiento del recurso contra la resolución sobre la solicitud de declaración de fuerza ejecutiva, suspensión de los recursos; b) Fuerza ejecutiva de los documentos públicos; c) Fuerza ejecutiva de las transacciones judiciales; d) Expedición de la certificación de una resolución, documento público o transacción judicial a efectos de su fuerza ejecutiva en otro Estado miembro; e) Expedición por órgano judicial del Certificado Sucesorio Europeo; f) Rectificación, modificación o anulación del Certificado Sucesorio Europeo emitido por un órgano judicial; g) Denegación por un órgano judicial de la emisión del Certificado Sucesorio Europeo; h) Expedición por notario del Certificado Sucesorio Europeo; i) Rectificación, modificación o anulación del Certificado Sucesorio Europeo emitido por notario; j) Recurso; y, k) Efectos del recurso.

La técnica del legislador español merece una severa crítica. En primer lugar, no se entiende la demora en la aprobación de la nueva normativa. Las medidas de implementación, decididas las autoridades expedidoras, llevan escasa o nula negociación institucional y son normas puramente procedimentales. La entrada en vigor del régimen propuesto se produciría a los veinte días de la publicación en el Boletín Oficial del Estado de la Ley de Cooperación Jurídica internacional, lo cual tuvo lugar el 31 de julio de 2015, por lo que las normas de implementación entraban en vigor habiendo entrado ya en aplicación plena el Reglamento Sucesorio, lo cual acaecía el 17 de agosto de 2015, tres días antes de que fuese aplicable la normativa española[64].

64 Es cierto que escasa transcendencia práctica tiene esta crítica, pues por la concatenación de hechos inherentes al proceso sucesorio no se hubiesen planteado dudas procedimentales y, a efectos prácticos, la nueva normativa hubiera sido la única aplicable. Sin embargo, la actitud del legislador implica un desprecio a la labor de los destinatarios de la norma. Se trata de una norma compleja que opera sobre una nueva realidad y que la conecta con los sistemas notarial y procesal español, por lo que no existe

En segundo lugar, tampoco se entiende bien por qué se introduce de soslayo, en una disposición final que a su vez implementa otras disposiciones finales en la Ley de Enjuiciamiento Civil. Esa forma de proceder, anodina, que implica un indudable desprecio de la labor del legislador de la Unión, dispersa la atención de los destinatarios de la norma, tribunales, autoridades, profesionales del Derecho y, en último término, del ciudadano, aquel al que la propia nueva regulación quiere proteger y facilitar la libre circulación de las herencias.

En tercer lugar, por lo que se refiere al Certificado Sucesorio Europeo expedido por Notario, al margen de la valoración que se hará sobre las soluciones adoptadas, desde el punto de vista de política legislativa, no parece adecuada su regulación en la Ley de Enjuiciamiento Civil, sobre la que opera la LCJI. Lo correcto hubiera sido implementar la nueva regulación en la Ley del Notariado, la cual, además, había sido reformada coetáneamente a la aprobación de la Ley de Cooperación Jurídica Internacional. En efecto, pocos días antes, el 2 de julio de 2015, se aprueba la Ley de Jurisdicción Voluntaria[65], en vigor desde el 23 de julio de 2015. En dicha Ley, con buen criterio, las actividades de Jurisdicción Voluntaria propias de los notarios se implementan mediante una reforma y actualización muy ambiciosa de la Ley del Notariado, con lo que la sede propia de la expedición del Certificado Sucesorio Europeo era, sistemáticamente, la Ley del Notariado, a través de la propia regulación que conlleva la Ley de Jurisdicción Voluntaria[66].

---

el tiempo adecuado de estudio de la misma y análisis por la doctrina. No existían razones de urgencia que justificasen la premura producida por un legislador perezoso y errático.

65 Ley 15/2015, de 2 de julio. BOE 3/07/2015 (en adelante LJV).

66 Puestos a utilizar la técnica de disposiciones finales que emplea la LCJI, bien valdría que se hubiera limitado a la expedición judicial y al resto de aspectos judiciales que se regulan en la DF 26ª de

3. ÁMBITO DE APLICACIÓN DEL REGLAMENTO

Se hace necesario delimitar cuando resulta aplicable la nueva normativa, por lo que el presente trabajo no estaría completo si no se presentase el ámbito de aplicación de esta.

Para ello, en este capítulo, se expone el ámbito material, especial, temporal, con inclusión del Derecho transitorio, del nuevo régimen jurídico previsto por la Unión Europea para ser aplicable a las sucesiones internacionales.

Debe llamarse la atención, además, que el ámbito de aplicación de la nueva normativa fue una de las cuestiones más complejas en la tramitación. No todas los Estados miembros tenían las mismas intenciones con relación a la regulación y su extensión. Así tanto el ámbito de la nueva normativa como, además, la delimitación de lo que estaba dentro o fuera de la *lex successionis* implicaba tomar partido por una u otra opción de política legislativa.

a. Ámbito material

El Reglamento 650/2012 es un Reglamento de Derecho Internacional Privado, aunque no se haga referencia expresa a ello. Toda su estructura está, como quedó indicado, dirigida a la regulación de los tres sectores de la disciplina: competencia, ley aplicable y, reconocimiento y ejecución. Se introduce, además, como figura *ex novo* el Certificado Sucesorio Europeo.

No es, por consiguiente, la regulación material de la sucesión, a nivel europeo, lo que pretende el texto normativo. El legislador de la Unión carece de competencias al respecto.

---

la Ley de Enjuiciamiento Civil (en adelante, LEC), y no hubiera incluido a la expedición notarial en dicha sede.

La efectiva aplicación del Reglamento supone un punto de inflexión en la óptica de los operadores jurídicos. Implica poner en manos de los que se encuentran en la línea de fuego de la articulación de las herencias transfronterizas un poderoso instrumento al servicio de la planificación sucesoria.

El Reglamento multiplica, exponencialmente, las posibilidades que hasta el 17 de agosto de 2015 tenía el ciudadano europeo al abordar su sucesión. Por ello, no sería de extrañar que, a la vista de dichas nuevas vías de planificación sucesoria en las que se filtra decididamente la autonomía de la voluntad conflictual, los legisladores internos se replanteasen los límites de su propio Derecho material interno, pues a los ciudadanos no dejará de resultarles paradójico que las cotas de libertad que se alcanzan en una herencia transfronteriza no sean extrapolables a la planificación sucesoria cuando no exista elemento internacional[67].

En primer lugar, se deberá realizar una delimitación positiva del ámbito de aplicación. Así, la primera cuestión que habrá que tratar será la relativa al elemento internacional que debe estar presente como presupuesto de la aplicación del Reglamento.

Seguidamente, constatada la existencia de la situación internacional se deberá analizar la realidad sobre la que esta opera: la sucesión *mortis causa*, tal y como aparece presentada en el texto legislado con una delimitación positiva y negativa de la misma.

Concretado el supuesto de hecho sobre el que opera potencialmente el Reglamento sucesorio, el propio texto legal hace una delimitación negativa de su ámbito de aplicación. Los perfiles normativos del ámbito material del Reglamento se encuentran en el Considerando 9 y en sus artículos 1, 3, en tanto que determinan como ámbito material del Reglamento la sucesión

---

67 Ver DIAGO DIAGO, M. P., *op. cit.*,"Aplicación del Derecho Civil Aragonés a extranjeros".

mortis causa; que deben completarse con el artículo 23, al regular el ámbito de la ley sucesoria y los artículos 24[68] y siguientes.

El ámbito material, así acotado constituirá la realidad de hecho en la que debe operar el Certificado Sucesorio Europeo, objeto de esta investigación.

El resultado es un texto que trata de ser omnicomprensivo del fenómeno sucesorio, lo que, además, se ve potenciado al acoger una concepción amplia de lo que se incardina dentro del ámbito de la *lex successionis*, superando los escollos puestos de manifiesto en la tramitación de la norma y sus trabajos preliminares por aquellos que pretendían restringir el ámbito de aplicación a fin de evitar injerencias de la nueva norma en los Derechos materiales de los Estados[69].

i. Delimitación positiva del ámbito de aplicación: carácter internacional del supuesto de hecho y sucesión *mortis causa*

La existencia de un componente internacional que modalice el fenómeno sucesorio es un elemento ineludible para la aplicación del Reglamento. Por ello, no sólo es imprescindible,

---

68 Ver WELLER, M. en CALVO CARAVACA, A.L., DAVI, A. *et* MANSEL, H. P.; *The EU Succession Regulation A Comentary;* Ed. Cambridge University Press, Cambridge 2016, p. 77.

69 Como apunta RODRÍGUEZ BENOT, A., en "La acreditación de la cualidad de administrador de una herencia internacional: El certificado europeo de heredero", en VIÑAS, R. *et* GARRIGA G. (Coords.), *Perspectivas del Derecho sucesorio en Europa;* Ed. Marcial Pons, Madrid 2009, pp. 175-218, ver, en concreto, p. 213, la opinión de este autor resulta sumamente interesante, pues es coetánea a dichos trabajos preparatorios, al decir: *"El inconveniente primordial puesto de manifiesto por los detractores de esta concepción amplia del ámbito de aplicación material de la Lex successoria estriba en el temor a la injerencia excesiva que una futura norma comunitaria podría producir en los Derechos materiales internos de los Estados, en particular en sectores como el Derecho de bienes o el Derecho procesal".*

como se verá, que el supuesto de hecho opere sobre una sucesión hereditaria, sino que ésta, además, tenga un elemento de internacionalidad.

Los estudios sobre el Reglamento, que se han ocupado preliminarmente de la situación internacional como presupuesto de su aplicación, normalmente lo han hecho descomponiendo, en su análisis, los elementos personales (causante y herederos), reales (composición del patrimonio hereditario) y formales (lugar del otorgamiento de la disposición de última voluntad). La localización de dichos elementos en lugares distintos, bajo el ámbito de distintas leyes potencialmente aplicables, sería la que conllevaría o no la aplicación de la norma que se comenta[70].

---

[70] Este es el método de análisis que siguen, entre otros, CARRASCOSA GONZÁLEZ, J., *op. cit. "El Reglamento sucesorio europeo…"*, p. 31; CALATAYUD SIERRA, A., "Dos sistemas de solución de conflictos: sus diferencias y su encaje", en CALVO VIDAL, I.A. (ed), *El nuevo marco de las sucesiones internacionales en la Unión Europea,* Consejo General del Notariado, Madrid 2014, pp. 123-150, pp. 142 y ss.; FONT I SEGURA, A. "La remisión intracomunitaria a sistemas plurilegislativos en el Reglamento 650/2012 en materia de sucesiones", en CALVO VIDAL, I.A. (ed), *El nuevo marco de las sucesiones internacionales en la Unión Europea,* Consejo General del Notariado, Madrid 2014, pp. 75-122, p. 104, si bien este autor mantiene una posición más amplia y flexible hacia una mayor extension de la sucesión internacional. No se comparten las reflexiones de CALATAYUD SIERRA, A., p. 145 que llega a plantearse, sin negar la aleatoriedad del criterio, la cuota hereditaria que tendrían que representar los bienes sitos en el extranjero; JIMÉNEZ GALLEGO, C., *El Reglamento Sucesorio Euopeo. Un comentario notarial;* ed. Consejo General del Notariado, España 2106, en p. 176, comentando la solución que da CALATAYUD SIERRA, A., citada, entiende que la existencia de un bien en el extranjero, cualquiera que sea su valor, convierte a la sucesión en internacional, lo cual, como se verá, no comparto. El autor va más allá y con una solución marcadamente práctica pero no anclada argumentativamente

Sin embargo, muchas veces, se ha prescindido, en dicho análisis, del carácter complejo de la realidad sobre la que opera el Reglamento. El fenómeno sucesorio abarca muchos aspectos de la realidad y, lo que es más importante, se enfrenta a la posibilidad de existencia de situaciones de conflicto móvil, lo que incrementa la complejidad de un análisis riguroso.

Resulta muy importante el momento temporal en el que penetra el elemento de internacionalidad en el curso de los elementos en que se descompone la sucesión *mortis causa*; pues pueden darse ocasiones en que el devenir de la vida pueda transformar una sucesión interna en internacional por el hecho del cambio de residencia o la adquisición de un bien[71]. Todos estos factores deben ser cuidadosamente analizados a la luz de las circunstancias del caso concreto[72].

---

en el Derecho Internacional Privado, afirma "*[...] dado que este puede llevar a soluciones completamente insatisfactorias en algunos casos concretos, se acuda por los interesados, siempre que estén todos de acuerdo, a considerar que la sucesión es puramente de Derecho interno y a utilizar, aún en el extranjero, documentos de Derecho interno*".

71 ÁLVAREZ GONZÁLEZ, S. "El Reglamento 650/2012, sobre sucesiones y la remisión a un sistema plurilegislativo: Algunos casos difíciles o , simplemente, llamativos"; en *Revista de Derecho Civil*, vol. II, núm. 4 (octubre-diciembre, 2015) pp. 7-28, p. 15 habla de "relevancia de grado de heterogeneidad" para referirse a este interesante problema e introduce los conceptos de "heterogeneidad presente" y "heterogeneidad pasada", lo cual puede ser especialmente relevante para la admisión de una *professio* realizada constante un elemento de internacionalidad que ha desaparecido al tiempo de abrirse la sucesión, como apunta RIPOLL SOLER, A., *op. cit.*, pp. 31-32. Ver también CARRASCOSA GONZÁLEZ, J., *op. cit.*, *"El Reglamento sucesorio europeo..."*, p. 32, al que emplea el concepto de "sucesión *mortis causa* internacional diferida".

72 Ver en este sentido RIPOLL SOLER, A., *op. cit.*, *"Hacia un nuevo modelo..."*, pp. 31-32.

Por todo ello, no es aventurado señalar, como apunta la doctrina, que la nota de internacionalidad puede tener una intensidad baja[73]. En este sentido, parece interesante lo que apunta CALVO VIDAL, I. A., cuando dice que *"es posible afirmar que una sucesión internacional o con repercusiones transfronterizas, según la expresión que se emplea en el considerando 7, es aquélla en la que, dentro de los ámbitos que el mismo Reglamento delimita, se plantea cuestión acerca de la posible aplicación entre las legislaciones de dos o más Estados"*[74].

De todo lo anterior se sigue la conclusión ineludible de que el intérprete, debe mantener una actitud valorativa del conjunto de la sucesión y sus elementos[75]. Lo cual refrenda el TJUE, que, a su vez, parece seguir una interpretación amplia de cuándo debe entenderse que estamos ante una sucesión internacional[76].

---

73 GONZÁLEZ BEILFUSS, C., "El ámbito de aplicación del Reglamento de sucesiones"; en GINEBRA MOLINS, M. E. y TARABAL BOSCH, J., *El Reglamento (UE) 650/2012: Su impacto en las sucesiones transfronterizas;* ed. Marcial Pons, Madrid 2016, (pp. 55-77) ver. pp. 62-63; BONOMI, A. y WAUTELET, P., *op. cit.*, p. 40.

74 CALVO VIDAL, I. A., "El Certificado Sucesorio Europeo"; en GARRIDO DE PALMA, V. M. (ed.) en *Instituciones de Derecho Privado;* Civitas-Thomson Reuters, Cizur Menor (Navarra) 2016, 2ª ed., pp. 793-864, p. 800.

75 De "evaluación" se habla, por ejemplo, en el Cons. 24, en lo relativo a la determinación de la residencia habitual del causante y, esa misma posición, se aprecia en el Cons. 25, en lo relativo al juego de la vinculación más estrecha a la hora de determinar la ley aplicable a la sucesión. En este sentido puede citarse la RDGRN de 10 de abril de 2017 (BOE 26 de abril de 2017; TOL 6.051.006), en la que al referirse al elemento internacional establece que "no viene definido en el Reglamento debiéndose estar al caso concreto".

76 STJUE de 16 de julio de 2020 (C-80/19) (TOL 8.012.485); ver al respecto el comentario que hace de la referida sentencia MARIÑO PARDO, F. M., "De nuevo sobre la actuación notarial en el marco

Delimitado el elemento internacional, el concepto de "sucesión por causa de muerte" constituye el eje sobre el que se asienta la aplicación del Reglamento. Así, conforme al artículo 1.1, *"El presente Reglamento se aplicará a las sucesiones por causa de muerte".*

El art. 3.1.a define, a los efectos del Reglamento, la sucesión como "*la sucesión por causa de muerte, abarcando cualquier forma de transmisión mortis causa de bienes, derechos y obligaciones, ya derive de un acto voluntario en virtud de una disposición mortis causa o de una sucesión abintestato*". Dicha definición enlaza con el Considerando 9, cuyo tenor literal prácticamente comparte[77]. Si bien, este último, conecta con la idea de que todos los aspectos de la sucesión por causa de muerte deben quedar cubiertos por el Reglamento, salvo lo que esté excluido de él.

El concepto de sucesión por causa de muerte que maneja el Reglamento es un concepto autónomo y no tiene que coincidir, estrictamente con el concepto del Derecho interno de cada Estado miembro[78]. Por eso el TJUE ya se ha visto

---

del Reglamento europeo de sucesiones. Sentencia del Tribunal de Justicia, de 16 de julio de 2020, C-80/19: E E. () y loi applicable aux successions", *La Ley Unión Europea*, nº 85, octubre 2020, Wolters Kluwer (consultada edición digital).

77 El Considerando 9 dispone: *"El ámbito de aplicación del presente Reglamento debe abarcar todos los aspectos de Derecho civil de la sucesión por causa de muerte, es decir, cualquier forma de transmisión de bienes, derechos y obligaciones por causa de muerte, ya derive de una transmisión voluntaria en virtud de una disposición mortis causa, ya de una transmisión abintestato".*

78 Ver, entre otros, BLANCO-MORALES LIMONES, P.; *El ámbito de la ley aplicable, incluida la administración de la sucesión.* Cross-border Successions within the European Union.Bruselas. 15.8.2010, disponible 3 de noviembre de 2016 en http://documentslide.com/documents/blanco-morales-es.html ,p. 3, para la Propuesta; BONOMI, A. y, WAUTELET, P., *op. cit.* pp. 54 y 59; CARRASCOSA GONZÁLEZ, J., *op. cit. "El Reglamento Sucesorio Europeo…"*, p. 29; WELLER, M., *op. cit.*, p. 75; GONZÁLEZ BEILFUSS, C., *op. cit.*, p. 63

obligado a dilucidar si determinadas atribuciones coetáneas a la muerte están o no dentro del ámbito sucesorio[79]; y es que, uno de los principales problemas con los que se encuentra quien se aproxime a la aplicación del Reglamento de Sucesiones será el de la calificación[80].

---

[79] STJUE de 12 de octubre de 2017 (C-218/16, Kubicka) (TOL 9.742.788).

[80] Puede citarse, a título de ejemplo, el Asunto C-277/20 (TOL 8.579.253):Petición de decisión prejudicial planteada por el Oberster Gerichtshof (Austria) el 24 de junio de 2020, que plantea las siguientes cuestiones: *"1) ¿Debe interpretarse el artículo 3, apartado 1, letra b), del Reglamento (UE) 650/2012 del Parlamento Europeo y del Consejo, de 4 de julio de 2012, relativo a la competencia, la ley aplicable, el reconocimiento y la ejecución de las resoluciones, a la aceptación y la ejecución de los documentos públicos en materia de sucesiones mortis causa y a la creación de un Certificado Sucesorio Europeo (en lo sucesivo, «Reglamento n.o 650/2012»), en el sentido de que constituye un pacto sucesorio, a efectos de dicha disposición, un contrato de donación mortis causa sobre un bien inmueble sito en Austria, celebrado entre dos nacionales alemanes que tienen su residencia habitual en Alemania y en virtud del cual, tras el fallecimiento del donante, el donatario dispondrá, frente al caudal relicto, de un derecho jurídico-obligacional a la inscripción registral de su derecho de propiedad en virtud de ese contrato y del certificado de defunción del donante, es decir, sin intervención de la autoridad competente en materia de sucesiones?. 2) En caso de respuesta afirmativa a la primera cuestión: ¿Debe interpretarse el artículo 83, apartado 2, del Reglamento 650/2012 en el sentido de que también regula la validez de una elección de ley aplicable efectuada antes del 17 de agosto de 2015 para un contrato de donación mortis causa que procede calificar de pacto sucesorio a efectos del artículo 3, apartado 1, letra b), del mismo Reglamento?"*. También sobre la calificación, desde un punto de vista práctico y aplicado al caso concreto, puede verse RIPOLL SOLER, A., «La reserva vidual en Derecho Internacional Privado. A propósito de la RDGRN de 13 de agosto de 2014», *La Notaría*, 3-2015, pp. 72-79.

ii. Delimitación negativa del ámbito de aplicación: Materias excluidas[81]

a) Aspectos colindantes al Derecho público

Como contrapunto, desde una perspectiva general a lo incluido en el ámbito material natural del Reglamento, la sucesión *mortis causa*, aparece lo excluido en todo caso, en el artículo 1.1, en cuyo segundo inciso se establece que: *"[…] No será aplicable a las cuestiones fiscales, aduaneras y administrativas"*.

La fórmula trae causa del Convenio de Bruselas y se ha repetido en el Convenio de Lugano, así como en los Reglamentos Bruselas I, Roma I, Roma II y, en su caso, sus actualizaciones; con posterioridad al Reglamento de Sucesiones, también se plasma en los Reglamentos 2016/1103 (REM) y 2016/1104 (EPUR).

Al estar ante un Reglamento de Derecho Internacional Privado, la exclusión, en principio, parece lógica. Por un lado, la naturaleza pública de la normativa que se excluye justifica su no inclusión, por ello, tal vez, por obvia, podría considerarse superflua la referencia a la misma. De hecho, el artículo 81 TFEU al establecer el marco de actuación de los Estados, en esta materia, se centra en la cooperación judicial limitada al ámbito civil[82]. Sin embargo, estamos, como se ha dicho, prácticamente, ante una cláusula de estilo del legislador de la Unión.

---

81 Llama la atención la observación de CALÒ, E.; "El proyecto de Reglamento de la Unión Euripea sobre la ley aplicable a las sucesiones: lo que no se ha dicho (Reflexiones desde el derecho italiano)"; en *Indret*, julio 2010, p. 3, para quien resulta más interesante aquello excluido que aquello incluido.

82 Ver WELLER, M., *op. cit.*, p. 78.

No obstante lo anterior, debe hacerse alguna consideración más y puntualizar respecto de cada una de las tres exclusiones. La primera, por intranscendente, debe ser la relativa a cuestiones aduaneras, parece, indudablemente superflua, sin embargo, va de la mano de la referida cláusula de estilo.

Las cuestiones administrativas, también, por su naturaleza primordialmente pública, parece normal que hayan sido excluidas. Sin embargo, es conveniente, pues debe tenerse en cuenta que, a veces, es difícil escindir la sucesorio de lo administrativo. Sucede ello cuando el propio Reglamento se ocupa, por ejemplo, de los aspectos relativos a la regulación de las sucesiones vacantes, que se hace en el art. 33[83]. En otras ocasiones, en cambio las normas administrativas de cada Estado se filtran en el fenómeno sucesorio, como, por ejemplo, cuando se hace referencia a la transmisión, con ocasión del fallecimiento del titular, de determinados bienes o establecimientos, como las administraciones de lotería, los estancos o las oficinas de farmacia. En tales supuestos, no solo se trata de determinar quién es el continuador de la actividad, aspecto marcadamente ligado a los requisitos administrativos de la normativa reguladora. También, puede surgir, además, la problemática de dilucidar como se compensan los herederos cuando se han abonado determinadas cantidades por el causante que deben ser consideradas, por ejemplo, en la cuenta de las legítimas. Es bastante frecuente en la práctica española que en ese tipo de transmisiones, los disponentes, al ordenar su sucesión *mortis causa,* tengan en cuenta toda esa problemática al existir hijos en los que concurren los requisitos administrativos de la transmisión frente a los que carecen de los mismos. En tales supuestos se aprecia como se planifica la sucesión sobre la premisa de compensar a los hijos no continuadores de la actividad frente a los designados para continuarla. Concurre, además,

---

[83] Ver, en este sentido, BONOMI, A. y WAUTELET, P., *op. cit.*, p. 60.

la circunstancia de que dichas actividades suelen ser sobre las que descansa la organización económica de esos disponentes[84].

Mención distinta merecen los aspectos fiscales ligados al fenómeno sucesorio. Los cuales han sido especialmente tenidos en cuenta por el legislador de la Unión en el Cons. 10 para justificar la exclusión, al decir: *"El presente Reglamento no se aplica a cuestiones fiscales ni a cuestiones administrativas de Derecho público. Por consiguiente, debe corresponder al Derecho nacional determinar, por ejemplo, las modalidades de cálculo y pago de los tributos y otras prestaciones de Derecho público, ya se trate de tributos adeudados por el causante a fecha del fallecimiento, o de cualquier tipo de tributo relacionado con la sucesión que deba ser abonado con cargo a la herencia o por los beneficiarios. También debe corresponder al Derecho nacional determinar si la entrega de bienes sucesorios a los beneficiarios en virtud del presente Reglamento o la inscripción de los bienes sucesorios en un registro pueden estar sujetas a tributación"*. Si bien es cierto que la exclusión se presenta siempre junto con las otras dos materias anteriormente citadas, la justificación de la misma cada vez es más difícilmente sostenible.

En este punto, se ponen en tensión los principios que inspiran el Reglamento –planificación sucesoria y libre circulación de los ciudadanos- con la propia normativa fiscal. En la práctica, se producen notables desigualdades, dentro de la Unión, en función de cuál sea el Estado fiscalmente competente y los criterios en que se inspiren sus sistemas de financiación impositiva y el papel que en ellos represente el Impuesto de Sucesiones y su configuración. Cierto es que, de *lege lata*, difícilmente puede evitarse el problema, pues la Unión Europea carece de competencias en materia de impuestos directos. Su papel es muy limitado y queda reducido a una cierta armonización

---

84 Ver FERNÁNDEZ-TRESGUERRES GARCÍA, A.; *Las sucesiones "mortis causa" en Europa: aplicación del Reglamento (UE) nº 650/2012;* ed. Aranzadi, Cizur menor, 2016, pp. 124-134.

supeditada, además, a los principios de subsidiariedad y proporcionalidad que se consagran en el artículo 5 TUE. Resultan de especial interés las recomendaciones y, en particular, la 856 adoptada por la Comisión 15 de diciembre de 2011[85], que resalta en su Cons. 10 el hecho de que *"la ausencia de mecanismos apropiados encaminados a evitar la acumulación impositiva sobre las sucesiones puede conducir a cargas tributarias generales notablemente superiores a las aplicables en situaciones puramente internas en alguno de los Estados miembros implicados"*. A pesar de las buenas intenciones de la Recomendación[86], tras varios años de la misma, los problemas siguen siendo prácticamente los mismos. En la práctica, además, se observa como los asesores fiscales tratan de forzar la aplicación de la regla de competencia basada en la residencia (art. 4) para la expedición del certificado sucesorio o determinación de la ley aplicable cuando ello interesa a los fines de una menor incidencia fiscal; lo cual comporta el riesgo de desvirtuar, por motivos fiscales, los principios en que se inspira el Reglamento Sucesorio[87].

---

85 DOUE 20/12/2011 L. 336/81.

86 Un interesante análisis de la Recomendación 856/2011 puede verse en COLOMER BEA, D., "Conflicto de leyes y doble imposición en materia de sucesiones transfronterizas. Análisis del Reglamento (UE) 650/2012 y de la Recomendación 2011/856/UE", en *Revista Jurídica de la Comunidad Valenciana,* 57/2016, pp. 7-41, Ed. Tirant lo Blanch, Valencia 2016.

87 Desde el punto de vista de la normativa fiscal española debe tenerse en cuenta la reforma de la Ley del Impuesto de sucesiones motivada por la STJUE de 3 de diciembre de 2014 (C-127/12), la cual incidió en una nueva redacción de la DA 2ª de la LISD 29/1987, para adaptar nuestra legislación a dicho pronunciamiento a fin de evitar las discriminaciones que se producían anteriormente entre residentes y no residentes a la hora de aplicar la normativa fiscal española.

b) Aspectos de Derecho privado expresamente excluidos

La naturaleza de Derecho público de las exclusiones referidas anteriormente, al margen del desarrollo que se ha hecho de las mismas, puede servir para justificar, sin más, en un Reglamento atinente al Derecho Internacional Privado, que queden fuera del ámbito normativo.

Sin embargo, otras materias que naturalmente se encuentran dentro del ámbito internacional privatista aparecen expresamente excluidas a fin de delimitar, netamente, lo que se encuentra dentro del ámbito sucesorio sobre el que opera el Reglamento de aquello otro que deberá ser abordado, al margen de la sucesión o, en su caso, como una cuestión previa.

En este contexto debe entenderse el Cons. 11, al decir: *"El presente Reglamento no debe aplicarse a ámbitos del Derecho civil distintos de la sucesión. Por motivos de claridad, algunas cuestiones que podría considerarse que tienen un vínculo con la materia sucesoria deben excluirse expresamente del ámbito de aplicación del presente Reglamento"*.

En las cuestiones que, como consecuencia de dichas exclusiones, se encuentren fuera del Reglamento y deban ser abordadas desde la óptica del Derecho Internacional Privado estatal del tribunal o autoridad que conozca de la sucesión, en el caso en que no sean objeto de regulación por el Derecho Internacional privado de la Unión Europea, cada Estado es libre de, si quiere, implementar las normas del Reglamento para regular aquellos extremos, lo cual, al menos en el caso de España, no ha tenido lugar[88].

---

88 Ver DAVI, A., en DAVI, A. y ZANOBETTI, A., *Il nuovo diritto internazionle privato europeo delle successioni*, Ed. G. Giappichelli Editore, Torino 2014, p. 25; en este mismo sentido, siguiendo al anterior WELLER, M. en CALVO CARAVACA, A.L., DAVI, A. *et* MANSEL, H. P.; *The EU Succession Regulation A Comentary;* Ed. Cambridge University Press, Cambridge 2016, p. 80.

Estado civil de las personas y relaciones de familia

El art. 1.2.a) excluye del ámbito del Reglamento: *"el estado civil de las personas físicas, así como las relaciones familiares y las relaciones que, con arreglo a la ley aplicable a las mismas, tengan efectos comparables"*.

Debe destacarse que se trata de materias que, si bien, quedan fuera del ámbito sucesorio, condicionarán la solución que se de a una concreta sucesión *mortis causa*. La existencia o no de un determinado estado civil o de una determinada relación familiar[89] no será indiferente a la solución material del concreto Derecho llamado a regular la sucesión. Sin embargo, el Reglamento no ofrece un tratamiento unitario de esta materia. Normalmente, en la práctica, tendrá un amplio campo la labor del TJUE que jugará un papel imprescindible como armonizador de la aplicación práctica de la normativa.

A falta de dicha jurisprudencia, la doctrina, suele acudir a la resolución de las cuestiones previas tomando en consideración la normativa a la que esté sujeta la autoridad del foro[90];

---

[89] A las relaciones de familia BONOMI, A y WAUTELET, P. asimilan aquellas otras que tienen ciertos perfiles comunes con éstas, como las derivadas de la unión de hecho, *op. cit.* p. 63; en el mismo sentido WELLER, M., *op. cit.*, p. 84, analiza el problema tomando en consideración el concepto autónomo de "familia" que debe tenerse en cuenta al analizar el Reglamento, sin perjuicio de los distintos problemas que plantea la cuestión en cada legislación en función de cómo se aproximen a institutos tales como el matrimonio de personas del mismo sexo o uniones de hecho.

[90] Ver GONZÁLEZ BEILFUSS, C., *op. cit.*, pp. 66-68; IGLESIAS BUIGUES, J.L. y PALAO MORENO, G., *op. cit.* pp. 35-36; un interesante discurso expositivo es el de BONOMI, A. y WAUTELET, P., *op. cit.* pp. 62-66, quienes tras apuntar que en la práctica se suele seguir el criterio de considerar que las cuestiones preliminares deben recibir el tratamiento de conexiones independientes, lo cual da coherencia a los sistemas internos de cada foro, se pueden

lo cual no siempre será conveniente, pues podría implicar que se filtrase un tratamiento dispar de la sucesión en función de cómo se resuelvan tales cuestiones preliminares, lo que si se conseguiría si se aplicase la solución de DIPr contenida en la *lex causae* reguladora de la sucesión. Sin embargo, esta última solución incrementaría el nivel de complejidad de la aplicación del Reglamento sucesorio, inspirado en el principio de hacer coincidir el *forum* y el *ius*.

La espinosa cuestión de la resolución de las cuestiones preliminares, como suele ponerse de relieve, sin duda, desdora la labor uniformizadora que con el Reglamento se pretende[91],

---

producir distorsiones que atomicen la uniformidad del tratamiento que pretende el Reglamento si no se introducen correctores en aquellos supuestos en los que nos encontremos bien con Estados que hagan depender la cuestión previa de la *lex successionis* elegida por el causante, bien como consecuencia del margen de autonomía que se permite en relación a la determinación de la competencia internacional; por lo que podría darse la paradoja de que indirectamente, sobre la base del juego del tratamiento de las cuestiones previas se llegara a decisiones en sede sucesoria que no están permitidas por la normativa del foro si se tratase autónomamente dichas cuestiones; por lo que, no estaría mal que, en tales casos, dichas cuestiones previas se hicieran depender de la ley sucesoria. WELLER, M. en CALVO CARAVACA, A.L., DAVI, A. *et* MANSEL, H. P.; *The EU Succession Regulation A Comentary;* Ed. Cambridge University Press, Cambridge 2016, pp. 80-83, partiendo de la explicación de BONOMI, A y WAUTELET, P. citada, pone de relieve lo aleatorio de introducir las excepciones referidas, *de lege ferendae,* tal vez sería conveniente diferenciar el tratamiento de las cuestiones previas en función de que en dichas materias haya existido o no armonización ya por parte de la UE, sin embargo, acaba concluyendo la complejidad y la necesaria intervención del TJUE al respecto.

91 Ver, en este sentido, para la Propuesta, que no se ha visto afectada por la redacción definitiva, BLANCO-MORALES LIMONES, P.; *El ámbito de la ley aplicable, incluida la administración de la sucesión.*

pues la solución que se de a las mismas, si no es homogénea, podrá dar lugar a que tampoco se resuelva de la misma manera una sucesión internacional dentro de los Estados miembros sujetos al Reglamento, lo que limitaría uno de los objetivos de la regulación que aquí se analiza[92].

La capacidad jurídica de las personas físicas

En el art. 1.2.b se establece la regla general de exclusión de la capacidad jurídica de las personas físicas del ámbito del Reglamento al tiempo que se señalan excepciones, al referirse a lo excluido como: *"b) la capacidad jurídica de las personas físicas, sin perjuicio de lo dispuesto en el artículo 23, apartado 2, letra c), y en el artículo 26".*

La exclusión general de la capacidad jurídica hace que, a los efectos del Reglamento y en nuestro caso, desde el punto de vista del artículo 9.1 C.c., la ley personal de la persona determinará la capacidad en aquellas cuestiones que no estén cubiertas por el Reglamento. Ligadas a la capacidad se encuentran las medidas de protección de menores y de adultos que se regirán respectivamente por el R(UE) actual R(UE) 1259/2010 o Convenio de la Haya de 1996, para aquellos; y, por el art. 22 quater b) LOPJ y art. 9.6 C.c., respecto de los adultos.

Respecto a esta exclusión general, indirectamente, aún antes de la entrada en aplicación del Reglamento de Sucesiones, pero después de su publicación, ha tenido ocasión de pronunciarse el

---

Cross-border Successions within the European Union.Bruselas. 15.8.2010, disponible 3 de noviembre de 2016 en http://documentslide.com/documents/blanco-morales-es.html , p. 3, para quien el régimen de las cuestiones previas debería quedar sometido a una conexión autónoma y regida por la ley que así resulte designada.

92 Ver, en este sentido, DAVI, A., *op. cit.*, pp. 32 y ss.

TJUE en Sentencia de 6 de octubre de 2015[93] y, posteriormente, también en Sentencia de 19 de abril de 2018[94].

Las excepciones, que contempla el propio Reglamento, se encuentran en el artículo 23.2.c) referido a la capacidad para suceder; y, el artículo 26, respecto de la validez material de las disposiciones *mortis causa.*

En un contexto sucesorio se hace imprescindible determinar, a los efectos del Reglamento, habida consideración a las excepciones que el mismo contempla, qué se encuentra dentro y qué está fuera del campo de actuación de la ley sucesoria por él delimitada.

Ligadas al fenómeno sucesorio aparecen cuestiones que determinarán que una persona que realmente llegue a existir pueda ser o no considerada como sucesor. La propia existencia de la persona, incluyendo el momento en el que se reputa como tal, así como la atribución de la filiación, en relación a unos determinados progenitores, podría alterar el orden de

---

93 C-404/14, Matousková; fallando que el *"Reglamento (CE) nº 2201/2003 del Consejo, de 27 de noviembre de 2003, relativo a la competencia, el reconocimiento y la ejecución de resoluciones judiciales en materia matrimonial y de responsabilidad parental, por el que se deroga el Reglamento (CE) nº 1347/2000, debe interpretarse en el sentido de que la aprobación de un acuerdo de reparto sucesorio concluido por el tutor de menores por cuenta de éstos constituye una medida relativa al ejercicio de la responsabilidad parental [...], y no una medida relativa a las sucesiones, excluida del ámbito de aplicación de éste. (RES)"* Puede verse a este respecto el comentario de FONT i SEGURA, A.; "Competencia para autorizar un acuerdo de partición de herencia celebrado por un tutor en representación e interés de unos herederos menores de edad (STJUE de 6 de octubre de 2015, Asunto C-404/14: Marie Matousková", en *La Ley Unión Europea,* nº 35, marzo 2016, pp. 1-12.

94 C-565/16, Saponaro, (TOL 6.573.831) en relación a la solicitud de autorización judicial de los padres del menor para repudiar una herencia en uso de la representación legal.

los llamamientos admitidos o, incluso previstos, en el caso de sucesión intestada, por la ley sucesoria.

El Reglamento parece excluir tales cuestiones del ámbito de aplicación del mismo. En tal sentido debe tenerse en cuenta las letras a) y b) del art. 1.2. Sin embargo no se trata de un tema zanjado sin más por la literalidad de tal precepto.

El artículo 23.2.c) y el art. 26 están construidos presuponiendo la propia existencia de la persona y la delimitación del estado civil, que queda fuera del ámbito del Reglamento.

Así, se puede concluir que el artículo 23.2.c) y 26 colocaría dentro del ámbito de la ley sucesoria todas aquellas cuestiones que hacen referencia a la posibilidad de ordenar disposiciones a favor de determinadas personas[95].

La capacidad para ordenar la sucesión o revocar una disposición sucesoria se subsumiría dentro del ámbito del artículo 26.

La cuestión más vidriosa sería la relativa a reputar a un ser persona y la relativa a imputarle una filiación respecto de alguien. Son dos aspectos que deben ser analizados teniendo en cuenta que tanto el régimen de las cuestiones previas, a que conduce el artículo 1.2 como el régimen de la ley sucesoria, al que apela el artículo 23, se encuentran en dura pugna en el régimen del Reglamento.

Debe notarse que muchas leyes materiales, cuando hablan de la capacidad para suceder, en el fondo, no hacen más que referirse a una manifestación de la capacidad jurídica general

---

95 Es lo que se conocía tradicionalmente por nuestra doctrina como "incapacidades relativas", si bien, actualmente, se hace referencia a ellas como "prohibiciones para suceder". Puede verse, en ese sentido, SÁNCHEZ CALERO, F.J., *Curso de Derecho Civil IV. Derecho de Familia y Sucesiones*; en Sánchez Calero, F.J. (Coord.), Ed. Tirant lo Blanch, 8ª ed.; Valencia 2017, pp. 394 y ss..

en el ámbito sucesorio sin añadir ningún especialidad, por lo que el tratamiento debería ser el mismo[96]. Así, reputar a una persona como tal y atribuirle capacidad jurídica debería subsumirse dentro del ámbito de la ley reguladora de las cuestiones previas, a la que se refiere el art. 1.2.a) y b). Ello debe conciliarse con la norma del artículo 23.2.c) que incardina en el ámbito de la ley sucesoria las cuestiones relativas a la "capacidad para suceder"[97]. En tales casos, parece que la existencia de la persona y la atribución de una determinada relación de filación en relación con un determinado causante serán cuestiones que quedan fuera del ámbito del Reglamento; sin embargo, la norma del artículo 23.c) resplandecerá cuando se trate de determinar los posibles efectos del llamamiento al *nasciturus* o la viabilidad de los llamamientos al *concepturus*.

En relación al *nasciturus,* en el fondo, en ocasiones, los ordenamientos establecen presunciones de existencia al tiempo del fallecimiento, momento que suele coincidir con la apertura de la sucesión. Dichas presunciones son las que llevan aparejados los efectos sucesorios y es por lo que deben ser reputadas cuestiones de capacidad vinculadas a la ley sucesoria.

Respecto del *concepturus* también parece lógico que se subsuma dentro de la ley sucesoria, pues no deja de tratarse de un llamamiento en favor de una persona que no existe el tiempo del fallecimiento del causante. Será la ley sucesoria la que determine si debe tenerse o no en consideración a dicho ser.

---

96 Ver, en este sentido, SÁNCHEZ CALERO, F.J., *op. cit.*, p. 391.

97 En este sentido, BONOMI, A. y WAUTELET, P., *op. cit.*, p 299, llaman la atención y diferencian entre la perspectiva o contexto sucesorio en el que se presente la capacidad para suceder y el contexto no sucesorio; por tal motivo, consideran que las cuestiones relativas a la sucesión por el *nasciturus* o el llamamiento al *concepturus* deben reputarse cuestiones sucesorias de capacidad y regularse por la ley sucesoria.

Un supuesto interesante es el que se produce cuando se emplean técnicas de reproducción asistida[98]. En ellas confluyen los aspectos sucesorios y no sucesorios de la regulación. Por un lado la determinación de la existencia de la persona y la atribución de una determinada relación de filiación, por otro lado el juego de las presunciones de nacimiento al tiempo de la apertura de la sucesión de tales personas. En tales casos, el juego de ambas leyes facilitará la solución del problema; sin embargo, se podría dar la circunstancia de que las cuestiones vinculadas a la existencia de la persona y la atribución de una determinada filiación se encontrasen con el límite del orden público, regulado en el artículo 35, y se negase capacidad para suceder por el juego cumulativo de la regulación de la ley sucesoria y el orden público del foro. En estos supuestos será conveniente un adecuado asesoramiento en relación a la elección de ley aplicable y los criterios para determinación de la *lex successionis.*

Por último, con independencia de cual sea la naturaleza jurídica de la indignidad y la desheredación, éstas quedan dentro del ámbito de la *lex successionis,* a tenor de lo dispuesto en el artículo 23.2.d).

---

98 En este sentido debe tenerse en cuenta, desde el punto de vista del Derecho material español el primer inciso del art. 9.2 de la Ley 14/2016, de 26 de mayo, sobre ténicas de reproducción asistida humana, al decir: *"No obstante lo dispuesto en el apartado anterior, el marido podrá prestar su consentimiento, en el documento a que se hace referencia en el artículo 6.3, en escritura pública, en testamento o documento de instrucciones previas, para que su material reproductor pueda ser utilizado en los 12 meses siguientes a su fallecimiento para fecundar a su mujer. Tal generación producirá los efectos legales que se derivan de la filiación matrimonial [...]".*

Desaparición, ausencia y declaración de fallecimiento

El Reglamento parte de la idea de que muchos de los conceptos que emplea son autónomos del Derecho Internacional Privado de la Unión Europea. Uno de esos conceptos podría ser el relativo al "estado civil". Desde la perspectiva de los distintos Derechos materiales de cada Estado miembro, lo que deba entenderse por "estado civil" no es un concepto unívoco. Por eso, acertadamente, el Reglamento pese a haber excluido las cuestiones relativas al estado civil en la letra a) del art. 1.2., en la letra c) excluye: *"las cuestiones relativas a la desaparición, la ausencia o la presunción de muerte de una persona"*[99]. Se trata de cuestiones que en muchos ordenamientos de Estados vinculados al Reglamento quedan dentro del ámbito del estado civil[100], no, en cambio, en España ni en otros muchos Estados de la Unión.

Las cuestiones a las que se refiere la letra c) del art. 1.2 colindan con el fenómeno sucesorio. En muchos ordenamientos son situaciones en las que se encuentra la persona a la que se les aplican soluciones propias del Derecho de sucesiones, por lo que es lógico que el Reglamento las haya tomado en consideración.

La solución que adopta el Reglamento las desplaza al régimen de las cuestiones previas[101] y, por consiguiente, en función de la posición que se adopte respecto de las mismas podría llegar a incidir en la solución final que se de a una concreta sucesión *mortis causa* sujeta al Reglamento sucesorio.

---

99 Lo que deba entenderse como "estado civil" es algo que no puede sustraerse a las circunstancias del tiempo en que se estudie tal categoría, ver en este sentido MORENO TRUJILLO, E. en SÁNCHEZ CALERO, F.J., *op. cit.*, p. 87.

100 Ver WELLER, M., *op. cit.*, p. 86.

101 Ver supra el apartado en el que se trata la exclusión relativa al estado civil y relaciones de familia (art. 1.2.a).

No constituyendo "estado", sin embargo, el Reglamento no se ocupa, como apunta la doctrina, del momento temporal en que la muerte queda determinada. Dicho momento no tiene que coincidir necesariamente con el de la apertura de la sucesión[102], que se somete al imperio de la *lex successionis*, conforme al art. 23.2.a)[103]. La uniformización que el Reglamento pretende hubiera recibido bien una norma material al respecto, como se ha hecho para la conmoriencia en el art. 32. Tal solución hubiera recibido las mismas críticas de falta de competencia que se aducen para no encontrar justificación a la regulación de la prioridad temporal en el fallecimiento de personas llamadas a sucederse cuyo orden de deceso se duda. Si bien, a medida que se vaya avanzando en la técnica de armonizar soluciones de Derecho Internacional Privado en la Unión Europea se irán limando estos problemas. Por ello, teniendo en cuenta que el nuevo escenario parece más racional que el anterior y más fácil para el ciudadano, tal vez no sea desaconsejable adoptar una posición indulgente, aunque crítica, respecto de este y otros temas.

El régimen económico del matrimonio y parejas de hecho

La economía de la pareja es una de las cuestiones más complejas en la delimitación del ámbito objetivo del Reglamento de Sucesiones. En el artículo 1.2.d) se establecen como excluidas

---

102 Para BLANCO-MORALES LIMONES, PILAR; *El ámbito de la ley aplicable, incluida la administración de la sucesión.* Cross-border Successions within the European Union.Bruselas. 15.8.2010, disponible 3 de noviembre de 2016 en http://documentslide.com/documents/blanco-morales-es.html, p. 6, al comentar la Propuesta, se produce un desajuste al regularse la apertura de la sucesión, pero no la desaparición, ausencia y el presunto fallecimiento de una persona física.

103 Ver, entre otros, BONOMI, A. y WAUTELET, P., *op. cit.*, p. 67; GONZÁLEZ BEILFUSS, C., *op. cit.*, p. 68; WELLER, M., *op. cit.*, p. 86; PALAO MORENO, G. y ALONSO LANDETA, G. en IGLESIAS BUIGUES, J.L. y PALAO MORENO, G, *op. cit.*, p. 36.

del ámbito de aplicación del Reglamento: *"las cuestiones relativas a los regímenes económicos matrimoniales, así como a los regímenes patrimoniales resultantes de las relaciones que la ley aplicable a las mismas considere que tienen efectos comparables al matrimonio"*.

Pese a esa declaración general, los autores del Reglamento tienen clara la colindancia entre las cuestiones que ahora se excluyen y las sucesorias, por ello, en el artículo 23.2.b) se incluye dentro del ámbito de la ley sucesoria: *"[...] la determinación de otros derechos sucesorios, incluidos los derechos sucesorios del cónyuge o la pareja supérstite"*.

Resultan, además, sumamente ilustrativas de esta problemática las concretas referencias que al cónyuge y pareja de hecho se hacen en sede de expedición de certificado sucesorio, así, por ejemplo, en las letras d) y j) del artículo 65, relativo a la solicitud del certificado sucesorio, o la letra h) del artículo 68, referida al contenido del certificado sucesorio; todo lo cual, a su vez, se tiene en cuenta en los formularios de solicitud y de expedición del propio certificado, como se tendrá ocasión de analizar en el apartado correspondiente.

No puede negarse la interdependencia de la liquidación del régimen económico matrimonial o del patrimonio de la pareja de hecho con la sucesión hereditaria del cónyuge o conviviente[104]. Aquella deberá ser necesariamente previa a la propia liquidación de la herencia, pues la masa hereditaria

---

104 Como se verá, uno de los principales lastres del Certificado Sucesorio Europeo lo constituyen las cuestiones que colindan con la liquidación del régimen económico matrimonial. Sin embargo, algunos autores, como BENDITO CAÑIZARES, M. T.; "Comienza la apuesta europea por la armonización en las sucesiones transfronterizas", en *Revista Crítica de Derecho Inmobiliario,* julio-agosto 2015, núm. 750, pp. 2017-2089, juzgan con acierto que el Reglamento de Sucesiones no entre en las connotaciones propias del Derecho de familia, pues de lo contrario se habría ralentizado el proceso.

se forma, ineludiblemente, con el haber que corresponda al causante tras la liquidación del patrimonio de la pareja, al cual se adicionarán los bienes que privativamente pertenecieran al mismo[105]. Al mismo tiempo, debe tenerse en cuenta el hecho de que, si la herencia no es intestada, lo normal es que el causante haya tomado en consideración a su cónyuge o pareja para realizar una atribución sucesoria, normalmente mayor a la que, en su caso, está proyectada legalmente para los casos de sucesión intestada. No en vano, una de las principales prioridades de la pareja, al menos en España, al ordenar su sucesión, al margen de que se realice en un solo instrumento o, por el contrario, se lleve a cabo mediante dos testamentos complementarios o compatibles, es, en la práctica, protegerse y conservar un margen de libertad mayor que el previsto legalmente, para el momento en el que uno de los miembros de la misma haya fallecido. Uno de los mayores temores, de hecho, es que los hijos sean ingratos y no respondan a los patrones morales que los progenitores les trataron de inculcar. Dicho problema se acrecienta en el caso de que sean hijos no comunes, como consecuencia de la sucesión de relaciones de uno o ambos miembros de la pareja matrimonial o no.

Así, en la práctica consolidada notarial española, la sucesión del primer cónyuge fallecido se articula sobre una "escritura de aceptación de herencia, liquidación de régimen económico matrimonial y partición hereditaria". Ese esquema se reproducirá, en mayor o menor medida en situaciones de convivencia *more uxorio* en función de los efectos que les atribuya

---

105 Nótese que en parejas estables longevas puede que el patrimonio hereditario sea únicamente el resultante de la liquidación del régimen, como sucede en la práctica cuando estas se sujetan a regímenes de comunidad. Al menos si se toma en consideración la media de los matrimonios existentes en España, cuando resulta aplicable como régimen legal supletorio el de la sociedad de gananciales u otro de análoga naturaleza.

la legislación aplicable. Cuanto más próximo sea al régimen legal al de una situación de régimen económico matrimonial con comunicación de ganancias, más probable será que el tratamiento documental sea el mismo; lo cual no tendrá lugar, en cambio, en aquellos casos en los que los aspectos patrimoniales no hayan sido tenidos en cuenta por el legislador o, como es frecuente, se haya partido de la inexistencia de comunicación patrimonial en la regulación de las parejas de hecho[106].

Debe llamarse la atención sobre dos aspectos: el concepto de matrimonio, de una parte; y, el concepto de pareja no matrimonial como generadora de efectos, como presupuesto de hecho de la producción de efectos con transcendencia sucesoria.

La existencia de un régimen económico matrimonial determina la previa existencia de un matrimonio. Se trata de una cuestión previa, la existencia del matrimonio, que queda fuera del Reglamento de Sucesiones, como también queda fuera del ámbito del Reglamento 1103/2016 de régimen económico del matrimonio (art. 1.2.b) REM).

Es sabido que el reconocimiento del matrimonio entre personas del mismo sexo fue una de las cuestiones que abocó a la cooperación reforzada y a que algunos Estados miembro se quedasen fuera del R(UE) 1103/2016; sin embargo, en general, hay

---

[106] Evidentemente, el enfoque del texto parte de la existencia de un régimen económico supletorio para las parejas matrimoniales basado en la comunicación en mayor o menor medida de ganancias. Lo cual no tendrá lugar en aquellos sistemas legislativos que adopten el régimen económico matrimonial supletorio de separación de bienes. En materia de parejas de hecho, en cambio, parece que lo habitual es la inexistencia de comunicación de ganancias sin perjuicio de admitirse pacto en contario. Por ello, la primera operación será la de determinar la existencia o no de situaciones patrimoniales generadas por la economía matrimonial o de la pareja de hecho que deban ser liquidadas. Debe, por consiguiente, analizarse en cada caso lo que procede.

una cierta unidad en lo que por matrimonio debe entenderse, al menos en el ámbito de la Unión Europea.

La situación, que pudiera ser virtualmente coincidente en el caso de las parejas de hecho, sin embargo, presenta matices.

La Unión Europea ha asumido el concepto de *unión registrada* en el R(UE) 1104/2016. Ello implica una toma de posición, delimitando, a los efectos del Derecho Internacional Privado de la Unión Europea, la unión de hecho a la unión que haya sido registrada y que, además, tenga efectos patrimoniales.

Se trata, igualmente, la existencia de la unión registrada, de una cuestión previa, así se desprende del art. 1.2.b) EPUR. En el ámbito del Reglamento de Sucesiones, la única toma en consideración de aquellas uniones registradas que tengan efectos patrimoniales no debería plantear problemas.

En efecto, sólo en aquellos casos en los que, bien exista un régimen económico que liquidar, que pueda incrementar la masa hereditaria, bien exista un llamamiento legal, sea como legitimario, sea como sucesor intestado, del conviviente, se tomará en consideración dicha unión registrada. Sin embargo, paradójicamente, se aprecia una falta de adaptación en dos Reglamentos prácticamente coetáneos. Así, la unión de hecho aparece muy restringida en el ámbito del Reglamento EPUR, de otro modo, en el ámbito del Reglamento de Sucesiones y, especialmente, de su Reglamento de ejecución, se adopta una posición mucho más amplia, tomándose en consideración situaciones convivenciales de pareja que, tal vez, no serían subsumibles en el concepto de unión registrada. Y es que, al Reglamento Sucesorio, lo que realmente le importa es la composición de la masa hereditaria, cualquiera que sea la procedencia de la misma o las relaciones de convivencia que hubieran dado lugar a la misma[107].

---

[107] Así, sin ánimo exhaustivo, se yuxtapone al cónyuge la "pareja" del causante en el art. 23.2.b), al regular el ámbito de la ley sucesoria,

No puede dejar de llamarse la atención sobre la falta de adaptación que se produce entre los Reglamentos de Sucesiones, Régimen Económico Matrimonial y Efectos Patrimoniales de la Uniones Registradas. Es algo que se ha puesto de relieve por la doctrina al analizar la cuestión[108]. No solo por las leyes supletorias elegidas, que no necesariamente tendrán que coincidir, sino también por el elenco de leyes elegibles, tanto en materia de ley sucesoria como en materia de régimen económico de la pareja matrimonial o no[109]. Por ello, se presenta como fundamental, ahora más que nunca, el asesoramiento profesional en el otorgamiento de los documentos de últimas

---

en el art. 65.3.d), como una de las menciones que debe aparecer en la solicitud del certificado. En el art. 68.h) se habla de "relación que produzca efectos similares al matrimonio", en relación a las menciones que debe contener el Certificado Sucesorio Europeo. El legislador de la Unión no se queda ahí y en el R(UE) 1329/2014 va más allá, así, dejando clara la vocación omnicomprensiva del Reglamento, yuxtapone lo conceptos de "pareja registrada" (no "unión registrada") a "pareja de hecho" y aclara, además, con el siguiente tenor: *"El concepto de pareja de hecho incluye situaciones jurídicas de cohabitación que existen en algunos Estados miembros, como "sambo" en Suecia o "avopuoliso" en Finlandia";* puede verse, al respecto, la llamada (5) en el formulario V de expedición del Certificado Sucesorio Europeo, en relación al punto 5.12 y sus concordantes en el anexo de solicitud (formulario 4); también debe llamarse la atención sobre la mención a "otros estados civiles" (punto 6.5.6 del formulario de expedición del CSE) yuxtapuesto a los estados de "soltero, casado, pareja registrada, divorciado, viudo"; y sus concordantes en el formulario de solicitud.

108 Véase BONOMI, A. y WAUTELET, P., *op. cit.* p. 71; GONZÁLEZ BEILFUSS, C., *op. cit.*, pp. 70-71.

109 En relación a las leyes sucesorias elegibles véase RIPOLL SOLER, A., *op. cit., "Hacia un nuevo modelo…"*; respecto de las leyes elegibles en materia de régimen económico de la pareja, véase el comentario a los artículos 22 y 26 de los Reglamentos REM y EPUR de DIAGO DIAGO, M.P. en IGLESIAS BUIGUES, J.L. y PALAO MORENO, G, *op. cit.*.

voluntades y de las capitulaciones matrimoniales, siendo imprescindible un tratamiento conjunto de los mismos si se quieren evitar desajustes, antes el panorama normativo que se presenta al operador jurídico y al ciudadano potencial causante.

Como ha resaltado la doctrina, en muchas ocasiones surgirán problemas de calificación en relación a instituciones tradicionales para incardinarlas dentro de lo matrimonial o de lo sucesorio[110]. Sin embargo, el TJUE, ya se ha pronunciado sobre alguna de estas cuestiones planteadas académicamente y ha concluido, por ejemplo, la fuerza atractiva de la naturaleza sucesoria en aquellos casos en los que la norma interna de liquidación de régimen económico matrimonial determina un incremento de la cuota que se percibe en la liquidación del sobreviviente cuando la causa es el fallecimiento de uno de los cónyuges[111], recordando que el Reglamento 2016/1103

---

110 Véase BONOMI, A. y WAUTELET, P., *op. cit.*, p. 70; WELLER, M., *op. cit.*, pp. 89 y ss.

111 STJUE 1/03/2018 C-558/16 Mahnkopf (TOL 6.519.954), es interesante resaltar del texto de la STJUE cuando dice: *"no trata del reparto de bienes patrimoniales entre los cónyuges, sino que aborda la cuestión de los derechos del cónyuge supérstite respecto a bienes ya contabilizados dentro de la masa hereditaria [...] no parece que el objeto principal de ese artículo sea repartir los bienes patrimoniales o la liquidación del régimen económico matrimonial, sino mas bien determinar el quantum de la parte alícuota de la herencia que debe atribuirse al cónyuge supérstite con respecto a los otros herederos [...] en consecuencia, un precepto como este se refiere principalmente a la sucesión del cónyuge fallecido y no al régimen económico matrimonial. Por lo tanto, una norma de Derecho nacional como la controvertida en el litigio principal corresponde a la materia sucesoria a efectos del Reglamento de Sucesiones"*. Puede verse el comentario a la Sentencia que realiza FONTANELLAS MORELL, J.M.; "Los derechos legales del cónyuge supérstite en los instrumentos europeos de Derecho internacional privado"; en *Diario La Ley*, nº 61, 31 de julio de 2018, Ed. Wolters Kluwer.

excluye expresamente de su ámbito de aplicación la sucesión por causa de muerte de uno de los cónyuges.

Debe tenerse en cuenta como cierre interpretativo del sistema el Cons. 12 al decir: *"En consecuencia, el presente Reglamento no debe aplicarse a las cuestiones relativas a los regímenes económicos matrimoniales, incluidos los acuerdos matrimoniales tal como se conocen en algunos sistemas jurídicos en la medida en que no aborden asuntos sucesorios, ni a regímenes patrimoniales de relaciones que se considera que tienen efectos similares al matrimonio. No obstante, las autoridades que sustancien una sucesión con arreglo al presente Reglamento deben tener en cuenta, en función de la situación, la liquidación del régimen económico matrimonial o de un régimen patrimonial similar del causante para determinar la herencia de este y las cuotas hereditarias de los beneficiarios"* [112].

Las obligaciones alimenticias ajenas a la sucesión

Las obligaciones de alimentos se basan en la solidaridad que el legislador considera que debe acompañar a determinadas relaciones humanas. En unas ocasiones el fundamento de dicha solidaridad se busca en una relación de parentesco, entendida en un sentido amplio. Otras veces, el ordenamiento jurídico tutela determinadas situaciones de hecho y expectativas generadas en una persona por actos de otra durante su vida que hacen acreedora a la primera de una prestación alimenticia[113].

---

112 El segundo inciso del considerando parece haber guiado la resolución del caso Mahnkopf (TOL 6.519.954), si bien, no deja de ser difícil conseguir el resultado de uniformidad pretendido en la aplicación del Derecho de la Unión Europea cuando existe tanto margen de interpretación.

113 En este sentido, resulta ilustrativa, por ejemplo, en el Reino Unido, la cita del artículo 1 de la *Inheritance (Provision for Family and Dependants) Act 1975*, que hace acreedor de alimentos, en relación a la

El régimen de las obligaciones de alimentos, desde la perspectiva del Derecho Internacional Privado de la Unión Europea, debe tener en cuenta distintas normas jurídicas. Por un lado, el Reglamento (CE) 4/2009 del Consejo, de 18 de diciembre de 2008, *relativo a la competencia, la ley aplicable, el reconocimiento y la ejecución de las resoluciones y la cooperación en materia de obligaciones de alimentos.* Dicho Reglamento, en materia de Ley aplicable, implementa las soluciones del *Protocolo sobre ley aplicable a las obligaciones alimenticias, hecho en La Haya, el 23 de noviembre de 2007,* al que se hace remisión por el primero. De conformidad con el artículo 1.1 del R(CE) 4/2009, resulta su aplicación *"a las obligaciones de alimentos derivadas de una relación familiar de parentesco, matrimonio o afinidad".*

A la vista de la anterior normativa, aplicable en todo el ámbito de la Unión Europea, con determinados matices, es lógica la exclusión que se hace en el artículo 1.2.e) de *"las obligaciones de alimentos distintas de las que tengan su causa en la muerte".* Por lo que, en lo que a obligaciones alimenticias se refiere, el ámbito de éste quedará circunscrito a aquellas que surjan con ocasión del fallecimiento del causante.

Debe tenerse en cuenta que esas obligaciones alimenticias, ligadas al fenómeno sucesorio, pueden estar fundamentada en instituciones de naturaleza propiamente legitimaria y, en cualquier caso, en instituciones que tratan de amparar la situación de desprotección que se genera en una persona dependiente del causante, por motivo del fallecimiento de éste. En efecto, existen ordenamientos jurídicos en los que, existiendo un orden concreto de legitimarios, la legítima se ha sustituido por una prestación de alimentos. En otros, se hace concurrir con la

---

herencia del causante a *"cualquier persona (que no sea una persona incluida en los párrafos anteriores de esta subsección) que inmediatamente antes de la muerte del fallecido estaba siendo mantenida, total o parcialmente, por el difunto"* y ello, al margen de cualquier relación de parentesco.

legítima una prestación alimenticia, ante una determinada situación, bien de transitoriedad mientras se ejerce una determinada facultad jurídica[114], o bien en contemplación al cambio de circunstancias que se producen en el sobreviviente como consecuencia del fallecimiento del causante[115].

Este tipo de obligaciones alimenticias con función análoga a la legítima quedarán sometidas a la ley sucesoria, de conformidad con lo dispuesto en el art. 23.2.h) , al incluir en su ámbito: *"la parte de libre disposición, las legítimas y las demás restricciones a la libertad de disposición mortis causa, así como las reclamaciones que personas próximas al causante puedan tener contra la herencia o los herederos"*.

Sin embargo, también quedarán dentro del ámbito de la ley sucesoria y, por ende, del propio Reglamento de Sucesiones, aquellas atribuciones alimenticias voluntarias que pueda ordenar el causante en sus disposiciones de última voluntad, pues la obligación de alimentos puede tener un origen no solo legal, también contractual y unilateral. Estas serán subsumibles en el apartado b) del art. 23.2.

El hecho de que las obligaciones alimenticias no sucesorias queden al margen del Reglamento de Sucesiones, no quiere decir que éste sea totalmente ajeno a las mismas, pues habrá cuestiones que deban tenerse en cuenta, como, por ejemplo, las relativas a la responsabilidad del heredero por deudas y, por consiguiente, para hacer frente a las mismas (art. 23.2.g).

---

114 Como por ejemplo, los alimentos previstos en el art. 38 de la Ley de Derecho Civil Vasco, mientas se ejerce el poder testatorio.

115 Como sucede en el caso del "año de viudedad" (*"any de plor"* que es, si cabe, más ilustrativo que la traducción al español), en el caso del art. 231-31 del Código de Familia de Cataluña, al cual se le podría aplicar, para incardinar dentro del ámbito sucesorio, la doctrina sentanda por el TJUE en el caso Mahnkopf C-558/16, de 1 de marzo de 2018 (TOL 6.519.954).

En ocasiones resultará difícil delimitar cuando una obligación alimenticia es anterior al fallecimiento y de naturaleza no sucesoria o, por el contrario, surge como consecuencia de la apertura de la sucesión y participa de su naturaleza. Un buen criterio es el que ha señalado la doctrina de atender al momento en el que el *de cuius* resultaba obligado a satisfacer las mismas; si fue anterior a su fallecimiento, no serían sucesorias y sí, en el caso de que surgieran como consecuencia de la aplicación de la ley sucesoria[116].

Las disposiciones por causa de muerte hechas oralmente

Como materia excluida del Reglamento, la letra f) del art. 1.2 se refiere a *"la validez formal de las disposiciones mortis causa hechas oralmente"*. La exclusión se debe a la falta de consenso en los distintos Estados miembros sobre la admisión de ese tipo de disposiciones.

Las disposiciones orales suelen referirse a supuestos de excepcionalidad, como sucede en el caso de los testamentos hechos en peligro de muerte. Residualmente, en algunos Estados, se admiten coexistiendo con otras formas de testamento sin que concurra dicha circunstancia.

Debe partirse del hecho de que el art. 27 regula la validez formal de las disposiciones *mortis causa*; si bien, dicho precepto se ve desplazado por el Convenio de la Haya de 5 de octubre de 1961 *sobre los conflictos de leyes en materia de forma de las disposiciones testamentarias*; del cual forman parte un gran número de Estados miembros, parte del Reglamento. En dicho Convenio se dispone, en su art. 10 que *"Cada Estado contratante podrá reservarse el derecho de no reconocer las disposiciones*

---

116 Ver en este sentido BONOMI, A. y WAUTELET, P., *op. cit.*, p. 74.

testamentarias otorgadas en forma oral, fuera de los casos en que concurran circunstancias extraordinarias, por uno de sus nacionales que no ostente ninguna otra nacionalidad"[117].

Así, la validez de las disposiciones formuladas oralmente se regirá por las disposiciones de Derecho Internacional Privado del foro.

El Reglamento parece yuxtaponer la forma oral a la escrita, si se analiza conjuntamente el art. 1.2.f) y el primer inciso del art. 27 y su rúbrica *"Validez formal de las disposiciones mortis causa realizadas por escrito"*. La aplicación de las nuevas tecnologías como vehículo formal es algo que está presente en la sociedad actual y a lo que no es ajeno el legislador; en este contexto se deberá diferenciar entre el documento electrónico asimilable al documento escrito "tradicional", respecto del cual se podrá predicar su validez formal, si se ajusta a las formas previstas en el art. 27 o en el Convenio de la Haya, en el caso de que algún ordenamiento jurídico lo tome en consideración como vehículo formal válido para la expresión de la voluntad sucesoria. Distinto del documento escrito electrónicamente será el empleo de grabaciones audiovisuales, cada vez más frecuente en todos los ámbitos de la vida pero que queda fuera del Reglamento, a la vista del esquema formal expuesto[118].

---

117 España no ha formulado reservas a la aceptación de formas orales de testamento, lo que relativiza la excepción del art. 1.2.f). Se pueden consultar los Estados que las han formulado en < https://www.hcch.net/es/instruments/conventions/status-table/?cid=40 > visto 19.01.2019.

118 El legislador español los ha tomado en consideración en la reforma introducida por la Ley de la Jurisdicción Voluntaria, en el año 2015, en la Ley del Notariado, en cuyo artículo, así en los artículos 64 y 65 de la misma, bajo la rúbrica *"De la presentación, adveración, apertura y protocolización de los testamentos otorgados en forma oral"*, se hace referencia a que *"A la solicitud se acompañará la nota, la memoria o el soporte en el que se encuentre grabada la voz o el audio y el vídeo con las*

En los casos en los que exista una disposición oral ella deberá ser sometida al régimen de la cuestión previa y no por ello dejará de aplicarse el Reglamento a la sucesión.

Las liberalidades y transmisiones por título distinto de la sucesión

Como materias excluidas del ámbito del Reglamento de Sucesiones, el art. 1.2.g) apunta *"los bienes, derechos y acciones creados o transmitidos por título distinto de la sucesión, por ejemplo mediante liberalidades, propiedad conjunta de varias personas con reversión a favor del supérstite, planes de pensiones, contratos de seguros y transacciones de naturaleza análoga, sin perjuicio de lo dispuesto en el artículo 23, apartado 2, letra i)"*.

La norma viene respalda por el Cons. 14, al decir: *"Los bienes, derechos y acciones creados o transmitidos por otros medios distintos de la sucesión, por ejemplo mediante liberalidades, también deben quedar fuera del ámbito de aplicación del presente Reglamento. Con todo, debe ser la ley que el presente Reglamento considere como la ley aplicable a la sucesión la que determine si las liberalidades o cualquier otra forma de disposición inter vivos que tenga por efecto la adquisición de un derecho real con anterioridad al fallecimiento deben ser reintegrados o tenerse en cuenta a los efectos del cálculo de las cuotas hereditarias de los beneficiarios según la ley aplicable a la sucesión"*.

últimas disposiciones del testador, siempre que permita su reproducción, y se hubieran tomado al otorgarse el testamento" (art. 64.3 inciso 2º LN) y a que *"Si la última voluntad se hubiere consignado en nota, memoria o soporte magnético o digital duradero, en el acto del otorgamiento, se tendrá como testamento lo que de ella resulte siempre que todos los testigos estén conformes en su autenticidad, aun cuando alguno de ellos no recuerde alguna de sus disposiciones y así se reflejará en el acta de protocolización a la que quedará unida la nota, memoria o soporte magnético o digital duradero"* (art. 65.5), si bien, actualmente, careciendo de respaldo en la legislación material reguladora de las formas testamentarias, parece que quedará limitado a medios sobre los que apoyar las declaraciones testificales.

El *iter* discursivo de la enumeración de las exclusiones del Reglamento, no deja de ser reflejo de la complejidad con la que se topa el legislador para delimitar lo sucesorio de lo que no lo es, que se filtra tanto esta letra, como la siguiente, al margen de que, en general, engloban supuestos, bien de naturaleza híbrida, bien totalmente ajenos a los institutos sucesorios, como sucede con las cuestiones de Derecho de Sociedades.

En la práctica de los despachos notariales, es frecuente ver como, de una manera u otra, esas formas de transmisión, se insertan en el engranaje de la planificación patrimonial de una persona y el destino final de sus bienes, especialmente, en aquellos casos de patrimonios acaudalados. Es bastante ilustrativo el hecho de que algún autor se haya referido al analizar las letras g) y h) del art. 1.2 como *"sucesión mortis causa organizada inter vivos"*[119].

Tanto esta letra g), como la siguiente h), al margen de la naturaleza de los derechos, transmisiones o situaciones con transcendencia jurídica a que se refiere, se encuentran, además con el hecho de que el legislador de la Unión ya se ha ocupado de ellas en otros textos normativos, por lo que el problema más relevante es el de imputar las "zonas grises" a unos u otros.

Como punto de partida debe hacerse referencia al Reglamento Roma-I[120]. En principio, a la vista de su regulación, las donaciones *inter vivos* se someten al mismo. Muchas veces, como pone de manifiesto la doctrina[121], la ley aplicable, en función del tipo de donación será la misma, al coincidir el donante-causante con la persona que hace la prestación característica. Sin

---

119 Ver FERNÁNDEZ-TRESGUERRES GARCÍA, A., *op. cit.*, pp. 160 y ss.

120 R(CE) 593/2008 sobre *ley aplicable a las obligaciones contractuales,* de 17 de junio.

121 Ver, entre otros, BONOMI, A. y WAUTELET, P., *op. cit.*, p. 79; GONZALES BEILFUSS, C., *op. cit.*, p. 73.

embargo, en aquellas donaciones de inmuebles, en las que no se haya hecho uso de la posibilidad que permite el Reglamento Roma-I de elegir la ley aplicable (art. 3), por la llamada a la *lex rei sitae* que se ordena, puede que se produzca una disociación en la solución que se conseguiría si tales actos estuviesen sujetos al Reglamento sucesorio.

Dentro de las propias donaciones existen, sin embargo, supuestos que se alejan del Reglamento Roma-I, como aquellas que se deriven de relaciones familiares o de los regímenes matrimoniales.

La doctrina cita, dentro de las donaciones distintas figuras, como la donación por causa de muerte, que de una u otra manera se tiene en consideración por gran parte e los ordenamientos jurídicos de Estados miembros; o, la donación-partición, propia de Bélgica, Francia y Portugal. Todos los casos enumerados se enfrentan a un problema de calificación[122] que, si bien debería aplicarse el mismo criterio en todos los Estados miembros, en la práctica será difícil que ocurra, por lo que se vaticina una prolija jurisprudencia del TJUE al respecto.

El criterio de que la figura se utilice para planificar la sucesión no es bastante, pues, como se apuntó, en la práctica se maneja un concepto más amplio de transmisión de la totalidad el patrimonio de una persona que el propio de la sucesión *mortis causa.* Por lo que habrá que analizar cada caso concreto y enfrentar las distintas normas de Derecho Internacional Privado de la Unión Europea.

Por último, dentro de este grupo de exclusiones hay otras que, aunque también discutibles, los ordenamientos jurídicos las aproximan más a los actos *inter vivos* aunque, en ocasiones,

---

[122] Ver, en este sentido, FONTANELLAS MORELL, J.M.; "Las donaciones mortis causa ante la reglamentación comunitaria de las sucesiones"; en *AEDIPr,* t. XI, 2011, pp. 465-484.

sirvan, como se dijo para beneficiar a potenciales sucesores o compensarlos e igualarlos frente a otros que resultaron o resultarán beneficiarios en el propio proceso sucesorio. Normalmente son subsumibles dentro de los contratos aleatorios, como la compraventa con pacto de sobrevivencia o distintas modalidades del contrato de seguro.

En cualquier caso, como norma de cierre, debe tenerse en cuenta, ligado al último inciso del Cons. 14, el artículo 23.2.h), que coloca dentro del ámbito de la ley sucesoria: *"la parte de libre disposición, las legítimas y las demás restricciones a la libertad de disposición mortis causa, así como las reclamaciones que personas próximas al causante puedan tener contra la herencia o los herederos"*. Por lo que, con independencia de las figuras que se empleen, tendrán que enfrentarse a los límites impuestos por la ley sucesoria para proteger a los legitimarios o en materia de colación de liberalidades[123]; lo cual no deja, pese a la exclusión,

[123] Critica BLANCO-MORALES LIMONES, P.; *El ámbito de la ley aplicable, incluida la administración de la sucesión.* Cross-border Successions within the European Union.Bruselas. 15.8.2010, disponible 3 de noviembre de 2016 en http://documentslide.com/documents/blanco-morales-es.html, p. 9, al analizar la Propuesta, la incertifudmbre que se genera para los donatarios por la amenaza de reducción, al no poder saber en el momento de la donación la ley sucesoria, alineándose con la solución del Instituto Max Plank que propugna una norma de conflicto especial para la restitución de las liberalidades que consistiría en la aplicación cumulativa de la *lex successionis* y de la ley que hubiese regulado la sucesión en el momento que se realizó la liberalidad. Cierto es que puede parecer conveniente dar mayor certidumbre a los donatarios, sin embargo, la cuestión no es nueva y no debe olvidarse que la extensión de la reducción no viene sólo determinada por la ley sucesoria, también por la composición de la masa hereditaria, que puede haberse visto reducida por una mala gestión posterior a las donaciones, en principio, dentro de lo libremente disponible, pero que decaería su intangibilidad por esa reducción patrimonial posterior.

de implicar una toma de partida por el legislador de la Unión, a favor del Reglamento de Sucesiones que jugará, en muchos casos como límite del sistema.

Las cuestiones regidas por el Derecho de sociedades, asociaciones y personas jurídicas sobre adquisiciones de los derechos de socio tras la muerte

El art. 1.2.h) excluye del ámbito del Reglamento: *"las cuestiones que se rijan por la normativa aplicable a las sociedades, asociaciones y otras personas jurídicas, como las cláusulas contenidas en las escrituras fundacionales y en los estatutos de sociedades, asociaciones y otras personas jurídicas, que especifican la suerte de las participaciones sociales a la muerte de sus miembros"*[124].

La exclusión es lógica, se trata de hacer compatible la composición de la masa hereditaria, que se regirá por la *lex successionis* con la ley de circulación de los activos que la componen.

En este punto podríamos decir que se aplica el adagio latino conforme al cual *nemo plus iuris ad alium transferre potest quam ipse habet.*

El concepto de "herencia" no se define en el art. 3 ni en el resto de su articulado. Se trata de un concepto que se presupone[125] por el legislador de la Unión y que, sin embargo, no tiene por qué ser totalmente coincidente en todos los Estados miembros.

Así, en el art. 3.1, al definir "sucesión por causa de muerte" se hace referencia con ella a *"cualquier forma de transmisión mortis*

---

124 Es critica BLANCO-MORALES LIMONES, P.; *op. cit., El ámbito de la ley aplicable…*, para quien deberían haberse refundido las dos letras referidas a las sociedades.

125 Como en el art. 23.2e) cuando se someten a la ley sucesoria "la tranmisión da los herederos y, en su caso, a los legatarios, de los bienes, derechos y obligaciones que intergan la herencia […]".

causa de bienes, derechos y obligaciones". Se hace énfasis antes en el proceso que en el objeto del mismo, a diferencia de lo que sucede, por ejemplo, en el Derecho común español, donde en el artículo 659 C.c. se dice *"La herencia comprende todos los bienes, derechos y obligaciones de una persona que no se extingan por su muerte"* [126]. En el texto español se hace referencia expresa a la necesidad de subsistencia de los bienes, derechos u obligaciones tras la muerte del *de cuius.* En otros Derechos, en cambio, se pone el acento en la entrega de la posesión de los bienes que pertenecían al causante[127].

Sea cual fuere el concepto de herencia que inspira el Reglamento, lo que el art. 1.2.h) excluye es todo lo relativo a la configuración de la posición jurídica de socio que, en ocasiones, se encuentra limitada respecto a la cualidad de los herederos, como sucede en aquellas sociedades de naturaleza personalista,

---

126 En parecidos términos el artículo 411-1 CC Cataluña, al decir: *"El heredero sucede en todo el derecho de su causante. Consecuentemente, adquiere los bienes y derechos de la herencia, se subroga en las obligaciones del causante que no se extinguen por la muerte, queda vinculado a los actos propios de este y, además, debe cumplir las cargas hereditarias";* o, el primer inciso del art. 316 del CDF Aragón, conforme al cual: *"La sucesión por causa de muerte es la ordenación del destino de las relaciones jurídicas de una persona fallecida que no se extingan por su muerte y no estén sujetas a reglas distintas"*.

127 Así, por ejemplo, en el primer inciso del art. 724 CC francés, al decir: *"Les héritiers désignés par la loi sont saisis de plein droit des biens, droits et actions du défunt";* o en el art. 724 CC belga, que establece: *"Les héritiers sont saisis de plein droit des biens, droits et actions du défunt, sous l'obligation d'acquitter toutes les charges de la succession"*. Entiende MEUCCI, S., "Apparenza e presunzione della qualità di erede nel Certificato Successorio Europeo", en *Persona e Mercato,* 3-2016, PP. 103-115; disponible 7.06.2017 en < http://www.personaemercato.it/2017/02/apparenza-e-presunzione-della-qualita-di-erede-nel-certificato-successorio-europeo-di-serena-meucci/>, p. 112, que el tema de la posesión civilísima es una cuestión que queda dentro del ámbito competencial de cada Derecho interno.

donde resplandece el *intuitu personae,* o en las cláusulas limitativas a la transmisión de participaciones sociales o de acciones, con independencia de que tengan un origen legal o estatutario[128].

Consiguientemente, la *lex successionis* se aplicará a la determinación del sucesor en el valor patrimonial y, en cambio, *la lex societatis* será la que regule las relaciones entre el adquirente del valor patrimonial y la sociedad y sus socios, haciendo que sus limitaciones primen sobre la ley sucesoria, a tenor de la exclusión comprendida en el art. 1.2.h).

La disolución, extinción y fusión de sociedades, asociaciones y otras personas jurídicas

El art. 1.2.i) también coloca fuera de su ámbito *"la disolución, extinción y fusión de sociedades, asociaciones y otras personas jurídicas".*

Esta exclusión es consecuencia de la regulada en la letra h) del mismo precepto. En aquella se trata de compatibilizar la ley sucesoria con las cláusulas legales o estatutarias que limitan el ingreso del sucesor en la persona jurídica. En esta letra i), en cambio, se deja al margen de la *lex successionis* la regulación de las implicaciones del fallecimiento de uno de los socios respecto de la propia subsistencia de la sociedad.

En ocasiones el fallecimiento de un socio, especialmente, en el caso de sociedades personalistas, puede conllevar la disolución de la compañía. Todas las vicisitudes de dicho proceso, causas, valoración de cuotas, régimen de responsabilidad queda bajo el imperio de la *lex societatis.* Será, en cambio, la *lex successionis* la que determine el régimen de responsabilidad

---

[128] Así, por ejemplo, los artículos 110 y 124 TRLSC, en España, respectivamente aplicables a las sociedades limitadas y a las anónimas; o el 1704 CC, respecto de las sociedades civiles.

personal, por ejemplo, del heredero como consecuencia de la sucesión hereditaria (arg. art. 23.2.g)).

La creación, administración y disolución de los *trusts*

Los *trusts* quedan también fuera del ámbito del Reglamento, de conformidad con lo dispuesto en el art. 1.2.j, que excluye: *"la creación, administración y disolución de trust"*.

La exclusión debe interpretarse en el marco del Cons. 13, al decir: *"Se deben excluir también del ámbito de aplicación del presente Reglamento las cuestiones relativas a la creación, administración y disolución de trusts. Esta exclusión no debe considerarse como una exclusión general de los trusts. En caso de que se cree un trust en virtud de un testamento o por ley en relación con una sucesión intestada, la ley aplicable a la sucesión determinada con arreglo al presente Reglamento regulará la cesión de los bienes y la determinación de los beneficiarios"*.

El legislador de la Unión, consciente de que el *trust* se utiliza en muchas ocasiones como instrumento al servicio de la sucesión, pese a excluirlo del ámbito del Reglamento lo tiene en consideración pues no será inusual que muchas sucesiones entren en contacto con tal institución.

Desde el punto de vista de algunos ordenamientos jurídicos de Estados miembros de la Unión, como es el caso de España, la figura presentará, además, un problema añadido, previo, de calificación, al ser una figura desconocida por sus Derechos materiales. La ley sucesoria regulará las cuestiones relativas a la transmisión de los bienes y determinación de beneficiarios, sin embargo también incidirá en la interpretación de la cláusula que ordene la constitución testamentaria y las limitaciones legitimarias[129].

---

[129] Ver al respecto BONOMI, A. y WAUTELET, P., *op. cit.* p. 94; igualmente CASTELLANOS RUIZ, E., "La sucesión *mortis causa* internacional y el

En cambio, respecto a la creación, administración y disolución del *trust*, ante la falta de identidad de norma de conflicto aplicable en todos los Estados sujetos al Reglamento de Sucesiones, en unas ocasiones se acudirá al Convenio de La Haya, entre los Estados parte del mismo, de 1985; en otras ocasiones será el Derecho Internacional Privado de producción interna del Estado que conozca la sucesión[130].

En determinados supuestos, será interesante tener en cuenta la ley sucesoria y la posibilidad de elegirla, para desplazar los límites que pudieran afectar a los bienes transmitidos al trust, como consecuencia de la institución de la legítima[131].

La naturaleza de los derechos reales

El art. 1.2.k) excluye del ámbito del Reglamento "*la naturaleza de los derechos reales*".

Esta exclusión debe ser interpretada en el marco que brinda el considerando 15, al decir: *"El presente Reglamento permite la creación o la transmisión mediante sucesión de un derecho sobre bienes muebles e inmuebles tal como prevea la ley aplicable a la sucesión. No obstante, no debe afectar al número limitado (numerus clausus) de derechos reales reconocidos en el ordenamiento jurídico de algunos Estados miembros. No se debe exigir a un Estado miembro que reconozca un derecho real relativo a bienes ubicados en ese Estado miembro si su ordenamiento jurídico desconoce ese derecho"*.

---

trust", en CALVO CARAVACA, A.-L. y CARRASCOSA GONZÁLEZ, J. (Dir.) *Litigación internacional en la Unión Europea (IV). Comentario al Reglamento (UE) núm. 650/2012 del Parlamento Europeo y del Consejo sobre sucesiones mortis causa,* Ed. Aranzadi, Cizur Menor (Navarra) 2019, pp. 234 y ss.

130 Ver, en este sentido CASTELLANOS RUIZ, E., *op. cit.*, "La sucesión *mortis causa* internacional y el *trust* ", pp. 234 y ss.

131 Ver BONOMI, A. y WAUTELET, P., *op. cit.*, pp. 99 y ss..

Buscar un tratamiento uniforme para todas las sucesiones cuando el causante puede ser propietario y titular de derechos reales en distintos Estados es algo sumamente complejo.

El legislador de la Unión debe sortear los límites que le impone el respeto al Derecho material de cada uno de esos ordenamientos internos y encontrar el justo equilibrio entre ese respeto y el enfoque homogéneo de una misma sucesión con independencia de cual sea el ordenamiento al que el operador jurídico que la aborde se encuentre sujeto. No puede dejar de traerse a colación el art. 345 del TFUE, al decir: *"Los Tratados no prejuzgan en modo alguno el régimen de la propiedad en los Estados miembros"*. El citado precepto supone un límite competencial infranqueable.

En ese contexto y como contrapunto a la exclusión de la naturaleza de los derechos reales debe entenderse el art. 31, según el cual: *"Cuando una persona invoque un derecho real que le corresponda en virtud de la ley aplicable a la sucesión y el Derecho del Estado miembro en el que lo invoque no conozca ese derecho real en cuestión, este deberá, en caso necesario y en la medida de lo posible, ser adaptado al derecho real equivalente más cercano del Derecho de ese Estado, teniendo en cuenta los objetivos y los intereses que aquel derecho real persiga y los efectos inherentes al mismo"*.

En el estudio del Reglamento no debe abandonarse la perspectiva de que la sucesión hereditaria se presenta y trata como un proceso de transmisión patrimonial, el cual queda sometido a la *lex successionis*, según se desprende del art. 23.2.e), que coloca dentro del ámbito de dicha ley *"la transmisión a los herederos y, en su caso, a los legatarios, de los bienes, derechos y obligaciones que integren la herencia, incluidas las condiciones y los efectos de la aceptación o renuncia de la herencia o del legado"*.

Resulta esclarecedor, en este caso, traer a colación la STJUE de 12 de octubre de 2017[132], caso Kubicka en la que se señala,

---

[132] C-218/16.

en relación, a la ley sucesoria que es necesario *"[...] que esta ley rija la totalidad de la sucesión, es decir, todos los bienes y derechos que formen parte de la herencia, con independencia de su naturaleza y de si están ubicados en otro Estado miembro o en un tercer Estado. Por tanto, de conformidad con el artículo 23, apartado 2, del Reglamento nº 650/2012, dicha ley regirá, en particular, la transmisión a los herederos y, en su caso, a los legatarios de los bienes que integren la herencia"*, concluye la Sentencia que las modalidades de transmisión no están, por consiguiente, incluidas en el ámbito de la exclusión del art. 1.2.k), pues en el caso objeto de debate no se cuestiona el derecho transmitido, la propiedad, ni su naturaleza, sólo el modo en que ésta se transmite[133].

---

[133] En el supuesto se trata sobre si puede ordenarse en un testamento polaco un legado vindicatorio sobre un bien sito en Alemania, no estando reconocido ese tipo de legados, por el proceso de transmisión hereditaria, en este último país. Una explicación analítica que trata de compatibilizar la *lex* successionis con la *lex rei sitae lex rei sitae* y la *lex registrationis* puede verse en CASTELLANOS RUIZ, E., "Ámbito de aplicación de la lex successionis y su coordinación con la *lex rei sitae-lex registrationis*: a propósito de los legados vindicatorios", en *Cuadernos de Derecho Transnacional*, vol. 10. Nº 1, 2018, pp. 71-93, visto en internet, 21.12.2020 < https://e-revistas.uc3m.es/index.php/CDT/article/view/4117 >, en concreto, pp. 92-93. La referida autora disocia, dentro de las normas registrales, las que afectan a la propia institución del Registro, así como a la naturaleza de los derechos reales, de aquellas otras que se encuentran al servicio de un concreto ordenamiento jurídico, aquellas que, teniendo en cuenta que son anteriores al propio Reglamento, están ancladas en una concreta forma de transmitir la propiedad propia del Derecho al que se somete el Registro, pero que se ve desplazada cuando la ley sucesoria regula la transmisión de un modo distinto. Resultan muy interesantes las conclusiones que *a contrario sensu* extraen CABANAS TREJO, R. y BALLESTER AZPITARTE, L. respecto de aquellos legados ordenados con arreglo a la Ley sucesoria alemana respecto a ordenamientos como el español (Derecho común) que sí admiten el legado vindicatorio, CABANAS TREJO, R. y BALLESTER AZPITARTE, L. "Breve nota

En este sentido, las exclusiones que establece el Reglamento no deben ser consideradas como un instrumento para que el legislador interno, al final, acabe modalizando la aplicación uniforme del mismo lo que debe ser un principio obligatorio para todos los Estados y operadores jurídicos que, al fin y al cabo, ejercen sus prerrogativas y funciones, en su caso, subordinadas al Derecho de la Unión[134]. Tras esta forma de entender la exclusión subyace, entre otras cosas, la necesidad de salvaguardar el principio de unidad de ley sucesoria[135].

Al margen del Reglamento deben quedar, por último, cuestiones tales como las relativas a los sistemas de *numerus clausus*[136] que inspiran algunos ordenamientos, en cuanto a listas cerradas de derechos reales, así como todos aquellos

---

sobre la sentencia del tribunal de justicia de la Unión Europea asunto C-218/16 (Kubicka) de 12 de octubre de 2017 (a propósito del testamento de un no residente en España)"; en *Diario la Ley,* nº 9084, de 20 de noviembre de 2017, Ed. Wolter Kluwers.

134 Ver, en este sentido, el comentario que hace ÁLVAREZ GONZÁLEZ, S., de la sentencia "*Legatum per vindicationem* y R(UE) 650/2012"; en *La Ley Unión Europea,* nº 55, enero 2018; Ed. Wolters Kluwer.

135 Ver BONOMI, A. y WAUTELET, P, *op. cit.,* p. 103; TENA ARREGUI, R.;"Algunas cuestiones prácticas sobre la Jurisprudencia del Tribunal de Justicia de la Unión Europea en Relación al Reglamento de Sucesiones"; *El Notario del Siglo XXI,* nº 80, julio-agosto 2018, Ed. Colegio Notarial de Madrid, pp. 160-163, p. 160; y, MARÍN LÓPEZ, J.J., "Polonia 'invade' Alemania: la sentencia Kubicka, primera interpretación del Reglamento Europeo de Sucesiones por el Tribunal de Justicia de la Unión Europea", en *El Notario del Siglo XXI,* nº 76, noviembre-diciembre 2017, Ed. Colegio Notarial de Madrid, visto en < http://www.elnotario.es/index.php/hemeroteca/revista-76/practica-juridica/8197-polonia-invade-alemania-la-sentencia-kubicka-primera-interpretacion-del-reglamento-europeo-de-sucesiones-por-el-tribunal-de-justicia-de-la-union-europea > 30.01.2019.

136 Ver. BONOMI, A. y WAUTELET, P., *op. cit.,* p. 106; y, ALONSO LANDETA, G., en Comentario al art. 1, en IGLESIAS BUIGUES, J.L. y PALAO MORENO, G., *Sucesiones Internacionales,* op. cit., p. 43.

derechos que se transmiten con ocasión de la muerte pero no por causa de muerte[137], esto último corroborado por el considerando 14[138].

Las inscripciones registrales

Ligada a la anterior, se presenta la exclusión contenida en el art. 1.2.l, según el cual queda fuera del ámbito del Reglamento: *"cualquier inscripción de derechos sobre bienes muebles o inmuebles en un registro, incluidos los requisitos legales para la práctica de los asientos, y los efectos de la inscripción o de la omisión de inscripción de tales derechos en el mismo"*.

El citado precepto encuentra su fundamentación en los considerandos 18[139], que se centra en las cuestiones procedimentales

---

137 Ver. BONOMI, A. y WAUTELET, P., *op. cit.*, p. 105; y, ALONSO LANDETA, G., en Comentario al art. 1, en IGLESIAS BUIGUES, J.L. y PALAO MORENO, G., *Sucesiones Internacionales, op. cit.*, p. 45.

138 Ver en este mismo capítulo el análisis del art. 1.2.g) y las exclusiones que el mismo comporta.

139 El considerando 18, establece: *"Los requisitos de la inscripción en un registro de un derecho sobre bienes muebles o inmuebles se deben excluir del ámbito de aplicación del presente Reglamento. Por consiguiente, debe ser el Derecho del Estado miembro en que esté situado el registro (para los bienes inmuebles, la lex rei sitae) el que determine en qué condiciones legales y de qué manera se realiza la inscripción, así como qué autoridades, como registradores de la propiedad o notarios, se ocupan de verificar que se reúnen todos los requisitos y que la documentación presentada es suficiente o contiene la información necesaria. En particular, las autoridades podrán comprobar que el derecho del causante sobre los bienes sucesorios mencionados en el documento presentado para su inscripción es un derecho inscrito como tal en el registro o un derecho que de otro modo se haya probado que es conforme con el ordenamiento jurídico del Estado miembro en que esté situado el registro. Para evitar la duplicidad de documentos, las autoridades del registro deben aceptar los documentos expedidos por las autoridades competentes de otro Estado miembro cuya circulación se contempla en el presente Reglamento. En particular, el Certificado Sucesorio Europeo expedido en virtud del presente*

relativas a la inscripción; y 19[140], que fundamenta los aspectos relativos a la exclusión de la publicidad registral, en sus dos vertientes, positiva –los efectos de la inscripción-; y negativa –las consecuencias de la falta de inscripción-[141].

En cuanto a las cuestiones de procedimiento registral, requisitos, organización del Registro y sus asientos; autoridades encargadas de su llevanza y la realización de comprobaciones del título presentado; quedan bajo el imperio de la *lex registrii.*

Es importante destacar que, en este punto, lo que parece pretender el Reglamento es conectar las titularidades y derechos a nombre del causante con la *lex successionis* que es la que gobierna la transmisión, a tenor de lo dispuesto en el art. 23.2.e), no otra cosa parece desprenderse del considerando 18, cuando habla de que *"las autoridades podrán comprobar que el derecho del causante sobre los bienes sucesorios mencionados en el documento presentado para su inscripción es un derecho inscrito como*

Reglamento debe constituir un documento válido para inscribir los bienes sucesorios en el registro de un Estado miembro. Ello no debe impedir que las autoridades que tramiten la inscripción puedan pedir a la persona que la solicita que presente la información o los documentos adicionales requeridos en virtud de la ley del Estado miembro en el que esté situado el registro, por ejemplo información o documentos relativos al pago de impuestos. La autoridad competente puede indicar a la persona que solicita la práctica del asiento cómo puede proporcionar la información o los documentos que falten".

140 El considerando 19, establece: *"Se deben excluir también del ámbito de aplicación del presente Reglamento los efectos de la inscripción de los derechos en el registro. En consecuencia, debe corresponder al Derecho del Estado miembro en que esté situado el registro determinar si la inscripción tiene, por ejemplo, efecto declarativo o constitutivo. Así pues, en caso de que, por ejemplo, la adquisición de un derecho sobre un bien inmueble deba ser inscrita con arreglo al Derecho del Estado miembro en que esté situado el registro para producir efectos erga omnes o para la protección legal del negocio jurídico, el momento de dicha adquisición deberá regirse por el Derecho de ese Estado miembro".*

141 Ver, en este sentido, ALONSO LANDETA, G., *op. cit.*, p. 48.

tal en el registro o un derecho que de otro modo se haya probado que es conforme con el ordenamiento jurídico del Estado miembro en que esté situado el registro".

La exclusión de los efectos de la publicidad registral y naturaleza de la inscripción, parece lógica, pues sobre ella se organiza la configuración de la riqueza económica de cada Estado miembro, lo cual queda fuera del Reglamento. No obstante lo anterior, es importante traer a colación la STJUE de 12 de octubre de 2017, caso Kubicka[142], la cual, sin perjuicio de la exclusión, parece subordinar los aspectos registrales a la unidad sucesoria y al efecto útil del Reglamento, sin que sirva esta exclusión para atribuir al legislador estatal la posibilidad de desvirtuar la eficacia uniforme del Reglamento[143].

En este contexto debe tenerse en cuenta la eficacia prevista para el Certificado Sucesorio Europeo como título hábil y bastante para la inscripción, en el marco del art. 69.5 y Considerando 18. Estando planteada ante el TJUE la siguiente cuestión prejudicial C-354/21, de 4 de junio de 2021, por la que se interpela al Tribunal "… *en el sentido de que no se oponen a las*

---

142 C-218/16.

143 ÁLVAREZ GONZÁLEZ, S., *op. cit.*, "*Legatum per vindicationem…* ". Ver también, el comentario anterior del art. 1.2.k, al estar íntimamente relacionada con él la presente exclusión. Puede verse también, CARRASCOSA GONZÁLEZ, J. "Transmisión de la propiedad de los bienes hereditarios y reglamento sucesorio europeo", en *Revista de Derecho Patrimonial,* nº 48, Enero-Abril 2019, Ed. Aranzadi, párr.. 50 (versión digital proview), para el autor se trata de una exclusión del ámbito del Reglamento, no de una limitación de la extensión de la ley sucesoria, pues se trata de sacrificar esta cuestión para permitir que Alemania, en el caso de la sentencia, entre en el Reglamento y pueda exigir la inscripción de la transmisión hereditaria para lograr la transmisión de la propiedad en cuanto a los bienes sitos en Alemania, lo que, implicaría, en cierto modo, una reviviscencia de la *Lex rei sitae.*

disposiciones legislativas del Estado miembro en el que está situado el bien inmueble conforme a las cuales únicamente puede inscribirse el derecho de propiedad en el registro de la propiedad sobre la base de un Certificado Sucesorio Europeo en el caso en que dicho certificado recoja todos los datos necesarios para la inscripción?".

Por último, debe llamarse la atención sobre el hecho de que dentro de la exclusión se subsumen cualesquiera Registros públicos, tanto de la propiedad mobiliaria como inmobiliaria o que tengan por objeto la toma de razón de propiedades especiales, al margen de su naturaleza, como el de la propiedad intelectual, por ejemplo. Siendo intranscendente su carácter nacional o internacional[144].

b. Ámbito espacial

Determinado el ámbito material del Reglamento en torno a la existencia de una sucesión, a que dicha sucesión sea internacional y a que el supuesto de hecho no sea subsumible dentro una de las materias excluidas, puede que, no obstante, la norma objeto de estudio esté excluida de aplicación. No toda sucesión internacional será subsumible dentro del Reglamento, para ello será imprescindible que deba conocer un tribunal o autoridad de los Estados miembros de la Unión Europea vinculados por el Reglamento.

No obstante, la propia naturaleza del Derecho Internacional Privado hará que cuando la competencia recaiga en una autoridad o tribunal no vinculada por el Reglamento puede que, sin embargo, éste, con arreglo al sistema conflictual de aquella autoridad competente, resulte aplicable, al igual que cualquier otro supuesto de reenvío de nuestro sistema de Derecho internacional privado a un sistema conflictual ajeno.

---

144 Ver en este sentido BONOMI, A. y WAUTELET, P., *op. cit.*, p. 107.

La perspectiva de estudio adoptada en este trabajo toma la posición del operador jurídico de la Unión Europea y, especialmente, del notario español. Consiguientemente, a nuestros efectos, el R(UE) 650/2012 será aplicable en aquellos supuestos en los que un tribunal o autoridad de un Estado de la Unión Europea, que, a su vez, sea Estado parte del Reglamento, sea competente para conocer de una determinada sucesión o, en su caso, de sus elementos[145].

En este sentido, debe tenerse en cuenta el art. 3.2, conforme al cual *"A los efectos del presente Reglamento, se entenderá por «tribunal» todo órgano judicial y todas las demás autoridades y profesionales del Derecho con competencias en materia de sucesiones que ejerzan funciones jurisdiccionales o que actúen por delegación de poderes de un órgano judicial, o actúen bajo su control, siempre que tales autoridades y profesionales del Derecho ofrezcan garantías en lo que respecta a su imparcialidad y al derecho de las partes a ser oídas, y que sus resoluciones, dictadas con arreglo al Derecho del Estado miembro en el que actúan: a) puedan ser objeto de recurso o revisión ante un órgano judicial, y b) tengan fuerza y efectos análogos a los de la resolución de un órgano judicial sobre la misma materia. Los Estados miembros notificarán a la Comisión las autoridades y los profesionales del Derecho a que se refiere el párrafo primero, de conformidad con el artículo 79"* [146].

---

145 Sobre la planificación sucesoria desde la perspectiva del notario español véase RIPOLL SOLER, A. "Hacia un nuevo modelo de planificación sucesoria notarial: *La professio iuris*", *Revista de Derecho Civil*, vol. III, núm. 2 (abril-junio, 2016) Estudios, pp. 23-64, disponible 30/05/2018 en < http://nreg.es/ojs/index.php/RDC >.

146 Las autoridades competentes pueden consultarse en el portal *e-justice*, en la siguiente dirección < https://e-justice.europa.eu/content_succession-380-es.do?clang=es > visto 30.12.2020. Sobre el valor meramente declarativo o informativo, no constitutivo, de esas comunicaciones puede verse la STJUE de 23 de Mayo de 2019 (C-658/17) (TOL 7.227.665).

Esos tribunales o autoridades serán llamados en aquellos casos en los que lo determine una de las normas atributivas de competencia, que en el caso del Reglamento se desarrollan en los artículos 4, 7, 10 y 11 que, respectivamente se refieren a: a) la competencia general a favor del *Estado miembro en el que el causante tuviera su residencia habitual en el momento del fallecimiento* (art. 4); b) la competencia basada en supuestos vinculados a elección de ley de un Estado miembro como aplicable a la sucesión (art. 7); c) la competencia subsidiaria, bien sobre la totalidad de la sucesión, bien sobre los bienes sitos en un determinado Estados miembro, concurriendo las circunstancias que en dicho precepto se enumeran, a fin de evitar la denegación de Justicia (art. 10); y, d) el *fórum necessitatis* (art. 11)[147].

Así, las cosas, para que sea aplicable el Reglamento, es necesario que conozca de la sucesión una autoridad vinculada al Reglamento.

Todos los Estados miembros de la Unión están vinculados por el Reglamento, con las excepciones de Reino Unido[148], Irlanda y Dinamarca[149].

---

147 Un estudio detallado de estos artículos puede encontrarse en ÁLVAREZ TORNÉ, M., *La autoridad competente en materia de sucesiones internacionales.* Ed. Marcial Pons, Madrid 2013.

148 Las referencias al Reino Unido se justifican porque el Reglamento ha estado funcionando antes de la culminación del *Brexit.* Agotado el proceso de salida del Reino Unido de la Unión Europea huelga toda disquisición relativa a la posición del Reino Unido como Estado miembro, aunque no le fuera aplicable el Reglamento, pues a todos los efectos se reputaba como Estado no miembro de la Unión.

149 Y ello, como sucede con el resto de textos de la Unión, con independencia de que el proceso de negociación y documentos preparatorios se iniciara cuando se hablaba de "La Europa de los quince", GIMENO GÓMEZ LAFUENTE, J. L.; "El Certificado Sucesorio Europeo"; en *Revista Crítica de Derecho Inmobiliario,* Enero-Febrero 2014, Núm. 741, pp. 113-151, p. 119,

Ni Reino Unido resultaba, ni Irlanda resulta Estado miembro parte del Reglamento, de conformidad con lo dispuesto en el Considerando 82, al decir: *"De conformidad con los artículos 1 y 2 del Protocolo nº 21 sobre la posición del Reino Unido y de Irlanda respecto del espacio de libertad, seguridad y justicia, anejo al Tratado de la Unión Europea y al Tratado de Funcionamiento de la Unión Europea, dichos Estados miembros no participan en la adopción del presente Reglamento y no quedan vinculados por él ni sujetos a su aplicación. Ello, no obstante, se entiende sin perjuicio de que el Reino Unido*[150] *e Irlanda puedan notificar su intención de aceptar el presente Reglamento tras su adopción de conformidad con lo dispuesto en el artículo 4 de dicho Protocolo".*

Es tópica ya en la literatura jurídica la enumeración de los motivos que, de hecho, llevaron a ambos Estados a no subirse a la nueva regulación sucesoria europea, en este sentido apuntan A. BONOMI y P. WAUTELET: a) La adopción del principio de unidad de la sucesión que implicaba la posible sumisión de inmuebles sitos en esos Estados a una *lex successionis* extranjera, en detrimento del sistema escisionista; b) La posible inaplicación del sistema tradicional de *probate*, en consideración al ámbito de la ley sucesoria, afectando tanto a la transmisión hereditaria de la propiedad como a su administración; y, c) La posible ineficacia sobrevenida de los actos de liberalidad, como consecuencia de la reintegración de la masa hereditaria con liberalidades declaradas inoficiosas[151].

Dinamarca, tampoco resulta vinculada al Reglamento, según se desprende del Considerando 83, conforme al cual: *"De conformidad con los artículos 1 y 2 del Protocolo nº 22 sobre la posición de Dinamarca, anejo al Tratado de la Unión Europea y al Tratado de Funcionamiento de la Unión Europea, Dinamarca no*

---

150 Téngase en cuenta lo referido anteriormente respecto del *Brexit*.

151 BONOMI, A. y WAUTELET, P., *op. cit., Derecho Europeo de Sucesiones...*, pp. 41 y ss.

participa en la adopción del presente Reglamento y, por lo tanto, no queda vinculada por él ni sujeta a su aplicación".

Desde el punto de vista de los Estados vinculados por el Reglamento, no existen ni existirán, en el marco institucional vigente de la Unión Europea, otros Estados miembros no vinculados, pues la norma que ahora se estudia forma parte del acervo comunitario, obligatorio para todos los Estados que posteriormente accedan a la Unión (4.3 TUE); lo cual no sería así si su aprobación hubiera sido consecuencia de un procedimiento de cooperación reforzada (art. 20 TUE), como ha sucedido con los Reglamentos 1103/2016 (REM) y 1104/2016 (EPUR)[152].

Así, si bien, hemos dejado clara la no vinculación de Reino Unido, Irlanda y Dinamarca al Reglamento, la cuestión no sólo debe traerse a colación para afirmar que las autoridades de dichos Estados no están vinculadas por el Reglamento y que, por consiguiente, aplicarán sus propias normas de competencia, su propio sistema conflictual y su normativa de reconocimiento y ejecución de resoluciones y documentos públicos de naturaleza sucesoria expedidos en el extranjero.

También debe recordarse, como es habitual en la disciplina que el concepto de *Estado miembro* aparece yuxtapuesto al de

---

152 El hecho de que los Reglamentos REM y EPUR se hayan aprobado por el sistema de cooperación reforzada y que hayan quedado fuera de los mismos muchos Estados miembros supone un duro hándicap a la hora de cohonestar la aplicación del Reglamento con la materia relativa al régimen patrimonial de la pareja –sea matrimonial o formada por una unión registrada-. Ello hace conveniente reflexionar sobre la utilidad de haber acudido a la vía de la cooperación reforzada, pues en la práctica se producirá una atomización y diversidad de opciones posibles jurídicas. Es indudable que tal panorama coloque al intérprete en una posición más compleja que la existente en el punto de partida de tales normas, lo cual, se supone, se pretendía evitar con la nueva regulación.

Estado no miembro. Como *Estados no miembros* serán considerados los Estados de la Unión que no son parte del Reglamento. Ello determinará, por ejemplo, que tales Estados miembros, no parte, sean considerados extraños a los efectos del artículo 34, relativo al reenvío.

No se puede llegar a conclusión distinta respecto a la consideración que tienen los Estados no parte del Reglamento pese a que el legislador de la Unión no haya sido minucioso en esta materia en los nuevos textos normativos que parten del Reglamento Sucesorio[153].

Señalan BONOMI, A. y WAUTELET, P., partiendo del artículo 1.2 de la Propuesta de 2009[154], que la falta de clarificación

---

153 Así, por ejemplo, BARRIÈRE BROUSSE, I., "Les règlaments européens du 24 juin 2016 relatifs aux régimes matrimoniaux et aux effets patrimoniaux des partenariats en reregistrés", *en Revue trimestrielle LexisNexis IurisClasseur,* Abril-Mayo-Junio 2017, pp. 485-514, quien se apoya en los artículo 7.2, 3 y 4 de Roma III, los cuales diferencian entre Estados miembros parte y los que no lo son, lo cual no hacen los nuevos Reglamentos (UE) 1103/2016 y 1104/2016 sobre Régimen Económico del Matrimonio y sobre Efectos Patrimoniales de las Uniones Registradas, por ello, el autor considera que la falta de diferenciación en el texto legislado lleve a la conclusión de que por "Estado miembro" debe entenderse tanto al que es parte como al que no lo es. En contra, manteniendo la diferenciación entre los Estados miembro parte y los Estados miembros no parte y, consiguientemente, sosteniendo un tratamiento diferente de unos y otros puede verse RIPOLL SOLER, A., Comentario al art. 23 REM y EPUR, en IGLESIAS BUIGUES, J.L. y PALAO MORENO, G., *Régimen económico matrimonial y efectos patrimoniales de las uniones registradas en la Unión Europea,* ed. Tirant lo Blanch, Valencia 2018, pp. 219 y ss..

154 El artículo 1.2. de la Propuesta de 2009 establece: *"En el presente Reglamento se entiende por «Estado miembro» todos los Estados miembros, con la excepción de Dinamarca, [Irlanda y el Reino Unido]".* El propio formato de la relación en el que Irlanda y Reino Unido aparecen entre corchetes, frente a Dinamarca, que no, hace pensar que dicho

se debe a un descuido de los autores del Reglamento[155], pues en el texto inicial sí que se hacía exclusión expresa.

No sería lógico que los Estados miembros no parte tuvieran el mismo tratamiento que los Estados miembros parte, pues a éstos últimos, entre otras cosas, el Reglamento Sucesorio les impone distintas obligaciones que, sin embargo, no tendrán que cumplir los Estados miembros no parte[156]. A los efectos de este trabajo, la más importante, que no la única, es la de aceptar el Certificado Sucesorio Europeo, con los efectos regulados; lo cual no tendrán que hacer los Estados miembros que se han quedado fuera del Reglamento.

Por todo ello, debe concluirse que incluir dentro de la locución "Estado miembro" a aquellos que formando parte de la Unión Europea no están vinculados, por su propia decisión, al Reglamento es disfuncional. Produciría resultados contrarios a la pretendida armonización que se consagra como una de las finalidades de la norma.

En efecto, el Reglamento está concebido basado en la confianza mutua entre los Estados que están dentro del mismo. Un funcionamiento coherente exige reciprocidad en su aplicación. Esa coherencia se quebraría, dando lugar a resultados

---

descuido fue debido a la esperanza de que tales Estados, finalmente, acabasen siendo parte del Reglamento, pues la realidad es que en la negociación se dio un amplio margen a sus ruegos, especialmente en lo concerniente a la administración de la herencia, introduciendo el complejo artículo 29 que tiene en cuenta, primordialmente, la realidad de dichos Estados. La buena o mala fe de Reino Unido e Irlanda en la negociación es algo que excede del objeto de este estudio, si bien, no puede dejar indiferente al intérprete.

155 BONOMI. A. y WAUTELET, P., *op. cit.*, pp. 41 y ss..

156 Puede verse en este sentido BONOMI, A. y WAUTELET, P., *op. cit.*, pp. 41 y ss.. Dichos autores, además, distinguen entre los efectos *inter partes* y efectos *erga omnes* del Reglamento.

inesperados, en aquellos casos en los que los Estados vinculados tuvieran que aplicar integralmente el Reglamento en sus relaciones con los terceros Estados y los Estados no vinculados, mientras que ni los unos ni los otros brindarían idéntico trato cuando su autoridad fuese la que aplicase una normativa de Derecho Internacional Privado propia, desplazando al Reglamento Sucesorio al cual no se encontrarían vinculados, bien por ser terceros Estados, bien por ser Estados miembros que no están dentro del Reglamento.

Y es que, el Reglamento Sucesorio es mucho más que la determinación de la norma de conflicto aplicable a una sucesión internacional. Abarca los tres sectores del Derecho Internacional Privado, creando además el Certificado Sucesorio Europeo, y da una solución integral al tratamiento de una sucesión internacional. Dicha solución se quiebra si se toma en su aplicación sólo una parte del sistema diseñado por el legislador de la Unión.

c. Ámbito temporal y Derecho transitorio

Con arreglo a lo dispuesto en el artículo 297 TFUE los actos legislativos de la Unión Europea entran en vigor a los veinte días de su publicación en el Diario Oficial de la Unión Europea, salvo que en dicha norma se establezca lo contrario.

En el ámbito que nos ocupa, como viene siendo habitual en el Derecho Internacional Privado de la Unión Europea, se establece la diferenciación entre entrada en vigor y entrada en aplicación, de forma que el Reglamento Sucesorio, va consiguiendo su eficacia plena escalonadamente[157].

---

[157] Véase BONOMI, A. y WAUTELET, P., *op. cit.*, p. 739 con referencia a la STJUE 17 de noviembre de 2011, Deo Antoine Homawoo c. GMF Assurances SA, C-412/2010 (TOL 9.917.739), en cuyo punto 24 se

El Reglamento sucesorio, aunque muchas veces se obvie, como sucede con muchos otros instrumentos de la Unión, es una norma que no solo obliga a los ciudadanos sino, antes que a éstos, a los propios Estados miembros parte. Los Estados deberán proceder, por un lado, a designar las autoridades y tribunales que en el propio Reglamento se mencionan, en los plazos establecidos al efecto. Por otro lado, se ven inmersos, como consecuencia del nuevo sistema sucesorio, a la adaptación de su normativa para que el Reglamento sea plenamente aplicable. El máximo exponente de esa necesidad de adaptación, que no el único, es el relativo a la expedición del Certificado Sucesorio Europeo, que, en la mayoría de los Estados conlleva la creación de normas atributivas de competencia, así como de normas procesales para su expedición[158].

---

establece: *"A este respecto, procede señalar que el legislador dispone de la facultad de establecer una diferencia entre la fecha de entrada en vigor de la norma adoptada por él y la fecha de aplicación de la misma, retrasando la segunda con respecto a la primera. Este mecanismo permite en particular que, una vez que la norma ha entrado en vigor y ha quedado integrada así en el ordenamiento jurídico de la Unión, los Estados miembros y las instituciones de la Unión cumplan, basándose en dicha norma, las obligaciones previas que les incumban y que se revelen indispensables para la plena aplicación posterior de la misma a todos los sujetos de Derecho a los que esté destinada".* En el mismo sentido IGLESIAS BUIGUES, J.L., en IGLESIAS BUIGUES, J.L. y PALAO MORENO, G., *Sucesiones internacionales. Comentarios al Reglamento (UE) 650/2012.* Ed. Tirant lo Blanch, Valencia 2015, pp. 649-651.

158 No es la única materia, los aspectos ligados a la competencia judicial internacional, así como los relativos a la libre circulación de los documentos expedidos en el ámbito del Reglamento exigen determinar los expedidores de dichos documentos y, en su caso, sistema de recursos, que debe incardinarse dentro de las normas atributivas de competencia interna; todo ello, además del ejemplo del certificado Sucesorio Europeo.

En este sentido debe entenderse el último de los artículos del Reglamento, el 84, al decir: "*Entrada en vigor. El presente Reglamento entrará en vigor a los veinte días de su publicación en el Diario Oficial de la Unión Europea. Será aplicable a partir del 17 de agosto de 2015, excepto por lo que respecta a los artículos 77 y 78, que serán aplicables a partir del 16 de noviembre de 2014, y a los artículos 79, 80 y 81, que serán aplicables a partir del 5 de julio de 2012. El presente Reglamento será obligatorio en todos sus elementos y directamente aplicable en los Estados miembros de conformidad con los Tratados*".

Por ello, la plena eficacia y, consiguientemente, total aplicación del Reglamento (UE) 650/2012 se alcanza el 17 de agosto de 2015.

Si bien, previamente, el 16 de noviembre de 2014, los Estados miembros debían haber actualizado las fichas de la Red Judicial Europea *(e-justice)*, relativas al régimen sucesorio en cada uno de ellos (art. 77) y la información sobre datos de contacto, autoridades y procedimientos vinculados al Reglamento en la parte de libre circulación (art. 78).

Desde el día siguiente de su aprobación, además, la Comisión tenía el encargo de adoptar las medidas de ejecución necesarias a que se refieren los artículos 79, 80 y 81, a fin de que el 17 de agosto de 2015, los ciudadanos, que son los destinatarios finales de la acción normativa, se beneficien de las supuestas ventajas que el nuevo régimen normativo entraña. Tal previsión, sin embargo, fue calificada de insólita, por intempestiva, por IGLESIAS BUIGUES, pues ni si quiera la norma había llegado a ser publicada en tal fecha, hecho que no tuvo lugar hasta el 27 de julio de 2012[159].

En relación al Derecho transitorio, debemos partir de la realidad de que el fenómeno sucesorio es un proceso *in itinere*, de ahí la tradicional complejidad que se le ha imputado al

---

159 IGLESIAS BUIGUES, J.L., *op. cit.*, pp. 649-651.

mismo. Se le ha visto como colofón de las relaciones jurídicas que giran en torno a la persona, al menos desde el ámbito del Derecho Civil. Las personas, durante su vida, generan un patrimonio, alrededor del mismo se desarrollan e imputan distintas relaciones jurídicas. La muerte determina normalmente la apertura de la sucesión, si bien, previamente, si se ha sido previsor, se han formalizado los correspondientes documentos sucesorios, en vida, planificando la transmisión del patrimonio hereditario para el momento en el óbito acaezca.

El Reglamento Sucesorio, pensando en facilitar la vida del ciudadano de la Unión y posibilitarle la libre circulación por su territorio, con buen criterio, establece unas generosas disposiciones transitorias, a fin de no perjudicar a quien confió en la planificación sucesoria realizada antes del nuevo instrumento normativo. Así, aunque, según el reiterado adagio liberal, la ignorancia de las leyes no exime de su cumplimiento, el Reglamento trata de ser neutral, incluso, y presume una actuación correcta del que, bien por ignorancia, bien por descuido o, bien, simplemente, por lo aleatorio de los acontecimientos que determinan el fin de la vida de las personas, no actualizó sus disposiciones de última voluntad a la nueva realidad normativa.

Llamado a regular ese régimen transitorio es el artículo 83[160], que establece: "*Disposiciones transitorias. 1. Las disposiciones del presente Reglamento se aplicarán a la sucesión de las personas que fallezcan el 17 de agosto de 2015 o después de esa fecha. 2. Cuando el causante hubiera elegido, antes del 17 de agosto de*

160 El hecho de que sea solo aplicable, dicho precepto, en caso de que el fallecimiento haya acaecido a partir del 17 de agosto de 2015, habiendo entrado ya el Reglamento en plena aplicación nos sitúa ante auténtico Derecho transitorio y no ante una aplicación anticipada del Reglamento, como apunta GONZÁLEZ BEILFUSS, C., *op. cit.*, p. 57.

2015, la ley aplicable a su sucesión, esa elección será válida si cumple las condiciones establecidas en el capítulo III o si cumple las condiciones de validez en aplicación de las normas de Derecho internacional privado vigentes, en el momento en que se hizo la elección, en el Estado en el que el causante tenía su residencia habitual o en cualquiera de los Estados cuya nacionalidad poseía. 3. Una disposición mortis causa hecha antes del 17 de agosto de 2015 será admisible y válida en cuanto al fondo y a la forma si cumple las condiciones establecidas en el capítulo III o si cumple las condiciones de admisibilidad y validez en cuanto al fondo y a la forma en aplicación de las normas de Derecho internacional privado vigentes, en el momento en que se hizo la elección[161]*, en el Estado en el que el causante tenía su residencia habitual o en cualquiera de los Estados cuya nacionalidad poseía o en el Estado miembro de la autoridad que sustancie la sucesión. 4. Si una disposición mortis causa se realizara antes del 17 de agosto de 2015 con arreglo a la ley que el causante podría haber elegido de conformidad con el presente Reglamento, se considerará que dicha ley ha sido elegida como ley aplicable a la sucesión".*

La norma contiene, con buen criterio, dos puntos de vista normativos. El primero formalmente, por ser el más importante, pero no el que acaece antes de tiempo en la realidad, es el relativo a qué fallecimientos se aplica el Reglamento. Las disposiciones relativas a la entrada en vigor no hubieran estado bien planteadas sin la determinación normativa de esta cuestión. El criterio es sencillo y lógico, en el momento del fallecimiento que, normalmente conllevará la apertura de la sucesión, ello implica que debe ser perfectamente posible determinar, de forma indubitada, la ley sucesoria[162].

---

161 Debe tenerse en cuenta que existe un error de traducción, en la versión francesa, inglesa e italiana se refiere al momento de la disposición, no de la elección, como señala la versión española.

162 En este sentido, como apunta FERNÁNDEZ-TRESGUERRES GARCÍA, A.; *Las sucesiones "mortis causa" en Europa: aplicación*

El segundo de los puntos de vista, es el relativo al documento de planificación sucesoria y, generosamente, el sistema transitorio, salva prácticamente la totalidad de los documentos de última voluntad otorgados antes de la entrada en aplicación del Reglamento. La norma no distingue entre si los documentos de últimas voluntades se otorgaron antes o después de la aprobación del Reglamento, lo cual, aparece manifiestamente como irrelevante. Así, todos los documentos de última voluntad anteriores al 17 de agosto de 2015 son subsumibles dentro de los supuestos de hecho del artículo 83 del Reglamento. Defender lo contrario hubiera supuesto introducir la misma aleatoriedad que se pretende evitar pero anticipándola en el tiempo[163].

---

del Reglamento (UE) nº 650/2012; ed. Aranzadi, Cizur menor, 2016, pp. 772 : *"La fecha de fallecimiento es preferible, por neutra, a la fecha de apertura de la sucesión. Primero, porque pude suponer una valoración sobre el cumplimiento de condiciones, términos o sustituciones; segundo porque no es una terminología reconocida en todos los ordenamientos"*.

163 La DGRN de 15 de junio de 2016 (BOE 21 de julio de 2016; TOL 5.787.194) en un supuesto de testamento otorgado en el año 2003 que regía una sucesión causada por un fallecimiento posterior a la entrada en aplicación del Reglamento no pone objeción a validar dicho testamento con arreglo al artículo 83.4. Dicha solución la acoge habiéndose planteado expresamente un posible tratamiento distinto respecto de los testamentos otorgados después de entrar en vigor el Reglamento pero antes de entrar en aplicación y los testamentos otorgados anteriormente a dicho momento. Añade un argumento que, al menos, desde el punto de vista de nuestro Derecho, es muy práctico pero nada jurídico pues dice: *"Esta solución está reforzada además por el hecho de que en el momento en que se realizó el testamento era aplicable a la sucesión la ley nacional del causante, que conduce al mismo resultado"*. A idéntica conclusión se llega en la RDGRN de 4 de julio de 2016 (BOE 12 de agosto de 2016; TOL 5.806.675), respecto de un supuesto en el que el testamento era también anterior a la entrada en vigor del Reglamento (otorgado en el año 2005). Puede verse también el análisis de estas RRDGRN de YBARRA BORES, A.;

Debe tenerse en cuenta que los autores del Reglamento son conscientes del problema que supone establecer como régimen sucesorio supletorio el determinado por la residencia habitual del causante, desplazando otros criterios que imperaban en otros Estados miembros, especialmente el de la ley nacional del causante; y, en segundo lugar, admitir la posibilidad de elegir la ley aplicable a la sucesión. Son, precisamente, estos problemas los que subyacen tras el régimen transitorio normado.

Como pone de relieve ROSOUX, las disposiciones transitorias del Reglamento permiten validar una elección de ley realizada con anterioridad a la plena entrada en aplicación del mismo concurriendo alguno de los requisitos del art. 83[164].

Al final, se trata de no alterar la planificación sucesoria realizada por el ciudadano en aquellos supuestos en los que una autoridad o tribunal de la Unión Europea conoce de su sucesión sobre la base de una disposición *mortis causa* formalizada con anterioridad a la plena aplicación del Reglamento. No en vano, sería absurdo que una disposición que trata de dar estabilidad a la planificación sucesoria y que trata de evitar los cambios aleatorios de la misma, como consecuencia del ejercicio del derecho de libre circulación de personas por el territorio de la Unión, más allá de las concretas fronteras de cada Estado miembro, fuera a alterar el régimen previsto por cualquier ciudadano que no actualizó su planificación sucesoria al entrar en plena aplicación el Reglamento sucesorio.

"La sucesión de ciudadanos británicos en España tras la aplicación del Reglamento 650/2012"; en *Cuadernos de Derecho Transnacional,* Marzo 20018, vol.1, nº 1, pp. 466-488.

164 ROSOUX, H. ;"Arrêt sur le régime transitoire du Règlement successions", en Revue de planification patrimoniale belge et internationale; 2014/2, PP.157-156, p. 158.

La doctrina que se ha ocupado del tema, en general, ha tratado de analizar las disposiciones transitorias contenidas en el artículo 83 diferenciando entre: 1) elección de ley expresa; 2) validez formal y material de disposiciones sucesorias; y, 3) elección de ley tácita[165].

El anterior esquema de trabajo puede ser válido, pero no parece satisfacer plenamente la coherencia interna del Reglamento. Así, debe tomarse como eje angular el principio de planificación sucesoria e inalterabilidad de la misma, por causas ajenas a la voluntad del disponente, potencial causante[166]. El Reglamento tiene como novedades que podrían tensionar ese

---

165 Así, entre otros, BONOMI, A. Y WAUTELET, P., *op. cit.*, pp. 729 y ss.; FERNÁNDEZ-TRESGUERRES GARCÍA, A., *op. cit.*, pp. 769 y ss.; IGLESIAS BUIGUES, J.L., *op. cit.*, pp. 641-649; ROSOUX, H. *op. cit.*. Sin embargo, esa forma de entender el art. 83, ya ha sido desvirtuada, además, por el Tribunal de Justicia de la Unión Europea, ver, en este sentido STJUE de 16 de julio de 2020 (C-80/19) (TOL 8.012.485), en la que expresamente se dice: *"El apartado 2 del artículo 83 de dicho Reglamento se refiere a los supuestos en que el causante hubiera elegido, antes del 17 de agosto de 2015, la ley aplicable a su sucesión. [...], este precepto tiene por objeto preservar la voluntad del testador y, para que la elección sea válida, debe cumplir los requisitos fijados en dicho precepto. En cambio, el apartado 4 del citado artículo rige los supuestos en los que la disposición mortis causa no contiene tal elección".*

166 En el mismo sentido ZANOVETTI, A. en CALVO CARAVACA, A.L., DAVI, A. et MANSEL, H. P.; *The EU Succession Regulation A Comentary*; Ed. Cambridge University Press, Cambridge 2016, p. 859. GONZÁLEZ BEILFUSS, C., *op. cit.*, p. 57-56, subraya la congruencia de las disposiciones transitorias con el principio refrendado en el Reglamento de mantenimiento de la planificación sucesoria. Subraya REQUEJO ISIDRO, M.; "El tiempo en el Reglamento 650/2012. Ilustraciones de la práctica española"; en *Revista Española de Derecho internacional,* vol. 70/2, julio-diciembre 2018, Madrid, pp. 127-154, p. 135 que el objetivo del Derecho transitorio, en primer término, era el de conservar en la mayor medida posible la validez de las disposiciones *mortis causa* realizadas previamente y se

principio las siguientes: 1) Posibilidad de elegir ley aplicable a la sucesión, se trata de una autonomía conflictual limitada, pues no se admiten libérrimamente cualesquiera leyes como susceptibles de ser elegidas (art. 22)[167]; 2) Uniformización para todos los Estados miembros parte del Reglamento del punto de conexión de la ley sucesoria supletoria en torno al factor de la residencia habitual del causante al tiempo de su fallecimiento; y, 3) Existe una tercera cuestión vidriosa y que no está tan explicitada en las disposiciones transitorias y es el hecho de que el Reglamento ha sacrificado el sistema escisionista de la sucesión en favor del principio de unidad de ley sucesoria (art. 21)

Debe tomarse en consideración, para desarrollar la idea anterior que las disposiciones transitorias del artículo 83 sólo se aplicarán a las disposiciones de ultima voluntad otorgadas antes de la plena aplicación del Reglamento que vengan a planificar sucesiones conexas con fallecimientos acaecidos a partir del 17 de agosto de 2015[168], siendo intranscendente que la misma se otorgara antes o después del 16 de agosto de 2012, como ha subrayado la mayoría de la doctrina[169].

---

refiere a la planificación sucesoria como eje del sistema que en los apartados 2 y 3 del art. 83 alcanza sus máximas consecuencias.

167 RIPOLL SOLER, A. *op. cit.*, *"Hacia un nuevo modelo…"*, p. 28.

168 La DGRN, en resolución de 13.08.2014, se ocupa por primera vez del ámbito de aplicación temporal del Reglamento, antes de su entrada en aplicación, y descarta sus soluciones para sucesiones acaecidas con anterioridad a la entrada en aplicación. Puede verse el análisis de esta resolución hecho por RIPOLL SOLER, A., «La reserva vidual en Derecho Internacional Privado. A propósito de la RDGRN de 13 de agosto de 2014», *La Notaría*, 3-2015, pp. 72-79; también en YBARRA BORES, A., «La sucesión *mortis causa* de ciudadanos ingleses residentes en España: Problemas y nuevas perspectivas», *Cuadernos de Derecho Transnacional* (Marzo 2015), Vol. 7, No 1, pp. 226-254.

169 Ver REQUEJO ISIDRO, M., *op. cit.*, "El tiempo…", p.140.

A la vista de lo anterior, deben ponerse sobre la mesa del intérprete los distintos escenarios en los que dichas disposiciones anteriores respecto de sucesiones sometidas al imperio del Reglamento, podrían verse alteradas como consecuencia de la aplicación de los nuevos criterios implementados por el legislador de la Unión y que han sido apuntados anteriormente.

Como hipótesis de trabajo debe partirse de la idea de que lo anormal no debe convertirse en regla general. En España, por ejemplo, los testamentos y demás disposiciones de última voluntad, suelen ser notariales, existe un asesoramiento en el otorgamiento, se trata de que entre en juego el principio de seguridad jurídica preventiva y de evitar que adolezcan de vicios que acaben con la planificación sucesoria del o de los disponentes. Por tal motivo, lo habitual no será que existan elecciones de ley si antes de la entrada en vigor del Reglamento no se podía optar; lo normal no será que se rompa el principio de unidad de la sucesión[170], si no se admitía; y, por último, lo esperado será que se regule la sucesión con arreglo a la ley conflictualmente llamada potencialmente, al tiempo del otorgamiento de la disposición, cualquiera que sea el lugar del otorgamiento, pues como quedó dicho, existe un asesoramiento técnico.

Así las cosas, será necesario enlazar esos escenarios con la nueva regulación. Consiguientemente, puede que se hayan elegido leyes en aquellos Estados en los que la *professio iuris* estaba admitida antes del Reglamento que, sin embargo, con arreglo a éste, no estarían dentro del catálogo de leyes elegibles.

---

170 Sin perjuicio de la mala interpretación de la Dirección General de los Registros y del Notariado que en las resoluciones que se han dictado, al respecto, después de la entrada en aplicación del Reglamento no ha sabido diferenciar entre la unidad materia de ley sucesoria y la escisión documental, que no material, de la regulación de la sucesión, ver, en este sentido RDGRN 15.06.2016 (BOE 21.06.2016; TOL 5.787.194).

Igualmente, existirán sucesiones planificadas en las que se tuvieron en cuenta puntos de conexión que tras la entrada en vigor del Reglamento quedan descatalogados, como la residencia habitual como ley sucesoria" por "como la residencia habitual, como ley sucesoria, o el lugar de situación de los bienes. Encorsetar todas esas planificaciones en el modelo del Reglamento que admite una elección de ley pero que limita los catálogos de leyes elegibles o que consagra la residencia habitual del causante al tiempo de su fallecimiento, desplazando otros puntos de conexión admitidos hasta la entrada en aplicación del Reglamento, hubiera supuesto un cataclismo jurídico en ese principio de planificación de la sucesión de forma inmutable por causas ajenas a la voluntad del disponente.

Se podrá decir que, como consecuencia de esas disposiciones transitorias, habrá planificaciones que se beneficien de la generosidad de las mismas y que no habrían sido válidas si no hubiera entrado en vigor el Reglamento; sin embargo, el legislador de la Unión prefiere salvaguardar en todo caso la planificación sucesoria, aunque para ello haya que sacrificar y abrir el tamiz de los supuestos que se validan y que no hubieran tomado cuerpo sin el cambio normativo que produce el Reglamento.

Debe tenerse en cuenta que con la interpretación que se propone cobra sentido la sistemática del artículo 83, pues de lo contrario muchas partes de él son redundantes si solo se entienden al servicio de validar disposiciones sucesorias de elección de ley aplicable. Por eso, la secuencia formal en el análisis del artículo 83 debe ligarse, además, a una explicación teleológica del mismo que de coherencia al sistema.

En efecto, aunque es posible, e incluso deseable[171], que una disposición de última voluntad contenga sólo una elección de

---

[171] Ver en este sentido RIPOLL SOLER, A., *op. cit.*, *"Hacia un nuevo modelo…"*, p. 55.

ley aplicable, no parece que sea lo más habitual antes de la entrada en aplicación del Reglamento. Por ello, el número 2 del artículo 83 lo que hace es salvar la planificación sucesoria basada en una elección de ley sucesoria que podrá estar amparada tanto por la nueva normativa como por las disposiciones de Derecho internacional privado contenidas en la Ley del Estado en que el causante tenía su residencia habitual o de cualquiera de las nacionalidades que poseyese al tiempo de hacer la elección, o de las nacionalidades que poseyese al tiempo del fallecimiento.

En el nuevo Reglamento se admite la *professio iuris* tácita (art. 22.2), por lo que resulta absurdo por redundante entender que el ordinal 4 del artículo 83 se introduce para establecer, sin más, una presunción tácita de elección de ley aplicable a la sucesión[172]; debe querer decir otra cosa o, al menos, algo más. Además, se deben evitar los conflictos que podrían surgir como consecuencia de considerar una presunción de elección de ley tácita en una disposición subsumible dentro del artículo 83.4 que, a su vez, contenga una elección de ley expresa, al

172 En este sentido nos parece interesante la reflexión de REQUEJO ISIDRO, M., *op. cit.*, "El tiempo…", p. 152, cuando comentando las Resoluciones de la Dirección General de Seguridad Jurídica y Fe Pública, recaídas con posterioridad a la entrada en aplicación del Reglamento, respecto de la posible aplicación de las disposiciones transitorias dice: *"A nuestro juicio, cuando el sistema vigente en el momento de otorgar el testamento es igual o semejante al de nuestro Código Civil, y especialmente si ha intervenido un fedatario al que el ordenamiento confía la protección de la legalidad de los actos, la búsqueda de una elección de ley está irremediablemente presidida por la presunción de que no existe, porque no podía (legalmente) existir. La interpretación de las Resoluciones de 2016 —y la de 2018—, con su escaso fundamento, resulta demasiado generosa; y lo es sin necesidad, porque podría haber llegado a idéntico resultado con apoyo en el apdo. 4 del art. 83, es decir, a través de una ficción de elección. Un precepto que, por cierto, se echa en falta en la Resolución de 10 de abril de 2017"*.

amparo del artículo 83.2. Por eso, es perfectamente predicable que la elección de ley tácita cabe ya dentro del segundo número del artículo 83. El juego combinado de ambos apartados, con la extensión que se defiende, caso de concurrencia de disposiciones *mortis causa* otorgadas por una misma persona que puedan ser subsumibles, simultáneamente dentro de el apartado 2 y 4, del artículo 83 hace que deba analizarse en cada caso concreto[173]; si bien, ese análisis llevado a sus últimas consecuencias debería permitir inaplicar la ficción contenida en el apartado 4 si llega a ser incompatible con el resto de la planificación sucesoria formulada por el causante.

El número 3 del artículo 83, lo que hace es extender el régimen del Reglamento en lo relativo a la validez material y formal de las disposiciones de última voluntad otorgadas antes de la entrada en aplicación del Reglamento para sucesiones sometidas al mismo, pero también se admite la validez de las disposiciones conforme a la Ley del Estado en el que el causante tenía su residencia habitual, o en cualquiera de los Estados cuya nacionalidad poseyera o del Estado miembro de la autoridad que sustancie la sucesión. Por lo que, con dicha norma se salvan todos los escenarios posibles. Este apartado queda fuera del ámbito del apartado 4 del artículo 83[174], pues los contenidos

---

[173] Ver en este sentido REQUEJO ISIDRO, M., *op. cit.*, "El tiempo...", p. 148. Ver, también, STJUE de 16 de julio de 2020 (C-80/19) (TOL 8.012.485).

[174] Hace un interesante análisis conjunto REQUEJO ISIDRO, M., *op. cit.*, "El tiempo ...", p. 148, si bien el enfoque no parece ser el amparado por el Reglamento pues, con independencia de que se califique de ficción al apartado 4 o de presunción de elección de ley, el ámbito de este último apartado es el relativo a la ley sucesoria dentro del marco que la regula el Reglamento, pues precisamente se emplea la expresión *"se considerará que dicha ley ha sido elegida como ley aplicable a la sucesión"*; el propio Reglamento configura de forma diferente la auténtica *professio iuris* (art. 22) a la elección de

materiales de uno y otro son distintos, en efecto, en el apartado 4 se hace referencia a la ley sucesoria y en el apartado 3 a la que regula la admisibilidad y validez en cuanto al fondo y la forma de las disposiciones sucesorias, los cuales, en el propio Reglamento tienen una incardinación normativa distinta, la primera amparada en el artículo 22, las cuestiones de validez material y formal, en cambio, en los artículo 24, 25, 26 y 27.

Por último, el número 4 del artículo 83, tiene por finalidad salvar aquellas disposiciones de última voluntad que se otorgaron confiando en un punto de conexión distinto al de la residencia habitual, que es el supletorio en el Reglamento; lo cual no tiene que entrañar, necesariamente, una elección tácita de ley aplicable a la sucesión[175]; aunque también, formalmente, en ocasiones, no haya diferencia entre ambos supuestos[176].

---

la llamada ley sucesoria anticipada (art. 24) que, aunque también implique una elección tiene una naturaleza totalmente distinta a la de la *optio legis*.

175 Por ello es interesante el planteamiento de REQUEJO ISIDRO, M., *op. cit.*, "El tiempo ...", p. 134, al decir: *"En este sentido hay que insistir en que son cosas distintas la elección tácita y la hipotética o la presunta, así como la ficción de elección de ley; el Reglamento no admite las primeras, y la tercera solo en el marco del art. 83.4 [...]"*; lo anterior no es incompatible con calificar a la norma de *"ejemplo legislado de elección de ley realizada tácitamente"*, como apunta RIPOLL SOLER, A., *op. cit.*, *"Hacia un nuevo modelo..."*, p. 54, y no enerva para nada el hecho de que el Reglamento utilice la norma para amparar una ficción legal por los motivos expuestos en el desarrollo que aquí se hace.

176 BONOMI, A. y WAUTELET, P., *op. cit.*, p. 738, entienden que el artículo 83.4 no obliga a indagar la voluntad del causante, se aplica directamente si la disposición es subsumible en tal precepto; lo cual no parece muy coherente con interpretar que estamos ante una elección de ley tácita, lo que parecen defender dichos autores, aunque de forma no clara. Y no se aprecia coherencia porque, con arreglo al Reglamento la interpretación de la disposición *mortis causa* se regiría por lo dispuesto en el artículo 83.3, lo que resulta si se conecta tal precepto con el artículo 24 del Reglamento.

El planteamiento adoptado obliga a tratar algunos puntos oscuros. El primero de ello sería el relativo al alcance del llamamiento a los sistemas alternativamente permitidos en los números 2 y 3 del artículo 83. Esto es, evidentemente, los conceptos del Reglamento están claros, sin embargo, si la norma que valida la disposición sucesoria, bien sea una *professio iuris*, bien sea la admisibilidad y validez en cuanto al fondo y la forma, es otra distinta a la del propio Reglamento, en tal caso ¿se está haciendo un llamamiento al alcance y contenido con arreglo a ese ordenamiento jurídico o, por el contrario, sólo a la institución para luego dotarla del contenido que establece el Reglamento? Algunos autores, como BONOMI y WAUTELET, en relación a la *professio iuris* entienden que el llamamiento es a la institución y luego, aunque se sustente su validez por un cauce distinto a la regulación del Reglamento, será con el contenido que establece el propio Reglamento, descartándose efectos distintos a los previstos en la nueva norma salvo para lo relativo al catálogo de leyes elegibles[177].

Tal posición que podría defenderse en relación a las cláusulas de opción de ley no parecen cohonestarse, fácilmente, con lo previsto para la validación de las disposiciones relativas a la admisibilidad y validez en cuanto al fondo y la forma de las disposiciones *mortis causa* en el artículo 83.3; pues el concepto parece más amplio que el de la *professio iuris*. Parece, en estos casos que el régimen del Derecho internacional privado llamado por el art. 83.3 desplazará también al concreto contenido de los artículos 24 a 27 del Reglamento, por lo que, por el mismo motivo, parece que se debe aplicar idéntica solución en el caso del artículo 83.2 y no limitar los efectos de la validación a salvar una ley elegida pero no a la total configuración que implica la elección de dicha ley. En caso contrario

177 BONOMI, A. y WAUTELET, P., *op. cit.*, pp. 735.

se estaría desnaturalizando la planificación sucesoria y, consiguientemente, vulnerando uno de los principios que inspiran el Reglamento, como quedó dicho[178].

En segundo lugar, no se entiende bien por qué no coinciden los posibles Derechos llamados en alternancia con el Reglamento en los números 2 y 3 del artículo 83. En efecto, en este último se introduce el relativo a la Ley del Estado miembro de la autoridad que sustancia la sucesión. La única justificación que se puede encontrar es la de hacer coincidir el *forum* con el *ius*, que es uno de los objetivos del Reglamento. Sin embargo, paradójicamente ello podría entrañar un *forum shopping*, algo que va contra los principios del propio Reglamento, especialmente si se tiene en cuenta que por autoridad aquí se entiende no solo un tribunal, en caso de un juicio sucesorio y con unas estrictas normas de competencia, sino, también, un notario, por ejemplo, al que las partes libremente deciden someterse[179].

En tercer lugar, debe destacarse el tema de que las remisiones en los números 2 y 3 del artículo 83 se entienden válidas tanto si el supuesto se conecta con una norma de un Estado miembro como si se está llamando la ley de un tercer Estado. El Reglamento es de aplicación universal y la ley llamada se aplica, incluso aunque sea la de un Estado que no es miembro (art. 20). No se ve ninguna ventaja práctica a sacrificar la aplicación de dicho principio en relación a las situaciones transitorias. Ni siquiera se podría aducir el hecho de que facilitaría la aplicación y prueba del Derecho extranjero, pues ese objetivo no ha sido tenido en cuenta para la fase de plena aplicación del Reglamento en relación a sucesiones causadas a partir del 17 de agosto de 2015 y que, además, se basen en disposiciones

---

[178] En el sentido de salvar lo dispuesto bajo el imperio de la ley anterior, con los efectos de la misma, en relación a la *professio iuris* se postula también ZANOBETTI, A., *op. cit.*, p.857.

[179] Ver ZANOBETTI, A., *op. cit.*, p. 860.

de última voluntad otorgadas también a partir de dicha fecha. Existe el argumento, además, de que el artículo 83. 3, cuando ha querido que se tenga en cuenta la condición de Estado miembro lo ha referido expresamente[180].

En cuarto lugar, señala ZANOBETTI[181], que se podría dar la concurrencia de varias leyes operando sobre una misma sucesión hereditaria por el juego combinado de los números 2 y 3 del artículo 83. Pues es plenamente compatible una elección de una determinada ley, conforme al artículo 83.2 que concurra con otras leyes aplicables a la disposición, teniendo en cuenta además, la posible concurrencia con otras disposiciones sucesorias, éstas bajo el imperio del número 3 del citado artículo.

La última cuestión que debe plantearse tal vez sea la más espinosa, es la relativa a qué sucede si como consecuencia de la aplicación de las generosas disposiciones transitorias se produce la escisión de la sucesión[182], contrariando el principio de unidad introducido por el Reglamento y en torno al cual gira toda la nueva regulación (art. 21). En coherencia con lo argumentado hasta ahora parece que, en tal supuesto, debería salvarse la planificación sucesoria, que aparece como eje angular

---

180 Defienden una aplicación limitada a la ley de los Estados miembros BONOMI, A. y WAUTELET, P., *op. cit.*, p. 734, y GONZÁLEZ BEILFUSS, C., *op. cit.*, p. 59. Una aplicación generosa que de cabida a la Ley de Estados no miembros se defiende por ZANOBETTI, A., *op. cit.*, p. 858-859, en el mismo sentido IGLESIAS BUIGUES, J.L., *op. cit.*, p. 646.

181 ZANOBETTI, A., *op. cit.*, pp. 860-861.

182 Se postula abiertamente a favor de la *professio* realizada con arreglo a uno de los sistemas de DIPr alternativos previstos en el artículo 83.2, incluso cuando implique escisión de la sucesión REQUEJO ISIDRO, M., *op. cit.*, "El tiempo…", 144-145. Si bien, para este y otros problemas vinculados se lamenta de la inexistencia de una redacción más clara y taxativa del precepto.

de la interpretación del Reglamento, subordinándose a ella el principio de unidad de la sucesión. En el propio Reglamento, en determinados supuestos, como por ejemplo en el reenvío del artículo 34[183] o en los supuestos de competencia subsidiaria del artículo 10.2, se permite la ruptura de la unidad de la sucesión; por lo que parece acertado que la entrada en aplicación de la nueva normativa no quiebre las legítimas expectativas del ciudadano diligente que sí efectuó

---

[183] La Dirección General aunque se plantea el problema de si la entrada en aplicación del Reglamento supone, como se sigue de forma evidente del artículo 34, un cambio en la aplicación del reenvío, no llega a resolverlo y se limita a decir, en la RDGRN de 4 de julio de 2016 (BOE 12 de agosto de 2016; TOL 5.806.675): *"La introducción en el Reglamento (UE) nº 650/2012, de un artículo, el 34 sobre reenvío, obliga a relegar el artículo 12.2 del Código Civil a ámbitos distintos del sucesorio internacional"*. En otras ocasiones, introduce manifestaciones no concluyentes, pero que para algunos podrían ser entendidas en contra de la posición de la mayoría de la doctrina, proclive a excepciones a la unidad de la sucesión, cuando dice, en la RDGRN de 2 de marzo de 2018 (BOE 20 de marzo de 2018, TOL 6.538.743): *"Es de hacer notar que, aunque no figuraba en la propuesta, finalmente a iniciativa británica, el artículo 34 del Reglamento Europeo de Sucesiones acepta el reenvío de primer y de segundo grado a fin de garantizar la coherencia internacional (considerando 57) de soluciones conflictuales. Esta inclusión, sin embargo, no altera el objetivo del Reglamento de que la sucesión se rija por una única ley sucesoria, para todo tipo de bienes [la sucesión como un todo, artículo 23.1, primer inciso, del Reglamento: «(...) la ley determinada en virtud de los artículos 21 o 22 regirá la totalidad de la sucesión»]"*. No obstante, refrenda la admisión de excepciones al principio de unidad de la sucesión, a través del art. 34, la RDGRN de 14 de marzo de 2019 (BOE 9 de abril de 2019; TOL 7.159.094), relativa a un supuesto anterior al Reglamento, de causante sueco, en la que se afirma que *"Con ciertas matizaciones, la unidad de sucesión se mantiene a partir de la aplicación del Reglamento (vid. Artículo 34 y Resoluciones de 24 de octubre de 2017 y 2 de marzo de 2018)"*.

su planificación sucesoria, el cual, en caso contrario, sería peor tratado que el que nada hizo, pues entraría en juego el criterio de la residencia habitual y con la correspondiente aplicación integral del Reglamento[184]. No cabrá, sin embargo, a nuestro juicio, hacer un *depeçage* de la sucesión amparándose en el juego cumulativo de todos los criterios del artículo 83.2 y 4 si ninguno de los sistemas de DIPr llamados permiten el fraccionamiento de la ley sucesoria.

Como cierre del funcionamiento de las disposiciones transitorias, al margen del problema tratado, hay que indicar que éstas se deberán tomar en consideración para salvar la eficacia de las disposiciones con el contenido referido en el artículo 83 anteriores a la entrada en aplicación del Reglamento. Se abogará siempre, en el caso de que sean subsumibles dentro de varias de las leyes posibles, por el régimen legal más liberal. No se utilizarán, en cambio, para negar validez a la disposición[185].

---

184 En este sentido, llama la atención como la doctrina, ante un mismo supuesto de hecho, cual es el relativo a la elección de ley efectuada, antes de estar en aplicación el Reglamento, por un alemán o residente habitual en Alemania para que se aplique la ley alemana a los inmuebles sitos en Alemania (art. 25.2 EGBGB alemán) es resuelto de manera diametralmente opuesta. Así, niega virtualidad a tal cláusula de elección de ley BONOMI, A. y WAUTELET, P., *op. cit.* p., 734 y GONZÁLEZ BEILFUSS, C.., *op. cit.* pp. 58-59, quien, además, rechaza de forma expresa que se llegue al fraccionamiento de la sucesión por esta vía, excluyendo, además, del catalogo de leyes elegibles las que no sean las de la residencia habitual o de la nacionalidad, lo cual no parece estar muy justificado; y, en cambio, en relación a la citada norma alemana, la admite ZANOBETTI, A., *op. cit.* p., 857.

185 Ver en este sentido, entre otros, BONOMI, A. y WAUTELET, P., *op. cit.* p. 737; o, ZANOBETTI, A., *op. cit.*, p. 858.

4. NUEVAS PERSPECTIVAS PARA LA PRÁCTICA NOTARIAL ESPAÑOLA

La aprobación del R(UE) 650/2012, desde su publicación obliga a los notarios a replantearnos nuestra forma de acercarnos al proceso sucesorio con elemento internacional, tal cual ha sido perfilado anteriormente, comprendiendo dos hitos relevantes: El momento de la planificación sucesoria por el potencial causante y la apertura de la sucesión en relación a fallecimientos causados con posterior a su entrada en aplicación.

La posibilidad de que las disposiciones transitorias del Reglamento validen actos de última voluntad otorgados incluso antes de la propia vigencia del Reglamento obligaban al notario a tener en cuenta la nueva realidad normativa, pues *"nadie es tan joven que no se pueda morir mañana, ni tan viejo que no pueda vivir un día más"*[186]. Por eso, incluso antes de la entrada en vigor del Reglamento y, en todo caso, durante el periodo transitorio comprendido entre el 16 de agosto de 2012 y el 16 de agosto de 2015, la entrada en aplicación del Reglamento, en ciernes, el 17 de agosto de 2015, es una constante que debía marcar el buen hacer notarial en la redacción de disposiciones sucesorias llamadas a regular una sucesión internacional.

En este sentido, la propia Dirección General de los Registros y del Notariado[187] toma decididamente partido y, con consciencia sobre el problema de la aplicación y prueba del Derecho

---

186 *"Tan presto, señora, se va el cordero como el carnero; ninguno es tan viejo que no pueda vivir un año, ni tan moço que hoy no pudiese morir"*, *La Celestina,* acto IV.

187 Actualmente, desde el 29 de enero de 2020, en virtud de RD 139/2020, de 28 de enero, Dirección General de Seguridad Jurídica y Fe Pública, en adelante DGSJyFP, para las resoluciones posteriores a dicha fecha; y Dirección General de los Registros y del Notariado, para las resoluciones anteriores a dicha fecha (RDGRN).

extranjero, así como de los distintos nuevos instrumentos normativos de la Unión, desde la RDGRN de 15 de febrero de 2016, viene repitiendo que: *"Por último, esta Dirección General considera preciso recordar tanto a notarios como a registradores la conveniencia de ir avanzando en el conocimiento de los derechos de los demás Estados, especialmente si forman parte de la Unión Europea, en aras a facilitar la aplicación del Derecho extranjero en el ámbito extrajudicial, acudiendo no solo a los medios previstos en el artículo 36 del Reglamento Hipotecario, y excepcionalmente a los artículos de la Ley de Cooperación Jurídica Internacional, sino a los medios que proporciona el entorno E-Justicia"*[188].

Es posible distinguir, consiguientemente, en la exposición, esos dos momentos apuntados y en qué se ven afectados en la práctica.

a. Momento de la planificación sucesoria

Con la entrada en aplicación del Reglamento se hace necesario un análisis meditado sobre la ley que se quiere que sea la aplicable a la sucesión[189], para el caso de que concurra elemento internacional y sea posible que la nueva normativa despliegue sus efectos.

---

[188] RDGRN 15 de febrero de 2016 (BOE 11 de marzo de 2016; TOL 5.670.027), actitud que se juzga favorablemente por REQUEJO ISIDRO, M., *op. cit.*, "El tiempo…", p. 153; puede verse otra valoración de la resolución en RIPOLL SOLER, A., "La UE como factor de facilitación de la actividad del operador jurídico?", en ESPLUGUES MOTA, C. *et* DIAGO DIAGO., P. *et al., 50 Años de derecho privado de la Unión Europea en el diván,* ed. Tirant lo Blanch, Valencia 2019, pp. 153-173.

[189] Ver RIPOLL SOLER, A, *op. cit., "Hacia un nuevo modelo…",* pp. 30-31; WYSOCKA, A., "How can e valid profession iuris be mader under the UE Succession Regulation?", *Nederlands international privaatrechet,* 2012, pp. 569-575; CASTELLANOS RUIZ, E., "Ventajas e inconvenientes de la *professio iuris* en el Reglamento Europeo Sucesorio 650/2012", en *Revista Crítica de Derecho Inmobiliario,* junio 2018, nº 767.

Tal labor irá más allá del acto automático de hacer *professio iuris* como en muchas ocasiones sucede[190]. Es de lamentar aquellos supuestos en los que operadores jurídicos con escasa formación en la materia han considerado que en todo testamento de extranjero residente en España se debe introducir la *optio legis* a favor de la ley de la nacionalidad del disponente.

En efecto, elegir la ley aplicable a la sucesión, fijando el régimen sucesorio, implica una actuación valorativa de la ley material que acabará siendo aplicada como consecuencia de la opción, pues del elenco de leyes que, finalmente, podrían acabar convirtiéndose en *lex successionis*, unas serán más favorables a sus deseos materiales que otras.

Es cierto que, faltando la cláusula de elección de ley un cambio de residencia habitual podría acabar con la planificación sucesoria realizada en una disposición de última voluntad otorgada conforme a la ley de la residencia habitual[191]; sin embargo, el disponente, en tal caso, podrá volver a planificar su sucesión y si no lo hace sólo él será responsable de haber restado eficacia como consecuencia de alterar sus circunstancias vitales sin volver a replantearse la transmisión hereditaria de sus bienes.

Todo ello impone al notario, en su labor de asesoramiento imparcial, el deber de velar porque la disposición sucesoria que se otorgue se ajuste al derecho material que haya sido llamado por la norma de conflicto. Por tal motivo, no es una buena *praxis* no descender a los efectos materiales que entraña la solución conflictual adoptada.

---

190 Denuncia esa forma de actuar RIPOLL SOLER, A., "La *professio iuris* automática", en *El Blog del Notario,* visto en internet el 21 de octubre de 2018 < https://pildoraslegales.com/2017/01/28/la-professio-iuris-automatica/ >

191 Ver. RIPOLL SOLER, A., *op. cit.*, "Hacia un nuevo modelo...", pp. 49-51.

Cuando una persona se enfrenta a la planificación de su herencia, al margen de que con arreglo al artículo 22 sólo se pueda elegir la ley de cualquiera de las nacionalidades que posea al tiempo de la disposición o del fallecimiento, debe ser consciente de las consecuencias de no elegir y de, entonces, cuál será la ley llamada a regular su sucesión. En todo caso, el disponente, tendrá consciencia de cuál será su previsible residencia habitual o, en su caso, la ley a la que pudiese estar más estrechamente vinculado (art. 21).

Desde un punto de vista formal, tanto la introducción de una cláusula de *professio iuris* como la falta de la misma, también hace conveniente tomar una serie de cautelas, especialmente, determinar las circunstancias de hecho que posibilitan la aplicación de la norma de conflicto y que implicarán, al abrirse la sucesión, que se aplique una de las leyes que se prevén en el Reglamento.

Así, será importante que la determinación de la residencia habitual, especialmente en casos dudosos, quede perfilada en el acto de última voluntad, que deberá ir más allá de una mera declaración de ser residente en un determinado lugar. Sucederá lo mismo, en caso de que el causante considere que está especialmente vinculado con un determinado Estado, pues dicha ley podría ser, a la postre, la que acabase rigiendo su sucesión. Explicar por qué y los elementos que pueden determinar la fijación de dicha vinculación se presenta como imprescindible.

Por último, en el caso de que, finalmente, se elija la ley de la nacionalidad[192], en los términos previstos por el Reglamento, será necesario o, al menos, conveniente que el hecho de ser

---

[192] Ver DIAGO DIAGO, M. P., "La prueba de la nacionalidad española y de la vecindad civil: Dificultades en la determinación del régimen económico matrimonial legal", en *Revista Electrónica de Estudios Internacionales,* nº 16, diciembre 2018, pp. 5 y ss., visto en internet 4.12.2019 < http://www.reei.org/index.php/revista/num36/

nacional de un determinado Estado quede acreditado, pues no bastará la mera manifestación del disponente. Esa acreditación podría realizarse tanto en el momento del otorgamiento de la sucesión como cuando ésta pretenda hacerse valer. Sin embargo, puede resultar más fácil si ya, *ab initio,* en la propia disposición sucesoria se realiza la determinación.

b. Momento de la apertura de la sucesión

Como ha quedado apuntado anteriormente, también este momento implica la adopción de unos nuevos parámetros de actuación notarial, lo recuerda la RDGRN de 10 de abril de 2017[193], al decir en relación a la nueva normativa: *"Asimismo, supone un cambio evidente en la autorización de documentos públicos por notario español, en cuanto exige una mayor diligencia en su actuación"*, tras lo cual hace un didáctico excurso sobre lo que debería ser una buena práctica al abordar la autorización de una escritura que formalizase un transmisión hereditaria de bienes.

Siguiendo los criterios de dicha resolución, lo primero que debe analizarse es la existencia de un elemento transfronterizo, con todas las dificultades que conlleva, según lo que hemos referido anteriormente. Establecido el elemento internacional deberá procederse a determinar la ley aplicable a la sucesión, se deberán analizar la residencia habitual del causante, cuando no existiese *professio iuris,* y, en su caso, la posible existencia de vínculos manifiestamente más estrechos con otro Estado, a fin de desplazar la aplicación de la ley de la residencia habitual como ley sucesoria. En el caso de existir *professio iuris,* se deberá valorar la determinación de la nacionalidad[194]. En los tres casos,

---

articulos/prueba-nacionalidad-espanola-vecindad-civil-dificultades-determinacion-regimen-economico-matrimonial-legal >

193 BOE 26 de abril de 2017 (TOL 6.051.006).

194 Ver DIAGO DIAGO, M. P., *ibidem.*

además, deberán tenerse en cuenta, valorarse y determinarse las circunstancias que, en caso de tratarse de un Estado plurilegislativo, conlleven que se aplique un determinado ordenamiento de entre los llamados con arreglo al artículo 36[195].

En algunos casos, además, deberá motivarse la propia competencia notarial, no en los supuestos de autorización de escrituras de aceptación y partición, si, en cambio, en la formalización de las actas para la declaración de herederos *abintestato*. Sólo determinada la competencia internacional se podrá aplicar la normativa interna atributiva de competencia notarial[196].

Todo ello, además, debería, en buena *praxis*, quedar plasmado en el documento a modo de motivación de la solución autorizada notarialmente.

c. Problemas vinculados a la unidad de ley sucesoria: Los testamentos parciales y los certificados de últimas voluntades

El elenco de problemas que se ponen sobre la mesa del notario no acaban con el proceso documental citado, existen otros muchos entre los que destacan los relativos a los testamentos

[195] Debe tenerse en cuenta la restrictiva y sorprendente RDGFPSJ de 20 de enero de 2022 (BOE 16.02.2022; TOL 8.796.868), que, al parecer -pues se trataba de un acto realizado en vida (pacto de mejora gallego)- acaba aplicando a los extranjeros el Código civil, prescindiendo de los criterios del art. 36. Al respecto, puede consultarse el interesante trabajo ÁLVAREZ GONZÁLEZ, S.; "Vecindad civil y Reglamento 650/2012, de sucesiones. Una polémica artificial"; en *La Ley Unión Europea*, nº 104, Junio 2022, Wolters Kluwer; en dicho trabajo el autor concluye la paridad entre el Código civil y el resto de legislaciones civiles autonómicas y la posibilidad de que se aplique a los extranjeros un Derecho autonómico, todo ello sobre la base del articulo 36.2, que considera aplicable al caso.

[196] Ver STJUE de 16 de julio de 2020 (C-80/19) (TOL 8.012.485).

parciales y, por otro lado, la necesidad de aportar certificado de últimas voluntades distinto y además del expedido por el Registro General de Actos de Ultima Voluntad español.

i. Los testamentos parciales

Una práctica habitual en los despachos notariales españoles es el otorgamiento por el no residente de un testamento para regular la transmisión de los bienes de que es propietario en España. Se trata del llamado *testamento simpliciter.*

El otorgamiento de un *testamento simpliciter* no implica una auténtica planificación sucesoria en el sentido que pretende el Reglamento. Se trata, normalmente, de una solución puntual para una concreta propiedad. Juega como una especie de "kit básico". A veces, duplica o concreta lo ordenado en el país de origen.

En efecto, era frecuente, y también actualmente, aunque en menor medida, en determinadas poblaciones costeras del Mediterráneo español, que el mismo día en que se formaliza la escritura de compraventa, con o sin préstamo hipotecario, el extranjero no residente otorgase unos poderes a favor del abogado que le sirve de contacto y que lleva sus asuntos en España y un testamento en el que ordene la transmisión su inmueble, segunda residencia, al margen del resto de su sucesión. Ese esquema se multiplica cuando es un matrimonio el adquirente de la propiedad o, incluso, cuando varias personas -dos matrimonios, por ejemplo- adquieren un inmueble para uso vacacional[197].

---

197 El proceso aparece muy bien descrito en el trabajo de CABANAS TREJO, R. y BALLESTER AZPITARTE, L.; "¿Sirve de algo el testamento en España de un no residente sólo para sus bienes en nuestro país?", en *Diario la Ley*, nº 9061, 16 de Octubre de 2017, Ed. Wolters Kluver.

Ese testamento, antes de la entrada en aplicación del Reglamento, en menor medida, y, en todo caso, antes de la aprobación del texto de la Unión, básicamente era del siguiente tenor en su parte dispositiva: "PRIMERO.- El presente testamento se aplicará sólo a los bienes y derechos del testador sitos en España. SEGUNDO.- Instituye heredero de sus bienes a su cónyuge, el cual será sustituido por sus hijos. Se informa al testador de que la presente disposición no prejuzga ni perjudica los posibles derechos que la ley aplicable a su sucesión atribuya a los eventuales legitimarios".

En ese testamento subyacía la voluntad de regular solo la transmisión de la propiedad sita en España. Por otro lado, normalmente, se llamaba al cónyuge supérstite. Por último, se dejaba claro el carácter indisponible de la legítima, en tal sentido, se informaba al testador que, a los efectos del Derecho Internacional Privado español, lo que no se podía hacer, respecto de los legitimarios, fuera de España, no se validaba porque el otorgamiento del testamento hubiera tenido lugar en nuestro país, lugar de situación del inmueble.

Esa disposición no tenía que ser necesariamente dispar con la voluntad sucesoria "global" del causante, pero razones de economía procesal apuntaban la conveniencia de escindir formal o documentalmente la sucesión. Se revelaba más ágil, posteriormente, el proceso de transmisión hereditaria de los bienes ejecutado sobre la base de un testamento otorgado en el lugar de situación del inmueble. No obstante, la doctrina, en alguna ocasión, ha dado un mayor valor a la alusión de la ley personal que contenía ese formulario del que realmente tenía y ha visto en él una *professio iuris* cuando, simplemente se trataba de una advertencia para no sorprender al heredero, normalmente el cónyuge, ante una eventual reclamación legitimaria[198].

---

198 Analiza un supuesto en el que aparece esta cláusula formularia ÁLVAREZ GONZÁLEZ, S., Comentario perteneciente a la Jurisprudencia

El modelo, en cualquier caso, funcionaba en la práctica de forma útil y resolvió y resuelve problemas[199].

Sin embargo, la Dirección General, en la citada RDGRN de 15 de junio de 2016[200], muestra una oposición frontal a esa práctica, al decir: *"Otra cuestión, que no ha sido establecida en la nota de calificación es si es posible la división de títulos testamentarios, para el patrimonio en España y otros Estados. Conforme al Reglamento la sucesión es única y comprende la totalidad de los bienes muebles e inmuebles del causante (con claridad, inciso primero del artículo 23) por lo que estas disposiciones testamentarias simpliciter, que tanto facilitaron las sucesiones de los causantes británicos en España en su día deben ser erradicadas de la práctica testamentaria notarial posterior al 17 de agosto de 2015, pero es un tema que, al no ser planteado, no afecta, aunque si contextualiza la presente Resolución"*[201].

---

de Derecho internacional privado, *Revista Española de Derecho Internacional,* 2015-2 (2015-36 Pr), pp. 235-238.

199 Sobre la justificación práctica del otorgamiento de testamentos parciales ver IRIARTE ÁNGEL, F. B., "Las sucesiones de los extranjeros en España y su tratamiento en la doctrina más reciente de la DGRN: Una mirada crítica", en *Revista Crítica de Derecho Inmobiliario,* nº 754, pp. 986-999.

200 RDGRN 15 de junio de 2016 (TOL 5.787.194). Sobre esta resolución puede verse IGLESIAS VAZQUEZ, M.; "A propósito de la Resolución de la DGRN de 15 de junio de 2016 y el Reglamento Sucesorio Europeo"; en *El Notario del siglo XXI,* septiembre-octubre 2016.

201 Llama la atención que estos testamentos no solo se habían respetado por la Dirección General sino, incluso, impulsado, recomendando a los extranjeros su otorgamiento para así ordenar la transmisión de los bienes en España con arreglo a las formas documentales españolas, lo cual redundaba en una mayor facilitad en la tramitación de las herencias, véase, en este sentido la RDGRN 1.03.2005 (TOL 610.008). Cierto es que el contexto legislativo de la resolución es anterior al Reglamento; sin embargo, la posición actual, como queda dicho en el desarrollo resuelve mal el principio de unidad de ley sucesoria, que no se ve alterado por la diversidad de títulos formales.

El Centro Directivo, sin embargo, a nuestro juicio, confunde el principio de unidad de ley aplicable a la sucesión, que inspira el Reglamento, aunque, como quedó dicho, admite excepciones, frente a la unidad de título sucesorio que se rompe cuando se generan esos testamentos parciales. La posición de la Dirección General, al mezclar los dos ámbitos debe ser criticada y corregida. Así, tras la entrada en aplicación del Reglamento, no cabrá una *professio iuris* que de lugar a la escisión de la sucesión. No será posible, por consiguiente, ordenar la sucesión de conjuntos patrimoniales distintos del causante ordenando que se rijan por distintas leyes sucesorias, pues ello contravendría el artículo 21[202]. Sin embargo, mal que le pese a la Dirección General, se seguirán pudiendo otorgar esos testamentos parciales, los cuales, en todo caso, tendrán que funcionar bajo la cobertura de una sola y única *lex successionis*[203].

Posteriormente, el TJUE, en sentencia de 9 de septiembre de 2021 (C-277/20) (TOL 8.579.253), afirma que *"el Reglamento nº 650/2012 debe interpretarse en el sentido de que no es aplicable al examen de la validez de la elección de la ley aplicable, efectuada antes del 17 de agosto de 2015, para regir solamente un pacto sucesorio, a los efectos del artículo 3, apartado 1, letra b), de este Reglamento, referido a un bien concreto del de cuius, y no a la totalidad de su sucesión"*. Sin embargo, la cuestión, pese al pronunciamiento del Tribunal, debe matizarse. Por un lado, se refiere a una eventual *professio iuris* tácita. En el caso concreto se trataba de la aplicación del derecho transitorio (art. 83).

---

202 Ver, en este sentido, RIPOLL SOLER, A., *op. cit.*, pp. 44-48.

203 Cuestión distinta es que a medida que pase el tiempo y especialmente a tenor de la doctrina de la DG se les vaya restando utilidad, en España, como consecuencia de los pronunciamientos de la DG, como apuntan CABANAS TREJO, R. y BALLESTER AZPITARTE, L., *op. cit.*; o que, al menos, resulten menos útiles en el ámbito de la UE, como apunta YVARRA BORES, A., *op. cit.*, p. 480.

No parece suficiente motivo que una disposición afecte a un solo bien, para considerar que se está realizando una escisión de la ley sucesoria, por lo que deberá analizarse el caso concreto para admitir o no este tipo de disposiciones, como posibles elecciones de ley aplicable a la sucesión.

En este contexto, a medida que la práctica del Reglamento Sucesorio va alcanzando velocidad de crucero, es cierto, que se está produciendo un giro en los despachos que desplaza los testamentos parciales en favor de los testamentos con vocación de aplicarse a todo el patrimonio del causante, con independencia del Estado en que radiquen los bienes.

Es pronto para juzgar si esa tendencia obedece a un auténtico deseo de planificar toda la sucesión en un único documento o si se debe a la pretendida erradicación por la que aboga la Dirección General.

ii. Exigencia de Certificados de Últimas Voluntades

El punto de partida del problema que ahora se aborda se encuentra en la RDGRN de 1 de julio de 2015[204]. En ella, para una herencia abierta antes del Reglamento, relativa a un causante alemán, cuando no se había formalizado *erbschein,* se plantea la necesidad de solicitar, además del certificado de últimas voluntades español, el certificado alemán que acredite la inexistencia de testamentos. En tal sentido se pronuncia al decir: *"Consecuentemente con todo lo expuesto y de acuerdo con la Resolución de esta Dirección General de 18 de enero de 2005 (Servicio Notarial) deberá aportarse certificado del Registro General de Actos de Última Voluntad del país de la nacionalidad del causante o acreditarse que en dicho país no existe dicho Registro de*

---

[204] BOE 12 de agosto de 2015 (TOL 5.421.135).

Actos de Última voluntad o que por las circunstancias concurrentes al caso concreto no sea posible aportar dicho certificado"[205].

Ciertamente, se trata de un problema que, en una buena *praxis,* era tan fácil vislumbrar como pasar de puntillas sobre el mismo, pues su resolución, en la práctica, podía llevar a auténticos callejones sin salida, no solo jurídicos sino también económicos, tanto en dinero como en tiempo.

En este sentido es de destacar que la Dirección General se lo haya planteado, si bien, la solución que se ha dado al tema, tal vez no ha sido la más adecuada. Así, algunos autores, han puesto de manifiesto que el enfoque de la resolución basado en la nacionalidad del testador debería trasladarse al relativo a la ley del país con arreglo al cual se hubiera documentado el testamento[206].

---

205 Puede verse un interesante comentario, en tono crítico y contrario al pronunciamiento de la DG en IRIARTE ÁNGEL, F.B. , "Las sucesiones de los extranjeros con intereses en España: resolución de la DGRN 1 de julio de 2015", en *Millennium Dipr,* visto en internet 27.10.2018 < http://www.millenniumdipr.com/n-151-las-sucesiones-de-los-extranjeros-con-intereses-en-espana-resolucion-de-la-dgrn-1-de-julio-de-2015 > . Ver también el estado de la cuestión, doctrinalmente, en YBARRA BORES, A., *op. cit.,* "La sucesión *mortis causa* de ciudadanos británicos…", pp. 481-483. Es muy crítico también, ÁLVAREZ GONZÁLEZ, S.; "Derecho de sucesiones en tránsito del sistema autónomo a la reglamentación europea"; en *Anuario Español de Derecho Internacional Privado* 2016; pp. 1165-1183, en concreto p. 1170, poniendo de manifiesto que es insuficiente pedir solo el certificado de últimas voluntades español cuando la ley aplicable sea la española, en el ámbito del Reglamento.

206 Ver en este sentido IRIARTE ÁNGEL, F.B., *op. cit.,* "Las sucesiones…", el autor buscando una justificación ¿viable? a los criterios de la resolución apunta esa posibilidad sin apartarse, sin embargo, de su posición radicalmente contraria a que se soliciten más certificados que el expedido por el Registro General de Actos de Ultima Voluntad español, apoyándose en la normativa hipotecaria española.

La resolución y sus consecuencias prácticas ha preocupado desde el primer momento a los notarios, pues no siempre es fácil[207], ni aún posible, en los casos en los que existe un registro testamentario, acceder a él. Sin perjuicio de que entraña la necesidad de probar el Derecho extranjero incrementando la dificultad del proceso sucesorio lo que, a veces, casa mal con las exigencias impuestas por la celeridad que requieren los usuarios del servicio notarial, lo cual, sin embargo, no es argumento para reprochar la resolución.

Algún notario[208], tras exponer el estado práctico de la cuestión y criticar la falta de coordinación de los Registros de

---

207 Se puede consultar, en el ámbito europeo la página de la Asociación Europea de Registros Testamentarios. También es interesante la recopilación que hacen BALLESTER AZPITARTE, L. y CABANAS TREJO, R., "Comparación esquemática entre los sistemas sucesorios de distintos estados europeos para el otorgamiento en España de testamento de no residente", en *Diario la Ley*, nº. 9089 de 27 de noviembre de 2017, Ed. Wolters Kluver.

208 MARTORELL GARCÍA, V., "¿Aportación del certificado de últimas voluntades extranjero? Una solución notarial", en *El Notario del siglo XXI*, Ed. Colegio Notarial de Madrid, julio-agosto 2016, pp. *158-161*, el autor propone la siguiente cláusula: *"Siempre que del correspondiente Registro español de últimas voluntades no resulte totalmente revocado por otro acto mortis causa, se presumirá, salvo prueba en contrario, que este testamento es eficaz respecto de los bienes objeto del mismo, sin necesidad de que los beneficiarios aporten certificado de institución extranjera equivalente del país de la nacionalidad, de la residencia del testador o de cualquier otro; por lo que la formalización en escritura pública española de cualesquiera actos en ejecución de este testamento, exonera a los notarios y demás profesionales y funcionarios intervinientes de cualquier indagación y responsabilidad en este sentido"*. El autor, no obstante, mantiene una posición que debería, en nuestra opinión, flexibilizarse en el caso concreto, atendidas las circunstancias, pues el notario, al menos desde la perspectiva de nuestro Derecho interno, es responsable y debe actuar bajo una diligencia que se encuentra más allá de extrapolar unas reglas. Nótese que, en el marco del Reglamento, se

Últimas voluntades, su llevanza e, internamente, la falta de dotación de recursos adecuados, propone que en el propio testamento se exonere de solicitar otros certificados de últimas voluntades, distintos al español, el autor se basa en que el propio testador debería ser el responsable de la apariencia creada.

La solución no puede compartirse, pues, si bien, coloca al notario en su "zona de confort", devalúa la función notarial al eludir el problema y no paliar los inconvenientes para los adquirentes de la posible existencia de un testamento desconocido que podría perjudicar sus derechos[209].

La Dirección General, coherentemente, desarrolla su criterio y en RDGRN de 10 de abril de 2017, para un supuesto equivalente, en relación a una sucesión abierta después de estar en aplicación el Reglamento desplaza la conexión de la nacionalidad a favor de la más genérica de la ley aplicable a la sucesión, al decir: *"Por lo tanto, en cuanto no se complete la interconexión de los Registros de disposiciones sucesorias y de certificados sucesorios europeos de los Estados miembros, medida complementaria a la aplicación del Reglamento (UE) nº 650/2012, en el contexto e–justice, parece sólo*

---

espera que el operador jurídico realice una evaluación general de las circunstancias del causante, lo que hará necesario pedir un certificado de últimas voluntades, extranjero, en unos casos y en otros no.

209 Como alternativa, no parece innecesario plantearse introducir una advertencia, a modo de guía al testador, sobre la conveniencia de notificar el testamento al correspondiente registro de últimas voluntades del lugar al que haya desplazado su residencia tras el otorgamiento, por ejemplo, de un testamento en España. No debería ser exorbitante exigir un mínimo de diligencia a aquel que otorgó la disposición de última voluntad. Dicha advertencia serviría como manual de diligencia debida para el testador. Yo mismo, en mis testamentos, advierto, por ejemplo, de la conveniencia de revisar la disposición sucesoria ante un eventual cambio de país de residencia, estado civil o para el supuesto de que sobrevengan hijos. Siempre será más que dejar al testador desinformado.

oportuno mantener la exigencia de la acreditación de la obtención de certificación diferente al de nuestro Registro General de Actos de Última Voluntad, que acreditare la existencia o no de disposición de última voluntad cuando de la valoración de los elementos concurrentes en la sucesión resultare que la ley aplicable fuere distinta de la española, imponiéndose la presentación de certificado o justificación de su inexistencia en el Estado cuya ley resultare aplicable a la sucesión o a la disposición de última voluntad (artículos 21, 22, 24 y 25 del Reglamento), sea o no la del Estado o Estados cuya nacionalidad ostentare el causante"[210].

Lo cierto es que se podrá criticar el planteamiento de la Dirección General, si bien lo que hace es fijar el listón de prudencia en la actuación notarial. Así, el notario que solicite ese certificado –y no cualquier otro- estará exonerado de responsabilidad en caso de que aparezca un testamento no cubierto por el ámbito que la resolución pretende abarcar. Sin embargo, lo deseable hubiese sido que en lugar de haber impuesto un requisito paralegal se hubiere limitado a fijar el "criterio de prudencia" como hizo la RDGRN (servicio notarial) de 18 de enero de 2015 en materia de declaraciones notariales de herederos[211].

En la misma línea apuntada, yendo más allá, la RDGFPySJ de 26 de octubre de 2022[212], al establecer que *"Por lo tanto, no existe en la normativa interna una exigencia de aportar certificado*

---

210 RDGRN 10 de abril de 2017 (TOL 6.051.006). En el mismo sentido la RDGSJyFP de 28 de julio de 2020 (BOE 06.08.2020; TOL 8.031.920).

211 La citada resolución no imponía la obtención del certificado, simplemente apelaba a dicha exigencia por motivos de prudencia atendidas las circunstancias del caso. Con lo cual, en nuestro caso, era el notario el que debía valorar pedir o no el certificado, con los riesgos que conllevaba no solicitarlo que, a la postre, podrían acarrearle la correspondiente responsabilidad por no haber contemplado tal posibilidad.

212 BOE 23.11.2022 (TOL 9.294.355).

distinto al español, ni interpretación extensiva no prevista en el texto reglamentario. No obstante lo anterior, con base en el principio de seguridad jurídica y de responsabilidad de las autoridades sucesorias, la exigencia de su incorporación a la escritura de adjudicación de herencia puede ser analizada en algunos casos, de suerte que, limitadamente, sea precisa su obtención cuando sea evidente que, vistas las concretas circunstancias concurrentes, deba solicitarse además del registro de actos de última voluntad español el del país de la nacionalidad del causante extranjero [...]".

Este tipo de posicionamientos, pueden ser interesantes y facilitan las cosas desde una perspectiva interna. Si bien, como se pone de manifiesto en este trabajo, las cautelas que debe adoptar el tribunal o autoridad que expida el Certificado Sucesorio Europeo vienen impuestas por el Reglamento de Sucesiones. Por eso, a pesar del postulado de la resolución, es conveniente no rebajar el nivel de exigencia, marcado por la prudencia, como ponía de manifiesto la resolución de 2005, que ahora se parece enmendar. De lo contrario se corre el riesgo de que pese a haberse tramitado una sucesión se deban cumplir cautelas adicionales para cumplir los parámetros de diligencia y exigencia que deben presidir la expedición del Certificado Sucesorio Europeo.

Por eso la cuestión así expuesta[213], sin embargo, tendrá que enfrentarse al problema del ámbito operativo espacial del Certificado Sucesorio Europeo, que no se circunscribe al territorio del Estado en el que se expide el certificado y el de la *lex successionis*, pues dichos dos ámbitos no tienen por qué coincidir y que, además, conforme al art. 69, produce sus efectos en todos

---

213 Puede consultarse un prontuario, desde el punto de vista de Derecho comparado en el ámbito de la Unión Europea, así como de las distintas resoluciones habidas al respecto, en ROBLES PEREA, M. A., *Las inversiones inmobiliarias en España de extranjeros y no residentes*, Ed. Wolters Kluwer, Madrid 2020, pp. 220-221.

los Estados miembros. En este contexto, resulta sorprendente que pese a que la mayoría de los Estados miembros, en las consultas del Libro Verde de Sucesiones, se postularon a favor de la conveniencia de un Registro de Últimas Voluntades, probablemente por motivos económicos, el desarrollo de la acción de la Unión se disociara de la aprobación del propio R(UE) 650/2012.

En la práctica sucederá, a falta de dicha coordinación de Registros, así como si se adopta y generaliza el criterio de la Dirección General, que, evidentemente, sólo vincula en el ámbito territorial español, que lo que el notario expedidor del certificado tendrá que justificar y motivar es su diligencia en la certificación de una concreta disposición sucesoria como última y aplicable a una determinada sucesión.

Evidentemente, la propia libre circulación de las personas dejará en entredicho, en este extremo el Certificado Sucesorio Europeo en aquellos casos en los que existan disposiciones sucesorias desconocidas, que, normalmente se descubrirán cuando la ley del Registro, que queda fuera del ámbito del Reglamento (art. 1.2), exija un determinado certificado de últimas voluntades del Registro nacional. En tales casos habrá que acudir al expediente de rectificación que se regula en los artículos 71 y concordantes del Reglamento.

Capítulo 2

Presentación de las soluciones del R(UE) 650/2012

1. PANORAMA DE LAS SUCESIONES INTERNACIONALES EN LA UE ANTES DEL REGLAMENTO

El Reglamento de Sucesiones nace en un contexto histórico jurídico. Con la finalidad de hacer la vida más fácil al ciudadano vinculado a la Unión, no puede entenderse si no se conoce el panorama sucesorio del momento de su formulación. Por eso se hace imprescindible apuntar las líneas maestras de los posibles problemas a los que se enfrenta el causante, heredero, legatario, ejecutor hereditario o acreedor que es parte implicada en una herencia transfronteriza. Una buena foto fija de esa situación nos la ofrece el *Documento de trabajo de los Servicios de la Comisión*[214] que acompañaba a la *Propuesta* de 2009. Así, en ese documento se pone de relieve la existencia de diferencias entre las normas sustantivas que regulan la sucesión en cada Estado miembro, lo cual determina una serie de efectos negativos para los ciudadanos.

Como divergencias, entre las legislaciones nacionales, más significativas se ponen de manifiesto las siguientes[215]: 1) Variación

---

214 SEC (2009) 411 final, Bruselas 14.10.2009.

215 El *Documento de trabajo* se refiere en este punto a *"Causas de los problemas actuales"*, se trata de una enumeración bastante descriptiva que, en el

sustancial entre las partes alícuotas que los familiares heredan en cada Estado; 2) Distinto nivel de implementación de soluciones técnicas en los documentos de últimas voluntades, pues existen Estados en los que la planificación sucesoria es escasa o tiene poco margen, en otros, en cambio, se admiten figuras más complejas y flexibles que permiten una ejecución más armónica de la sucesión; 3) Distinto margen de libertad sucesoria por la diferente incidencia de la legítima en cada ordenamiento; 4) Inexistencia de procedimientos sucesorios homogéneos; y, 5) Distinta incidencia en la sucesión de los derechos de las parejas no casadas, con independencia de su orientación sexual[216].

Tales divergencias, obedecen a la existencia de distintos sistemas sucesorios, como se verá. Sin embargo, con independencia de que sean las causas de un tratamiento no uniforme de la sucesión *mortis causa* en cada Estado miembro, llevan aparejado un efecto negativo para los ciudadanos y que el documento de trabajo plasma, traduciéndolo en seis problemas que complican la vida al ciudadano de la Unión que se ve inmerso en un proceso sucesorio.

Tales problemas son los siguientes: 1) Complejidad para determinar la competencia internacional en materia sucesoria, al no existir normas uniformes; 2) Distintos sistemas

---

fondo, lo que pone de manifiesto es la complejidad de planificar una sucesión; pues todas las causas reconducen a esa problemática salvo, a nuestro entender, la relativa a la diferencia de normas procedimentales, que incidiría más en la complejidad de la sucesión para el operador jurídico que en las labores de planificación.

216 No acaba de entenderse bien la estructura del citado *Documento de trabajo* en este punto, pues lo que enumera como *"Causas de los problemas actuales"* (p. 2), en el fondo no es más que un elenco de problemas vinculados al Derecho material. Tal vez, como se era consciente de que la solución a las sucesiones transfronterizas debía abordarse desde la óptica conflictual, se realizaba esa disociación.

conflictuales que propician una divergencia de soluciones en función de la autoridad que conozca de la sucesión; 3) No implementación de la *professio iuris* sucesoria por igual en todos los Estados miembros; 4) Restricciones en cuanto al reconocimiento y la ejecución de resoluciones y actos; 5) Restricciones en cuanto al reconocimiento de la cualidad de heredero o de administrador/ejecutor de la herencia; y, 6) Dificultades a la hora de averiguar la auténtica última voluntad del causante por ser difícil localizar la existencia de testamentos otorgados en el extranjero.

Si se parte del supuesto de hecho de que la herencia con elemento internacional comporta una dispersión de los diferentes elementos de la sucesión entre varios Estados, la problemática a la que se enfrentaba el ciudadano de la Unión, antes del Reglamento, no solo giraba en torno a aspectos estrictamente conflictuales, como consecuencia de la relatividad del Derecho Internacional Privado. Al poderse invocar distintas normas de producción interna se propiciaba el *forum shopping*.

Además, surgían otros problemas clásicos como la admisión en mayor o menor medida de la *professio iuris* sucesoria, así como los que se generan por la incidencia de los principios de unidad o escisión sucesoria a los que se adscribieron unos y otros Estados.

Superados los problemas anteriores y salvadas las cortapisas que supone, por ejemplo, el juego de la excepción de orden público internacional, el actor de una sucesión internacional se encontraría con la problemática de que entrase en escena un sistema sucesorio llamado por la *lex successionis* que puede que le sea desconocido.

Al mismo tiempo, desde el punto de vista del operador jurídico que recepcionase la herencia tramitada en el extranjero, surgiría el problema de interpretar unas instituciones no siempre conocidas y los consiguientes problemas de prueba de Derecho extranjero, con lo que el proceso hereditario se aventuraba lento, difícil y económicamente costoso.

Al final, todo lo anterior se traducía en un incremento de costes económicos, procedimentales y emocionales, pues como subrayaba la doctrina coetánea al proceso de elaboración del Reglamento, las diferencias existentes entre los instrumentos que constatan la condición de heredero imponían la necesidad de que los interesados tuviesen que cumplir los requisitos y costes documentales que impone la ley del lugar se situación de los bienes, lo cual hacía que se incrementase la dificultad en la liquidación de una herencia transfronteriza[217].

Todos esos problemas van a incidir en la redacción del Reglamento y, muy especialmente, en la configuración, naturaleza y efectos del Certificado Sucesorio Europeo que, como se verá, se convierte en un auténtico punto de convergencia armonizadora.

Los grandes retos del legislador de la Unión serán los de establecer unas normas de competencias uniformes, conseguir que la sucesión tenga un tratamiento uniforme, cualquiera que sea el país en el que se sustancie y que el expediente sucesorio circule libremente por el territorio de la Unión, a fin de evitar costes y duplicidades innecesarias.

a. Problemas de competencia

El primero de los problemas que citaba el *Documento de trabajo* de la Comisión que acompañaba a la propuesta de 2009 y que justificaba la acción legislativa era el relativo a la competencia internacional[218], al hablar de *"Dificultades a la hora de saber cuáles son el país y el órgano competente para tramitar la sucesión.*

---

[217] REQUEJO ISIDRO, M.; "El certificado sucesorio (o de heredero) europeo: propuestas de regulación", en *Diario La Ley,* nº 7185, 29 de mayo de 2009; ed. LA LEY, p. 2.

[218] SEC (2009) 411 final, Bruselas 14.10.2009, p.3.

Puede suceder que acepten conocer de la misma sucesión las autoridades de dos o más Estados miembros (conflicto positivo de competencia) o que no lo haga ninguna de ellas (conflicto negativo de competencia). Pero es que, a menudo, una vez que los ciudadanos saben cuál es el Estado miembro cuyas autoridades son competentes, desconocen qué órgano es competente en dicho Estado miembro (tribunal, notario, administración pública)".

Ciertamente, antes de la entrada en aplicación del Reglamento, existía un panorama disperso en esta materia que dificultaba no solo la seguridad jurídica para el ciudadano sino también, planificar la sucesión de forma realmente previsible, pues la planificación efectuada podía saltar por los aires con la apertura del proceso hereditario, tras el fallecimiento del causante.

El catálogo de foros seguido por los distintos legisladores internos de los Estados miembros ni era coincidente ni tomaba en consideración las mismas circunstancias. Existían ordenamientos, como el español, que tomaban en consideración como foro general el domicilio del demandado en España y como foros especiales el último domicilio del causante en España y la ubicación de bienes inmuebles en España (arts. 22.2 y 22.3 LOPJ). Dichos foros, además, funcionaban sobre la base del principio de unidad judicial de la sucesión, por lo que se daba la circunstancia de que los tribunales españoles conocían, incluso, sobre los bienes situados más allá de nuestras fronteras[219]. En nuestro país, además, se daba la concurrencia con los notarios para la resolución de sucesiones no contenciosas, teniendo especial relevancia la declaración de herederos *abintestato* que coexistía con la declaración judicial de herederos en función de la proximidad del parentesco, operando la primera en el ámbito de descendientes, ascendientes y cónyuge

---

219 ÁLVAREZ TORNÉ, M., *La autoridad competente en materia de sucesiones internacionales.* Ed. Marcial Pons, Madrid 2013, pp. 28-29.

y la segunda para los casos en los que, a falta de los anteriores, eran llamados los parientes colaterales, del causante, con arreglo a los grados previstos en el Código civil[220].

En el ámbito del Derecho comparado se observaba, en ese momento, también, en general, un distinto tratamiento de las sucesiones contenciosas frente a las no contenciosas y la atribución de competencia, en este último caso, a los notarios y otras autoridades. Prevalece el foro del último domicilio del causante o su última residencia habitual y se tiene en consideración la localización de los bienes; se tiene también en cuenta el foro del domicilio del demandado. En menor medida se atribuye competencia por razón de la nacionalidad del causante, demandante o demandado y se tienen en cuenta los acuerdos de elección de foro y la sumisión[221]. Se da la circunstancia de que la opción por la unidad o el fraccionamiento procesal de la sucesión no es uniforme.

Siguiendo a ÁLVAREZ TORNÉ[222], se pueden señalar los siguientes problemas ligados a una falta de armonización en las normas de competencia sucesoria: 1) falta de homogeneidad de la normativa prevista y difícil acceso a una información actualizada de la misma y de su interpretación, con las dificultades añadidas por la divergencia entre ciertas normas procesales existentes y los conceptos que utilizan; 2) se propicia el *forum shopping*, lo cual no es deseable, ni siquiera en aquellos supuestos en los que se trata de un *good forum shopping*, pues se favorece no solo un distinto tratamiento competencial sino, en

---

220 Según el art. 979 Lec 1881; dicha competencia corresponde actualmente en exclusiva a los notarios, tras la reforma operada por la LJV en la LN, ver arts. 55 y 56 LN.

221 Como apunta ÁLVAREZ TORNÉ, M., *op. cit.*, pp. 32-33. Puede verse también las excepciones competenciales que se aprecian en algunos países y que la misma autora relaciona en las pp. 33-34.

222 *Ibid.*, pp. 35 y ss..

última instancia, material, como consecuencia de la aplicación de la normativa conflictual del foro; 3) surgen problemas asociados al no reconocimiento o distinto tratamiento de la litispendencia internacional, dando lugar a que puedan coexistir muchos procedimientos con soluciones contradictorias; y, por último, 4) se dificulta el reconocimiento de las resoluciones obtenidas, pues muchos sistemas basan dicho reconocimiento en un control previo de la competencia internacional, lo que determina que o bien se acuda al foro más adecuado para obtener posteriormente un reconocimiento o se produzca un fraccionamiento procesal de la sucesión.

Todo lo cual justifica, desde la perspectiva de la competencia, la conveniencia de un tratamiento uniforme de este sector del Derecho Internacional Privado junto con el segundo y tercer sector a fin de evitar contradicciones y fisuras que impidan la armonización, permitiendo así seguridad jurídica, previsibilidad y planificación de la sucesión[223].

b. Problemas de ley aplicable

i. Distintos sistemas conflictuales: Unidad vs. escisión

Uno de los principales problemas que se ponía de manifiesto, con anterioridad a la aplicación del Reglamento, es el relativo al alcance de la ley aplicable a la sucesión. Esto es, cuando la autoridad que conoce de una sucesión internacional aplica su sistema conflictual, la ley seleccionada se debe aplicar a todos los bienes de la herencia, con independencia de su naturaleza y localización o, por el contrario, en lugar

---

[223] *Ibid.*, p. 48.

de concurrir una sola ley para regular toda la sucesión puede que sean varias las llamadas a regular una misma herencia[224].

Esa problemática refleja la pugna entre dos sistemas históricos conflictuales en materia sucesoria[225]: el sistema de unidad sucesoria, vinculado a los sistemas que siguen la tradición

---

224 Así, el *Documento de Trabajo* de la Comisión, en su página 3, lo relata como el segundo de los problemas que genera efectos negativos para los ciudadanos, al decir: *"En cuestiones de Derecho privado, un tribunal no está obligado a aplicar la ley de su propio país. Por consiguiente, los Estados miembros disponen de normas para decidir la ley de qué país debe aplicarse en cada caso concreto («conflicto de leyes»). En materia de sucesiones, estas normas difieren de un Estado miembro a otro. Como para tramitar una misma sucesión pueden ser competentes las autoridades de varios Estados miembros, cabe la posibilidad de que estas lleguen a conclusiones diferentes a la hora de determinar cuáles son las competencias de cada una. Esta situación genera inseguridad jurídica e impide la buena planificación de la herencia y el reconocimiento mutuo de las sentencias entre Estados miembros".*

225 En líneas generales, dentro de la Unión Europea, los sistemas autónomos de Derecho Internacional Privado que se acogen al principio de escisión sucesoria serían los de Bélgica, Bulgaria, Chipre, Dinamarca, Francia, Irlanda, Letonia, Lituania, Luxemburgo, Malta, Reino Unido, Rumanía; frente a ellos, se alinean en el sistema de unidad sucesoria Alemania, Austria, Croacia, Dinamarca, Eslovaquia, Eslovenia, España, Estonia; Finlandia, Grecia, Hungría, Italia, Países Bajos, Polonia, Portugal, República Checa, Suecia. Para formular la anterior lista se ha utilizado CARRASCOSA GONZÁLEZ, J. y MARTÍNEZ NAVARRO, J. J., Prontuario básico de Derecho sucesorio internacional., Ed. Comares, Granada 2015. Sin embargo, la cuestión es mucho más compleja que la mera enumeración de países que militan en uno u otro sistema, pues, en ocasiones se producen desviaciones de tal regla o enumeración atendiendo, por ejemplo, bien a la admisión de la *professio iuris* o bien a la especial regulación de determinados bienes; también es frecuente que del ámbito de la ley sucesoria se desgajen determinadas cuestiones relativas a la administración o la partición, a favor de la ley propia del Estado regulador. Por ello, no solo surgirán problemas por acogerse

romana en virtud de la cual el heredero es un continuador de la personalidad del causante[226]; y, el sistema de escisión sucesoria o fraccionamiento de la sucesión, donde prevalece más la territorialidad, el lugar de situación de los bienes, para determinar la ley aplicable a una determinada sucesión[227].

Que una sola ley se aplique a toda la herencia presenta ventajas innegables, pues se logra, directamente la armonía internacional de soluciones, al mismo tiempo que resulta más fácil la liquidación de la misma.

Si la herencia comprende un único patrimonio, no se entiende bien por qué han de ser varias las leyes llamadas a regular su transmisión hereditaria[228]. Sin embargo, cuando no existe una uniformidad en el tratamiento conflictual que se debe dar a la sucesión hereditaria surgen problemas, tanto en materia de competencia judicial internacional como en materia de reconocimiento. Puede que la decisión adoptada por un tribunal que conoce de una sucesión no sea reconocida por el ordenamiento competente en el lugar de situación de

---

a uno u otro sistema, también por sus excepciones o, incluso, por la propia delimitación del ámbito de aplicación de la ley sucesoria.

226 *"Hereditas nihil aliud est, quam successio in universum ius quod defunctus habuerit"* (D. 50, 16, 24). Ver sobre las bases del sistema romano de sucesión hereditario GIMÉNEZ-CANDELA, T., *Derecho Privado Romano,* Ed. Tirant lo Blanch, Valencia 2020, 2ª ed., p. 251 y ss; también, VOLTERRA, E., *Instituciones de Derecho Privado Romano,* traducción de DAZA MARTÍNEZ, J., Ed. Civitas, 1ª edición 1986, reimpresión 1988, pp. 688 y ss..

227 Puede verse sobre las diferencias entre uno y otro sistema conflictual, CASTELLANOS RUIZ, E., *Unidad vs. pluralidad legal de la sucesión internacional,* Ed. Comares, Granada 2001, pp. 48 y ss.

228 Ver, en este sentido HEREDIA CERVANTES, IVAN; "*Lex successionis* y *lex rei sitae* en el Reglamento de Sucesiones"; en *Anuario Español de Derecho Internacional Privado,* t. XI, 2011, pp. 415-445, en concreto, p. 423..

los bienes, por no haber tenido en cuenta el derecho conflictual o el material al que se encuentran sometidos esos bienes *rationae territorii.*

También existen ventajas en el caso de que se aplique el principio de territorialidad y se apliquen distintas leyes a una única sucesión, la principal radica en el hecho de que se produce una coincidencia entre el *forum* y el *ius,* de forma que la autoridad que conozca de la sucesión, respecto de determinados bienes, aplicará, directamente, su propio Derecho. Uno y otro sistema, además, se enfrentaban a problemas inherentes a los mismos.

En el caso de la unidad, no siempre se tiene el mismo catálogo de puntos de conexión, pugnan los criterios de nacionalidad y residencia del causante. Por otro lado, el sistema escisionista se encuentra al problema de dilucidar la ley que aplica a los bienes muebles, los cuales pueden estar en uno u otro lugar de forma accidental, para lo que, históricamente se ha acudido, normalmente, por los distintos ordenamientos, al expediente de considerar que estos se encuentran sometidos a la ley de la residencia habitual del causante[229].

Con ese panorama se llega al Convenio de La Haya de 1 de agosto de 1989 sobre ley aplicable a las sucesiones *mortis causa* que reconoce la unidad de la sucesión, la *professio iuris,* acude a un sistema de agrupación de conexiones a falta de *elección de*

---

229 Así, en algunos ordenamientos, además, tratando de evitar la problemática, para superar las fricciones que se producen cuando entran en conflicto distintos sistemas de Derecho Internacional Privado. En el alguno de esos sistemas, como el alemán, se desplaza el sistema propio por el sistema conflictual de situación de los bienes en aquellos casos en los que este último sigue una orientación diferente, ver CASTELLANOS RUIZ, E., *Ibid.*, p. 53.

ley aplicable a la sucesión y excluye el reenvío, sin perjuicio de tomarlo en consideración en casos excepcionales[230].

El problema que se pone de manifiesto por la coexistencia de los sistemas de unidad y de los sistemas de fraccionamiento sucesorio, desde el punto de vista conflictual, alcanza su mayor complejidad cuando entra en juego la institución del reenvío. Son especialmente significativos aquellos casos en los que, por el fraccionamiento de la sucesión, la ley del Estado primeramente llamado se remite al Derecho de otro que se inspira en los principios de unidad, como sucede en el caso de España. Los resultados, son distorsionadores y generan una gran inseguridad jurídica, pues la resolución de los casos no es unívoca[231].

---

230 *Ibid.* p. 57, para un desarrollo de lo que representa el Convenio de La Haya en la superación de las tensiones generadas por la coexistencia de los dos sistemas conflictuales expuestos. Dicho Convenio, que sólo fue ratificado por los Países Bajos, sin embargo, pese a su no aplicación práctica, presenta la virtud de ser el antecedente inmediato del Reglamento. No habiéndose adoptado todas sus soluciones, supone un punto de inflexión y una punta de lanza que deja claros los problemas que se deben abordar y la posible dirección de las soluciones, si se quiere superar el panorama sucesorio de finales del siglo XX y principios del XXI, contexto socio histórico del Reglamento.

231 En este sentido, debe traerse a colación la evolución jurisprudencial que se pone de manifiesto en España, a partir de la STS de 15 de noviembre de 1996 (*Lowenthal)*, la cual es seguida por la STS de 21 de mayo de 1999 (*Denney*) y matizada, posteriormente, por la STS de 23 de septiembre de 2002 (*François Marie James*). Las dos primeras sentencias interpretan el reenvío como una institución de aplicación limitada, evitando que entre en juego en aquellos casos en los que se rompa el principio de unidad de ley sucesoria o no se consiga una armonía internacional de soluciones. La armonía internacional, a su vez, para nuestro Tribunal Supremo no se dará en aquellos supuestos en los que la aplicación de la ley española quebrante los principios en los que se fundamenta la ley nacional

ii. Implementación no uniforme de la *professio iuris*

Uno de los problemas que fue puesto de manifiesto en el *Documento de trabajo de la Comisión* que acompañaba a la propuesta de 2009[232] era el relativo a la *"Insuficiente (limitada) libertad del testador a la hora de elegir la ley aplicable"*.

---

del causante, especialmente, como consecuencia de la aplicación de un sistema legitimario desplazando la libertad de testar en la que se basa la ley nacional. Sin embargo, en puridad, para la doctrina, la armonía internacional de soluciones no era propiamente un sistema para lograr la misma solución valorativa, se trataba de un expediente para hacer coincidir las soluciones cualquiera que fuera el foro que conociese. Ver, en este sentido CASTELLANOS RUIZ, E., *op. cit.*, *"Unidad vs. pluralidad..."*, p. 112 y p. 119. En la tercera sentencia citada, en cambio, se admite el reenvío, entrando en juego el sistema legitimario español, en aquellos casos en los que todos los bienes, resultó probado, que se encontraban en territorio español, por lo que, la solución que se sigue acoge un sistema más próximo a la forma de entender la armonía internacional de soluciones por la doctrina. Sin embargo, desde un punto de vista práctico a nadie se le escapa lo excesivamente casuístico y valorativo de la resolución de cada sucesión y la complejidad que se añade a la resolución de cada sucesión. Debiéndose ponderar, caso por caso, pues esa armonía internacional de soluciones, a su vez, parece tener por límite, para nuestro Tribunal Supremo, el principio de unidad de la sucesión. Sobre las dos primeras sentencias puede verse CASTELLANOS RUIZ, E., *op. cit.* *"Unidad vs. pluralidad..."*, pp. 81-88 (principio de unidad) y pp. 119-122 (armonía internacional de soluciones); y, entre otros, para las tres sentencias, IRIARTE ÁNGEL, J.L. "Reenvío y sucesiones en la práctica española", en *Perspectivas del derecho sucesorio en Europa: congreso organizado por la Universitat d'Andorra y el Departamento de Derecho y Economía Internacionales de la Universidad de Barcelona, Sant Julià de Lòria (Principado de Andorra), 29 y 30 de noviembre de 2007*, coord. VIÑAS FARRÉ, R. y GARRIGA SUAU, G. 2009, pp. 111-136.

232 SEC (2009) 411 final, Bruselas 14.10.2009, p.3.

Como explicación de la importancia de dicho problema añadía lo siguiente: *"Cuando un ciudadano que se sirve del mercado interior conoce las diferencias que existen en relación con el Derecho sustantivo de sucesiones y con las normas de conflicto de leyes, lo lógico es que trate de sortear este problema otorgando testamento y eligiendo la ley aplicable a toda su masa sucesoria. Sin embargo, la mayoría de los Estados miembros siguen sin permitir que una persona pueda elegir la ley aplicable a su sucesión"*.

Como se colige fácilmente, la Comisión juzga negativamente la falta de autonomía de la voluntad conflictual en materia sucesoria. Dicha autonomía conflictual se ejercita con la llamada *professio iuris* que es definida como *"aquella facultad conferida al causante para que, en una disposición por causa de muerte, designe, dentro de ciertos límites, la ley que debe regir, en todo o en parte, su sucesión"*[233].

Como se ha reiterado, el Reglamento tiene como una de sus finalidades facilitar la planificación de la sucesión, esa planificación resulta más fácil si se permite elegir en bloque, la ley aplicable a la misma. Una facilitad que será buena tanto para el ciudadano como para el operador jurídico que conozca de una determinada sucesión.

La situación previa a la aprobación del Reglamento no solo difiere en la admisión o no de la *professio iuris* en los distintos Estados miembros, predominando los Estados que la rechazaban frente a los que la aceptaban[234].

---

233 FONTANELLAS MORELL, J.M., *La professio iuris sucesoria,* Ed. Marcial Pons Madrid-Barcelona-Buenos Aires 2010, p 187.

234 La propia Comisión, en la página 4 del *Documento de trabajo,* cita como Estados miembros en los que, ciertamente, no existe la posibilidad de elegir la ley aplicable a la sucesión Chequia, Irlanda, Grecia, España, Francia, Chipre, Letonia, Lituania, Luxemburgo, Austria, Polonia, Portugal, Eslovenia, Eslovaquia y Suecia.

El problema no solo es que se admita o no la *professio iuris.* Más allá de ese reconocimiento se encuentra la problemática de que en los Estados que conocen y aplican la institución se aprecia una distinta incidencia de la misma, pues algunos, como es el caso de Alemania, la admiten sólo en relación a los inmuebles, para desplazar la aplicación de la ley nacional del causante a favor de la *lex rei sitae* cuando dichos bienes se encontraban en territorio alemán[235].

Todo ello, en la práctica y en última instancia, lleva a una pugna entre los principios de fraccionamiento y unidad de la sucesión, el problema es, por consiguiente, de mayor calado y va más allá de la opción legislativa de admitir o no la *professio iuris.*

Reconocer la posibilidad de dar entrada a la autonomía conflictual en materia sucesoria implica alinearse con los últimos instrumentos de Derecho Internacional Privado[236] y con las últimas posiciones doctrinales[237]. La *professio iuris* además pone contrapunto y equilibrio entre las concepciones que eligen residencia frente a nacionalidad y a la inversa, así como en aquellos casos en los que dentro de una misma

---

[235] Parágrafo 25 EGBGB.

[236] Como el Convenio de 1 de agosto de 1989 sobre la Ley Aplicable a las Sucesiones por causa de Muerte; el cual solo fue ratificado por los Países Bajos.

[237] Reconocida por el Reglamento y por los Reglamentos REM y EPUR la autonomía conflictual, aunque limitada, la doctrina actual aboga incluso por el reconocimiento decidido y en mayor medida de esa autonomía, ver en este sentido DIAGO DIAGO M.P, "El matrimonio y su crisis ante los nuevos retos de la autonomía de la voluntad conflictual", en *Revista Española de Derecho Internacional Privado,* Vol. LXXVI/2/2014, Ed. MARCIAL PONS p. 49 a 79. La misma autora aborda una nueva tipología de conflictos desde la perspectiva de la autonomía de la voluntad, construcción que invita a la reflexión en "El Islam en Europa y los conflictos ocultos en el ámbito familiar" en *REEI* 2-2015 p. 1 a 29 disponible en < http://www.reei.org >

conexión existen distintas alternativas, como sucede en el supuesto de existencia de varias nacionalidades[238].

Todo ello determinará que el Reglamento Europeode Sucesiones acabe admitiendo la *professio iuris* dando entrada a una autonomía conflictual, cuando no dirigida, a favor de la ley de cualquiera de las nacionalidades del causante al tiempo de hacer la elección o al tiempo del fallecimiento[239].

iii. Distintos títulos habilitantes de la condición de sucesor hereditario

La *lex successionis* determinada por la norma de conflicto aplicable estará construida sobre un concreto sistema sucesorio, en él, a la hora de determinar los beneficiarios de una sucesión, desempeña un papel fundamental el título sucesorio[240].

El título sucesorio es aquel que habilita a una persona para resultar beneficiario de la sucesión. Se puede ser beneficiario a título universal o a título particular, como se verá.

Una persona puede ser llamada a la herencia por determinación de la ley o por voluntad del causante. Esta voluntad podrá ser unilateral o, por el contrario, resultante de un pacto con otra persona. Así, se distingue entre sucesión legal y voluntaria y, dentro de esta última, entre sucesión testamentaria y contractual.

---

238 Ver, en este sentido, FONTANELLAS MORELL, J.M., *op. cit.* "*La professio...* ", pp. 251-252.

239 Ver en este sentido, RIPOLL SOLER, A, *op. cit.*, "*Hacia un nuevo modelo...* ", p. 28. Sobre la valoración de las posibles leyes elegibles en el Reglamento, ver misma obra, pp. 58 y ss..

240 Un panorama sobre los distintos medios de acreditar la condición de heredero, en el Derecho comparado, puede verse en FLAMINI, A. y LAROCCA, S., "El Certificado Sucesorio Europeo: una perspectiva unificadora", en MONJE BALMASEDA, O., *El patrimonio Sucesorio: Reflexiones para un debate reformista;* ed. DYKINSON, S.L., Madrid 2014, p. 1680.

Esas distintas causas o fuentes del derecho hereditario a favor de una determinada persona reciben el nombre de "título material"; en él descansa, en última instancia, el fundamento de que una persona sea llamada a una determinada sucesión[241].

La sucesión legal juega como una previsión del legislador para aquellos casos en los que el causante no ha planificado su sucesión[242]; sin embargo, los márgenes que tiene una persona para planificar su sucesión no son los mismos en todos los derechos materiales Existen limitaciones a la libre disposición *mortis causa* de los bienes constituidas por la institución de la *legítima*, también conocida en algunos ordenamientos, como *reservas hereditarias*. El legislador considera que determinados parientes son dignos de una especial protección y, de una u otra manera, tienen derecho a participar en bien en una porción de los bienes hereditarios[243], bien en un valor de los mismos[244] o, incluso, bien a percibir determinadas asignaciones contra el caudal hereditario[245], aún contra la voluntad del causante. Por ello, es habitual considerar a las legítimas, en cierto modo, como una manifestación de la llamada sucesión legal.

---

241 De *"causas o títulos de la sucesión"* habla ROCA-SASTRE MUNCUNILL, L., *Derecho de Sucesiones*; Ed. Bosch, Barcelona 1995, Tomo I, pp. 21 y ss.

242 En época histórica, en el Derecho romano, no está claro si la sucesión testamentaria fue anterior o posterior a la legal, si bien, ya en las XII Tablas, la legal parece presentarse como subsidiaria de al testamentaria. Ver, a este respecto, VOLTERRA, E., *Instituciones de Derecho Privado Romano*, traducción de DAZA MARTÍNEZ, J., Ed. Civitas, 1ª edición 1986, reimpresión 1988, p. 688.

243 Como sucede, por ejemplo, en el ámbito del Derecho civil común español.

244 Solución que se adopta, por ejemplo, en el Derecho civil catalán o en el Derecho alemán.

245 Sistema previsto en la *Inheritance Act 1975*, que rige en el Reino Unido.

Dentro de los márgenes que permite la ley, una persona puede haber planificado su sucesión. En unos ordenamientos la planificación sucesoria será muy básica, en otros se permite y acude instrumentos complejos en punto a garantizar una transmisión equilibrada de la posición jurídica del causante y minimizar los problemas que se pueden plantear a su fallecimiento.

El máximo exponente de ese tipo de instrumentos favorecedores de una auténtica planificación sucesoria serán los testamentos mancomunados y, más aún, los contratos sucesorios. Estos instrumentos cumplen una función que va más allá de la del propio testamento, pues atienden a necesidades que trascienden al propio causante o testador individualmente considerado, como es la transmisión ordenada de todo el patrimonio familiar y no solo de los derechos que corresponden a una sola persona.

Así, las manifestaciones de la sucesión voluntaria serán la testamentaria y la, no siempre aceptada, sucesión contractual.

Admitidos esos tres títulos materiales sucesorios, debe destacarse que no en todos los Estados de la Unión, tienen la misma incidencia. En unos ordenamientos la sucesión voluntaria tiene un carácter residual y no suele emplearse. En otras ocasiones, como en España, por ejemplo, la sucesión voluntaria es habitual, basada en un testamento notarial y desplazando a la intestada. No faltan sistemas en los que es frecuente acudir a la sucesión contractual, entendida en un sentido amplio.

Tampoco es uniforme en los distintos ordenamientos la compatibilidad de la sucesión intestada con la voluntaria, especialmente con la intestada. Así, muchos ordenamientos siguen el adagio latino conforme al cual *nemo pro parte testatus pro parte intestatus decedere potest*, y la sucesión testamentaria excluye a la intestada[246]; en otros ordenamientos, en cambio, se admite

---

246 Ver art. 423-1 y 441-1 C.c. Cataluña.

la compatibilidad de ambas y coexistencia de herederos testamentarios con herederos legales o intestados[247].

Al mismo tiempo, no todos los beneficiarios de una sucesión tienen las mismas facultades. En función de cómo se haya configurado su llamamiento se puede hablar de sucesores a título universal, o herederos, y sucesores a título particular, o legatarios[248]. También es posible que se regule la transmisión del patrimonio de una persona de forma indirecta o al margen del Derecho de sucesiones[249].

Las facultades de los herederos universales, en punto a la administración y disposición de los bienes hereditarios o responsabilidad por deudas hereditarias no son iguales en todos los ordenamientos jurídicos, pues si bien es cierto que se trata de un llamamiento con vocación a la totalidad de la herencia o a una alícuota de la misma, en función del sistema sucesorio que resulte aplicable, la posición jurídica del heredero será una u otra.

Frente a los herederos, los legatarios tienen un distinto régimen de responsabilidad por deudas de la herencia, su responsabilidad no suele ser *ultra vires* y, sólo excepcionalmente, cuando se les haya impuesto alguna carga, podrían tener, por lo general, algún tipo de responsabilidad, así como también en el supuesto de que toda la herencia se encuentre distribuida en legados[250].

---

[247] Así, por ejemplo, art. 912 C.c. español.

[248] En el Derecho romano, la aparición de las atribuciones singulares de bienes de la herencia, por vía testamentaria, aparece en época posterior a la designación de heredero testamentarios en el *universum ius*. Ver, a este respecto, VOLTERRA, E., *op. cit.*, p. 687.

[249] De ahí la importante labor de delimitación del ámbito objetivo del Reglamento de Sucesiones, en los términos que han quedado expuestos en el primer capítulo al analizar el artículo 1.

[250] Ver en este sentido el art. 891 C.c. español, por ejemplo.

En relación a los herederos, se presenta en mayor medida la problemática de posesionarse de los bienes legados, pues muchas veces requieren un acto de entrega por parte de una persona, normalmente el heredero o el albacea, investido de tales facultades por la ley o por el causante de la herencia.

Existe un problema añadido, pues la diferenciación entre los conceptos de heredero y legatario no siembre es fácil. Se trata de categorías en las que, actualmente, tanto doctrinalmente, como legislativamente[251], se atiende más a la configuración del llamamiento que al *nomen* dado por el disponente *mortis causa* para determinar si se está ante una u otra figura. Ello llevará el problema añadido, cuando se trate de invocar la posición jurídica de un heredero o de un legatario ante una autoridad distinta de la de la *ley sucesoria* de dilucidar el tipo de llamamiento de que se trate y, por ende, las concretas facultades que tiene con relación a determinados bienes o determinada situación jurídica.

La existencia de esos tres cauces para adquirir la condición de beneficiario de una sucesión, la posible compatibilidad entre ellos y la existencia de llamamientos universales frente a particulares incidirá también en la agilidad con que se produzca la circulación de las herencias transfronterizas.

---

[251] En este sentido, puede traerse a colación y resulta ilustrativa la cita, por ejemplo, del parágrafo 2087 del BGB alemán, al decir: "*Atribución del patrimonio, de una parte alícuota, o de bienes determinados. 1) La disposición por la que el causante ha atribuido al designado todo su patrimonio, o una parte alícuota del mismo, debe entenderse como institución de heredero, aunque el causante no haya calificado al designado como heredero. 2) En caso de duda, la atribución de bienes determinados al designado no debe entenderse como institución de heredero, a pesar de que el causante lo haya calificado como heredero*".

iv. Título material vs título formal: La prueba de la condición de heredero

Siendo tres las causas o títulos materiales de la sucesión, como quedó expuesto anteriormente; estas deben presentarse de una determinada manera, bajo un determinado ropaje documental o, en ocasiones, procedimental, para poder invocar la condición de heredero[252]. Para ello se hace necesario introducir el concepto de "título formal" de la sucesión. Cómo esté construida la prueba de la condición de heredero incidirá en el régimen de circulación de la herencia con elemento internacional.

En ocasiones el titulo material y el formal coincidirán, así, por ejemplo, el testamento notarial en España es titulo material y formal de la sucesión, pues acreditado el fallecimiento del testador y su carácter de última voluntad con el correspondiente certificado del Registro General de Ultimas voluntades, no requiere ninguna formalidad añadida para que el heredero instituido pueda acreditar su condición de tal y poder adir la herencia[253].

Sin embargo, en otros casos el título material requiere ser complementado para poder disponer de un título formal, bien porque el título material es la ley y hace falta determinar quiénes son los concretos herederos, mediante una declaración formal[254]; bien porque la ley aplicable a la forma

---

[252] Ver GONZÁLEZ PORRAS, J.M., *Manual de sucesión intestada,* Ed. Tirant lo Blanch, Valencia 2011, p. 43.; PÉREZ VELÁZQUEZ, J.P. en PÉREZ VELÁZQUEZ, J.P. y PIZARRO MORENO, E., *Derecho de Sucesiones,* Ed. Tirant lo Blanch, Valencia 2015, p. 149.

[253] Ver MARTÍNEZ ESPIN, P., en BERCOVITZ RODRÍGUEZ-CANO, R., Dir., *Comentarios al Código civil (Arts. 588 a 818),* Tomo IV, Ed. Tirant lo Blanch, Valencia 2013, p. 5339.

[254] Puede verse, en este sentido, la RDGRN de 19 de junio de 2013 (BOE 29 de julio de 2013; TOL 3.855.840), en cuyos FFJJ 4 y 5, dice

de determinado testamento exige realizar una serie de comprobaciones para averiguar su integridad, la capacidad del testador o, en general, su validez y carácter de última voluntad. Esto sucederá, especialmente, en aquellos casos en los que no estemos ante testamentos notariales, pero no solo en estos, también, como sucede, por ejemplo, en el caso de la *notorieté* francesa[255].

Por ello, el operador jurídico y el ciudadano inmerso en una sucesión internacional, en consideración a los distintos sistemas expuestos y sus especificidades se puede encontrar una gran heterogeneidad de documentos tendentes a acreditar la condición de heredero, desde la perspectiva de los distintos Derechos internos de los Estados miembros de la Unión.

A su vez, la protección de quien confía en esos documentos probatorios no siempre es la misma, en función del ordenamiento jurídico que entre en escena.

Todo ello hace que se genere la inseguridad jurídica y consiguientes costes económicos tanto para herederos como para terceros acreedores, de la herencia o del heredero, o a los que se entreguen bienes que formen parte del caudal hereditario.

Resulta ilustrativa la exposición que realiza HERTEL sobre los distintos cauces para probar la condición de heredero en

---

"4. Distinto significado tiene la declaración de herederos en la sucesión intestada. No constituye el título material de la sucesión intestada, pues dicho título es la Ley. Sólo puede considerarse título formal en cuanto sirve de vehículo documental para el acceso al Registro y prueba o justificación de la individualización en la persona del heredero atendiendo a los diferentes órdenes y grados de llamamiento. [...]. 5. Atendiendo a lo expuesto, el acta de notoriedad de declaración de herederos abintestato, no es el título que determina la vocación o llamamiento ni la delación, sino que es un título de carácter formal y probatorio respecto a las circunstancias que individualizan al sucesor y que acreditan la inexistencia de testamento. [...]"

255 Ver arts. 730-735 C.c. Francia.

función del ordenamiento jurídico interno de que se trate, así, formula la siguiente recapitulación[256] que lleva a sistematizar, al menos, cinco sistemas probatorios:

1) El sistema más comúnmente usado es el acta de notoriedad que se tiene en cuenta en los ordenamientos basados en el Código Napoleón. Algún tipo de acta de notoriedad se usa en ocho Estados miembros de la Unión que agrupan el 45,7 % del total de la población de la Unión Europea (Francia, Italia, Luxemburgo, Países Bajos, Portugal, Rumanía y España[257]).

---

[256] HERTEL, C.; "European Certificate of Succession –content, issue and effects"; en ERA Forum (2014), pp. 393-407; DOI 10.1007/S12027-014-0355-y, p, 395. Puede verse también REQUEJO ISIDRO, M.; *op. cit.*, "El certificado sucesorio (o de heredero) europeo…", pp. 1-2.

[257] El elenco de títulos formales, desde el punto de vista del Derecho español, aparece recapitulado, a efectos del Registro de la propiedad, en el artículo 14 párrafo 1 LH, al decir: *"El título de la sucesión hereditaria, a los efectos del Registro, es el testamento, el contrato sucesorio, el acta de notoriedad para la declaración de herederos abintestato y la declaración administrativa de heredero abintestato a favor del Estado, así como, en su caso, el Certificado Sucesorio Europeo al que se refiere el capítulo VI del Reglamento (UE) n.º 650/2012".* Dicho precepto fue objeto de modificación en la DF 1ª de la LCJI de 30 de julio de 2015, para, veintiocho días más tarde, aclarar la reforma operada en la DF 12 de la Ley de Jurisdiccion Voluntaria, de 2 de julio de 2015. En la segunda reforma se introducía la aclaración "*al que se refiere el capítulo VI del Reglamento (UE) n.º 650/2012"*, por si a alguien le surgían dudas se cuál era el Certificado Sucesorio Europeo. Tal introducción en dos tiempos del certificado sucesorio en nuestra Ley hipotecaria ha sido apuntada por la doctrina, ver, en este sentido, REQUEIXO SOUTO, M.; "El nuevo art. 14, ap. 1º, de la Ley Hipotecaria tras las reformas de 2015"; en *Revista de Derecho Civil*, vol. III, num. 2 (abril-junio, 2016), pp. 107-125; disponible en < http://nreg.es/ojs/index.php/RDC >, p. 108, sin llegar a ninguna conclusión. En este último trabajo se hace, además, un desarrollo meramente expositivo sobre el alcance de la reforma en relación a los títulos formales sucesorios a los efectos del Registro de la Propiedad.

2) En otros países se utiliza un certificado sucesorio que en mayor o menor medida se considera por dichos ordenamientos amparado por una presunción de veracidad y que protege la buena fe, para el autor citado, se aproxima al Certificado Sucesorio Europeo. Dicho sistema se usa en siete Estados miembros, que aglutinan al 28,4 % de la total población de la Unión Europea (Estonia, Alemania, Grecia, Letonia, Lituania, Polonia y Bulgaria).

3) En tercer lugar, en los ordenamientos que pertenecen al *Common Law,* que se reconducen a tres de los Estados miembros de la Unión, representativos del 13,7 % del total de la población (Chipre, República de Irlanda y Reino Unido), se utiliza un sistema basado en un procedimiento de *probate*[258].

4) El sistema Austro-Húngaro de *Verlassenschaftsverfahren* (juicio sucesorio) se usa en seis Estados miembros representativos del 8 % del total de población de la Unión Europea (Austria, Croacia, República Checa, Hungría, Eslovaquia y Eslovenia).

---

258 La DGRN en RR de 2.03.2018 (BOE 20.03.2018) y 14.02.2019 (BOE 12.03.2019) niega la necesidad de la *probate* en aquellos casos en los que exista un título sucesorio válido, a los efectos del artículo 14 L.H., pues la *probate,* en tales supuestos es reputada como mero mecanismo de liquidación que afecta a la transmisión de la propiedad, la cual se efectúa, con las correspondientes adaptaciones, con arreglo al Derecho del lugar de situación de los bienes, en este caso, el Derecho español. Para ello, trae a colación la STJUE recaída en el caso Kubicka. Sin embargo, resulta muy interesante, y debe tenerse en cuenta, en punto a la necesidad de probate de aquellos testamentos que no tengan tal carácter definitivo con arreglo al Derecho inglés, el trabajo de RIVAS ANDRÉS, R.; "El testamento notarial inglés no se puede utilizar en España sin adveración judicial (Un elogio al arte de la copia)"; en *Revista Jurídica del Notariado*; Ed. Consejo General del Notariado, Madrid 1016, nº 99, julio-septiembre 2016, pp. 333-365.

5) Los tres Estados miembro nórdicos, con el 4,1 % del total de la población de la Unión, usan un inventario contenido en la declaración fiscal con la finalidad de probar la posición de beneficiario de las propiedades hereditarias.

6) Finalmente, Malta, que representa el 0,1 % de la población de la Unión, no tiene un sistema formal de prueba de la condición de heredero.

Los efectos de cada uno de esos sistemas probatorios son distintos, lo cual, además, se pone en relación, en cada caso, con la normativa de protección de terceros, especialmente, en aquellos supuestos en los que entra en juego el Registro de la Propiedad, en cuanto a bienes inmuebles se refiere[259].

Sin embargo, en determinados países, como en España, el título sucesorio material, cuando de testamento notarial se trate, acompañado del certificado del Registro General de Últimas voluntades, servirá para acreditar la condición de heredero[260].

Se puede decir que, en estos casos, como el español, los problemas probatorios se anticipan, basándose en un título sucesorio de calidad –el testamento notarial– y que tiene presunción de legalidad[261].

---

259 Como sucede, por ejemplo, en España, cuando resultan aplicables el artículo 34 LH o el artículo 28 LH, este último derogado en la actualidad, suspendiendo la fe pública registral en las adquisiciones que traigan causa de adquisiciones hereditarias realizadas por no legitimarios.

260 Sin perjuicio de la necesidad de cumplir los trámites destinados a la adquisición de la herencia, mediante la aceptación, con efectos retroactivos a la fecha del fallecimiento del causante (art. 989 C.c.), y de liquidar los impuestos que procedan, si bien, esto último no afecta sustantivamente a tal prueba, sin perjuicio de las consecuencias fiscales del incumplimiento.

261 Así lo ha declarado la DGSJyFP (DGRN) en reiteradas ocasiones diciendo que el contenido del testamento notarial se presume *iuris*

Por ello llama la atención, desde el punto de vista del operador jurídico español, el rocambolesco proceso de indagación y acreditación de la última voluntad de una persona que se genera en otros sistemas jurídicos, muy vinculados a nuestro país, y que parecen más propios de una película que del día a día de una persona que se ve inmersa en un proceso sucesorio en el siglo XXI. Resulta, al respecto, muy ilustrativo el relato de un autor británico en relación a cómo se averigua la condición de heredero al decir: *"Puede ser difícil descubrir si existe o no un testamento. Si no se encuentra entre los papeles del fallecido es recomendable contactar con cualquier abogado consultado por el fallecido para descubrir si existe o no un testamento que les haya sido depositado por este, así como contactar con el banco del fallecido para descubrir si el fallecido tenía una caja de seguridad que pudiera contenerlo"*[262].

v. El conocimiento de la auténtica última voluntad del causante

Como último problema a tener en cuenta, la Comisión se refería en su documento de trabajo[263] a las *"Dificultades a la hora de averiguar si existen testamentos otorgados en el extranjero. Incluso en supuestos circunscritos al ámbito nacional, no siempre es fácil para los herederos saber si el difunto había otorgado testamento. Esta cuestión es aún más peliaguda para los ciudadanos que quieren averiguar si existe un testamento otorgado en el extranjero. Esta situación genera graves retrasos y costes suplementarios, y supone una cierta incertidumbre, pues no se sabe si se presentarán otros herederos"*.

---

tantum válido y eficaz, y, en caso de contradicción será necesaria la correspondiente declaración judicial, ver entre otras las resoluciones de 21.11.2014, 06.05.2016 ó 06.07.2016.

262 BARLOW, M.A *et al.*, *Wills, Administration and Taxation Law and Practice;* Ed. Sweet&Maxwell, Londres 2011, pp. 1-2.

263 SEC (2009) 411 final, Bruselas 14.10.2009, p. 4.

Como la propia Comisión pone de manifiesto, el problema tiene especial transcendencia en el caso de la herencia con elemento internacional. Debe pensarse que, si desde la perspectiva del operador jurídico que se enfrenta a una herencia puramente interna, en algunos sistemas, averiguar la auténtica última voluntad del causante será una tarea no exenta de problemas, desde la perspectiva de aquel que se aborda la resolución de una herencia internacional la complejidad será aún mayor, pues no se trata solo de articular una forma ágil de que la herencia aperturada y ejecutada circule libremente por el territorio de la Unión. También será necesario que la ejecución de la última voluntad esté al alcance de aquel tribunal o autoridad que resulte competente, para lo cual resulta imprescindible conocer la auténtica última voluntad del causante.

En efecto, se trata de un problema que, desde el punto de vista del Derecho interno español y circunscrito a las sucesiones no transfronterizas parece irreal. En España funciona, y de modo satisfactorio, el Registro General de Actos de Ultima Voluntad[264]. Sin embargo, la práctica puso de manifiesto,

---

264 Se regula en el Anexo II del Reglamento Notarial, conforme a su art. 3: *"En el Registro general se tomará razón: a) De los testamentos abiertos, de la autorización del acta de otorgamiento y protocolización de los cerrados o sus respectivas revocaciones, de las donaciones «mortis causa» y, en general, de todo acto relativo a la expresión o modificación de la última voluntad autorizado por el Notario de la Península e islas adyacentes, posesiones del Norte de Africa y demás territorios de soberanía nacional; por Cura párroco, en los puntos en que por ley, fuero o costumbre tenga esta facultad, o por Agente diplomático o consular de España en el extranjero. b) De los testamentos ológrafos, si los otorgantes lo desean y lo hacen constar por medio de acta notarial, en que se expresen la fecha y lugar de su otorgamiento y las demás circunstancias personales expresadas en el artículo siguiente. c) De la protocolización de los testamentos ológrafos y de los abiertos otorgados sin autorización de Notario, de los testamentos otorgados por militares con arreglo a los artículos 716 y 717 del Código Civil y de los otorgados en viaje marítimo. d) Las personas que, residiendo o hallándose accidentalmente en*

en el momento en que empezaron a generalizarse en nuestro país las sucesiones con elemento extranjero, la necesidad de constatar la existencia o inexistencia de disposiciones de última voluntad fuera de nuestras fronteras, de lo cual es reflejo la RDGRN (sistema notarial) de 18 de enero de 2005[265].

---

el extranjero otorgaren testamento ante funcionario del país en que se halle, podrán hacer constar el hecho de este otorgamiento ante el Agente diplomático o consular de España, suscribiendo un acta en la que constará su nombre y apellidos, estado, nombre y apellidos del cónyuge, si fuere casado o viudo, naturaleza y vecindad, nombre de los padres, nombre y apellidos del funcionario que haya autorizado el acto, población en que tenga lugar, fecha y clase del instrumento. El representante diplomático o consular de España, dará referencia de dichas actas, con transcripción de todos sus datos, al Registro general de actos de última voluntad. e) De las ejecutorias que afecten a la validez o nulidad de los testamentos y demás actos de última voluntad".

265 Es especialmente significativa dicha resolución, dándose la circunstancia, además, de que que la firma una Catedrática de Derecho Internacional Privado, Doña Pilar Blanco-Morales Limones, la entonces Directora General de los Registros y del Notariado, del tenor de la misma resulta interesante traer a colación lo que a continuación se extracta, en relación a la competencia del notario español para autorizar actas de declaración de herederos en relación a causantes extranjeros: *"Tratándose de causantes extranjeros, obviamente (por su vinculación patrimonial o residencial española) ha de presentarse igualmente el correspondiente certificado del Registro español de actos de última voluntad. Mas cabría plantear sí, además, complementariamente, habría o no de exigirse el certificado de algún registro equivalente al país de donde el causante es nacional.*

Ciertamente no todos los países tienen instaurado un Registro de actos de última voluntad similar al nuestro, en cuanto a sus efectos, y en cuanto a su organización (a pesar del impulso, que sobre este tema, supone el Convenio de Basilea). Nuestro sistema, donde la práctica totalidad de los testamentos son notariales, basado en la obligatoriedad de la comunicación que se impone al notario autorizante (o que protocoliza un testamento ológrafo o que autoriza un acta donde se da noticia de su existencia), procura las más altas cotas de seguridad en la apertura de la sucesión intestada. Sin embargo, dada la prevalencia de la nacionalidad del causante a la hora de regir la sucesión, parece una medida oportuna y prudente, y casi obligada si lo exigiese la lex

Desde el punto de vista del Derecho comparado, como se puso de manifiesto anteriormente, al hablar de la prueba de la condición de heredero, se aprecia la existencia de sistemas en los que prevalece la sucesión intestada, quedando la testada como residual. Por otro lado, existen ordenamientos en los que los testamentos son de naturaleza privada y se tienen que adverar posteriormente. Al mismo tiempo, no en todos los Estados existen registros de últimas voluntades, equivalentes al español.

Esa situación hace que no siempre sea fácil acreditar el carácter de última voluntad de una persona en relación con determinado documento. Lo cual dará lugar a problemas en aquellos supuestos en los que, bien por la composición del caudal hereditario, bien por el decurso de la persona, a lo largo de su vida, a través de distintos lugares, pueda haber otorgado testamento o manifestado su última voluntad en varios y distintos países. Evidentemente, respecto de esos distintos testamentos no se cuestionará su validez formal pues, en su caso, quedarán cubiertos por el *Convenio de 5 de octubre de 1961 sobre los Conflictos de Leyes en Materia de Forma de las Disposiciones Testamentarias.*

Sin embargo, esa validez formal y, en su caso, normalmente también material no implica que sea fácil conocer si existen otorgados distintos testamentos cuando pueden entrar en juego sistemas de varios países. Es razonable y plausible la

---

causae, que el notario español también solicite (en tanto no se establezca la deseada conexión de Registros, como la prevista para una fase final en el citado Convenio de Basilea de 16/V/1972), como prueba complementaria, la certificación, en su caso, del Registro semejante correspondiente al país de donde el causante es nacional (a veces, su propio Registro Civil, si fuere en esta institución donde la ley personal del finado establece que se tome nota de los testamentos otorgados), siempre que estuviese prevista alguna forma de publicidad de los títulos sucesorios en ese país extranjero. Esta actuación, al dotar de un mayor rigor al expediente, sólo puede redundar en una mayor seguridad de la declaración notarial".

preocupación de la Comisión a fin de garantizar que, efectivamente, la planificación sucesoria efectuada por una persona no quede diluida como consecuencia del desconocimiento de la existencia o no de una disposición de última voluntad.

Paradójicamente, la interconexión de Registros de últimas voluntades o la creación de un Registro Central Europeo de Últimas Voluntades quedó al margen de la acción legislativa ligada al Reglamento quedando en una mera recomendación, se justifica en el documento de trabajo de la Comisión diciendo que *"[...] la identificación de los testamentos es, primordialmente, una cuestión de ámbito nacional y es probable que siga siéndolo incluso a largo plazo y porque el registro de los testamentos no es obligatorio (es decir, que su inscripción solo permite confirmar que no se ha registrado ningún testamento, no que no exista ninguno)".*

La justificación parece bastante pobre si se ponen en la balanza los costes e inseguridad jurídica que genera tener un grado razonable de conocimiento sobre la existencia de disposiciones de última voluntad. Ciertamente, no se puede aspirar a tener una certeza absoluta, pues siempre una persona podrá haber otorgado un testamento fuera del territorio de la Unión[266]. Sin embargo, sería deseable para todo ciudadano y operador jurídico que se viese inmerso en un proceso sucesorio transfronterizo dentro de la Unión Europea poder conocer, al menos, si existe o no en el territorio de esta un documento de última voluntad otorgado por el causante de dicha herencia[267].

---

[266] Teniendo en cuenta, además, la escasa implementación del Convenio relativo al establecimiento de un sistema de inscripción de testamentos, hecho en Basilea el 16 de mayo de 1972.

[267] En ese contexto y con esa premisa parece razonable que se trasladen al disponente que otorgó un documento de última voluntad fuera de la Unión Europea los inconvenientes de su toma de razón en una red de registros *ad intra* de la Unión. Sería como hablar de una diligencia razonable, por parte de la acción legislativa, en cuanto a

La justificación que hace la Comisión en el *Documento de Trabajo de* 2009 parece bastante pobre, pues la utilidad de un Registro de últimas voluntades se justifica por sí sola y debiera haberse ido más allá de la mera recomendación. En el texto transcrito anteriormente se habla de "identificación de los testamentos" como cuestión que atañe a cada Estado miembro. Se emplea el mismo texto en otras traducciones[268], sin embargo, es algo ambiguo ¿se refiere a la recognoscibilidad de un testamento como tal? Por otro lado, es cierto que en muchos Estados no se sigue un sistema de registro obligatorio, como también lo es que nunca habrá certeza absoluta, pues puede que existan testamentos que, incluso en los sistemas de registro obligatorio no constitutivo[269], no se hayan registrado; sin embargo, se minimizan los riesgos de que se pasen por alto disposiciones de última voluntad por desconocer su existencia. Implementar un Registro europeo para cubrir los Estados que lo desconocen e interconectarlo con el resto de los registros de últimas voluntades, en los Estados que existan hubiera añadido seguridad y facilitado la libre circulación de las herencias transfronterizas[270].

---

las herramientas puestas en manos de ciudadanos y de operadores jurídicos. La inexistencia de tal Registro o interconexión traslada a éstos los riesgos de la falta de diligencia en la indagación de la última voluntad, los cuales pueden darse fácilmente en sucesiones intracomunitarias.

268 Así, por ejemplo, la versión inglesa y la francesa del *Documento de trabajo de la Comisión.*

269 En un sistema de Registro de Últimas Voluntades obligatorio pero no constitutivo que funciona bien, como el español, se dan casos en la práctica en los que se presentan errores en el envío de la comunicación de la existencia de un testamento, sin embargo, sin infrecuentes y se suelen resolver satisfactoriamente. En el propio anexo del RN, en su artículo 9 se regula el procedimiento para rectificar el contenido del Registro en tales casos.

270 Sorprende como en otras materias se han propiciado acciones de este tipo y no se ha llegado a un acuerdo en algo tan cotidiano para

Con todo, si se examina el *Libro verde de sucesiones y testamentos*[271], a este tema se le dedican las cuestiones 36 y 37[272]. Sorprende que aunque, en general, a excepción del Reino Unido[273], se veía positivamente la implementación de un sistema fiable que posibilitase el conocimiento de la existencia de últimas voluntades, tras la muerte de una persona, no existía acuerdo sobre la forma de lograr su consecución. Al parecer, algo que debería ser accesorio, pero inescindible, del Reglamento Sucesorio, generaba casi más problemas que llegar a un consenso sobre todas las cuestiones que fueron objeto de regulación en el Reglamento.

Cómo debía producirse el acceso a la información registrada; cuestiones vinculadas a la protección de datos; el valor de la información; el valor del Registro; basar el modelo en un sistema de Registro único frente u optar por la interconexión de

---

los ciudadanos como la indagación de la última voluntad del causante de la herencia a la que potencialmente pueden ser llamados. Nos estamos refiriendo, en este caso, a la interconexión de los Registros Mercantiles que arranca con la Directiva 2012/17 (UE), la cual, a su vez se asume en la Directiva (UE) 2017/1132. Los considerandos de la primera de las Directivas citadas fácilmente podrían predicarse respecto a la interconexión de Registros testamentarios, sin embargo, la Comisión, en cinco líneas vacías da por justificado y finiquitado el tema.

271 Bruselas, 01.03.2005 COM(2005) 65 final.

272 Cuestión 36: "*¿Hay que prever la instauración de un sistema de registro de los testamentos en todos los Estados miembros? ¿Hay que prever la creación de un Registro centralizado?*" Cuestión 37: "*¿Qué modalidades deberían decidirse para facilitar el acceso a los elementos nacionales del sistema o al Registro centralizado por los presuntos herederos y las autoridades competentes (incluso a partir de su propio Estado miembro)?*"

273 La República de Irlanda –el otro Estado que va de la mano de Reino Unido, normalmente- presentó un informe escueto en el que respondía, en general, a lo que consideró del Libro verde, sin pronunciarse sobre estas cuestiones.

Registros; la existencia de Estados con Registro, frente a otros que carecían de él… eran algunos de los puntos de fricción que se pusieron de manifiesto en el proceso de convergencia armonizadora que suponía el propio Reglamento Sucesorio. Llama la atención como el *Documento de trabajo* de la Comisión da por zanjado el tema con una explicación que para nada refleja las tensiones que se generaron. Cualquier que sea el motivo, es evidente que, actualmente, la falta de una solución acorde con los propios objetivos del Reglamento Sucesorio, en general, y del Certificado Sucesorio Europeo[274], en particular, supone un duro lastre a las finalidades que con tales instrumentos se pretenden[275].

---

[274] Como se verá, los problemas se repiten desde la perspectiva de la inexistencia de un Registro Europeo o interconectado de Certificados Sucesorios Europeos.

[275] Actualmente, el tema sigue aún abierto; son interesantes, a este respecto, los resultados del proyecto «Evolución en el ámbito de la interconexión de los registros testamentarios», que se centra en las posibilidades de hacer más eficientes los procedimientos relativos a las sucesiones transfronterizas por medios electrónicos, liderado por el Ministerio de Justicia de Estonia y desarrollado en cooperación con la Red Europea de la Asociación de Registros Testamentarios, el Consejo de los Notarios de la Unión Europea, el Colegio Notarial de Estonia, el Centro estonio de Registros y Sistemas de Información, y los Estados miembros de la Unión Europea; como consecuencia del mismo se generó en 2016 un *Estudio de viabilidad*, un *Informe final* y unas *Recomendaciones*; tales documentos son accesibles en el sitio de *E-justice* en la dirección < https://e-justice.europa.eu/content_succession-166-es.do > (visto 27.02.2019). Del mismo modo, resulta muy interesante, como herramienta hacia la interconexión el portal de la Asociación de la Red Europea de Registros Testamentarios (ARERT/ENRWA) < http://www.arert.eu >.

c. Problemas de libre circulación de las herencias internacionales

Superados los problemas de competencia y ley aplicable a la sucesión, una vez formalizado el proceso sucesorio, el ciudadano con vinculación a la Unión Europea que quiera hacer valer sus derechos más allá del territorio en el que se gestó el expediente sucesorio se encontrará el problema de la circulación del documento en el que se haya volcado todo el proceso, cualquiera que sea su naturaleza.

Sin embargo, los problemas de circulación se refieren no solo a la resolución del proceso, entendida ésta en un sentido amplio y, por consiguiente, con independencia de que se haya plasmado en un documento judicial, notarial, administrativo o, incluso, privado.

En efecto, esos documentos tendrán que ser reconocidos y, en su caso, ejecutados, en un Estado distinto de aquel en el que fueron emitidos, con el problema de conocer los distintos procedimientos establecidos en la legislación de cada Estado a tal fin.

Así, por ejemplo, en nuestro Derecho, antes del Reglamento, en función del ámbito en el que se pretendiese hacer valer un determinado documento, con transcendencia sucesoria, debía acudirse a uno u otro expediente. No existían convenios multilaterales en materia de eficacia extraterritorial de decisiones en materia sucesoria, sí, en cambio, distintos convenios bilaterales, tanto con Estados miembros de la Unión, como con terceros países[276]. En muchos de esos casos, sobre la base de

---

[276] Debe tenerse en cuenta que coetáneamente a la entrada en aplicación del Reglamento, desde el punto de vista de nuestro Derecho Internacional Privado autónomo, ve la luz la Ley de Cooperación Jurídica Internacional en materia civil, el 30 de julio de 2015 (BOE 31.07.2015), en vigor desde 20 de agosto de 2015, tres días más tarde que el Reglamento, lo cual tendrá su transcendencia para los

dichos convenios, se llegaba producir, en la práctica, el reconocimiento en España de sentencias extranjeras que permiten la escisión sucesoria[277].

Los problemas que se presentan con anterioridad al Reglamento son muchos, también en este punto, pues la distinta naturaleza de las autoridades que intervienen en los procesos sucesorios, así como los distintos documentos sucesorios extranjeros que podían ponerse sobre la mesa del operador jurídico, en este caso, español hacen un régimen sumamente complejo en este punto. En él coexisten desde el reconocimiento por homologación hasta el reconocimiento incidental[278].

Un segundo frente de problemas, relativos a la libre circulación de las herencias transfronterizas es el régimen de circulación de los documentos previos a las mismas, los cuales estarán sometidos, en su caso, a traducción, apostilla o legalización. Todo ello supone costes económicos y temporales e incrementa la complejidad de la circulación de la herencia transfronteriza.

---

documentos extranjeros de Estados que no sean parte del Reglamento, en materia sucesoria, por autoridad o tribunal español y sin perjuicio del régimen de convenios existente.

277 Como pone de relieve RENTERÍA AROCENA, A, "El reconocimiento de decisiones extranjeras y las sucesiones "mortis causa". El Certificado Sucesorio Europeo", en *Academia Vasca de Derecho, Boletín JADO.* Año XII, nº 25. Diciembre 2013, pp. 7-112, p. 10; puede verse el régimen de circulación de dichos documentos y los distintos convenios suscritos por España en el referido trabajo.

278 *Ibid.*, pp. 14 y ss., como pone de relieve el autor, además, el problema es la concurrencia para un mismo tipo de documentos de tribunales con autoridades no judiciales que emiten documentos de distinta naturaleza en función del país de expedición.

d. Del Derecho Internacional Privado al Derecho material: problemas de convergencia

Los problemas puestos de manifiesto hasta ahora son preliminares a la propia formalización del proceso de transmisión hereditaria. Una vez conocida la autoridad competente, la ley aplicable a la sucesión y su ámbito de aplicación, basándose en la real última voluntad del testador debe realizarse plasmación documental. Ese documento estará sujeto a unas reglas de circulación. Todo ello afecta a los tres sectores clásicos del Derecho Internacional Privado.

Llegado a este punto, el operador jurídico que se enfrenta, para facilitar al ciudadano su derecho a la libre circulación, a la formalización o ejecución de una sucesión transfronteriza, especialmente en los casos en que recepciona los documentos formalizados por autoridad de un Estado distinto, será el de entender el funcionamiento de la sucesión en el marco de un ordenamiento jurídico que materialmente puede que le sea desconocido.

Por ello, resueltos los problemas clásicos del Derecho Internacional Privado, surge el problema de enfrentarse a las soluciones sustantivas de un concreto Derecho material, señalado por la autoridad competente, con arreglo a una norma de conflicto, plasmada en un documento que prueba la condición de heredero y que circula más allá de las fronteras de la autoridad expedidora. Se trata de problemas de prueba y conocimiento del Derecho extranjero.

A continuación se hace un breve excurso por las divergencias, que han parecido más significativas, entre los distintos sistemas sucesorios que existen[279].

---

[279] Debe tenerse en cuenta que las referencias al Reino Unido, contextualizadas en el momento histórico que se está relatando en esta

i. Legítimas

La *legítima hereditaria,* en algunos ordenamientos conocida como *reserva hereditaria,* supone una limitación a la facultad dispositiva de una persona por causa de muerte que, en la mayoría de los casos, incide también en los límites para disponer gratuitamente *inter vivos.*

En la práctica se observa como uno de los principales problemas a los que se enfrenta una persona al planificar su sucesión[280]. De hecho, en casos límite, incluso, no faltan ciudadanos que se plantean un cambio real, y no meramente ficticio, de las circunstancias de hecho presupuesto de la norma de conflicto a fin de lograr la aplicación de un Derecho material más flexible en cuanto a la libertad de disponer *mortis causa*[281].

---

parte de este trabajo, en el que tal Estado era miembro de la Unión Europea, son correctas, pese a que posteriormente haya acaecido el fenómeno del *Brexit,* por todos conocido; ver, al respecto, nota 146.

280 Así lo señalaba el *Documento de trabajo* de la Comisión, al citarlo, en su p. 3, como tercera causa de los problemas actuales en material sucesorio, en el ámbito de la UE. También se citaba entre la primera de las causas que *"Las partes alícuotas que los familiares heredan varían notablemente"*, lo cual debe ponerse en conexión especialmente con las legítimas, por lo que en este punto el documento es, en cierto modo, redundante, pero también con la sucesión intestada, que no tiene la misma configuración en todos los Estados miembros de la Unión.

281 Cambios de residencia, adquisiciones de nacionalidad, para poder elegir una determinada ley, o, incluso, en el ámbito de nuestro Derecho interno, acudir al expediente del art. 14.5 C.c., utilizar los mecanismos de conservación o cambio de la vecindad civil por residencia por el sólo hecho de conservar o ganar una legislación más respetuosa con la libertad de testar, al margen de cualquier otra convicción o vinculación personal con un concreto sistema jurídico.

Al operador jurídico que se enfrenta tanto al proceso de planificación sucesoria como a la ejecución de la última voluntad del causante, en una sucesión internacional, se le plantea, además, la problemática de conocer los concretos límites legitimarios que el Derecho material aplicable, en virtud de la norma de conflicto, impone[282]. Por ello de forma cíclica, pero cada vez con más fuerza, recogiendo el sentir social puesto de relieve, como consecuencia del padecimiento de los efectos de la institución, se plantea el debate sobre la conveniencia no solo de reformar y flexibilizar la legitima sino también de mantenerla[283] en algunos sistemas, como el de Derecho civil común español, que tienen una legítima fuerte y configurada como una *pars bonorum.*

Las legítimas, de una manera u otra existen en el ámbito de todos los Estados miembros de la Unión Europea; a unos

---

282 Ver RIPOLL SOLER, A., *op. cit., "Hacia un nuevo..."*, p. 30 y 46.

283 Se trata de un tema respecto al que los notarios tienen una especial sensibilidad, como no puede ser de otro modo, pues es habitual asistir desolados al espectáculo que supone la expresión del testador cuando se le explica que no puede hacer con sus cosas lo que considere, pues existen unas legítimas que respetar. Se pueden ver, en este sentido, las reflexiones de los notarios GOMA LANZÓN, I., "¿Tienen sentido las legítimas en el siglo XXI?", en *Hay Derecho,* < https://hayderecho.expansion.com/2017/05/01/tienen-sentido-las-legitimas-en-el-siglo-xxi/ > visto el 2.03.2019; MAGARIÑOS BLANCO, V. "La subsistencia de la legítima. Un caso de pereza legislativa", en *Hay Derecho* < *https://hayderecho.expansion.com/2017/02/08/la-subsistencia-de-la-legitima-un-caso-de-pereza-legislativa/* > visto el 2.03.2019; o, RIPOLL SOLER, A. "Los testadores no quieren la legítima castellana", en *El Blog del Notario* < https://pildoraslegales.com/2017/02/10/los-testadores-no-quieren-la-legitima-castellana/ > visto el 2.03.2019, señalándose, además en todos ellos, de una manera u otra, la falta de consideración para el legislador estatal como consecuencia de tratarse de un tema políticamente "menor".

fines parecidos que las mismas se llega con la aplicación de las provisiones familiares del Derecho inglés[284].

Como líneas maestras en materia de legítimas que se observan en el ámbito comparado de la Unión Europea[285], se pueden destacar: a) La restricción de los titulares de la legítima, los cuales se tiende a circunscribir a los descendientes; b) El retroceso de la configuración de la legítima como una *pars bonorum,* a favor de una legítima crediticia o *pars valoris;* c) Falta de la finalidad real asistencial, pues la legítima se entrega y calcula con independencia de las necesidades del legitimario, por la simple adscripción formal a una familia; d) Falta de homogeneidad en la forma de fijar la cuota legitimaria, pues no solo se trata de un porcentaje, sino que éste puede ser globalmente variable en función del número de legitimarios o del tipo de legitimarios concurrentes[286]; e) Distinta forma de incidir las liberalidades hechas en vida por

---

284 Ver CÁMARA LAPUENTE, S., "¿Derecho de sucesiones? Un apunte", en CÁMARA LAPUENTE, S. (Coord.), *Derecho Privado Europeo,* Ed. COLEX, Madrid 2003, pp. 1185-1232, p. 1219, sin perjuicio de la flexibilidad y adaptación al caso concreto que impera en dicho Derecho, como el propio autor señala, lo que hace que se relativice la equivalencia.

285 *Ibid.,* pp. 1220 y ss..

286 Especialmente significativo en el Derecho común español en relación a la incidencia que tiene la legítima del cónyuge viudo concurriendo con otros parientes legitimarios (ver art. 834 y ss C.c.); no siendo pocos los esfuerzos para utilizar la cautela socini, en una sociedad actual, donde se incrementa la longevidad para proteger al cónyuge supérstite ante las disfunciones que se establecen por la intangibilidad cualitativa de la legítima que se vería vulnerada con el establecimiento de un usufructo universal; ver, en este sentido, SÁNCHEZ HERNÁNDEZ, A., *El usufructo universal vidual y el artículo 820.3 del CC;* Ed. Aranzadi, Cizur Menor 2020, p. 264.

el causante, a través de los institutos de la computación, imputación, colación y reducción de liberalidades inoficiosas[287].

ii. Sucesión intestada

La falta de homogeneidad material en la sucesión intestada se presentaba también como uno de los problemas previos al Reglamento[288].

Así, aunque se puede hablar de una líneas de convergencia que giran en torno a la preferencia de los descendientes, como herederos intestados; a la exclusión de los parientes de grado más remoto, por los más próximos; a la compatibilidad de la sucesión testada con la intestada, apartándose de la regla romana de *nemo pro parte testatus pro parte intestatus decedere potest*; a la entrega al Estado, a través de uno u otro expediente, de los bienes del causante, a falta de parientes con derecho a heredar *abintestato;* mejora de la posición sucesoria del cónyuge supérstite; pérdida de vigencia de la sucesión troncal; limitación de los parientes colaterales.

Sin embargo, ni esas líneas de convergencia hacen equivalente la ordenación y también se aprecian notables divergencias, pues unos ordenamientos adoptan el sistema de germánico de las "parentelas", otros el sistema romanista de las tres líneas; y, por último, concurre también otra forma de entender la sucesión intestada, como la propia de la familia anglosajona, con notables diferencias dentro de esta última, en función de la ley aplicable[289].

---

[287] Lo cual fue uno de los motivos, como se sabe, que llevó al Reino Unido e Irlanda a no ejercer el *opt in* y quedarse fuera del Reglamento.

[288] Ver *Documento de trabajo* de la Comisión SEC (2009) 411 final, Bruselas 14.10.2009, p. 3.

[289] Ver CÁMARA LAPUENTE, S., *op. cit.*, pp. 1213 y ss.

iii. Distintos sistemas de adquisición de la propiedad hereditaria

En el ámbito de la Unión Europea la transmisión hereditaria de los bienes se consigue de diferentes maneras. El proceso de adquisición hereditaria, muchas veces, además, arrastra o condiciona el sistema que se adopte en punto a la transmisión de deudas hereditarias, así como, incluso la adopción de un sistema territorial, como es el de escisión de la sucesión, a nivel conflictual, o un sistema de universalidad[290].

Existen unos sistemas en los que se trata de realizar una liquidación ordenada del patrimonio del causante. El beneficiario de la sucesión viene a ser un receptor de bienes desligados de su titularidad anterior. En ellos la herencia se recibe como ya liquidada tras un proceso dirigido a tal fin. Es el sistema propio de los países de *common law* (Reino Unido e Irlanda). Tras esas actividades de liquidación se recibe el beneficio líquido por parte del heredero, que no llega a responder de las deudas hereditarias. En este sistema es preciso el nombramiento de una persona a la que se le entregan los bienes con el fin de administrarlos, pagar las deudas y, una vez ejecutadas las obligaciones pendientes, proceder a la entrega de los bienes a los beneficiarios[291]. En cualquier caso, existe una labor procesal, bien de homologación del administrador (*executor*) testamentariamente designado o bien de provisión de dicho cargo, en caso de que hubiese quedado vacante por premoriencia o por renuncia, o bien, en caso de que se trate de una sucesión intestada[292].

---

[290] Ver, en este sentido RODRÍGUEZ BENOT, A., "La acreditación de la cualidad de administrador de una herencia internacional: El certificado europeo de heredero", en VIÑAS, R. *et* GARRIGA G. (Coords.), *Perspectivas del Derecho sucesorio en Europa;* Ed. Marcial Pons, Madrid 2009, pp. 175-218, en concreto, pp. 190 y ss..

[291] Puede verse el art. 33 de la *Administration of Estates Act 1925*, para el Reino Unido, como máximo exponente de este sistema.

[292] Puede verse una explicación sobre las distintas posibilidades y funcionamiento de este sistema en CNUE-IRENE-CAE, *"Les successions en*

Frente al sistema anterior, un gran número de Estados de la Unión ven en la sucesión un proceso en virtud del cual el heredero se constituye en un continuador de la personalidad del causante[293]. Dentro de esta forma de entender la sucesión, de marcado carácter personalista, se diferencian aquellos ordenamientos que consideran que el heredero adquiere su condición de forma automática, sin necesidad de ningún acto encaminado a tal fin. Se trata de los sistemas germanistas. Yuxtapuestos a esta concepción se presentan los sistemas de corte romanista en los que, si bien se produce esa continuación de la personalidad del causante en el heredero, se precisa un acto de aceptación, más o menos formal, para convertirse en tal, retrotrayéndose entonces los efectos de la aceptación al momento del fallecimiento del causante.

En los sistemas germanistas lo que cabe es repudiar la herencia, dentro de unos plazos y con arreglo a unas formalidades. La renuncia de la herencia producirá efectos retroactivos a la fecha del fallecimiento, por eso no es necesaria ninguna ficción legal para justificar la continuación de la posesión por parte del heredero. Estos sistemas se basan en la institución de la *saisine*, resultando el máximo exponente del mismo el francés, donde rige la máxima *"le mort saisit le vif, son hoir le plus proche et habile à lui succéder"*.

La *saisine* juega una función de control del título sucesorio e implica una preferencia de los herederos legales y legítimos sobre los herederos voluntarios. Por ello la posesión de estos

---

Europe. Le droit national de 42 pays européens", Ed. Mavrogenis. S.A. 2016.

293 En el Derecho romano la sucesión hereditaria, la *hereditas*, es mucho más que un modo de transmisión de bienes y derechos, así lo ponen de manifiesto las distintas teorías que explican el origen de la herencia, existe un importante componente personal y de política familiar. Ver, al respecto, VOLTERRA, E., *Instituciones de Derecho Privado Romano*, traducción de DAZA MARTÍNEZ, J., Ed. Civitas, 1ª edición 1986, reimpresión 1988, pp. 688 y ss.

últimos se encuentra subordinada a la inexistencia de unos y otros y, en su caso, a que se valide que el testamento ha sido correctamente formulado y que no perjudica los derechos legitimarios[294]. Por ello los herederos voluntarios que concurran con herederos legítimos, los legatarios universales y los legatarios particulares deberán pedir la entrega de la posesión a aquellos herederos legítimos que se encuentran en la cúspide de la jerarquía hereditaria y que están investidos de la *saisine*[295].

En cambio, en los sistemas romanistas, la renuncia implicará la no aceptación de la herencia y, consiguientemente, el llamado a la herencia nunca habrá llegado a convertirse en heredero. Ese lapso de tiempo durante el cual se desconoce si el heredero aceptará o repudiará la herencia hace necesario acudir a un expediente técnico en virtud del cual la posesión de los bienes hereditarios se entienda adquirida, con efectos retroactivos, desde el momento de aceptación de la herencia y sin interrupción[296], a tal finalidad se destina la llamada *posesión civilísima*. Esta institución se pone al servicio de garantizar la defensa de la integridad de la herencia, sin perjuicio de que dicha finalidad se pueda conseguir dentro del propio ordenamiento jurídico, por otros expedientes a los cuales se limita a reforzar[297].

Estas distintas formas de entender que la transmisión hereditaria de los bienes determinarán que se produzca de una

---

294 Cumple así, la *saisine* una función de policía y control del título sucesorio, como apunta CHIKOC BARREDA, N.; "Posesión civilísima y saisine hereditaria: Confusiones, contradicciones y diversidad de funciones en los sistemas español y francés", en *Revista de Derecho Civil*, vol. III, nº 1 (enero-marzo, 2016), pp. 65-106, ver p. 90 y ss. y p. 101.

295 Ver art. 1004, 1011 y 1014 C.c. francés, respectivamente.

296 Ver art. 440 C.c. español.

297 Ver CHIKOC BARREDA, N., *op. cit.*, p. 101.

determinada manera y conllevará unas distintas facultades, derechos y obligaciones para los beneficiarios de la sucesión, sean a título universal o particular.

Todo ello incidirá en la circulación transfronteriza de las herencias. De todo lo cual es tributario el Reglamento de sucesiones, cuyas soluciones técnicas y la propia configuración del Certificado Sucesorio Europeo toman en consideración las distintas concepciones sobre la herencia.

A la vista de la problemática que se ha expuesto respecto de los distintos sistemas sucesorios se puede concluir que, aunque el nombre pueda ser el mismo, en cada ordenamiento jurídico, el proceso por el que se adquiere la condición de heredero y se recibe la herencia no tiene que ser necesariamente coincidente. Ello determina que las facultades y posición de los herederos en relación a los bienes de la herencia y, en general, su estatuto jurídico varíe en función de la ley aplicable a la sucesión. Lo cual repercutía, en el contexto histórico en el que ve la luz el Reglamento, en la circulación transfronteriza de la documentación sucesoria y constituía uno de los problemas que justificaron la regulación que aquí se estudia.

iv. Responsabilidad por deudas hereditarias

Con independencia de cuál sea el sistema por el que se llegue a ser heredero, la posición de éste respecto a las deudas hereditarias, no es igual en todos los Estados miembros de la Unión Europea[298].

---

[298] Ni siquiera en el ámbito de España se da esa coincidencia, donde frente al principio de responsabilidad *ultra vires* que prevalece en el Código civil (art. 1003 C.c.), salvo acetación a beneficio de inventario; otros ordenamientos, en posición intermedia, como el Catalán, facilitan esa limitación de responsabilidad reduciendo a la mínima expresión las formalidades para ganar la responsabilidad *intra vires*

El operador jurídico que asista al heredero y a los acreedores deberá conocer el régimen jurídico de responsabilidad por deudas hereditarias impuesto por la ley aplicable a la sucesión, lo que repercute en los costes económicos en la gestión de la herencia transfronteriza y reclamaciones contra la misma o sus herederos, viables o no en función de la ley aplicable a la sucesión, pues la materia de la responsabilidad por deudas hereditarias, tanto antes como después del Reglamento se entendía incluida en el ámbito de la *lex successionis.*

Así, con anterioridad al Reglamento, Austria, Bélgica, el Derecho común español, Francia, Grecia, Italia y Países Bajos seguían el principio de responsabilidad *ultra vires,* si bien con la posibilidad de limitarla a través de la institución de la aceptación de la herencia a beneficio de inventario en sus distintas manifestaciones.

Otros ordenamientos, introducían un sistema más flexible y tuitivo del heredero frente a las deudas hereditarias, como el alemán.

Por último, Inglaterra establecía, directamente un sistema *intra vires* de responsabilidad por deudas hereditarias[299].

(art. 461-14 C.c.); hasta otros, como el aragonés (art. 355 LDCA), limitan la responsabilidad al haber hereditario *intra vires.*

299 Ver, CÁMARA LAPUENTE, S., *op. cit.,* p. 1226. Un panorama muy interesante del Derecho comparado en punto a la responsabilidad por deudas hereditarias puede verse en MURGA FERNÁNDEZ, J. P., *Los sistemas europeos de liquidación de deudas sucesorias,* Ed. Aranzadi, Cizur Menor 2020.

2. EL NUEVO MARCO LEGAL: LÍNEAS MAESTRAS DEL REGLAMENTO

Como se puso de relieve en el capítulo I[300], la compleja cuestión de armonizar el régimen de la herencia transfronteriza, en la Unión Europea, se aborda desde la estricta órbita del Derecho Internacional Privado, acudiendo para ello al marco jurídico que brinda el artículo 81.2.c) del Tratado de Funcionamiento de la Unión Europea al decir que *"cuando resulte necesario para el buen funcionamiento del mercado interior, el Parlamento Europeo y el Consejo adoptarán, con arreglo al procedimiento legislativo ordinario, medidas para garantizar: [...] c) la compatibilidad de las normas aplicables en los Estados miembros en materia de conflictos de leyes y de jurisdicción".*

El legislador de la Unión trata de allanar el camino promoviendo que, en el ámbito de la Unión Europea, una succsión sea abordada y resuelta de una misma manera cualquiera que sea la localización de la autoridad o tribunal que la sustancia. Para ello se aprueba un Reglamento que afecta a los tres sectores del Derecho Internacional Privado.

El Reglamento, a su vez, propicia la coincidencia entre el *forum* y el *ius.* No solo se ocupa de la circulación uniforme de documentos sucesorios expedidos en los distintos Estados miembros. Además, crea, *ex novo*, el Certificado Sucesorio

---

300 Desde un punto de vista sistemático, por motivos de claridad expositiva, se ha considerado conveniente disociar la exposición de la evolución histórica e hitos de política legislativa que propiciaron que el Reglamento viera la luz, a lo cual se ha destinado el capítulo I, de las completas soluciones que adopta la opción legislada que, a modo meramente expositivo, se presentan en este apartado. También se ha anticipado la exposición del ámbito de aplicación para centrar el campo sobre el que finalmente operaría la regulación que se pretendía y que, finalmente, vio la luz con el R(UE) 650/2012.

Europeo que es el máximo exponente y fruto del proceso de convergencia que el Reglamento supone.

El Reglamento comprende 83 considerandos y 84 preceptos, los cuales se articulan en siete capítulos con la siguiente estructura: Capítulo I, "Ámbito de aplicación y definiciones (artículos 1 a 3); Capítulo II, "Competencia" (artículos 4 a 19); Capítulo III, "Ley aplicable" (artículos 20 a 38); Capítulo IV, "Reconocimiento, fuerza ejecutiva y ejecución de resoluciones (artículos 39 a 58); Capítulo V, "Documentos públicos y transacciones judiciales (artículos 59 a 61); Capítulo VI, "Certificado sucesorio europeo" (artículos 62 a 73; y, Capítulo VII, "Disposiciones generales y finales" (artículos 74 a 84).

a. Competencia (arts. 4-19)

El legislador de la Unión, consciente del diferente tratamiento de las sucesiones en los distintos Estados miembros, en el art. 3 acoge un concepto amplio de tribunal o autoridad con competencia en materia sucesoria.

Debe recordarse que los foros se regulan tratando de hacer coincidir, en la medida de lo posible, como se ha indicado, que la autoridad o tribunal que conozca de la sucesión aplique su propio Derecho. Al mismo tiempo, la regulación descansa en evitar el fraccionamiento competencial de la sucesión, en correspondencia al principio de unidad sucesoria que inspira el Reglamento (art. 21), el cual se traslada también a la competencia.

Coherentemente, el primer foro, establecido con carácter general, es el de la residencia habitual del causante (art. 4), pues, a su vez, en principio, la ley material que supletoriamente regula la sucesión es la de la residencia habitual del causante al tiempo de su fallecimiento, ley que se aplica a la totalidad de la sucesión (art. 21.1).

Sin embargo, siguiendo ese mismo criterio de coincidencia entre *forum* y *ius*, se hace necesario flexibilizar el primer foro general y admitir la competencia a favor de otros tribunales o autoridades. Así, se permite que la regla general sea desplazada por la que atribuye competencia a la ley del Estado miembro cuya ley ha sido elegida por el causante, como ley sucesoria, al admitirse, la *professio iuris*, siempre que se de el correspondiente acuerdo de sumisión expresa o se produzca la sumisión tácita, con los requisitos previstos en el artículo 7.

Atraer la competencia a la autoridad de la ley aplicable a la sucesión requerirá, además del evidente presupuesto de la existencia de una elección de ley efectuada, bien un acuerdo de elección del foro, bien una solicitud de parte en el proceso, completándose, en este punto la atribución de competencia a dicho tribunal con unas normas destinadas a establecer el marco normativo de la elección de foro (art. 5), abstención del juez de la residencia habitual en caso de elección del ley (art. 6), el sobreseimiento de la causa incoada de oficio en caso de elección de ley (art. 8), y la competencia basada en la comparecencia (art. 9).

Los dos foros referidos anteriormente están enfocados a dar respuesta a los casos que, en principio, deberían ser los más frecuentes y que giran en torno a un ciudadano vinculado a la Unión Europea, residente en un Estado miembro, con independencia de que se aplique el foro general o se vea éste desplazado por el que gira en torno a la elección de ley.

El foro de la residencia habitual, como apunta la doctrina[301], se justifica fácilmente, pues permite una fácil ejecución de la futura sentencia; hace sencilla la localización y ejecución

301 CARRASCOSA GONZÁLEZ, J., "Reglamento sucesorio europeo y residencia habitual del causante"; *Cuadernos de Derecho Transnacional,* (marzo 2016), vol. 8, nº 1, pp. 47-75, en concreto, pp. 51-53.

del testamento; permite a los interesados, particulares, litigar a coste reducido, potenciando la buena administración de la Justicia. No debiendo olvidarse, además, que la residencia habitual es un criterio con una amplia y sencilla visibilidad externa. Por todo lo cual, con este foro se eliminan discriminaciones legales, al encajar con el mercado interior y el espacio europeo de libertad, seguridad y justicia.

Tomando en consideración la *professio iuris* para dejar de aplicar el foro general de la residencia habitual y con los requisitos que establece el Reglamento, se da entrada al principio de proximidad en materia de competencia y se permite, además, al causante planificar su sucesión desde un punto de vista competencial. Implica introducir, además, en el esquema competencial del Reglamento, en cierto modo, una excepción de *forum non conveniens* atenuado, con el propósito de conseguir una proximidad material y una mejor justicia[302].

El principio de unidad competencial no quiebra, ni siquiera, en aquellos casos en los que no se es residente en Estado miembro o no se ha efectuado *optio legis*, así se colige del art. 10.1. Siempre que se den los requisitos que en el citado artículo se mencionan, se podrá retener la competencia para la totalidad de la sucesión, de forma subsidiaria, bien por el Estado miembro del que el causante era nacional no residente en la Unión, o, en su caso, por el Estado miembro en el que tuvo su residencia habitual en fecha no anterior a cinco años del fallecimiento, siempre que se encuentren en ellos los bienes de la herencia[303].

---

302 Ver ÁLVAREZ TORNÉ, M., *op. cit.*, p. 167 y p. 171, la cual, además, critica la falta de concreción y operatividad, en el texto legal, de este mecanismo flexibilizador en el texto definitivo del Reglamento.

303 A pesar de las buenas intenciones plasmadas en el Cons. 30 para que se determinen jerárquicamente los criterios de atribución de la competencia subsidiarios, la redacción definitiva del Reglamento

Faltando los requisitos establecidos en el art. 10.1 se sacrifica el principio de unidad competencial y se abre la puerta a la escisión atribuyendo competencia a cada Estado miembro respecto de los bienes que en él se encuentren. La escisión sucesoria también tiene su entrada en el Reglamento a través del artículo 12, en el que se tratan evitar resoluciones claudicantes que no van a ser reconocidas en terceros Estados no miembros en que se encuentren bienes de la herencia[304].

A fin de evitar situaciones de conflicto negativo de competencia y, por consiguiente, de denegación del derecho de acceso a la justicia, se regula un *forum necessitatis* en el art. 11, exigiendo vinculación[305] suficiente con el Estado miembro del tribunal que vaya a conocer de él. Admitido este foro, será posible introducir las limitaciones que se establecen en el artículo 12.

Pese a lo bienintencionado del sistema, basado en la existencia, como se ha visto, de un foro general, el de la residencia habitual, en el sistema del Reglamento, al final, con los foros alternativos, se ha diluido la intención inicial del legislador de la Unión que, en la práctica, sigue permitiendo que se filtre el *forum shopping* en el sistema del Reglamento. Pues el foro de la residencia habitual, en la práctica funcionará como un foro derogable[306].

---

deja abiertas muchas dudas pues no llega a apreciarse, realmente, esa jerarquización, pudiendo surgir conflictos positivos de competencia entre los Estados miembros, aunque estos se resuelven por la vía de la regulación de la litispendencia internacional, ver en este sentido, ÁLVAREZ TORNÉ, M., *op. cit.*, p. 179 que critica, además, la indefinición del concepto "bienes de la herencia".

304 Ver ÁLVAREZ TORNÉ, M., *op. cit.*, p. 141.

305 Ver ÁLVAREZ TORNÉ, M., *op. cit.*, p.180, quien subraya además que el requisito de vinculación evita maniobras de las partes para evitar acudir a los tribunales de terceros Estados.

306 CARRASCOSA GONZÁLEZ, J., *op. cit.*, "Reglamento sucesorio europeo y residencia habitual… del causante", p. 51.

En una herencia transfronteriza no será infrecuente que los actores o elementos personales de la misma, bien el causante, bien los herederos, se encuentren dispersos en distintos Estados miembros, el art. 13 deja abierta la posibilidad de efectuar "*[...] una declaración relativa a la aceptación [...] o la renuncia, o una declaración de limitación de [...] responsabilidad [...]*" ante los tribunales del Estado miembro de la residencia habitual del declarante[307].

Paralelamente, aparece regulada la competencia para la adopción de medidas provisionales y cautelares, estableciéndose una competencia concurrente entre el tribunal del Estado miembro donde se sustancie la sucesión y los tribunales de otros Estados miembros[308].

---

307 En muchas ocasiones la tramitación de una herencia transfronteriza se complica, en la práctica, por la falta de interés en colaborar por parte de alguna de las personas relacionadas con la misma. Debe juzgarse favorablemente esta medida del Reglamento atribuyendo una competencia especial, sin perjuicio del tribunal o autoridad ante la que se sustancia la sucesión. A tenor de los considerandos 32 y 33, dicha competencia podrá entenderse sin perjuicio de acudir a procedimientos previstos en el Derecho interno del Estado de la residencia habitual del declarante; existiendo, no obstante limitaciones en aquellos casos en los que se deba sustanciar un procedimiento limitativo de responsabilidad, como la formación de inventario, por ejemplo. El Cons. 32 impone al declarante la responsabilidad de hacer llegar al tribunal ante el que se sustancie la sucesión dicha declaración. Se cuestiona ÁLVAREZ TORNÉ, M., *op. cit.*, p. 172 la operatividad de dicha obligación impuesta al declarante; sin embargo, en la práctica es algo habitual aportar documentos formalizados ante autoridades extranjeras a los expedientes sucesorios que se sustancian, por ejemplo, en las notarías españolas. Todo ello sin perjuicio de las posibilidades de auxilio y cooperación internacional y del empleo de plataformas como la notarial de EUFIDES.

308 Se pone de relieve por ÁLVAREZ TORNÉ, M., *op. cit.*, p. 186, que, como en la práctica sucede, la competencia de otros Estados miembros debería haberse limitado a los bienes que en el mismo

A fin de que el sistema del Reglamento sea completo se regula cuando un tribunal se considera que conoce de un asunto (art. 14); la comprobación de la competencia por el tribunal (art. 15); la comprobación de la admisibilidad y tutela judicial del demandado (art. 16); y, la litispendencia (art. 17) y la conexidad (art. 18).

b. Ley aplicable (arts. 20-38)

Se destina al segundo sector del DIPr el capítulo III del Reglamento[309]. Su estructura, inspira, además, los Reglamentos posteriores 2016/1103 (REM) y 2016/1104 (EPUR). Al intérprete no se le escapará, además, que las soluciones que se adoptan en estos dos son coherentes con las del Reglamento, de hecho, uno de los problemas más importantes a la hora de abordar una sucesión internacional será coordinar esta con la propia liquidación del régimen económico del matrimonio o de la unión de hecho registrada, de lo cual ha sido consciente el legislador de la Unión[310].

---

se encuentren; si bien, esa limitación se puede conseguir, a instancia de parte, por la norma del art. 12 que, considera, también es aplicable a las medidas cautelares.

309 Entre los primeros trabajos, tras la aprobación del Reglamento, a nivel expositivo del nuevo enfoque de la ley aplicable a las sucesiones internacionales, puede consultarse RODRÍGUEZ-URÍA SUÁREZ, I., "La Ley aplicable a las sucesiones mortis causa en el Reglamento (UE) 650/2012"; en *www.indret.com* , Barcelona, Abril 2013.

310 El análisis valorativo sobre si se ha logrado dicha coordinación excede del ámbito de este estudio, será el tiempo y la práctica, con los correspondientes estudios académicos, quienes pongan de manifiesto la consecución o no de dicho objetivo, sin embargo, se anticipa la problemática que supone la insuficiencia de las soluciones para la transmisión unitaria del patrimonio familiar-matrimonial. Una visión crítica sobre la coordinación entre los Reglamentos REM-EPUR-Reglamento de Sucesiones puede verse en RODRÍGUEZ

El Reglamento de Sucesiones tiene carácter universal[311] (art. 20), por lo que la ley designada por el mismo, será aplicable, aunque sea la de un Estado no miembro. Se consagra además el principio de unidad de la sucesión (art. 21), de forma que una sola ley regule, salvo excepciones[312], la totalidad de la sucesión. La unidad sucesoria es una constante en el Reglamento[313].

BENOT, A., *"Los efectos patrimoniales de los matrimonios y de las uniones registradas en la Unión Europea"*; en *Cuadernos de Derecho Transnacional,* (Marzo 2019), Vol. 11, No 1, pp. 8-50, en concreto en la p. 38 y ss., quien vaticina una próxima revisión de los Reglamentos en función de la jurisprudencia previsible que debe existir en esta materia.

311 BLANCO-MORALES LIMONES, P., *op. cit.*; *El ámbito de la ley aplicable...*, p. 4, al hablar de la propuesta, apunta que si bien el Reglamento se decanta claramente a favor de la unidad y universalidad de la sucesión, sin embargo, esto debe ser matizado en función de las exclusiones.

312 Como excepciones limitadas a dicho principio, deben destacarse los casos residuales en que podría tener cabida como consecuencia del juego del reenvío (art 34), así como los supuestos en los que entre en juego la norma del art. 30, relativa a la transmisión de determinados bienes.

313 Debe tenerse en cuenta el Cons. 37, conforme al cual: *"Para que los ciudadanos puedan aprovechar, respetando en todo momento la seguridad jurídica, las ventajas que ofrece el mercado interior, el presente Reglamento debe permitirles conocer cuál será la legislación aplicable a su sucesión. Además, deben introducirse normas armonizadas en materia de conflicto de leyes para evitar resultados contradictorios. La norma principal debe garantizar que la sucesión se rija por una ley previsible, con la que guarde una estrecha vinculación. Por motivos de seguridad jurídica y para evitar la fragmentación de la sucesión, es necesario que esta ley rija la totalidad de la sucesión, es decir, todos los bienes y derechos, con independencia de su naturaleza y de si están ubicados en otro Estado miembro o en un tercer Estado, que formen parte de la herencia"*. Sin embargo, siendo cierto que la unidad de la sucesión es una de las líneas de fuerza del Reglamento, en determinadas circunstancias, el mismo se ve obligado a sacrificarla para conciliar otros intereses en juego.

En este contexto, un testamento bien redactado, en el que se detallen las circunstancias vitales de la persona, más allá del marco jurídico, pondrá en valor la labor del notario y la seguridad jurídica preventiva que despliega su actuación. Así, aunque no se haga elección de ley aplicable a la sucesión, dejar las claves para la determinación de la residencia habitual o la vinculación más estrecha del causante con un determinado Estado, facilitará la ejecución de la sucesión. Pues puede que la litigiosidad, con el nuevo marco legal, antes que en la interpretación de una determinada cláusula de contenido patrimonial, se produzca en relación a los elementos de hecho que permitan concretar una determinada conexión que orille la sucesión hacia un marco jurídico de un Estado en detrimento de otro[314].

La determinación de cuál sea la ley aplicable a la sucesión se diseña sobre un esquema que establece como primera conexión la correspondiente a la ley de la residencia habitual del causante al tiempo de su fallecimiento (art. 21.1). Así, la ley de la residencia habitual del causante al tiempo de su fallecimiento será la que se aplique supletoriamente, en aquellos casos en los que no se haya hecho elección de ley. Como se verá, la residencia habitual como conexión podrá verse desplazada por la cláusula de salvaguarda, en favor de la ley del Estado con el que el causante presente una vinculación más estrecha, al tiempo de su fallecimiento. La *professio iuris*, en cambio, nunca será desactivada por la cláusula de vinculación más estrecha. El principal problema que plantea la ley de la residencia habitual del causante al tiempo de su fallecimiento es el de tratarse de

---

[314] Esta óptica la pone también de relieve BLANCO MORALES, P y BALMORI, A. L. "Las sucesiones internacionales y su régimen jurídico". *JURISMAT*, Portimao, nº 2, 2013, p. 51.

un concepto indeterminado[315] que, en la práctica, no siempre es correctamente aplicado por los operadores jurídicos. Se corre el riesgo de que una interpretación dispar de ese concepto frustre los objetivos de uniformidad del Reglamento.

Algún autor[316] enfatiza, como ventaja de la residencia habitual, como criterio de conexión, su carácter sencillo, al resultar relativamente fácil cambiar de residencia habitual o ser menos complejo que cambiar de nacionalidad, lo cual favorece la libertad testamentaria, llegando incluso a afirmar que el artículo 21 favorece al causante, pues puede elegir un país concreto en el que existe tal libertad testamentaria y situar en dicho Estado

---

315 Sobre la indeterminación del concepto de residencia habitual en el Reglamento, puede verse RIVA, I., *Certificato successorio europeo. Tutele e vicende acquisitive;* Edizione Scientifiche Italiane, Napoles 2017, pp. 77 y ss., criticando la redacción de los criterios ejemplificativos de los considerandos 23 y 24. La autora, apunta tres criterios como denominador común que inspira dichos considerandos: 1) Tendencia a que primen los datos personales sobre los profesionales; 2) Tenencia, en la duda, a dar prevalencia a la residencia cesante sobre la entrante; y, 3) Parece que priman los criterios de localización de bienes, con bastante peso, en casos dudosos. En los trabajos preparatosios, TEN WOLDE, M. H., "European Certificate of Inheritance", en BAJONS, E. M. , REVILLARD, M., DAVI, BOUCKAERT F. (Coord.), *Conflict of Law of Succession in the European Union,* (pp. 503–518); Deutsches Notarinstitut; Bruselas (2004), pp. 508-509, puso de manifiesto la conveniencia de que el Reglamento pusiese ejemplos y estableciese presunciones, si bien, ni los ejemplos de los considerandos parecen haber sido suficientes, ni las presunciones existen.

316 CARRASCOSA GONZÁLEZ, J., *op. cit., "Reglamento sucesorio europeo y residencia habitual…"*; p. 53. La misma obsesión por un cambio fraudulento de residencia comparte con argumentos menos elaborados, LAFUENTE SÁNCHEZ, R.; *"Hacia un sistema unitario europeo en materia de Ley aplicable a las Sucesiones Internacionales";* en Cuadernos de Derecho Transnacional (Octubre 2013), vol. 5, nº 2, pp. 350-370, p. 359.

su residencia habitual. No podemos compartir ese discurso basado en un conocimiento irreal de la esencia de las personas, pues nos parece absurdo, como norma general, pensar que una persona quiere y ejecuta un cambio de residencia habitual sólo por esos motivos, hipotecando su vida real en favor de una libertad testamentaria que, a veces, ni siquiera se precisa.

El mismo autor, sin embargo, con acierto llama la atención sobre el carácter líquido de la residencia habitual. La dificultad de su concreción que, normalmente, al menos desde la perspectiva del Derecho español, corresponderá a los notarios, sobre la base de pruebas aportadas por los herederos o presuntos herederos[317] abocará a que la litigación se desplace de las cuestiones sucesorias a la propia concreción de cuál sea la concreta residencia habitual del causante[318].

Pese a acoger la residencia habitual como conexión supletoria, para los autores del Reglamento, en él subyace la idea de que la aplicación de la ley supletoria debiera ser residual si no se tiene vocación de estabilidad en la misma. Lo deseable, para un Reglamento inspirado en la planificación sucesoria e inmutabilidad de la misma, accidentalmente, por causas ajenas a la voluntad del disponente, es que el ciudadano ordene unas disposiciones de última voluntad a fin de planificar su sucesión. Solo así se optimizarán los poderosos mecanismos que el legislador de la Unión pone al servicio de la libre circulación de las herencias.

Por ello, la ley de la residencia habitual se verá desplazada en aquellos supuestos en los que se haya hecho *professio iuris,* pues como novedad, para muchos Estados miembros, se introduce la

---

317 No parece conocer, sin embargo, el autor citado, el funcionamiento, en la práctica, de las comprobaciones notariales al emitir un acta de notoriedad que, nos parece, sería el cauce adecuado para concretar esa residencia habitual.

318 *Ibidem,* p. 365.

posibilidad de elegir la ley nacional del causante, en los términos que se dirán, como ley aplicable a la sucesión (art. 22)[319].

Junto con la planificación sucesoria, el Reglamento se inspira en el principio de proximidad material de la ley llamada a regir la sucesión con el causante. Esto justifica que se introduzca una cláusula de excepción (art. 21.2) para llamar, excepcionalmente, como *lex successionis* a la del Estado, distinto del de la residencia habitual del causante al tiempo del fallecimiento[320], que será la de aquel Estado con el que el causante tenga una vinculación[321] más estrecha atendidas las circunstancias.

LAGARDE pone de manifiesto un relativo margen que se deja a la autonomía de la voluntad de la persona también con la vinculación más estrecha, pues, entendemos, si está bien asesorada, puede disociar la vinculación más estrecha de su residencia habitual, a fin de forzar la aplicación de una u otra ley, más estrechamente vinculada[322].

---

319 Un análisis de la institución en relación a la Propuesta de Reglamento puede verse en FONTANELLAS MORELL, J. M., *"La professio iuris sucesoria a las puertas de una reglamentación comunitaria"*, Dereito Vol. 20, nº 2: 83-129 (2011).

320 El Reglamento deja bien claro el carácter excepcional de la conexión subsidiaria de la vinculación más estrecha en el Cons. 26, pues *"no debe emplearse [...] cuando la determinación de la residencia habitual del causante en el momento de su fallecimiento resulte compleja"*.

321 Se ha criticado por la doctrina el marcado carácter subjetivista de esta conexión, ver, en tal sentido, ORTIZ DE LA TORRE, J. A., "El Reglamento Europeo sobre sucesiones y testamentos: Breves reflexiones (y algunas digresiones) desde una perspectiva española"; en *Revista Jurídica de Asturias*; nº 37, 2014, pp. 97-127, pp. 117-124.

322 LAGARDE, P., en BERGQUIST, U. *et al.*, *EU Regulation on Succession and Wills;* ed. Otto Schimidt, Colonia 2015, p. 121; tal planteamiento, aunque bienintencionado, entendemos, será residual en la práctica.

Debe llamarse la atención que la cualificación de una ley como aquella con la que se tiene la vinculación más estrecha no puede recaer sobre la ley de residencia habitual del causante, será la de un Estado distinto, en el régimen del Reglamento[323].

Al servicio de la planificación sucesoria se pone la institución de la *professio iuris.* El legislador de la Unión la potencia pues su uso acumula unos efectos privilegiados frente a la conexión supletoria –residencia- y su conexión de excepción –vinculación más estrecha-. La *professio iuris* es la única que blinda la planificación sucesoria y hace que esta sea inmutable sin la voluntad del disponente, este sería el efecto principal, pero, además, permite planificar la competencia de los tribunales (art. 7) y excluye el reenvío, en todo caso, art. 34[324].

El carácter privilegiado de esta conexión, basada en la ley elegida por el causante, se puede justificar por el hecho de que las otras dos, pese a que requieren una cierta estabilidad, no siempre serán fácilmente constatables[325] e implican acudir

---

323 Lo cual genera la paradoja que los efectos especiales que arrastra la ley más estrechamente vinculada, como, por ejemplo, la exclusión del reenvío (art. 34) no se darán en aquellos casos en los que la ley más estrechamente vinculada sea la de la residencia habitual, pues no habrá desplazamiento de esta ley por la determinada por la cláusula subsidiaria. Se trata de una cuestión interesante sobre la que cabe esperar pronunciamiento del TJUE. Puede verse un ejemplo de mala comprensión de la residencia habitual yuxtapuesta a la conexión de la vinculación más estrecha en PRATS ALBENTOSA, L.; "El Derecho civil de sucesiones de la Unión Europea: El Reglamento (UE) 650/2012"; Diario La Ley, nº 8635; Wolters Kluwer; Ed. La Ley.

324 Este último efecto es también predicable de la vinculación más estrecha.

325 Sobre las dificultades con que se pueden encontrar las partes para probar circunstancias tales como la residencia habitual, en un escenario similar, como puede ser el ámbito de aplicación de los Reglamentos REM y EPUR puede verse RODRÍGUEZ BENOT, A., *op.*

por el tribunal o autoridad a una actividad valorativa[326] de las circunstancias de hecho que no se precisan en el caso de la *professio iuris.*

Con la *professio iuris* se da entrada a la autonomía de la voluntad conflictual en materia de sucesiones[327]. Sin embargo se trata de una autonomía de la voluntad limitada, pues el catálogo de leyes elegibles se limita a la de cualquiera de las nacionalidades del disponente al tiempo de su elección o al tiempo de su fallecimiento[328]. La importancia de la *optio legis* en el diseño

---

cit., "Los efectos patrimoniales... ", p. 38, así como DIAGO DIAGO, M. P., DIAGO DIAGO, M.P., "Comentario al artículo 26", en IGLESIAS BUIGUES, J.L. y PALAO MORENO, G., *Régimen económico matrimonial y efectos patrimoniales de las uniones registradas en la Unión Europea,* ed. Tirant lo Blanch, Valencia 2018, p. 247 y ss.. Desde un punto de vista práctico, resulta conveniente, por consiguiente preconstituir los elementos de prueba de la residencia habitual, como señala RIPOLL SOLER, A.. *op. cit., "Hacia un nuevo modelo... ",* p. 49 y ss..

326 Ver, en este sentido, los considerandos 23, 24 y 25. La determinación de la residencia habitual no es una tarea fácil, en principio conlleva que coincida con el centro de intereses principales del causante y que normalmente este, a su vez, coincida con el lugar en el que se encuentre la mayor parte del patrimonio del finado. Sin embargo, a veces, en la realidad, se disocian esas circunstancias del lugar de residencia efectiva. Entonces tendrá cabida la vinculación más estrecha desplazando a la residencia habitual. Ver, en este sentido, HEREDIA CERVANTES, I., "El nuevo reglamento europeo sobre sucesiones", en Diario la Ley, nº 7933, 28 septiembre 2012.

327 Como se reivindica también con fuerza y, con mayor alcance que el finalmente legislado, en el ámbito del Derecho de familia conflictual de la Unión Europea, por DIAGO DIAGO, M. P., ver, en este sentido, "El matrimonio y su crisis ante los nuevos retos de la autonomía de la voluntad conflictual", en *Revista Española de Derecho Internacional Privado,* vol. LXXVI/2/2014, Marcial Pons, pp. 49 a 79.

328 Sobre lo limitado del catálogo de leyes elegibles véase RIPOLL SOLER, A. *"Hacia un nuevo modelo... ",* p. 33 y ss.. Llamando la atención la mayor amplitud de leyes elegibles que se contenía en el

del autor del Reglamento ha supuesto que desde el primer momento una preocupación de los comentaristas de la solución legal ha sido determinar una buena *praxis* sobre cómo hacer una elección de ley sucesoria[329] y determinar los efectos de las distintas patologías que se pueden presentar al plasmar documentalmente la elección de ley aplicable a la sucesión[330].

Desde el punto de vista de la seguridad jurídica preventiva, la *professio iuris,* potenciará una menor litigiosidad. En efecto, incluso en aquellos casos en los que el causante haya sido cauteloso y dejado preconstituidos los elementos que permitirían una determinación de su residencia habitual o de una posible vinculación más estrecha, estas dos conexiones invitan a una judicialización de la sucesión[331].

Siendo cierto lo anterior, sin embargo, el TJUE, en sentencia de 12 de octubre de 2023 (C-21/22) (TOL 9.908.635), en su parágrafo 33 introduce la siguiente afirmación *"no cabe entender que la posibilidad de designar el Derecho aplicable a la propia sucesión sea un principio subyacente al Reglamento n.º 650/2012 y, por tanto, a la cooperación judicial en materia civil y mercantil en la Unión de la que este Reglamento es instrumento"*, al objeto de dar primacía a un Convenio bilateral entre Ucrania y Polonia, de 1993, anterior al Reglamento, que regulaba la ley aplicable a la sucesión, sobre la base del art. 75 RES que respeta los

---

Documento de reflexión sobre las sucesiones por causa de muerte, de 30.06.2008, auténtico antecedente del Reglamento, ver su art. 3.2.

329 Ver, en este sentido, WYSOCKA, A., «How can e valid profession iuris be mader under the UE Succession Regulation?», *Nederlands international privaatrechet,* 2012, pp. 569-575.

330 Ver, en este sentido, RIPOLL SOLER, A., *op. cit., "Hacia un nuevo modelo…"*.

331 DÍAZ FRAILE, J. M.; "El Certificado Sucesorio Europeo. Especial referencia a sus efectos y a su condición de título inscribible en el Registro de la Propiedad"; en *Boletín del Colegio de Registradores de España;* num. 31, julio 2016, pp. 765-779, p. 771.

convenios internacionales vigentes de que un Estado miembro fuera parte. La argumentación del Tribunal no puede compartirse pues disocia la autonomía conflictual que propugna el Reglamento del principio del que dicha autonomía es tributaria. En efecto, como se ha apuntado el Reglamento está inspirado en el principio de planificación sucesoria. Negar la posibilidad de elegir ley aplicable a la sucesión, aunque sea apoyándose en la preexistencia de un convenio bilateral, implica negar la posibilidad de que los ciudadanos a los que dicho convenio fuese eventualmente aplicable, puedan planificar su sucesión con los efectos que a la *professio iuris* otorga el Reglamento y que se acaban de exponer. La cuestión se enfatiza en aquellos supuestos en los que existen bienes no solo en los Estados parte del eventual convenio sino también en otros Estados miembros de la Unión[332].

---

332 Las afirmaciones del Tribunal van más allá, incluso, pues en el parágrafo 31 de la sentencia que se comenta, se dice: *"A la vista de la estructura de dicho Reglamento, debe entenderse que la posibilidad, prevista en su artículo 22, de que el causante designe la ley del Estado cuya nacionalidad posea constituye una excepción a la regla general del artículo 21"*. Es evidente que el TJUE, sin ofrecer la más mínima argumentación, confunde lo que es una regla general con lo que es un criterio supletorio a falta de manifestación de voluntad por parte del causante. Por ello, la interpretación del Tribunal debe criticarse, pues obvia, como ha quedado dicho, el principio de planificación sucesoria que inspira el Reglamento, lo que se pone de manifiesto, especialmente, si se yuxtaponen el funcionamiento de una sucesión que se rige por la residencia habitual frente a cómo resultaría la misma en el caso de existir elección de ley. En este último supuesto, como ha quedado dicho, los efectos transcienden a la inexistencia de reenvío (art. 34) y a la posibilidad de afectar la competencia judicial (art. 7). Por último, desde un punto de vista práctico, el Tribunal desconoce lo que sucede, además, en la práctica notarial, al menos desde la perspectiva española, donde la práctica totalidad de testamentos contienen cláusula de elección de ley; y, en los casos en los que no la contienen, se obvia esta de una manera deliberada y motivada.

Cualquiera que sea la conexión que se utilice para determinar la ley aplicable a la sucesión, el legislador de la Unión ha sido muy minucioso para determinar su ámbito de aplicación, que, según el considerando 9 *"[...] debe abarcar todos los aspectos de Derecho civil de la sucesión por causa de muerte [...]"*. Para ello, la delimitación negativa del ámbito del Reglamento, que resulta del art. 1, se completa con la minuciosa y extensa delimitación positiva que se determina en el art. 23[333], lo que para algunos autores implica ampliar la seguridad jurídica[334]. Debe llamarse la atención que, más allá de la delimitación del ámbito de aplicación del Reglamento se encuentra la coordinación con

---

333 Se hace remisión, en este punto, al Capítulo I de esta investigación, en el que ha quedado expuesto el ámbito del Reglamento, y de la *lex successionis*, al traerse a colación las distintas cuestiones que desde las materias excluidas colindaban con las mismas y que, sin embargo, formaban parte de la ley aplicable. Del mismo modo, debe tenerse en cuenta, lo que se apuntará al explicar el régimen del Certificado Sucesorio Europeo, pues en él se filtran todas las cuestiones relativas a dicho ámbito del art. 23. Esta concepción amplia implica alinearse en contra de posiciones más restrictivas que como apunta RODRÍGUEZ BENOT, A., en "La acreditación de la cualidad de administrador de una herencia internacional: El certificado europeo de heredero", en VIÑAS, R. *et* GARRIGA G. (Coords.), *Perspectivas del Derecho sucesorio en Europa;* Ed. Marcial Pons, Madrid 2009, pp. 175-218, ver, en concreto, p. 213, fueron uno de los escollos que se pusieron de relieve en los trabajos preparatorios, la opinión de este autor resulta sumamente interesante, pues es coetánea a dichos trabajos preparatorios, al decir: *"El inconveniente primordial puesto de manifiesto por los detractores de esta concepción amplia del ámbito de aplicación material de la Lex successoria estriba en el temor a la injerencia excesiva que una futura norma comunicatia podría producir en los Derechos materiales internos de los Estados, en particular en sectores como el Derecho de bienes o el Derecho procesal"*.

334 GIMENO GÓMEZ LAFUENTE, J.L; "El Certificado Sucesorio Europeo"; en *Revista Crítica de Derecho Inmobiliario,* Enero-Febrero 2014, Núm. 741, pp. 113-151, p. 122.

los últimos instrumentos normativos que colindan con este, los Reglamentos REM y EPUR, pues la liquidación de dichos regímenes económicos será una labor previa e imprescindible para conocer la composición de la masa hereditaria[335]. Lo cual constituye una constante que se reiterará a lo largo de este trabajo.

Los artículos 24 y 25 se destinan a determinar la ley aplicable a la validez material y admisibilidad de las disposiciones mortis causa. Se introduce en ellos el concepto de *ley sucesoria anticipada*[336], como ley distinta y que no tiene que coincidir necesariamente con la *lex successionis*. Su ámbito de aplicación se concreta en el artículo 26.

La forma de las disposiciones *mortis causa* se regula en el artículo 27, el legislador de la Unión es consciente de que la mayor parte de los Estados miembros han suscrito el Convenio de la Haya de 1961 *sobre conflictos de leyes en materia de forma de las disposiciones testamentarias*, por lo que su aplicación desplaza, para los Estados firmantes del mismo, la del régimen previsto en el artículo 27, según se desprende del art. 75. No obstante, debe apuntarse que una lectura no reflexiva del citado precepto invita a pensar que los Estados parte del Reglamento que lo son del Convenio aplicarán *uno ictu* el texto de La Haya, pues los regímenes son prácticamente coincidentes. Sin embargo, parece conveniente detenerse un poco más en el precepto y los matices existentes entre uno y otro texto,

---

335 En este sentido debe lamentarse que los Reglamentos 2016/1103 y 2016/1104 se hayan aprobado por la vía de la cooperación reforzada. Ver al respecto DIAGO DIAGO, M.P., "Comentario a los artículos 21, 22 y 26", en IGLESIAS BUIGUES, J.L. y PALAO MORENO, G., *Régimen económico matrimonial y efectos patrimoniales de las uniones registradas en la Unión Europea*, ed. Tirant lo Blanch, Valencia 2018.

336 Ver BONOMI, A. y WAUTELET P., *op. cit.*, p. 328 y ss..

lo cual tiene especial relevancia en torno a los supuestos de testamentos mancomunados yuxtapuestos a los pactos sucesorios, como se sigue de la sistemática del Reglamento.

En efecto, debe llamarse la atención sobre el hecho de que en las definiciones del artículo 3 RES, bastante asistemático al respecto, el legislador ofrece un concepto de disposición *mortis causa* (art. 3.d), la cual se define de una manera enumerativa como un "*testamento, un testamento mancomunado o un pacto sucesorio*". Previamente se han definido el pacto sucesorio (art. 3.b) y el testamento mancomunado (art. 3.c). Paradójicamente, no se define el testamento simple, cuyo concepto, entendemos que, por anclado en la práctica jurídica, presupone. Para el legislador, parece que en el pacto sucesorio prima el acuerdo de voluntades, que, en cambio, no tiene que existir necesariamente en un testamento mancomunado.

Así las cosas, la norma del artículo 75 RES que determina la aplicación del Convenio de 1961 a los testamentos mancomunados requiere una labor previa de calificación. Por consiguiente, aquellos testamentos mancomunados en los que no haya un acuerdo de voluntades serán subsumidos en el Convenio mientras que los que lleven implícito un acuerdo de voluntades, en cambio, se encuentran fuera del Convenio y, en tal caso, deberá serles aplicado el Reglamento, ya que éste los califica como pactos sucesorios.

En conclusión, respecto de los Estados miembros parte de ambos textos, el Reglamento se ve excluido por el Convenio cuando su ámbito sea coincidente, sin embargo, cabe la aplicación del Reglamento a aquellos Estados miembros que, a su vez, sean parte del Convenio sobre forma de las disposiciones testamentarias, en los ámbitos no cubiertos por este, como sucede en este caso. La cuestión que, académicamente, resulta muy sugerente, sin embargo, a efectos prácticos se encuentra bien resuelta, pues, en la práctica, los puntos de conexión y soluciones son concordantes, con independencia del tipo de disposición *mortis causa* que rija la sucesión[337].

En congruencia con el diseño competencial establecido en el art. 13, respecto de las declaraciones relativas a la aceptación, renuncia o limitación de responsabilidad por deudas, el art. 28 regula la validez formal de las mismas, admitiendo las que sean conformes a la ley sucesoria o a la ley de la residencia habitual del declarante.

Dentro de la ley aplicable a la sucesión, se regula también, en el artículo 29 el nombramiento y facultades de los administradores de la herencia, cuando su nombramiento es preceptivo para sustanciar una sucesión con arreglo a la ley del Estado miembro cuyos tribunales sean competentes y la ley sucesoria sea una ley extranjera. Se trata de una regulación compleja cuyo principal cometido era salvar el veto de Reino Unido e Irlanda a la entrada en el Reglamento, que se conserva en el texto definitivo, pese a que dichos Estados no ejercieron el *opt in.*

La *lex successionis* llamada por las conexiones generales referidas anteriormente se relaja en el art. 30, sacrificando la unidad sucesoria en aquellos casos en los que se toma en consideración la *lex rei sitae* para la transmisión de determinados activos hereditarios en los priman razones de índole económico, familiar. social o, incluso, de policía[338], por la ley del Estado en que estos se encuentran.

---

337 Un aproximación al problema desde la perspectiva del Derecho interregional español puede verse en DIAGO DIAGO, M. P., "Aplicación del Derecho civil aragonés a extran*jeros"; Actas de los trigésimos primeros Encuentros del Foro de Derecho Aragonés,* Ed. El Justicia de Aragón, Zaragoza 2023, pp. 43-62.

338 HEREDIA CERVANTES, IVAN; "*Lex successionis* y *lex rei sitae* en el Reglamento de Sucesiones"; en *Anuario Español de Derecho Internacional Privado,* t. XI, 2011, pp. 415-445, p. 419.

Este tipo de exclusiones, no obstante, son cuestionadas por la doctrina. Así, HEREDIA CERVANTES, apunta que, pese a que puede haber motivos que justifiquen dar un tratamiento distinto a determinados bienes, en función del lugar de su situación, no parecen suficientes para socavar los cimientos sobre los que reposa el propio modelo de unidad[339].

Para el mismo autor, con la unidad de la ley sucesoria se evitan problemas de calificación, al no tener que calificar la naturaleza mueble o inmueble de un determinado bien, en aquellos supuestos en los que la *lex successionis* y la *lex rei sitae*, no le atribuyan la misma. Esa disociación de leyes aplicables, no cabe duda, hará más compleja al causante planificar su sucesión. Lo que, además, no considera justificado si se tiene en cuenta que el patrimonio ya había circulado en vida, por lo que no se entiende por qué se le introducen limitaciones en el momento del fallecimiento y no se da una respuesta unitaria[340].

Sin embargo, frente a ello, el mismo autor, también pone de relieve que esta forma de proceder es coherente con los *focal points* que debe tomar en consideración cualquier operador jurídico a la hora de aplicar la norma de conflicto y que no tomar en consideración la *lex rei sitae* podría producir efectos distorsionadores en el tráfico económico de los Estados miembros[341]. Si bien, mientras la *lex successionis* únicamente debería encargarse de determinar la existencia de un título sobre los bienes, a la *lex rei sitae* debería corresponderle la realización de los efectos reales en función de ese título[342]. De esta manera, en lugar de imponer un ordenamiento sobre otro, lo que se pretende es coordinar los distintos sistemas legales

339 *Ibidem,* p. 422.

340 *Ibidem,* p. 423.

341 *Ibidem,* pp. 424-425.

342 *Ibidem,* p. 426.

en liza, adaptando el derecho real a los imperativos del nuevo entorno legal en que este deberá integrarse[343].

Como consecuencia de la exclusión de la naturaleza de los derechos reales y de la inscripción en el Registro del ámbito del Reglamento (arts. 1.2. letras k) y l) del Reglamento), es necesario establecer un mecanismo para que la planificación sucesoria ordenada por el disponente se cohoneste con las reglas de transmisión y naturaleza de los derechos reales del Estado competente *rationae territori*. La adaptación de los derechos reales se encuentra regulada en el art. 31, lo cual dará lugar a numerosos problemas interpretativos, pues no es un mecanismo de siempre fácil aplicación y dará lugar a resultados no homogéneos[344].

---

343 *Ibidem,* p. 431.

344 Ver, en este sentido, CARRASCOSA GONZÁLEZ, J. "Transmisión de la propiedad de los bienes hereditarios y reglamento sucesorio europeo", en *Revista de Derecho Patrimonial,* nº 48, Enero-Abril 2019, Ed. Aranzadi, párr. 50 (versión digital proview), en dicho trabajo se analiza la sentencia recaída en el asunto Kubicka, para el autor se lleva el tema hacia una "cuestión excluida" del ámbito del Reglamento, no hacia una restricción del ámbito de la ley sucesoria, lo que, en cierto modo, implica una reviviscencia de la *lex rei sitae.* El mismo autor apunta hasta cinco teorías sobre cómo se ha tratado de justificar la transmisión de los bienes hereditarios en Derecho Internacional Privado, sobre la base de distinguir las posibles leyes aplicables a la transmisión de los mismos, ver párr. 19-23, concluyendo que la tesis acogida por el Reglamento sucesorio es la que determina que la ley aplicable a *"la transferencia de la propiedad de los bienes integrados en un patrimonio hereditario se rige, exclusivamente, por la Ley reguladora de dicho patrimonio es la Ley de la sucesión";* introduciendo como corrector la inscripción en el Registro, que puede suponer requisito de la transmisión de la propiedad, en función de la *Lex registrii,* la cual queda excluida del ámbito del Reglamento, como sucede, según quedó dicho, en el caso de Alemania. Lo explica muy bien HEREDIA CERVANTES, IVAN; "*Lex successionis* y *lex rei sitae* en el Reglamento de Sucesiones"; en *Anuario Español de Derecho Internacional Privado,* t. XI,

En el articulo 32 se regula la conmoriencia. La introducción de esta norma, que puede ser conveniente, para homogeneizar en el ámbito del Reglamento, los efectos de la distinta regulación entre los Estados miembros ha sido criticada desde el primer momento[345]. Tratándose de una norma de derecho material no se encuentra justificación competencial para su introducción[346].

En el artículo 33 se regulan las situaciones de sucesión vacante. Con ellas se trata de hacer compatibles con la ley sucesoria los distintos sistemas de adquisición de la propiedad por el Estado o sus entidades a falta de herederos intestados, como es sabido, en unos ordenamientos se llama al Estado u otras entidades como herederos *abintestato*, mientras que otros ordenamientos acuden al expediente de atribuir un

---

2011, pp. 415-445, en concreto, p. 431, al decir: *"El objetivo no sería imponer un ordenamiento sobre otro sino buscar la coordinación entre los dos sistemas legales"*. Para este último autor, *"los límites a los que se somete el reconocimiento de derechos reales deberán ser similares a aquellos a los que se somete la creación de nuevos derechos dentro del ordenamiento español"*, ver, al respecto, p. 432. Desde una perspectiva estrictamente registral, sostiene una posición amplísima, que obligaría a revisar la doctrina de la RDGRN de 20.09.66 (TOL 940.850), VALLE MUÑOZ, J. L., "El Certificado Sucesorio Europeo y sus consecuencias registrales"; en GINEBRA MOLINS, M. E. y TARABAL BOSCH, J., *El Reglamento (UE) 650/2012: Su impacto en las sucesiones transfronterizas;* ed. Marcial Pons, Madrid 2016, pp. 299-326, p. 306.

345 Así, ya para la Propuesta, ver BLANCO-MORALES LIMONES, P.; *op. cit., El ámbito de la ley aplicable...*, p. 4, para quien debería haber participado, la conmoriencia, de la misma exclusión que se hace respecto al fallecimiento, ausencia y declaración de fallecimiento.

346 El Cons. 55 la fundamenta al decir: *"Para garantizar un tratamiento uniforme de las situaciones en que sea incierto el orden en que han fallecido dos o más personas cuya sucesión se regiría por distintas leyes, el presente Reglamento debe prever una norma que establezca que ninguna de las personas fallecidas debe tener ningún derecho en la sucesión de la otra o de las otras"*.

derecho de apropiación directa, al margen de la sucesión, por dichas instituciones en tales casos. Se establece como límite la unidad sucesoria en relación a los acreedores que siempre podrán obtener satisfacción de sus créditos con cargo a los bienes de la totalidad de la herencia, con independencia de cual sea el destinatario de los bienes en los casos de vacancia de la sucesión[347].

El Reglamento, sin llegar a adoptar frente al reenvío la posición de exclusión que mantienen los instrumentos de la Unión que le preceden[348], mantiene una posición muy restrictiva frente al mismo, sin llegar a suprimirlo[349], minimiza sus efectos y lo admite excepcionalmente[350], cuando las normas de conflicto

---

347 La protección de los acreedores se encuentra también subrayada en el Cons. 56, al decir: *"En algunos casos, puede ocurrir que ninguna persona reclame una herencia. Los distintos ordenamientos jurídicos tienen disposiciones distintas para esas situaciones. En algunos sistemas jurídicos, por ejemplo, el Estado puede reclamar la herencia vacante como si fuera un heredero con independencia de la ubicación de los bienes. En otros ordenamientos jurídicos, el Estado puede apropiarse solo de los bienes ubicados en su territorio. Por consiguiente, el presente Reglamento debe establecer una norma que disponga que la ley aplicable a la sucesión no debe obstar para que un Estado miembro pueda apropiarse en virtud de su propia legislación de los bienes ubicados en su territorio. No obstante, para garantizar que esta norma no perjudique a los acreedores de la herencia, se ha de añadir la condición de que los acreedores de la herencia deben poder procurar la satisfacción de sus reclamaciones con cargo a los bienes y derechos de la herencia con independencia de la ubicación de estos".*

348 *"Cuando el presente Reglamento establezca la aplicación de la ley de un país, se entenderá por tal las normas jurídicas materiales en vigor en ese país"* (art. 24 RR-II, o art. 20 RR-I).

349 A diferencia de lo que sí sucede en los Reglamentos REM y EPUR, en los que en su respectivo art. 32 se excluye expresamente el reenvío.

350 No se encuentra explicación de la solución adoptada en los considerandos del Reglamento, que se limitan a decir en el Cons. 57: *"Las normas en materia de conflicto de leyes establecidas en el presente Reglamento pueden llevar a la aplicación de la ley de un tercer Estado. En tales casos, se*

de un tercer Estado se remitan a las ley de un Estado miembro o a la de otro tercer Estado que aplicaría su propia Ley; si bien, en dicho caso, el reenvío solo podrá ser tomado en consideración cuando la determinación de la ley sucesoria se haya hecho aplicando la conexión de la residencia habitual[351]. El reenvío, en cambio, en los casos en los que la *lex successionis* venga determinada por la *professio iuris* o por la cláusula de excepción de la vinculación más estrecha nunca tendrá lugar[352], pues en estos casos el legislador de la Unión entiende, sin decirlo, que se da una mayor proximidad y se minimizan los costes conflictuales. Debe tenerse en cuenta, a la vista de la regulación del Reglamento que se admite, por consiguiente, tanto el reenvío de retorno como el reenvío de segundo grado. La forma de estar concebido el reenvío en el Reglamento puede conllevar en la práctica, una escisión de la sucesión[353].

---

han de tomar en consideración las normas de Derecho internacional privado de ese Estado. Si esas normas disponen el reenvío a la ley de un Estado miembro o a la ley de un tercer Estado que aplicaría su propia ley a la sucesión, ese reenvío se debe aceptar a fin de garantizar la coherencia internacional. No obstante, se ha de excluir el reenvío en aquellos casos en que el causante haya hecho la elección de la ley en favor de la ley de un tercer Estado".

351 Señalan CALVO CARAVACA, A.-L. y CARRASCOSA GONZÁLEZ, J. *Tratado de Derecho Internacional Privado;* Ed. Tirant lo Blanch, Valencia 2020, p. 619, que: *"El art. 34. R. 650/2012 (Reglamento sucesorio europeo) permite el reenvío de primer y segundo grado para lograr una armonía internacional de soluciones de modo que la Ley aplicable a la sucesión mortis causa sea la misma ya se litigue ante un tribunal de un Estado miembro o ante un tribunal de un tercer Estado".*

352 Ver lo referido supra sobre la cláusula de excepción basada en la vinculación más estrecha y reenvío.

353 Subraya el carácter obligatorio del reenvío CARRASCOSA GONZÁLEZ, J., *op. cit., "El Reglamento Sucesorio…"*, pp. 281 y ss, quien, además apuntando además los antecedentes legislativos de la posición del Reglamento en el art. 13.1 de la *legge* 218/1195, italiana, de Derecho Internacional Privado, así como en el art. 4 del Convenio de la Haya sobre ley aplicable a las sucesiones por causa de muerte de 1

Como viene siendo habitual en los Reglamentos[354], se introduce una referencia al orden público en al art. 35. Esta institución permite excluir la aplicación de la Ley designada, en aplicación de las normas de conflicto del Reglamento, cuando sea manifiestamente incompatible con el orden público del Estado miembro del foro[355]. La llamada al orden público, como criterio de actuación, en cualquier caso, no solo en el Reglamento de Sucesiones, ha de ser excepcional, pues, de lo contrario la aplicación de la norma de conflicto podría llegar a ser aleatoria.

En el marco del Reglamento, cuando *forum* y *ius* coincidan, lo cual es lo deseable para el legislador de la Unión, se minimizará el juego de la excepción de orden público. En este sentido, resulta muy conveniente que a la hora de garantizar la

---

de agosto de 1989. Defiende una aplicación restrictiva del reenvío, a favor del principio de unidad de la sucesión, CALVO VIDAL, I., "El reenvío en el Reglamento (UE) 650/2012, sobre sucesiones", *Bitácora Millennium DIPr*, nº 1/2015, < http://www.millenniumdipr.com/archivos/1433415717.pdf >, visto 25.030.2019, pp. 24-25.

354 Tanto los Reglamentos anteriores como los posteriores al Reglamento toman en consideración, con idéntica redacción el orden público, pueden verse los artículos 21 Roma I, 26 Roma II, y, posteriormente, 31 REM y EPUR.

355 Algunas guías de actuación se dan al intérprete en el Cons. 58, que establece: *"En circunstancias excepcionales, los tribunales y otras autoridades competentes que sustancien sucesiones en los Estados miembros deben, por consideraciones de interés público, tener la posibilidad de descartar determinadas disposiciones de la ley extranjera cuando, en un caso concreto, la aplicación de esas disposiciones sea manifiestamente incompatible con el orden público del Estado miembro de que se trate. Sin embargo, los tribunales u otras autoridades competentes no deben poder aplicar la excepción de orden público para descartar la ley de otro Estado ni negarse a reconocer o, en su caso, aceptar, o ejecutar una resolución dictada, un documento público o una transacción judicial de otro Estado miembro, cuando obrar así sea contrario a la Carta de los Derechos Fundamentales de la Unión Europea, en particular a su artículo 21, que prohíbe cualquier forma de discriminación".*

planificación sucesoria se tenga también en cuenta la planificación competencial que permite el Reglamento por el juego combinado de las distintas alternativas a la aplicación de la ley de la residencia habitual (art. 4), buscando posibilitar o facilitar que conozca la sucesión un tribunal que no vaya a aplicar el orden público por estar aplicando su propio Derecho[356].

Algún autor pone de manifiesto la posibilidad, en la práctica, de que no llegue a aplicarse la cláusula de excepción, a favor de la ley más estrechamente vinculada, en aquellos casos en los que la ley llamada pueda atentar contra el orden público del foro[357]. ¿Cuándo operará el orden público? Resulta una cuestión que deberá analizarse caso por caso, existiendo un gran número de materias que podrían verse afectadas por el mismo. En la cúspide de la pirámide de supuestos podría ubicarse el principio de igualdad o no discriminación, al que el propio Cons. 58 hace llamada[358].

---

356 En este sentido, resultan sumamente interesantes las consideraciones de BONOMI, A. y WAUTELET, P., *op. cit.*, pp. 455 y ss..

357 *Ibidem*, p. 456. Tal argumentación, debe tomarse en un sentido expositivo de lo que puede ocurrir de hecho, si bien, tal forma de proceder, muy práctica, debe ser considerada *ad casum*, como una vía de escape a la encrucijada que se presenta al tribunal o autoridad y que, sin embargo, es tan reprochable como acudir a la ley más estrechamente vinculada en aquellos supuestos en los que es difícil determinar la residencia habitual del causante; lo cual sí que ha sido vetado por el Reglamento en su Cons. 25. Por lo que, debe defenderse la incómoda posibilidad de que se apliquen cumulativamente los artículos 21.2 y 35.

358 Sobre los distintos supuestos en los que se puede tener en consideración el orden público y su casuística, puede verse BONOMI, A. y WAUTELET, P., *op. cit.*, pp. 458-473; o RODRÍGUEZ RODRIGO, J. en CALVO CARAVACA, A.-L. y CARRASCOSA GONZÁLEZ, J. (Dir.) *Litigación internacional en la Unión Europea (IV). Comentario al Reglamento (UE) núm. 650/2012 del Parlamento Europeo y del Consejo sobre sucesiones mortis causa*, Ed. Aranzadi, Cizur Menor (Navarra)

Habida consideración del carácter universal del Reglamento, puede suceder que la ley designada por el sistema conflictual del mismo sea la de un sistema plurilegislativo. El Reglamento presenta dos normas para resolver los conflictos que pueden surgir cuando la remisión se haga a uno de esos ordenamientos.

En el artículo 36 se regulan los conflictos territoriales de leyes y en el artículo 37, en cambio, los conflictos interpersonales de leyes. En ambos casos la cuestión se resuelve acudiendo a la regulación del Estado en cuestión. Sin embargo se establecen unos criterios supletorios para el caso de que el ordenamiento al que se remita la norma de conflicto no tenga un sistema conflictual que dirima el problema.

En el caso de los conflictos territoriales la regulación supletoria, inspirada en criterios de proximidad, trata de trasladar las conexiones de residencia, vinculación más estrecha y

---

2019, pp. 253-259. En cualquier caso, la legítima, uno de los temas traídos tradicionalmente a colación en esta materia, queda fuera de la aplicación del orden público, no solo porque se suprimió en la redacción definitiva del Reglamento, a diferencia de lo que sucedía en el texto de la propuesta, sino por la expresa ubicación de la misma en el ámbito de la ley aplicable (art. 23), sin distinción. Resultan muy interesantes las reflexiones respecto a la protección de determinadas personas débiles, que inspiran la mayoría de ordenamientos de los Estados miembros, que podrían abrir la puerta a la excepción de orden público, más allá de las consideraciones incardinadas en la institución de la legítima que BONOMI, A. y WAUTELET, P., hacen en *op. cit.*, pp. 462-470. Tomando en consideración las herencias en las que pueden entrar en juego las autoridades españolas, teniendo que aplicar la legislación marroquí, resulta muy interesante, por contener distintos ejemplos, relativos al orden público, el trabajo de LARA AGUADO, Á.; "Impacto del Reglamento 650/2012 sobre sucesiones en las relaciones extracomunitarias vinculadas a España y Marruecos"; en *Revista electrónica de estudios internacionales;* nº 28, diciembre 2014; disponible en www.reei.org.

vinculación de un elemento de la sucesión –lugar de situación del inmueble, por ejemplo- a la unidad territorial con legislación en la que se pueda fijar la correspondiente conexión. En el caso de conflictos interpersonales, en cambio, se acude a la vinculación más estrecha con un determinado sistema jurídico.

Desde el punto de vista del operador jurídico que aborde una sucesión internacional en la que resulte aplicable la ley española, la cuestión tiene una especial transcendencia, habida consideración de la coexistencia de distintos Derechos civiles en España. Debe tenerse en cuenta, que nuestro sistema descansa sobre la conexión de la vecindad civil[359], la cual no se

---

359 Al respecto, la sorprendente resolución de la DGFPSJ de 20 de enero de 2022 (BOE 16.02.2022), mantiene una posibilidad muy restrictiva en punto a la aplicación del artículo 36, dejando en una especie de limbo jurídico a los extranjeros, al no tener vecindad civil. La Dirección General, en tal caso, considera que España sí tiene resueltos los conflictos internos y acaba aplicando, el Código civil, en todo caso, a los extranjeros, con independencia del lugar de su residencia. Llevada a sus últimas consecuencias, la resolución, impide a los españoles planificar su sucesión, pues aplica literalmente el artículo 9.8 C.c. y deja indeterminada la vecindad civil que determinará la ley sucesoria, hasta el momento del fallecimiento, con independencia del propósito planificador del eventual causante. Los postulados de la resolución, contrastan con la interesante llamada de atención al legislador de la Unión la que, desde un punto de vista puramente reflexivo, hace ÁLVAREZ GONZÁLEZ, S. "El Reglamento 650/2012, sobre sucesiones, y la remisión a un sistema plurilegislativo: Algunos casos difíciles o, simplemente, llamativos" ; *Revista de Derecho Civil,* vol II, num 4 (octubre-diciembre, 2015) pp 7-28, ver pp. 25-26, el autor se plantea su está justificado, siendo España un Estado miembro de la UE, que se de el mismo tratamiento a nuestro sistema basado en la vecindad civil que a los ordenamientos plurilegislativos ajenos a la UE. El mismo autor, critica abiertamente la citada resolución en ÁLVAREZ GONZÁLEZ, S.; "Vecindad civil y Reglamento 650/2012, de sucesiones. Una polémica artificial"; en *La Ley Unión Europea,* nº 104, Junio 2022, Wolters Kluwer;

repite en otros ordenamientos jurídicos, al ser una conexión propia de nuestro Derecho y desconocida fuera del mismo, por lo que, en aquellos casos en los que se trate de la sucesión de una persona no española, resultando aplicable la ley española, deberá acudirse bien a las conexiones supletorias del artículo 36[360], bien a buscar una solución dentro de nuestro propio sistema conflictual, sobre la base del art. 9.10 C.c.,

---

destacando que el Código civil y los Derechos civiles autonómicos están en una relación horizontal, siendo posible aplicar a un extranjero un Derecho civil autonómico y debiendo resolverse su sucesión por aplicación del 36.2 y no por el 36.1. Un tono muy crítico, también, adopta DIAGO DIAGO, M. P.; "Aplicación del Derecho Civil Aragonés a extranjeros", en *XXXI Encuentros, Foro de Derecho Aragonés 2022*, encuentro 15 de noviembre de 2022, en prensa.

360 Reviste especial complejidad resolver el problema de cuando se debe tener vinculación a uno de esos ordenamientos, si en el momento del otorgamiento de la disposición sucesoria o en el momento del fallecimiento. Esto tiene especial transcendencia en aquellos casos en los que se ha pretendido planificar la sucesión y evitar la alteración de la planificación por un cambio de residencia. En tales casos, la pregunta es obligada, cuando el artículo 22 permite optar por la ley de la nacionalidad al tiempo del otorgamiento de la disposición sucesoria se elige, por ejemplo, simplemente, la ley española, sin poder ir más allá, o, por el contrario, la elección implica la llamada, en ese momento, además, al concreto Derecho civil de una de las Comunidades Autónomas con legislación civil propia. Aunque la cuestión es discutida, basándonos en el principio de planificación sucesoria, rector del Reglamento, e inmutabilidad aleatoria de la misma, parece que deberá mantenerse ordenación de la sucesión realizada con arreglo a una determinada legislación interna aunque luego la conexión interna –en este caso, vecindad civil- haya cambiado al tiempo del fallecimiento; en caso contrario no se estaría dando una respuesta adecuada a los supuestos de conflicto móvil, así lo entiende RIPOLL SOLER, A., *op. cit., "Hacia un modelo…"*, p. 38 y ss.; en este mismo sentido, poder verse, ÁLVAREZ GONZÁLEZ, *op. cit., "El Reglamento 650/2012, sobre sucesiones, y la remisión…"*, pp. 25-26.

pero, en ningún caso se deberá propiciar la aplicación exclusiva y excluyente del Código civil[361].

Como norma de cierre, el artículo 38 declara la inaplicación del Reglamento a los conflictos internos de leyes, al decir que *"Los Estados miembros que comprendan varias unidades territoriales con sus propias normas jurídicas en materia de sucesiones no estarán obligados a aplicar el presente Reglamento a los conflictos de leyes que se planteen exclusivamente entre dichas unidades territoriales"*. Pese a la aparente claridad formal de la norma esta ha suscitado un interesante debate doctrinal. Como punto de partida, debe tenerse en cuenta que el legislador de la Unión Europea sí que preserva la competencia de los Estados miembros en cuanto a los conflictos exclusivamente internos[362], competencia que se cuida de no invadir.

Algún autor ha considerado que este artículo es redundante con el artículo 36.1, concluyendo que se llega a idéntica conclusión[363]. Sin embargo, tal argumentación ha sido rebatida con un análisis material de la norma. Así, otro sector de la doctrina, considera que no todos los casos quedarían cubiertos por el 36.1 y que el art. 38 cumple su función[364], dejando totalmente

---

361 Ver, al respecto, DIAGO DIAGO, M. P.; *op. cit.*, "Aplicación del Derecho Civil Aragonés…".

362 En el mismo sentido, artículos 35 de los Reglamentos REM y EPUR.

363 Ver QUINZÁ REDONDO, P. y CHRISTANDL, G, "Ordenamientos plurilegislativos en el Reglamento (UE) de Sucesiones con especial referencia al ordenamiento jurídico español"; *Indret*, 2013-3, julio 2013, pp. 1-27, www.indret.com, p. 16.

364 Ver GARAU JUANEDA, L., "La integración del Reglamento Europeo en materia sucesoria en el Derecho interregional español", en *Bitácora Millennium DIPr*, nº 2-2015, < http://www.millenniumdipr.com/archivos/1537312548.pdf > , p. 7 y ss., quien, además, considera que la exclusión del Reglamento hace referencia a las disposiciones del Capítulo III del mismo, relativo a la ley aplicable y se centra en precisar cuando es un conflicto interno a los efectos del art. 38,

fuera del Reglamento los conflictos relativos exclusivamente a unidades territoriales con sus propias normas jurídicas dentro de cada Estado miembro.

Cuestión distinta es que, como ha subrayado la doctrina, sea criticable el mantenimiento de dos sistemas conflictuales que rompan la unidad de soluciones que se propuso el legislador español con la reforma del Título Preliminar del Código civil; por lo que sería deseable una toma de posición del mismo, lo cual no parece ser, para él, una prioridad[365].

c. *Reconocimiento, fuerza ejecutiva y ejecución de resoluciones (arts. 39-61)*

Los Considerandos 59 a 66 del Reglamento fundamentan las líneas maestras de la inclusión del tercer sector del DIPr en la acción normativa de la Unión Europea que, como se expuso, va más allá de las normas de determinación de la competencia y ley aplicable a la sucesión.

La libre circulación de las herencias quedaría incompleta, si no se facilita la circulación de los documentos generados en relación a las mismas, tanto judicial como extrajudicialmente, mediante un adecuado sistema de reconocimiento y, en su caso, ejecución de los mismos.

---

poniéndolo en relación con el Derecho español; a favor, también, de la coherencia del Reglamento y una interpretación integradora de los artículos 36.1 y 38, ÁLVAREZ GONZÁLEZ, *op. cit.*, *"El Reglamento 650/2012, sobre sucesiones, y la remisión…"*, p. 12.

365 Ver ZABALO ESCUDERO, M. E. «Conflictos de leyes internos e internacionales: conexiones y divergencias», *Bitácora Millennium DIPr*, nº 3-2015; en < http://www.millenniumdipr.com/archivos/1459759995.pdf >, visto 25.03.2019.

El punto de partida de la regulación se encuentra en los Considerandos 59 y 60, al decir, respectivamente: *"A la luz de su objetivo general, que consiste en el reconocimiento mutuo de las resoluciones dictadas en los Estados miembros en materia de sucesiones, con independencia de si tales resoluciones se han dictado en un procedimiento contencioso o no contencioso, el presente Reglamento ha de prever normas en materia de reconocimiento, fuerza ejecutiva y ejecución de las resoluciones similares a las de otros instrumentos de la Unión en el ámbito de la cooperación judicial en materia civil";* y, *"Con el fin de tener en cuenta los distintos sistemas para sustanciar sucesiones en los Estados miembros, el presente Reglamento debe garantizar la aceptación y la fuerza ejecutiva en todos los Estados miembros de los documentos públicos en materia de sucesiones".*

La validez extraterritorial de decisiones y la circulación de documentos públicos, así como, en su caso, la ejecución de unas y otras en el régimen del Reglamento, por lo que a España se refiere, se desarrolla en tres niveles.

En primer lugar, el Reglamento de Sucesiones, en su ámbito de aplicación, constituye el marco normativo en esta materia en su capítulo IV, relativo al *"Reconocimiento, fuerza ejecutiva y ejecución de resoluciones"*, y, en su capítulo V, relativo a la circulación y ejecutividad de *"Documentos públicos y transacciones judiciales"*.

En un segundo nivel normativo se encuentra la batería de formularios, sobre los que se construye el régimen de validez extraterritorial de decisiones, aceptación de documentos públicos y ejecutividad de unas y otras, así como de las transacciones judiciales. En esta materia, el Reglamento acude a un sistema de formularios teleológicamente pensados para facilitar la circulación y, al mismo tiempo, procedimentalmente, ideados para agilizar la labor del tribunal o autoridad que tiene que llevar a cabo, en el Estado requerido el reconocimiento o aceptación.

Son tres los formularios, respectivamente relativos a resoluciones judiciales (Anexo I-Formulario I), documentos públicos

(Anexo II-Formulario II), y transacciones judiciales (Anexo III-Formulario III), su uso es prescindible (art. 47.1), pues, ante la falta de presentación, *"el tribunal o la autoridad podrán fijar un plazo para su presentación, aceptar documentos equivalentes o dispensar de ellos si consideran que disponen de suficiente información"* [366].

En un tercer nivel normativo, desde el punto de vista de España, se encuentra la DF 26 LEC que implementa las cuestiones necesarias para facilitar la aplicación del Reglamento en nuestro país. En este punto, deben tenerse en cuenta los números 1 a 10 de la misma.

El sistema del Reglamento se diseña, como viene siendo habitual en otros textos de la Unión, sobre la base de diferenciar, por un lado, las cuestiones relativas al reconocimiento de decisiones judiciales (Capítulo IV), de las relativas a los documentos públicos y transacciones judiciales (Capítulo V). Por otro lado, se regulan las cuestiones vinculadas a la ejecución de resoluciones, documentos públicos y transacciones judiciales, sobre la base de un procedimiento de *exequatur* que, en el esquema del Reglamento, es común para los tres tipos de documento, como se verá.

En el marco del Reglamento, no puede dejar de recordarse, la libre circulación y ejecución, como no puede ser de otro modo, afecta solo a decisiones y documentos públicos que

---

[366] La solución del art. 47 atribuye al tribunal o autoridad una facultad, se trata de una solución basada en la economía procesal, lo cual no será obstáculo para que, si lo prefiere, exija dichos formularios. Otros formularios, en cambio, como el formulario IV de solicitud del Certificado Sucesorio Europeo, son potestativos para las partes (solicitantes del certificado), lo cual, pese a la claridad, tanto del Reglamento como del R(UE) 1329/2014, ha tenido que ser ratificado por el TJUE, ver en este sentido STJUE de 17 de enero de 2019 (C-102/18, *Brisch*) (TOL 6.988.000).

procedan de un Estado miembro y se quieran hacer valer o ejecutar en otro Estado miembro (arts. 39.1, 59.1, 60.1 y 61.1).

La acción normativa de la Unión se basa en el principio de confianza recíproca, en virtud del cual se hace presuponer que los tribunales y autoridades de los Estados miembros cumplen unos estándares mínimos de calidad, comunes a todos, que hacen que el *Espacio Europeo de Justicia* funcione de forma homogénea en todo el territorio de la Unión. Al mismo tiempo, por si lo anterior no bastase, hay que recordar que no se pueden imponer las obligaciones de expedición de decisiones y documentos que traza el Reglamento a terceros Estados.

Para las resoluciones y documentos procedentes de terceros Estados, cada Estado miembro aplicará su normativa interna, al margen del Reglamento, que, en el caso de España, será la Ley de Cooperación Jurídica Internacional, sin perjuicio de la aplicación de los Convenios Internacionales de que España sea parte.

En nuestra exposición seguiremos la sistemática del Reglamento y distinguiremos, en el ámbito sucesorio, entre el "reconocimiento, fuerza ejecutiva y ejecución de resoluciones", frente al régimen de la aceptación y ejecución de documentos públicos y ejecución de transacciones judiciales.

Debe partirse de la idea de que el sistema previsto por el Reglamento se genera en torno a las resoluciones, propiamente dichas, a las que se dedica el capítulo IV, para posteriormente, en el capítulo V, con las adaptaciones pertinentes, prácticamente hacer remisión en materia de documentos públicos y transacciones judiciales, a la regulación de las resoluciones. Con independencia del tipo de resolución o documento de que se trate, en cualquier caso, deber versar sobre materia sucesoria, en los términos que quedan delimitados en el capítulo I de este trabajo; pues sólo a ella se aplica el Reglamento.

i. Reconocimiento y declaración de ejecutividad de resoluciones

Debe llamarse la atención, preliminarmente, sobre el hecho de que la propia rúbrica del Reglamento habla de *"Reglamento [...] relativo a [...] el reconocimiento y la ejecución de las resoluciones [...]"*, lo cual resulta coherente con el diseño de la competencia funcional[367] que en el mismo se hace.

Se obvia toda referencia a la posible procedencia judicial de las resoluciones que se van a reconocer. En el marco del Reglamento, como se sabe, en consideración a la distinta forma de sustanciarse las sucesiones en los Estados miembros, los documentos sucesorios, dictados con el carácter de resolución podrán emanar tanto de los tribunales como de otras autoridades competentes, en los términos del art. 3[368]. Por lo que, en este

---

367 Resulta muy interesante la propuesta de JIMÉNEZ BLANCO, P., "El concepto de "órgano jurisdiccional" en los Reglamentos europeos de Derecho internacional privado"; en *Anuario español de Derecho internacional privado*, t. XIX-XX, 2019-2020, pp. 121-162, en concreto, pp. 158 y ss., de considerar que se puede establecer un concepto autónomo aplicable transversalmente a todos los instrumentos. *"Se trata de un concepto funcional, no orgánico, vinculado a una actividad decisora reglada con exigencias procesales (imparcialidad y contradicción) y materiales (equivalencia con las resoluciones judiciales y revisables judicialmente)."*

368 Al respecto, debe tenerse en cuenta la STJUE de 23 de Mayo de 2019 (C-658/17), DOUE 5.8.2019 (TOL 7.227.665), la cual pone de manifiesto, el valor meramente informativo de la notificación a la que se refiere el último inciso del art. 3 en relación con el art. 79. El Tribunal, parece basar la diferenciación entre la una resolución jurisdiccional y un documento público en la distinta naturaleza y efectos que debe tener una frente a otro, sin prejuzgar el *nomem* del expedidor. En el caso de la citada sentencia, relacionado con la expedición de la certificación a que se refiere el art. 46.3.b), contenida en el anexo 1, formulario 1 R(UE) 1329/2014, el Tribunal desplaza la incardinación de una declaración de herederos, para acreditar la cualidad de heredero, formulada ante notario polaco del ámbito de

contexto, parece correcto hablar de "decisiones", entendidas estas como acción del tribunal o autoridad que pone fin a una cuestión dudosa en materia sucesoria, bien porque existe una controversia entre partes, bien porque se requiere, en el marco de la regulación de una sucesión, dar certeza legal a una cuestión dudosa. No tienen cabida en ella las declaraciones de parte[369] en ejercicio de las facultades que la ley sucesoria le atribuya[370].

---

las resoluciones al de los documentos púbicos y la subsume dentro del artículo 59.1 y su régimen de aceptación, pues de la misma se infiere, *a contrario*, que la expedición del formulario 1, contenido en el anexo 1, aparece vinculada al procedimiento de declaración de ejecutividad contenido en el art. 60, que se remite al art. 46.

369 Ver, en este sentido CAAMIÑA DOMÍNGUEZ, C., en CALVO CARAVACA, A. L. y CARRASCOSA GONZÁLEZ, J., *op. cit., "Litigación…"*, p. 292.

370 CARRIÓN GARCÍA DE PARADA, P. en en IGLESIAS BUIGUES, J.L. y PALAO MORENO, G., *Sucesiones internacionales. Comentarios al Reglamento (UE) 650/2012… op. cit.* p. 453, pone de manifiesto que aunque generalmente las resoluciones recaídas en procedimientos de jurisdicción voluntaria han tenido el mismo tratamiento que los documentos públicos, parece que el Reglamento no ha querido que sea así, ya que el considerando 59, al hablar del reconocimiento mutuo, equipara las dictadas en procedimientos contenciosos y no contenciosos. Sin embargo, MANSEL, H.P. en CALVO CARAVACA, A.L., DAVI, A. *et* MANSEL, H. P.; *The EU Succession Regulation A Comentary;* Ed. Cambridge University Press, Cambridge 2016, pp. 641-643, pone de manifiesto que para que sea aplicable el régimen de reconocimiento, y no el de aceptación, a las resoluciones recaídas en procedimientos de jurisdicción voluntaria lo determinante será no la asimilación, por ejemplo, del notario a la autoridad judicial sino que a su resolución se le atribuyan efectos de cosa juzgada. El citado autor da un repaso a los diferentes expedientes sucesorios de tal naturaleza en el ámbito de la Unión, disociando los que se encuentran dentro y fuera, en su opinión, de la posibilidad de ser equiparados a las resoluciones judiciales, básicamente los restringe al *Einantwortungsbeschluss* propio del Derecho austriaco; excluyendos

De lo anterior se desprende que el reconocimiento en el Reglamento operará sobre una decisión en materia sucesoria emitida en un Estado miembro y que pretenda hacerse valer en otro Estado miembro.

El Reglamento no define lo que se entiende por reconocimiento. Reconocer la resolución extranjera implica considerarla existente en el foro y, por consiguiente, atribuirle los efectos jurídicos que procedan, darle eficacia vinculante e impedir que se pueda negar su existencia[371].

El reconocimiento, en este caso, no dista en el Reglamento de la forma de funcionamiento que se le atribuye modernamente y, en este caso, es congruente con la línea seguida en los más modernos Reglamentos de la Unión Europea que abogan por un reconocimiento automático.

Al reconocimiento se le debe añadir la declaración de ejecutividad, pues la ejecución, propiamente dicha se sustancia con arreglo a los procedimientos que existan en el Estado del foro o Estado requerido.

En ocasiones, como sucede en otros ámbitos, puede que se pretenda un reconocimiento, sin más, de la resolución, pues

---

las *notorièté* francesas y belgas, el *Erbschein* alemán y el *Steuerinventar* sueco. Nada dice respecto de las actas de notoriedad españolas, las cuales, pese a la reiteración de los notarios españoles, siguiendo tales argumentos deberían estar excluidas, al no tener el valor de cosa juzgada; en este último sentido parece inclinarse la STJUE de 23 de Mayo de 2019 (C-658/17), (TOL 7.227.665), citada.

371 Ver, en este sentido, GARAU SOBRINO, F. "El reconocimiento y la declaración de ejecutividad de resoluciones, documentos y actos extranjeros", en GARAU SOBRINO, F., *Derecho Procesal Civil Internacional*, Tema 1, p. 2 visto en internet 02.09.2019 < https://docs.google.com/document/d/e/2PACX-1vTgvNIghRGUJySPC3qwVF-xwusPXu3Qnvhs077Gxsz21u1A3pZoach6L6cVO-wC319WYwtOL-s2AkAmx/pub > .

puede que esta no sea susceptible de ejecución al carecer de efectos ejecutivos. En otros casos, la decisión susceptible de ser reconocida se utilizará para servir, previo su reconocimiento con arreglo al régimen del Reglamento, de título ejecutivo en el Estado requerido.

En este contexto se podrá obtener, de conformidad con el artículo 39.1 del Reglamento un reconocimiento *"sin necesidad de acudir a procedimiento alguno"*. Por ello, no será infrecuente que se acuda a un reconocimiento incidental[372].

Sin embargo, en otras ocasiones, puede que la parte a la que interese el reconocimiento prefiera, en todo caso, obtener una resolución oponible *erga omnes* a fin de poder ser utilizada de forma reiterada al margen del procedimiento incidental en el que se hubiera podido plantear, de tal manera; sin necesidad de trámites adicionales. En estos casos, se acudirá al reconocimiento por homologación o reconocimiento control[373] previsto en el Reglamento en los artículos 45 a 58.

---

372 Sobre la posibilidad de reutilizar el reconocimiento ganado en trámite incidental discrepa la doctrina; a favor, en sede de Reglamento parecen postularse BONOMI, A. y WAUTELET, P., *op. cit., El Derecho Europeo de Sucesiones,* p. 504; en contra, desde una perspectiva general, GARAU SOBRINO, *op. cit.,* p. 14. La cuestión, a los efectos del Derecho interno español, queda zanjada en la DF 26 LEC, en la que se determina a la en relación al incidente *"quedando limitada la eficacia de dicho reconocimiento a lo resuelto en el proceso principal del que el incidente trae causa, y sin que pueda impedirse que en proceso aparte se resuelva de forma principal sobre el reconocimiento de la resolución"*.

373 "Reconocimiento por homologación" o "reconocimiento control" son términos que se utilizan indistintamente por la doctrina y que tienen el mismo sentido. Así, habla de reconocimiento "por homologación" CAAMIÑA DOMÍNGUEZ, C., en CALVO CARAVACA, A. L. y CARRASCOSA GONZÁLEZ, J., *op. cit., "Litigación..."*, p. 293, por ejemplo; desde una perspectiva más general, para este tipo de reconocimiento, sin referirlo expresamente, alude a "reconocimiento control" o "reconocimiento automático", GARAU SOBRINO, F., *op. cit.,*

El régimen del reconocimiento por homologación es común al del *exequatur* (arts. 39.2 y 43), que se pretenderá para conseguir efectos ejecutivos en un Estado miembro, de una decisión procedente de otro Estado miembro. Se trata de algo lógico, pues la declaración de ejecutividad de una concreta resolución implicará, necesariamente, el previo reconocimiento de la misma[374].

ii. Procedimiento, recursos y disposiciones complementarias

El procedimiento, ya tenga por finalidad la obtención del reconocimiento o la declaración de ejecutividad, se inicia con una solicitud ante el tribunal o autoridad competente. El artículo 45, aunque parece anunciar sólo la regulación de la competencia territorial se ocupa también de la funcional.

Territorialmente, la competencia viene por el *"domicilio de la parte contra la que se solicite la ejecución o por el lugar de ejecución"* (art. 45.2). Para la determinación del domicilio de las partes se atenderá a la legislación interna del Estado miembro (art. 44).

Determinada la competencia de los tribunales o autoridades con relación a un Estado miembro se deberá determinar la concreta competencia tanto territorial como funcional dentro del mismo. En el caso de España, la DF 26.2 LEC calca el artículo 45, con la sola matización de que funcionalmente se atribuye la competencia a los Juzgados de Primera Instancia, resultando territorialmente competentes los del *"del domicilio de la parte frente a la que se solicita el reconocimiento o la ejecución, o del lugar de ejecución en el que la resolución deba producir sus efectos"*.

---

p. 13, donde explica que el reconocimiento automático no implica la falta absoluta de control; por ello se puede hablar, como apuntan BONOMI, A. y WAUTELET, P., *op. cit.*, *El Derecho Europeo de Sucesiones*, p. 501, de un reconocimiento de naturaleza casi administrativa.

374 Ver en este sentido GARAU SOBRINO, F., *op. cit.*, p. 9.

La ley del Estado miembro de ejecución determina las modalidades de presentación de la solicitud (art. 46.1). En el caso de España la DF 26.4 LEC se remite a la forma de demanda prevista para el juicio verbal[375], sin que sea necesaria la intervención mediante abogado ni procurador ni que el demandante tenga dirección postal en España.

A efectos del Derecho Interno español, nuestra regulación, prácticamente, calca el régimen del Reglamento en esta fase. La solicitud deberá ir acompañada por *"una copia de la resolución que reúna los requisitos necesarios para ser considerada como auténtica"*; y de *"la certificación expedida por el tribunal o la autoridad competente del Estado miembro de origen mediante el formulario"* previsto como I en el anexo 1 del Reglamento 1329/2014[376].

En el marco del Reglamento es imprescindible la presentación de la copia de la resolución, en los términos del art. 46.3.a)[377]; sin embargo, el empleo de la certificación o formulario previsto en el Reglamento 1329/2014 se flexibiliza, pues en el caso de no presentación, conforme al art. 47, *"el tribunal o autoridad competente podrán fijar un plazo para su presentación, aceptar documentos equivalentes o dispensar de ellos si consideran que disponen de suficiente información"*. No obstante, esa flexibilidad, que, en la práctica, facilita la circulación, tiene como presupuesto la predisposición del tribunal o autoridad para acudir

---

375 Regulado en los arts. 437 y ss. LEC.

376 BONOMI, A. y WAUTELET, P., *op. cit., El Derecho Europeo de Sucesiones,* p. 536, apuntan que la *ratio* del certificado es reunir toda la documentación en un formulario para facilitar la labor al juez *ad quem.*

377 BONOMI, A. y WAUTELET, P., *op. cit., El Derecho Europeo de Sucesiones,* p. 536, apuntan, en relación a la copia, que la firma del juez y el sello del secretario son indispensables para garantizar el origen y autenticidad de la decisión.

a los remedios subsidiarios[378] que establece el citado precepto. Sin embargo, la decisión del tribunal o autoridad en torno a lo que debe presentarse deberá acatarse y será obligatoria para el solicitante, corriendo, en el caso contrario, el riesgo de que le sea denegado el *exequatur*[379].

La presentación de la solicitud, en los términos expuestos, conlleva la declaración inmediata de la fuerza ejecutiva de la resolución. La autoridad o tribunal ni admitirá ni examinará los motivos de oposición previstos en el art. 40; los cuales tampoco podrán ser alegados por la parte contra la que se solicite la declaración de fuerza ejecutiva[380].

Normalmente, si el procedimiento se ha desarrollado de forma regular, recaerá el reconocimiento; también, si lo que se pretendía era la declaración de ejecutividad, al tratarse de un procedimiento común, podrá ser estimada la misma. Sin embargo, puede que, la resolución, excepcionalmente, sea negativa. El régimen de notificaciones difiere según se estime o no el reconocimiento o declaración de ejecutividad, conforme al artículo 49.

---

[378] Contrasta, en este caso, el distinto enfoque en cuanto a la obligatoriedad del certificado al que se refiere el art. 46.3 y el certificado sucesorio, pues mientras que la autoridad o tribunal está facultado, de facto, para dispensar el uso del primero, está obligado a admitir documentos equivalentes, en caso de que no se presente el certificado sucesorio (art. 62.3)

[379] BONOMI, A. y WAUTELET, P., *op. cit., El Derecho Europeo de Sucesiones,* p. 538.

[380] BONOMI, A. y WAUTELET, P., *op. cit., El Derecho Europeo de Sucesiones,* p. 539 apuntan que se trata de una fase administrativa, pero *"a pesar de las indicaciones restrictivas, el juez puede rechazar la declaración si constata que la solicitud es inadmisible. Por ejemplo: porque no existe la decisión cuyo reconocimiento se solicita; o porque la materia sobre la que recae está excluida del ámbito del Reglamento"*; además, señalan que puede que una sentencia ejecutiva formalmente no pueda ejecutarse porque falta, por ejemplo, la determinación de una cantidad, en ese caso, cabe denegar el *exequatur.*

El solicitante será, en todo caso, notificado, se estime o no su pretensión (art. 49.1). La notificación se realizará con arreglo a la normativa del Estado miembro de ejecución.

El demandado, en cambio, sólo será notificado en el caso de que la resolución de reconocimiento o declaración de ejecutividad sea estimatoria. En tales casos, la DF 26.4.6ª LEC impone, en desarrollo del art. 49.2, la obligación de trasladar tanto la propia resolución o decisión objeto del reconocimiento o declaración de ejecutividad como la certificación del Anexo I R(UE) 1329/2014 o los documentos presentados en sustitución de ésta en el régimen del art . 47[381].

---

[381] Debe llamarse la atención sobre el hecho de que el Reglamento, en su artículo 49, sólo exige el adjuntar a la declaración de ejecutividad y, consiguientemente, trasladar la resolución o decisión sobre la que recae el reconocimiento o declaración de ejecutividad, sin embargo, el legislador español parece más garantista y exige los otros documentos reseñados, lo cual no afectará a los motivos tasados de denegación que se establecen en el artículo 40, aunque dicha documentación, tal vez, podrá servir para fundamentarlos en un eventual recurso. En el marco del Reglamento, se impone la obligación de dar traslado de la resolución sobre la que el reconocimiento recae, sólo en el caso de que no se haya notificado previamente al demandado, lo que podrá tener lugar en aquellos Estados miembros cuyo procedimiento interno así lo determine, ya que el procedimiento del Reglamento se completa con la regulación particular de cada Estado miembro de la que el Reglamento actúa como marco. Sorprende, por último, la deficiente traducción del artículo 49 en la versión española, frente a otras versiones en las que se utilizan con más propiedad los conceptos para referirse a la resolución que recae en el procedimiento de *exequatur* y aquellos otros que se refieren a la resolución o decisión cuya ejecutividad o reconocimiento se pretende; así como los distintos términos, incluso en régimen de alternancia, que se plantean en otras versiones para referirse al hecho de poner en conocimiento del demandado la resolución del procedimiento.

El recurso, que se puede interponer tanto contra la resolución que estima como contra la que desestima la declaración de ejecutividad[382], se sustancia por las normas que rigen el procedimiento contradictorio[383].

La legitimación para recurrir se reconoce tanto al demandante como al demandado[384], a tenor de lo dispuesto en el artículo 50. La competencia recaerá en los tribunales comunicados a la Comisión, en cumplimiento de lo dispuesto en el artículo 78 [385]. En todo caso debe aplicarse el artículo 16 sobre suspensión del procedimiento, en tanto no se acredite, en el caso de incomparecencia, que el demandado ha podido recibir el escrito de demanda o documento equivalente o que se ha tomado toda la diligencia a tal fin.

---

382 Ver, en este sentido, BONOMI, A. y WAUTELET, P., *op. cit.*, *El Derecho Europeo de Sucesiones,* p. 543, quienes recuerdan, además, lo inusual, a la vista de los motivos tasados de oposición y su funcionamiento, de las resoluciones desestimatorias.

383 Aplicándose en España las normas que regulan el recurso de apelación, regulados en los arts. 455 y ss. LEC, con las adaptaciones que establece la LEC en la DF 26ª.6, en consideración al Reglamento, relativas a motivos de oposición y su justificación, trámites y plazos procesales y aplicación de lo dispuesto en el art. 16.

384 BONOMI, A. y WAUTELET, P., *op. cit.*, *El Derecho Europeo de Sucesiones,* pp. 544-545, excluyen la legitimación de terceros así como la posibilidad de que se ejercite por los acreedores vía acción subrogatoria. A los terceros les quedaría sólo la posibilidad de oponerse a la ejecución misma, con arreglo a las disposiciones de la *lex fori,* no a la declaración de ejecutividad. Citan en relación a la no posibilidad de utilizar la acción oblícua, los acreedores, la STJCE, de 2 de julio de 2009, C-167/08, *Draka NK Cables Ltd, AB Sandvik Internacional, VO Sembodja BV, Parc Healthcare International Ltd, Rec., 2009,* p. I-3477, núms. 29 y ss. y fallo.

385 En el caso de España, la competencia se atribuye, por la DF 26ª.5.1ª LEC a la Audiencia Provincial.

Se debe interponer, por parte del demandante, en todo caso, en el plazo de treinta días desde la notificación de la resolución, si bien, dicho plazo se prorroga, en beneficio del demandado, al plazo de 60 días, para el caso de que estuviera domiciliado en un Estado miembro distinto de aquel en el que se hubiera declarado la fuerza ejecutiva de la resolución[386].

Resuelto el recurso aún es posible, si el Estado miembro ha comunicado a la Comisión tal posibilidad, conforme al art. 51, en relación con el artículo 78 Reglamento, interponer otros recursos[387]. Cualquiera que sea el objeto del recurso, el tribunal que conozca del mismo no podrá entrar en el fondo de la resolución dictada en otro Estado miembro (art. 41)[388] y la oposición,

---

386 La interpretación tanto del art. 16 como de los plazos establecidos para el demandado debe hacerse, en el marco que, desde una perspectiva general, aporta DIAGO DIAGO, M. P., "La tutela judicial efectiva en el marco internacional: equilibrio entre los derechos del demandante y los derechos del demandado", en MARTÍNEZ CAPDEVILA, C. y MARTÍNEZ PÉREZ, E. J. (Dir.), *Retos para la acción exterior de la Unión Europea;* Ed. Tirant lo Blanch, Valencia 2017, pp. 653-680, con arreglo a la cual, la tutela judicial del demandado debe cohonestarse con la del demandante, guardando un justo equilibrio, a fin de evitar que los derechos de aquel hagan incompatibles los de éste.

387 En el caso de España, conforme a la DF 26ª.5 LEC cabe aún interponer recurso extraordinario por infracción procesal y recurso de casación en los términos previstos por la propia Ley de Enjuiciamiento Civil, regulados respectivamente en los arts. 468 y ss. LEC y en los arts. 477 y ss. LEC.

388 BONOMI, A. y WAUTELET, P., *op. cit., El Derecho Europeo de Sucesiones,* p. 523 ponen de manifiesto que "*La prohibición no impide al juez requerido indagar en la decisión extranjera. Sin embargo, le obliga a mantenerse indiferente aunque constate una diferencia entre el derecho aplicado por el juez extranjero y el que él habría aplicado de haber sido llamado a conocer, a menos que esa divergencia de lugar a un motivo de no-reconocimiento", lo cual es predicable no solo de la fase de solicitud sino también en la de recursos. En este mismo sentido, en relación a los recursos, los mismos autores apuntan que "Es evidente que el juez puede también examinar los*

conforme al artículo 52, sólo podrá basarse en alguno de los motivos previstos en el art. 40. A tal fin, será indiferente que se trate de un recurso contra la solicitud de reconocimiento o de declaración de fuerza ejecutiva, o que se trate de un recurso sobre la resolución recaída en segunda instancia.

Los motivos que permiten desestimar o revocar la declaración de fuerza ejecutiva son comunes a los que permiten desestimar el reconocimiento, pues como quedó dicho, el procedimiento es el mismo[389]. Dichos motivos giran en torno a las siguientes causas: a) Reconocimiento manifiestamente contrario al orden público del Estado miembro requerido; b) Defectuoso emplazamiento al demandado en rebeldía; y, c) Resolución inconciliable, bien con otra dictada en el Estado

---

elementos necesarios para fundamentar su competencia, las condiciones de aplicabilidad del Reglamento (cf. art. 48, núm. 2) y comprobar otros elementos pertinentes, como por ejemplo la identidad del demandado. Es oportuno señalar que si la declaración de ejecutividad se rechaza en la primera fase porque falta alguna de las formalidades requeridas, el recurrente podrá llamar la atención del juez sobre los elementos que demuestran que ha satisfecho efectivamente las exigencias formales prescritas" (p. 548). Sin embargo, la falta de competencia del tribunal no parece que pueda ser alegada como infracción de orden público procesal, en consideración a que las normas del Reglamento son aplicables en todos los Estados miembros, el principio de confianza recíproca y la libre circulación de decisiones, ver en este sentido, D´ALESSANDRO E., en CALVO CARAVACA, A.L., DAVI, A. *et* MANSEL, H. P.; *The EU Succession Regulation A Comentary;* Ed. Cambridge University Press, Cambridge 2016, pp. 552-554.

389 La lista es tasada tanto para los recursos al *exequatur* propiamente dicho como para el propio procedimiento de reconocimiento, pese al diferente tenor del art. 52, frente al art. 40, como apuntan, al comentar este último precepto, IGLESIAS BUIGUES J.L. y MARTIN MAZUELOS, F.J., en IGLESIAS BUIGUES, J.L. y PALAO MORENO, G., *Sucesiones internacionales. Comentarios al Reglamento (UE) 650/2012... op. cit.*, p. 317.

miembro requerido, bien con otra dictada con anterioridad en otro Estado, miembro o no, reuniendo las condiciones que dispone el Reglamento[390].

---

390 El examen de los motivos de oposición no se hace de oficio en ninguna de las fases del procedimiento, ver, en este sentido, BONOMI, A. y WAUTELET, P., *op. cit.*, *El Derecho Europeo de Sucesiones*, p. 506. No parece que el tribunal pueda tomar en consideración motivos distintos de oposición o en lugar de los alegados por el interesado, sin embargo, parece que ese límite debe decaer en casos extremos de manifiesta contrariedad al orden público cuando pudiese cuestionar los valores y derechos amparados por el orden público europeo, lo cual, a su vez, parece que podrá ocurrir solo en casos excepcionalísimos, ver en este sentido D´ALESSANDRO E., en CALVO CARAVACA, A.L., DAVI, A. *et* MANSEL, H. P.; *The EU Succession Regulation A Comentary;* Ed. Cambridge University Press, Cambridge 2016, pp. 544-545; pues es posible hablar de un concepto de "orden público europeo" superpuesto al "orden público del foro", que es en el que parece estar pensando el art. 40.a), no debe olvidarse, como apunta CAAMIÑA DOMÍNGUEZ, C., en CALVO CARAVACA, A. L. y CARRASCOSA GONZÁLEZ, J., *op. cit.*, *"Litigación…"*, p. 248, que el orden público europeo no deja de ser orden público del foro, pues el Derecho Europeo es Derecho del foro. En cualquier caso, la toma en consideración por el tribunal, de oficio, del orden público se fundamenta en los propios considerandos del Reglamento, en particular, el 58, que establece que *"En circunstancias excepcionales, los tribunales y otras autoridades competentes que sustancien sucesiones en los Estados miembros deben, por consideraciones de interés público, tener la posibilidad de descartar determinadas disposiciones de la ley extranjera cuando, en un caso concreto, la aplicación de esas disposiciones sea manifiestamente incompatible con el orden público del Estado miembro de que se trate. Sin embargo, los tribunales u otras autoridades competentes no deben poder aplicar la excepción de orden público para descartar la ley de otro Estado ni negarse a reconocer o, en su caso, aceptar, o ejecutar una resolución dictada, un documento público o una transacción judicial de otro Estado miembro, cuando obrar así sea contrario a la Carta de los Derechos Fundamentales de la Unión Europea, en particular a su artículo 21, que prohíbe cualquier forma de discriminación".*

El orden público como límite al reconocimiento es una excepción ya clásica en los textos normativos de la Unión Europea, sin embargo, se supone que, como consecuencia del principio de confianza recíproca y la armonización del Derecho entre los distintos Estados miembros, con el tiempo, su juego debería ser residual[391], por eso se interpreta de forma restrictiva, a ello invita la palabra "manifiesta"[392] que se emplea en el artículo 40. La contrariedad al orden público puede ser no solo al orden público material[393] sino también al orden público procesal[394]

---

391 Ver, en este sentido, BONOMI, A. y WAUTELET, P., *op. cit., El Derecho Europeo de Sucesiones,* p. 508.

392 El término se emplea en otros textos de la Unión y se interpreta en el sentido expuesto, como apunta GUZMÁN ZAPATER, M. (Dir.) , *Lecciones de Derecho Internacional Privado*; ed. Tirant lo Blanch, Valencia 2019, p. 144, en relación al Reglamento Bruselas I-bis refundido.

393 Como motivos de oposición al orden público material BONOMI, A. y WAUTELET, P., *op. cit., El Derecho Europeo de Sucesiones,* p. 510 y ss. apuntan varios supuestos tales como: a) Violación del principio de no discriminación (sexo, filiación, raza o religión); b) Vocación sucesoria consecutiva al matrimonio poligámico o a las uniones de personas del mismo sexo; c) Existen otros casos dudosos de violación del orden público que se interpretan restrictivamente o se descartan por lo que, por ejemplo, la simple divergencia entre las legislaciones internas no justifica el no reconocimiento. Con relación a esto último, no puede entenderse contrario al orden público ni la legítima, ni los testamentos mancomunados, ni los pactos sucesorios; el elenco de motivos se repite de forma coincidente por otros autores, ver D´ALESSANDRO E., en CALVO CARAVACA, A.L., DAVI, A. *et* MANSEL, H. P.; *The EU Succession Regulation A Comentary;* Ed. Cambridge University Press, Cambridge 2016, pp. 546-552.

394 Como manifestaciones generales de contrariedad al orden público procesal BONOMI, A. y WAUTELET, P., *op. cit., El Derecho Europeo de Sucesiones,* pp. 515 y ss., apuntan el derecho a un proceso justo y a ser oído (proceso justo, derecho de defensa, de representación legal, o de acceso a los tribunales), si bien, debe ser cohonestado

de cuya naturaleza también participa el segundo de los motivos de oposición contemplado en el art. 40.b) [395].

El segundo de los motivos que establece el art. 40, en su letra b), es el relativo a la resolución se hubiese dictado *"en rebeldía del demandado sin que se le haya entregado a este la cédula de emplazamiento o documento equivalente, de forma tal y con tiempo suficiente para que pudiera defenderse, a menos que no hubiera recurrido contra dicha resolución cuando hubiera podido hacerlo"*. Como se apuntó anteriormente, este motivo, en determinados casos, podría considerarse una extensión de contrariedad al orden público procesal.

En el marco del art. 40.b), una notificación que no cumple unos requisitos mínimos y no se produce con la antelación suficiente dando lugar a la rebeldía, siempre que el demandado haya recurrido en el caso de haber podido hacerlo, será la que determine la existencia del motivo de oposición al reconocimiento o declaración de ejecutividad[396].

---

con los derechos de tutela judicial efectiva del demandante, como modernamente pone de relieve DIAGO DIAGO, M.P., *op. cit.*, "La tutela judicial efectiva en el marco internacional: equilibrio entre los derechos del demandante y los derechos del demandado", desde una perspectiva general. Llaman la atención BONOMI, A. y WAUTELET, P., *op. cit., El Derecho Europeo de Sucesiones,* p. 516 sobre el hecho de que que el criterio de competencia empleado por el Juez de origen no sea adecuado no quiere decir que se pueda emplear el orden público para no reconocer la decisión extranjera.

395 Ver BONOMI, A. y WAUTELET, P., *op. cit., El Derecho Europeo de Sucesiones,* p. 510; y, CAAMIÑA DOMÍNGUEZ, C., en CALVO CARAVACA, A. L. y CARRASCOSA GONZÁLEZ, J., *op. cit., "Litigación…",* pp. 296-297.

396 CAAMIÑA DOMÍNGUEZ, C., en CALVO CARAVACA, A. L. y CARRASCOSA GONZÁLEZ, J., *op. cit., "Litigación…",* pp. 298-299, con cita a CALVO CARAVACA, A. L. y CARRASCOSA GONZÁLEZ, J..

El tribunal del Estado miembro requerido valora cómo se ha realizado el emplazamiento y el plazo sin estar sujeto al Derecho del Estado de origen ni al Derecho del Estado requerido[397], se trata de que, en el caso concreto, se cumplan razonablemente los requisitos del artículo 40.b). El límite para la admisión del motivo de oposición se encuentra en que la rebeldía no debe haber sido provocada por el demandado[398]. Por ello, el demandado, para evitar verse sorprendido por la inaplicación del motivo que se comenta, deberá haber interpuesto recurso si pudo, en el Estado de origen[399].

---

397 Ver CAAMIÑA DOMÍNGUEZ, C., en CALVO CARAVACA, A. L. y CARRASCOSA GONZÁLEZ, J., *op. cit., "Litigación…"*, p. 298.

398 Pues el derecho a la tutela judicial efectiva del demandado debe ponerse en parangón y equilibrarse con el derecho del demandante a una litigación justa, como se pone de manifiesto por DIAGO DIAGO, M. P., "La tutela judicial efectiva en el marco internacional…", *op. cit.*. En el mismo sentido, IGLESIAS BUIGUES, J. L. y MARTIN MAZUELOS, F.J., en IGLESIAS BUIGUES, J.L. y PALAO MORENO, G., *Sucesiones internacionales. Comentarios al Reglamento (UE) 650/2012… op. cit.*, p. 321.

399 Ver BONOMI, A. y WAUTELET, P., *op. cit., El Derecho Europeo de Sucesiones,* p. 515. Los mismos autores ponen de manifiesto (p. 518) distintos ejemplos de supuestos de emplazamiento, llamando la atención sobre el hecho de que no se exige, a diferencia de lo que sucede en Bruselas I-bis, la regularidad formal de la notificación, sin embargo, cualquiera que sea la forma en que se haya realizado, deberá permitir al demandado preparar la defensa. La falta de traducción, en determinados casos, por ejemplo, podría considerarse un emplazamiento defectuoso. Todo ello, para los autores citados, permite concluir que la notificación defectuosa que ampara el derecho de defensa del demandado se encuentra protegido por una doble vía, pues podrá haber sido invocado tanto en el Estado de origen como en el Estado de recepción (p. 517); lo que no obsta para recordar, como subrayan, que los conceptos "rebeldía", "tiempo útil", "cédula de emplazamiento", se deberán interpretar de forma autónoma, sin tener en cuenta la interpretación que haya llevado a cabo el juez de origen.

El tercer grupo de motivos, con base en el considerando 34, aglutina los supuestos en los que las resoluciones sean inconciliables, y comprende los casos previstos en las letras c) y d) del art. 40, al decir que las resoluciones no se reconocerán: *"c) si fueran inconciliables con una resolución dictada en una causa entre las mismas partes en el Estado miembro requerido; d) si fueran inconciliables con una resolución dictada con anterioridad en otro Estado miembro o un Estado tercero entre las mismas partes en un litigio que tenga el mismo objeto y la misma causa, cuando esta última resolución reúna las condiciones necesarias para su reconocimiento en el Estado miembro requerido".*

La doctrina pone de manifiesto que en el caso de la letra c) se trata de supuestos límite, pues un buen funcionamiento del sistema de foros y la litispendencia, regulados en el Reglamento debiera impedir que se produjese el sistema en la práctica[400].

Destaca el hecho de que el criterio temporal del art. 40.b) implica una prevalencia por la decisión del foro, lo cual, podría llegar a frustrar la coherencia del sistema[401] y que la noción de "inconciliabilidad" que maneja el art. 40.d) es bastante estricta, no correspondiéndose, sin más, al riesgo de contrariedad entre las soluciones[402].

No parecen poder admitirse otros motivos de oposición, sin embargo, el hecho de distinguir entre la declaración de ejecutividad y la fase de ejecución, propiamente dicha, podría dar

---

400 Ver, en este sentido, CAAMIÑA DOMÍNGUEZ, C., en CALVO CARAVACA, A. L. y CARRASCOSA GONZÁLEZ, J., *op. cit.*, *"Litigación...",* p.301, con cita a D´ALESSANDRO, E.. En el mismo sentido, Ver, en este sentido, BONOMI, A. y WAUTELET, P., *op. cit.*, *El Derecho Europeo de Sucesiones,* p. 522

401 Ver, en este sentido, BONOMI, A. y WAUTELET, P., *op. cit.*, *El Derecho Europeo de Sucesiones,* p. 521.

402 Ver, en este sentido, BONOMI, A. y WAUTELET, P., *op. cit.*, *El Derecho Europeo de Sucesiones,* p. 522.

lugar a que en esta última se planteasen algunos de los motivos que no tendrían cabida como oposición por la vía del art. 40 en la fase procedimental de declaración de ejecutividad o reconocimiento y sus recursos[403].

No se establece un plazo concreto para la resolución de los recursos, si bien, el artículo 52 apunta que el tribunal se pronunciará *"en breve plazo"*[404]. La resolución que decide el

---

403 Ver, en este sentido, MARTIN MAZUELOS, F.J., en IGLESIAS BUIGUES, J.L. y PALAO MORENO, G., *Sucesiones internacionales. Comentarios al Reglamento (UE) 650/2012... op. cit.*, pp. 390-391, que alude a los supuestos de extinción de la obligación, pérdida de fuerza ejecutiva de la resolución y en el caso de que la resolución extranjera no entre en el ámbito de aplicación del Reglamento, como supuestos dudosos que podrían dar lugar a plantearse la admisibilidad en casos atípicos, sin embargo, en la fase de declaración de ejecutividad, para el citado autor sólo cabría el de pérdida de fuerza ejecutiva de la resolución, aplicando el art. 53 *a fortiori*.

404 La doctrina que se ha ocupado del tema, por lo general, no ha entrado en el análisis del alcance de la dicción de la referencia al breve plazo en el art. 52. Parece lógico que, teniendo en cuenta la heterogeneidad no solo de procedimientos sino también de autoridades competentes entre los distintos Estados miembros, así como la disparidad presupuestaria y de funcionamiento entre ellos, el legislador de la Unión se haya abstenido de fijar un plazo, a fin de evitar que quedase como un mero desiderátum. Sin embargo, algunos autores, con acierto, ponen de manifiesto que la referencia al *breve plazo* supone una llamada de atención al tribunal a fin de evitar que las garantías que se establecen en el Reglamento se utilicen con fines dilatorios pues la buena fe procesal, una buena administración de justicia y la libre circulación de documentos son principios contrarios a unos plazos no tasados o prorrogados en exceso; ver, en este sentido BONOMI, A. y WAUTELET, P., *op. cit., El Derecho Europeo de Sucesiones,* p. 548 y ZINO, S. en CALVO CARAVACA, A.L., DAVI, A. *et* MANSEL, H. P.; *The EU Succession Regulation A Comentary;* Ed. Cambridge University Press, Cambridge 2016, p. 603.

recurso de limita a desestimar o revocar, en su caso, la declaración de fuerza ejecutiva[405].

Existen unas disposiciones complementarias al procedimiento de reconocimiento o declaración de ejecutividad y que hacen referencia a la posibilidad de suspender el procedimiento; a las medidas provisionales o cautelares; a la posibilidad de declarar la ejecución parcial; asistencia jurídica gratuita; ausencia de caución de arraigo o a la exención de impuestos, derechos y tasas, que se exponen seguidamente.

El Reglamento prevé la posibilidad de suspender el procedimiento en el caso de que se haya interpuesto recurso[406] en el Estado miembro de origen, tanto en la fase de reconocimiento, propiamente dicha (art. 42), como en la fase de recurso contra la resolución que admita la declaración de ejecutividad, bien acaezca en primera instancia, bien se trate del caso de recurso (art. 53).

La redacción de ambos preceptos es muy similar, sin embargo, existen matices que los distancian, especialmente, en consideración a los diferentes riesgos que se asumen en uno y otro momento procesal.

---

405 MARTIN MAZUELOS, F.J., en IGLESIAS BUIGUES, J.L. y PALAO MORENO, G., *Sucesiones internacionales. Comentarios al Reglamento (UE) 650/2012… op. cit.*, p. 393.

406 La noción de "recurso" es autónoma en el Reglamento, por lo que debe ser valorada por el juez del foro en cada caso, ver en este sentido BONOMI, A. y WAUTELET, P., *op. cit.*, *El Derecho Europeo de Sucesiones*, p. 526; por eso, llama la atención VIGUER SOLER, P.L., IGLESIAS BUIGUES, J.L. y PALAO MORENO, G., *Sucesiones internacionales. Comentarios al Reglamento (UE) 650/2012… op. cit.*, p. 329 sobre la diferente terminología que al respecto se emplea en distintos Reglamentos en los artículos paralelos, por lo que propone que, al respecto, se acoja una concepción más amplia para homogeneizar la medida en los distintos textos de la Unión.

La primera diferencia radica en el hecho de que en el caso de que se trate de la fase de reconocimiento, lo que deberá haberse impugnado es la resolución; mientras que en el caso de que se trate de las fases de recursos, se deberá haber cuestionado su ejecutividad, como resulta de la diferente redacción de los artículos 42 y 53, respectivamente.

En el régimen del art. 42, nada se dice, por lo que cabe plantearse si el juez suspenderá de oficio, o a instancia de parte, como sucede en el artículo 53 [407]. El juez, en el caso del art. 53, no debe entrar a analizar las posibilidades de éxito del recurso; sino el hecho de que, si prospera, la resolución pierda la eficacia ejecutiva[408].

En el caso del artículo 42, parece que la suspensión es facultativa, frente al supuesto del artículo 53 donde la suspensión es automática, en consideración a los mayores perjuicios que se pueden generar si continúa el procedimiento, pese al recurso interpuesto en el Estado miembro de origen, propiciando que discurran en paralelo los procedimientos sobre la ejecutividad[409].

La segunda cuestión, que complementa la regulación, sería la relativa a la adopción de medidas provisionales y cautelares, que, en régimen común, se regula en el artículo 54 para este tipo de procedimientos[410]. Estas pueden ser anteriores a

---

407 Señala VIGUER SOLER, P.L., en IGLESIAS BUIGUES, J.L. y PALAO MORENO, G., *Sucesiones internacionales. Comentarios al Reglamento (UE) 650/2012... op. cit.*, p. 331, sin pronunciarse, que, en la práctica, lo normal será que se suspenda a instancia de parte.

408 MARTIN MAZUELOS, F.J., en IGLESIAS BUIGUES, J.L. y PALAO MORENO, G., *Sucesiones internacionales. Comentarios al Reglamento (UE) 650/2012... op. cit.*, p. 396.

409 Ver, en este sentido, BONOMI, A. y WAUTELET, P., *op. cit.*, *El Derecho Europeo de Sucesiones*, p. 549.

410 Pues, como recuerda MARTIN MAZUELOS, F.J., en IGLESIAS BUIGUES, J.L. y PALAO MORENO, G., *Sucesiones internacionales.*

la declaración de fuerza ejecutiva, por lo que se pueden solicitar en la fase administrativa del *exequatur*; si bien, en fase de recurso, en el caso del art. 50.5, "*contra la declaración de fuerza ejecutiva y hasta que se resuelva sobre el mismo, solamente se podrán adoptar medidas cautelares sobre los bienes de la parte contra la que se haya solicitado la ejecución*" (art. 54.3)[411].

No parece estar supeditado el otorgamiento de las medidas al examen de las condiciones de reconocimiento, facilitándose garantizar, así, el efecto sorpresa. Las medidas serán las de la ley del Estado miembro donde se solicite la declaración de ejecutividad, que determinará el ámbito y alcance de las mismas, pero quedando sin efecto las disposiciones de Derecho procesal interno aptas para poner en tela de juicio los principios en que se inspira el régimen del Reglamento[412].

Comentarios al Reglamento (UE) 650/2012... op. cit., p. 398, a las medidas cautelares que se pueden adoptar en otro Estado miembro previamente a dictarse la resolución, eventualmente susceptible de *exequatur*, se refiere el art. 19. El distinto régimen entre las medidas que se permiten en la fase de declaración de ejecutividad y en sus recursos viene motivado, para el citado autor (p. 402) en el hecho de que en la fase administrativa, puede que el demandado ni siquiera haya sido citado, por lo que deben tutelarse sus derechos y por ello se excluye la posibilidad de medidas de ejecución hasta que no sea firme la declaración.

411 Llama la atención MARTIN MAZUELOS, F.J., en IGLESIAS BUIGUES, J.L. y PALAO MORENO, G., *Sucesiones internacionales. Comentarios al Reglamento (UE) 650/2012... op. cit.*, p. 399, sobre el hecho de que el art. 54.1 viene a cubrir un espacio temporal intermedio entre las medidas del art. 19 y las del art. 52.2..

412 Ver, en este sentido, BONOMI, A. y WAUTELET, P., *op. cit.*, *El Derecho Europeo de Sucesiones*, pp. 552-553; ver también MARTIN MAZUELOS, F.J., en IGLESIAS BUIGUES, J.L. y PALAO MORENO, G., *Sucesiones internacionales. Comentarios al Reglamento (UE) 650/2012... op. cit.*, p. 399-400.

La tercera cuestión complementaria sería la relativa a la posibilidad de ejecución parcial, a la que se refiere el art. 55, por no poder recaer declaración de ejecutividad sobre todas las cuestiones que se comprenden en la resolución. La casuística que genere tal situación es muy variada[413].

En cuarto lugar, el art. 56 regula la aplicación de la asistencia jurídica gratuita, materializada en el beneficio de justicia gratuita o una exención de las costas y gastos, a favor del solicitante que hubiera obtenido una ventaja equivalente en el Estado miembro de origen.

Se concede al solicitante del reconocimiento o de la declaración de ejecutividad y la doctrina se ha planteado si se puede extender también al demandado[414]. No obstante, el R(UE) 1329/2014, parece zanjar la cuestión admitiendo también la concesión al demandado, al estar mencionadas todas las partes en el punto 7 como posibles perceptoras del beneficio.

Aunque una interpretación literal del precepto lleva a la aplicación sólo al procedimiento de declaración de ejecutividad,

---

413 MARTIN MAZUELOS, F.J., en IGLESIAS BUIGUES, J.L. y PALAO MORENO, G., *Sucesiones internacionales. Comentarios al Reglamento (UE) 650/2012… op. cit.* p. 408, apunta los casos de contrariedad de la resolución en algún extremo al orden público o incongruencia con la certificación, en el caso de que se aprecie de oficio; en cambio, cabría a instancia de parte en aquellos supuestos en los que a ésta le interese por cualquier causa, como haberse ya cumplido parte voluntariamente; en el mismo sentido BONOMI, A. y WAUTELET, P., *op. cit., El Derecho Europeo de Sucesiones,* pp. 555, quienes añaden el supuesto, clásico, de que parte de la resolución quede fuera del ámbito del Reglamento, por lo que resultaría inaplicable el régimen de reconocimiento y declaración de ejecutividad, respecto de tal extremo, previsto en el mismo.

414 Aunque BONOMI, A. y WAUTELET, P., *op. cit., El Derecho Europeo de Sucesiones,* pp. 558 apuntan la posibilidad de que, vía interpretación, se otorgue también al deudor.

existen autores que lo extienden a otras actuaciones procesales vinculadas al mismo, tales como los recursos o, incluso, en aquellos supuestos en los que se solicite de forma incidental; no en cambio, al procedimiento de ejecución llevado a cabo con arreglo a la *lex fori*, que se regirá por su propia normativa interna[415]. La extensión del beneficio será equivalente a la más amplia permitida con arreglo a la legislación del Estado miembro requerido (art. 56).

En quinto lugar, se prohíbe caución o depósito para instar el procedimiento por la mera condición de extranjero del solicitante o por no estar domiciliado o no ser residente en el Estado miembro de ejecución (art. 57)[416].

Por último, cierra la regulación, la exención de *"impuesto, derecho ni tasa alguna, proporcional al valor del litigio en los procedimientos relativos a la declaración de fuerza ejecutiva"* (art, 58); la norma trata de evitar que sea más barato instar una nueva resolución en el estado requerido que solicitar la declaración de ejecutividad, lo cual es coherente con la lógica del sistema de circulación de resoluciones[417].

d. Documentos públicos y transacciones judiciales

Se regula en los artículos 59 a 61, que integran el capítulo V del Reglamento, el régimen de circulación de los documentos públicos y las transacciones judiciales. Respecto de los documentos públicos se distingue entre su aceptación y la

---

415 *Ibidem*, p. 558.

416 BONOMI, A. y WAUTELET, P., *ibidem*, p. 560, apuntan que sí cabrán, en cambio, cuando no sean discriminatorias por razón de la condición de extranjero o traten de proteger al demandado de solicitudes ilegítimas.

417 *Ibidem*, p. 562.

declaración de ejecutividad (arts. 59 y 60). En relación con las transacciones judiciales en el Reglamento se regula su declaración de ejecutividad (art. 61).

Como cuestión preliminar, debemos destacar que documento público, normalmente, en el ámbito del Reglamento, será el notarial, sin perjuicio de que determinados documentos administrativos podrán quedar también subsumidos dentro de su ámbito. En cambio, aunque las resoluciones judiciales son también documento público, sin embargo, estas tienen su regulación específica, como quedó expuesto, por lo que quedarán yuxtapuestas al concepto de documento público que ahora manejamos.

Para calificar en el ámbito del Derecho de la Unión un documento como "documento público" debe tener su origen en un fedatario público o autoridad pública que ejerza su función por delegación del Estado, ser fruto de un acto de autenticación en virtud del cual un tercero, el Notario, normalmente, confiere al documento certeza y autenticidad, no sólo respecto a sus elementos extrínsecos, sino también respecto a aquellos elementos relativos al contenido del propio documento; lo cual justifica que el ordenamiento jurídico en cuestión les reconozca fuerza probatoria y ejecutiva[418].

El sistema de circulación previsto por el Reglamento yuxtapone el reconocimiento, que se reserva a las resoluciones judiciales, a la aceptación[419], que corresponde a los documentos

---

418 Como señala CARRIÓN GARCÍA DE PARADA, P. en en IGLESIAS BUIGUES, J.L. y PALAO MORENO, G., *Sucesiones internacionales. Comentarios al Reglamento (UE) 650/2012... op. cit.*, p. 427. Sobre el concepto de documento público puede verse la ilustrativa exposición que el mismo autor realiza en el Comentario al artículo 421-429 de la misma obra.

419 Debe llamarse la atención sobre el hecho de que el texto definitivo del Reglamento cambia la óptica de la propuesta. En efecto, el

públicos, como han quedado definidos. Para que sea aplicable se requiere que dichos documentos se encuentren dentro del ámbito del Reglamento[420]. Se trata de un sistema novedoso que

---

término de "aceptación", en el Reglamento, desplaza al de "reconocimiento", en la Propuesta de 2009 (art. 34), que venía referida a los "actos auténticos. BONOMI, A. y WAUTELET, P., *ibidem*, pp. 566-567, ponen de manifiesto que se emplea el término "aceptación" para evitar confusiones con las resoluciones judiciales, pues éstas llevan el efecto de cosa juzgada que no es propio de los documentos públicos. En otros Reglamentos se sometían a reconocimiento unas y otros, lo cual ha sido criticado por la doctrina. MANSEL, H.P. en CALVO CARAVACA, A.L., DAVI, A. *et* MANSEL, H. P.; *The EU Succession Regulation A Comentary;* Ed. Cambridge University Press, Cambridge 2016, pp. 627-630, pone de manifiesto el hecho de que el término "aceptación" no aparezca en el texto del artículo 59 y sí, y solo, en su título. El autor, en la misma línea que los dos autores anteriormente citados, explica la diferencia entre el régimen de los documentos públicos y las resoluciones judiciales en la mayor fortaleza que a éstas les confiere el valor de cosa juzgada y su diferente naturaleza jurídica. Llama la atención sobre el hecho de que en los documentos públicos lo que circula es el *instrumentum*, esto es, el valor probatorio de las comprobaciones y circunstancias inherentes a la actuación notarial. En las resoluciones judiciales, en cambio, lo que circula es el *negotium* en sí, las propias declaraciones o situaciones jurídicas constituidas y que se reflejan en la resolución, como consecuencia de que estás están protegidas por los efectos de las *res iudicata*. Es interesante la STJUE de 23 de Mayo de 2019 (C-658/17), DOUE 5.8.2019 (TOL 7.227.665), la cual establece el valor meramente informativo de la comunicación a que se refiere el art. 3 *in fine*, en relación con el art. 79, así como la necesaria incardinación de los documentos públicos notariales que acreditan la cualidad de heredero pero que no tienen fuerza ejecutiva dentro del ámbito del art. 59.1 y formulario 2, anexo 2 del R(UE) 1329/2014.

420 CARRIÓN GARCÍA DE PARADA, P., *ibidem*, pp. 436 a 441 cita como ejemplos de documentos públicos que se necesitan o pueden necesitar en relación a una herencia: el certificado de defunción, el certificado de últimas voluntades, las disposiciones de última voluntad (testamentos o pactos sucesorios), las actas de notoriedad, los

se introduce por primera vez en el Reglamento de sucesiones y que va a inspirar el art. 58 de los Reglamentos 2016/1103 y 2016/1104, que calcan su redacción[421].

El régimen del Reglamento está construido de forma que la aceptación implica extender la fuerza probatoria del Estado de origen al Estado requerido, salvo los supuestos en los que sea necesario realizar una labor de adaptación y con el límite de la excepción de orden público, lo que permite la circulación no tanto de la situación jurídica como de los efectos procesales del documento público extranjero[422], posibilitando que una parte invoque en un Estado miembro reglas sobre la prueba ligadas al carácter de documento público en el Estado de origen[423].

En el artículo 59.1, párrafo 2º, se hace referencia al formulario previsto para facilitar la libre circulación de los documentos públicos, en el Anexo II (formulario II) del R(UE)

---

certificados de declaración de herederos legales o *abintestato* y los actos o documentos extranjeros de partición de herencia otorgados en el extranjero. Sin embargo, pone de relieve MANSEL, H.P., *Ibidem* p. 639, que un documento se pueda necesitar en un proceso sucesorio no lo subsume dentro del ámbito del art. 59 y no alcanza la posibilidad de su aceptación por el procedimiento específico del Reglamento, se centra en la naturaleza eminentemente sucesoria que debería tener el documento y, especialmente, incardina en tal ámbito a aquellos a los que se refiere la normativa conflictual del Reglamento, por lo que incluye las disposiciones por causa de muerte, los certificados nacionales de herederos y las actas de herederos que no tengan la consideración de resoluciones con valor de cosa juzgada; siguiendo tales argumentos, debe incluirse, en mi opinión, la partición hereditaria, con independencia de su naturaleza contractual, pues queda dentro del ámbito de la ley aplicable (art. 23.2.j).

421 MANSEL, H.P., *ibidem,* p. 632.

422 BONOMI, A. y WAUTELET, P., *ibidem,* pp. 568-569.

423 BONOMI, A. y WAUTELET, P., *ibidem,* pp. 572.

1329/2014. Se pone de relieve, por la doctrina, la utilidad del formulario, de uso facultativo[424], pues a la autoridad receptora no siempre le serán conocidos los efectos probatorios del documento en el Estado de origen[425]. En el marco del Reglamento un documento podrá ser aceptado, sin más, trasladando los efectos probatorios que tiene en el Estado de origen al Estado requerido.

En otras ocasiones, sin embargo, puede que el documento no pueda ser aceptado con ese automatismo, porque los efectos probatorios no se conocen en el Estado requerido de la misma manera y resulta difícil su traslación directa. Será necesario realizar una labor de adaptación, concediéndole los efectos más parecidos posibles. En esa labor de adaptación puede que queden recortados algunos de los efectos que el documento tenía en el Estado de origen. Por último,

---

424 El carácter facultativo del formulario debe referirse simplemente al hecho de que la autoridad receptora podrá prescindir de él; sin embargo, será de uso obligatorio para la autoridad del Estado de origen, como subraya MANSEL, H.P., *ibidem* p. 647.

425 *Ibidem* p. 571. Una perspectiva más crítica adopta en cambio CARRIÓN GARCÍA DE PARADA, P. al decir que *"Existe una tendencia, en mi opinión excesiva, a reducir los negocios y actos jurídicos al simple relleno de formularios oficiales. El fin perseguido es loable, facilitar la identificación de los documentos que se necesitan, y con ello su circulación, así como la comprensión lingüística ya que suelen estar redactados en diferentes idiomas. Pero, ¿puede un simple formulario sustituir realmente al documento en el que habitualmente los ciudadanos vierten su voluntad negocial? Suelen ser compatibles, y uno no excluye el otro, aunque cada uno acabe teniendo su su campo de aplicación, aquellos para el extranjero, estos para uso interno nacional. Los formularios están también sometidos a intentos continuos de falsificación, lo que obliga a adoptar medidas especiales, como pueden ser el intercambio de información y la comunicación entre operadores jurídicos del mundo judicial, administrativo o notarial utilizando las nuevas tecnologías, como las intranets, las firmas electrónicas avanzadas, plataformas seguras"*, *ibidem*, pp. 443-444.

puede que el documento no sea aceptado por ser contrario al orden público del Estado requerido[426].

En determinados casos, puede que la autoridad receptora se cuestione la fuerza probatoria o la validez del negocio contenido en el documento. De ello se ocupan los artículos 59.2 y 59.3. En los casos en los que se cuestione el valor probatorio se dilucidará la competencia por los tribunales del Estado miembro de origen, que resolverán conforme a su propio Derecho (art. 59.2).

En cambio, si lo que se cuestiona es el contenido del documento, su validez intrínseca, la competencia se dilucidará por las reglas generales del Reglamento y la cuestión se resolverá teniendo en cuenta la ley aplicable a la sucesión (art. 59.3)[427].

En el supuesto de que se trate de una cuestión incidental, la competencia del tribunal que deba resolver sobre la cuestión

---

426 *Ibidem* pp. 571-575. La contrariedad al orden público tiene un tratamiento específico que no se superpone necesariamente al que corresponde a las resoluciones judiciales (art. 40), en este sentido, resulta interesante la casuística que señala MANSEL, H.P., *ibidem,* p. 644-645.

427 Ponen de relieve BONOMI A. y WAUTELET, P., *ibidem,* pp. 579 que *"No es posible a favor del juez del Estado requerido al que se solicita un pronunciamiento sobre la fuerza ejecutiva del documentos extranjero, y ello porque, de permitirse, el exequatur del documento se convertiría en procedimiento de reconocimiento del negotium"*. Los mismos autores apuntan la posibilidad de contestación parcial, lo que posibilitará la subsistencia de los efectos probatorios no cuestionados, aunque puede que sea arriesgado porque la impugnación de un extremo del documento podría llegar a viciar el resto (p. 580). El hecho de que el artículo 59 se centre en el valor probatorio del documento lleva a MANSEL, H.P., *ibidem,* p. 649 a pensar que es lo que hace que la aceptación se mueva en un plano diferente al del Certificado Sucesorio Europeo y sus efectos regulados en el art. 69, pues el certificado se mueve en el plano de la ley aplicable.

principal en un Estado miembro, absorberá la resolución de la cuestión incidental (art. 59.4).

Resulta muy interesante, la disociación que hace el Reglamento entre los efectos probatorios y la validez del documento. Supone poner de relieve la arquitectura del mismo y la interconexión de las soluciones teniendo en cuenta la interrelación que existe entre los tres sectores del Derecho Internacional Privado, y que ha sido considerado como un principio rector en la elaboración de la norma. La contestación del documento, en cualquiera de las dos vertientes apuntadas conllevará la suspensión de sus efectos, conforme a los artículos 59.2 y 59.3.

En el caso de impugnación fallida del negocio, la resolución judicial que desestime la impugnación posibilitará que el *negotium,* e indirectamente el documento público que lo contiene, circule al haber sido embebido en una resolución judicial con sus efectos de cosa juzgada que no tiene el documento público cuestionado[428].

Puede que se planteen conflictos entre distintos documentos públicos que sean relativos al mismo negocio o entre documentos públicos y resoluciones; y, a su vez, puede que estén expedidos en el mismo Estado o en Estados diferentes.

Debe tenerse en cuenta, en este caso, lo previsto en el considerando 66, conforme al cual *"La autoridad a la que, en el contexto de la aplicación del presente Reglamento, se le presenten dos documentos públicos incompatibles debe evaluar a qué documento público ha de dar prioridad, si ha de dar prioridad a alguno, teniendo en cuenta las circunstancias del caso concreto. En caso de que de esas circunstancias no se desprenda de manera clara a qué documento público se ha de dar prioridad, si se ha de dar prioridad a alguno, la cuestión debe ser resuelta por los tribunales que sean competentes en virtud del presente Reglamento, o, en caso de que la cuestión se*

---

428 BONOMI A. y WAUTELET, P., *ibidem,* p. 582.

plantee como cuestión incidental en el transcurso del procedimiento, por el tribunal ante el que se haya iniciado el procedimiento. En caso de incompatibilidad entre un documento público y una resolución, deben tomarse en consideración los motivos para denegar el reconocimiento de resoluciones en virtud del presente Reglamento"[429].

Subrayan BONOMI y WAUTELET el hecho de que pese a no haberse establecido una libre circulación de documentos sucesorios, de forma expresa, indirectamente, la existencia de un sistema conflictual homogéneo hará que los redactores de los documentos tomen en consideración los mismos parámetros y se propicie, en la práctica, esa libre circulación, consecuencia de la estandarización de prácticas[430].

Tras el régimen de aceptación del documento público, se regula la declaración de ejecutividad. Se ocupa de ella el artículo 60, cuya finalidad primordial radica en declarar aplicable el procedimiento de los artículos 45 a 58 (art. 60.1), relativo a las resoluciones judiciales. La solicitud se podrá formular por cualquiera de las partes interesadas, pudiendo ampliarse a los acreedores del deudor a los que les pueda interesar[431].

---

429 Ello sin perjuicio de que si el conflicto es entre documentos de un mismo Estado miembro, sea su propia ley la que gobierne la cuestión, ver en este sentido, MANSEL, H.P., *ibidem,* p. 661

430 BONOMI A. y WAUTELET, P., *ibidem,* p. 581.

431 Como ponen de manifiesto BONOMI A. y WAUTELET, P., *Ibidem* p. 585, si bien, debe tenerse en cuenta lo que los mismos autores señalan para restringir la legitimación de los acreedores en la fase de recurso cuando ellos no hayan sido parte en la solicitud inicial, como fue expuesto anteriormente en n.p. (pp. 544-545). CARRIÓN GARCÍA DE PARADA, P., *ibidem* 459 concreta las partes interesadas a aquellas que lo hayan sido en la herencia, entendiendo por tales los herederos, legatarios, legitimarios, administradores o ejecutores y, en general, cualquiera que tenga derecho en la herencia, pudiendo querer ejecutar sus derechos sirviéndose del documento público. Para la admisión de terceras personas, según el

El Reglamento introduce, en este punto dos matizaciones. En primer lugar, el formulario que se emplea a los efectos del articulo 46.3 es el Anexo 2 Formulario II R(UE) 1329/2014, que es el mismo que se utiliza a los fines del artículo 59. En segundo lugar, en caso de interponerse recursos de los artículos 50 ó 51, *"solo (se) desestimará o revocará la declaración de fuerza ejecutiva cuanto esta sea manifiestamente contraria al orden público del Estado miembro de ejecución"*. La adaptación, últimamente citada, es lógica por la diferente naturaleza y forma de generarse el documento público frente a la resolución judicial. Difícilmente podrían aplicarse las excepciones relativas a la rebeldía e inconciliabilidad de resoluciones.

Otorgado el *exequatur* el documento público goza en el Estado requerido de la misma fuerza ejecutiva que posee en el Estado de origen. Los efectos declaración de ejecutividad se deberán analizar desde la perspectiva del Estado miembro requerido. Resulta aplicable, en general, lo previsto y expuesto para la declaración de ejecutividad de las resoluciones judiciales[432]. El artículo 60 no impone que por la declaración de ejecutividad el documento público sea inscribible en un Registro

---

autor, debe habérseles reconocido en la herencia algún derecho, pese a no haber sido otorgantes del documento, pone el ejemplo de los acreedores de la herencia a los que se les hubiera hecho un reconocimiento de deuda. La enumeración de personas que hace el autor es coherente con la diferente naturaleza y estructura del documento público, especialmente el notarial, frente a una resolución judicial. Sin embargo, no parece haber obstáculo para admitir la acción subrogatoria, prevista, para el Derecho español, en el art. 1111 C.c., en la línea y con los límites de la posición apuntada de BONOMI A. y WAUTELET, P..

432 BONOMI A. y WAUTELET, P., *ibidem*, p. 589, matizan y ponen de manifiesto que las medidas cautelares sólo cabrán para la declaración de ejecutividad, y no en relación a la aceptación del documento público, pues éste no tiene autoridad de cosa juzgada.

público, para ello habrá que estar a lo que determine la legislación del Estado que lo recepcione[433].

Merece la pena destacar que la impugnación del *negotium* contenido en el documento público no priva de la posibilidad de declarar la ejecutividad, habrá que estar a la fase de ejecución. Sin embargo, habría que plantearse si se puede suspender el recurso interpuesto, en el caso de los artículos 50 ó 51, en relación con el artículo 53. La cuestión es controvertida, pues no siempre resultará fácil interpretar el términos "recurso" en al art. 53 como cualquier acción que busque cuestionar la validez del documento[434].

El artículo 61, por último, se ocupa de la fuerza ejecutiva de las transacciones judiciales, se hace traslación de lo dispuesto en el artículo 60, respecto al documento público. Debe tenerse en cuenta, no obstante, que para las transacciones judiciales el formulario previsto, a los efectos del artículo 46.3, se encuentra en el Anexo 3, formulario III, del R(UE) 1329/2014.

El régimen del Reglamento queda limitado a las transacciones judiciales, que son aquellas que tienen lugar en el seno de un proceso[435], quedan fuera del ámbito del Reglamento las transacciones que se plasman, sin intervención de autoridad judicial en un documento público notarial, sin perjuicio de que éstas puedan tener cabida en el ámbito del art. 60, visto, relativo a la declaración de ejecutividad de documentos

---

433 BONOMI A. y WAUTELET, P., *ibidem*, p. 590.

434 Se postulan favorablemente BONOMI A. y WAUTELET, P., *Ibidem* pp. 590-591, siempre que se compruebe que la impugnación tiene por efecto suspender en el Estado de origen la fuerza ejecutiva del documento.

435 VIGUER SOLER, P. L., en IGLESIAS BUIGUES, J.L. y PALAO MORENO, G., *op. cit.*, p. 462.

públicos[436] o, incluso, con la posibilidad de ser aceptadas, a la vista de lo dispuesto en el art. 59[437]

Para beneficiarse del régimen del Reglamento, la transacción debe tener fuerza ejecutiva en el Estado miembro de origen, siendo lo importante no donde se concluye sino la jurisdicción que la aprueba[438].

Tanto para el documento público como la transacción judicial puede defenderse el *exequatur* parcial, siempre que sus partes sean escindibles[439].

e. Certificado sucesorio europeo (arts. 62-73)

Tras unas disposiciones generales, la regulación de la competencia, ley aplicable, reconocimiento, fuerza ejecutiva y ejecución de resoluciones y de los documentos públicos y transacciones judiciales el contenido del Reglamento se hubiera agotado, a salvo las disposiciones generales y finales.

Sin embargo, como es sabido, se introduce, en su propia rúbrica se introduce *"la creación de un Certificado Sucesorio Europeo"*. Se trata de una figura que se introduce *ex novo* en el panorama sucesorio de la Unión Europea, a su regulación corresponde el capítulo V del Reglamento. Por motivos sistemáticos y constituyendo, además, el núcleo central de este trabajo de investigación junto con la traslación del mismo al ámbito notarial, se ha

---

436 *Ibidem,* p. 465.

437 Lo cual lleva a plantearse la conveniencia y utilidad de establecer un régimen diferenciado con dos artículos de redacción paralela.

438 BONOMI A. y WAUTELET, P., *ibidem,* p. 594.

439 *Ibidem, p. 596,* lo sostienen BONOMI A. y WAUTELET, P., con relación a la transacción judicial, no pareciendo haber problemas, con las debidas adaptaciones, para su extensión al documento público.

considerado oportuno dedicar a éste un capítulo independiente, el siguiente, al que, en este momento, se hace remisión.

f. Disposiciones generales y finales (arts. 74-84)

El Reglamento, se cierra, como es habitual, con un capítulo, el VII, destinado a disposiciones generales y finales, son unas normas complementarias al servicio del buen funcionamiento del nuevo régimen legal.

Abre la regulación el art. 74, realtivo a la *"Legalización y demás formalidades similares"*, conforme al cual *"No se exigirá legalización ni formalidad análoga alguna para los documentos expedidos en un Estado miembro en el marco del presente Reglamento"*.

Se trata de un precepto útil, y muy transcendente para la práctica notarial, pues agiliza la producción de los efectos que se esperan del Reglamento sucesorio, especialmente, el abaratamiento de costes económicos y temporales. Se basa en el principio de confianza recíproca entre los distintos Estados miembros, en virtud del cual se dispensa de legalización o apostilla a los documentos procedentes de otro Estado miembro.

Por supuesto están dispensados de legalización los formularios del R(UE)1329/2014, pero no solo estos, todos los documentos al servicio de la tramitación de la sucesión que procedan de otro Estado miembro. Así, a título ejemplificativo, podrían mencionarse los siguientes: certificados del Registro civil, certificado de últimas voluntades, documentos públicos que contengan disposiciones de última voluntad[440], declaraciones de herederos *abintestato* así como las manifestaciones de testigos que se aporten a éstas formalizadas en otro Estado, las

---

[440] Consiguientemente, testamentos notariales, contratos sucesorios formalizados en documentos público, capitulaciones matrimoniales que contengan disposiciones sucesorias.

declaraciones a que se refiere el art. 13 -sobre aceptación de herencia, legado, legítima, renuncia o limitación de responsabilidad hereditaria-, los certificados de herederos, certificados de administradores de herencias o ejecutores testamentarios, escrituras de partición de herencia; y, poderes para la tramitación de herencias, procesales o no[441].

Debe tenerse en cuenta que el ámbito de aplicación de esta norma podrá colindar o verse absorbido, incluso, por otros

---

441 BONOMI, A. y WAUTELET, P., *op. cit., El Derecho europeo…*, p. 713, trayendo a colación, entre otros, los arts. 56 RB-I, art., 61 RB-I *bis* o el art. 52 RB-II *bis,* apuntan la no necesidad de apostillar el poder para pleitos. Si se lleva el argumento a sus últimas consecuencias, cabría admitir, sin más y en todo caso, el poder para tramitar una herencia aunque la tramitación fuera extrajudicial, comprendiendo, por consiguiente, la mayoría de los poderes que se utilizan en el ámbito notarial español para formalizar cualquier herencia, desde la solicitud de documentación, pasando por una eventual declaración de herederos, hasta formalizar los trámites de aceptación (o renuncia hereditaria) y partición de herencia que se suelen instrumentar en la misma escritura; además, por los mismos motivos, se deberían exceptuar de apostilla los poderes para enajenar bienes procedentes de la herencia, pues la venta, no deja de ser una forma de liquidación hereditaria, aunque esto último sería controvertido en aquellos supuestos en los que la venta es un acto netamente posterior al proceso hereditario. Piénsese, con relación a esto último, aquellos supuestos en los que formalizada la partición de herencia se han concedido en el mismo poder, que se empleó para ésta, facultades para la venta de los bienes hereditarios. Podría entenderse que la venta es un acto posterior; sin embargo, en la práctica, se trata de una consecuencia natural de ese proceso de liquidación hereditaria a fin de extinguir proindivisos o simplemente, deshacer la inversión del causante en España. Debe tenerse en cuenta, además, que en el régimen de no exigencia de apostilla concurren tanto la de las autoridades que la expiden como la de las autoridades que recepcionan el documento -apostillado o no-, entre las cuales pueden existir divergencias de interpretación, en cualquier caso, parece que la norma debe interpretarse extensivamente.

Reglamentos[442]. Lo cual facilitará, sin embargo, no tener que forzar la interpretación del art. 74, especialmente importante respecto a los certificados del Registro civil. Sin embargo, quedarán excluidas aquellas cuestiones que no estén dentro del ámbito del Reglamento, así, por ejemplo, las autorizaciones judiciales para realizar la aceptación hereditaria sin beneficio de inventario, al entrar dentro del estatuto personal, deberán quedar al margen del art. 74 (arg. art. 1.2.a) y b)).

Por último, cabe apuntar que esta dispensa opera en relación a los documentos que se utilicen para sucesiones abiertas vigente el Reglamento, a partir del 17 de agosto de 2015[443].

---

442 Así, por ejemplo, art. 61 REM ó 61 EPUR y, especialmente, el Reglamento (UE) 2016/1191 del Parlamento Europeo y del Consejo, de 6 de julio de 2016, por el que se facilita la libre circulación de los ciudadanos simplificando los requisitos de presentación de determinados documentos públicos en la Unión Europea y por el que se modifica el Reglamento (UE) n.° 1024/2012; sobre éste último puede verse el interesante análisis que hace, DIAGO DIAGO, P. "La circulación de documentos públicos en situaciones transfronterizas: la tensión entre la seguridad jurídica y la reducción de las cargas para el ciudadano", curso 2019, Vitoria-Gasteiz, en Cursos de Derecho Internacional y Relaciones Internacionales de Vitoria- Gasteiz 2019, Tirant lo Blanch, Valencia, 2020 Capitulo segundo pp. 145-339, tanto respecto del citado Reglamento como en relación a la apostilla y legalización en general.

443 La norma no amparará ni los documentos relativos a herencias causadas antes de la fecha de entrada en aplicación del Reglamento, aunque se documenten después ni a documentos expedidos con anterioridad a la fecha de entrada en aplicación del Reglamento, aunque la herencia se causada después de 17 de agosto de 2015. Sin embargo, los documentos expedidos con posterioridad a la entrada en aplicación del Reglamento deberían verse protegidos por la norma. Nótese que, en muchas ocasiones, el instrumento será anterior al Reglamento, pero el soporte del mismo, que circula, se habrá expedido con posterioridad. Así por ejemplo, no parece que deba pedirse apostilla a la copia autorizada de un testamento otorgado

El art. 75 se ocupa de las relaciones entre el Reglamento y convenios internacionales vigentes[444]. A los efectos de la práctica española interesa, sobre todo, la prevalencia del Convenio de la Haya de 1961 sobre forma de las disposiciones testamentarias, que desplaza al art. 27[445]. Sin embargo, el resto de Convenios, en general, quedan subordinados al Reglamento en cuanto versen sobre materias reguladas en el mismo.

Por su parte, el art. 76, establece la primacía del Reglamento sobre insolvencia sobre el Reglamento sucesorio europeo. Desde un punto de vista práctico, será importante hacer un análisis previo de la situación en que se encuentran las posibles reclamaciones contra el causante o contra los herederos, pues la aplicación sobrevenida del Reglamento sobre insolvencia podría afectar a algunas actuaciones realizadas en la tramitación de las herencias, dada la subordinación del Reglamento al Reglamento de insolvencia[446].

El art. 77, bajo la rúbrica *"Información facilitada al público"* encarga a los Estados facilitar distintos datos relativos a autoridades y procesos sucesorios e información sobre la legislación aplicable, se trata de datos que ayudan al mantenimiento del portal *e-justice.* En realidad, pese a que se apela al "público" como destinatario de la información, lo cierto es que dicha

---

antes de Reglamento si la copia se expidió con posterioridad a la entrada en aplicación del mismo y versa sobre una sucesión sujeta al Reglamento.

444 Los Estados miembros, sin embargo, tienen vetada la posibilidad de suscribir nuevos convenios, como norma general, como ponen de relieve BONOMI, A y WAUTELET, P., *op. cit, "Derecho europeo…"*, comentario art. 75, párr.. 12 y 13 (ed. Proview).

445 Sobre las relaciones entre el Convenio de la Haya y el Reglamento en lo relativo a los testamentos mancomunados se hace remisión a lo expuesto al analizar el art. 27 RES.

446 Se apuntan distintos supuestos interesantes *Ibidem,* comentario art. 76, párr. 9 y ss. (ed. Proview).

información va más bien dirigida a los operadores jurídicos, pues pese a que el Reglamento facilita la tramitación de las herencias transfronterizas, la mayor facilidad pretendida no implica, en la práctica, la posibilidad de prescindir de dichos operadores jurídicos, para la ejecución de la transmisión hereditaria internacional.

Los artículos 78 y 79 imponen a los Estados la obligación de comunicar a la Comisión los datos de contacto de autoridades y procedimientos, así como de las actualizaciones o modificaciones de los mismos. Sin embargo, dicha comunicación, como se ha ponunciado el TJUE no es constitutiva[447].

Como se ha expuesto en este desarrollo, al servicio del Reglamento se establecen unos cinco formularios, los cuales ven la luz en el R(UE) 1329/2014, cuyo fundamento legal se encuentra en el art. 80, se hace remisión a los apartados correspondientes. Para su desarrollo, la Comisión se debía auxiliar de un comité, como determina el art. 81.

Como es habitual en los Reglamento de la Unión Europea, se prevé un sistema de revisión, estableciendo, a tal fin, el art. 82: *"A más tardar el 18 de agosto de 2025, la Comisión presentará al Parlamento Europeo, al Consejo y al Comité Económico y Social Europeo un informe relativo a la aplicación del presente Reglamento, incluyendo una evaluación de los problemas prácticos surgidos en materia de sucesiones por la sustanciación simultánea en diferentes Estados miembros de procedimientos extrajudiciales paralelos o por la concurrencia de estos con procedimientos o transacciones judiciales ante un tribunal en otro Estado miembro. El informe irá acompañado, en su caso, de propuestas de modificación"*.

---

447 STJUE de 23 de Mayo de 2019 (C-658/17) (TOL 7.227.665), la cual pone de manifiesto el carácter meramente informativo de la comunicación a que se refiere el último inciso del art. 3, en relación con el art. 79.

Parece que los autores del Reglamento eran conscientes de la problemática de que se sustanciase simultáneamente una misma sucesión en varios Estados miembros por un mal funcionamiento de los foros o en consideración a la posibilidad de tramitaciones extrajudiciales. Tal posibilidad debería ser residual y, normalmente, la reforma futura tratará de evitar esas disfunciones.

Evidentemente, queda mucho camino por recorrer, lo novedoso de la materia y la necesidad de coordinar el Reglamento con los Reglamentos REM y EPUR o cuestiones tales como la planificación unitaria de la transmisión del patrimonio familiar, transcendiendo del patrimonio individual de cada uno e los miembros de la pareja, darán mucho juego en una revisión futura.

Por último, los artículos 83 y 84 se ocupan del ámbito de aplicación temporal, al regular las disposiciones transitorias y la entrada en vigor, son cuestiones que ya han sido tratadas en el capítulo I de este trabajo, haciéndose al mismo la remisión oportuna.

PARTE II

EL CERTIFICADO SUCESORIO EUROPEO (CSE): RÉGIMEN LEGAL Y PRÁCTICA NOTARIAL ESPAÑOLA

Capítulo 3

El Certificado Sucesorio en el R(UE) 650/2012: Estudio del régimen legal

1. EL CERTIFICADO SUCESORIO EUROPEO COMO PUNTO DE CONVERGENCIA ARMONIZADORA: EL FIN DEL VIAJE

El Reglamento Sucesorio, como ha quedado expuesto, afecta a los tres sectores que comprenden el Derecho Internacional Privado. Los objetivos pretendidos podrían haberse dado por cumplidos con los cinco primeros capítulos. Sin embargo, se introduce un extenso capítulo VI destinado a la creación de una herramienta de nueva factura: el Certificado Sucesorio Europeo (en adelante CSE). Para algunos autores, incluso, se ha llegado a afirmar que el Reglamento no sólo introduce normas de conflicto de leyes y jurisdicciones, sino que uniformiza el Derecho material con la introducción del certificado sucesorio[448].

No se equivoca quien eso afirma, pues el Certificado Sucesorio Europeo, desde una perspectiva práctica, lleva consigo nuevas maneras en la tramitación de las herencias transfronterizas

---

448 FERACI, O.; "La nuova disciplina europea della competenza giurisdizionale in materia di successioni mortis causa"; en *Cuadernos de Derecho Transnacional*, octubre 2013, pp. 291-314, p. 295.

que, en cierto modo, acercarán a los operadores jurídicos en la interpretación y aplicación de sus respectivos Derechos internos.

El Certificado Sucesorio Europeo, cambia de denominación en el Reglamento, donde se supera el nombre de "certificado europeo de heredero", acuñada en el Libro verde, como consecuencia de que el nuevo instrumento no es solo para herederos[449]. En efecto, durante la gestación del certificado sucesorio se evoluciona desde un modelo escueto de certificado a un formulario extenso como el que verá la luz. Así, se supera una primera fase en la que se había pensado en una certificación para acreditar sólo la condición de heredero o sólo la de administrador o ejecutor hereditario. Con el modelo que ve la luz se certifica el total proceso sucesorio relativo a un causante y no solo alguna de las posiciones jurídicas de los actores de la sucesión. Se sacrifica la sencillez para buscar una mayor extensión que acaba siendo omnicomprensiva de la transmisión hereditaria, con todos los elementos que forman parte de la misma.

Formalmente, la extensión del capítulo VI, con catorce artículos, es equiparable a la que alcanzan los capítulos III, de Ley aplicable, o IV, sobre reconocimiento y fuerza ejecutiva de resoluciones judiciales, que son los desarrollos más largos del Reglamento. Aunque estos superan el número de artículos que se destinan a la regulación del Certificado Sucesorio Europeo, sin embargo, el capítulo reservado a éste, en el texto definitivo, tiene un marcado carácter reglamentario, habida consideración de su minuciosidad y detalle, sin duda, con el fin de homogeneizar las prácticas de los distintos tribunales y autoridades encargados de su expedición, haciendo compatible, además, la propia normativa de la Unión con la legislación interna de

---

[449] Ver, en este sentido, KRESSE, B, en CALVO CARAVACA, A.L., DAVI, A. *et* MANSEL, H. P.; *The EU Succession Regulation A Comentary;* Ed. Cambridge University Press, Cambridge 2016, p. 676.

cada Estado miembro con la que debe coexistir la generación del Certificado Sucesorio Europeo.

Debe llamarse la atención sobre el hecho de que las dimensiones del Certificado Sucesorio Europeo, crecen en el Reglamento, no sólo en cuanto artículos, pasando de nueve, en la Propuesta de 2009, a catorce, en el texto definitivo de 2012. También, se ve un crecimiento exponencial en la propia extensión del formulario destinado a su expedición, el cual se saca del texto del Reglamento y se incardina, junto con el resto de formularios, en un Reglamento de ejecución, complementario, el 1329/2014, comprendiendo no solo el formulario de solicitud, que también aparecía en la propuesta, sino también, junto con el formulario de expedición, propiamente dicho, seis anexos que pueden llegar a acompañar al propio Certificado Sucesorio Europeo[450].

El punto de partida, al menos formalmente, de un análisis del Certificado Sucesorio Europeo se encuentra en el considerando 67, al decir: *"La tramitación rápida, ágil y eficiente de las sucesiones con repercusión transfronteriza en la Unión requiere que los herederos, legatarios, ejecutores testamentarios o administradores de la herencia puedan probar fácilmente su cualidad como tales o sus derechos o facultades en otro Estado miembro, por ejemplo en el Estado miembro en que estén situados los bienes sucesorios. Para que lo puedan hacer, el presente Reglamento debe prever la creación de un certificado uniforme, el Certificado Sucesorio Europeo (en lo sucesivo denominado «certificado») que se expedirá para su uso en otro Estado miembro. Conforme al principio de subsidiariedad, el certificado no debe sustituir a los documentos que puedan existir con efectos similares en los Estados miembros"*.

Como puede apreciarse, en el considerando 67 no se hace referencia específica a la competencia, a la ley aplicable o al

---

450 El fundamento legal de los formularios se encuentra en el art. 80.

reconocimiento, aceptación o declaración de ejecutividad de ninguna resolución ni de ningún documento público. Formalmente, se dice que es un instrumento al servicio de los ciudadanos para poder *"probar fácilmente su cualidad como tales (herederos) o sus derechos o facultades en otro Estado miembro"*. Se apela a él como instrumento *ad probationem* del proceso hereditario y los distintos elementos de que se compone. Además, se declara la no injerencia del uso del certificado en el ámbito interno, pues se expide con vocación de ser utilizado en otro Estado miembro.

Sin embargo, como se verá en este desarrollo, la labor del legislador de la Unión, en la práctica, se convierte en ardua y difícil. Pues el Certificado Sucesorio Europeo es mucho más que un medio de prueba y su fuerza expansiva será difícilmente controlable de forma que no acabe, de una u otra manera, utilizándose también internamente y no sólo en otro Estado miembro distinto de aquel en el que fue expedido.

Tras el vellocino de hacer más fácil la vida al ciudadano de la Unión cuando entra en contacto con una herencia transfronteriza, no obstante, el Certificado Sucesorio Europeo y la norma que lo implementa, posiblemente, se filtrará en el quehacer diario de los operadores jurídicos, siendo perfectamente posible hablar de un antes y un después a la hora de tramitar una sucesión internacional como consecuencia de la aparición de esta interesante figura. Así, no será de extrañar que determinados modos impuestos para la tramitación de un Certificado Sucesorio Europeo transciendan, en la práctica, para tramitar otros elementos de la sucesión, como se ha puesto de manifiesto por la doctrina italiana, que llega a hablar de una "discriminación a la inversa". Por lo que, si la figura tiene éxito, puede que a las legislaciones internas no les quede más que "renovarse o morir", si realmente la nueva forma de tramitación es más ágil.

Así, en el proceso de expedición del Certificado Sucesorio Europeo y en el propio formulario que le da soporte, en la práctica convergen todas las líneas maestras del Reglamento, pues todos los elementos de una sucesión internacional se vuelcan en el mismo, de forma que no es posible su expedición sin un correcto conocimiento de la arquitectura del Reglamento Sucesorio y los principios que lo inspiran[451]. Todo ello quedará justificado a lo largo del presente trabajo.

No se sabe si por las dificultades prácticas de empezar con una estandarización total o por el rompeolas que para la reglamentación de la Unión supone el respeto a la legislación interna de cada Estado miembro, se anticipa que el certificado se introduce con el carácter de no obligatorio. Ello constituye una importante limitación para la generalización de su empleo, que, tal vez, debiera replantearse en la revisión del Reglamento. Si, al final, pese a no ser obligatorio, en la práctica, el Certificado reivindica su protagonismo y acaba utilizándose de forma recurrente y espontánea, se habrá conseguido una auténtica armonización procedimental de las sucesiones hereditarias, de forma respetuosa con las soluciones internas, pero estandarizada para los ciudadanos y, especialmente, para los operadores jurídicos que agilizarán la tramitación de las herencias transfronterizas.

---

451 En este sentido, BENDITO CAÑIZARES, M. T.; "Comienza la apuesta europea por la armonización en las sucesiones transfronterizas", en *Revista Crítica de Derecho Inmobiliario,* julio-agosto 2015, núm. 750, pp. 2017-2089, p. 2028, pone de manifiesto que el Certificado Sucesorio Europeo refleja las fases del proceso sucesorio y constituye un documento que resume el esfuerzo del consenso alcanzado en sucesiones de ámbito transfronterizo. Llama la atención sobre la convergencia en el Certificado Sucesorio Europeo de todo el Reglamento GIMENO GÓMEZ LAFUENTE, J.L.; "El Certificado Sucesorio Europeo"; en *Revista Crítica de Derecho Inmobiliario,* Enero-Febrero 2014, Núm. 741, pp. 113-151, p. 117. También, ESPIÑEIRA SOTO, I., "La competencia del Notariado Español en la expedición del Certificado Sucesorio Europeo"; en *www.notariosyregistradores.com* , *<http://www.notariosyregistradores.com/web/secciones/oficina-notarial/otros-temas/la-competencia-del-notariado-espanol-en-la-expedicion-del-certificado-sucesorio-europeo/>,* Visto 29.09.2015.

Para llegar a la solución del Certificado, el legislador de la Unión tuvo que centrar el objetivo: agilizar la tramitación hereditaria. Fijado el objetivo tuvo que seleccionar la opción deseable, descartando otros modelos posibles yuxtapuestos a la solución del certificado.

En el proceso legislativo se pusieron de manifiesto, entre otros, los objetivos operativos del Reglamento, destacando los de asegurar el reconocimiento de los poderes de los administradores y ejecutores, así como garantizar el reconocimiento de la cualidad de heredero[452]. Para cumplir dichos fines se barajaron distintas alternativas, cierto es que la finalidad de facilitar la circulación de las herencias, con el consiguiente reconocimiento de los poderes de los administradores y ejecutores o el de probar la cualidad de heredero se podrían haber alcanzado con la introducción de normas sobre el reconocimiento automático y la ejecución de resoluciones y actos auténticos[453]; sin embargo, tales medidas eran insuficientes si se quería tomar en consideración los otros objetivos que se ponían sobre la mesa al legislador a la hora de abordar el reto de regular las sucesiones transfronterizas. Por ello en la práctica se decide que la acción legislativa gire en torno a la armonización de las normas de conflicto de leyes y las normas de competencia, introducción de normas sobre el reconocimiento automático y la ejecución de resoluciones y actos auténticos, e introducción de un certificado europeo de heredero y ejecutor/administrador en las sucesiones transnacionales[454].

---

452 Ver cuadro de objetivos generales, específicos y operativos insertado en la p. 5 del *Documento de trabajo de los Servicios de la Comisión* que acompaña a la *Propuesta de 2009*, SEC (2009) 411 final.

453 Ver p. 6 del Documento de trabajo, se trataba de la opción nominada como A.2..

454 Que se trata de la opción denominada A.7 en el Documento de trabajo.

El legislador de la Unión, probablemente, se ve abocado hacia esa solución no sólo por lograr un tratamiento integral de las sucesiones transfronterizas, lo cual parecería ser el objetivo principal. Más bien, el hecho de que un sistema parcial en el que sólo se abordase alguno de los problemas, probablemente sería ineficiente por la falta de armonización material y procedimental de las sucesiones entre los diferentes Estados miembros y haría fracasar la acción legislativa[455].

a. El ADN del Certificado Sucesorio Europeo: Antecedentes normativos, académicos e institucionales

Se puede decir, sin equivocarse, que el legislador de la Unión Europea, en este punto, se encuentra con un campo de pruebas en el que coexisten distintas formas de acreditar la condición de heredero, con distintos efectos y, por consiguiente, un heterogéneo elenco de documentos acreditativos de los extremos de una sucesión.

Ese panorama hace sumamente complejo encontrar una respuesta y tramitación unívoca a una sucesión transfronteriza en aquellos supuestos en los que existen distintos Estados miembros implicados en una misma herencia.

El diseño normativo de cada Estado miembro tiene su coherencia interna, que se plantea en función de distintas soluciones adoptadas como, a título ejemplificativo, puede ser la

---

455 Ver, en este sentido, REQUEJO ISIDRO, M., *op. cit.*, *"El certificado sucesorio…"*, pp. 1-2. La autora pone de manifiesto el hecho de que la disparidad existente entre los distintos documentos probatorios de la condición de heredero y sus correspondientes efectos entre los distintos Estados miembros, así como la falta de armonización de la legislación material de cada uno de los Estados miembros, supone un escollo difícil de salvar con la sola implementación de un sistema ágil de reconocimiento o aceptación.

forma de ordenar la sucesión; la intervención notarial o no, en ese momento; el hecho de que prepondere la sucesión testada o la intestada; cómo se articule la transmisión hereditaria de la propiedad; la necesidad o no de un proceso de liquidación; o, incluso, la existencia de un Registro de la Propiedad con unos efectos robustos, como sucede, por ejemplo, en España.

Por tal motivo, para acreditar la condición de heredero y sus efectos no siempre se empleaban los mismos medios. Ello hacía que el heredero, en determinadas ocasiones, tuviese que ayudarse y compatibilizar, de forma simultánea, herramientas pensadas para supuestos, procesos y efectos bien distintos. De ello existen muchos ejemplos[456], como ha quedado expuesto en la primera parte de este capítulo[457].

---

456 Un caso paradigmático, antes del Reglamento, sería el relativo a la sucesión de británicos con bienes en España, que se ejecutaba con una *probate* expedida en el Reino Unido y que, a su vez, servía como título sucesorio para otorgar la escritura de aceptación y partición de herencia en España. Se trata y trataba de una práctica habitual en el foro, pero que es difícil de entender, aisladamente, si se toma en consideración uno u otro de los dos sistemas puestos en parangón. Igualmente, podría predicarse de la utilización del *erbschein* alemán como instrumento para acreditar el título sucesorio, en España a fin de ejecutar la transmisión de bienes hereditarios sitos en España de causante cuya sucesión se había aperturado en Alemania. El carácter abstracto, de ambos documentos, totalmente desligados formalmente de la expresión de la última voluntad del causante, es algo que cuesta asimilar al operador jurídico español cuando no está familiarizado con ese tipo de documentación. Desde el año 2018, la DGSJyFP ha declarado en reiteradas resoluciones la no necesidad de aportar la probate o proceder al nombramiento de executor en aquellos supuestos en los que el testamento español, título sucesorio, contiene *professio iuris* a favor de la ley británica, así, ver RRDGSJyFP de 2.03.2018, 14.02.2019 y 1.10.2020.

457 Puede verse, en este sentido, REQUEJO ISIDRO, M., *op. cit.*, *"El certificado sucesorio…"*, p. 2, cuando la autora señala: *"Tomando en consideración sólo los instrumentos citados, se aprecian rápidamente las*

Resulta muy interesante el panorama que muestra el Deutsches Notarinstitut (DNotI)[458] sobre los distintos medios de probar la condición de heredero en el Derecho comparado.

Así, apunta, unos sistemas en los que la prueba se basa en un procedimiento judicial[459]. En otros Estados se acude a

---

desigualdades entre ellos: en su confección, en su contenido, en su significado y en su alcance. En la elaboración de documentos relativos a la condición de heredero intervienen autoridades que son, en unos países, judiciales (aunque no siempre en ejercicio de un verdadero poder jurisdiccional), y en otros, notariales. El alcance y profundidad de las indagaciones que forman la convicción de estas autoridades sobre quién o quiénes son los herederos no coincide necesariamente en todos los ordenamientos. Tampoco lo hace la actividad que desarrollan: si en ocasiones es meramente declarativa de hechos notorios narrados por otros, otras veces consiste en extraer a partir de tales hechos una consecuencia jurídica (subsunción). No hay identidad en el contenido de los documentos, es decir, en los extremos que en ellos se acreditan. De peso son, en fin, las variantes desde el punto de vista de los efectos de los distintos instrumentos: salvo el probatorio, pocas veces despliegan efectos procesales, aunque en algún caso poseen valor constitutivo y, excepcionalmente, fuerza de cosa juzgada material. A veces el instrumento posee valor de legitimación, incorporando una presunción sobre la cualidad de heredero, de mayor o menor fuerza según los ordenamientos: en unos el documento lleva asociada una presunción legal relativa a la identidad del heredero, que determina la inversión de la carga de la prueba en juicio, y en otros no. Sólo en ciertos países el documento protege la confianza de terceros; pero el grado de protección proporcionado es variable según el país considerado de auténtica ficción jurídica; a modo de presunción, fuera de juicio; alcanzando sólo a las adquisiciones onerosas".

458 DEUTSCHES NOTARIARINSTITUT, *Etude de droit comparé sur les règles de conflits de juridictions et de conflits de lois relatives aux testaments et successions dans les Etats membres de l'Union Europeénne, Rapport Final: Synthèse et Conclusions;* disponible en: < http://ec.europa.eu/civiljustice/publications/docs/testaments_successions_fr.pdf > , visto 31.07.2017.

459 Como en Alemania o Grecia, donde se expide un certificado de heredero, de efectos muy similares; en los departamentos franceses del Alto Rhin, Bajo Rhin y Moselle, todos ellos sin eficacia de cosa juzgada; en Austria, donde un tribunal decide con efectos de

un procedimiento de liquidación a través del nombramiento de unos liquidadores[460]. Otros sistemas se basan en el acta de notoriedad, y dentro de ellos se toma en consideración en diferente medida la buena fe, en función del sistema de adquisición *a non domino*, que regule la transmisión de la propiedad[461]. En algunos casos, además, se admite una prueba privada[462]. Existe por último un sistema de inventarios, de naturaleza eminentemente fiscal[463]. El mismo DNotI toma en consideración soluciones de fuera del ámbito europeo, señalando, especialmente, la *lettre de vérificaction*, de Quebec, que el propio Instituto señala con un modelo de ejemplo para la creación de un certificado de heredero europeo[464].

Junto con el escenario normativo interno, de cada país, se encuentra, el legislador de la Unión, en el ámbito convencional, con el certificado que se regula en el *Convenio de la Haya, de 2 de octubre de 1973 sobre la Administración Internacional de las Sucesiones*.

El certificado previsto en este convenio, ciertamente tiene muchas similitudes con el Certificado Sucesorio Europeo, el estudioso de ambas figuras y el operador jurídico que las aplique podrían vislumbrar que en determinados puntos aquel podría considerarse inspirador de éste. Sin embargo, el modelo del convenio, tal vez por la época en la que ve la luz dista mucho

---

cosa juzgada; en las provincias italianas del Tirol-Sur, que también se expide un certificado de heredero judicialmente; de efectos no coincidentes, pues depende de cómo se proteja la transmisión de la propiedad. *Ibidem*, pp. 76-80.

460 Es el caso de los países anglosajones, como Reino Unido e Irlanda, *Ibidem*, p. 80.

461 Son los países de tradición romanista, tales como Francia, Bélgica, España o Portugal; *Ibidem*, p. 82 y 83.

462 Como en algunos supuestos residuales en Francia, *Ibidem*, p. 82.

463 *Ibidem*, p. 84 y ss.

464 *Ibidem*, p. 95

de cumplir los requisitos necesarios para que llegara a tener aplicación práctica. En efecto, tanto en su ámbito objetivo, limitado prácticamente a la administración de los bienes hereditarios de naturaleza mueble; como en sus efectos y forma de articular la norma en la que aparecen más excepciones que puntos comunes de funcionamiento obligatorio. El convenio[465] supone un modelo de norma irracional desde el punto de vista de su aplicación.

---

465 El Convenio se encuentra disponible en la página oficial de la Conferencia de La Haya <https://www.hcch.net>. El ámbito del Convenio se limita a la administración hereditaria mobiliaria (art. 1), sin perjuicio de la posibilidad de, excepcionalmente, extenderlo a la administración de bienes inmuebles hereditarios (art. 30). Se atribuye competencia a la autoridad de la residencia habitual del causante al tiempo de su fallecimiento (2), lo cual es lógico, además, si se tiene en cuenta que el ámbito de aplicación aparece limitado a los bienes muebles y en los sistemas hereditarios, la conexión de la residencia habitual, es la que se aplica normalmente a los bienes muebles. El Convenio no es ambicioso, pues se propicia la cooperación pero, en última instancia, en cuanto la prueba del Derecho extranjero, implícitamente, se viene a reconocer que queda en manos de la autoridad expedidora, la cual deberá indagar (art. 5). Aboga por una flexibilidad de autoridades competentes como expedidoras, abriéndose la puerta, por ejemplo, a que los notarios certifiquen (art. 6). Se impone la obligación de informar a los interesados tanto de su expedición (art. 7), como de su modificación o suspensión (art. 8). El certificado, se emite para ser usado en un Estado distinto (art. 9). A diferencia de lo que sucede en el Reglamento, puede que el certificado deba ser reconocido, aunque de forma sencilla, en el Estado en el que se pretende utilizar (art. 10). Su circulación es limitada con notables excepciones (arts. 13 y ss.), que pueden aplicarse tanto a todo como a parte del certificado (art. 18), se toma en consideración tanto la inconciliabilidad con resoluciones anteriores como la posibilidad de existencia de certificados contradictorios (arts. 15 y 16). Llama la atención que, en cierta manera, se ve como los artículos 22 y 23 del Convenio inspiran parte del art. 69, respecto a la liberación por el pago a quien resulte legitimado por el certificado y adquisición de inmuebles de buena fe.

Frente a esto, los autores del Reglamento, como se verá, fueron más ambiciosos, sacrificando los intereses de los Estados miembros a favor de la aplicación uniforme del certificado, incuestionable y dotada de seguridad jurídica.

Este sería el escenario fáctico con el que se encuentra el legislador de la UE a la hora de abordar el tratamiento de la sucesión con elemento internacional.

Tras el Plan de Acción de Viena, de 1998, y los Acuerdos de Tampere, de 1999, a los que se ha aludido en el capítulo antecedente se generan tres documentos que podrían considerarse los antecedentes inmediatos sobre los cuáles se va a desarrollar la acción normativa de la Unión y que propiciarán la regulación del Certificado Sucesorio en el Reglamento Sucesorio.

En primer lugar, al Informe del Instituto de Derecho Notarial Alemán, del año 2002, conteniendo un *Estudio de Derecho comparado sobre las reglas de conflicto de jurisdicciones y de conflictos de leyes relativas a los testamentos y sucesiones dentro de los Estados miembros de la Unión Europea*[466].

---

466 DEUTSCHES NOTARIARINSTITUT, *Etude de droit comparé sur les règles de conflits de juridictions et de conflits de lois relatives aux testaments et successions dans les Etats membres de l'Union Europeénne, Rapport Final: Synthèse et Conclusions*; disponible en: < http://ec.europa.eu/civiljustice/publications/docs/testaments_successions_fr.pdf > , visto 31.07.2017. El estudio, dirigido por los profesores Dörner y Lagard, se publicaría posteriormente, además, en el año 2004, formando parte del libro *Les successions internationales dans l'union europeenne. Perspectives pour une harmonisation*, el cual, además del propio informe contiene la transcripción de un ciclo de conferencias desarrollado en Bruselas los días 10 y 11 de mayo de 2004, sobre el ámbito objetivo, la ley aplicable, la competencia y el reconocimiento así como el Certificado de Heredero Europeo.

En segundo lugar, merecería ser destacado el *Libro Verde de Sucesiones y Testamentos*[467], en él se plantean 39 cuestiones sobre las sucesiones internacionales e intervienen, además de todos los Estados miembros de la Unión Europea, distintas entidades de naturaleza pública y privada, así como, distintos profesores universitarios.

Por último, habría que hacer referencia al Documento de reflexión, de 30 de junio de 2008 preparado por un grupo de expertos asesores de la Comisión Europea, el «Grupo PRM III/IV» sobre efectos patrimoniales del matrimonio y otras formas de unión, sucesiones y testamentos[468].

i. Informe del Instituto de Derecho Notarial Alemán

El Informe del Instituto de Derecho Notarial Alemán, en esta parte, recibe la paternidad del profesor Riering. Tras un análisis de los distintos modelos que existen para probar la condición de heredero y los efectos que se atribuyen a cada uno de ellos, apuntando no solo soluciones de los Estados miembros de la Unión, yuxtapone en su exposición los sistemas que parten de un régimen muy flexible de reconocimiento de los documentos extranjeros, frente a aquellos otros que prevén la existencia de un certificado internacional de heredero.

Entre los sistemas de reconocimiento flexible, cita las soluciones del Derecho italiano[469] y suizo[470]. Como exponentes de

---

467 COM 2005 (65), de 1.3.2005, que concluye con la *Audición pública,* en Bruselas, de 30 de noviembre de 2006, con unas 60 respuestas (ver p. 1 del texto) sobre las cuestiones que se plantean en el Libro verde. Las cuestiones que relativas al Certificado Sucesorio Europeo son la 30 y la 33 a la 35, ambas inclusive.

468 La composición del grupo se publica en el DOUE de 1.03.2006.

469 Ley Italiana de 31 de mayo de 1995 (218), arts. 66 y 67.

470 Art. 96 Ley Federal Derecho Internacional Privado, de Suiza.

los sistemas que prevén la existencia de un certificado internacional de heredero, hace referencia a los contenidos en el Convenio de La Haya de 2 de octubre de 1973 y en Quebec[471].

Para el autor del informe, el problema fundamental a resolver radica en los efectos que se pretendan atribuir a un eventual Certificado Sucesorio Europeo. No todos los certificados internos tienen el mismo valor, ni mucho menos, llegan a alcanzar el valor de cosa juzgada. Sucede lo mismo con la protección al tercero de buena fe, pues no siempre deriva del propio certificado. En unas ocasiones, este tiene esos efectos protectores, sin embargo, en otras, esa protección la dispensa la institución del heredero aparente o, incluso, de los efectos tuitivos que dispensa un Registro de la Propiedad[472].

Para el Instituto de Derecho notarial, la conveniencia de crear un Certificado Sucesorio Europeo se ve más claramente, si cabe, si se toman en consideración los inconvenientes de limitarse a reconocer los certificados extranjeros, pues podría darse la circunstancia de que en el Estado de recepción se pretendiesen o produjesen más efectos que en el Estado de origen[473].

El propio informe, pone de manifiesto lo complejo y ambicioso de la tarea, pues sólo un certificado de calidad podría garantizar la adecuada circulación de las herencias internacionales y producir unos efectos homogéneos que estuviesen dispuestos a aceptar todos los Estados parte de un eventual Reglamento.

Así, para el Instituto, el certificado *"debería contener disposiciones de Derecho material que regulen su contenido, en particular los*

---

[471] El certificado de heredero, de Quebec, *"lettre de vérification"*, se regula en los arts. 892-896 del Código procesal civil.

[472] Ver, en este sentido, p. 99 del Informe.

[473] Ver, en este sentido, p. 99 del Informe.

efectos de la legitimación, buena fe y valor probatorio. El punto esencial para poder confiar en tal certificado debería ser el procedimiento de su expedición, es decir, la verificación de las declaraciones que contiene el propio certificado. Esto presupone que la autoridad competente debería recabar información sobre las relaciones familiares y buscar de oficio a todos los (posibles) beneficiarios, poniéndoles en conocimiento de la sucesión a fin de que puedan oponerse. Igualmente debería verificar si el fallecido dejó o no un testamento; pudiendo con dicha finalidad solicitar información a las oficinas de los registros de testamentos en el país de residencia habitual del fallecido y en el país del cual el fallecido era nacional. Además, la autoridad que emite el certificado debería poder solicitar declaración o declaración jurada por parte del solicitante, respecto a los anteriores extremos. La autoridad responsable de la redacción debería ser una autoridad oficial, como un tribunal o notario; no admitiéndose, en principio, las entidades privadas, susceptibles de convertirse en depositarias de la confianza de expedir tal certificado"[474].

En todo caso, el certificado debería proteger a los terceros de buena fe, su circulación se propiciaría, llegando a postularse ya, entonces, a favor de la supresión de legalización o apostilla.

Se ponen de manifiesto, para el Instituto, otras cuestiones, tales como la posibilidad de respaldar el certificado con un certificado interno, cuando se tengan que adaptar instituciones; o limitar la eficacia al patrimonio sito en el extranjero.

Desde el punto de vista de la autoridad expedidora, parece conveniente que se aproxime a la autoridad de la *lex successionis*, la cual, en principio, sería la de la residencia habitual; y, lógicamente, la eventual normativa se detendría en la competencia internacional, sin llegar a entrar en cuestiones que afectasen a la competencia interna de la autoridad expedidora[475].

---

474 Ver pp. 99-100 del Informe, la traducción es nuestra.

475 Ver p. 105 del Informe.

En su labor de certificación, los deberes de verificación que se impondrían a la autoridad expedidora deberían derivar, directamente, del instrumento normativo que aprobase la Unión, a fin de dar fiabilidad y homogeneidad al certificado.

Por último, debe destacarsese que se apunta la posibilidad de retirada, en caso de existir certificados contradictorios[476].

Como se verá en el desarrollo de este trabajo, los temas planteados son recurrentes cuando se abordan las líneas maestras de un eventual del certificado y tratan de resolverse en la configuración del Certificado Sucesorio Europeo, lo cual no siempre se conseguirá.

ii. El Libro verde de sucesiones

El 1 de marzo de 2005, con la puesta en circulación del *Libro verde de sucesiones y testamentos*, se abre un periodo de consultas hasta el 30 de septiembre de 2005 relativas a las sucesiones *abintestato* o testamentarias que presentan aspectos internacionales. El 30 de noviembre de 2006 se presenta en Bruselas, en audición pública, el resumen de las respuestas dadas a las 39 cuestiones que se planteaban de forma abierta a cualquier persona interesada.

Las cuestiones hacen un recorrido global por todo el proceso sucesorio y, de hecho, se aprecia el paralelismo entre la sistemática del proceso consultivo y las alternativas que presenta el *Documento de trabajo de la Comisión,* del año 2009, que acompaña a la Propuesta de Reglamento[477]. La Comisión

---

476 Ver p. 106 del Informe.

477 Con la sola salvedad del Registro de testamentos, que se dirá. Una panorámica de la Propuesta puede verse en GARCÍA CUETO, E., "Algunos apuntes sobre la Propuesta de Reglamento Europeo de Sucesiones y el Certificado Sucesorio Europeo"; en *La Notaria,* 4/2011-1/2012, pp. 127-138.

apunta que se han recibido casi sesenta respuestas procedentes tanto de los distintos gobiernos como de medios académicos, así como de asociaciones y operadores jurídicos[478].

Merece la pena poner de relieve y criticar, con carácter preliminar, el hecho de que la creación de un Registro central testamentario se caiga de la regulación proyectada, pues en el Documento de la audición pública se pone de manifiesto que la mayoría de los consultados consideran prematura la creación de un Registro central testamentario a nivel europeo. En este punto el resumen de las consultas que se presenta el 30 de noviembre de 2006, no es muy fiel al sentir de las respuestas remitidas a la Comisión. En efecto, la cuestión 36, que se ocupa del tema[479], aunque no recibe una respuesta unívoca, no es menos cierto que para todos los que responden es imprescindible la existencia de un sistema de indagación fiable de las últimas voluntades, bien sobre la base de desarrollo de los textos convencionales existentes, bien interconectando registros, bien creando un registro central. Sucede, sin embargo, que se aprecian divergencias en aspectos tales como el valor de la inscripción, su obligatoriedad, el sistema de acceso y protección de datos[480]. Por eso sorprende, que sean tan pocos los avances que se han presentado hasta la fecha, tras la publicación del Reglamento, en este punto.

---

478 En el anexo del Documento de audición pública aparen 52 respuestas, entendiéndose que el resto, de conformidad con las bases del proceso de consulta, se debieron remitir con el carácter de reservado.

479 El tenor de la cuestión es el siguiente: ": "*¿Hay que prever la instauración de un sistema de registro de los testamentos en todos los Estados miembros? ¿Hay que prever la creación de un Registro centralizado?*".

480 Prácticamente, sólo Suecia, por cuestiones básicamente competenciales y Reino Unido, que mantiene una línea de recelo en las contestaciones al Libro verde, se muestran en contra.

A los efectos que aquí nos interesan, las cuestiones que se centran en un eventual certificado sucesorio son la 30 y la 33 a la 35[481], sin perjuicio de su lógica relación con otras cuestiones, pues como se ha señalado, en lo que será el Certificado Sucesorio Europeo, acabará volcándose todo el proceso sucesorio.

Llama la atención el hecho de que, en el proceso de consulta, sistemáticamente se yuxtaponga un posible certificado de administradores de herencia al certificado de heredero; si bien, en la práctica, las respuestas serán convergentes y muchos países apuntarán la conveniencia de un único certificado omnicomprensivo. Puede decirse que en la génesis del Reglamento se aprecia una evolución paulatina que desemboca en una regulación completa de todo el proceso sucesorio, reflejo de la cual será un certificado extenso en el que se vuelque la totalidad de la sucesión.

En las respuestas se aprecia un distinto enfoque y sistemática que, en el fondo, no deja de ser reflejo de la distinta concepción de la herencia en función de cómo se desarrolle el proceso

---

481 Se transcriben las referidas cuestiones a fin de que el lector se pueda hacer cabal juicio de los planteamientos de la Comisión al circular el Libro verde. Aunque específicamente, sólo se referían a lo que el Libro verde vinculaba a la prueba de la condición de heredero bajo la rúbrica de *"El certificado europeo de heredero"*, las cuestiones 33 a 35, la cuestión 30 hacía referencia a la posibilidad de un certificado sobre los administradores de herencias. Como se sabe, ambas figuran convergerían en un único certificado en el texto del Reglamento aprobado. *"Cuestión 30: ¿Hay que crear un certificado que acredite la designación del tercero administrador y que describa sus poderes? ¿A qué persona o autoridad debería encargarse la expedición de este certificado? ¿Cuál debería ser el contenido de este certificado? Cuestión 33: ¿Qué efectos podrían atribuirse al certificado? Cuestión 34: ¿Qué menciones debe contener el certificado? Cuestión 35: ¿En qué Estado miembro debería emitirse? ¿Hay que dejar a cada Estado miembro la libre elección de las autoridades que pueden expedir el certificado o, habida cuenta del contenido y las funciones del certificado, hay que fijar determinados criterios?"*.

sucesorio en cada Estado miembro informante y el papel que tenga el liquidador o el heredero en el mismo.

El proceso de consulta que supone el *Libro verde* es una interesante lluvia de ideas que propicia seguir trabajando en la regulación de la sucesión con elemento internacional, desde la perspectiva de la regulación de la Unión Europea. A la vista de las respuestas, se pueden deducir una serie de conclusiones, de difícil sistematización, produciéndose una disparidad de ideas que, enlazan, precisamente, con la tensión de dilucidar el ámbito de la ley aplicable a la sucesión. Si bien, serán esas conclusiones, en ese momento histórico legislativo las que inspirarán el desarrollo ulterior del proceso[482].

Las conclusiones del proceso de consulta se pueden concretar en las siguientes:

Es conveniente crear un Certificado Sucesorio Europeo

En primer lugar, hay consenso casi unánime, con la sola excepción del Reino Unido y los informantes de su órbita, en la conveniencia de la creación de un Certificado Sucesorio Europeo.

Las bondades del certificado son evidentes, pues como mínimo haría presumir la buena fe de los herederos y del que

---

482 Resulta muy interesante la explicación de la evolución de los antecedentes de las cuestiones relativas a la creación de un certificado de administradores de herencias y al certificado de heredero y el punto de vista de RODRÍGUEZ BENOT, A., en "La acreditación de la cualidad de administrador de una herencia internacional: El certificado europeo de heredero", en VIÑAS, R. *et* GARRIGA G. (Coords.), *Perspectivas del Derecho sucesorio en Europa;* Ed. Marcial Pons, Madrid 2009, pp. 175-218, en concreto, pp. 194 y ss. y cómo se acaban volcándolos antecedentes en la *Audiencia pública de 30 noviembre de 2006, en Bruselas,* sobre la conclusiones del *Libro verde de Sucesiones,* ver, en concreto, p. 211 y ss.

confía, exonerando de hacer una investigación exhaustiva[483] al que hace valer el certificado tanto para utilizarlo invocando su cualidad de heredero, como para ampararse en la posición con él justificada.

La preocupación por la interrelación de los tres sectores del Derecho Internacional Privado aparece inicialmente en los informes, lo que incide, además, en que desde el primer momento se abogue por un certificado más ambicioso y que vaya más allá de un mero certificado de administradores para acabar abarcando la totalidad de la sucesión[484].

La competencia de expedición como criterio de seguridad

En segundo lugar, se deberá pulir suficientemente el proceso de expedición a fin de que no se generen certificados contradictorios, por ello, se pone de manifiesto la necesidad de crear un sistema atributivo de competencia que evite la existencia de varios certificados expedidos por distintas autoridades sobre una misma sucesión.

En los aspectos competenciales también será importante delimitar hasta dónde llega la norma atributiva de competencia internacional y donde empieza la competencia del Estado miembro correspondiente para determinar la competencia interna de expedición cuando en su territorio se encuentra la competencia internacional. Existe consenso en

---

483 Como apunta en sus respuestas Países Bajos.

484 Es interesante la posición de España, que desde un primer momento apunta que debe tratarse conjuntamente, como un solo certificado, el tema de un eventual certificado de administradores de herencias y un certificado de herederos, pues tratándose de aspectos íntimamente relacionados, diferenciarlos podría generar confusión entre los operadores jurídicos. En la misma línea la posición del Consejo Nacional del Notariado Italiano.

que las concretas autoridades expedidoras serán designadas por cada Estado miembro cuando, previamente, con arreglo a las normas del Reglamento, hayan sido declarados internacionalmente competentes.

En general, se considera importante que la competencia de expedición venga ligada, de una u otra manera, al lugar en el que se sustancia la sucesión.

Una vez sentada dicha premisa, se debe decidir el criterio atributivo. Algunos Estados, hacen hincapié en el lugar de la última residencia del causante[485]; otros se centran en la conexión entre la ley aplicable y el foro, lo cual puede dar lugar a compatibilizar una serie de foros en cascada[486]. Algunos Estados apuntan una

---

485 Finlandia. Destaca, en este momento, además, la posición del profesor Rodríguez Benot, que también informó, en virtud de la cual debería ser el notario o autoridad judicial de la última residencia del causante el expedidor (lo cual coincide con el primer foro competencial que se acogerá en el Reglamento. Nótese que, en el Reglamento, como se verá, se vincula la competencia de expedición a los foros de competencia internacional de tribunales y autoridades, los cuales no son ajenos, al contrario, a la ley aplicable a la sucesión, pues el primero de los foros coincide con la ley sucesoria supletoria, la de la residencia habitual, lo que resulta de los artículos 4 y 21.1; dicho foro puede ser desactivado, a favor del correspondiente a la *lex successionis* elegida, a tenor de lo dispuesto en el art. 7 en relación con el artículo 22.

486 Es la posición de Francia. En esta línea resulta muy interesante la posición de la CNUE, según la cual: *"El Estado miembro en el que el difunto tuvo su última residencia habitual debería ser competente para emitir el certificado de heredero europeo. Sin embargo, el Estado miembro en cuestión debe tener la posibilidad de transferir su jurisdicción a las autoridades del Estado cuya legislación es aplicable. A solicitud unánime de los herederos, el Estado competente podría ser aquel de quien el difunto tenía la nacionalidad";* lo cual constituye un sólido antecedente del desplazamiento del foro natural del Reglamento, constituido por la residencia habitual, a favor del de la jurisdicción de la ley elegida, como ley aplicable a la sucesión (arts. 4 y 7).

alternatividad de foros competenciales en el mismo plano de funcionamiento y sin dejar clara la incompatibilidad entre unos y otros[487], lo cual no deja de ser una fuente de problemas. Y es que el Certificado Sucesorio Europeo, como finalmente resultará, desde el primer momento se entiende como algo que debe ir ligado al resto del proceso sucesorio[488].

Necesaria compatibilidad con el Derecho de cada Estado

En tercer lugar, parece que los problemas más importantes serán los relativos a encajar la figura del certificado en los distintos sistemas jurídicos que existen en la Unión. La instauración de un certificado sucesorio que propicie la circulación de la herencia internacional, deberá incardinarse de forma armónica para no distorsionar el resto de la ordenación interna de cada Estado miembro.

No debe perderse la perspectiva de que la transmisión hereditaria de los bienes aparece vinculada a cuestiones de honda raigambre jurídica en cada Estado miembro. Ejemplo de esto son los distintos sistemas de transmisión de la propiedad, y, en su caso, la existencia de Registros públicos que propicien la circulación de ésta, en el tráfico con seguridad. Así, un mismo certificado sucesorio deberá ser compatible con sistemas jurídicos inspirados en principios diametralmente opuestos, propiciando un certificado con unos mismos efectos en todo el territorio de la Unión, pese a esa disparidad de

[487] Luxemburgo, su posición, afortunadamente, no fue secundada en el texto legislado, pues se hubiera propiciado la coexistencia de distintos certificados, al concurrir varias autoridades competentes para una misma sucesión.

[488] En este sentido debe destacarse la posición del GEDIP que entiende que en un solo certificado se centralizaría la ley aplicable, la competencia jurisdiccional y las cuestiones relativas a la administración de la herencia.

regulaciones sucesorias y de la propiedad. Es, precisamente, en el plano de los efectos, donde se deberá ahondar para conseguir esa compatibilidad.

En las respuestas se aprecia un notable respeto y vinculación al Convenio de la Haya de 1973. El certificado producirá unos efectos que deberán ser compatibles, como ha quedado dicho, con el sistema jurídico preexistente en que se inserte en cada caso, siendo la principal preocupación la forma de proteger a los terceros de buena fe[489].

De los informes se infiere que los principales problemas girarán en torno al valor que deba darse al certificado, pues éste dependerá de la solidez de los documentos y procedimientos internos que se tengan en cuenta para certificar, ya que ni en todos los Estados miembros se siguen los mismos procedimientos, ni todos los documentos internos tienen el mismo valor[490].

---

489 Finlandia.

490 Así lo señala el informe de la República Checa, para la que los efectos deberían ser declarativos. El informe de Estonia, con buen criterio, pone de manifiesto que se deben compatibilizar los efectos del certificado de heredero con los de los Registros "fuertes" internos (propiedad y mercantil) a fin de que el certificado no perjudique el funcionamiento de los mismos ni sus efectos, en caso de certificados procedentes de otros países. En esta misma línea, en la búsqueda de un equilibrio entre los efectos de un posible certificado y los sistemas internos de publicidad, es interesante la posición del Consejo Nacional del Notariado Italiano al plantearse los efectos del certificado en función de que se haga referencia a propiedad inscrita o a propiedad no inscrita, por lo que si la propiedad estuviera inscrita se atribuiría al certificado el valor de título para modificar el Registro, mientras que si no está inscrita, los efectos del certificado serían totales. En España, el informe particular del profesor Rodríguez Benot, atribuye al posible certificado el valor o efecto de ser título suficiente para la inscripción, en la misma línea la sección de STEP de Suiza y Liechtenstein o la firma de abogados ingleses Pagan-Osborne.

Sin duda, es en lo relativo a los efectos donde el *Libro verde* permite una interesante tormenta de ideas que, en cierta medida, se trasladará a la génesis del Reglamento.

Así, unos Estados aluden a una presunción legal de exactitud de la condición de heredero, o atribuyen unos efectos legitimadores[491]. Otros informes ligan los efectos legitimadores y probatorios a la protección de los terceros, para dispensar protección al adquirente y al que pagó confiando en el certificado, actuando de buena fe[492]. Algunos Estados[493] van más y llegan a atribuir un valor probatorio de la propiedad. Otros[494] se centran más en el valor probatorio general y la necesidad reconocimiento automático. No faltan los que hacen hincapié en el plano de la libre circulación de las herencias y la agilización que supone para el operador jurídico, pues sería más fácil conocer el Derecho extranjero y la ley aplicable a la sucesión[495].

La solidez de esos efectos vendrá respaldada por la labor del expedidor, que será la que garantice los derechos de las partes y/o interesados y realice una verificación al expedir el

---

491 En este sentido la posición que se apunta en el informe de los Países Bajos, en el que se establece el certificado como legitimador para acceder a la masa hereditaria.

492 Esla posición del Consejo de Abogados de Europa, Finlandia, Polonia, la CNUE y el Consejo Superior del Notariado Francés, es muy interesante, además, el apunte que hace este último informe en el sentido de que es importante que este notariado se plantea el hecho de que la sola solicitud del certificado no implica aceptación de la herencia, lo cual será uno de los problemas que, posteriormente, con el texto del Reglamento, se vuelvan a poner sobre la mesa al intérprete y se llegue a apuntar por la doctrina de algún Estado miembro (vgr. Italia).

493 Es el caso de Suecia.

494 Francia, Italia, Lituania, Luxemburgo o Eslovaquia.

495 España y Alemania.

certificado debiendo aportar seguridad jurídica[496]. Como se verá, incluso, con el Reglamento en funcionamiento y pese a la regulación del artículo 69, uno de los puntos más controvertidos es el relativo a los efectos que produce el Certificado Sucesorio Europeo.

Contenido mínimo del certificado

Como consecuencia del proceso de estandarización, será necesario crear un certificado uniforme, lo cual incidirá en llegar al consenso sobre cual ha de ser el contenido del certificado. El contenido del certificado viene condicionado por la naturaleza que se atribuya a la función del expedidor y a los efectos que se atribuyan al mismo.

En este punto, al igual que sucede con los efectos, desde el primer momento, en los informes planea la sombra del Convenio de la Haya de 1973[497].

Se apunta la necesidad de que el certificado sea estandarizado y presente unos elementos formales comunes. El instrumento, entonces comunitario, debería ser el que determinase el contenido del certificado y el ámbito certificable,[498] lo cual parece lógico, pues la atipicidad dificultaría la armonización de las sucesiones transfronterizas.

La conveniencia del certificado no debe llevar a perder la perspectiva de lo que se pretende, que es agilizar los procesos sucesorios y sus costes, por lo que debe buscarse un justo equilibrio entre el rigor, formalismo y contenido y los costes de

---

496 En este sentido el informe de la firma la firma COUTOT ROEHRIG, que se dedica a buscar herederos; lo que se repite, posteriormente por otros informantes.

497 República Checa y Eslovaquia.

498 Francia.

expedición que no pueden conllevar encarecer o ralentizar el proceso sucesorio y la liquidación de la herencia[499].

En cuanto al concreto contenido, existen respuestas muy genéricas, como la relativa a que el certificado de heredero debería reseñar las condiciones necesarias para la atribución de la condición de heredero según la legislación del país que fuera aplicable[500].

Sin embargo, existen otras posiciones muy minuciosas y elaboradas que ven el certificado de heredero como algo omnicomprensivo[501]. Probablemente ello incida en la posición que al final adopte el Reglamento, que es la de un certificado de contenido exorbitante que pretende contentar a todos. Sería algo así como facilitar que cada expedidor, receptor y solicitante aproveche del certificado aquella parte que le interese.

499 Suecia.

500 Italia.

501 Es el caso de Alemania, que se postulan a favor de que contenga una indicación de las autoridades emisoras, los difuntos, la sucesión intestada, la sucesión testamentaria y la existencia de un posible contrato de matrimonio, lo cual es lógico, si se tiene en cuenta que el régimen económico matrimonial, puede incidir no solo en la composición de la masa hereditaria sino también en los derechos que se atribuyen al cónyuge sobreviviente e, incluso, las capitulaciones pueden contener disposiciones mortis causa, la capacidad de disponer de terceros, así como el derecho aplicable. En lo relativo a lo referido respecto del régimen económico matrimonial, debe llamarse la atención sobre este extremo, pues una de las primeras cuestiones que se planteará ante el TJUE bajo el régimen del Reglamento será el relativo a la naturaleza sucesoria o no de determinadas atribuciones, en Alemania, por consecuencia de la liquidación del régimen económico matrimonial, lo cual fue objeto del asunto abordado en la STJUE de 1 de marzo de 2018 (C-558/16, Mahnkopf) (TOL 6.519.954).

Descendiendo al detalle de las menciones, en los informes, se pone de relieve, en general, que el certificado de heredero debería contener la autoridad expedidora; circunstancias de los elementos personales de la sucesión (heredero, legatario, causante, administrador) incluyendo el parentesco con el causante[502], título sucesorio[503]; los Estados que abogan por un único certificado para el heredero y para el administrador[504], entienden que deberá contener el régimen de actuación del administrador-liquidador de la herencia[505]. También se introduce entre los elementos certificables y, por ende, entre las menciones del certificado, la ley aplicable a la sucesión[506]. La masa hereditaria es también tenida en cuenta por algunos Estados, entre lo que se debe certificar[507]. Por último, otros informes apuntan como materia certificable los derechos y obligaciones de los herederos[508] .

502 Lituania.

503 Estonia.

504 Como es el caso de Finlandia.

505 Debe tenerse en cuenta que, como resultará en la redacción definitiva, la inclusión de administrador-liquidador y herederos en un solo certificado es lógica, pues de esa manera se logra un tratamiento uniforme de los distintos sistemas de transmisión hereditaria existentes en los Estados miembros, en los que las facultades de liquidación pueden recaer en los herederos o en un tercero.

506 Francia, donde se aprecia como el sistema escisionista sobre el que descansa su regulación, incrementa la complejidad en la determinación de la ley aplicable en el CSE.

507 Lo cual preocupa a los informantes de Suecia o a los de Polonia, que descienden, estos últimos, incluso a la certificación sobre bienes concretos atribuidos a los interesados en la sucesión.

508 Eslovaquia.

Conclusiones relativas a cuestiones procesales

Por último, en quinto lugar, se ponen de manifiesto una serie de cuestiones procesales. Así se incide en los legitimados para obtener el certificado sucesorio[509] y las relaciones entre ellos, a fin de que se tenga conocimiento de la expedición del certificado por todos los legitimados[510].

También se llama la atención sobre el propio proceso de expedición. Se considera importante en este punto la existencia de unos formalismos y garantías a fin de evitar que la finalidad del certificado se frustre. Dentro de las cuales destacan las garantías que deben tenerse en cuenta en el proceso de expedición, a favor de los distintos interesados en la sucesión, a fin de que no se produzca indefensión, así como un sistema de recursos[511].

Unos de los aspectos más importantes serán los relativos a la circulación, en la práctica, del certificado, que debe ser reconocido en todos los Estados miembros. Por ello parece importante que el certificado esté rodeado de un mínimo de formalismo, por lo que la forma auténtica o judicial parece ser la más adecuada para garantizar una cierta seguridad jurídica del mismo[512].

---

509 Estonia.

510 Lo cual se ha tenido en cuenta en el texto legislado en el que se distingue entre legitimados para solicitar el certificado y personas con derecho a obtener una copia del certificado, estableciéndose una serie de comunicaciones a unos y otros, a fin de que puedan ser conocedores del proceso de expedición o de la existencia de interesados. Sobre esta cuestión se tratará en el momento oportuno al apuntar el protocolo de expedición.

511 Alemania.

512 Francia.

Por último, se tiene en cuenta también la necesidad de minimizar la posibilidad de certificados contradictorios[513], como una de las patologías que más gravemente pueden atacar al éxito del certificado sucesorio[514].

iii. Informe del Parlamento Europeo 2005/2148

Formulado el *Libro verde de sucesiones*, a la vista de sus conclusiones, el Parlamento Europeo, el 16 de noviembre de 2006[515], emite un *informe que contiene recomendaciones sobre sucesiones y testamentos.*

El Parlamento, en lo relativo al Certificado Sucesorio Europeo, cuya creación recomienda, entiende que su finalidad está al servicio de dar cumplimiento al objetivo del nuevo instrumento normativo que se propone, que será el de simplificar los procedimientos que los herederos y legatarios deben seguir para tomar posesión de la herencia.

Por eso, el Certificado Sucesorio Europeo deberá indicar *"de manera vinculante, en tanto no haya pruebas contrarias, la ley*

---

513 Es el caso de España.

514 Por ello, en la labor de expedición, tal cual ha sido configurada en el texto definitivo, se debe llamar la atención sobre la necesidad de ser escrupuloso en la aplicación de los criterios competenciales, si bien, algunos Estados, como, paradójicamente, España, podrían haber sido más cuidadosos en la atribución de la competencia interna, a fin de evitar que internamente se produzca lo que no se quiere internacionalmente, con el distorsionador criterio de dar cabida en la norma que implementa el Reglamento en el Derecho interno, no solo al notario que sustancia la sucesión sino también aquel sustancie alguno de sus elementos, lo cual no deja de ser distorsionador, pues se puede facilitar la existencia de varias autoridades competentes concurrentes, con el riesgo que ello conlleva de expedir distintos certificados por distintas autoridades para una misma sucesión.

515 DOCE C-314 E, de 21 de diciembre de 2006.

aplicable a la sucesión, los beneficiarios de la herencia, las personas encargadas de su administración y los poderes correspondientes, así como los bienes heredados, confiando la expedición de este certificado a un sujeto habilitado, en cada uno de los sistemas jurídicos, para conferirle valor oficial".

El Parlamento robustece, además, el valor del certificado dotándole de unos efectos, porque *"deberá garantizar protección al tercero de buena fe que haya celebrado un contrato a título oneroso con quien parece legitimado para disponer de los bienes heredados en virtud del certificado, previendo la salvedad de su adquisición, salvo en el caso en que sepa que las indicaciones del certificado son inexactas o que la autoridad competente ha previsto la revocación o la modificación de dicho certificado".*

El ponente de dicho informe, Giuseppe Gargani, incluso toma en consideración la posible eficacia registral del certificado que se propone, al decir que *" se lograría una simplificación adicional y no desdeñable si este Certificado se considerase como un título idóneo para la transcripción en los registros públicos de la adquisición por herencia e incluyese, en especial, la protección de la compra de los bienes hereditarios por un tercero actuando de buena fe a la persona que, sobre la base del Certificado, pareciese ser el heredero o el sujeto legítimamente capacitado para disponer de la herencia".*

iv. Documento de reflexión del Grupo PRMIII/IV

Resulta sumamente interesante el *"Document de réflexion/ Discussion paper"*, fechado el 30 de junio de 2008 y distribuido públicamente en el Seminario «*Current Developments in European Family Law and Law of Succession with a Focus on Maintenance*» que se celebró en Trier los días 25 y 26 de septiembre de 2008.

Se trataba de un borrador de articulado preparado por un grupo de expertos asesores de la Comisión Europea, el «Grupo PRM III/IV» *sobre efectos patrimoniales del matrimonio y otras formas de unión, sucesiones y testamentos en la Unión Europea.* Se puede considerar el antecedente inmediato de la Propuesta que se formularía en 2009 y, consiguiente, del propio Reglamento.

En dicho documento se perfila un Certificado Sucesorio Europeo con una concepción, en cuanto a forma, contenido y efectos, similar a la que, finalmente vería la luz, en el Reglamento sucesorio. Las diferencias son de matiz, unas veces, para adaptarse a la arquitectura del resto del texto propuesto, como sucede, por ejemplo, en lo relativo a la competencia de expedición, al no ser totalmente coincidente con la configuración de la competencia en el Reglamento[516].

En otras ocasiones, se amplían o restringen soluciones que, posteriormente se adoptarán en el Reglamento, como podría ser lo relativo a los legitimados para la solicitud del certificado, que en el texto del documento que se comenta, se incluían los acreedores, lo cual no ha sucedido en el texto del Reglamento[517]. En la concepción del documento de reflexión subyace la idea de que el expedidor realiza una labor de verificación y comprobación, al expedir el certificado[518].

A diferencia de lo que sucede en el *Libro verde,* en el *Documento de reflexión,* de forma expresa, se contempla ya un formulario tipo[519], lo cual se mantendría en la Propuesta y se plasmaría en el texto legislado. También en el *Documento de reflexión* se apuntan una posible regulación de los efectos, la cual se hace de forma prácticamente coincidente con los que se plasman en el Reglamento[520].

---

516 Art. 6.1 Documento de reflexión (en adelante DR).

517 Planteándose algún experto si era necesario incluirlos, pues tal vez les bastase con tener derecho a copia (ver art. 6.1 DR y su aclaración).

518 Ver art. 6.4 DR.

519 Ver art. 6.5 DR.

520 Ver art. 6.6 R.

Por último, como cuestión interesante, aparece en este documento una explicación explícita al hecho de que se limite la duración de la copia del certificado que, inicialmente estaba prevista a un mes de duración[521]. Con dicha limitación se trata de evitar la existencia de dos certificados contradictorios circulando a la vez, lo que se pretende conseguir con un lapso corto de duración. Evidentemente, el tiempo propuesto era utópico, por defecto, así como la finalidad se conseguía con la creación de los correspondientes registros electrónicos de certificados sucesorios expedidos, lo cual no ha sucedido aún.

Con todos esos antecedentes se encuentra el legislador de la Unión Europea cuando se presenta la Propuesta de Reglamento de Sucesiones el 14 de octubre de 2009[522].

Debe destacarse que, al valorar la Propuesta, institucionalmente, se sentó que no podía concebirse el Reglamento sin el Certificado Sucesorio Europeo, y ello, pese a la existencia de algunos Estados contrarios al certificado, pues veían en el mismo una invasión jurídica en sus ordenamientos nacionales[523].

---

521 Ver en el DR la aclaración al art. 6.7.

522 Deliberadamente, no se ha tratado la Propuesta en apartado independiente, pues sus soluciones, en su caso se van confrontando, cuando procede, con las soluciones adoptadas en el texto definitivo que se plasma en el Reglamento, en tanto en cuanto aquella es el antecedente inmediato de este.

523 Como apunta FERNÁNDEZ-TRESGUERRES GARCÍA, A.; *Las sucesiones "mortis causa" en Europa: aplicación del Reglamento (UE) nº 650/2012;* ed. Aranzadi, Cizur menor, 2016, pp. 601-602.

b. Fundamento de la regulación legal y finalidad del Certificado Sucesorio Europeo

Después de casi tres años desde la presentación de la Propuesta[524] de Reglamento de Sucesiones se aprueba el 4 de julio de 2012 *ex novo* el Reglamento. Bajo la rúbrica *"Certificado Sucesorio Europeo"*, el Reglamento Sucesorio contiene, en su capítulo VI, la regulación de la nueva figura que implementa y que generó dudas sobre la competencia de la Unión Europea para regularla.

Como puntos débiles para ejercer esa competencia se ha incidido sobre si se trata realmente de un auténtico instrumento que propicie el reconocimiento mutuo de decisiones. También se ha criticado el hecho de que en la regulación de la competencia podrían invadirse aspectos de la competencia interna. Por último, se ha criticado que conlleva implementar un sistema de certificado en aquellos países que lo desconocen[525].

Esa visión que cuestiona la competencia para implementar la figura no puede ser compartida si se toma en consideración el sistema de distribución de competencias entre la Unión Europea y los Estados miembros. Esta distribución competencial descansa sobre el principio de atribución, que debe ser interpretado teniendo en cuenta los principios de los poderes implícitos y el

---

524 Teniendo en cuenta que en la Propuesta concurren los trabajos previos y antecedentes que se han puesto de manifiesto, se prescinde deliberadamente de la exposición del régimen previsto en la misma y se irá apuntando, en su caso, los cambios introducidos en el desarrollo de la presentación del régimen legal, en cuanto fueran pertinentes o se necesitaren para entender este.

525 Sobre las distintas posiciones, ver KRESSE, B, en CALVO CARAVACA, A.L., DAVI, A. *et* MANSEL, H. P.; *The EU Succession Regulation A Comentary;* Ed. Cambridge University Press, Cambridge 2016, p. 674 y ss., al comentar el art. 62.

ejercicio de la atribución funcional de competencias[526]. En relación al ejercicio de la competencia, además, descendiendo al detalle, se puede defender la actuación de la Unión Europea, en el caso del Reglamento de Sucesiones por distintos motivos. En primer lugar, el legislador ha sido cuidadoso en anclar argumentalmente su competencia en los considerandos 1 a 8 del Reglamento. El hilo conductor de su argumentación descansa en la existencia y potenciación del espacio europeo de libertad, seguridad y justicia y en la supresión de obstáculos que impidan el adecuado funcionamiento del mercado interior. Para ello apela, no solo a la competencia expresa en materia conflictual, reconocida en el art. 81.2.c) TFUE, también enlaza su argumentación con todos los instrumentos que fundamentan la regulación de la competencia y el reconocimiento mutuo y ejecución de resoluciones. En segundo lugar, debe destacarse que el TFUE al regular en su título V el espacio de libertad, seguridad y justicia, atribuye expresamente competencia a la Unión Europea en materia de cooperación judicial civil, en el capítulo III. Se trata de una competencia de atribución, normativa, que implica la concesión de unos poderes implícitos de ejecución y que busca la consecución, funcionalmente de unos objetivos.

Analizando los argumentos que hemos expuesto contra la implementación del propio Certificado Sucesorio Europeo, y tomando en consideración el citado planteamiento favorable a la competencia, se puede concluir que la acción del legislador de la Unión es respetuosa con las normas atributivas de competencia. Como primer argumento en contra se había apunta

---

526 Sobre la distribución de competencias entre la UE y los Estados miembros puede verse DE LA QUADRA-SALCEDO JANINI, "El sistema de distribución de competencias en la Unión Europea"; en LÓPEZ CASTILLO, A. (Dir.), *Instituciones y Derecho de la Unión Europea (vol. I). Instituciones de la Unión Europea*, ed. Tirant lo Blanch, Valencia 2022, 4ª ed., pp. 283 y ss..

que el certificado no propicia el reconocimiento mutuo de decisiones. No se puede compartir este planteamiento. En el propio Reglamento se contienen normas sobre reconocimiento y ejecución de resoluciones judiciales y aceptación de documentos públicos y transacciones. La creación de el Certificado Sucesorio Europeo supone una evolución lógica de esas normas de reconocimiento y aceptación. Se trata de una simplificación del proceso, pues lo que el expedidor vuelca en el Certificado Sucesorio Europeo, bajo su responsabilidad, viaja a lomos del certificado y circula por los Estados miembros. Es esto, precisamente, el máximo exponente de que se reconocen las resoluciones judiciales y se aceptan los documentos públicos. Además, el emisor del certificado puede valerse de las normas que propician la circulación de dichos documentos, al margen del certificado, en los capítulos IV y V del Reglamento.

Tampoco considero que se invadan competencias internas al atribuir la competencia de expedición. El Reglamento es muy cuidadoso para ello, pues simplemente fija los criterios de selección del expedidor al hablar de tribunal o autoridad y luego cada Estado es el que comunica el expedidor.

Por último, tampoco se comparte la crítica relativa a que el Certificado Sucesorio Europeo implica imponer un certificado en países que desconocen el mismo. Evidentemente, estamos ante una nueva figura. Pero es una nueva figura no solo para aquellos Estados ajenos a la cultura del certificado, incluso en los que se reconoce un certificado, como sucede, por ejemplo, en Alemania, el Certificado Sucesorio Europeo es mucho más que el certificado interno. En el régimen del Reglamento, coexiste el Certificado Sucesorio Europeo con la forma tradicional de tramitar las herencias en cada uno de esos Estados, lo cual, aunque necesario, puede que a largo plazo se muestre como no ser la solución ideal y el deseado buen funcionamiento del Certificado Sucesorio Europeo acabe desplazando a los modos internos cuando estemos ante sucesiones transfronterizas. Sin embargo, la mera resistencia al cambio, cuando no se apunta ningún argumento con respaldo legal, no es argumento para cuestionar la implementación de la figura objeto de este trabajo de investigación.

El capítulo destinado a la regulación comprende los artículos 62 a 73; los cuáles, además, encuentran su fundamentación en los considerandos 67 a 72. Debe destacarse que, de los seis considerandos, la mitad, prácticamente se podría decir que se centran en configurar lo que debe ser el Certificado Sucesorio Europeo. Ello es muestra de la toma de consciencia por el legislador de la envergadura de la tarea que acomete introduciendo este nuevo mecanismo al servicio de la libre circulación de las herencias transfronterizas. Sin embargo, sorprende la menor proporción de considerandos destinados al Certificado Sucesorio Europeo, si se compara con el resto de las materias objeto del Reglamento[527].

Llama la atención la sistemática de los considerandos, en contraposición con el texto articulado del Reglamento, pues este se aleja, en parte, del *iter* expositivo de aquellos. Así, el legislador de la Unión, preocupado en los considerandos por determinar los perfiles materiales y finalidades de la nueva figura, anticipa la justificación de los efectos al procedimiento de expedición.

Las disposiciones que regulan el certificado se inspiran en el principio de jerarquía normativa, por el cual la aplicación de la normativa interna, como no puede ser de otro modo, se subordina al Reglamento. Sin embargo, esto no es incompatible con llamadas a la regulación interna de cada Estado, como supletorias, como sucede, por ejemplo, en los art. 72.1 y 64.b) o Cons. 70[528].

---

527 FERNÁNDEZ-TRESGUERRES GARCÍA, A.; *Las sucesiones "mortis causa" en Europa: aplicación del Reglamento (UE) nº 650/2012;* ed. Aranzadi, Cizur menor, 2016, p. 601.

528 Ver KRESSE, B., *op. cit.*, p. 675.

Por otro lado, aunque la competencia de expedición colinda con los aspectos procedimentales, sin embargo, los principios que inspiran ésta forman parte de las líneas maestras de la arquitectura del Certificado Sucesorio Europeo, y se trae al principio de los considerandos. En cambio, los aspectos procedimentales, que constituyen el grueso de la regulación, de carácter casi "reglamentarista" se dejan para un último considerando, el 72, que, además, también se ocupa del régimen de circulación.

En ese mismo considerando, 72, se fundamentan, bajo el paraguas de la circulación formal[529] las copias que se entregan a los distintos interesados, las vías de recurso y posibilidad de modificación o rectificación de certificado sucesorio.

Esa sistemática de los considerandos contrasta con el texto articulado, que es marcadamente procedimental y secuencial[530]. En efecto, tras una parte preliminar relativa a la *creación de un Certificado Sucesorio Europeo* (art. 62), la *finalidad del certificado* (art. 63); y la *competencia para expedir el certificado* (art. 64); se intercala la regulación de la *solicitud del certificado* (art. 65); el *examen de la solicitud* (art. 66), que debe hacer el expedidor; la labor de *expedición del certificado* (art. 67); y el *contenido del certificado* (art. 68). Seguidamente, se regulan los *efectos del certificado* (art. 69); lo cual supone romper la sistemática expositiva y separar la parte de expedición del régimen de otros aspectos documentales y procesales.

Queda, por consiguiente, para la parte final de la regulación las cuestiones relativas a *las copias auténticas del certificado* (art. 70); la *rectificación, modificación o anulación del certificado*

529 "Circulación" se emplea aquí en el sentido formal, ajeno al reconocimiento y ejecución propios de estudio en la ciencia del DIPr, sino en el sentido notarial del soporte documental que se entrega al interesado y sus patologías.

530 KRESSE, B, *op. cit.*, p. 675.

(art. 71); las *vías de recurso* (art. 72); y la *suspensión de los efectos del certificado* (art. 73).

La finalidad del Certificado Sucesorio Europeo es su utilización en otro Estado miembro, distinto del expedidor. En el considerando 67, que es el primero de los que se ocupan del CSE, lo que interesa a los autores del Reglamento, antes que nada, es determinar la finalidad económico-jurídica del certificado: *"La tramitación rápida, ágil y eficiente de las sucesiones con repercusión transfronteriza en la Unión [...]"*.

Al servicio de esa finalidad se presenta un instrumento para que los *"[...] herederos, legatarios, ejecutores testamentarios o administradores de la herencia puedan probar fácilmente su cualidad como tales o sus derechos o facultades [...]"*, dicho considerando 67 se desarrolla y, en el mismo sentido, en el art. 63. Este último precepto, para algunos autores[531], es el que contiene los principios en cuyo marco debe interpretarse toda la normativa del Certificado Sucesorio Europeo.

Aunque se insiste en el carácter transfronterizo de las sucesiones en las que se puede expedir y utilizar el certificado, no parece estar, inicialmente, bien resuelta la redacción del Reglamento, ni en sus considerandos ni en el desarrollo normativo, pues se hace referencia a la expedición para ser utilizado *"en otro Estado miembro"* (Cons. 67 y art. 62.1), sin embargo, posteriormente, en el texto articulado se deja bien claro la posibilidad de utilizar el certificado, tratándose siempre de sucesión transfronteriza, en el Estado miembro de expedición (art. 62.3 y 69.1).

Puede buscarse una explicación a que se haga hincapié en el uso allende las fronteras del Estado miembro expedidor y se deje de lado el uso en dicho Estado de origen, tal vez, en la propia naturaleza y filosofía del proceso de expedición. Puede que en la mente del legislador planease el hecho de que

---

531 KRESSE, B, *op. cit.*, p. 687.

obtenida la documentación interna necesaria para la tramitación del proceso sucesorio no sería necesaria la expedición del certificado.

No han faltado autores que han salvado esta aparente contradicción sobre la base de diferenciar entre la expedición del Certificado Sucesorio Europeo y los efectos del certificado[532].

Procede anticipar en este momento, que sin tramitación previa de lo que se pretende certificar no puede haber certificado sucesorio, al menos, si se pretende que éste afecte a la totalidad de la sucesión. Nótese que la práctica, para agilizar tiempos, la expedición del certificado se suele solicitar o, al menos, anunciar de forma simultánea a la tramitación interna del proceso sucesorio.

La lista de posibles usos que hace el artículo 63 es ejemplificativa[533]. Es más, entendemos, que conforme se vayan poniendo en circulación los certificados, la propia práctica y los concretos efectos que atribuyan las legislaciones internas, llevará a que esos usos sean mucho más amplios que los inicialmente previstos en el Reglamento. No debe descartarse, tampoco, que las propias legislaciones internas, atribuyan efectos específicos, en sus concretos territorios, al Certificado Sucesorio Europeo, añadidos a los previstos en el Reglamento.

Al regular el Certificado Sucesorio Europeo el legislador parece imputarle, en la literalidad del Reglamento unos efectos que, además redunden en un uso generalizado del mismo y, en la práctica, uniformice la circulación de las herencias. Sin perjuicio de su exposición y análisis pormenorizado en la última parte de este capítulo, parece oportuno que nos aproximemos a los mismos, en este momento, pues van ligados a la propia finalidad del certificado.

---

532 Ver, en este sentido KRESSE, B, *op. cit.*, p. 678.

533 KRESSE, B, *op. cit.*, p. 696.

Intuitivamente, aproximarse a los efectos del certificado muestra, especialmente, unos efectos probatorios. Sin embargo, desde una perspectiva práctica, los efectos son mucho más amplios, como se verá al final del presente capítulo.

En relación al proceso de expedición llaman la atención las palabras de MAIDA, F., quien apunta que la expedición del Certificado Sucesorio Europeo puede ser compleja, pero una vez expedido *"el certificado facilita, más que cualquier otro modelo, las relaciones entre los herederos y los terceros"*[534]. Para el autor, el legislador de la Unión, trata de buscar el equilibrio entre la mayor certidumbre y la menor intromisión en los sistemas internos.

Al lector de este trabajo le corresponderá evaluar hasta qué punto dichas palabras pueden servir para respaldar la introducción de la nueva figura cuyo estudio abordamos.

Así, expuesta la finalidad del certificado y anunciados preliminarmente sus efectos procede abordar su naturaleza jurídica y presentar un concepto, para después analizar su forma y procedimiento de expedición.

c. Naturaleza jurídica y concepto

La naturaleza jurídica del Certificado Sucesorio Europeo es una cuestión que, en principio, no parece preocupar al

---

534 MAIDA, F., *Il certificato successorio europeo;* Tesi di Dottorato; relatore: Chiar.ma Prof.ssa Marisa Meli, Università degli studi di Catania, 2012-2013, disponible en < http://archivia.unict.it/bitstream/10761/1360/1/MDAFRC83E18I754X-Federico%20Maida%20-%20Il%20certificato%20successorio%20europeo%20-%20Tesi%20di%20dottorato.pdf > visto 01.08.2017, p. 72.

legislador de la Unión[535]. Algún autor apunta que el Certificado Sucesorio Europeo tiene una naturaleza híbrida y mal definida[536].

Es erróneo, entendemos, aproximarse al Certificado Sucesorio Europeo tratando de identificarlo como algo subsumible dentro de alguna categoría documental de las ya existentes[537]. Ese método de investigación corre el riesgo de tratar de encorsetar al Certificado Sucesorio Europeo en las notas diferenciales de alguna de las categorías documentales preexistentes. Está claro que el Certificado Sucesorio Europeo es algo nuevo y totalmente diferente y que básicamente comparte con otras categorías, solamente, el campo de actuación, el fenómeno sucesorio.

Debe partirse de la idea de que el Certificado Sucesorio Europeo no es una forma de sustanciar la sucesión, pues sólo opera sobre una sucesión ya sustanciada o sobre alguno de los elementos de una sucesión, ya definidos legalmente[538].

---

535 KRESSE, B, en CALVO CARAVACA, A.L., DAVI, A. *et* MANSEL, H. P.; *The EU Succession Regulation A Comentary;* Ed. Cambridge University Press, Cambridge 2016, p. 677.

536 Ver, al respecto, DÍAZ FRAILE, J.M.; "El Certificado Sucesorio Europeo. Especial referencia a sus efectos y a su condición de título inscribible en el Registro de la Propiedad"; en *Boletín del Colegio de Registradores de España;* num. 31, julio 2016, pp. 765-779, p. 766.

537 Es lo que, de forma errónea, hace VALLE MUÑOZ, J. L., *op. cit.*, p. 310, cuando dice que *"El CSE es por tanto un documento nuevo en nuestro sistema jurídico difícil de asimilar a alguno de los existentes, pues es mucho más que un testamento o una declaración de herederos abintestato, pero no siempre podrá llegar tan lejos como puede llegar una escritura de partición".*

538 Por eso es interesante la observación de CRONE, R.; "Le certificat successoral européen", en KHAIRALLAH, G. Y REVILLARD, M., *Droit Européen des Successions Internationales. Le Réglement du 4 Julliet 2012, Defrénois,* Lextenso éditions, Paris 2013, p. 172, quien desde la perspectiva del Derecho francés dice que el Certificado Sucesorio Europeo podría considerarse como "una gran acta de notoriedad",

Los sólidos efectos que lleva aparejados son consecuencia de que su contenido se apoye y traiga causa directa en los correspondientes documentos públicos, medios probatorios y fundamentos de hecho y de derecho adecuados al caso[539].

Tampoco es un documento *mortis causa,* pues es totalmente ajeno al causante y no está destinado a que él manifieste en el certificado su sucesión, precisamente, sin fallecimiento, no puede existir el Certificado Sucesorio Europeo.

FERNÁNDEZ-TRESGUERRES, A., hace, además, una doble delimitación[540], que puede ser interesante para aproximarse a un concepto de Certificado Sucesorio Europeo. Negativamente,

---

lo cual es acertado desde tal Derecho, en el cual las actas de notoriedad sucesorias no son equivalentes a las españolas. En Francia, tales actas, son un expediente sucesorio para determinar los herederos, con independencia de que su título sea testamentario o *abintestato.* En este mismo sentido, GÓMEZ TABOADA, J., "El Certificado Sucesorio Europeo. Breve aproximación"; en GINEBRA MOLINS, M. E. y TARABAL BOSCH, J., *El Reglamento (UE) 650/2012: Su impacto en las sucesiones transfronterizas;* ed. Marcial Pons, Madrid 2016, pp. 285-298, 287.

539 MORENO SÁNCHEZ-MORALEDA, A.; "El certificado Sucesorio Europeo en El Reglamento (UE) num. 650/2012", en DIEZ-PICAZO, L. (es.), *Estudios Jurídicos en homenaje al Profesor José María Miquel,* Ed. Aranzadi, Cizur Menor (Navarra), 2014, pp. 2045-2088, p. 2068.

540 FERNÁNDEZ-TRESGUERRES GARCÍA, A.; *op. cit., Las sucesiones...,* p. 667. Algún autor, GIMENO GÓMEZ LAFUENTE, J. L.; *op. cit.,* p. 124, ha hablado simplemente de una *"apreciación provisional de la sucesión"*, en relación a las presunciones que sienta el art. 69, lo cual a nuestro juicio no es correcto. El certificado produce sus efectos, sin perjuicio de admitir prueba en contrario y de sus cauces de revisión, lo cual no permite hablar de una simple "apreciación provisional", que da a entender que un certificado expedido se encuentra en una permanente situación de interinidad.

no es título de crédito, ni título de propiedad[541] no es acto auténtico en sentido de los artículos 59 y 60, pues estos, añadimos nosotros, hacen referencia a los documentos internos y el certificado sucesorio no lo es, tampoco es resolución judicial en el sentido de los artículos 39 y ss. del Reglamento. Positivamente, considera, la citada autora, que es un medio de prueba *iuris tantum* cualificado de la condición de heredero, legatario, administrador o ejecutor.

Sin embargo, sí que se presenta como un instrumento al servicio de los ciudadanos de la Unión, para facilitar la circulación de las herencias con elemento internacional dentro de su ámbito territorial.

Del régimen legal del Certificado Sucesorio Europeo puede predicarse que éste tiene la naturaleza de un documento público de la Unión Europea al que el Reglamento Sucesorio le atribuye unos fuertes efectos. No siendo una resolución, en ningún caso llevará aparejados los efectos de la cosa juzgada[542].

Algunos autores[543], sobre la base de la estructura del Reglamento, entiende que si el legislador enfrenta el certificado con las resoluciones, las transacciones judiciales y los documentos públicos será porque aquel no ha de compartir necesariamente la naturaleza de estos.

---

541 Como pone de relieve GÓMEZ TABOADA, J., *op. cit.*, pp. 287-288, quien también hace unas exclusiones.

542 MARCOZ, C. A., *op. cit.*, “The European Certificate…”, p. 490.

543 CALVO VIDAL, I. A., “El Certificado Sucesorio Europeo”; en GARRIDO DE PALMA, V. M. (ed.) en *Instituciones de Derecho Privado;* Civitas-Thomson Reuters, Cizur Menor (Navarra) 2016, 2ª ed., PP. 793-864, p. 796. En este mismo sentido FERNÁNDEZ-TRESGUERRES GARCÍA, A.; *Las sucesiones “mortis causa” en Europa: aplicación del Reglamento (UE) nº 650/2012;* ed. Aranzadi, Cizur menor, 2016, p. 606, cuando dice que *“el certificado, posee naturaleza documental, si bien con perfiles propios no reconducibles a lo que el Reglamento entiende por documento público”*.

Pese a tener una cierta lógica formal, no compartimos esa posición. El Reglamento no enfrenta el Certificado Sucesorio Europeo a los documentos públicos. Sucede que los tres tipos de documentos que aparecen yuxtapuestos al Certificado Sucesorio Europeo tienen su cobertura legal en los Derechos de los distintos Estados miembros. Frente a ellos, el anclaje normativo del Certificado Sucesorio Europeo se encuentra, directamente, en la propia legislación de la Unión, en el Reglamento Sucesorio. Se trata de un documento *ex novo,* que no por ello pierde su naturaleza de documento público.

El carácter de documento público[544] viene determinado por la calidad de las autoridades y tribunales llamados a expedirlo, sin perjuicio, además, del material de que debe proveerse al notario o tribunal para su expedición.

No ha faltado, en la doctrina, quien, a nuestro juicio, de forma errónea, se ha desviado del tema tratando de determinar, si, dentro de los documentos públicos se trata de un documento público, en sentido estricto o de una resolución judicial. Estos autores, tal vez desconocen, lo que, en sí es un documento público y el alcance que éste tiene en el ámbito de la Unión[545].

Los efectos atribuidos al Certificado Sucesorio Europeo son, especialmente probatorios, pero la eficacia probatoria lleva

---

544 KRESSE, B, *op. cit.*, pp. 677-678, sin embargo, pone el acento en la yuxtaposición entre documento público y certificado sucesorio, así como en la diferente regulación entre el procedimiento de los arts. 59 y ss., respecto de los documentos públicos, y el capítulo VI, destinado al CSE. Concluyendo que el Certificado Sucesorio Europeo debe incardinarse en una categoría autónoma.

545 DÍAZ FRAILE, J. M.; "El Certificado Sucesorio Europeo. Especial referencia a sus efectos y a su condición de título inscribible en el Registro de la Propiedad"; en *Boletín del Colegio de Registradores de España;* num. 31, julio 2016, pp. 765-779, p. 768.

aparejada a que se le reconozcan unos efectos legitimadores en el tráfico jurídico y otros efectos complementarios al servicio de muy distintas finalidades.

A la vista de lo expuesto, nos parecen muy acertadas las palabras de CARRIÓN GARCÍA DE PARADA, P., cuando dice, en relación al certificado: *"De ahí que, para conseguir que incluso los no expertos puedan estar seguros de que se les exhibe el documento debido, el necesario y suficiente, el Reglamento ha creado, haciéndolo compatible con el régimen de los documentos públicos [...], y de forma totalmente opcional, un documento «nuevo», propiamente europeo, fácilmente identificable, que pueda ser aceptado sin dificultades y que va a ser suficiente por sí solo para acreditar determinados extremos sucesorios, teniendo en cuenta que tal documento no podrá haberse expedido sin una labor previa necesaria de averiguación y confirmación de la información que ofrece, realizada en cada Estado Miembro de acuerdo con las normas por las que se rija la sucesión y la lex auctoritas"*[546].

En tanto en cuanto lleva aparejadas una serie de actuaciones y procesos[547], también ha habido quien lo ha calificado de acto subsumible dentro de las actuaciones de la jurisdicción voluntaria[548].

Y, por consiguiente, en cierto modo, autónomo de los documentos que se certifican[549], pues el expedidor hace una serie de valoraciones que plasma en el certificado, a la vista del material probatorio, consecuencia del mismo, pero no necesariamente recogidas en el mismo, pensemos, por ejemplo, en la cumplimentación de las casillas relativas a las facultades del

546 CARRIÓN GARCÍA DE PARADA, P.; "Los documentos públicos y el Certificado Sucesorio Europeo en el Reglamento 650/2012"; en *La Notaría,* I-2015, pp. 127-139, Ed. Colegio Notarial de Cataluña, Barcelona 2015, p. 129.

547 RIVA, I., *op. cit,* pp. 121-124.

548 MAIDA, F., *op. cit.*, p. 76.

549 MARCOZ, C. A., *op. cit.*, "The European Certificate...", pp. 522-523.

ejecutor testamentario. Todo ello, en el marco de unos poderes decisorios de la autoridad expedidora, sin perjuicio de la posibilidad de recurso.

Por lo que respecta al concepto de Certificado Sucesorio Europeo, llama la atención que, como sucede con su naturaleza jurídica, que se omite por el Reglamento, éste tampoco contiene una definición del Certificado Sucesorio Europeo[550]. Lo propio hubiera sido que se hubiera incluido entre el resto de definiciones que se establecen en el art. 3.

No sucedía lo mismo, en cambio, en la Propuesta del Reglamento, cuando se establecía en el artículo 2.i) que el Certificado Sucesorio Europeo es *"el certificado expedido por el órgano jurisdiccional competente en aplicación del capítulo VI del presente Reglamento"*, lo cual, en verdad, tampoco aclaraba mucho más allá de su incardinación sistemática.

Definir el Certificado Sucesorio Europeo ofreciendo un concepto preciso es una tarea compleja, nótese que, debe presentarse un concepto que sea compatible con todos los Derechos internos de los Estados miembros y con el estatuto jurídico de los expedidores[551].

Lo intenta, MARCOZ, C. A.[552], cuando dice que *"el Certificado Sucesorio Europeo puede ser definido como un instrumento sui géneris, con especiales, únicas e independientes características y efectos, expedido por una autoridad -designada por cada Estado miembro de acuerdo con las prescripciones del Reglamento y las normas de implementación del mismo"*; lo cual, aunque es cierto, podría ser predicado, prácticamente, de cualquier figura creada por el legislador de la Unión, al margen de su finalidad.

---

550 Ver, en este sentido, KRESSE, B, *op. cit.*, p. 677.

551 BENDITO CAÑIZARES, M. T.; *op. cit*, p. 2054.

552 MARCOZ, C. A., *op. cit.*, "The European Certificate...", p. 479.

El Certificado Sucesorio Europeo no es una europeización de ningún certificado nacional, sino que se trata de un documento *ex novo*[553].

BENDITO CAÑIZARES, M. T. ofrece un concepto descriptivo, que pretende contener un resumen de todos los preceptos del Reglamento dedicados al certificado, al decir que el Certificado Sucesorio Europeo *"Es un documento oficial europeo (que no un documento público) que, instado de forma voluntaria a través de un formulario estándar (art. 65.2) por el llamado «solicitante» (arts. 65.1 y 63.1), es expedido sin demora en otro formulario estándar por el Tribunal en la acepción ofrecida por el artículo 3.2 o por la autoridad competente para el Derecho nacional de los Estados miembros una vez verificada la información, las declaraciones y los documentos y pruebas que aporte el «solicitante» (art. 66), para conseguir por el solicitante de forma ágil o sin procedimiento alguno, ante las autoridades de otros Estados miembros los tres efectos legales europeos (art. 69) que derivan de la presunción europea de veracidad de su contenido (tanto de las personas que menciona como de sus derechos o facultades): la liberación de deudas por los pagos o la entrega de bienes realizados a las personas que figuran en el certificado y la inscripción en el registro del que aparece como legítimo titular del bien hereditario".*[554]

La autora, sin embargo, al matizar el concepto, incurre en contradicciones que no pueden compartirse. Así, por ejemplo, califica el certificado sucesorio de "documento oficial" y no de

---

553 HERTEL, C.; *op. cit.*, p. 397.

554 Dentro del ámbito registral, DÍAZ FRAILE, J. M.; "El Certificado Sucesorio Europeo. Especial referencia a sus efectos y a su condición de título inscribible en el Registro de la Propiedad"; en *Boletín del Colegio de Registradores de España;* núm. 31, julio 2016, pp. 765-779, p. 766, ofrece también un concepto descriptivo del Certificado Sucesorio Europeo, a nuestro juicio, excesivamente sintético, al decir que se trata de *"un novedoso título sucesorio específico cuyo objeto es el de acreditar la condición de heredero, legatario, ejecutor o administrador de la herencia (albacea o contador-partidor) con vigencia en toda la Unión".*

"documento público", por no tener efectos ejecutivos; sin embargo, ni del Reglamento ni de las legislaciones internas se sigue que los documentos públicos deban ser circunscritos a los que tengan eficacia ejecutiva. Pese a ello, no falta quien como BARONE, R.[555], se aproxima a un concepto diciendo que "El certificado es un acto público *sui generis* que tiene eficacia probatoria intrínseca, autoejecutiva" y, precisamente, apunta la calificación de *"sui generis"* porque los posibles efectos ejecutivos del certificado son diferentes a los del resto de documentos públicos tomados en consideración en el Reglamento.

También es descriptivo el concepto que ofrece ESPIÑEIRA SOTO, I., al decir: *"El Certificado pretende solucionar problemas como el planteado; es un documento público europeo, probatorio de la cualidad jurídica de ciertos sujetos en el ámbito sucesorio y de sus facultades, cuyo uso no es obligatorio pero cuya utilización agrada al legislador y la potencia, artículo 62.3; es uniforme y reconocible por todos, lleva adherido la presunción legal de veracidad de su contenido y de ajuste a Derecho del mismo, la autenticidad, en suma, que conlleva poder depositar en él nuestra confianza"*[556].

Es interesante el concepto, basado en el propio tenor del Reglamento, que aporta CALVO VIDAL, I. A., al decir que *"el Certificado Sucesorio Europeo se puede definir como el documento público, estrictamente europeo, que tiene por objeto la constatación y la fijación de los hechos sobre cuya base pueden ser fundada la declaración de la condición de heredero, legatario, ejecutor testamentario o administrador de la herencia, y el contenido de sus derechos y facultades, para la acreditación de los mismos en un Estado miembro distinto al de su expedición"*.

---

555 BARONE, R., *op. cit.*, p.433.

556 ESPIÑEIRA SOTO, I., *op. cit.*, "La competencia del Notariado Español en la expedición…".

No compartimos ese concepto, sin embargo, porque parece inferirse del mismo que el Certificado Sucesorio Europeo podría generar posiciones jurídicas que no eran preexistentes al mismo[557].

En cualquier caso, parece, a la vista de lo expuesto, que expedido notarialmente, o no, el Certificado Sucesorio Europeo, debe ser reputado, formalmente, como un documento público autónomo amparado por la legislación de la Unión Europea, a cuyo servicio, se ponen procedimentalmente, los distintos Derechos internos que regulan el estatuto de la autoridad o tribunal expedidor.

La expedición del Certificado Sucesorio Europeo puede ser definida como el conjunto de procesos a instancia de parte interesada que realiza la autoridad expedidora, que tienen por objeto mediante la comprobación de los elementos de una sucesión hereditaria la generación de un documento público con vocación de circulación entre los Estados miembros de la Unión Europea.

---

557 Así se postula el autor, CALVO VIDAL, I. A., *op. cit.*, "El certificado…"; en GARRIDO DE PALMA, V. M., p. 855, que entiende que directamente pueden declararse herederos intestados en el certificado, al derivar el llamamiento de la ley; con ser bienintencionada su posición, desde la perspectiva de la normativa notarial española, atributiva de competencia, faltaría el documento protocolar atributivo para reconocer competencia al notario expedidor. Se hace remisión, en este punto, a lo que se verá en el capítulo IV. También parece darle unos efectos declarativos, que no compartimos, JIMÉNEZ GALLEGO, C.; *Un comentario notarial. El Reglamento Sucesorio Europeo;* Ed. Consejo General del Notariado, 2016, p. 328. Niega la posibilidad, al menos desde la perspectiva del Derecho español, de que se certifique sin la previa existencia del acto que se documenta, FERNÁNDEZ-TRESGUERRES GARCÍA, A.; *op. cit., Las sucesiones…*, p. 622.

Y es que en la génesis de un Certificado Sucesorio Europeo relativo a una concreta sucesión concurren dos realidades. La primera de ella, como se verá, es la actividad de certificación, que despliega el emisor del certificado. La segunda, es el resultado de esa actividad, que se recoge en el Certificado Sucesorio Europeo.

Sin embargo, en el Certificado Sucesorio Europeo no se genera nada que no fuera preexistente al mismo, pues la actividad de certificación[558] opera sobre los documentos y material probatorio que se aportan por el interesado para ser volcados, por el expedidor, en el Certificado Sucesorio Europeo[559].

De todo lo dicho hasta ahora se desprende que es muy complejo formular un concepto completo del Certificado Sucesorio Europeo, pues se corre el riesgo, si se busca una formulación anclada en la literalidad del Reglamento y los efectos por él atribuidos, de dejar fuera del mismo alguna de sus notas definitorias.

El concepto de Certificado Sucesorio Europeo aparece diferenciado de la definición ofrecida anteriormente de "expedición del Certificado Sucesorio Europeo". Así, desde un punto de vista práctico entendemos y ofrecemos, no obstante, la siguiente definición: *"El Certificado Sucesorio Europeo es un*

---

558 La idea de proceso la apunta también ESPIÑEIRA SOTO, I., *op. cit.*, "La competencia del Notariado Español en la expedición…".

559 Por eso no compartirmos la posición de CALVO VIDAL, I. A., "El Certificado Sucesorio Europeo"; en GARRIDO DE PALMA, V. M. (ed.) en *Instituciones de Derecho Privado;* Civitas-Thomson Reuters, Cizur Menor (Navarra) 2016, 2ª ed., PP. 793-864, p. 798, cuando dice que: *"En realidad, en el certificado se produce la concurrencia de una doble actividad, pues, de una parte, se persigue la comprobación y la fijación de determinadas informaciones y, de otra parte, se trata de declarar derechos y legitimar situaciones personales o patrimoniales, con trascendencia jurídica en materia sucesoria"*.

documento público autónomo estandarizado por la legislación de la Unión Europea a fin de darle forma útil a una herencia internacional, o a alguno de sus elementos, tramitada en un determinado Estado miembro para que sea recibida y entendida en otro Estado miembro, posibilitando su circulación en el territorio de la Unión y que lleva aparejados los efectos previstos en el Reglamento Sucesorio con vocación de desplazar a los documentos internos en el tráfico jurídico internacional".

2. PROCEDIMIENTO DE EXPEDICIÓN DEL CERTIFICADO SUCESORIO EUROPEO

Para que la finalidad del certificado pueda conseguirse se necesita que el certificado sea uniforme[560], por lo que sólo será certificado sucesorio el que se ajuste al proceso de expedición previsto en el Reglamento que hace imprescindible (art. 67) el uso del formulario estandarizado desarrollado en el Reglamento 1329/2014, como formulario V, contenido en el anexo 5.

Para facilitar esa uniformidad, se regula, además, minuciosamente todo un proceso previo que culmina con la expedición del certificado. La regulación legal toma en consideración tres momentos procesales distintos.

El primero de esos momentos hace referencia al inicio del procedimiento para la obtención del Certificado Sucesorio Europeo. En esta primera fase, interesa al legislador la competencia de expedición (art. 64); la legitimación para solicitar el certificado (art. 65.1); los aspectos formales de la solicitud (art. 65.2); y, los aspectos materiales o contenido de la solicitud (art. 65.3).

560 En la línea de lo que había propuesto sólidamente Francia en el Libro verde.

En una segunda fase, la actividad se desplaza del peticionario del certificado al tribunal o autoridad encargada de la expedición. Ello justifica la regulación de las actuaciones que el órgano competente debe emprender, previas a la expedición.

Por último, en tercer lugar, el proceso concluye con una resolución que puede ser positiva, si se expide el certificado, o negativa, en caso de no ser posible la expedición (art. 67). El certificado, en su caso, se expedirá con el contenido que determina el art. 68.

No debe olvidarse que la regulación se completa con dos de los anexos que existen en el Reglamento 1329/2014. El anexo IV, destinado, con carácter potestativo, a la solicitud; y, el anexo V, de uso obligatorio para la expedición. A pesar de la prolija regulación, el Reglamento no hace referencia, en cambio, al momento procesal oportuno para formular la solicitud, si bien, parece que podrá ser coetáneo al proceso de sustanciar la sucesión o, también, plantearse en relación a una sucesión ya sustanciada.

La posibilidad de que se solicite simultáneamente al proceso de sustanciar la sucesión, sin embargo, no convierte al certificado sucesorio en la sede adecuada para que se declare *ex novo* una sucesión. Se certifica como se insiste en este desarrollo, sobre una sucesión ya declarada o sobre alguno de sus elementos ya determinados[561].

El procedimiento de expedición del Certificado Sucesorio Europeo conlleva una petición por parte del interesado, por lo que lo primero de lo que se ocupa el Reglamento es de esa solicitud, tratando los aspectos relativos a la competencia de expedición (art. 64); la legitimación para solicitar el certificado (art. 65.1); los aspectos formales de la solicitud (art. 65.2); y, los aspectos materiales o contenido de la solicitud (art. 65.3).

---

561 Ver lo que se comentará al analizar la competencia.

Una vez que el interesado se ha dirigido al órgano competente, presentado la solicitud, como el Reglamento determina, el régimen legal previsto desplaza el centro de gravedad de la persona conectada con una determinada sucesión al tribunal o autoridad expedidora.

a. Competencia para expedir el certificado

Ya en el propio *Libro verde,* una de las principales cuestiones que se planteó fue la relativa a la competencia para expedir el certificado. Su importancia la refrenda el hecho de que el propio Reglamento, que dedica íntegro un considerando, el 70, a la competencia[562]. En lo relativo a la competencia, se observan unas líneas maestras. La primera sería la subordinación o ajuste de la competencia para expedir el certificado a las soluciones del Reglamento para la competencia internacional.

En segundo lugar, el Reglamento, correctamente, trabaja en dos niveles. Diferencia la competencia internacional, que viene determinada por la norma de la Unión. Frente a ésta se encuentra la competencia interna, que resultará fijada por cada

[562] Establece el Considerando 70 que *"El certificado se debe expedir en el Estado miembro cuyos tribunales sean competentes en virtud del presente Reglamento. Debe corresponder a cada Estado miembro determinar en su legislación interna qué autoridades serán competentes para expedir el certificado, ya sean tribunales tal como se definen a efectos del presente Reglamento, ya sean otras autoridades con competencias en asuntos sucesorios como, por ejemplo, los notarios. También debe corresponder a cada Estado miembro determinar en su legislación interna si la autoridad de expedición puede recabar la participación de otros organismos competentes en el proceso de expedición, por ejemplo, la participación de organismos competentes para recibir declaraciones en lugar de un juramento. Los Estados miembros deben comunicar a la Comisión la información pertinente relativa a sus autoridades de expedición a fin de que se dé publicidad a esta información"*.

Estado respecto de sus tribunales o autoridades expedidoras[563]. Si bien, pone de manifiesto la doctrina que, pese a ser los distintos Estados miembros los que designan las autoridades o tribunales, esta elección va dirigida por el propio Reglamento, por la cualificación que se exige a unos y otros[564]. Sin competencia internacional no se puede tener competencia interna en una sucesión transfronteriza[565].

En tercer lugar, el Reglamento es flexible. Así, dentro de los límites que marca para la atribución de competencia funcional establece un concepto generoso de "tribunal" con llamada a determinadas autoridades como expedidoras del CSE[566].

---

563 Ver, para los trabajos preparatorios, REVILLARD, M., "L'Introduction d'un Certificat International d'Héritier et la Pratique du Droit International Privé des Successions ", en DNoiT, *Les Successions Internationales dans l'UE Perspectives pour une Harmonisation,* pp. 519-534, Würzburg 2004, disponible 07.06.2017 en <http://www.successions.org>, p. 530.

564 Ver, al respecto, ECHEZARRETA FERRER, M. T., "Relación del Reglamento 650/2012 con otros textos legales según la interpretación del TJUE"; en LARA AGUADO, Á. (Dir.), *Sucesión mortis causa de extranjeros y españoles tras el Reglamento (UE) 650/2012: Problemas procesales, notariales, registrales y fiscales;* Ed. Tirant lo Blanch, España 2020, pp. 55-88.

565 Lo ve muy bien MARCOZ, C. A., "Il Regolamento (UE) 650/2012: la determinazione della "residenza" e altri problemi", en *Eredita internazionali: Italiani con beni all´estero e stranieri con beni in Italia;* Consiglio Notarile di Milano, Milan 2014, disponible 8.06.2017 en < http://www.consiglionotarilemilano.it/media/22992/cn%20milano%2028.11.2014.pdf>, p. 15. También, POPESCU, D. A., *Guide de droit international privé des successions,* ed. Magic Print 2014, p. 109.

566 En sintonía con lo que se propugna en el art. 3 e incluyendo también *"la participación de otros organismos competentes en el proceso de expedición, por ejemplo, la participación de organismos competentes para recibir declaraciones en lugar de un juramento"*. Algunos autores, como KRESSE, B., opinan que, a los efectos de la expedición del certificado, la distinción es irrelevante prácticamente, *op. cit.,* p. 709.

La regulación espera, en cuarto lugar, una proactividad de los Estados miembros, que deben comunicar a la Comisión la información pertinente relativa a sus autoridades de expedición[567] a fin de que se de publicidad[568].

La regulación de la competencia se encuentra en el artículo 64, conforme al cual: *"El certificado será expedido en el Estado miembro cuyos tribunales sean competentes en virtud de los artículos 4, 7, 10 u 11. La autoridad expedidora deberá ser. a) un tribunal tal como se define en el artículo 3, apartado 2, u b) otra autoridad que, en virtud del Derecho nacional, sea competente para sustanciar sucesiones mortis causa"*.

Dicho precepto establece los criterios de competencia internacional, determinados en el Reglamento para regular la competencia judicial, como aplicables para atribuir la competencia a la hora de expedir el certificado.

En nuestra opinión, el Reglamento liga la tarea de certificación a la competencia para resolver la sucesión. El *iter* procedimental partiría de la resolución o sustanciación de una herencia con repercusiones en otro Estado miembro y la subsiguiente expedición del Certificado Sucesorio Europeo, por lo que es lógico concluir que el propio tribunal o autoridad que resolvió la sucesión es al que se le atribuya la competencia para la expedición del Certificado Sucesorio Europeo. Esto resulta

---

567 Pueden verse las autoridades designadas en RIVA, I., *Certificato successorio europeo. Tutele e vicende acquisitive;* Edizione Scientifiche Italiane, Napoles 2017, p. 91.

568 Llama la atención la STJUE de 23 de Mayo de 2019 (C-658/17) (TOL 7.227.665), en la cual se hace constar que *"El artículo 3, apartado 2, párrafo segundo, del Reglamento [...], debe interpretarse en el sentido de que la circunstancia de que un Estado miembro no haya realizado la notificación relativa al ejercicio por parte de los notarios de funciones jurisdiccionales, prevista en esta disposición, no resulta determinante a efectos de la calificación de esos notarios como* tribunales."

coherente con la arquitectura del Reglamento, que pretende establecer, en este punto[569], elementos de convergencia evitando que se fragmente la sucesión procedimentalmente[570].

Como cuestión preliminar, debe llamarse la atención sobre el hecho de que los supuestos de los artículos 4, 7, 10 y 11 se refieren a la posibilidad de sustanciar la totalidad de la sucesión y expedir certificado, por consiguiente, sobre la totalidad de la sucesión.

Sin embargo, el artículo 10.2, abre la posibilidad de que *"cuando ningún tribunal de un Estado miembro sea competente en virtud del apartado 1, los tribunales del Estado miembro en el que se encuentren los bienes de la herencia, serán, no obstante, competentes para pronunciarse sobre dichos bienes"*.

El inciso últimamente citado presenta dos problemas, el primero nos lleva a plantearnos qué sentido tiene un Certificado Sucesorio Europeo sobre bienes de un Estado, en tanto en cuanto, conforme al art. 63, el certificado se expide para ser utilizado en otro Estado miembro. La respuesta nos la brinda el artículo 69, pues el certificado legitima para realizar pagos y entregar bienes a personas que no se encuentren en el Estado donde dicho certificado se haya emitido, aunque la

---

569 En efecto, así como se procura que el tribunal aplique su propio Derecho, también es deseable que el tribunal que resuelve la sucesión sea el competente para expedir el Certificado Sucesorio Europeo.

570 En contra, FERNÁNDEZ-TRESGUERRES GARCÍA, A.; *Las sucesiones "mortis causa" en Europa: aplicación del Reglamento (UE) nº 650/2012;* ed. Aranzadi, Cizur menor, 2016, p. 624, que excepciona las herencias no contenciosas propiciando, de seguir su interpretación, una dispersión de la herencia antieconómica y que genera inseguridad en el tráfico jurídico, más aún en un escenario en el que no existe un registro de certificados expedidos.

tramitación de la sucesión lo haya sido sólo respecto de bienes sitos en dicho Estado de situación de los bienes[571].

El segundo problema, procede del hecho de que la competencia atribuida *ex* art. 10.2, en la práctica, puede propiciar que se generen certificados contradictorios. Pues los aspectos generales de la sucesión, como puede ser la ley aplicable, deben ser resueltos en un mismo sentido, cualquiera que sea la autoridad competente, lo que no se ve favorecido con esa escisión de autoridades certificantes. Piénsese en el caso de que existan bienes en distintos Estados cuyos tribunales se atribuyan la competencia mediante el art. 10.2.

Para solucionar este último problema, debe tenerse en cuenta lo que se dirá en este mismo apartado, en punto a las medidas para evitar la duplicidad de certificados. La remisión que establece el art. 64 a las normas de competencia judicial, planteadas a nivel general no es todo lo clara que debiera ser. Si se hace una lectura literal del artículo 64, la llamada no es a todo el régimen de competencia, sólo a los artículos 4, 7, 10 y 11 del Reglamento.

No se incluyen en la remisión del artículo 64, el resto de los artículos que se establecen en el Capítulo II para que las normas atributivas de competencia funcionen correctamente. Pero, realmente ¿está excluida sin más la aplicación del resto de preceptos?

---

571 Sobre esta cuestión se volverá al hablar de los efectos del Certificado Sucesorio Europeo, así como sobre la concurrencia y alternatividad de certificados sucesorios internos con el Certificado Sucesorio Europeo, respecto a una misma sucesión. Es algo que, sin embargo, la doctrina no ha visto, así, por ejemplo, planteándose simplemente la inutilidad de tal certificado, MARCOZ, C. A., *op. cit.*, "The European Certificate...", p. 513.

Una primera opción sería considerar la expedición del certificado como algo totalmente autónomo del proceso de resolución de la sucesión. Ello implicaría entender que en la expedición del certificado se debe proceder a aplicar *ex novo* las distintas reglas de competencia. Se aplicarían como si nada antes se hubiese realizado y, consiguientemente, cabría reproducir el esquema previsto al plantear ante un tribunal o autoridad, en el marco del artículo 3, que se sustancie una decisión en materia sucesoria.

Tal posicionamiento permitiría, por ejemplo, pese a que la sucesión se hubiese sustanciado en el foro de la residencia habitual del causante (art. 4), pedir el certificado en el Estado cuya ley se aplique, vía *professio* iuris, en los casos del artículo 7.

Esa interpretación que implica desligar totalmente la labor de sustanciar la sucesión de la labor de expedir el certificado sucesorio permitiría vislumbrar los mismos problemas que justificaban la introducción de normas complementarios para el funcionamiento de la competencia judicial. Sólo en ese contexto hubiera sido justificable la introducción de un sistema análogo para la expedición del certificado sucesorio. Sin embargo, no parece que sea esta la finalidad pretendida por los autores del Reglamento.

Para el legislador del Reglamento, en cambio, parece que la expedición del Certificado Sucesorio Europeo va íntimamente ligada a la actividad de sustanciar la sucesión. En este sentido, una interpretación adecuada, además, tendría en cuenta la naturaleza jurídica del certificado sucesorio y del proceso de certificación que se sostenga.

Con esta interpretación, la norma atributiva de competencia de expedición sería meramente descriptiva de la consecuencia natural que supone atribuir al órgano resolutivo de la sucesión las facultades de certificación. La cuestión se entiende si nos detenemos en la naturaleza del proceso de certificación. El certificado sucesorio es un documento receptor y acreditativo de una sucesión, en todo o en parte, ya sustanciada, con todos sus elementos determinados, o, al menos, con todos los elementos que se pretendan certificar ya determinados.

La actividad de certificación opera sobre unos extremos que deben acreditarse. Puede sostenerse que ni el Certificado Sucesorio Europeo ni su expedición, constituyen una resolución sucesoria en el sentido de que no son el cauce adecuado para determinar, *ex novo,* los elementos de una sucesión. Debe negarse, por consiguiente, al Certificado Sucesorio Europeo, el carácter de resolución. Siendo, simplemente, a este respecto, un documento probatorio al que aparecen ligados unos efectos complejos.

Sin embargo, que el Certificado Sucesorio Europeo recoja una sucesión ya sustanciada, en todo o en parte, no será obstáculo para que la solicitud de dicho certificado se pueda realizar, como parece considerar el Reglamento de forma natural, con posterioridad al proceso de sustanciarse la sucesión. También será posible una solicitud coetánea al procedimiento por el que se esté sustanciando una sucesión.

Sólo si se admite una solicitud simultánea al proceso de sustanciación cobran sentido algunos de los datos que se deben aportar en la solicitud de Certificado Sucesorio Europeo[572], como, por ejemplo, la relación entre el solicitante y el causante, los datos del cónyuge o pareja, los de los posibles beneficiarios, los extremos en los que el solicitante fundamente su derecho sobre los bienes hereditarios o las cuestiones relativas a la aceptación o renuncia de la herencia[573].

En efecto, si la sucesión ya estuviese totalmente sustanciada y se tratase, simplemente, de facilitar su circulación, bastaría con aportar el expediente sucesorio y alegar la finalidad para

---

572 Art. 65.3 y Anexo 4, formulario IV, R(UE) 1329/2014.

573 Ver Art. 65.3.

la que se pide el certificado y encontrarse el solicitante entre uno de los posibles legitimados para formular la solicitud. Sólo permitiéndose solicitar la certificación antes de que se sustancie la sucesión se entiende la prolija regulación del art. 65.3 y del formulario de desarrollo[574].

---

[574] Resulta interesante, en este sentido, la regulación de desarrollo que hace el legislador español, en la D.F. 26ª de la Ley de Enjuiciamiento Civil, introducida por la D.F. 2ª de la Ley 29/2015, de 30 de julio, de Cooperación jurídica internacional. Así, en el inciso 2º, del nº 11 de dicha disposición, al hablar de la expedición judicial se contrapone la solicitud que se formula mientras se sustancia a la que se formula sobre la sucesión ya sustanciada: "*La competencia para expedir judicialmente un Certificado Sucesorio Europeo corresponderá al mismo tribunal que sustancie o haya sustanciado la sucesión*", el empleo del presente subjuntivo es incompatible con que la sucesión se haya sustanciado ya. En el mismo sentido, aunque no da una forma tan evidente, puede traerse a colación la regulación que se hace respecto de la solicitud ante notario cuando de sucesiones no contenciosas se trate. En efecto, en el inciso 1º del numeral 14, se hace referencia al notario que "*declare la sucesión o alguno de sus elementos*". Empleándose sólo el presente subjuntivo, sin embargo ello no quiere decir que no puede formularse la solicitud posteriormente, sobre la sucesión ya declarada; ello se infiere poniendo en relación la posibilidad de que no se pueda incorporar el certificado a la matriz que sustancie la sucesión. Así, si la solicitud es coetánea a la declaración de la sucesión no debería haber problema, desde un punto de vista de la práctica notarial, en incorporar el certificado a la misma matriz, pues la certificación podría ser simultánea a la declaración de la sucesión, aunque desde un punto de vista lógico secuencial primero se declararía la sucesión e inmediatamente se certificaría sobre la sucesión ya declarada. En cambio, si la solicitud es posterior, por la forma de ordenarse y numerarse los protocolos notariales, no podría incorporarse a la propia matriz que declare la sucesión. Se volverá sobre este tema en el capítulo correspondiente, planteando las distintas alternativas y proponiendo la más adecuada para la ordenada expedición del certificado en sede notarial.

Por ello, parece adecuado sostener que la remisión a los artículos atributivos de la competencia, sin más y sin referirse al resto de normas del capítulo II, no es una mera remisión en abstracto que permitiera dar entrada, de soslayo, al resto de normas atributivas. Esa remisión sólo se justifica si se entiende que la competencia para expedir el Certificado Sucesorio Europeo recae en el tribunal o autoridad bien que previamente ha decidido o sustanciado una concreta sucesión, bien que exclusivamente puede acabar sustanciando una sucesión, atendidas las circunstancias del caso, ambos actos aparecen interrelacionados implícitamente en el Reglamento.

Esta forma de entender la competencia de expedición del certificado hace redundante traer a colación, de nuevo, el resto de los preceptos cuya existencia sí está justificada en sede judicial cuando sí que se está sustanciando, preliminarmente, antes de certificar, una sucesión o alguno de sus elementos.

Por eso, como quedó dicho, con esta segunda interpretación, que nos parece más adecuada, no debe entenderse, en cambio, que la remisión genérica a los foros competenciales brinda al interesado en una sucesión la posibilidad de volver a elegir entre un elenco de posibles tribunales o autoridades competentes, en este caso, para la expedición. Esa posibilidad ya se agotó al plantear la resolución de la sucesión o de alguno de sus elementos.

Así, unos herederos eficientes, a la hora de plantear, en su caso, la competencia judicial para sustanciar la sucesión tendrán en cuenta que el uso de los márgenes de libertad que les permite el capítulo II condicionará posteriormente el tribunal o autoridad expedidora[575] del certificado, pues tales partes del proceso aparecen interrelacionadas en el Reglamento.

---

575 Puede darse el caso de que la sucesión ya se haya sustanciado, en tal caso la competencia recaerá necesariamente en el Estado en el que

El hecho de que el Reglamento está pensando que *de facto* tribunal competente y tribunal o autoridad expedidora coinciden lo prueba el propio artículo 63.1, que parte de que se expide para que los peticionarios puedan *"invocar, en otro Estado miembro"*. Y es que, precisamente, ese otro Estado miembro, será aquel al que no pertenezca la autoridad que sustanció o naturalmente debiera haber sustanciado la sucesión.

Existen argumentos adicionales. Por un lado, la literalidad del Reglamento, en el conjunto de preceptos atributivos de la competencia judicial internacional y de la competencia de expedición del certificado.

Así, aunque no sea decisivo, debe tenerse en cuenta que mientras que en los artículos 4, 7, 10 y 11, a la hora de establecer los foros competenciales se emplea el tiempo futuro "*tendrán competencia*", en el artículo 64, en cambio, la norma es meramente enunciativa o declarativa, opera, en su literalidad, sobre una competencia previamente determinada para algo que está por encima de la actividad de certificación, como es la sustanciación de la sucesión, por ello se habla en presente y no en futuro, al decir que *"El certificado será expedido en el Estado miembro cuyos tribunales* sean competentes *en virtud de los artículos 4, 7, 10 u 11"*[576]. Se alude, en la literalidad de la norma a

---

ello haya acaecido, con arreglo a sus normas internas atributivas. Sin embargo, si la sucesión fue no contenciosa o se resolvió de esa manera, no se replantearán los foros competenciales y la expedición del certificado sucesorio se producirá en el Estado en el que tal sucesión se resolvió, no puede entenderse de otra manera la expresión *"en otro Estado miembro"* que emplea el artículo 63.1. La dicción literal del precepto implica que la sucesión ya se ha sustanciado, declarado o resuelto.

576 Se dice en el desarrollo que, en nuestra opinión, el argumento de la literalidad no es concluyente porque el criterio no es unívoco en las diferentes versiones del Reglamento. Así, por ejemplo, la versión española comparte estructura y tiempos verbales con la inglesa.

una competencia ya determinada previamente, la del proceso sucesorio al que hará referencia el certificado.

El argumento anterior se refuerza si se tiene en cuenta cómo opera la competencia interna. Algunos Estados, como España, atribuyen la competencia a favor del tribunal o autoridad ante la que se haya sustanciado la sucesión o alguno de sus elementos[577], lo cual implica referirse a una sucesión cuyos aspectos ya se han determinado judicial o extrajudicialmente. Sin la previa labor del tribunal o autoridad, no se podrá expedir el Certificado Sucesorio Europeo en dichos Estados, aunque resultasen competentes por los foros del Reglamento, si no sustanciaron la sucesión.

El tercer argumento consistiría en apelar, por un lado, a la coherencia interna del Reglamento, en el cual los otros formularios se cumplimentan por la autoridad expedidora del documento que se pretende hacer circular. Se pueden ver, en este sentido, los formularios de los artículos 46.2.b), relativo a las resoluciones judiciales; 60.2, respecto de los documentos públicos; ó 61.2, respecto de las transacciones judiciales.

Por otro lado, también se debería argumentar, llamando a la coherencia o sistemática del resto de sistema de formularios previstos en otros Reglamentos abogaría por la misma solución[578], pues la atribución de competencia para cumplimentar

---

Mientras que la francesa y la italiana utilizan el tiempo presente, no el futuro, tanto en la determinación de los tribunales o autoridades competentes para sustanciar la sucesión como en la de los expedidores del certificado (arts. 4, 7, 10 y 11, frente al art. 64, respectivamente).

577 Ver, en este sentido DF 26ª LEC al determinar tanto la competencia judicial como la notarial para la expedición del CSE.

578 Así, por ejemplo, sin ánimo exhaustivo, los formularios previstos en los arts, 45.3.b), 58.1, 59.2, 60.2 R(UE) 2016/1103; en los arts, 45.3.b), 58.1, 59.2, 60.2 R(UE) 2016/1104; o, artículos 6.2 y 24.1 R(CE) 95/2004, sobre Título Ejecutivo Europeo.

los correspondientes certificados se atribuye al órgano del cual nace la correspondiente resolución o documento.

Por todo lo anterior se juzga innecesario entender aplicables, en punto a la expedición del certificado sucesorio, el resto de las normas que conjugan el sistema de competencia judicial[579].

¿Quiere ello decir que los autores del Reglamento se desentienden de la posible existencia de certificados contradictorios por no regular un sistema similar al de la competencia judicial? ¿Por no prever la aplicación de normas de abstención, de conexidad o litispendencia?

La respuesta debe ser, necesariamente negativa, incluso si no se sigue la interpretación propuesta. Unos foros bien articulados deberían impedir que se produjese la duplicidad de certificados y que los casos en los que ello tuviera lugar fueran realmente residuales.

La muerte del sistema legislado vendría de la mano de facilitar la coexistencia de varios certificados relativos a una misma sucesión. Tal situación frustraría la finalidad del CSE y restaría

---

579 A favor de una interpretación restrictiva de la remisión que hace el art. 64 puede verse KRESSE, B., *op. cit.*, p. 700 y p. 708, quien, además, añade que no pueden trasladarse automáticamente unas normas pensadas para una situación contenciosa, cuando se sustancia judicialmente la sucesión, a una situación no contenciosa, como la expedición del Certificado Sucesorio Europeo, que, en principio, carece de connotaciones litigiosas. También, JIMÉNEZ GALLEGO, C.; *Un comentario notarial. El Reglamento Sucesorio Europeo;* Ed. Consejo General del Notariado, 2016, p. 310. No es aplicable lo relativo a la litispendencia, tampoco, para ZANOBETTI, A., *op. cit.*, p. 246. Tampoco, para LARA AGUADO, Á., *op. cit.* "Claves del Reglamento...", p. 43.

seguridad jurídica, pues es evidente que podrían darse contradicciones entre unos y otros[580].

Cierto es que, por un lado, admitida la expedición de certificados parciales y, por otro, a la vista de la posibilidad de distintos tribunales o autoridades internas para certificar sobre una misma sucesión[581], sin el correspondiente Registro europeo de certificados sucesorios, es difícil garantizar que no se dará la concurrencia de distintos expedidores sobre una misma sucesión y que, a la postre, se produzcan varios certificados sobre todo o parte de una misma sucesión.

Es algo que se debería evitar. Por un lado, porque, aunque se permitan, como se verá, certificados parciales, el formulario V tiene una parte común que afecta a todos los elementos de la sucesión que luego se desarrollan y certifican en sus anexos, por ejemplo la ley aplicable, por lo que ese tronco común podría presentar contradicciones entre unos y otros certificados parciales[582].

---

580 En este sentido, resulta interesante traer a colación el régimen de funcionamiento que se establece en España para los requerimientos notariales de juntas de socios, en virtud del cual, admitido un requerimiento por parte de un notario queda excluida la competencia de cualquier otro para asistir a la misma junta (art. 105 RRM), pues se rompería el juego de la fe pública al poderse confrontar dos versiones de un mismo hecho, la junta de socios. En el mismo sentido, podrá tenerse en cuenta lo que se establece en España para las declaraciones *abintestato*, por parte de notario, así ver art. 209 bis. 3 RN.

581 Como sucede en el caso de España, el cual será analizado posteriormente.

582 Se trata del mismo problema que hemos puesto de manifiesto en este mismo epígrafe al hablar de la competencia del art. 10.2, limitada a los bienes que existan en un concreto Estado, en los casos que en él se mencionan.

Sucede también que parece conveniente que sea un único expedidor el que centralice todo el proceso de certificación, se realice de una sola vez, en caso de que el certificado sea total, o sucesivamente, en caso de certificados parciales. De esta manera se facilitaría la coherencia interna y misma interpretación entre todos los elementos certificados, al haber seguido un mismo criterio de certificación.

Sin embargo, como quedó dicho, aquellos supuestos en los que se admite una competencia limitada, que no afecta a toda la sucesión, como sucede en el caso del art. 10.2, en el que se restringe la competencia a los bienes sitos en el Estado en cuestión, es el propio Reglamento el que está propiciando la existencia de certificados sucesorios europeos contradictorios. Pensemos que puede suceder que existan distintos bienes, en distintos Estados miembros, que puedan ser atributivos de competencia[583].

En tanto en cuanto no se produzca la revisión del Reglamento, aunque falta una norma expresa bien en el Reglamento, bien, en nuestro caso, en el Derecho interno español que articule una solución para evitar solicitudes redundantes o contradictorias, se pueden encontrar vías de escape en el propio Reglamento, sin acudir a la aplicación de la litispendencia, para evitar la duplicidad en la expedición de certificados, incluso, aunque no fueran contradictorios, pese a la inexistencia del referido registro, cuya consulta debería ser obligatoria.

En primer lugar, el propio interesado debería poner de manifiesto si conoce la existencia de certificados anteriores y, en su caso, aportarlos. Igualmente, debería informar sobre la tramitación simultánea de otro certificado. Ambas cuestiones tendrían

583 Ver KRESSE, B., *op. cit.*, p. 700.

cabida en el art. 65.3.m), al tratarse de una información relevante subsumible en dicho apartado[584].

En segundo lugar, en caso de no haber manifestado nada, el expedidor podrá realizar de oficio las averiguaciones que estime pertinentes y requerir al solicitante lo que considere, conforme se desprende del art. 66.1.

Como tercera precaución, podrá, al desplegar las medidas de información que se relacionan en el art. 66.4, hacer referencia expresa en las comunicaciones pertinentes, para que los interesados se pronuncien al respecto. Se trata de una cautela importante, especialmente, de cara a evitar ulteriores reclamaciones por dichos interesados que callaron sobre la existencia de un certificado contradictorio en el caso de que haya que resolver perjuicios causados por una eventual contradicción de varios certificados no retirados y, consiguientemente, en circulación.

Puede suceder que, pese a las medidas de diligencia anterior, antes de la expedición se pusiera de manifiesto, durante la tramitación, la existencia de otro procedimiento de expedición en curso o de otro certificado ya expedido. En tales casos, el expedidor, requerido en segundo lugar, deberá suspender[585] la tramitación, sobre la base del art. 61.2, cuyos motivos de suspensión no son taxativos. En otro caso, el propio efecto útil del certificado se frustraría si se generasen certificados contradictorios. Algún autor ha entendido que la letra b) del art. 61.2, es subsumible un certificado anterior como *"resolución que afectara a esos mismos extremos"*[586]. Sin embargo, el

---

584 Lo que pone de manifiesto la complejidad del proceso de solicitud pese a las buenas intenciones del legislador de la Unión.

585 En este mismo sentido, JIMÉNEZ GALLEGO, C.; *op. cit.*, p. 314.

586 Así, CARRIÓN GARCÍA DE PARADA, P., "Comentario al art. 67", en IGLESIAS BUIGUES, J.L. y PALAO MORENO, G., *Sucesiones internacionales. Comentarios al Reglamento (UE) 650/2012*, ed. Tirant lo

término "resolución" debería entenderse en sentido impropio, pues el certificado, en sí, no es una resolución.

Blanch, Valencia 2015, p. 531, quien señala, en relación al expedidor, que *"Estará obligado a suspender el procedimiento, y por lo tanto no expedirá el CSE, si estando previsto el mecanismo, se le comunica que se ha emitido ya otro CSE o se ha iniciado previamente otro procedimiento"*; el autor sugiere, en el último caso, la coordinación entre las autoridades y que sea desplaza la segunda autoridad por la primera, como sucede en las actas de declaración de herederos españolas. No se sabe si la propuesta es simplemente *de lege ferendae*, pues no se entiende la referencia a *"estando previsto el mecanismo"* -que expresamente no lo está-. Puede entenderse que la palabra "resolución" se emplea en un sentido impropio; sin embargo, la doctrina suele entenderla en sentido preciso de resolución judicial, así por ejemplo BONOMI, A. y WAUTELET, P., *op. cit. El Derecho europeo de sucesiones…*, p. 649, así, refieren los casos subsumibles dentro del art. 67.1.b) *"[…] una resolución por la cual un tribunal anule un matrimonio cuando la solicitud del certificado proceda de una persona que alegue estar casada con el causante o que rechace una demanda de terminación de una relación de filiación entre el causante y la persona que solicita la expedición del certificado"*. Sin embargo, en mi opinión, los ejemplos citados cabrían, sin más, dentro de la regla general del art. 67.1, a la vista de los cuales, la falta de acreditación suspende el proceso de expedición. En efecto, el art. 67.1 impone la obligación de no certificar en los supuestos que se relacionan, lo cual es lógico, lo que no quiere decir que, faltando tales supuestos la autoridad estará obligada a certificar siempre, podrá denegar, en cambio, el certificado, de forma motivada. Consiguientemente, la autoridad requerida podrá suspender la tramitación si existe otro certificado que no se tuvo en cuenta, pues la autoridad está vinculada, en caso de un certificado previo parcial, por lo que se certificó previamente y deberá incorporar al expediente el resultado de dicha certificación. Como excepción se encuentra el caso en el que la segunda autoridad compruebe la existencia de algún error en el primer certificado, no parece desacertado que la segunda autoridad bien ponga de manifiesto el error a la expedidora a fin de que ordene lo que proceda a tenor de lo dispuesto en el art 71, o bien lo traslade al interesado para que inicie el referido procedimiento del art. 71.

Pese a todo lo anterior, una laguna del sistema vendría determinada por el supuesto en que los interesados deciden una sucesión de forma no contenciosa y de forma que podríamos llamar "irracional" en el sistema del Reglamento. Nos estamos refiriendo al caso, que puede existir, en que los interesados sustancian la sucesión en un Estado sin ninguna vinculación con la sucesión, en el sistema del Reglamento. Imaginemos el supuesto en el que todos los herederos viven en un Estado totalmente ajeno al causante, en torno al cual orbita el sistema de competencia del Reglamento. A esos herederos podría interesarles resolver la sucesión en el lugar de su propia residencia.

En estos casos, si se quiere hacer valer esa documentación sucesoria en un Estado miembro conectado con la sucesión cabrían tres posibilidades. La primera sería acudir a las normas de circulación de documentos del propio Estado receptor, en la medida en que éstas fueran residualmente aplicables. La segunda, más normal, consistiría en acudir al sistema previsto en el Reglamento para la circulación de los documentos sucesorios (capítulos IV y V). La última, y tal vez más ampulosa, sería forzar la expedición del certificado en el Estado miembro naturalmente competente, a tenor de lo dispuesto en el artículo 64 [587]. Sin embargo, puede plantearse una situación claudicante en aquellos supuestos en los que se haya agotado el cartucho de la competencia al no existir nada que sustanciar en el Estado en cuestión, pensemos, por ejemplo, en España, que para atribuir competencia al notario, previamente debe haber sustanciado la sucesión o alguno de sus elementos y, lo mismo, en el caso de la competencia judicial. No obstante,

587 Piénsese, por ejemplo, desde la perspectiva de España, el caso en el que se pretende inscribir un inmueble en el Registro de la Propiedad Español y se completan los títulos procedentes del extranjero con una escritura pública en la que se recogen todos los aspectos necesarios para la inscripción, que faltaban en la titulación de origen.

debe convenirse que tales casos son manifiestamente inusuales y no deberían deslucir la configuración reglamentaria.

b. Legitimación para solicitar el certificado un doble requisito: Quién y para qué

i. Las tres categorías de solicitantes (*quién*)

Con un lacónico inciso inicial, el considerando 72 recoge el principio de rogación, conforme al cual la expedición del certificado requiere previa solicitud, pues, según el mismo: *"La autoridad competente debe expedir el certificado cuando así se le solicite[...]*[588]*"*.

El artículo 65, bajo la rúbrica *"solicitud del certificado"*, se ocupa de regular esta cuestión. El certificado se pide al órgano competente en los términos que han quedado expuestos.

La legitimación para la solicitud del certificado viene determinada en el art. 65.1, conforme al cual: *"El certificado se expedirá a instancia de cualquiera de las personas mencionadas en el artículo 63, apartado 1 (denominadas en lo sucesivo "solicitante")"*.

El legislador circunscribe y limita los posibles solicitantes del certificado en torno a las figuras de los *"herederos, legatarios que tengan derechos directos en la herencia y ejecutores testamentarios o administradores de la herencia"* (art. 63.1)[589].

---

588 En los considerandos, dicho inciso, es lo único que se refiere a la solicitud del certificado y a todas las cuestiones que ella debe contener, las cuales, sin embargo, se desarrollan profusamente en los extensos artículos 65, 66, 67 y 68. El resto del Considerando 72 se ocupa del certificado ya expedido, de su régimen de circulación documental y del sistema de recursos, así como de la rectificación, modificación o retirada del certificado ya expedido.

589 Mantiene una postura muy generosa, ampliando el elenco de posibles peticionarios, que no compartimos, MARCOZ, C. A., *op. cit.*, "The European Certificate...", p. 486.

Nótese que conforme al artículo 63.1 dichas personas deben necesitar *"invocar, en otro Estado miembro, su cualidad de tales o ejercer sus derechos como herederos o legatarios, o bien sus facultades como ejecutores testamentarios o administradores de la herencia"*.

Se mantiene, por consiguiente, una posición restrictiva en punto al elenco de solicitantes. Entre ellos, no se encuentra, en ningún caso, a los acreedores del causante, ni a otros posibles interesados[590]. Tampoco parece que la normativa interna pudiera ampliar el elenco de posibles legitimados.

No obstante lo anterior, se plantean muchos interrogantes respecto a si el sólo *nomen* de heredero[591], legatario con derecho

---

590 El legislador de la Unión tuvo la opción de considerar a otros solicitantes y, por consiguiente, ampliar el círculo de legitimados, así se puso de manifiesto, por ejemplo, en el *Documento de Reflexión del Grupo de Expertos*, en el que en la aclaración del art. 6.1 se apuntaba que se había tenido en cuenta la posibilidad de que los acreedores pudieran solicitar el certificado pero se entendía que les bastaba con la legitimación que tenían para, expedido el certificado, solicitar una copia del mismo, pues estos sí que tendrían interés legítimo. Es interesante, a este respecto, la posición de CALVO VIDAL, I., *El Certificado Sucesorio Europeo*; Ed. La Ley, Madrid, 2015, pp. 135-137, para el autor se considera que el legislador de la Unión tuvo en cuenta el problema y se adoptó una óptica restrictiva, separándose, en este punto, de los distintos derechos internos, si bien, apunta que los que se consideren agraviados deberá instar la reparación del perjuicio en el ámbito del Derecho interno, de forma que desde esta última perspectiva se inste a los legitimados según el Reglamento a instar la expedición. En contra de la solicitud por los acreedores, desde la perspectiva del Derecho alemán, ver REINHARTZ, B., en BERGQUIST, U. *et al., EU Regulation on Succession and Wills;* ed. Otto Schimidt, Colonia 2015, p. 252. También los excluye KRESSE, B, *op. cit.*, p. 687; en el mismo sentido FERNÁNDEZ-TRESGUERRES GARCÍA, A.; *Las sucesiones "mortis causa" en Europa: aplicación del Reglamento (UE) nº 650/2012;* ed. Aranzadi, Cizur menor, 2016, p. 614.

591 Así, por ejemplo, KRESSE, B, *op. cit.*, p. 688, conecta la posición de heredero, como legitimado, con el contenido del art. 23.2.b),

directo a la herencia, administrador o ejecutor testamentario, puede, sin más, solicitar el certificado.

Deberá analizarse cada caso y ponerse en relación con la ley sucesoria. Puede que en ocasiones, dicha ley no repute a una persona como heredero, pero sí como legatario y, en tal caso, tenga derecho directo a los bienes, esa persona tendrá legitimación[592]. En otros casos estaremos ante legados que simplemente atribuyen un derecho de crédito, los cuales tendrán vetada la posibilidad de pedir el certificado[593].

Ligado a la distinción entre los conceptos de heredero y legatario, a los efectos de ser posibles legitimados para instar la

---

que alude a las alícuotas de la herencia. El mismo autor, restringe los legados a los vindicatorios, excluyendo a los obligacionales (ver pp. 689-690).

592 Piénsese, por ejemplo, en el caso del art. 768 CC español, en relación al heredero instituido en una cosa cierta y determinada que será considerado legatario. Se cuestiona, en cambio REINHARTZ, B., en BERGQUIST, U. *et al.*, *EU Regulation on Succession and Wills;* ed. Otto Schimidt, Colonia 2015, en p. 253, que los legatarios que solo tengan derecho a reclamar una cantidad de dinero, aunque tengan derecho directo a los bienes, deban ser reputados solicitantes. La posición es bienintencionada, sobre la base de que parece que se trataría de una legado obligacional. Tal vez, entendemos, deba resolverse dependiendo de que tengan o no facultades para posesionarse del legado.

593 Piénsese, por ejemplo, en los legados ordenados bajo la ley sucesoria alemana, que tienen naturaleza obligacional. Una interesante explicación sobre el diseño del art. 63, en lo relativo a que los legatarios deben tener derecho directo a los bienes para estar legitimados puede verse en CALVO VIDAL, I., *op. cit. El certificado sucesorio…*, p. 69 y ss.. Recordar la exclusión de los legados obligacionales es una preocupación constante en la doctrina alemana, así por ejemplo, ver HERTEL, C.; "European Certificate of Succession –content, issue and effects"; en ERA Forum (2014), pp. 393-407; DOI 10.1007/S12027-014-0355-y., p. 399.

expedición del Certificado Sucesorio Europeo, se encuentra la posición jurídica de los legitimarios. Excluye FERNÁNDEZ-TRESGUERRES, A. a los legitimarios que no sean reconducibles a la categoría de herederos o, en su caso, beneficiarios de una alícuota de la herencia[594]. De esta manera, sólo cuando en el legitimario concurra una de las posiciones jurídicas del art. 63, se podrá instar la expedición del Certificado Sucesorio Europeo[595].

La citada autora, sin embargo, apunta que el expedidor podría ser responsable si resultando la existencia de los legitimarios del material probatorio no lo hace constar.

En nuestra opinión, parece que el expedidor del certificado debería desplegar una actuación a fin de constar la existencia o no de legitimarios. Pues, en cualquier caso, son interesados,

594 FERNÁNDEZ-TRESGUERRES GARCÍA, A.; *Las sucesiones "mortis causa" en Europa: aplicación del Reglamento (UE) nº 650/2012;* ed. Aranzadi, Cizur menor, 2016, p. 614. No se entiende, sin embargo, por qué la autora (p. 631) se extraña de que no haya un reconocimiento de legitimación expresa a favor del cónyuge, que tendrá que buscar cobijo en cualquiera de las situaciones jurídicas del art. 63, si quiere instar la expedición del certificado, si bien, recuerda la misma autora que, en la práctica, lo normal, salvo casos puntuales, bien por los derechos que le atribuye la ley en la sucesión intestada, bien por el título sucesorio, podrá solicitar el certificado. Decimos que no se entiende, porque no acabamos de ver motivo por el que el cónyuge viudo tenga que ser primado respecto, por ejemplo, a un hijo.

595 Mantiene posición crítica respecto a la exclusión de acreedores y legitimarios, entendiendo que debería ser revisada en futuras versiones, GÓMEZ TABOADA, J., "El Certificado Sucesorio Europeo. Breve aproximación"; en GINEBRA MOLINS, M. E. y TARABAL BOSCH, J., *El Reglamento (UE) 650/2012: Su impacto en las sucesiones transfronterizas;* ed. Marcial Pons, Madrid 2016, pp. 285-298, p. 290. También critica la exclusión de los acreedores, JIMÉNEZ GALLEGO, C.; *Un comentario notarial. El Reglamento Sucesorio Europeo;* Ed. Consejo General del Notariado, 2016, p. 329.

en los términos previstos en el art. 66.4 y, por consiguiente, posibles destinatarios de las actividades de comunicación que el precepto impone a cargo del expedidor.

Excluida la legitimación para solicitar el Certificado Sucesorio Europeo, por los legitimarios que no son herederos ni tienen derecho directo a los bienes, la necesidad de constatar sin embargo, es discutible, en un doble sentido.

Por un lado, desde la perspectiva de los distintos derechos internos que atribuyen la legítima como un mero derecho de crédito, de los cuales es exponente máximo, a estos efectos, el Derecho alemán, pues no olvidemos que muchos autores colocan al *erbschein* como modelo sobre el que se basa el Certificado Sucesorio Europeo. En el *erbsechein* no se reseñan los legitimarios, al ser la reserva hereditaria un derecho de crédito reclamable en un plazo que puede que no se llegue a pagar si el legitimario no lo solicita al heredero. Por eso, en la formalización de las herencias sujetas a la ley alemana, en España, los notarios, a lo sumo informan de la obligación de pago de las legítimas.

Por otro lado, si tomamos en consideración los formularios, no aparece en el modelo de Certificado Sucesorio Europeo la existencia de casilla en la que se deba reflejar la existencia de legitimarios. Tampoco aparece apartado destinado a la constatación de legados obligacionales. ¿Se trata de una omisión deliberada o de un descuido del legislador?

Pero es que, a mayor abundamiento, así como la posición jurídica de los legitimarios y legatarios obligacionales entronca directamente con la ley sucesoria y con la forma de planificar el causante su sucesión, la de los acreedores, en cambio, es totalmente ajena a esa planificación de la ley sucesoria. Sin embargo, los acreedores también ostentan una posición jurídica que se puede hacer valer contra el heredero y no se reflejan el Certificado Sucesorio Europeo.

Por lo que, tal vez, deba concluirse que en el modo de actuar del legislador de la Unión, está excluida la necesidad de reseñar, como sucede para los acreedores, a los legitimarios en el Certificado Sucesorio Europeo, sin perjuicio de que el expedidor deba desplegar la diligencia que hemos apuntado, en punto a poner en conocimiento la solicitud de expedición (arg. art. 66.4).

No obstante lo anterior, si el expedidor considera conveniente o necesario hacer constar en el certificado la existencia de legitimarios, o, en su caso, legatarios no legitimados para instar la expedición, podrá reflejarlo en las casillas 10 y 11 del anexo IV, al formulario V[596], cuando respectivamente refieren a las *"Condiciones y restricciones relativas a los derechos del heredero (indíquese si los derechos del heredero están sujetos a restricciones en virtud de la ley aplicable a la sucesión o por disposición mortis causa)"*; y a *"Otra información pertinente o explicaciones adicionales (especifíquese)"*. También podrá reflejarlo, en función del gravado a la entrega de la legítima o de la naturaleza de ésta, en las casillas 6 y 7 del formulario V, anexo V[597], de tenor equivalente a los transcritos respecto al heredero.

Pese a ello, el expedidor debe buscar el equilibrio entre su propia responsabilidad y recargar el contenido del Certificado Sucesorio Europeo con menciones que más que aclarar puede que confundan a un eventual receptor, en el momento en el que el certificado debe desplegar su eficacia.

En cuanto a la necesidad de justificar la posición jurídica del solicitante para instar la expedición del certificado, parece interesante la posición de CALVO VIDAL, I. A.. El autor considera que, habida cuenta de que hasta que el certificado

---

596 Formulario relativo a la cualidad y derechos del heredero.

597 Formulario relativo a la cualidad y derechos del legatario que tenga derechos directos en la herencia.

sucesorio se expide el expedidor no tiene cabal conocimiento completo de la sucesión que se pretende certificar y de las posiciones jurídicas de cada uno de los interesados y, especialmente, del solicitante, parece bastante apuntar un principio de prueba de dicha posición de heredero, legatario con derecho directo a los bienes o albacea o ejecutor testamentario, a fin de formular la solicitud[598]. Si bien, esta afirmación valdrá para aquellos supuestos en los que la solicitud se formule de forma coetánea al proceso por el que se sustancia la sucesión; debiendo relativizarse, en cambio, en aquellos supuestos en los que se solicita la expedición habiéndose sustanciado ya la sucesión.

Con un fundamento más práctico que legal, apunta algún autor la conveniencia de que a la solicitud concurran todos los posibles legitimados para instar la expedición[599].

ii. Fundamento de la legitimación del solicitante (Art. 65.3.h)

Una de las principales críticas que debe hacerse al legislador es la descoordinación sistemática, unas veces, entre el orden expositivo del Reglamento y el desarrollo de los formularios. En otras ocasiones, el desorden se plantea entre lo que Reglamento y formulario prevén y lo que sucede en la práctica de los operadores jurídicos. Es algo que se apunta en distintas partes de este trabajo.

---

598 CALVO VIDAL, I. A., "El Certificado Sucesorio Europeo"; en GARRIDO DE PALMA, V. M. (ed.) en *Instituciones de Derecho Privado;* Civitas-Thomson Reuters, Cizur Menor (Navarra) 2016, 2ª ed., pp. 793-864, p. 822.

599 JIMÉNEZ GALLEGO, C.; *Un comentario notarial. El Reglamento Sucesorio Europeo;* Ed. Consejo General del Notariado, 2016, p. 345, quien, sin embargo, parece poner en la misma posición a los legitimados que a los beneficiarios, cuando no son lo mismo en el ámbito del Reglamento. También, MARCOZ, C. A., *op. cit.,* "The European Certificate...", p. 517.

Parece lógico que legitimación para solicitar y fundamentación de la solicitud deberían ser dos aspectos tratados correlativamente. Sin embargo, al volcar el contenido del Reglamento que aparece en las letras h) e i) del artículo 65.3 en el formulario de solicitud parece que los autores de éste se ven desbordados por su cometido.

En efecto, el Reglamento en dicho precepto va enumerando los distintos aspectos que deben aparecer en la solicitud, sin embargo, en ocasiones no parece ser consciente de que o bien se produce una cierta reiteración o, al menos, determinados elementos enumerados presentan una notable interrelación entre sí.

Tal vez, el formulario de solicitud debiera haberse simplificado un poco más. Si lo que se pretende es que el ciudadano medio sea capaz de cumplimentarlo, los autores del mismo puede que hayan puesto el listón muy alto, pues se requieren conocimientos jurídicos para marcar algunas de las opciones.

Es conveniente poner de manifiesto que, al igual que en algunos puntos el formulario va más allá del propio Reglamento, en otros, comete omisiones que carecen de justificación. Sucede esto, por ejemplo, con la ausencia de referencia a la posible vinculación más estrecha con determinado Estado, en los términos de la cláusula de excepción del artículo 21, para, a falta de *professio iuris*, enervar la aplicación de la ley supletoria determinada por la residencia habitual.

En el fondo, bajo este enfoque subyace el hecho de que la actividad de certificación no es de generación de un título sucesorio ni de nuevos elementos que no existían al tiempo de la solicitud[600]. La autoridad expedidora certifica sobre una sucesión ya sustanciada, en la cual todos sus elementos están

600 En este mismo sentido FERNÁNDEZ-TRESGUERRES GARCÍA, A., *op. cit., Las sucesiones…*, p. 622.

determinados. Todo ello se entiende si se mira bajo el prisma de que la finalidad del certificado es facilitar la circulación de una herencia ya resuelta pero que pretende hacerse valer en otro Estado miembro[601].

Así, el artículo 65.3.h) obliga a relacionar en la solicitud: *"los extremos en los que el solicitante fundamente, según el caso, su derecho sobre bienes hereditarios en calidad de beneficiario y/o el derecho a ejecutar el testamento del causante y/o a administrar su herencia"*.

Los extremos sobre los que el solicitante fundamenta su posición jurídica, no dejan de estar vinculados a su propia legitimación, cuyo esquema acabamos de exponer, y a la finalidad del certificado, que se expone posteriormente. Parece que lo más conveniente, sistemáticamente, sea que determinados el causante y el solicitante lo correcto hubiera sido hacer constar el título de la sucesión, para después hacer referencia al resto de elementos personales de la misma, en los términos que va desgranando, como ha quedado expuesto, el artículo 65.

No ha sido esa, sin embargo, la opción adoptada ni por los autores ni del Reglamento ni por los del formulario. En este punto, bajo la rúbrica de *"Información adicional"*, que encabeza el numeral 6 del formulario, conecta la legitimación con el título sucesorio, bien una disposición *mortis causa*[602], bien con el documento correspondiente que se deberá aportar[603], cuando

---

601 Supone lo anterior, anticipar, una vez más, los aspectos relativos a la naturaleza jurídica del Certificado Sucesorio Europeo y la actividad de expedición, en los términos que se expondrán en el momento oportuno.

602 Números 6.1.1, 6.2.1, y, 6.3.1; respectivamente para los herederos o legatarios con derecho directo a los bienes, ejecutores y administradores.

603 En relación, por ejemplo, a causantes intestados cuya sucesión se aperture en España, la correspondiente declaración notarial de herederos *abintestato*.

la sucesión sea intestada[604], los títulos se amplían en relación a los ejecutores y administradores, donde se tendrá en consideración, además del título testamentario, la designación por el tribunal o el acuerdo extrajudicial entre los beneficiarios[605].

iii. Vocación, delación, aceptación, renuncia hereditaria y CSE

El proceso hereditario, conceptualmente se descompone en determinadas fases[606]. Acaecido el fallecimiento de una persona, en una primera fase, se abre su sucesión.

---

604 Como respectivamente se pone de manifiesto en los números 6.1.2, respecto de los herederos, no entendiéndose incluidos en tal lugar los legatarios, pues su título es esencialmente testamentario, salvo para las atribuciones singulares que, en forma de legítima se establecen por ministerio de la ley en determinados ordenamientos jurídicos.

605 El Reglamento distingue entre ejecutores y administradores, cuando los distintos ordenamientos jurídicos no siempre son tan nítidos. Así, siendo posible diferenciar conceptualmente ambas figuras, en la práctica puede que los perfiles sean difusos. Respecto de ellos no solo se incorporan la resolución de nombramiento y el acuerdo extrajudicial, según el caso, también se hace referencia a una casilla abierta (6.2.3) para los ejecutores. Respecto de los administradores, además, se hace referencia a la posibilidad de tener poder para administrar la herencia por ley (6.3.4), en este punto debe llamarse la atención sobre el hecho de que, por ejemplo, pueden existir ordenamientos en los que el heredero tenga por ley facultades de administración e interese que se le certifique tal extremo, al igual que sucederá que en otros ordenamientos estén desprovistos de tales facultades concurriendo un albacea, ejecutor o administrador, según el caso.

606 Lo que aquí se expone vendrá modalizado en función de cómo se configure el proceso de adquisición hereditaria previsto por la *lex successionis.* Hemos tenido en cuenta la perspectiva del Derecho material español, lo cual es extrapolable a los ordenamientos que siguen el sistema romano de adquisición hereditaria. Sobre las fases

A su herencia pueden tener derecho actual o potencial varias personas, son las que tienen vocación hereditaria, la vocación constituye la segunda fase de la sucesión.

De entre todas aquellas personas que tienen vocación hereditaria, puede que unas lleguen a tener la posibilidad efectiva de ser herederas o a adquirir la posición jurídica prevista para ellas en los correspondientes títulos sucesorios; a otras, en cambio, nunca se les llegará a ofrecer la posibilidad de consolidar el llamamiento para el que tenía vocación.

No todos los sujetos con vocación pueden llegar a tener delación. La delación implica la concreta posibilidad de aceptar o repudiar una herencia[607]. La delación constituye el llamamiento efectivo a una concreta persona antes que a otras para llegar a ganar la posición jurídica prevista para ella en el titulo sucesorio, sea legal o voluntario. La delación sería, por consiguiente, la tercera fase del proceso sucesorio.

Puede que aquel al que se le defirió la herencia la acepte, consolidando su posición jurídica. Estaríamos ante una herencia aceptada en la que el sujeto aceptante podrá ejercitar las facultades previstas para él por la ley sucesoria. La aceptación constituye la última fase del proceso sucesorio. Sin embargo, puede que aquel al que se le defirió una herencia la repudie. En tal caso deberá repetirse el proceso entre la siguiente persona que tiene vocación a la herencia repudiada.

---

del proceso hereditario puede verse ALVENTOSA DEL RÍO, J., en ALVENTOSA DEL RÍO, J. y COBAS COBIELLA, M. E. (Dir.), *Derecho de sucesiones;* ed. Tirant l Blanch, Valencia 2017, pp. 152 y ss.

607 En este momento, estos conceptos deben entenderse, como quedó dicho, desde una perspectiva general, sin entrar en las peculiaridades de cada sistema hereditario y cómo configure la *lex successionis* el proceso adquisitivo de la herencia.

Así, por ejemplo, vocación a una herencia tienen los llamados por testamento como herederos, sus sustitutos testamentarios y los herederos *abintestato* previstos por la ley; sin embargo, delación hereditaria sólo tendrán los primeramente llamados, en este caso los herederos testamentarios, a quienes se les ofrece la posibilidad de aceptar o repudiar la herencia; en el caso de renuncia la herencia se deferirá a sus sustitutos y si estos, a su vez, renuncian, serán llamados los herederos *abintestato*, con las peculiaridades o matices que determina cada ley sucesoria.

Parece que, la simple vocación si no va acompañada de delación hereditaria a la herencia no atribuye legitimación para solicitar el Certificado Sucesorio Europeo. Por ejemplo, que un determinado pariente pueda llegar a ser heredero si renuncia el heredero testamentario y su sustituto es irrelevante a los efectos de la legitimación para obtener el certificado sucesorio.

Sólo cuando se tiene una delación actual se podrá plantear si se tiene o no legitimación para postular el certificado[608]. No hará falta que el solicitante haya sido el primer llamado, en tal supuesto, bastará que, con su solicitud, acredite las circunstancias que convierten en delación su vocación[609].

Por el mismo motivo debe excluirse al heredero o legatario instituido bajo condición suspensiva pero se debe atribuir legitimación cuando la condición es resolutoria[610].

---

608 MARCOZ, C. A., "The European Certificate of Succession", en VV. AA. STEFANIA BARIATTI, S. *(Coord.) et al., Towards the entry into forcé of the succession regulation: Building future uniformity upon part divergencies. JUST/2013/JCIV/AG/4666. FINAL STUDY;* Università degli Studi di Milano; Milán 2016, p. 529.

609 Como con buen criterio se indicaba en el art. 6.2 DR.

610 Ver, en este sentido BENANTI, C., "Il certificato successorio europeo: ragioni, disciplina e conseguenze della sua applicazione nell'ordinamento italiano. Parte prima", en *La Nuova giurisprudenza civile commentata*, vol. 30, N°. 1, 2014, págs. 1-14, p.11.

Algún autor, conecta, en estas situaciones, la posibilidad de solicitar el certificado con la de pedir medidas cautelares[611].

Debe plantearse si basta con que la herencia o posición jurídica hereditaria haya sido deferida a determinada posición jurídica o, por el contrario, es necesario que se haya aceptado la misma por el interesado o haya transcurrido el plazo para repudiarla. Esto es, ¿se necesita que el heredero haya aceptado la herencia o basta que simplemente le haya sido deferida?, ¿debe haber aceptado el albacea, contador partidor o ejecutor testamentario?, ¿debe haber caducado el plazo para renunciar una herencia o legado?

Pensemos en el caso de que estemos ante un heredero no aceptante[612] en un sistema en el que se requiere la aceptación;

---

611 RIVA, I., *Certificato successorio europeo. Tutele e vicende acquisitive;* Edizione Scientifiche Italiane, Napoles 2017, p. 98.

612 En contra de la legitimación se postula RIVA, I., *op. cit.*, pp. 66 y 96. A favor, en cambio, MARCOZ, C. A., "The European Certificate of Succession", en VV. AA. STEFANIA BARIATTI, S. *(Coord.) et al.*, *Towards the entry into forcé of the succession regulation: Building future uniformity upon part divergencies. JUST/2013/JCIV/AG/4666. FINAL STUDY;* Università degli Studi di Milano; Milán 2016, pp. 520-521. A favor, lo ilustra muy bien GÓMEZ TABOADA, J., "El Certificado Sucesorio Europeo. Breve aproximación"; en GINEBRA MOLINS, M. E. y TARABAL BOSCH, J., *El Reglamento (UE) 650/2012: Su impacto en las sucesiones transfronterizas;* ed. Marcial Pons, Madrid 2016, pp. 285-298,p. 294, cuando refiere la posibilidad de un Certificado Sucesorio Europeo que contenga sólo el título sucesorio, pues puede interesar para acreditar la delación, recopilar información administrar la herencia yacente. El mismo autor se plantea luego otros supuestos, que en función de las circunstancias del caso, pueden dar lugar a la expedición de un certificado parcial, como, por ejemplo, cuando al contener el título y la aceptación, podría servir para instar en un país la *interpellatio in iure* para la posesión civilísima o la aplicación de las normas de la comunidad hereditaria, así como para alegar legitimación pasiva para la reclamación de legados.

o, por ejemplo, en el caso de un administrador o ejecutor testamentario que no ha aceptado el cargo.

En tales supuestos puede que obtener un certificado carezca de utilidad actual y, por consiguiente, decaiga el interés legítimo para solicitar su expedición. En esas situaciones, el destinatario de la solicitud podrá denegarla si no se la acredita la necesidad actual, lo que obliga a un análisis de cada caso concreto al respecto, sin embargo, entendemos que debe imperar un criterio de flexibilidad, en tanto en cuanto el certificado se expide para facilitar la circulación de la herencia y tal necesidad de circulación se presume en una herencia internacional; sin que la autoridad o tribunal requerido pueda siempre llegar a tomar cabal juicio sobre las necesidades de documentación en otro Estado miembro.

La cuestión, además, es independiente de los efectos que se atribuyan al hecho de solicitar el certificado. En efecto, no parece, por sí sola que la solicitud del certificado implique aceptación de herencia, de hecho, el artículo 65.3.k) indica la necesidad de indicar *"si alguno de los beneficiarios ha declarado que acepta la herencia o renuncia a ella"*. Entre dichos beneficiarios puede incluirse, también, al propio solicitante, sin perjuicio de lo referido respecto a la escasa utilidad de un certificado para el no aceptante[613].

Existirán casos en los que el Certificado Sucesorio Europeo, interese, además, para en la dinámica del tráfico jurídico poder invocar las presunciones del art. 69.

613 El tema ha sido considerado por la doctrina italiana, así, aunque algunos autores como BENANTI, C., "Il certificato successorio europeo: ragioni, disciplina e conseguenze della sua applicazione nell'ordinamento italiano. Parte prima", en *La Nuova giurisprudenza civile commentata*, vol. 30, N°. 1, 2014, págs. 1-14, en p. 10, consideran que la solicitud del certificado implica aceptación de la herencia; en el mismo sentido MEUCCI, S., "Apparenza e presunzione della qualità di erede nel Certificato Successorio Europeo", en *Persona e*

Mercato, 3-2016, PP. 103-115; disponible 7.06.2017 en <http://www.personaemercato.it/2017/02/apparenza-e-presunzione-della-qualita-di-erede-nel-certificato-successorio-europeo-di-serena-meucci/>, p. 109; otros como MARCOZ, C. A., *op. cit.* "The European Certificate of Succession" (2016), pp. 520-521 hacen un análisis más minucioso del tema. El citado autor que admite la solicitud por el no aceptante, entiende que es posible ligar la finalidad del certificado a los efectos que se pretenden, así, en aquellos casos en los que se pretenda invocar una determinada facultad ejercitable sobre la herencia, la solicitud del certificado podría conllevar aceptación tácita de la misma, sin perjuicio de la conveniencia de formalizarla independientemente y de forma expresa. En otras ocasiones, la sola solicitud no será bastante para inferir la aceptación. Una posición que, a nuestro juicio, interrelaciona indebidamente la solicitud del certificado con la previa aceptación de la condición de heredero la parece sostener CALVO VIDAL, I., *El Certificado Sucesorio Europeo*; Ed. La Ley, Madrid, 2015, quien, en la p. 69, parte de la necesaria aceptación previa de la herencia para instar el certificado y así, llega a decir: *"De donde parece posible derivar que la pretensión de la obtención del certificado puede ser considerada como un supuesto de tácita renuncia a la posibilidad de repudiación a la herencia, en los ordenamientos de corte germánico, o como un modo de aceptación tácita de la herencia, en los ordenamientos de base romana"*. El mismo autor, reitera su posición en CALVO VIDAL, I. A., "El Certificado Sucesorio Europeo"; en GARRIDO DE PALMA, V. M. (ed.) en *Instituciones de Derecho Privado;* Civitas-Thomson Reuters, Cizur Menor (Navarra) 2016, 2ª ed., pp. 793-864, p. 819. No puede compartirse esta visión tan restrictiva pues puede convenir, simplemente acreditar la delación hereditaria y es incompatible con la propia estructura del formulario de solicitud, y opciones que se deben cumplimentar, como se pone de manifiesto en el desarrollo seguidamente. En contra de que implique aceptación hereditaria, CARRIÓN GARCÍA DE PARADA, P.; "Los documentos públicos y el Certificado Sucesorio Europeo en el Reglamento 650/2012"; en *La Notaría,* I-2015, pp. 127-139, Ed. Colegio Notarial de Cataluña, Barcelona 2015, p. 132. Tampoco conlleva aceptación para ZANOBETTI, A., *op. cit.*, p. 237. Otros autores, con poca fundamentación y con un análisis bastante superficial, presumen que,

La no necesidad de aceptación encuentra su fundamento legal en el art. 65.3.k), que ordena que se constate en la solicitud *"una indicación de si alguno de los beneficiarios ha declarado que acepta la herencia o renuncia a ella";* y se encuentra refrendada por una interpretación conjunta de los formularios de solicitud y de expedición del certificado sucesorio.

Así, en primer lugar, debe tenerse en cuenta que en el formulario de solicitud, en la casilla 6.8 se pregunta si *"alguno de los beneficiarios ha aceptado expresamente la herencia"* y se dan las opciones *"sí, no, no sabe";* las mismas posibilidades se repiten en la casilla 6.9, respecto de la renuncia.

La doble formulación, que yuxtapone la aceptación a la renuncia, es lógica pues en unos ordenamientos, como quedó expuesto, se exige la aceptación, con efectos retroactivos a la muerte y, en otros, la renuncia es lo que se retrotrae al fallecimiento, entendiéndose adquirida la herencia si no se renuncia.

La mayoría de sistemas, inspirados en el Derecho romano, regulan las consecuencias del fallecimiento del heredero sin aceptar ni repudiar la herencia. Consiguientemente, puede que el heredero no haya aceptado ni repudiado la herencia, no debe reputarse que la palabra "expresamente" contradiga en el formulario tal posibilidad, pues los actos tácitos no se avienen bien con la actividad de certificación; el expedidor no debería tomar en consideración actos tácitos. Debe tenerse en cuenta que los formularios deben dar cabida, al menos, a todos

---

de haberse expedido el Certificado Sucesorio Europeo, es porque existe un heredero aceptante, llegando incluso a decir que la legitimación como heredero, derivada del Certificado Sucesorio Europeo, por tal motivo, tiene un valor mayor que la que deriva del testamento; el autor citado desconoce tanto el sistema del Reglamento, como la distinta configuración del sistema de transmisión hereditaria de la propiedad en el ámbito del Derecho comparado, ver, VALLE MUÑOZ, J. L., *op. cit.*, p. 309..

los sistemas de la Unión Europea, lo cual es coherente con la actitud que se considera respetuoso con la labor de integración de los distintos Estados miembros.

Paradójicamente, el formulario V, y, concretamente, su anexo IV, relativo a los herederos, no contiene referencia a que el heredero sea no aceptante. En efecto, entre las opciones que se contemplan en el número 2, que no se deben rellenar obligatoriamente, no aparece la situación de no haber aceptado ni repudiado la herencia. Sin embargo, admitida la posibilidad de que el no aceptante proceda a solicitar el certificado su situación jurídica debería reconducirse a alguna de las casillas del formulario de expedición, pues de lo contrario el certificado no reflejaría fielmente la situación en la que se encuentra la herencia.

No parece impertinente, en tales casos, reconducir su situación a las casillas 10 y 11, que hacen, respectivamente referencia a las *"condiciones y restricciones relativas a los derechos del heredero"* y a *"otra información pertinente o explicaciones adicionales"*; en una y otra podría hacerse constar la necesidad de aceptación para consolidar la situación jurídica del heredero y la imposibilidad de ejercer otras facultades, distinta de la aceptación hasta que la misma acaezca.

Admitida la innecesariedad de aceptación para solicitar el certificado sucesorio cabría, por último, plantearse la situación jurídica excepcional del *nasciturus*; el cual, parece que tiene vocación hereditaria pero no tiene delación, pues no puede aceptar la herencia hasta su nacimiento[614]. Sin embargo, puede que la ley sucesoria permita poner la herencia en administración, mientras se verifique el alumbramiento o se descarte. En tales

---

614 Se adopta la posición del Derecho material común español. En cualquier caso será una cuestión que haya que analizar en cada caso, a la vista de lo que determine la ley sucesoria. A los efectos del Derecho común español pueden verse los artículos 959 y ss. C.c..

casos, parece que podría admitirse legitimación a la madre, siempre y cuando ésta pudiera pedir medidas cautelares.

Llevado a sus últimas consecuencias lo defendido en relación a la no necesidad de aceptación, cabría plantearse si se podría solicitar la expedición del Certificado Sucesorio Europeo por el heredero que renuncia a la herencia[615]. Parece que el Certificado Sucesorio Europeo, atendida la literalidad del artículo 63, que alude a que el certificado *"se expedirá para ser utilizado por los herederos [...] que necesiten invocar, en otro Estado miembro, su cualidad de tales o ejercer sus derechos como herederos [...]"* llevaría a responder negativamente. Si se tiene en cuenta que la finalidad del certificado es facilitar la libre circulación de las herencias y la vida de los ciudadanos de la Unión; dicha finalidad se cumple si quien quiere invocar la inexistencia de su condición de heredero puede obtener el certificado.

A mayor abundamiento, no es infrecuente que las personas llamadas a una herencia, especialmente en época de crisis, renuncien a ésta. En tales casos les puede ser útil acreditar, por ejemplo, para evitar una reclamación por deudas hereditarias, tal renuncia. La casilla 4 del anexo IV del formulario de expedición permite constatar que el heredero ha renunciado.

Todo lo anterior refrenda que no se vean obstáculos para que tal solicitud sea hecha por el heredero renunciante[616]. A la misma conclusión se llega, admitida la posibilidad de solicitar

---

615 Sobre la posibilidad de considerar la renuncia sucesoria como documento atributivo de competencia, en el ámbito del Derecho interno español, se hace remisión a lo que se apuntará en el capítulo siguiente.

616 Evidentemente, los autores citados anteriormente que consideran bien que es necesaria la aceptación, bien que la solicitud implica aceptación, lo cual no se comparte, se postularán negativamente. Sin embargo, tal posición es contraria a lo que se defiende en este trabajo.

el certificado por el heredero antes de aceptar o repudiar, si primero se solicita el certificado y acto seguido se repudia a la herencia. En tales casos, parece viable que se aporte a la solicitud, posteriormente, la renuncia, como una circunstancia que puede afectar al proceso de certificación.

En cualquier caso, la diferenciación entre los conceptos de vocación, delación, aceptación y renuncia, como ha quedado expuesto, deberá servir de guía para determinar quién tiene derecho y quien no a solicitar el Certificado Sucesorio Europeo, la tarea, además, es compleja, a la vista de los efectos que determine la ley aplicable a la sucesión, en el caso concreto, a cada posición jurídica[617].

Junto con los herederos y legatarios con derecho directo a los bienes, en los términos que han quedado expuestos, el

---

617 Así, por ejemplo, referido al ordenamiento jurídico italiano, BENANTI, C., "Il certificato successorio europeo: ragioni, disciplina e conseguenze della sua applicazione nell'ordinamento italiano. Parte prima", en *La Nuova giurisprudenza civile commentata*, vol. 30, Nº. 1, 2014, págs. 1-14, niega legitimación al legitimario preterido, salvo que prospere la acción o llegue a un acuerdo con los otros legitimarios no preteridos o insiste en que el complemento de legítima no es reclamable salvo que se proceda a reconocer extrajudicial o judicialmente; en el mismo sentido, RIVA, I., *op. cit.*, p. 99. Esto último, a mi juicio, resulta bastante evidente, pues se certifica sobre la situación hereditaria determinada y no controvertida, la existencia de recursos, impide certificar y lo que no ha prosperado o no ha sido reclamado para su reparación, no es certificable. El mismo autor justifica la no atribución de competencia a los legatarios obligacionales porque estos requieren la previa demanda o reclamación frente al heredero; sin embargo, entendemos, ni con reclamación actual tiene cabida la solicitud realizada por el beneficiario de este tipo de legados; cuestión distinta es que tal vez debiera reconsiderarse la posibilidad de atribuirles legitimación sobre la base de que a este tipo de legatarios puede interesarles invocar su condición de tales frente al heredero.

Reglamento, admite la legitimación de ejecutores testamentarios o administradores de herencia. Se debe admitir un concepto amplio de los mismos, que incluya a los albaceas, contadores partidores, pues tienen facultades liquidativas, entre otras, así como a los administradores de herencias. Se trata de figuras heterogéneas, en los distintos Estados miembros, de extensión variable, pero que, de una u otra manera tienen facultades en el proceso hereditario. De ahí lo minuciosos del anexo VI, al formulario V, que permite detallar las facultades de forma muy minuciosa.

Entre esta categoría de legitimados se pueden y deben incluir todos los administradores *ex lege*, como los que se prevén para la herencia condicionada, yacente, o supuestos de *nasciturus*[618].

iv. Actuación mediante representante

El legitimado podrá concurrir personalmente a la solicitud o por representación, como prevé el propio Reglamento[619]. No sólo podrá ser una persona física, también jurídica[620],

---

618 RIVA, I., *op. cit.*, p. 97.

619 El tema será tratado al analizar el art. 65.3.*c)*.

620 Curiosamente, en el Reglamento no se tiene en cuenta explícitamente tal posibilidad, si bien es evidente que podrá estar entre los solicitantes, una persona jurídica, pues podría ser interesada en la sucesión como heredera, legataria con derecho directo o administradora de la misma. Como contrapartida, el formulario de solicitud enmienda el lapsus reglamentario, e introduce un anexo, el II, al formulario IV, para cuando el solicitante sea una persona jurídica. En puridad, no se habría reputado lapsus la falta de mención en el artículo 65 a la persona jurídica, si no hubiese sido tan minucioso al enumerar los detalles que debe contener la solicitud, en especial, los relativos al solicitante (art. 65.3.b).

bien actuando en su propio interés[621], bien actuando en representación del solicitante[622].

No se contempla expresamente la posibilidad de que el certificado se pida, conjuntamente, por más de una persona. Es cierto que tanto el Reglamento como el formulario de desarrollo de la solicitud parecen estar pensando en un único solicitante[623].

No existe fundamentación legal, ni siquiera acogiéndose al esquema formal del modelo regulado de solicitud, para negar tal posibilidad. En efecto, parece no solo posible sino también conveniente admitir la concurrencia de varios solicitantes[624].

Así, la solicitud y lo que en ella asume cada solicitante incrementan la seguridad del proceso de expedición del certificado y vinculan a los autores de la misma, en cierto modo, por lo en ella declarado.

---

621 Como sucederá cuando la propia persona jurídica haya sido tenida en cuenta en el proceso sucesorio, bien como beneficiaria propiamente dicha, lo cual no es infrecuente como sucede en las *charities* inglesas o en los legados solidarios; bien como administradora de una sucesión, lo cual es habitual en el ámbito anglosajón.

622 Lo que podría tener lugar, por ejemplo, en aquellos casos en los que el beneficiario está sujeto a una institución de protección de menores o discapacitados que ejerce cargo tutelar.

623 Así, en el art. 65.1 se hace referencia, literalmente, a una sola persona: *"[…] a instancia de cualquiera de las personas […] (denominada en lo sucesivo "solicitante")"*. En el mismo sentido, el número 3 del formulario de solicitud cuando se refiere a los *"Datos del solicitante (persona física)"*.

624 En el mismo sentido MARCOZ, C. A., "The European Certificate of Succession", en VV. AA. STEFANIA BARIATTI, S. *(Coord.) et al., Towards the entry into forcé of the succession regulation: Building future uniformity upon part divergencies. JUST/2013/JCIV/AG/4666. FINAL STUDY;* Università degli Studi di Milano; Milán 2016, p. 517.

Por otro lado, las notificaciones que el Reglamento impone en el proceso de expedición[625] se verán reducidas en caso de que todos los posibles beneficiarios, como sería lo racionalmente conveniente, formulen la solicitud de expedición.

Debe tenerse en cuenta no solo que el propio formulario permite, por ejemplo, la concurrencia de varios representantes del solicitante persona física[626] sino que también, al referirse al solicitante persona jurídica, el anexo II al formulario de solicitud, previsto para tal caso, indica en una llamada: *"Si se trata de más de una persona jurídica, adjúntese una hoja adicional"*. Consiguientemente, si cabe la concurrencia de varias personas jurídicas como solicitante, debe suplirse el olvido del legislador, admitiendo también la posibilidad de que sean solicitantes varias personas físicas y acudir a la solución formal de adjuntar *"una hoja adicional"*.

Tampoco se ve problema en que durante la expedición del certificado, otros posibles beneficiarios se adhieran a una solicitud inicial, lo cual, además, agilizaria el proceso. Esa adhesión puede acaecer, por ejemplo, como consecuencia del proceso de información, por parte de la autoridad, a que se refiere el art. 66.4.

Pese a lo dicho anteriormente, aunque en el formulario está prevista la posibilidad de que haya más de un solicitante y más de un representante, el anexo de II del formulario V, no prevé casilla para correlacionar el representante con el solicitante, por lo que parece pertinente que en la casilla 5.1 del Formulario V, deberá hacerse constar una referencia a en qué anexo aparece el representante del concreto solicitante, si se da una

---

625 Véase, por ejemplo, art. 67.2 ó 73.2.

626 Ver, al respecto, la llamada en la propia rúbrica del anexo III del formulario IV, relativo a los *"Datos del representante del solicitante"*, la cual refiere: *"Si se trata de más de un representante adjúntese una hoja adicional"*.

pluralidad de solicitantes y representantes. Así, por ejemplo, se pondrá en dicha casilla 5.1, una llamada a continuación de la persona solicitante al anexo II-1, que se procederá a señalar de tal manera, en caso de varios representantes.

Puede suceder que en una persona concurra la condición de solicitante y representante, o que haya un representante para varios solicitantes. En tales supuestos parecer pertinente dejar constancia y correlacionar de alguna manera ese numeral 5.1, para que no haya dudas de quién representa a quien.

v. Fallecimiento del peticionario durante la tramitación

¿Quid iuris el caso de fallecimiento del solicitante durante la tramitación del Certificado Sucesorio Europeo? Puede darse la circunstancia de que entre la solicitud del Certificado Sucesorio Europeo y la expedición del mismo se produzca el fallecimiento del solicitante. Dicho solicitante podría haber sido el presentante de la solicitud o, por el contrario, podría haber sido representado en la presentación.

En uno y otro caso, no parece que el fallecimiento afecte a la tramitación. Una vez solicitado el certificado la labor del expedidor sigue su curso, al margen de la vida del solicitante o su representante. Se pueden plantear, no obstante, distintos escenarios que analizamos a continuación.

El primero sería el caso en el que, actuando sin representante, se hubiese presentado toda la documentación a la autoridad o tribunal. En tal caso si no hay ninguna incidencia durante la tramitación, que debería ser lo normal, especialmente en aquellos casos en los que se haya solicitado el certificado por todos los interesados, la autoridad o tribunal seguirá con la labor de expedición.

Cuestión distinta será la relativa a la legitimación para retirar la copia del certificado, la cual sólo podrá ser entregada a los causahabientes del solicitante fallecido durante la tramitación. Los cuales, en tal caso, tendrán que acreditar la condición de tales o, en su caso, tener interés legítimo para obtener una copia[627].

Puede ser, también, que durante la tramitación del certificado resulte que falta algún documento o que surja controversia u oposición por parte de algún interesado en el caso del art. 66.4 [628]. En este caso, puede que la muerte del solicitante exonere a la autoridad o tribunal de impulsar el procedimiento, en los términos que se desprenden del art. 67.1 [629].

Si se mira hacia el Derecho procesal material español, por ejemplo, no parece aplicable, sin embargo, la solución que se aporta en la Ley de enjuiciamiento civil para el caso de sucesión procesal[630] en el art. 16, pues la expedición del certificado, en principio, no es una labor contradictoria. Y, por otro lado, al tratarse de una actividad de certificación, como se mantiene en este trabajo, sobre unos documentos ya generados, en principio, debería ser intranscendente dicho fallecimiento. Sin perjuicio de que, en el marco de sus competencias, faltando aportar documentación, pudiera la autoridad expedidora suspender la tramitación.

---

627 Piénsese en el caso en el que los causahabientes han de decidir si aceptan o no la herencia del solicitante, en el caso de ser beneficiarios de un derecho de transmisión en relación a la herencia certificada.

628 Se entiende lo dicho, sin perjuicio de lo que se añade en el análisis del art. 66.4, en su momento.

629 Que ordena que la autoridad expida *"sin demora el certificado [...] una vez que los extremos que vayan a ser certificados hayan sido acreditados [...]".*

630 Sobre el concepto de "sucesión procesal" en el ámbito del proceso civil, por fallecimiento de una de las partes, puede verse ASENCIO MELLADO, J.M. (Dir.), *Derecho Procesal Civil Parte General;* ed. Tirant lo Blanch, Valencia 2019, pp. 80-81.

Podría, por último, ser el caso de que el solicitante hubiese actuado mediante representante. En tales supuestos se repetiría el esquema anterior; sin embargo, cabría plantearse la posición procesal del representante para aquellos casos, en principio residuales, en los que surgiera cualquier contingencia.

En el caso de autoridades o tribunales españoles, en la relación de representación podría ser que existiese elemento internacional. En tales casos sería aplicable la norma de conflicto contenida en el art. 10.11 C.c., en cuyo caso, de no mediar sometimiento expreso, se aplicará la ley -en este caso- española, al ser donde se ejercitan las facultades conferidas.

Debe tenerse en cuenta que conforme al Derecho español los poderes se extinguen por el fallecimiento del poderdante (arg. art. 1732 C.c.); sin embargo, sucede también que en otros derechos podría admitirse el poder *post mortem.* Cualquiera que fuera el caso, no parece desafortunado permitir que el representante, especialmente si este fuera un profesional, normalmente un letrado, entendiese las actuaciones de impulso del procedimiento sobre la base de la gestión de negocios ajenos (art. 1888 C.c.), teniendo en cuenta la responsabilidad que le impone su estatuto profesional para con sus clientes. No podría, sin embargo, desistir del procedimiento de expedición, pues tales actos dispositivos excederían del ámbito de la gestión de negocios ajenos[631].

El supuesto de fallecimiento de posibles legitimados no beneficiarios parece que carece de transcendencia, pues sus

---

[631] Sin prejuzgar la naturaleza del procedimiento de expedición, puede tenerse en cuenta que soluciones similares se acogen en el ámbito del procedimiento administrativo, donde para las actuaciones de mero trámite se presume la representación, no para las de carácter dispositivo (art. 5.3 LPA), puede verse en este sentido PALOMAR OLMEDA, A., *Procedimiento administrativo;* ed. Aranzadi, Cizur Menor 2017, p. 310.

causahabientes siempre podrán subsumirse dentro de los beneficiarios e interesados a que se refiere el art. 66.4, los cuales podrán ser oídos en el procedimiento e, incluso, como quedo dicho, adherirse a la solicitud ya presentada[632].

Sin perjuicio de lo anterior, cabe contemplar una última posibilidad, en el caso de fallecimiento de un beneficiario, sea o no el solicitante, durante la tramitación, si el certificado se ha solicitado antes de producirse la aceptación[633] de la herencia. En tal caso, si la ley aplicable exige aceptación y contempla un *ius transmissionis*[634], que se ponga en conocimiento del expedidor dicho fallecimiento abre la posibilidad de que se reseñe que el derecho del beneficiario fallecido pasa a otro grupo de personas. Se tratará de un certificado más completo que el que se refiera simplemente a que la herencia se había deferido al beneficiario fallecido[635].

---

632 Puede ser interesante traer aquí a colación el art. 6.2 DR en cuya letra c), establecía: *"s'il se substitue à d'autres héritiers ou légataires et, dans l'affirmative, la preuve de leur mort ou de tout autre événement qui les a empêchés de se présenter à la succession"*; consiguientemente, los sustitutos, o derechohabientes por cualquier título, debían presentar el documento que acreditase que el primeramente llamado quedase desplazado. No se contiene en el Reglamento ni en los formularios, pero, en su caso, será subsumible dentro de la documentación que fundamente el derecho del solicitante, para tales supuestos.

633 Recordemos que en este trabajo se sostiene la viabilidad de instar la tramitación del certificado por el heredero no aceptante.

634 Como sucede, por ejemplo, en el caso del art. 1006 C.c. español.

635 Siguiendo con el ejemplo del *ius transmissionis* regulado en el C.c. español (art. 1006); debe tenerse en cuenta que el derecho de transmisión quedaría dentro del ámbito de la ley sucesoria del primer causante, respecto del cual se solicitó el certificado, para saber, en tal caso, quienes son los posibles beneficiarios del primer causante habría que integrar el certificado con los títulos sucesorios relativos al causante transmitente, el segundo fallecido. Todo ello se podría aportar al expediente, en su caso, por ello se presenta interesante la posibilidad de ampliar la solicitud que se planteará en el momento oportuno.

Este tipo de vicisitudes se harían constar en las casillas 10 y 11 del formulario de expedición[636].

vi. Para invocar contenido en otro Estado miembro (*para qué*)

A la vista del artículo 63 se requiere un doble requisito para poder solicitar el Certificado Sucesorio Europeo. El primero supone que el peticionario se encuentre dentro de una de las tres categorías citadas, en los términos que han quedado expuestos.

El segundo requisito, se superpone a la condición de formar parte de una de esas categorías, nos estamos refiriendo a la necesidad de invocar, en otro Estado miembro la cualidad de heredero, legatario o ejecutor/administrador y, en su caso, facultades. Sin embargo, respecto de este segundo requisito, no parece que para admitir la solicitud deba exigirse siempre un principio de prueba de tal necesidad[637]. La necesidad actual de presentar el certificado en otro Estado miembro, se puede, simplemente, encontrar implícita en la posición actual que ya haya ganado el peticionario.

A mayor abundamiento, parece lógico no precisar acreditar esa necesidad actual. Supondría introducir complejidad en el proceso de solicitud. Además es inherente a una sucesión internacional, con bienes o controversia jurídica en otro Estado miembro, la conveniencia de simultanear la solicitud del certificado con el fin del proceso de resolución de la sucesión.

En caso contrario, si no se pretendiese utilizar fuera del Estado expedidor, con la documentación interna del Estado

---

636 En la línea de lo que se ha sostenido respecto del heredero no aceptante.

637 Así, por ejemplo, para KRESSE, B, *op. cit.*, pp. 694-695, se exige una mínima fundamentación, alegación o evidencia de la finalidad de la solicitud, sin necesidad de prueba.

miembro en el que se sustancia la sucesión bastaría para resolver todo el proceso sucesorio. Resultaría absurdo que el interesado incurriese en más costes por el sólo prurito documental de tener un certificado sucesorio que, inicialmente, se expide para ser utilizado en otro Estado miembro. Y todo ello, sin perjuicio de lo que se pondrá de manifiesto al exponer el régimen de expedición de copias del certificado.

En esta misma línea, el régimen de caducidad de seis meses de la copia que se entrega al interesado, conforme al artículo 70 desincentivará la solicitud de un certificado que no se necesite actualmente. Pedir un certificado que no se necesita actualmente implica incurrir en costes adicionales por la necesidad de solicitar nuevas copias del certificado cuando realmente se necesiten y haya caducado la primera de las copias.

¿*Quid iuris* se pretenda utilizar el certificado en un tercer Estado? Como se verá en los efectos del Certificado Sucesorio Europeo, la confianza que inspira el certificado hace que éste se pida, en la práctica, en terceros Estados, con preferencia a la documentación interna del Estado emisor que se utilizaría para tramitar una herencia. Por ello, tal vez, deba reformularse la necesidad de acreditar en otro Estado miembro por la necesidad de acreditar fuera del Estado miembro expedidor, lo que se pretende certificar.

En relación a este último supuesto, RIVA, I., se plantea si se podría expedir el Certificado Sucesorio Europeo cuando el elemento internacional se conecta sólo con un tercer Estado y no con un Estado miembro, concluyendo afirmativamente[638]. Mantiene, además, la autora una posición muy flexible en punto a cómo se debe interpretar el elemento de extranjería[639].

---

638 RIVA, I., *op. cit.*, pp. 64-68.

639 *Ibidem*, pp. 68-69.

c. Finalidad, aspectos formales y sistemática de la solicitud

i. La solicitud: núcleo del proceso certificador

Cualquiera que sea el documento que se emplee para solicitar el Certificado Sucesorio Europeo, la solicitud debe tener un contenido, en principio, obligatorio[640], sobre el que se debe llamar la atención.

El legislador de la Unión, con la forma de configurar la solicitud, pone de relieve la vocación omnicomprensiva que tiene el Reglamento con relación al proceso sucesorio, declarado en el artículo 1.1., en la forma que ha quedado delimitado en el Capítulo I de este trabajo.

Al mismo tiempo, el enfoque legislado traza unas líneas de guía sobre la minuciosidad que debe presidir tanto la solicitud como la expedición del certificado, que no tiene otra finalidad que la de estandarizar el proceso sucesorio y que el certificado sea fácilmente comprensible, de forma uniforme, por el receptor de este, en consonancia con la declaración de intenciones que contiene el citado considerando 76.

Los extremos que se han de constatar en la solicitud hacen referencia a los elementos personales, reales y formales de la sucesión, abarcando también los relativos a la sustanciación de esta, así como algunas cuestiones preliminares, sin perjuicio de los límites que se derivan del ámbito material del Reglamento.

---

640 Si bien, como se verá la obligatoriedad del contenido es relativa, la falta de alguna de las menciones podrá hacer reputar la solicitud incompleta. En otras ocasiones, se podrá expedir el certificado en los términos que se verán posteriormente. Si se sigue el formulario, el propio modelo discrimina las partes que deben aparecer cumplimentadas en todo caso de aquellas otras que, pese a requerirse por el Reglamento, pueden no constar obligatoriamente.

Esos límites obligan a tener en cuenta que, finalmente, el proceso que culmina con la expedición del Certificado Sucesorio Europeo no debe operar al margen del resto de instrumentos normativos de la Unión que pueden incidir en el mismo[641].

El punto de partida de la configuración y función de la solicitud se encuentra en el artículo 65.3. Conforme a dicho precepto: *"En la solicitud constará la información enumerada a continuación, en la medida en que la misma obre en poder del solicitante y sea necesaria para que la autoridad expedidora acredite los elementos que el solicitante desea que le sean certificados, acompañada de todos los documentos pertinentes, en original o copias que reúnan las condiciones necesarias para considerarlas como auténticas, sin perjuicio de lo dispuesto en el artículo 66, apartado 2 […]"*.

El inciso transcrito[642] tiene una doble importancia, por un lado, fundamenta la naturaleza de la actividad de certificación; por otro lado, procedimentalmente, deja claro el papel de la

641 Teniendo especial relevancia los Reglamentos REM y EPUR, pues la aplicación de estos será previa a la propia liquidación de la herencia en el caso de que existan regímenes matrimoniales o patrimoniales por razón de uniones registradas que se deban liquidar.

642 Debe criticarse la imprecisa traducción de la versión española en este punto, pues en ella se habla de que *"la autoridad expedidora acredite"*, mientras que en otras versiones como la francesa o inglesa se pone de manifiesto que lo que hace la autoridad emisora es certificar. Nótese que aunque impropiamente "acreditar" y "certificar" pueden ser utilizados como sinónimos, en un texto jurídico "certificar" es más coherente con la naturaleza jurídica de la actividad de certificación, cuestión que será tratada en el momento oportuno. Así, en la versión francesa, *" puisse certifier les éléments que le demandeur souhaite voir certifier;* o en la inglesa, *"certify the elements which the applicant wants certifies";* en la línea de la traducción española, sin ánimo exhaustivo, la versión italiana, *"attestare gli elementi di cui il richiedente chiede la certificazione"*, que suele sufrir el mismo maltrato lingüístico por parte de los traductores de la Unión Europea que los textos que se expiden en español.

solicitud, pues esta centraliza todo el expediente de expedición del Certificado Sucesorio Europeo. Esa función centralizadora es lo que se pone de relieve en este apartado.

Presentar la solicitud implica recopilar toda la información necesaria para que la autoridad o tribunal certifiquen una determinada sucesión. Por eso, la solicitud debe ir acompañada de los documentos necesarios que respalden esa información y que fundamentarán los extremos que el expedidor valide en el certificado[643]. Consiguientemente la solicitud contiene información, se acompaña de documentos y esos documentos deben ser considerados auténticos.

La doctrina se ha planteado el concepto de "autenticidad", en el marco del art. 66.2. KRESSE ha considerado que la autenticidad va referida a la conformidad con el original, pero no a la exactitud de su contenido[644]. Con ser bienintencionada dicha opinión, parece que el criterio debería ser otro. Habrá que estar a la naturaleza del documento de que se trate. No debería permitirse que, a lomos del Certificado Sucesorio Europeo, se diera más valor a la copia considerada como auténtica, que el que tendría autónomamente si fuese invocada al margen del certificado. No parece un mal criterio interpretativo, sin perjuicio de acudir al caso concreto y al ámbito al que efectivamente afecte el documento, que la exégesis se haga desde la perspectiva que realiza el R(UE) 2016/1191[645].

---

643 Sobre esta cuestión se volverá al analizar la naturaleza jurídica del Certificado Sucesorio Europeo.

644 KRESSE, B., *op. cit.*, p. 719.

645 Sobre el ámbito de aplicación del R(UE) 2016/1191, así como sobre el concepto de autenticidad en dicho Reglamento, puede verse el análisis de DIAGO DIAGO, M. P., "La circulación de documentos públicos en situaciones transfronterizas: la tensión entre la seguridad jurídica y la reducción de las cargas para el ciudadano", curso 2019, Vitoria-Gasteiz, en *Cursos de Derecho*

Como excepción al régimen de presentación de documentos y autenticidad, el artículo 66.2 señala que: *"Si el solicitante no puede presentar copias de los documentos pertinentes, que reúnan las condiciones necesarias para considerarlas como auténticas, la autoridad emisora podrá decidir aceptar otros medios de prueba"*.

Admitir a criterio de la autoridad expedidora otros medios de prueba implica un reconocimiento legal, en favor de esta, de un amplio margen a la hora de admitir los medios de prueba. Es una opción legal lógica. Siendo deseable una estandarización, en la práctica, no deja de ser un mero *desiderátum*. En efecto, en el proceso de certificación, en abstracto, pueden converger documentos de varios Estados miembros. Difícilmente se dará la homogeneidad deseada, especialmente en el caso de que los elementos de internacionalidad estén dispersos. La decisión de admitir otros medios de prueba, para la autoridad, deberá estar motivada, pues no dejará de generarle responsabilidad el hecho de haber certificado sobre un material probatorio que luego fuere contradicho.

Entendemos que la autoridad o tribunal requerido tendrá el control sobre la posibilidad de admitir medios de prueba distintos y, realmente, parece que no se trata de una opción valorativa por parte del solicitante, sino que, realmente, debe no poder aportar otros medios de prueba para que se active el remedio subsidiario del art. 66.2 [646]. No obstante, como venimos insistiendo, la decisión de la autoridad requerida deberá ser motivada y será susceptible de recurso, conforme a lo dispuesto en el art. 67 y 72.

No obstante, la autoridad emisora deberá ser cauta al aceptar otros medios de prueba, especialmente en aquellos casos

Internacional y Relaciones Internacionales de Vitoria-Gasteiz 2019, Tirant lo Blanch, Valencia, 2020 Capitulo segundo pp. 145-339.

646 Sobre esta cuestión, ver KRESSE, B., *op. cit.*, pp. 726-727.

en los que se precise un documento determinado por la legislación interna, por ejemplo, para el acceso al Registro[647]. Pues el Certificado Sucesorio Europeo no debería servir para suplir la falta de documentos que exija la *lex registrii.* El problema es que, a salvo la motivación en el expediente que se propone en este trabajo, no se filtra en el formulario la inexistencia de dichos documentos suplidos por otros medios de prueba. Por eso, entendemos, tal facultad debe ejercerse de forma restrictiva.

Que el solicitante impulse el procedimiento y tenga la carga de aportar el material probatorio, no quiere decir que la autoridad expedidora deba adoptar un papel pasivo o de mero receptor. La autoridad expedidora o el tribunal tienen atribuidas unas funciones de impulso del procedimiento. Las pruebas aportadas por el solicitante puede que no sean suficientes, por ello se deja, como se verá, un amplio margen a la autoridad expedidora que, conforme al art. 66.1, inciso segundo: "*[...] realizará de oficio las averiguaciones necesarias para efectuar esta verificación cuando así lo disponga o autorice su propia legislación, o instará al solicitante a presentar cualesquiera otras pruebas que considere necesarias*".

Nunca debe perderse de vista que tras la regulación legal subyace una determinada naturaleza y concepción del certificado que se filtra al proceso de expedición. Así, del régimen del Reglamento se desprende, como ha quedado dicho, que la solicitud está encaminada a aglutinar todo el material probatorio que permita a la autoridad o tribunal certificar sobre una sucesión. Sin embargo, no parece, ni la solicitud del certificado ni el proceso de expedición del mismo, la sede adecuada para generar la prueba de los elementos de una sucesión, los cuales

647 LÓPEZ FERNÁNDEZ, J.; "El certificado de Heredero: Acceso al Registro de la Propiedad", en *Revista Jurídica de la Región de Murcia,* nº 50, Murcia 2016, pp. 138-154, p. 144.

deberían estar ya ciertos, de forma indubitada, con arreglo a la *"ley aplicable a la sucesión o con cualquier otra ley aplicable a extremos concretos de la herencia"*[648].

Lo expuesto hace imprescindible que los documentos que se presenten tengan una calidad suficiente a fin de garantizar la creación de un certificado incontestable que fundamente la confianza recíproca de los Estados miembros que respalde su circulación[649]. El intérprete debe preguntarse hasta qué punto debe llegar el solicitante en su tarea de aportación de los medios de prueba.

Al respecto, debe ponerse de relieve el hecho de que, pese a que en el formulario reglado de solicitud se marquen con un asterisco las menciones obligatorias, ello no quiere decir que no se deba cumplimentar íntegramente el formulario de solicitud, aportándose también la información no obligatoria si el solicitante disponía de la misma, pues el propio artículo 65.3 sólo excepciona el caso de que el solicitante carezca de dicha información.

Las menciones obligatorias deberán indagarse por el solicitante si no se conocen, la falta de determinación de tales extremos permitirá a la autoridad requerida denegar la expedición, no se desprende ello del artículo 65.3 sino del hecho de que muchos de los elementos que luego el formulario hace obligatorios son los que permiten determinar la sucesión o concretar la solicitud.

Lo anterior obliga a insistir en que el solicitante perezoso no deberá rehusar cumplimentar íntegra la solicitud. No suministrar la información de que disponga podría dar lugar a errores en la expedición del certificado y, por consiguiente,

---

648 Ver, en este sentido, art. 69.2.

649 En este sentido la respuesta a la cuestión 34 del Libro verde ofrecida por el Consejo Superior del Notariado Francés.

haría cuestionarse la buena fe de dicho solicitante, llegando a poder afectar, incluso al régimen de protección que le dispensa el artículo 69.

ii. El vehículo formal de la solicitud (formulario facultativo)

En consideración a lo que se acaba de exponer, la solicitud de una certificación debe ser considerado un acto responsable.

El legitimado interesado deberá solicitar la expedición del certificado sucesorio mediante un escrito[650], para alcanzar la finalidad propuesta. El Reglamento, con buen criterio, en el considerando 76[651] justifica la creación de formularios, estando previsto uno para la solicitud del Certificado Sucesorio Europeo, y otro para su expedición. La existencia de los formularios se fundamenta en *"[...] facilitar la aplicación del [...] Reglamento y para que se pueda recurrir a las tecnologías de la comunicación modernas [...]"*.

---

650 La presentación de dicho escrito podrá hacerse físicamente o electrónicamente, como del considerando 76 se deduce, si bien esto último se encontrará con el problema de compatibilizarlo con el estatuto jurídico interno de la autoridad o tribunal que sea competente, internamente, para expedir el Certificado Sucesorio Europeo, pues el uso de los documentos electrónicos, aunque potenciado, en sede de principio, no siempre resulta viable a la vista de la forma de funcionamiento y plataformas existentes –o no- en cada Estado miembro. Sobre esta cuestión, respecto a España, se volverá al desarrollar el procedimiento de expedición notarial del Certificado Sucesorio Europeo; se anticipa, no obstante, que será viable solicitarlo en España al notario por esta vía.

651 Se trata de un considerando general, aplicable a todos los formularios que se relacionan en el Reglamento y que, posteriormente, se desarrollan en el R(UE) 1329/2014. Sirve, el mismo, de respaldo a todos los formularios que se recopilan, a su vez, en el artículo 80.

Pese a potenciarse el empleo de formularios, no todos tienen el mismo peso para el autor del Reglamento, lo que se trasladará al hecho de que unos sean de uso obligatorio y otros meramente facultativos. Así, el formulario de solicitud, contenido en el anexo 4, formulario IV del R(UE) 1329/2014 resulta ser de carácter facultativo.

El carácter facultativo del formulario de solicitud se infiere del art. 65.2, al decir: *"Para presentar una solicitud, el solicitante podrá utilizar el formulario establecido de acuerdo con el procedimiento consultivo a que se refiere el artículo 81, apartado 2"*.

Debe llamarse la atención sobre la literalidad del precepto que respalda el carácter facultativo de dicho formulario de solicitud al decir *"podrá"* en lugar de *"utilizará"*, que es lo que se emplea, en cambio, al hablar de la expedición del certificado por la autoridad[652].

Pese a que el propio formulario hace constar el carácter *no obligatorio* del mismo, en sus líneas preliminares, su carácter facultativo ha tenido que ser refrendado por el Tribunal de Justicia de la Unión Europea[653]. El carácter facultativo del formulario de solicitud no deja de ser una opción de política legislativa que hace el legislador de la Unión.

Conviene dejar constancia de que los buenos deseos plasmados en los considerandos de hacer más fácil la aplicación del Reglamento, parecen truncarse en su articulado al permitir, con carácter vinculante para el tribunal o autoridad expedidora,

---

652 Ver, en este sentido, el artículo 67.1, que determina, en cambio, el carácter obligatorio del empleo del formulario para expedir el Certificado Sucesorio Europeo.

653 Véase STJUE de 17 de enero de 2019 (C-102/18, *Brisch*) (TOL 6.988.000), interpretando el art. 65.2 en el sentido de que el formulario de solicitud del certificado sucesorio (formulario IV, anexo 4 R(UE) 1329/2014) es de uso facultativo.

prescindir, por parte del peticionario del empleo del formulario reglamentariamente previsto[654].

Si la finalidad era facilitar la aplicación del Reglamento debería haberse dejado a la autoridad o tribunal la posibilidad de prescindir del formulario de solicitud, sin dejar al arbitrio del peticionario el empleo o no del mismo.

El uso potestativo del formulario de solicitud obligará a la autoridad a una calificación del documento en que la misma se plasme, la cual será mucho más complicada si no está estandarizada[655], lo cual contrasta con que el propio Reglamento exija a la autoridad o tribunal que expida "sin demora el certificado" (art. 67.1). El empleo de las nuevas tecnologías, además, casa mal con solicitudes no estandarizadas[656].

Ante tal laxitud, cabe plantearse el supuesto en el que se emplee el formulario facultativo, pero no se incorporen anexos o se cumplimente otra información aportando escritos

---

654 Se postula a favor del uso del formulario, pese a su carácter facultativo, MARCOZ, C. A., *op. cit.* "The European Certificate of Succession" (2016), p. 518.

655 Por eso, algunos autores como KRESSE, B., *op. cit.*, p. 713, apuntan que el uso del formulario normalizado interesa tanto al solicitante como al expedidor, que verá facilitada su tarea de examinar la solicitud. Compartiendo inicialmente esa afirmación, como se verá en el capítulo IV, en ella también incidirá el peso que tenga la autoridad requerida cuando su estatuto le haga tomar parte activa en el proceso de solicitud.

656 Un ejemplo de esto, en otro ámbito, podría verse en la tramitación telemática de sociedades mercantiles, en el ámbito del Derecho interno español, cuando el legislador quiere acortar plazos obliga a utilizar formularios estandarizados, pues la celeridad que se exige está más justificada si el proceso tiene una uniformidad (ver, en este sentido, lo que se establecía en el art. 15 Ley 14/2013, de 27 de septiembre, de apoyo a los emprendedores y su internacionalización; y sus disposiciones de desarrollo).

no reglamentados. En tales supuestos la autoridad receptora se verá obligada a analizar el contenido de lo aportado, sin que sea criticable la engorrosa fórmula mixta empleada por el peticionario.

Por otro lado, es importante tener en cuenta que el formulario regulado supone una interpretación auténtica del art. 65.3. En efecto, en muchas ocasiones, como se verá, se matizan elementos del elenco de información que se ha de aportar; en otras, en cambio, se va más allá y se piden otros datos que no aparecen explícitamente aludidos en el artículo 65[657].

Tanto si se emplea el formulario, sin cumplimentar íntegramente, como si no se emplea el formulario, la autoridad expedidora deberá aceptarlo[658] pero, al mismo tiempo, podrá solicitar cualesquiera otros elementos que considere oportuno, amparándose en las facultades que le confiere el art. 66.1[659].

---

657 Pese a ello, JIMÉNEZ GALLEGO, C.; *Un comentario notarial. El Reglamento Sucesorio Europeo;* Ed. Consejo General del Notariado, 2016, 335 y ss., apunta que en el formulario se han relajado determinados requisitos, posición que no compartimos, pues, a lo sumo, el legislador se ha limitado a aclarar o, en su caso, desarrollar.

658 KRESSE, B., *op. cit.*, p. 717, penalizando el no empleo del formulario, apunta que el empleo del formulario está amparado por el Reglamento y obliga a la autoridad o tribunal requerido, mientras que si el peticionario se aparta del formulario estandarizado, podría darse el caso de que, entonces, la solicitud quede bajo el imperio de la ley interna de la autoridad, desde una perspectiva formal. Se trata de una opinión que no compartimos y que habrá que analizarse en función de las circunstancias del caso concreto.

659 Si se quería hacer más liviano el proceso de solicitud, no hubiera sido una mala idea que el legislador de la Unión hubiera configurado el formulario de solicitud como obligatorio pero dispensable, como hace en el art. 47, para el formulario que se debe aportar para el reconocimiento de las decisiones sucesorias procedentes de otro Estado miembro. Ello hubiera aligerado el proceso en aquellas sucesiones “fáciles” o en las que, como parece ser el caso de España, la

Ciertamente, en sede de principio, el empleo del formulario debería potenciarse, pues tiene ventajas tanto para el peticionario como para la autoridad, contiene una *check list* de todos los elementos que el Reglamento exige que se hagan constar en la solicitud, pues ésta tiene un contenido reglado relacionado en el artículo 65.3.

Sin embargo, en otras ocasiones, en función del peso que haya tenido la autoridad expedidora en el proceso de sustanciación de la sucesión que se pretenda certificar, todos los elementos que se deberán contener en la solicitud aparecerán en la propia documentación que legitima a la autoridad o tribunal para certificar[660].

iii. El idioma de la solicitud y documentos complementarios

Dentro de los aspectos formales deberían incluirse los relativos al idioma de la solicitud. Aunque el modelo normalizado está disponible en cada una de las lenguas oficiales en la Unión Europea, parece lógico que la autoridad expedidora esté facultada para exigir que le sea entregado en la lengua oficial el Estado miembro al que pertenezca.

---

sustanciación del proceso sucesorio lleva de la mano la solicitud del certificado y en, por ejemplo, el notario autorizante de la escritura de partición puede guiar al solicitante con la propia redacción del instrumento que corresponde al propio notario.

660 Piénsese, por ejemplo, en el supuesto normal en el que se encargue al notario autorizante de la escritura de partición la expedición de dicho certificado. Dichas escrituras suelen ser completas y contienen todo lo que se requiere, a tenor de lo dispuesto en el art. 65, incluso, el notario, al preparar dicha escritura, en buena práctica, se habrá anticipado y solicitado todo lo que pudiera ser menester a tenor de dicho precepto legal.

El fundamento legal de esa facultad que, entendemos, tiene la autoridad resulta, en todo caso, de la aplicación analógica del artículo 47.2, en sede de reconocimiento, al decir: *"Si el tribunal o la autoridad competente lo exigen, se presentará una traducción de los documentos. La traducción deberá ser realizada por una persona cualificada para realizar traducciones en uno de los Estados miembros"*.

Por el mismo motivo, para los documentos que acompañen a la solicitud, la autoridad podrá exigir su traducción, dispensando de ella si conoce suficientemente el idioma, pues el destinatario de los mismos es la propia autoridad y, posteriormente, el Certificado Sucesorio Europeo funcionará y circulará de forma autónoma a esos documentos[661].

iv. Sistemática de la solicitud

No debe dejar de tratarse la sistemática de la solicitud, a la cual podemos acercarnos tanto desde la perspectiva del Reglamento como de su formulario de desarrollo. En general, la sistemática del Reglamento parece lógica y acertada, siendo coherente que el primer extremo que deba aparecer en la solicitud sea el relativo a las circunstancias que permitan concretar o identificar la sucesión que se pretenda certificar. Por ello, parece conveniente que lo primero que se presente sean las

---

661 Es cierto que, en muchas ocasiones, la traducción podría resultar fácil, pues puede que sean pocos los campos cumplimentados o que, en su caso, hagan referencia a datos que no se traducen, como, por ejemplo, números identificativos, nombre, apellidos, etc., por lo que bastará superponer los formularios, en las distintas leguas, al no haberse previsto, como sucede en otros reglamentos, modelos multilingües. Será algo que incida en los costes de traducción, pero no será bastante para exigir a la autoridad que acepte una solicitud no traducida, ni siquiera en el caso de que se emplee el formulario normalizado.

circunstancias que permitan individualizar al causante, en torno al cual gira la sucesión *mortis causa*[662].

Paradójicamente, los autores del formulario IV, anexo 4, se desmarcan de esa esquema y se centran, en primer lugar, en enumerar antes que nada, los anexos que contiene el certificado. La referencia a los anexos que acompañan al formulario, en este caso de solicitud, es la primera mención de todos los formularios previstos en el R(UE) 1329/2014, se trata de una mención lógica, en este caso facilita al que lo cumplimenta, que no tiene que ser un técnico en Derecho, tener en cuenta desde el principio todo lo que va a tener que relacionar. Desde el punto de vista del resto de formularios, cuando quien los cumplimenta es la autoridad o tribunal, permite dejar claros los elementos que harán posible, formalmente, valorar al que recepcione el Certificado Sucesorio Europeo, o cualquier otro formulario que emane de autoridad o tribunal, la integridad del formulario y su no manipulación.[663]

Concretados los anexos, el formulario reclama precisar la autoridad o tribunal a la que va dirigida la solicitud (números 1 y 2 del formulario), la identificación del solicitante (número 3),

---

662 En este sentido no hubiera extrañado que el formulario de solicitud hubiera comenzado con un encabezamiento del siguiente tenor: *"Solicitud de Certificado Sucesorio Europeo relativo a la herencia de Don…"*. Se podrían, no obstante, haber seguido otros esquemas a la hora de presentar los distintos elementos que debe contener la solicitud, sin embargo, esa es la opción legal y, como se verá, es la que debería haberse seguido en los desarrollos del precepto que se comenta.

663 En ese mismo sentido, debe interpretarse también el cierre del formulario de expedición del Certificado Sucesorio Europeo cuando se pide al expedidor que se pronuncie obligatoriamente respecto a los *"puntos que no se han rellenado por no considerarse pertinentes para el fin para el que se ha expedido el certificado"*.

finalidad del certificado (número 4), tras lo cual se identifica al causante de la sucesión (número 5)[664].

La lógica de los autores de los formularios tampoco acaba de entenderse fácilmente, como no se ponga en relación con otros formularios de desarrollo contenidos en instrumentos de la Unión Europea.

Así, al igual que bajo un solo numeral se recopilan todos los datos relativos al solicitante (numeral 3) o al causante (numeral 5), bien podría haberse hecho lo propio con los datos relativos a la autoridad a la que se dirige la solicitud, sin embargo a ésta no solo se destina el numeral 2, también este va precedido de un primer número en el formulario para hacer referencia al *"Estado miembro de la autoridad destinataria de la solicitud"*. No debe olvidarse que el Estado de la autoridad es uno de los datos identificativos de la misma. Ese esquema se repite no solo en el formulario de solicitud sino también en todos los formularios que contiene el Reglamento 1329/2014. Se trata de una forma habitual de proceder en el resto de los formularios que sirven para ejecutar otros instrumentos de la Unión[665].

Seguiremos, no obstante, el régimen expositivo del Reglamento, pues su carácter de norma general, aplicable no sólo al modelo de solicitud sino también a cualquier otra solicitud, pese a la opción legislada, nos invita a seguir esa sistemática[666]. Aunque, como ha quedado expuesto, se puede encontrar justificación tanto al hecho de que el Reglamento haga referencia,

---

664 No es una mala sistemática y puede justificarse, sin embargo, se critica que no se siga la secuencia del Reglamento (art. 65), que es igualmente justificable y tiene sus aspectos positivos.

665 Ver por todos los formularios para la expedición de Título Ejecutivo Europeo del Reglamento (CE) 805/2004.

666 Debe tenerse en cuenta, sin embargo, que el R(UE) 1329/2014 no deja de ser una suerte de interpretación auténtica del R(UE) 650/2012, en los extremos de este, tratados por aquel.

en primer término, a las menciones relativas al causante, como también se puede fundamentar la opción que hace el autor del formulario por colocar en primer lugar la autoridad expedidora. Sin embargo, del formulario reglamentado, debe criticarse duramente la falta de referencia expresa a los elementos que permiten determinar la ley aplicable a la sucesión. En efecto, el Reglamento no contiene mención expresa en el artículo 65.3 a los puntos de conexión, como tales, que maneja el Reglamento como una de las menciones que deban incorporarse a la solicitud.

El formulario, por su parte, tampoco enfoca el tema adecuadamente, pues sólo introduce referencia en el apartado 6, de *"información adicional"*, bajo el numeral 6.5 a la cuestión de si *"¿Ha especificado el causante qué ley debe regir la sucesión (elección de ley)?"*, que se vuelve a traer a colación al mencionar entre los documentos que se adjuntan a la solicitud (numeral 7) la *"declaración relativa a la elección de ley aplicable"*[667].

Esa lacónica llamada a la posible existencia de una *professio iuris* no es bastante. Debería hacerse referencia, de forma complementaria a la existencia o inexistencia de elección de

---

667 Sorprende el tratamiento autónomo que se da a la declaración de ley aplicable que, si bien es cierto, puede ser contenida en una disposición de última voluntad que tenga por única finalidad la constatación de la *professio iuris,* conforme al artículo 22, en la práctica suele aparecer dentro del documento que planifica la sucesión. Lo habitual, aunque conveniente como defiende RIPOLL SOLER, A. "Hacia un nuevo modelo de planificación sucesoria notarial: *La professio iuris*", *Revista de Derecho Civil,* vol. III, núm. 2 (abril-junio, 2016) Estudios, pp. 23-64, disponible 30/05/2018 en < http://nreg.es/ojs/index.php/RDC >, pp. 51 y ss. no es fraccionar la elección de ley de la planificación sucesoria, ni tampoco que exista una lista interminable de disposiciones de última voluntad, por lo que, una vez más, la sistemática del formulario de solicitud resulta manifiestamente mejorable.

ley, por un lado a la residencia habitual como tal del causante. La residencia habitual del causante es la conexión subsidiaria, por ello, junto a esta, deberían aparecer los elementos que permiten concretarla[668]. Son cuestiones que inciden en la *lex successionis.*

Por otro lado, junto con las cuestiones apuntadas relativas a la residencia habitual del causante, faltaría una referencia a la posibilidad de apreciar vínculos más estrechos con otro Estado. En efecto, sólo de esa manera se cierra en la solicitud el diseño del Reglamento respecto de la ley sucesoria. La existencia de vínculos más estrechos con un Estado distinto al de la residencia habitual, a falta de *professio iuris,* daría lugar a inaplicar la ley supletoria de la residencia habitual.

Ni una ni otros aparecen aludidos ni en el Reglamento ni en el formulario. Tal ausencia debe cuestionarse, pues todos los elementos que se pretenden certificar, salvo las circunstancias de hecho de la sucesión, vendrán influenciados por cual sea la ley sucesoria quc gobicrna la sucesión para la cual se expide el certificado; empezando, incluso, por la propia autoridad expedidora, habida cuenta de la íntima relación que ha trabajo el Reglamento entre el *forum* y el ius[669].

d. Aspectos materiales de la solicitud y valoración del formulario

Como cuestión preliminar, al hablar del contenido, en consideración a la naturaleza jurídica del proceso de expedición y

---

668 Como se verá, el formulario de solicitud y el artículo 65.3 sólo hacen alusión a la *"dirección"* del concepto que no coincide con el de residencia habitual.

669 Esta crítica se comparte parcialmente con el formulario de expedición del certificado sucesorio, pues la certificación de la ley supletoria, que ahora sí exige el Reglamento (art. 68.i), se hace minuciosamente, pero se desplaza al último número del certificado, el 8.

del propio Certificado Sucesorio Europeo que se defiende en este trabajo, en la propia documentación que sustancia la sucesión a que el certificado se refiere[670] aparecerán o deberían aparecer todos los datos que se relacionan en el artículo 65.3.

Sucede, no obstante, que los Estados miembros no tienen un proceso con elementos comunes al resto de Estados, a la hora de sustanciar y plasmar, formalmente, una sucesión. Un problema añadido es el hecho de que la documentación que se presenta o que dispone el solicitante no siempre es íntegra y hace falta recopilar otros documentos.

Por ello, bien está que el precepto legal recuerde especialmente cuáles de esos datos deben volcarse en la solicitud, a la vista de que lo que se pretende es la estandarización de la actividad de certificación y su resultado: el Certificado Sucesorio Europeo.

El elenco de documentos a aportar debe ser modalizado por la posibilidad de solicitar o expedir certificado sucesorio parcial, como se desprende de los arts. 63, 65.3.f ó 68 [671]. Lo cual estaba expresamente permitido en la Propuesta, pero en el régimen del Reglamento debe deducirse de forma implícita[672]. Así, debe concluirse que en la solicitud podrá prescindirse de aquellos extremos que no sean necesarios a los fines pretendidos, se emplee o no el formulario de solicitud y sin perjuicio de la posibilidad de que la autoridad expedidora requerida solicite cualesquiera otras pruebas, en el marco del art. 66.

---

670 En el caso del Derecho español la escritura de partición de herencia, normalmente.

671 La posibilidad de certificado parcial será reiterada en distintas partes de este trabajo.

672 REINHARTZ, B., en BERGQUIST, U. *et al.*, *EU Regulation on Succession and Wills;* ed. Otto Schimidt, Colonia 2015, p. 272.

Seguidamente, con el enfoque o límites apuntados, se pasa a la exposición y análisis de los extremos que deben referirse en la solicitud, se emplee o no el formulario.

i. Datos del causante (Art. 65.3.a)

En primer lugar, la letra *a)*, del citado art. 65.3, exige la constatación de los *"datos del causante: apellidos (si procede, apellidos de soltera*[673]*); nombre; sexo; fecha y lugar de nacimiento; estado civil; nacionalidad; número de identificación (si procede); dirección en el momento del fallecimiento; fecha y lugar del fallecimiento"*.

La óptica que adopta el autor del Reglamento es la de que lo primero que debe hacerse es individualizar el causante al que la sucesión que se pretende certificar hace referencia, en ese sentido deben entenderse la necesidad de aportar los datos del causante.

Aunque puede parecer obvio, nos parece interesante la llamada de atención que hace FERNÁNDEZ-TRESGUERRES, A., en el sentido de que un certificado sólo puede comprender una única sucesión, en el diseño del Reglamento[674].

La posición del legislador de la Unión, a este respecto, está clara. Sin embargo, debe insistirse en el hecho de que no es infrecuente que, por ejemplo, la sucesión de ambos cónyuges, pese a no haber fallecido coetáneamente, se ejecute conjuntamente.

---

673 Debe llamarse la atención, una vez más, sobre la deficiente traducción al español del Reglamento, siendo incorrecto, en este caso, el empleo de la palabra *"soltera"*, cuando el genérico, en español es "soltero", lo cual podría inducir a error; en contraposición, las versiones francesa, inglesa e italiana, aparecen correctas, así: *"nom à la naissance"*, *"surname at birth"*, o, *"cognome da nubile"*, respectivamente.

674 FERNÁNDEZ-TRESGUERRES GARCÍA, A.; *Las sucesiones "mortis causa" en Europa: aplicación del Reglamento (UE) nº 650/2012;* ed. Aranzadi, Cizur menor, 2016, p. 615.

Por lo que, tal vez sería más ágil la existencia de un modelo de certificado para estos casos o que el legislador contemplase tal posibilidad. Nótese que, si de facilitar la vida al ciudadano se trata, este debería ser el enfoque, especialmente si se toma en consideración que, por ejemplo, una sola escritura de herencia comprende, desde la óptica del Derecho español, muchas veces, ambas sucesiones.

No obstante, esto no debe de ser más que otra manifestación de la falta de previsión de legislador de la Unión y su posición individualista que le lleva a obviar el tratamiento conjunto del patrimonio familiar, como es entendido por los agentes del proceso sucesorio[675].

La mayoría de los datos que se incorporan en esta primera letra se pueden extractar del documento de identidad del causante y del certificado de defunción. Sin embargo, pese a que en el elenco de documentos que deben acompañar a la solicitud aparece el certificado de defunción, no consta, en cambio, referencia al documento de identidad del causante. El pasaporte y, subsidiariamente, la tarjeta de identidad[676], también

---

675 Por eso, es criticable el planteamiento del catálogo de selección de conexiones a la hora de hacer *professio iuris*, que no permiten, por ejemplo, optar por la ley reguladora del régimen económico matrimonial, o a uno de los cónyuges por la ley que podría elegir el otro. Ver, al respecto, RIPOLL SOLER, A., "Hacia un nuevo modelo de planificación sucesoria notarial: *La professio iuris*", *Revista de Derecho Civil*, vol. III, núm. 2 (abril-junio, 2016) Estudios, pp. 23-64, disponible 30/05/2018 en < http://nreg.es/ojs/index.php/RDC >, con Fe de erratas, vol. IV, núm. 2 (2019), pp. 283-292, disponible 22/01/2020 en < https://www.nreg.es/ojs/index.php/RDC/article/view/433 >, pp. 33 y ss..

676 Debe tenerse en cuenta el limitado alcance probatorio que pueden tener tanto el pasaporte como el documento de identidad, en punto a cuestiones tales como la nacionalidad, como acertadamente pone de relieve DIAGO DIAGO, M. P., *op. cit.* "La prueba

deberían acompañarse a la solicitud, como sucede, desde el punto del Derecho interno español en la tramitación notarial de las actas de herederos *abintestato*[677].

En algunos casos puede que sea necesario aportar un certificado de empadronamiento; a los efectos de la solicitud, parece que podrían ser suficientes los dos documentos reseñados. Sin perjuicio de que la autoridad expedidora pueda solicitar cualesquiera otros en el marco del art. 66, por insuficiencia, inconsistencia o incongruencia de los anteriores.

Como se desprende de lo dicho, en la práctica, parece que el documento origen de esos datos que requiere la letra a) del art. 65.3 que, a su vez, se habrán volcado en el documento que sustancia la sucesión, será el certificado de defunción. En él aparecen todas las menciones contenidas en la letra *a)* del art. 65.3.

El certificado de defunción se habrá tenido en cuenta por la autoridad que sustanció la sucesión. Debe ponerse de manifiesto, por un lado, la no necesidad de apostilla para los certificados de defunción expedidos en el marco del ámbito de aplicación del R(UE) 2016/1191[678]; por otro lado, no debe

---

de la nacionalidad española y de la vecindad civil…" pp. 5 y ss. Sin embargo, ello no le resta valor respecto al resto de datos del causante, muchos de los cuales se vuelcan tanto en la solicitud como en el certificado. Por otro lado, también en lo relativo a la nacionalidad, tendrá un alto valor indiciario, pues no es habitual que se expidan documentos de identidad ni pasaportes a personas que no ostentan la nacionalidad del país correspondiente. Sin perjuicio del valor que el Derecho material del Estado expedidor en cuestión atribuya al correspondiente DNI o pasaporte.

677 Ver art. 209 bis RN.

678 R(UE) 2016/1191, *por el que se facilita la libre circulación de los ciudadanos simplificando los requisitos de presentación de determinados documentos públicos en la Unión Europea y por el que se modifica el Reglamento (UE) nº 1024/2012*, en aplicación desde 16 de febrero de 2019; en

olvidarse que, sin perjuicio de que dichos certificados puedan utilizarse para probar extremos contenidos en los mismos, la fe pública de ellos no siempre ampara todo lo que se relaciona en el certificado, pues determinadas menciones del mismo se deben refrendar, si se quiere una prueba fehaciente, con otros certificados[679].

Descendiendo a las concretas menciones que individualizan al causante el nombre y apellidos[680] se presentan como

---

particular, art. 2.1.*c)*, respecto de la defunción. Se deberá tratar de certificados de defunción expedidos con posterioridad a la entrada en aplicación del Reglamento y procedentes de un Estado miembro de la Unión Europea. Un análisis en extenso de este Reglamento puede verse en DIAGO DIAGO, M. P., "La circulación de documentos públicos en situaciones transfronterizas: la tensión entre la seguridad jurídica y la reducción de las cargas para el ciudadano", curso 2019, Vitoria-Gasteiz, en *Cursos de Derecho Internacional y Relaciones Internacionales de Vitoria- Gasteiz 2019*, Tirant lo Blanch, Valencia, 2020 Capitulo segundo pp.145-339.

679 Así, por ejemplo, desde la perspectiva del Derecho material español, puede tenerse en cuenta el art. 81.3 LRC 3, conforme al cual: *"Las certificaciones previstas en el apartado anterior se presumen exactas y constituyen prueba plena de los hechos y actos inscritos en el Registro Civil"*, debe recordarse, por consiguiente, que no todo lo que aparece en el certificado debe reputarse amparado por la fe pública registral, lo mismo sucederá respecto de las certificaciones procedentes de otros Estados. Para España, debe tenerse en cuenta el art. 4 LRC que delimita el ámbito de la materia inscribible. Y todo ello, sin perjuicio de que, en el ámbito de la discrecionalidad apuntada que concede el art. 66.2 a la autoridad expedidora, pueda esta dispensar de determinadas pruebas basándose en el contenido no amparado por la fe publica registral. Por ejemplo, la mención que aparece en el certificado del Registro civil español relativo al estado civil de soltero, casado, viudo o divorciado, no está amparada por la fe pública del certificado de defunción, sin embargo, es un importante indicio probatorio lo que en él figure al respecto.

680 No deberían plantearse problemas en la práctica, pero las cuestiones relativas a los nombres y apellidos quedan fuera del ámbito del

imprescindible, pues resultan ser *"un elemento de identidad del nacido derivado del derecho de la personalidad"*[681].

En este sentido, debe juzgarse favorablemente el hecho de que el Reglamento haya tomado en consideración la incidencia que tiene el matrimonio en los apellidos y la referencia, en su caso, a los apellidos anteriores a la celebración del matrimonio[682].

En la letra *a)* del art. 65.3, también se hace referencia al *sexo* del causante, lo cual sirve también para identificar a la persona y, en determinados casos puede ayudar al expedidor en su tarea[683].

Reglamento, en caso de que llegasen a cuestionarse, como se desprende de lo dispuesto en el art. 1.2.a).

681 Ver, en este sentido, E.M. LRC. También merece la pena traer a colación la definición de identidad que hace el diccionario RAE, al referirse en su segunda acepción al *"conjunto de rasgos propios de un individuo [...] que lo caracterizan frente a los demás"*.

682 Así, en la mayoría de los Estados miembros se acoge una posición neutral respecto a la transmisión de los apellidos, evitando discriminaciones entre la procedencia materna o paterna de los mismos, dándose un amplio margen a los progenitores para decidir el orden de los mismos, apellido familiar, en caso de ser uno sólo, o apellido que se transmite primero. Sin embargo, muchas veces el matrimonio incide en la conservación, pérdida o cambio de los apellidos, actualmente, el caso paradigmático sería el de la mujer británica que normalmente, adquiere el apellido del marido perdiendo el propio. Esos cambios pueden generar distorsiones, no solo a la hora de identificar a la persona al tiempo de su fallecimiento, también para la imputación, por ejemplo, de titularidades de bienes cuando se adquirieron bajo un determinado apellido y se ostenta otro distinto al tiempo del fallecimiento. Por ello, debe juzgarse favorablemente la llamada de atención que, en este punto, supone el Reglamento.

683 Debe llamarse la atención sobre la existencia de otra errata en este punto en la versión española, resultando la mención del sexo como obligatoria, pese a no marcarse como tal en el formulario de solicitud, a diferencia de lo que sucede en el punto 5.3 del mismo en las versiones francesa, inglesa e italiana, por ejemplo.

A tenor del mismo precepto, debe reseñarse también la fecha y el lugar de nacimiento, tales menciones ayudan a identificar a la persona, especialmente en aquellos casos en los que el nombre y apellidos no bastan a tal finalidad, ante la posible existencia de otra persona con idéntico nombre y apellidos[684].

La fecha de nacimiento, sin embargo, también puede tener, en determinados casos, transcendencia sucesoria, especialmente en aquellos supuestos en los que la herencia que se certifica pudiera estar relacionada con otra en la que el causante, a que el certificado se refiere, pudiera tener derechos en esa otra sucesión en función de haber nacido antes o después de fallecer el causante de esa otra herencia[685].

El lugar, además, podría servir para realizar indagaciones en aquellos supuestos en los que la autoridad expedidora lo considerase conveniente al amparo de lo dispuesto en el art. 66, por ejemplo, mediante la publicación de edictos.

También debe hacerse constar la fecha y lugar de fallecimiento[686]. Su constatación va más allá de la mera reseña de elementos que permitan identificar al causante. La fecha del

---

684 Puede traerse a colación, a este respecto, la práctica notarial española en relación a la comparecencia de personas extranjeras, especialmente en aquellos casos en los que aportan como documento identificativo bien su pasaporte, bien un documento de identidad en el que el número cambia cuando se renueva. En tales casos es habitual reseñar la fecha y el lugar de nacimiento del compareciente a fin de evitar problemas, especialmente en los casos de adquisición de bienes inmuebles, cuando esas personas pretenden transmitir lo que adquirieron habiendo cambiado de documento de identidad, por su renovación.

685 Se trata de casos límite, pero que también pueden tener su transcendencia y resultar esclarecedora dicha mención.

686 Nótese que es la última mención que aparece en el art. 65.3.a, sin embargo, en el formulario se inserta tras la fecha y lugar de nacimiento.

fallecimiento, en una sucesión es capital, pues determina el momento en el que se abre la sucesión, por lo cual, su reseña aparece ineludible[687]. El lugar de fallecimiento también tiene su transcendencia, pues en determinados casos podrá incidir en la competencia interna, por ejemplo, para la expedición del Certificado Sucesorio Europeo[688].

En la solicitud del Certificado Sucesorio Europeo, deberá reseñarse también, respecto al causante su *estado civil*[689]. Aunque el *estado civil* es un concepto difuso, pues aglutinaría varias situaciones que, por lo general, desembocan en una inscripción en el Registro civil, en el Reglamento se maneja un concepto restringido, vulgar e impropio. Con él se hace referencia a las distintas situaciones en las que se encuentra una persona como consecuencia de entrar en relación, o no, en pareja con otra, con independencia de que generen o no, realmente, *estado*.

Así, en el formulario de solicitud, en el punto 5.6, bajo la rúbrica *"estado civil en el momento del fallecimiento"* se enumera la

687 Y ello sin perjuicio de las implicaciones que pudiera tener el causante con otras herencias a las que pudiera haber sido llamado en función de la fecha de fallecimiento.

688 Lo que sucederá en aquellos Estados que hayan utilizado el lugar de fallecimiento como foro para fijar la competencia de la autoridad expedidora, no siendo este el caso de España.

689 GUZMÁN ZAPATER, M., en *Derecho Internacional Privado,* 2ª ed., Librería UNED, Madrid 2016 pp. 405 y ss. trae a colación el concepto del Profesor De Castro, en virtud del cual el estado civil es *"la cualidad jurídica de la persona por su especial situación (y consiguiente condición de miembro) en la organización jurídica, y que, como tal caracteriza su capacidad de obrar y el ámbito propio de su poder y responsabilidad"*. Sin embargo, como se explica en el desarrollo, el concepto de *estado civil* que se maneja en el Reglamento es más restringido que el que se incardina en el ámbito del estatuto personal del Derecho Internacional Privado.

situación de *"soltero, casado, pareja registrada*[690]*, divorciado, viudo"*, existiendo, incluso, una casilla para especificar otras situaciones, entiéndase, análogas[691].

Debe tenerse en cuenta que el formulario de solicitud permite marcar más de uno de esos "estados", lo cual es lógico al darse cobertura a todas aquellas situaciones que podrían incidir económicamente, en mayor o menor medida, en la sucesión a pesar de que el causante fuese soltero, viudo o divorciado. En determinados ordenamientos jurídicos la pareja de hecho no genera *estado* pero sí, en cambio, lleva aparejados determinados efectos económicos que se toman en consideración en la sucesión[692].

Por último, debe señalarse que en la casilla *"otros"* deben incluirse todas aquellas situaciones de la misma índole que incidan en el régimen sucesorio, así, por ejemplo, la separación legal[693],

---

690 Nótese que el Reglamento aquí habla solo de "pareja registrada", lo cual parece congruente con el R(UE) 2016/1104 (EPUR); sin embargo, el propio Reglamento de Sucesiones, consciente de la heterogeneidad de situaciones que se dan en los distintos Estados es más generoso y va más allá, pues alude también a pareja de hecho (punto 3.12, del formulario de solicitud).

691 Debe tenerse en cuenta que estas situaciones, como otras, en que puede encontrarse el causante aparecen interrelacionadas en distintas partes de los formularios, así se tiene en cuenta, en relación al solicitante, que puede ser una pareja –utilizando el término en sentido amplio- del causante (apartado 3.12, formulario IV), o en el anexo IV de la solicitud, que está destinado a cumplimentar los *"Datos del excónyuge o expareja del causante"* (el cuál debe cumplimentarse obligatoriamente, si se emplea el formulario, en caso de que el causante tuviera pareja o cónyuge).

692 A la vista de todo lo dicho, es fácil concluir que, en este caso, con el *"estado civil"*, el Reglamento se está refiriendo a un concepto autónomo del Derecho Internacional Privado de la Unión Europea.

693 La separación legal, a efectos del Derecho material español, constituye estado civil, si bien no es tenida en cuenta por todos los

la separación de hecho[694], o todas aquellas situaciones convivenciales[695] con transcendencia a los efectos del Reglamento.

Tras el estado civil, la siguiente mención obligatoria en la solicitud es la relativa a la nacionalidad del causante (art. 65.3.a). La nacionalidad no sólo contribuye a identificar o individualizar el causante. En el plano sucesorio tiene una notable transcendencia, no debe olvidarse que una de las leyes elegibles, como *lex successionis*, es la de la nacionalidad del causante al tiempo de su fallecimiento (art. 22.2). Consiguientemente, es mucho más que un elemento diferenciador del causante, pudiendo incidir en el marco legal de la sucesión que se pretende certificar. Llama la atención que, a diferencia de lo que sucede

---

ordenamientos jurídicos. Sin embargo, debe tenerse en cuenta que dicho estado justifica y fundamenta, por ejemplo, en el ámbito del Código civil la privación de la legítima conyugal (art. 834 C.c.), o del llamamiento *abintestato* (art. 945).

694 La ruptura de la convivencia conyugal, genere o no estado civil, en muchos ordenamientos jurídicos se tiene en cuenta para privar de bien de derechos legitimarios, bien de la condición de heredero intestado, al cónyuge sobreviviente, así por ejemplo, en el Derecho común español (art. 834 y 945 C.c., respectivamente).

695 Podrían incluirse en este cajón desastre todas las situaciones de pareja de hecho no registrada, con transcendencia a los efectos que se comentan. El propio Reglamento las toma en consideración en la llamada que hace en la casilla de *"pareja de hecho"* (llamada que, curiosamente, también contiene una errata al equivocar el número en la versión española), sin ánimo exhaustivo, a las *"instituciones jurídicas de cohabitación que existen en algunos Estados miembros, como "sambo" en Suecia o "avopuoliso" en Filandia"*. Podría incluirse aquí también, por ejemplo, las *"situaciones convivenciales de ayuda mutua"* reguladas en Cataluña dentro del Libro II del Código civil, relativo a la persona y familia. Dichas situaciones generan determinadas obligaciones a los herederos y pueden incidir en el disfrute de la vivienda del causante (arts. 240-6 y 240-7), lo cual hace imprescindible que se tengan en cuenta al expedir el Certificado Sucesorio Europeo si se quiere que este sea omnicomprensivo.

en otras casillas del formulario, en este caso, no se establezca la posibilidad de marcar más de una nacionalidad, pues las situaciones de doble nacionalidad existen y no son ajenas al propio Reglamento[696].

Es también obligatoria la reseña del *número de identificación* del causante. El Reglamento no aclara exactamente a qué número se refiere[697]. Sin embargo, el formulario, en su número 5.8, es generoso y concede opciones, con posibilidad de cumplimentar varias.

Así, se mencionan: el número de documento nacional de identidad, el número de certificado de nacimiento, el de certificado de defunción, el de la Seguridad Social, el de identificación fiscal y, por último, se establece una casilla abierta para introducir cualquier otro número relevante. Si el solicitante dispone de varios números posibles, lo aconsejable es introducirlos todos, a fin de evitar requerimientos de información por parte de la autoridad expedidora[698].

---

696 Ver, en este sentido, el elenco de leyes elegibles a tenor de lo dispuesto en el art. 22.1, inciso segundo.

697 Para el operador jurídico español, en principio, sería el de su tarjeta de identidad. Es frecuente entre nosotros, entender por tal el número del DNI o, en su caso, el Id. nº, que aparece en las tarjetas extranjeras. La conveniencia de estos números es su estabilidad, pues no suelen cambiar e identifican a la persona con mayor precisión que, en cambio, los del pasaporte, que frecuentemente, bien no coinciden con el del DNI, bien cambian con la expedición de una nueva libreta.

698 Llama la atención la no concordancia no solo entre los posibles números reseñables sino, incluso, entre el orden de presentación de los mismos si se compara el formulario de solicitud y el formulario del certificado. En el primero se menciona también el número de certificado de defunción que, en cambio, no se menciona en el formulario de certificado (puntos 5 y 6, respectivamente, de uno y otro formulario). También debe criticarse el trato igualitario que se hace entre uno y otro formulario, pues en ambos casos se dice que se

El último de los datos relativos al causante y sus circunstancias personales, exigido es el de su dirección al tiempo del fallecimiento, aunque algunos autores consideran que es un elemento identificador[699].

La incidencia de la dirección en el proceso de identificación o determinación de la persona del causante parece débil.

El causante, a diferencia de lo que sucede con el solicitante, respecto del cual también procede hacer constar la dirección, como se verá[700], no precisa estar localizable ni es parte de un expediente, cualquiera que sea su naturaleza.

La referencia a la dirección del mismo debe ponerse en relación con la ley sucesoria[701]. Como se sabe, la ley de la residencia

---

indique el número más pertinente. Puede que la autoridad expedidora tenga claro cuál es el número más pertinente, sin embargo, tal enfoque tal vez debiera ser otro desde la perspectiva del solicitante. El solicitante, puede que no tenga claro cuál es el más pertinente; por otro lado, tanto para el solicitante como para la autoridad expedidora puede ser conveniente hacer constar más de un número, especialmente si se tiene en cuenta que el certificado puede viajar por diferentes Estados y no en todos se tendrá por más relevante, necesariamente, el mismo número. Sin embargo, como se verá, si se compara este apartado del formulario con el que se establece respecto del solicitante, parece que lo correcto será hacer constar todos los números que se dispongan y en el primero de ellos (5.8), el más pertinente de entre los transcritos.

699 Así, REINHARTZ, B., *op. cit.*, p. 260.

700 Art. 65.3.b).

701 En este sentido, resulta cuestionable, una vez más, la traducción de la versión española, así, en la casilla de dirección se hace una llamada del siguiente tenor: *"Si el causante tenía varios domicilios en el momento de su fallecimiento, indíquese el más relevante"*, sorprende la diferente terminología que no ha de ser necesariamente sinónima, menos aún cuando puede tener connotaciones jurídicas. Así, se contrapone en dicha versión "dirección" a "domicilio". Sin embargo, en las versiones francesa, inglesa o italiana sí que parece aproximarse

habitual del causante al tiempo del fallecimiento, a falta *professio iuris* y salvo vinculación más estrecha, es la ley supletoria por la que opta el Reglamento, como ley reguladora de la sucesión[702].

Sorprende tanto en relación a éste dato como respecto al de la nacionalidad del causante la lacónica referencia que a los mismos hace tanto el Reglamento como el formulario de solicitud cuando ambos serían merecedores de una mención autónoma tanto en el Reglamento como en el formulario de solicitud que debería haber aparecido ligada a la determinación de la ley aplicable[703].

---

la cuestión, de forma explícita, al terreno de la residencia habitual como posible ley sucesoria. Así, se habla respectivamente de *"adresses résidentialles", "residential addresses", o "residenze abituali"*. Se hace constar como aclaración que dichos datos aparecen en las tres versiones citadas en la llamada 11, mientras que en la española aparecen en la llamada 10, pues existe un error de numeración, también, en la versión española. En contraposición a los datos del causante, en cambio, respecto al solicitante, sí se emplea unívocamente en el formulario, en el número 3.8, el término "Dirección" o su traducción equivalente.

702 Arts. 21 y 22.

703 Así, por ejemplo, no hubiera sido redundante, en una solicitud tan prolija, haber introducido un apartado que dijese: *"x) datos relativos a la posible ley sucesoria: nacionalidad del causante al tiempo del fallecimiento, otras nacionalidades habidas por el causante a lo largo de su vida, última residencia habitual, Estados con los que el causante tuviese especial vinculación"*. En esta misma línea, FERNÁNDEZ-TRESGUERRES GARCÍA, A.; *op. cit., Las sucesiones...*, p. 630, manifiesta su sorpresa por el hecho de que no se hayan incluido indicios que pudieran derivar en una mejor de cuestiones que podrían facilitar al expedidor la determinación de la ley aplicable, por ayudar a concretar la residencia habitual, tales como *"la profesión en el lugar de fallecimiento, lugar de trabajo, lugar de la vivienda habitual o lugar de residencia de la familia, a fin de obtener una idea objetiva de la vinculación del causante con un país"*.

El formulario, en este punto, carece de un enfoque internacional privatista, pese a ser éste el que fundamenta e inspira todo el Reglamento, así ninguno de los puntos de conexión para determinar la ley aplicable tiene un papel destacado en la solicitud. En efecto, no solo por la forma en la que se introducen las cuestiones relativas a la residencia del causante[704]; falta toda mención a la vinculación más estrecha del causante con determinado Estado, distinto del de la residencia habitual, como cláusula de excepción para inactivar la aplicación de la ley de la residencia habitual.

La dirección del causante, además, en el sentido que ha quedado expuesta no sólo tendrá transcendencia respecto a la determinación de la ley sucesoria; también incidirá en la competencia para la expedición del certificado (art. 64 en relación con el art. 4), sin perjuicio de lo que ha quedado dicho al exponer el régimen legal de la competencia de expedición.

ii. Datos del solicitante (Art. 65.3.b)

Identificado el causante de la sucesión que se certifica y las menciones que exige el Reglamento en relación al mismo, el art. 65.3.b) se ocupa del solicitante del certificado. Las circunstancias personales del solicitante son igual de detalladas que las del causante. Al respecto, el art. 65.3, pide que se hagan constar: *"b) datos del solicitante: apellidos (si procede, apellidos de soltera); nombre; sexo; fecha y lugar de nacimiento; estado civil; nacionalidad; número de identificación (si procede); dirección y, en su caso, relación con el causante"*.

---

[704] La residencia habitual no aparece aludida como tal, como no se conecte con la "dirección", la cual, aunque puede servir al intérprete para tirar del hilo de la determinación de dicha residencia habitual no es un concepto coincidente con la misma.

En el formulario los datos relativos al solicitante aparecen tras la identificación de la autoridad, presentándose bajo el número 3 las cuestiones relativas al solicitante[705]. Debe ponerse de manifiesto el paralelismo que existe entre los datos que se piden del solicitante, en la letra *b)*, y los que se relacionan para el causante, en la letra *a)*, del art. 65.3.

Causante y solicitante deben aparecer identificados, prácticamente, mediante la reseña de las mismas circunstancias. Como es lógico, en relación al solicitante no se hace referencia ni a la fecha ni al lugar del fallecimiento, tampoco a la dirección en el momento del fallecimiento, sino, simplemente, a su dirección. Como contrapartida, respecto al solicitante, se añade su *"relación con el causante"*.

Sería fácil *prima facie* remitirse, sin más, en este punto, a lo apuntado para tales datos respecto del causante; sin embargo, no parece oportuno caer en la misma pereza que el legislador de la Unión.

Merece la pena hacer alguna observación tanto en lo relativo a por qué se piden dichos datos, como respecto de lo que no se ha pedido.

A diferencia de lo que sucede con el causante donde su identificación parece imprescindible, como quedó expuesto, para centralizar e individualizar el proceso sucesorio objeto de certificación, respecto del solicitante, en cambio, la cuestión es más administrativa que sustantiva.

---

705 Como se indicó en su momento, puede que respetar la coherencia formal del formulario con otros formularios UE pueda aconsejar que la primera mención sea la relativa al Estado miembro de la autoridad expedidora y la segunda a la *"Autoridad"*, sin embargo, nada parece justificar, más allá de lo referido, que se anteponga el solicitante, en el formulario, al causante, rompiendo así el paralelismo entre el formulario y lo legislado en el Reglamento.

Como en cualquier procedimiento administrativo, y la solicitud del Certificado Sucesorio Europeo, en este punto, participa de tal naturaleza, se trata de identificar a la persona que insta el procedimiento de certificación: el solicitante. Por ello, sí parece conveniente que se haga referencia a sus apellidos, nombre y número de identificación.

La referencia al *"apellido de soltera"* debe entenderse como "apellido de nacimiento"[706], puede ayudar a evitar problemas de identificación, si bien, a una cuestión administrativa que se salva con la buena práctica del foro se le da un tratamiento equiparable al que precisa el causante sin ser necesario. La misma finalidad identificativa debe predicarse respecto de la fecha y lugar de nacimiento del solicitante. Ambos datos tendrán importancia en aquellos casos en los que no basten el resto de menciones para identificar al solicitante[707].

La misma finalidad individualizadora tendrá el apellido de nacimiento y el estado civil del solicitante, pues no parecen tener tanta importancia, más allá de dar un paraguas normativo a aquellas legislaciones internas que piden que en sus

---

706 Debe reproducirse aquí la crítica respecto al empleo de la palabra *"soltera"*, en la versión española. Igualmente, debe tenerse en cuenta que, en general, debe traerse a colación todo lo referido, respecto al causante, para las distintas posibilidades identificativas por cambio de apellido con el cambio de estado civil. Sin embargo, en este punto, de lo que se trata no es de que no existan problemas o cabos sueltos en el proceso sucesorio, por ejemplo, al tomar en consideración o interpretar una disposición sucesoria como imputable a un referido causante. La finalidad respecto del solicitante es mucho más liviana, se trata de tener por cierta e identificada la persona del solicitante; pero, concretada ésta no surgirán problemas por un eventual cambio de apellido del solicitante.

707 En cambio, más allá de los efectos identificativos, no aporta nada más al proceso de expedición, a diferencia de lo que sucedía, como quedo expuesto, respecto de dichos actos en relación al causante.

procedimientos se haga constar tal estado civil. Las cuestiones relativas al *sexo* del solicitante, sin embargo, más allá de la adecuada expresión de su identidad, parecen carecer de relevancia respecto del mismo.

La concreción del número de identidad del solicitante parece más racional que la misma regulación respecto del causante. En el formulario, en este caso, no se hace referencia ni a los números del certificado de nacimiento ni, tampoco, por motivos obvios, a los números del certificado de defunción[708].

La referencia a la dirección y a la nacionalidad, no tienen aquí la más mínima transcendencia respecto del proceso sucesorio, como sí sucedía respecto del causante, pues no inciden en la ley aplicable a la sucesión. Simplemente identifican, sin más, al solicitante.

Como quedó dicho, la dirección es una mera dirección administrativa, a diferencia de lo que sucede respecto del causante para el cual parece abrir la puerta al concepto autónomo de *residencia habitual*, como elemento determinante de la posible ley sucesoria. Sin embargo, que la dirección no tenga

---

[708] Como curiosidad, debe llamarse la atención sobre el hecho de que en el punto 3.7, respecto del solicitante, al igual que en el 5.8, del formulario, respecto del causante, se hace referencia a *"Número de identificación"*, en ambos casos la llamada 6 (y no la 5 como por error aparece en la versión española, al existir errores tipográficos, dejando en blanco un numeral anterior y corriendo el resto de numerales de la lista), pide que se haga constar el número más relevante. Sin embargo, en sede de solicitante, parece que uno de esos campos es el número más relevante de entre todos los que se relacionan bajo los distintos subepígrafes, en cambio, respecto del causante, no parece un campo que deba cumplimentarse, al no aparecer punteado con el mismo formato que en el referido al solicitante. Parece, sin embargo, que deberían ponerse todos los números que se dispongan, en ambos casos, e indicarse cual es el más relevante para facilitar el trabajo a la autoridad expedidora, como quedó dicho.

transcendencia sucesoria no quiere decir que no sea necesaria, para la tramitación del expediente. En este caso, la función primordial es la de localizar al solicitante[709].

En este sentido, el formulario IV, desarrolla el campo de dirección e incluye el elenco de datos que deben relacionarse[710], siendo obligatorios los de calle y número o apartado de correos, localidad, y código postal, así como país[711]. Se añaden otros datos en el formulario, que facilitan igualmente el proceso de expedición y que hacen más factible la localización del peticionario; son datos no obligatorios pero que podrán ser convenientes o, incluso necesarios, como los relativos al teléfono, fax o correo electrónico del solicitante. No debe olvidarse que se debe poder contactar con el solicitante y que un medio ágil de contacto puede facilitar la expedición del certificado[712].

No acaba de entenderse la introducción de una mención a la *"relación con el causante"*, respecto del solicitante, como no sea porque esta puede incidir en los posibles beneficiarios en la sucesión. Si esa es la motivación, no deja de ser muy congruente con la naturaleza del proceso de certificación. Es cierto que

---

709 Ver, en este sentido, REINHARTZ, B., *op. cit.*, p. 260.

710 Ver numeral 3.8, formulario IV.

711 Una vez más la versión española del formulario es maltratada, no se menciona el país entre los datos obligatorios, como si hacen otras versiones, como la inglesa o la francesa; la italiana, en cambio, corre la misma suerte que la española por motivos que difícilmente se acaban de entender en el estado actual de la técnica y recursos de que dispone la Unión Europea. Evidentemente, se trata de un descuido, la reseña del país es imprescindible, pues de lo contrario, la dirección, dato obligatorio, resultaría incompleta.

712 Téngase en cuenta, además, que el solicitante, normalmente interesado en la sucesión, será una de las personas a las que se entregará copia del certificado, por lo que sus datos se utilizarán a los efectos de confeccionar la lista a que se refiere el art. 70.2 (datos de contacto de las personas a las que se ha entregado copia del certificado.

cuantos más datos se pongan en poder del expedidor más material probatorio o, al menos, indiciario podría utilizar para asegurar un certificado fiable.

Al pedir esos datos, el legislador de la Unión no parece ser consciente de que todo el material probatorio es adicional a la solicitud, además, lo es respecto a una sucesión que, por lo general, debería estar ya declarada. En efecto, como se ha referido anteriormente, si la solicitud fuese sólo respecto a una sucesión ya declarada, tal relación sería irrelevante, simplemente se alegaría la condición de heredero y nada más habría que justificar, sólo se entiende la necesaria mención a tal relación si puede incidir en los posibles beneficiarios[713]. Sin embargo, incluso en esos casos, aparecerán nombrados en el apartado correspondiente del formulario.

Todo ello se colige del elenco de personas que se mencionan en el apartado 3.12 del formulario de solicitud que agotan la totalidad de los posibles herederos intestados o beneficiarios de una sucesión con arreglo a la normalidad de los ordenamientos jurídicos, dejando un último campo para introducir otras posibles relaciones en aquellos extraños casos en los que los anteriores no puedan acoger al solicitante[714].

---

713 Para fundamentar la inclusión de tal información debe acudirse a la idea de que el hecho de que una sucesión no se haya declarado no quiere decir que el solicitante del certificado no pueda tener *prima facie* unas expectativas a la misma, una especie de *fumus bonis iuris,* a la vista de la documentación de que disponga o de, especialmente, la relación que tenga con el causante como consecuencia, bien de las reglas de la sucesión intestada, bien de las reservas hereditarias o bien de las provisiones familiares que existen en algunos ordenamientos como el inglés.

714 Las posibilidades que brinda el formulario son múltiples y tal apartado 3.12 no sólo acogerá a uno de los posibles beneficiarios *ex lege,* bien como heredero *abintestato,* bien como legitimario. También podría hacerse referencia en ese apartado "otros" no solo a una relación

No se mencionan iguales extremos en relación al causante, respecto del cual sólo parece hacerse referencia al estado civil, en los términos que ha quedado expuesto, en el apartado 5.6. Sin embargo, respecto de la persona a que hace referencia el certificado el círculo se completa con la referencia a otros posibles beneficiarios, en el apartado 6.7, con la obligación, en tal caso, de cumplimentar el anexo V del formulario de solicitud, "datos de posibles beneficiarios"[715].

El formulario legislado prevé también la situación de que el solicitante sea una persona jurídica. En tales casos, si se está empleando el formulario deberá rellenarse obligatoriamente el anexo II al mismo.

En el anexo relativo a la solicitud planteada por persona jurídica se contienen todas las reseñas habituales para identificar a una persona jurídica en cualquier actuación en el tráfico jurídico: Nombre, datos registrales, fecha de constitución, dirección o domicilio social, datos de contacto, por la propia mecánica de expedición del certificado y persona con facultades para representar a la sociedad; dejando la posibilidad, el propio anexo de incluir *"otra información pertinente"* a juicio del solicitante.

---

personal sino jurídica, piénsese en el caso de que el solicitante sea sustituto fideicomisario, pupilar o ejemplar, cuando tal figura se admita, que tenga derecho a los bienes que se encontraban en la sucesión del causante al que se refiere el certificado pero con causa en la sucesión de otra persona. Y todo ello, sin perjuicio de lo que se aclaró al hablar de los legitimados y estas situaciones especiales.

715 La referencia a "otros posibles beneficiarios" que hace el formulario invita nuevamente a pensar que la sucesión puede no estar totalmente declarada en el momento de la solicitud, pues lo posible no es actual, con lo que si la sucesión hubiera estado íntegramente tramitada, a falta del certificado, se habría hablado de "otros beneficiarios", tanto en el apartado 6.7 del formulario IV como en la rubrica del anexo V, a dicho formulario.

Normalmente debería ser suficiente el empleo de este anexo II, cuando el peticionario sea una persona jurídica, sin que deba cumplimentarse, a su vez, el anexo III al formulario de solicitud, relativo al representante del solicitante.

El anexo relativo al representante del solicitante, que se analizará en el apartado siguiente, parece circunscribirse al solicitante persona física representada. Sin embargo, la literalidad del anexo III invita a pensar lo contrario, pues en el punto 7 del mismo se habla de la *"Persona autorizada a firmar en nombre de una persona jurídica"*, lo cual es redundante con el número 7 del anexo II al formulario de solicitud, que contiene idéntica mención. Parece lógico que se trate de una falta de coordinación al redactar los dos anexos; por lo que no parece una mala *praxis* prescindir del tercer anexo si no añade nada al segundo de los anexos, en el caso concreto. Piénsese como supuesto en el que deberían rellenarse ambos anexos aquel en el que la propia persona jurídica está administrada, a su vez, por otra persona jurídica. Las combinaciones son muchas, sin embargo, no acaba de verse la conveniencia de descender a tales detalles con la minuciosidad de los formularios.

Por último, debe llamarse la atención sobre el hecho de que mientras el anexo relativo a las personas jurídicas es obligatorio si se emplea la solicitud reglada, si, por el contrario, se emplea una solicitud redactada al margen de los formularios, no será necesario un anexo equivalente, pues no tiene cobertura en el artículo 65.

Si bien, la autoridad expedidora podrá recabar los datos que considere, a fin de una adecuada identificación, en el marco del art. 66 [716]. Aunque el Reglamento no enumere en el artículo 65 los datos de la persona jurídica que deben cumplimentarse

---

716 Lo que, una vez más, pone de relieve la conveniencia de acudir al modelo de solicitud del anexo IV.

en la solicitud, en caso de no utilizarse el formulario, deberán hacerse constar los que aparecen en el formulario (formulario IV, anexo II), a fin de evitar ser requerido por la autoridad expedidora para ampliar la información suministrada.

iii. Datos del representante del solicitante (Art. 65.3.c)

La solicitud del certificado sucesorio no es un acto personalísimo, el propio Reglamento ratifica, como no podría ser de otro modo, la solicitud mediante representante. En efecto, el artículo 65.3.c), a tal fin, establece: *"en su caso, datos del representante del solicitante: apellidos (si procede, apellidos de soltera); nombre; dirección y clase de representación"*.

El inciso que ahora se comenta debe servir no solo para dar cobertura al representante de la persona física, también de la jurídica en caso de que esta, como quedó expuesto, sea quien interese la solicitud del Certificado Sucesorio Europeo.

En efecto, aunque el art. 65.1.c) aluda simplemente a *"clase de representación"*, y podría ser entendido en el sentido de acoger sólo al representante de la persona física, sea legal o voluntario, del propio anexo III, formulario IV, destinado a los *"Datos del representante del solicitante"*, que se rellena solo *"si el solicitante está representado"*[717], se sigue lo contrario.

Así, en el apartado 7 del anexo se debe hacer constar la clase de representación. Las distintas posibilidades que enumera el anexo se reconducen, por este orden, a la representación legal (entre la que incluye al tutor y a los padres), a la representación orgánica (*"persona autorizada a firmar en nombre de una persona jurídica"*)[718] y a la voluntaria (*"persona con poderes*

---

717 Como la propia rúbrica del anexo indica.

718 Como ya se apuntó al hablar del formulario de la persona jurídica solicitante, anexo II al formulario IV; puede que, en determinados

de representación")[719]. Sorprende que no se tenga que reseñar, ni intuitivamente lo apunte el Reglamento, el documento del que emana la representación[720]. Sin embargo, la representación se deberá acreditar. Su falta de acreditación impedirá la tramitación del expediente, pese al silencio del Reglamento.

Pueden surgir problemas en punto a calificar la suficiencia de los poderes, para solicitar el Certificado Sucesorio Europeo, especialmente si esos poderes se otorgaron antes de la aprobación del Reglamento y no se pudo prever una facultad expresa para solicitar el Certificado Sucesorio Europeo. En este caso, la solicitud del Certificado Sucesorio Europeo parece ser una facultad instrumental, accesoria del proceso hereditario, pese a los fuertes efectos que despliega. Por lo que no parece necesario que los poderes contengan una fórmula sacramental al respecto[721].

Esto será cierto si se trata de unos poderes usuales de herencias. Sin embargo, puede que los poderes sean de otra índole. En tales casos, es evidente, la naturaleza jurídica y efectos que

---

casos, ambos formularios resulten redundantes, pues la presencia del primero podría hacer innecesaria la del representante. No se sabe si es un descuido del legislador o una toma intencionada de posición. Por otro lado, en determinados casos, se puede presentar una cadena indefinida de personas jurídicas, pues tanto el solicitante puede ser una persona jurídica, como la representante del solicitante, en algún momento deberán acotarse los datos que cierren la identificación, bien del solicitante, bien del representante del solicitante, lo cual deberá ser analizado en el caso concreto.

719 El propio anexo III es consciente de que la enumeración no es exhaustiva y comprende una casilla *"otros"*, en la que se puedan subsumir cualesquiera manifestaciones de las tres clases de representación.

720 JIMÉNEZ GALLEGO, C.; *Un comentario notarial. El Reglamento Sucesorio Europeo;* Ed. Consejo General del Notariado, 2016, p. 332.

721 *Ibidem*, pp. 332-333.

se atribuyan al hecho de solicitar el Certificado Sucesorio Europeo incidirán en la suficiencia de los poderes.

Desde la perspectiva que hemos adoptado en este trabajo, solicitar un Certificado Sucesorio Europeo no tiene carácter dispositivo, no se necesitan las facultades propias para aceptar una herencia ni para realizar la partición, a diferencia de los documentos o material probatorio que respaldan la expedición. Estos últimos si podrán tener naturaleza dispositiva, pensemos en el caso en el que se actúe por representante para aceptar una herencia o efectuar la partición y, de forma subsiguiente, se solicite el Certificado Sucesorio Europeo. En estos casos, aunque en el poder no se haya hecho referencia a la posibilidad de solicitar el Certificado Sucesorio Europeo, tal facultad va implícita en la de aceptar la herencia y partir.

Autónomamente, parece que bastarían unos poderes con facultades para intervenir en cualquier proceso administrativo, comparecer en notarías y formular declaraciones. Evidentemente, lo que defendemos no será compartido por aquellos autores que atribuyan a la solicitud de Certificado Sucesorio Europeo el valor de aceptación tácita de herencia, enfoque que, como apuntamos, en su momento, no compartimos[722].

Por lo demás, tanto el Reglamento como el anexo al formulario de solicitud deben ser criticados en lo relativo a la forma de precisar las circunstancias del representante. Al menos si se toma en consideración lo minucioso de la regulación, por ejemplo, para los datos del solicitante o del causante, frente a los datos que se piden del representante. En efecto, no acaba de entenderse como ni el artículo 65.3.c) ni el anexo III, al formulario de solicitud, entre los datos que deben reseñarse del representante no introduce ni su número de identificación, ni

---

722 Ver, al respecto, lo expuesto en sede de legitimación para solicitar el certificado sucesorio.

tampoco el documento del que emana la representación y la identificación formal del mismo[723].

Tales extremos, se emplee o no el formulario de solicitud, especialmente el documento del que emana la representación, se deberán acreditar a la autoridad que se solicite la expedición, en los términos que exija el correspondiente Derecho interno[724]. Por lo que cumplimentar el formulario y su anexo de representación, puede que no sea bastante para atender la solicitud si no se acredita la representación y circunstancias de la misma suficientemente.

En cuanto al resto de circunstancias, básicamente, las relativas a la dirección[725] que se mencionan en el artículo 65.3.c), debe tenerse en cuenta lo apuntado al exponer el régimen de las letras a) y b) del mismo precepto, respecto del causante y solicitante, en la medida en que fueran aplicables.

iv. Datos del cónyuge o parejas habidas por el causante (Art. 65.3.d)

La letra d) del art. 65.3, introduce como menciones obligatorias en la solicitud del certificado los "*datos del cónyuge o de la pareja del causante y, si procede, de su excónyuge o sus excónyuges o de su expareja o sus exparejas: apellidos (si procede, apellidos de*

723 Si la solicitud se plantea al margen del formulario, evidentemente, tales extremos se reseñarán, especialmente si el autor material de la misma asesora al solicitante, como será lo habitual en la práctica.

724 Así, teniendo en cuenta que en España el notario es autoridad expedidora, su Reglamento exige acreditar la representación en distintos preceptos, sin ánimo exhaustivo, para las escrituras los arts. 156, 164, 165 ó 166 RN; para las pólizas, el art. 197 RN; para las actas, los arts. 207 ó 216 RN, entre otros; o para las copias, el art. 229 RN.

725 Trayéndose aquí las mismas consideraciones vertidas, también, respecto de los datos ampliados en el formulario de correo electrónico, fax o teléfono.

soltera[726]*); nombre; sexo; fecha y lugar de nacimiento; estado civil; nacionalidad; número de identificación (si procede) y dirección".*

Que el cónyuge[727] o la pareja del causante sean mencionados en la solicitud del certificado es algo natural, no en vano, en general, en la mayoría de los Derechos de la Unión Europea se atribuyen al cónyuge derechos, con independencia de su naturaleza jurídica, para el caso del fallecimiento[728].

Del mismo modo, en la práctica sucesoria, de una manera o de otra, el cónyuge suele estar citado en las disposiciones mortis causa que, cualquiera que sea el título sucesorio, gobiernan la transmisión hereditaria de los bienes con arreglo a tales ordenamientos jurídicos.

A la vista de lo anterior, parece que será habitual que el cónyuge o pareja del causante, incluso si el Reglamento no los hubiese mencionado, transciendan al Certificado Sucesorio Europeo y, por ello, deban mencionarse en la solicitud.

Esa es la lógica que inspira el Reglamento, pues en la letra e) del mismo art. 65.3 se alude a los *"datos de otros posibles beneficiarios [...]"*. La palabra *"otros"* enfrenta tanto al cónyuge o pareja del causante y al solicitante, que puede ser un beneficiario, en los términos que quedaron expuestos, pero también a otros posibles beneficiarios no solicitantes, como se desprende

---

726 Debe reiterarse la crítica aquí, relativa al empleo de la palabra *"soltera"*, en relación a los apellidos, para los casos en que estos cambien, con arreglo a la ley aplicable, como consecuencia de la celebración del matrimonio.

727 Para REINHARTZ, B., *op. cit.*, p. 261, debe hacerse constar el matrimonio incluso entre personas del mismo sexo, apoyándose en el considerando 58 del Reglamento. La calificación del matrimonio, a los efectos del Certificado Sucesorio Europeo, será una cuestión previa, al estar excluido el estado civil del ámbito de aplicación del Reglamento.

728 No tanto para la pareja no matrimonial.

de la citada letra *e)*, y del anexo V, del formulario, relativo a los mismos, bajo la rúbrica y *"datos de posibles beneficiarios"*, en el que aparece la leyenda de que es *"obligatorio si son distintos del solicitante o del excónyuge o ex pareja*

Con la finalidad de cumplimentar los datos relativos a las relaciones conyugales o análogas a la marital se encuentra el anexo 4 del formulario 4, previsto en el R(UE) 1329/2014 , bajo el título *"datos del cónyuge o excónyuge o de la pareja o expareja del causante"*[729].

Parece, además, que en la lógica de los autores de los formularios y del Reglamento, lo natural es que el cónyuge concurra a la solicitud del Certificado Sucesorio Europeo.

---

729 Debe llamarse la atención, una vez más, sobre el desprecio al español en las traducciones de la Unión Europea, pues si se lee literalmente la rúbrica del anexo (lo cual se ha corregido en el texto al que hace referencia la presente nota), aparece *"Datos del excónyuge o expareja del causante (OBLIGATORIO si el causante tenía excónyuge o expareja)"* y *"Datos de posibles beneficiarios (OBLIGATORIO si son distintos del solicitante o del excónyuge o expareja"*. Tal dicción se reitera tanto en los encabezamientos de los distintos anexos al formulario IV, como en el texto de los mismos, a diferencia de lo que sucede en las versiones francesa, inglesa o italiana en las que si que se diferencia entre el cónyuge o pareja y quien ha dejado de ser una u otra cosa: *"Annexe IV.- Renseignements concernat le conjoint ou partenaire (ou exconjoint ou ancien partenaire) de la personne décédée (OBLIGATOIRE si le défunt avait un conjoint ou partenaire, ou un exconjoint ou ancien partenaire). Annexe V.- Renseignements concernat les béneficiaires éventuels (OBLIGATOIRE si les béneficiaires sont differents du demandeur, du conjoint ou partenaire, ou de l´exconjoint ou ancien partenaire)"; "Annex IV.- Detail of the (ex) spouse or (ex)partner of the deceased (MANDATORY if the deceased had a(n) (ex)spouse or (ex)partner). Annex V.- Details of posible beneficiaries (MANDATORY if different from de applicant or the (ex)spouse or (ex)partner)";* o, por último, *"Allegato IV.- Generalità del coniuge/ex coniuge o partner/ex partner del defunto (SOLTANTO se il defunto aveva un coniuge/ex coniuge o un partner/ ex partner). Allegato V.- Generalità di altri possibili beneficiari (SOLTANTO se diversi dal richiedente o dal coniuge/ex coniuge o partner/ex partner)".*

En efecto, a esa conclusión permite llegar el hecho de que no se mencione autónomamente[730] en el formulario IV y quede relegado al anexo IV del formulario IV, a diferencia de lo que sucede con la mayoría de menciones del artículo 65.3, que tienen un lugar en el propio formulario, sin perjuicio de que se desarrollen, en ocasiones, en anexos al formulario de solicitud.

Esa falta de referencia explícita hace pensar que, la condición de cónyuge del causante, o pareja, sería un dato relativo al solicitante[731], como si el autor del formulario presupusiese

---

730 Aunque la existencia de tal cónyuge o pareja puede inferirse, bien de las menciones concernientes al solicitante, pues se pide su relación con el causante (5.2), bien de las menciones relativas al causante, pues se menciona su estado civil (6.5).

731 Sin embargo, tal posición que podría ser lógica en el ámbito del derecho anglosajón, donde lo habitual es que se designe como beneficiario único al cónyuge; o, además, en aquellos ordenamientos en los que la legítima se configura como una *pars valoris*, que hace obviar a los legitimarios como concurrentes a la partición, al atribuírseles *ex lege* un derecho de crédito frente al heredero, como sucede en Alemania, no parece ser la tónica habitual en ordenamientos tales como el español, de Derecho común, en el que al estar configurada la legítima como una *pars bonorum* es necesaria la concurrencia de los legitimarios. En la práctica, además, para la mayoría de los casos en los que lo habitual es que el cónyuge tenga una edad pareja al causante, si la lógica de la vida llega a fallecer en edad tardía, el proceso sucesorio suele ser dirigido, en la práctica, por los hijos, en caso de haberlos. El hecho de que, a diferencia de lo que sucede con los otros posibles beneficiarios, donde el anexo V del formulario IV exige que se haga constar la causa de su posición jurídica o atribución, en el anexo destinado al cónyuge no se contiene tal referencia, por lo que el título de su atribución quedaría cubierto por la referencia general que en el formulario de solicitud se contiene en el número 6.1. No se entiende ese distinto tratamiento si no es porque el autor del formulario prejuzga que el cónyuge concurrirá a la solicitud. No obstante, debe llamarse la atención sobre el hecho de

que el certificado se pedirá por persona en quien concurra tal circunstancia. Sucede lo mismo respecto del resto de posibles beneficiarios, que, como se verá, deberán ser relacionados en el anexo V, sin que se mencionen, en el numeral 6.7 del formulario de solicitud.

Aunque introducidos en la misma letra y que el cónyuge, los datos relativos a las parejas o cónyuges anteriores, que también pide el art. 65.3.d) parecen tener otra finalidad. Con su indicación se da seguridad a la certificación del proceso sucesorio.

El conocimiento de la existencia de parejas o cónyuges anteriores podría ser indiciario tanto de la existencia de hijos de relaciones anteriores como de conjuntos patrimoniales sin liquidar o, incluso, de obligaciones familiares atendibles contra la masa hereditaria[732].

Debe destacarse, como se verá, que requerir que la solicitud se firme por el solicitante implica asumir lo declarado. Esa declaración podrá emplearse para calibrar su buena fe, por lo cual, es una importante llamada de atención para que no sea perezoso al señalar a otras personas atendibles, contra la sucesión, aunque sea en perjuicio de sus derechos.

En cuanto al resto de datos que menciona el artículo 65.3.d) procede traer a colación las consideraciones vertidas anteriormente, en lo pertinente, en relación tanto al causante como al solicitante, pues son menciones que se reiteran. Debe, no obstante, hacerse una breve referencia a la transcendencia que tiene mencionar el estado civil del cónyuge o pareja, o

---

que esa diferencia entre el cónyuge y otros posibles beneficiarios puede resultar artificiosa y añade complejidad a los documentos de solicitud.

732 Lo que sucede con algunas provisiones familiares del Derecho inglés. Esto pone de manifiesto la colindancia y, a la vez, lo difícil que es diseccionar, en la práctica lo sucesorio de lo familiar o matrimonial.

su situación convivencial, que aparecen aludidas tanto en el artículo 65.3.d), como en el anexo IV del formulario IV. Tal situación aparece referida tanto al tiempo del fallecimiento (numeral 1.2.11 del anexo al formulario de solicitud), como al momento de la solicitud (numeral 1.2.5, del formulario).

En relación al momento del fallecimiento, la transcendencia será a los efectos de determinar la posible atribución o no de derechos hereditarios, pues la extinción de la convivencia, por una separación de hecho, por ejemplo, o del vínculo matrimonial, podría conllevar la privación de los derechos sucesorios que pudieran corresponder a dicha persona[733].

En el segundo momento, respecto del estado del cónyuge en el momento de la solicitud, puede tener su transcendencia porque en muchos ordenamientos, los derechos del cónyuge sobreviviente se condicionan a que no viva maritalmente con otra persona o haya contraído nuevas nupcias con posterioridad[734].

Sin embargo, el anexo IV del formulario IV, contiene otras muchas menciones que traen causa de otras letras del artículo 65.3 [735] o, incluso, van más allá[736].

---

733 Ver, en este sentido, por ejemplo, los artículos 834 y 945 CC español.

734 Así, por ejemplo, art. 55 Ley de Derecho Civil del País Vasco; ó, art, 793 Código civil español, respecto de determinados usufructos a favor del viudo mientras permanezca en tal estado. Cuestión distinta es que el legislador de la Unión haya sido capaz de llegar a pretender tal propósito en unos formularios en los que se aprecian excesos y defectos de datos.

735 En particular, las relativas a las capitulaciones matrimoniales que puede haber celebrado el causante o, equivalente, en caso de contrato regulador de efectos patrimoniales de pareja o unión de hecho, no tendiendo que limitarse, aunque pudiera ser lo habitual, al ámbito de los Reglamentos (UE) 2016/1103 y 2016/114.

736 Lo que una vez más obligará a la autoridad requerida a solicitar que se amplíen los datos de la solicitud cuando el solicitante no

Unas serían las contenidas en el anexo al formulario, relativas a: *"nacionalidad del causante en el momento de contraer matrimonio/registro de la unión"* (numeral 4); *"nacionalidad del cónyuge o pareja en el momento del matrimonio/registro de la unión con el causante"* (numeral 5); *"fecha y lugar de celebración del matrimonio/ registro de la unión con el causante"* (numeral 6); *"autoridad que celebró el matrimonio/registro de la unión con el causante"* (numeral 7)[737]. Junto con las anteriores menciones, aparecen otras indagaciones que es conveniente formular y que son: *"¿Especificaron el cónyuge o pareja y el causante qué ley debería regir el régimen económico matrimonial del matrimonio o el régimen patrimonial de la unión registrada (elección de ley aplicable)"* (numeral 8); *"¿Celebraron el cónyuge o pareja y el causante capitulaciones matrimoniales o un contrato relativo a una relación que pueda surtir efectos análogos al matrimonio?"* (numeral 9)[738]; y, *"si se conoce, información sobre*

---

se ajustó al modelo normalizado, por la vía del art. 66.1. Se insiste, una vez más, por tal motivo, en el reproche que merece que el formulario no sea de uso obligatorio, dispensable por el requerido, especialmente en aquellos casos en los que se presente al margen de las actuaciones de asesoramiento que podría desplegar la autoridad emisora, como sucede en el caso de los notarios españoles, en los términos que se verán.

737 Si se pone en relación los numerales 4 a 6 del anexo IV del formulario IV, con los artículos gemelos 26 de los R(UE) 2016/1103 y 2016/1104, se aprecia que tales numerales recogen las circunstancias fácticas que permiten determinar la ley aplicable al régimen económico matrimonial, con carácter supletorio, a los matrimonios o a las parejas registradas.

738 Los numerales 8 y 9, con el mismo propósito que los 4 a 7, abren la puerta tanto a los acuerdos de elección de ley aplicable al régimen económico matrimonial como a las capitulaciones matrimoniales otorgadas con la finalidad de concretar el régimen económico matrimonial, elegida o no la ley aplicable a dicho régimen. Destaca como el R(UE) 1329/2014, anterior en el tiempo a los Reglamentos REM y EPUR adopta la misma diferenciación entre ambos tipos de acuerdo de elección de ley aplicable, por un lado, y las

el régimen económico matrimonial o régimen patrimonial del causante (en particular, indíquese si el régimen patrimonial está liquidado y los bienes repartidos" (numeral 10)[739].

Con toda esa batería de datos, se filtran en el certificado, de forma intencionada, los aspectos relativos a la determinación de la ley aplicable al régimen económico del matrimonio y la posible existencia de pactos al respecto.

---

capitulaciones matrimoniales, por otro. En relación a los distintos tipos de acuerdo de elección de ley, validez formal de los acuerdos y capitulaciones matrimoniales y ley supletoria, en los Reglamentos REM y EPUR puede verse DIAGO DIAGO, M.P., "Comentario a los artículos 21, 22 y 26", en IGLESIAS BUIGUES, J.L. y PALAO MORENO, G., *Régimen económico matrimonial y efectos patrimoniales de las uniones registradas en la Unión Europea*, ed. Tirant lo Blanch, Valencia 2018; y, en la misma obra RIPOLL SOLER, A., "Comentario a los artículos 23, 24 y 25".

739 El numeral 10, por último, es el que enlaza el proceso sucesorio con el de liquidación del régimen económico matrimonial. Por un lado, en él se hace referencia a la información relativa al régimen económico matrimonial, que es mucho más que la mera alusión nominal a cuál es el régimen. En efecto, se abre la puerta a una posible prueba del Derecho extranjero, de ahí la configuración del expediente de expedición del certificado en los términos que se defenderán en este trabajo. Por otro lado, la referencia a que el régimen esté liquidado o no incidirá en la composición de la masa hereditaria, por eso que se pida que se concreten los bienes repartidos. Todo ello pone de manifiesto, una vez más, la interrelación entre la liquidación del régimen económico matrimonial y la herencia; del mismo modo, pone de manifiesto el complejo equilibrio que ha tenido que buscar el legislador de la Unión para regular ambas instituciones y, además, en momentos temporales diferentes. Tal vez, esa interrelación sea la que justifique la ambigua posición del cónyuge en los formularios que se ha puesto de manifiesto anteriormente, pues el formulario IV del anexo IV parece estar pensando más en las cuestiones vinculadas a la liquidación del régimen que en la posición jurídica del cónyuge en el proceso sucesorio.

Una vez más se pone de relieve lo ampuloso de cumplimentar la solicitud, pues aunque en el anexo al formulario se pregunten todas esas cuestiones, no se hace referencia a las capitulaciones matrimoniales que, sin embargo, vuelven a la solicitud en el numeral 7, de la misma, al indicar que se aporten *"capitulaciones matrimoniales o contrato relativo a una relación que pueda surtir efectos análogos al matrimonio"*, como ordena la letra j) del artículo 65.3[740]. Lo cual no deja de ser, una vez, más, reflejo de una sistemática legislada poco pulida.

v. Datos de otros posibles beneficiarios (Art. 65.3.e)

Al igual que sucede con el cónyuge, se deben mencionar, según el artículo 65.3.e) los *"datos de otros posibles beneficiarios en virtud de una disposición mortis causa o de la ley: nombre y apellidos o razón social; número de identificación (si procede) y dirección"*.

El certificado tiene vocación de ser omnicomprensivo de la sucesión, por lo que transciende de la concreta posición jurídica del solicitante, que aparece referida en la letra *f)* del mismo artículo, cuando se hace referencia a la finalidad para la que se pide el certificado. Dicha finalidad será reconducible a la posición jurídica del solicitante.

Así, legitimación, solicitante y finalidad, en cierto modo, condicionarán el uso que se va a dar a un concreto certificado. Sin embargo, en línea de principio, la conveniente imposibilidad de reiterar expediciones distintas sobre una misma sucesión hará que un concreto certificado pueda ser utilizados por otros interesados en la sucesión, aunque no hayan sido los solicitantes.

---

740 Indicándose, como en el caso de la disposición de última voluntad, si no se adjunta ni el original una copia, el lugar en que se encuentra.

A esta misma conclusión llega la STJUE de 1 de julio de 2021 (C-301/20) (TOL 8.488.994), la cual para llegar a dicha conclusión apelando a la economía procesal, a la posibilidad de que se expida copia a cualquier interesado (art. 70), a los efectos legitimadores y liberadores que se ponen de manifiesto en el art. 69, sin que vengan condicionados por la cualidad de solicitante de nadie y, por último, a la inexistencia de norma limitativa al respecto. Si bien, por encima de dicha argumentación, debería estar la final de evitar que se corrompa la seguridad jurídica fomentado la pluralidad de certificados sobre una misma sucesión.

Respecto de las menciones que pide el artículo 65.3.e) se hace remisión a lo expuesto anteriormente respecto del resto de elementos personales que confluyen en la solicitud y en la sucesión.

Se impone, como en otros extremos del formulario de solicitud, un deber de diligencia al solicitante, pues en el formulario, numeral 6.7, se incluye la referencia a dichos otros posibles beneficiarios como una de las menciones obligatorias.

Ese deber de diligencia, como se viene recordando, impondrá al solicitante una actitud activa de indagación y puesta de manifiesto de tales beneficiarios, sin perjuicio de las facultades que se confieren a la autoridad expedidora en el marco del art. 66.1.

Como se ha referido anteriormente, el solicitante quedará vinculado por sus manifestaciones, también en este extremo, para, en su caso, valorar la buena fe con la que se ha conducido, a los efectos legales.

En caso de existir otros beneficiarios, si se emplea el formulario, deberá cumplimentarse el anexo V. El formulario, también aquí, en congruencia con el art. 65.3.e), se refiere a las circunstancias personales que se han explicado respecto de otros elementos personales, por lo que se hace remisión a lo expuesto. A pesar de ello, debe llamarse la atención de que, en este caso, el número 2.8 de dicho anexo V, obliga a poner cual es el título de la atribución, bien una disposición *mortis causa*, bien la ley[741].

vi. Finalidad de la solicitud (Art. 65.3.f)

El artículo 65.3.f) obliga a relacionar *"el fin para el cual se solicita el certificado de conformidad con el artículo 63"*. Se trata de una mención importante. El que se ostente una determinada posición jurídica, *prima facie*, no parece ser bastante para los autores del Reglamento para solicitar el certificado.

A la posición de heredero, legatario con derecho directo en la herencia, ejecutor testamentario o administrador el Reglamento parece ligar la necesidad *"invocar en otro Estado miembro, su cualidad de tales o ejercer sus derechos como herederos o legatarios, o bien sus facultades como ejecutores testamentarios o administradores de la herencia"*[742]. El propio precepto podría ser redundante, pues bastaría el primer inciso, añadiendo un segundo inciso en que reitera, aunque de forma más minuciosa, la finalidad del certificado con los posibles usos probatorios de uno o varios de

---

741 Se hace remisión en este punto a lo referido anteriormente sobre el distinto desarrollo que existe en el formulario respecto al cónyuge y otros posibles beneficiarios. Respecto del primero, el título de su posible atribución será el general reseñado en el formulario de solicitud, respecto de los otros posibles beneficiarios, se debe reiterar información, que normalmente será coincidente, en el anexo V, el cual, curiosamente está construido, sin explicación aparente, de forma distinta al del cónyuge o pareja. Debe criticarse también tanta reiteración, tanto el cónyuge o pareja como el resto de beneficiarios estarían cubiertos por el elenco de documentos que se deben acompañar o relacionar en los términos del numeral 7 del formulario de solicitud.

742 Art. 63.1, *in fine*.

los extremos anteriores[743]. Sin embargo, a la vista del numeral 4 del formulario de solicitud parece que *"el fin para el cual se solicita el certificado"* conecta con la concreta necesidad del mismo para una determinada cuestión. Permitiéndose, al concretar la finalidad, además, la expedición de un certificado que sea solamente parcial[744].

Debe llamarse la atención, formalmente, para los autores del Reglamento, aclarada la legitimación del solicitante, concurriendo su posición jurídica con haber invocado una finalidad concreta para la expedición del certificado, quedará en segundo plano tanto la finalidad como quién concretamente haya sido el solicitante. En efecto, en el sistema del Reglamento no deberían concurrir varios certificados[745], una vez expedido el certificado, al margen de la responsabilidad en que pueda haber incurrido el deponente al formular la solicitud, este podrá ser utilizado por otro interesado que pretenda acreditar los extremos contenidos en el mismo[746].

Podría pensarse que, en la práctica no se ve utilidad actual a que se invoque la necesidad coetánea de ser utilizado en otro Estado miembro ni la concreta finalidad, más allá de dar cobertura a que solo se pueda certificar parcialmente lo

---

743 Debe tenerse en cuenta lo referido, anteriormente, en el apartado correspondiente a los legitimados, respecto de la necesidad de invocar una finalidad actual.

744 Ver, en este sentido, BONOMI, A. y WAUTELET, P., *op. cit., Derecho europeo de sucesiones...*, p. 632, quienes apuntan tal posibilidad basándose en el art. 39 de la Propuesta, así como en el art. 65 y 68, al hablar de la finalidad; aligerando así al solicitante, que no precisa que se certifique todo, de la carga de probar todos los elementos de la sucesión.

745 Sin perjuicio de la posibilidad y conveniencia de los certificados parciales.

746 Ver, en este sentido, la citada STJUE de 1 de julio de 2021 (C-301/20) (TOL 8.488.994).

solicitado, por ejemplo, cuando no se hayan aportado a la autoridad elementos que permitan un certificado total.

También podría justificarse la necesidad de invocar la concreta finalidad por motivos económicos, se trataría de evitar que se expidiese un certificado que no sirviese a la finalidad pretendida del solicitante. Consciente de ello, el propio formulario de solicitud, en una llamada, permite que se marquen varias finalidades, todas ellas enumeradas en el apartado 4.

Todo lo anterior hace conveniente, aunque no obligatorio, que a la solicitud concurran todos los posibles beneficiarios, a fin de cubrir todos los posibles usos del certificado y recabar la mayor información posible[747].

Por último, pese a que el artículo 65.3.f) menciona la finalidad, como contenido de la solicitud, sin embargo, el formulario normalizado no lo incluye entre los datos de mención necesariamente obligatoria. No obstante, cualquiera que sea la finalidad, los autores del Reglamento parecen esperar que se detalle ésta, más allá de simplemente marcar cualquiera de las tres opciones (herederos/legatario/poderes de ejecución) que se contemplan en el numeral 4 de la solicitud. En el fondo, a la postre, se tratará de que el expedidor, al valorar la solicitud, pueda, por un lado, apreciar el interés legítimo del solicitante, por otro lado, buscar el efecto útil del certificado,

---

747 Paradójicamente, los formularios parecen estar construidos pensando en que lo habitual será la falta de actuación conjunta por parte de los posibles beneficiarios, lo cual pone de manifiesto no haber tenido en consideración lo que sucede en la mayoría de los Estados miembros donde, tratándose de sucesiones no contenciosas, lo natural será esa actuación conjunta. Y es que, incluso en aquellos casos en los que existe una persona encargada de la liquidación, en la práctica esta actúa de forma coordinada con los interesados en la sucesión.

en el caso de que el solicitante busque un efecto específico. Todo ello podría hacer pensar que subyace en la finalidad una mera cuestión de economía procesal. Sin embargo, no parece ser esa la razón de ser de que se constate la finalidad. Nótese el tenor literal de las distintas opciones que brinda el numeral 4 del formulario de solicitud: *"a fin de demostrar la cualidad o los derechos… en otro Estado miembro"*[748].

La realidad es que debe ponerse de manifiesto que tanto en el art. 65.3.f, como en el formulario de solicitud, la finalidad conecta directamente con el ámbito de aplicación del Certificado Sucesorio Europeo y, por ende, con el ámbito de aplicación del Reglamento. Esa referencia a la finalidad y su concreción, dejando un amplio espacio para alegarla es el modo de filtrarse el carácter internacional de la sucesión en el Certificado Sucesorio Europeo. Debe criticarse, no obstante, que no se haya hecho de una manera más expresa y que el carácter internacional de la sucesión simplemente se presuponga al expedir el certificado[749].

En cualquier caso, si no se justifica ese carácter internacional de la sucesión, el expedidor deberá denegar la expedición del certificado.

La doctrina, no obstante, se suele plantear una indefinición de la internacionalidad en el momento de expedición del certificado. Por nuestra experiencia, suelen ser supuestos más teóricos que reales y el elemento internacional suele ser fácilmente detectable en el momento de la solicitud del certificado que,

---

748 Ver los numerales 4.1 y 4.2, respectivamente para los herederos y legatarios, pronunciándose en parecidos términos el numeral 4.3, respecto a los albaceas y ejecutores testamentarios, con expresa referencia a "otro Estado miembro".

749 También, critica la falta de mención expresa al carácter internacional de la sucesión RIVA, I., *op. cit.*, p. 115.

además, obliga a aportar un material probatorio que permitirá, cuando menos, intuir dicho carácter transfronterizo[750].

vii. Datos del tribunal o autoridad expedidora (Art. 65.3.g)

Aunque la letra g) del artículo 65.3, lo ubica casi al final del precepto, la mención en la solicitud de los *"los datos de contacto del tribunal u otra autoridad competente que sustancie o haya sustanciado la sucesión, si procede"*, prácticamente abre el

---

750 FLAMINI, A. y LAROCCA, S., "El Certificado Sucesorio Europeo: una perspectiva unificadora", en MONJE BALMASEDA, O., *El patrimonio Sucesorio: Reflexiones para un debate reformista;* ed. DYKINSON, S.L., Madrid 2014, p. 1686, apunta la posibilidad de expedir el certificado en aquellos casos en los que hay indicios de internacionalidad, sin perjuicio de que no deba expedirse si no existe tal elemento. Adopta también una posición generosa, en relación a la presencia del elemento internacional, sin perjuicio de que la inexistencia del mismo impedirá su expedición, JIMÉNEZ GALLEGO, C.; *Un comentario notarial. El Reglamento Sucesorio Europeo;* Ed. Consejo General del Notariado, 2016, p. 303. MARCOZ, C. A., *op. cit.*, "The European Certificate…", p. 480, pone de manifiesto que debe analizarse caso por caso, por la autoridad expedidora, de forma flexible, no siendo necesaria la existencia de propiedades en el extranjero, sino simplemente, sí, invocar la cualidad de heredero en otro país, de legatario con derecho directo a los bienes, o los poderes de administradores o ejecutores. En favor de esa flexibilidad, RIVA, I., *op. cit.*, pp. 68-69, quien, desarrollando su tesis hasta el final, entiende que la responsabilidad del expedidor que prescindió del elemento internacional será meramente disciplinaria, p. 70, lo cual no compartimos, pues un certificado mal expedido podría ver atacados sus efectos, o podría accionarse por aquel al que perjudicaron tales efectos que se desplegaron indebidamente, lo cual generaría responsabilidad en el expedidor, más allá de la mera responsabilidad disciplinaria. Interpreta, también, de forma flexible la presencia del elemento internacional, ZANOBETTI, A., *op. cit.*, p. 235, para quien el hecho de ser utilizado en otro Estado miembro vendría justificado por la simple necesidad para realizar tareas de investigación patrimonial.

formulario IV de solicitud. A los datos del tribunal o autoridad expedidora se refieren los números 1 y 2 del mismo, al hacer referencia, respectivamente, al *"Estado miembro de la autoridad destinataria de la solicitud"* y a la *"Autoridad a la que se ha presentado la solicitud"*, algo sobre lo que ya llamamos la atención al iniciar la exposición del régimen de la solicitud.

Para el legislador de la UE, lo natural es que el tribunal o autoridad competente sea el que haya sustanciado la sucesión, por ello no se contiene una mención expresa en el artículo 65 a la "autoridad expedidora", como parte de la solicitud. Se sobreentiende que ambas autoridades o tribunales son las mismas. Que coincida el órgano que sustancia la sucesión con el que certifique será lo más operativo, así como, será también conveniente.

El formulario, en cambio, cambia la perspectiva y pone el énfasis en la función certificadora antes que en la de sustanciación de la sucesión, si bien, también parece entender que ambos órganos coincidirán. Sin embargo, puede que no coincidan ambas autoridades o tribunales, las razones que se nos ocurren son dos.

Por un lado, tal vez, existe la posibilidad de que algún Estado disocie ambas competencias, pues el Reglamento así lo permite, implícitamente, en el artículo 78.1.b), en relación con el artículo 64.

Por otro lado, puede que la sustanciación de la sucesión y la expedición de la certificación no coincidan en el tiempo, en tales casos puede que se haya variado la competencia de un momento a otro, puede también que, por ejemplo, no sea el mismo notario sino su sucesor en el protocolo, ubicado en una sede física distinta[751].

---

[751] Como sucedería, por ejemplo, en España, a tenor de lo previsto en la DF 26ª.14.regla 1ª LEC.

Para los supuestos en los que no coincidan ambas autoridades o tribunales está previsto el anexo I al formulario 4[752], que sólo procede cumplimentar en esos casos de no coincidencia. Tanto en el formulario de solicitud como en su anexo las menciones son básicas y se comentan por sí solas[753].

Debe llamarse la atención, una vez más, sobre el hecho de que se introducen una serie de menciones en el formulario que son obligatorias cuando, sin embargo, existirá un vacío en el caso de que se acuda a una instancia no normalizada, pues el formulario de desarrollo y sus anexos van más allá del artículo 65.3.

viii. Circunstancias de la sucesión voluntaria (Art. 65.3.i)

Secuencialmente, es la letra i) del artículo 65.3 la que da entrada en el formulario de solicitud a la referencia al título

---

752 *"Tribunal u otra autoridad competente que sustancie o haya sustanciado la sucesión".*

753 Respectivamente: nombre, dirección y otra información pertinente; y, nombre, dirección, teléfono, fax, correo electrónico, número de referencia del asunto y otra información pertinente. A salvo el número de referencia del asunto que, evidentemente, cabe respecto de la autoridad que sustancia la sucesión y no respecto de la autoridad a la que se solicita el CSE (en tanto en cuanto, el eventual número del expediente de expedición será posterior a la propia solicitud), el resto de menciones son prácticamente coincidentes, si bien, no se entiende por qué es más minuciosa la identificación de los datos de contacto de la autoridad que sustancia la sucesión que los de la autoridad expedidora. Se trata de un exceso de celo por parte de los autores de los formularios pues, en la práctica, tales datos serán fácilmente accesibles para la autoridad expedidora, más aún si se tiene en cuenta que, lo normal es que correspondan a autoridades del mismo Estado miembro que dicha autoridad expedidora, sobre la base de lo que se ha defendido, anteriormente, en relación a la competencia de expedición.

sucesorio voluntario[754], al exigir que se haga constar en la solicitud *"una indicación de si el causante había otorgado una disposición mortis causa; si no se adjunta ni el original ni una copia, indicación del lugar en que se encuentra el original"*[755].

En desarrollo de este requisito, el número 6.4 del formulario de solicitud plantea la siguiente pregunta: *"¿Ha otorgado el causante al menos una disposición mortis causa?"*. Debe criticarse la relación de respuestas posibles: si, no, no sabe.

En efecto, la respuesta positiva debería haber permitido introducir expresamente en ese momento, la referencia a la disposición otorgada. La respuesta negativa debería haber abierto la puerta a relacionar la correspondiente acta de notoriedad de declaración de herederos *abintestato*. Por último, la situación en la que el solicitante no sepa si se ha otorgado declaración de última voluntad debería minimizarse, especialmente, si se tiene en cuenta, bien que lo normal es que la herencia ya esté sustanciada, bien que el solicitante debe tener un título atributivo de legitimación, referido a su posición jurídica en relación a la herencia cuya certificación se pretende.

---

754 Sea testamento o contrato sucesorio, yuxtapuesto a la correspondiente declaración de herederos *abintestato*, cualquiera que sea la denominación que le de la ley aplicable, la cual sólo aparece referida incidentalmente al poder encasillarse en el número 7 del formulario de solicitud, bajo los documentos que se deben adjuntar, si se hace una interpretación amplia de la dicción *"resolución judicial"*, o bien, bajo la casilla *"otros"* del mismo número 7, *in fine*.

755 La referencia a la indicación del lugar en el que se encuentra el original, o dónde se puede encontrar la copia, si no se aporta, aparece incidentalmente, como la llamada 12, que acompaña a la mención del *"testamento o testamento mancomunado"* en el numeral 7 del formulario de solicitud.

Una interpretación benévola del formulario en este punto nos llevaría a conectar ese desconocimiento con la situación en la que los herederos legales, a tenor de lo que sucede en determinados ordenamientos, tienen una vocación a administrar y una posesión preferente a los herederos voluntarios, como sucede, por ejemplo, en Francia, y resto de ordenamientos que acogen el mismo sistema, con la *saisine.*

Pero por mucha indulgencia que se tenga, no debe olvidarse que el solicitante es autorresponsable, por lo que debería saber las vicisitudes de la sucesión, por eso se le obliga, por ejemplo, a manifestar otros posibles beneficiarios[756].

ix. Capitulaciones matrimoniales (Art. 65.3.j)

Como ya se apuntó, al exponer las menciones que impone la letra d) del artículo 65.3, debe también hacerse referencia, conforme a la letra j) del mismo precepto, a *"una indicación de si el causante había celebrado capitulaciones matrimoniales o un contrato relativo a una relación que pueda surtir efectos análogos al matrimonio; si no se adjunta ni el original ni una copia, una indicación del lugar en que se encuentra el original".*

Estos datos se requieren en el numeral 8, 9 y 10 del anexo-formulario IV relativo al cónyuge, pareja, excónyuge o expareja, así como en el numeral 7, del formulario de solicitud, entre los documentos que, en su caso se deben adjuntar[757].

---

756 Se hace remisión en este punto a lo expuesto al analizar la letra e) del artículo 65.3.

757 Estas cuestiones se trataron conjuntamente al analizar los datos relativos al cónyuge o pareja, relacionados en la letra d) del art. 65.3.

x. Existencia de aceptaciones o renuncias por beneficiarios (Art. 65.3.k)

A tenor del artículo 65.3.k) el solicitante deberá hacer también *"una indicación de si alguno de los beneficiarios ha declarado que acepta la herencia o renuncia a ella"*.

Esta mención, más allá de lo puesto de relieve para la posibilidad de que se solicite el certificado antes de la aceptación[758], invita a pensar que el certificado se puede expedir tanto si están totalmente definidas todas las posiciones jurídicas de la herencia[759], como si no.

Puede, por consiguiente, que haya acaecido la aceptación de todos los herederos, o haya expirado el plazo para renunciar, sin que se haya formalizado renuncia por ninguno de los llamados. También es posible, por el contrario, que no todos los llamados hayan consolidado su derecho a la herencia mediante una declaración formal o por no haber expirado el plazo para renunciar[760].

La necesidad de una declaración relativa a la aceptación o renuncia es evidente. Completa el régimen de lo expuesto al analizar la letra e) del artículo 65.3. Mientras no se consoliden todas las posiciones jurídicas mediante las correspondientes declaraciones de aceptación o repudiación o, en su caso,

---

[758] Ver, en este sentido, lo tratado al analizar la legitimación para solicitar el certificado y las distintas fases del proceso hereditario.

[759] Sobre la necesidad de que el peticionario haya aceptado o sobre los efectos de la solicitud en el caso de que no se haya producido la aceptación de quien formula la misma se hace remisión tanto a lo expuesto en sede de legitimación.

[760] Podemos contraponer, por ejemplo, los sistemas como el español, en el que se exige una aceptación para adquirir la herencia, con efectos retroactivos, o el alemán, donde se verifica la adquisición automática, salvo repudiación en plazo.

transcurran los plazos legales, puede que el certificado fuese incompleto o no pudiese expedirse, en un determinado sentido, al existir la posibilidad de que los beneficiarios finales sean otros[761] o en diferente extensión a lo inicialmente previsto.

En este punto debe llamarse la atención sobre lo escueto de la letra k) transcrita y del formulario IV y sus anexos. En ningún caso se hace referencia expresa a si se aceptó o no, por ejemplo, a beneficio de inventario o con cualquier fórmula que limite el régimen legal de responsabilidad por deudas hereditarias[762]. En este punto, contrasta la solicitud con el número 2 del formulario V, anexo IV, relativo al propio certificado sucesorio, donde si que se debe pronunciar el expedidor al respecto[763].

También llama la atención la distinción, frente a lo que sucede en el formulario, de solicitud, que hace el numeral 4 y 5 del formulario de expedición del certificado, en su anexo IV,

---

761 Piénsese en el supuesto de que entre en juego una sustitución hereditaria o un acrecimiento, en caso de renuncia de uno de los llamados.

762 En efecto, los numerales 6.8 y 6.9 del formulario IV sólo se refieren a si alguno de los beneficiarios ha aceptado o renunciado la herencia, respectivamente.

763 En efecto, el numeral 2 del anexo IV del formulario V hace referencia a si el heredero ha aceptado la herencia; si lo ha hecho sin condiciones, o a beneficio de inventario, debiéndose especificar en este caso los efectos; o, incluso, si se ha aceptado con otras condiciones y reiterándose, entonces, la necesidad de especificar los efectos. También se toma en consideración el caso de que no se requiera aceptación en virtud de la ley aplicable a la sucesión, en estos supuestos, cierto es que la autoridad expedidora, de la documentación reseñada deberá hacer la correspondiente calificación y cumplimentar, en su caso, la innecesariedad de aceptación.

relativo a la cualidad y derechos del heredero, sobre si el heredero ha aceptado o renunciado la legitima[764].

Todo lo anterior se pone de manifiesto para recalcar la enjundia de la tarea del expedidor que se verá obligado en numerosas ocasiones a solicitar ampliación de la información aportada por el solicitante, en el marco del artículo 66.

xi. Carácter incontrovertido de los datos suministrados (Art. 65.3.l)

En consideración a que se pretende que el certificado sea incuestionable, la letra *l)* del art. 65.3 exige *"una declaración de que, al leal saber y entender del solicitante, no existe ningún litigio pendiente relativo a los extremos que vayan a ser certificados"*[765].

Una cosa es que determinadas situaciones estén pendientes de producirse, como lo expuesto al hablar de la existencia o no de aceptaciones o renuncias y sus efectos. Otra, bien distinta, será el hecho de que los extremos que se pretenden certificar no hayan ganado firmeza por ser objeto de controversia o, incluso, de recurso. Debe tenerse en cuenta que, en este caso, se impide a la autoridad emisora expedir el certificado *"si los extremos que se han de certificar son objeto de un recurso"*.

---

764 Se trata de un extremo complejo como consecuencia de la necesidad de dar cabida a los distintos sistemas legitimarios que coexisten en los distintos ordenamientos jurídicos, en los cuales se presenta una heterogeneidad de posiciones jurídicas viéndose obligado el certificado a dar cabida a todas ellas.

765 Esa misma fórmula se utiliza como cierre de la solicitud normalizada, sin que constituya otro numeral, lo que resalta, si cabe, la trascendencia de la misma.

xii. Otra información pertinente (Art. 65.3.m)

Por último, la letra *m)* del art. 65.3 obliga a pronunciarse en la solicitud sobre *"cualquier otra información que el solicitante considere útil a los efectos de la expedición del certificado"*.

Se trata de una cuestión que debe ser tenida en cuenta en función del caso concreto y, en el fondo, lo que se persigue es que el solicitante sea autorresponsable. No debe olvidarse que la buena o mala fe del mismo puede perjudicar su posición, conforme al artículo 69, en caso de haber omitido deliberadamente información, como ya se ha puesto de relieve.

A este fin se destina el numeral 6.10 del formulario de solicitud, sin perjuicio de que, en determinados casos, el propio formulario incremente la información respecto al texto articulado del Reglamento[766].

Especial transcendencia tendrá, como se puso de manifiesto al hablar de la competencia para expedir el CSE, la necesidad de reseñar la existencia de otros certificados expedidos previamente o en proceso de expedición, a fin de evitar que se frustre la expedición, lo cual debería haberse pedido de forma expresa.

---

[766] Llama la atención que el numeral 6.6 del formulario de solicitud pida al solicitante que se pronuncie en relación a si *"En el momento del fallecimiento, ¿tenía el causante la propiedad conjunta, con personas distintas de su excónyuge o expareja mencionados en el anexo IV, de uno o más de los bienes que integren la herencia"*, debiéndose, en caso afirmativo, especificar *"los datos de las personas en cuestión y los bienes"*. El supuesto difícilmente se entiende como no se ponga en relación con los supuestos de compras con pactos de sobrevivencia, propios, por ejemplo, del Derecho catalán, y con las comunidades tontinarias; si bien, no acaba de verse la enjundia suficiente como para haber introducido un número específico en el formulario, frente a otras cuestiones, como por ejemplo, las que se pusieron de manifiesto al hablar del tipo de aceptación con o sin beneficio de inventario que, en cambio, se han pasado de largo.

xiii. Documentos adjuntos: material probatorio

En consideración a la naturaleza de la actuación de la autoridad o tribunal que expide el certificado, el numeral 7, bajo la rúbrica *"Documentos adjuntos al formulario de solicitud"* ordena: *"El solicitante deberá facilitar todos los documentos pertinentes para demostrar la información contenida en el presente formulario. Por tanto, en la medida de lo posible y si la autoridad especificada en la sección 2 aún no lo tiene, deberá adjuntase el original o una copia del documento que reúna los requisitos necesarios para ser considerada como auténtica".*

El mandato es coherente con la naturaleza del Certificado Sucesorio Europeo que defendemos. Sólo se puede certificar sobre la base extremos que se acrediten a la autoridad expedidora. El que expide el certificado no emite materialmente una resolución, simplemente traslada lo previamente acreditado al formulario[767].

Se trata del correlato de la actividad de verificación que el artículo 66.1 impone a la autoridad, sobre la cual nos ocuparemos seguidamente.

La lista de documentos que contiene el formulario no es exhaustiva, dejando, además, una última casilla para añadir otros distintos de los que el autor del Reglamento ha previsto como, entendemos, más habituales. Evidentemente, no se tendrán que aportar todos, sólo aquellos que afecten a la concreta sucesión de que se trate[768].

---

767 Es lo que sucede con otros formularios que existen en otros Reglamentos, así por ejemplo, el relativo al título ejecutivo europeo, cuando el notario expide el correspondiente formulario este tendrá unos efectos por el régimen de circulación previsto en el R(CE) 805/2004, pero no deja por ello de ser una labor de transcripción y cotejo de requisitos legales que existen o no, pero no se generan *ex novo.*

768 Se plantea REINHARTZ, B., *op. cit.*, p. 259 la posibilidad de aportar documentos que no tengan que ver con el certificado ni con la labor

Puede que algunos de los documentos necesarios no los tenga en su poder el peticionario o que sea más fácil su obtención por la autoridad requerida, en tales casos, destaca la doctrina, tal autoridad debiera tener un papel proactivo para su obtención[769].

Los documentos que se deben aportar, evidentemente, estarán modalizados por la finalidad del certificado y por las concretas particularidades de la herencia cuyo certificado se solicita, por lo que habrá que estar al caso concreto[770].

El orden de los documentos no acaba de entenderse, se aparta de la sistemática del Reglamento. En efecto, hemos

---

de certificación. La autoridad expedidora requerida, entendemos, podrá inadmitir tales documentos, con arreglo a su estatuto jurídico, pensemos que, en determinados casos, de seguirse el modelo que proponemos para España, incorporar documentos al protocolo notarial implica dar fehaciencia a su fecha y puede que de lugar a extralimitaciones si son documentos impertinentes.

769 Ver, en este sentido REINHARTZ, B., *op. cit.*, p. 259. Incluso, hay quien como KRESSE, B., *op. cit.*, p. 718, entienden que la autoridad requerida, en principio, no puede pedir más documentación ni requisitos que los contenidos en el art. 65.l), sin embargo, sí que podría invitar al solicitante a aportar material probatorio adicional por la vía del art. 66.1. No obstante, entendemos, que, por un lado, no se trata de poder pedir o no más documentos, la realidad es que el art. 65 y lo que en él se relaciona agotará el material probatorio necesario para la expedición del Certificado Sucesorio Europeo. Sin embargo, si, entendemos, se diese la circunstancia de que el expedidor necesita otros documentos distintos, motivadamente, podrá solicitar lo que considere, sin perjuicio de que su decisión pueda ser recurrida en los términos del art. 67 y 72. Sobre la necesidad de motivación, ver, en el mismo sentido, KRESSE, B., *op. cit.,* p.725.

770 Ver, en este sentido, BENANTI, C., "Il certificato successorio europeo: ragioni, disciplina e conseguenze della sua applicazione nell'ordinamento italiano. Parte prima", en *La Nuova giurisprudenza civile commentata,* vol. 30, Nº. 1, 2014, págs. 1-14, p.9, refiriéndose a la diferencia entre certificar una herencia testada y una intestada.

apuntado que la estructura de la solicitud normalizada no sigue el esquema del artículo 65.3. Abandonada esta, hubiera sido lógico que los documentos se marcasen y presentasen por el orden de aparición que sigue el propio formulario.

La relación, sin embargo, se abre, como debiera haber hecho el formulario, con el certificado de defunción o declaración de presunción de muerte. Sorprende que no se pida además un documento de identidad del causante que, naturalmente, debería ser el pasaporte y, en menor medida, la tarjeta de identidad, que también podría presentarse cumulativamente, por lo que, como quedó dicho, será la autoridad expedidora la que, tal vez, reclame o debiera reclamar dicho documento, como suele ser habitual en la práctica forense.

Paradójicamente pospone a tercer lugar el acuerdo relativo a la elección de foro, cuando debiera haberse puesto antes que la resolución judicial, que se cita, pues parece que antes será el debate competencial que la propia resolución.

Al mismo tiempo, la llamada a la resolución judicial tiene una doble cabida, no sólo hará referencia a cualquier litigio sucesorio para sustanciar una sucesión, también podrá subsumirse, dentro de ella, el propio título sucesorio o, incluso, un acta notarial de declaración de herederos *abintestato*, como sucede, entre otros Estados, en España.

Posteriormente, el numeral 7 invita a presentar, los títulos sucesorios voluntarios, haciendo referencia al testamento, testamento mancomunado y pacto sucesorio.

Si bien, por un lado, no se entiende por qué el formulario, en este punto, insiste en diferenciar el testamento simple del testamento conjunto o mancomunado. Al final no dejan de ser títulos sucesorios voluntarios que deberán aportarse o relacionarse con indicación del lugar en el que se encuentran.

Por otro lado, tampoco se entiende por qué no precede el certificado del Registro de Actos de Última Voluntad a la presentación de dichos títulos sucesorios, cuando no a la declaración de herederos –judicial o notarial- y, sin embargo, se inserta entre el testamento, sea simple o mancomunado, y los pactos sucesorios.

Todos esos documentos, cuando existe, son accesibles a dicho Registro[771]. Es posible marcar también que se presenta una *declaración relativa a la elección de ley aplicable*, lo que demuestra y ratifica que en el marco del Reglamento sucesorio puede existir un documento de última voluntad que sólo contenga una *professio iuris*.

A continuación el formulario, en la relación de documentos parece aproximarse al artículo 65.3 y deja marcar las correspondientes casillas a las capitulaciones matrimoniales o documento regulador de relación análoga al matrimonio; la declaración de aceptación o de renuncia a la herencia; el documento relativo a la designación de administrador; el documento relativo al inventario de la herencia; y, el poder, entendiendo por tal el que legitima al solicitante, en caso de que actúe como representante.

Cierra el elenco la casilla que se anunció para insertar otros documentos no relacionados, constituyendo un campo abierto.

Algunos documentos se presentarán siempre, otros dependerán, más allá de que se trate de un certificado total o parcial, del tipo de sucesión, de las controversias que hayan surgido, de quién haya conocido su resolución, del estado en que se encuentre la tramitación o, incluso, del propio sistema en virtud del cual se articule la libre transmisión de los bienes.

En cualquier caso, desde una perspectiva internacional privatista, la ley aplicable a la sucesión, en gran medida, incidirá en el tipo de documentos que se presenten, poniéndose de manifiesto, una vez más, la estrecha relación existente entre

---

771 Ver art. 3 Anexo II RN español.

los tres sectores del Derecho Internacional Privado en el Reglamento y los formularios que lo desarrollan.

Se deja, por último, abierta la posibilidad de que, en congruencia con los márgenes que deja el Reglamento, se indique, cuando no sea posible aportar algún documento, dónde se encuentra o puede obtenerse éste. Pues en ocasiones la legitimación para solicitarlo puede que se atribuya directamente a la autoridad, como sucede, por ejemplo, en Alemania respecto a determinados documentos sucesorios, que se obtienen siempre notarialmente o, en su caso, a través del tribunal sucesorio.

Por ello, sin perjuicio del estatuto jurídico del expedidor que, no obstante, deberá conciliarse con la flexibilidad que impone el Reglamento, parece que los documentos podrán aportarse posteriormente, si no se tuvieran en un momento inicial. En estos casos, el expedidor no incurrirá en responsabilidad por la dilación, al no tener todo el material probatorio, a su disposición, en el momento de la presentación de la solicitud[772].

xiv. Cierre del formulario de solicitud

Formalmente el formulario de solicitud acaba, con buena técnica, a fin de evitar que se cuestione la integridad del mismo, haciendo referencia al número total de páginas que componen la solicitud[773].

---

772 Mantiene una posición restrictiva, JIMÉNEZ GALLEGO, C.; *op. cit.*, p. 341.

773 Lo que en la solicitud es conveniente, se verá imprescindible en el certificado a fin de evitar su alteración o manipulación. Desde el punto de vista de la solicitud el destinatario es la autoridad, será un principio de prueba de lo solicitado, para, posteriormente, comprobar la congruencia con el certificado, por parte del peticionario. Desde el punto de vista del formulario del certificado, en cambio, se tratará de evitar que circule un certificado manipulado y añadir seguridad en dicho proceso de circulación.

La solicitud se debe firmar con indicación de la fecha y el lugar. De esta manera el solicitante se responsabiliza de los datos presentados, se juzga su interés legítimo y se computan, en su caso los plazos. Todo esto no es incompatible con que, al margen de la fecha que cumplimente el solicitante, la autoridad le dé un número y fecha de registro de entrada a fin de apreciar la diligencia temporal en la expedición.

En cuanto a la firma de la solicitud, no se ve obstáculo a la presentación telemática del certificado con la correspondiente firma digital, cumpliendo los parámetros del Reglamento eIDAS. Sin perjuicio de las especificidades que se impongan por el propio régimen de la autoridad receptora y de la necesidad de presentar los originales, en su caso, del material probatorio[774].

Como quedó apuntado, anteriormente, la solicitud se cierra con una declaración responsable sobre la no existencia de litigio pendiente relativo a los extremos que se solicita sean certificados, reiterando fecha, lugar y firma. Es una prueba más de la transcendencia que el autor del formulario da a este extremo.

xv. Valoración del formulario

A modo de conclusión, aunque la valoración del formulario debe ser, positiva, no deben dejar de ponerse de manifiesto determinadas cuestiones al respecto.

Su configuración en el R(UE) 1329/2014 es mucho más extensa y minuciosa que la que se daba en la Propuesta de Reglamento de Sucesiones de 2009[775].

---

774 Sobre esta cuestión se volverá en el siguiente capítulo al hablar, en concreto, de la actuación por parte del notario español.

775 En la Propuesta de 2009 la estructura centraba el formulario en torno al causante, que prácticamente, en el numeral 2, era la primera de las menciones. La extensión era mucho menor.

Como se ha ido poniendo de relieve, no deja de llamar la atención el cambio de estructura del formulario con relación a la secuencia prevista en el Reglamento de Sucesiones. Puestos a cambiar, se han apuntado otras estructuras más convenientes. Especialmente cuando la parte final del formulario presenta un cierto desorden, como quedó dicho, y se disocian aspectos que, manifiestamente, deberían ir unidos, como la legitimación y la fundamentación de la legitimación.

Por otro lado, se introducen referencias a aspectos que no pide el Reglamento, como lo relativo a las copropiedades del causante. Sorprende también la reiteración de datos de los elementos personales, el formulario es excesivamente largo y farragoso para que lo cumplimente un ciudadano no asesorado.

Debe criticarse, como ya se ha puesto de relieve, que no se haya configurado el formulario como obligatorio pero dispensable por la autoridad. Y todo ello, sin perjuicio de los errores de traducción puestos de manifiesto a lo largo del desarrollo antecedente.

Por último, no parece que en una Europa que pretende facilitar la vida al ciudadano se haya cumplido tal expectativa, pues el solicitante del certificado deberá auxiliarse de un profesional, sin perjuicio de la asistencia que la autoridad requerida pueda prestar, en su caso, al presentar la solicitud, en función del régimen legal al que esté sometida.

En el siguiente capítulo se analizarán las distintas opciones y propuesta de actuación en relación a la presentación de la solicitud, desde la perspectiva del notario español, cuando éste sea competente para la expedición.

Se acuda o no al modelo normalizado, desde su presentación, el receptor de la solicitud, la autoridad o tribunal, está sujeto a unas obligaciones y plazos que, si es posible, culminarán en la expedición del Certificado Sucesorio Europeo.

El régimen de actuación se encuentra en los artículos 66 y 67, referidos relativamente al examen de la solicitud y a la expedición del certificado sucesorio, el cual se ajustará al contenido del artículo 68 que se desarrolla en el anexo 5, formulario V, contenido en el R(UE) 1329/2014, ahora sí, de utilización obligatoria.

e. Actuaciones del expedidor previas a la expedición

La actuación de la autoridad o tribunal es de verificación de la solicitud. Así lo refiere el art. 66.1, al decir: *"Al recibir la solicitud, la autoridad emisora verificará la información y las declaraciones así como los documentos y demás pruebas presentados por el solicitante. Realizará de oficio las averiguaciones necesarias para efectuar esta verificación, cuando así lo disponga o autorice su propia legislación, o instará al solicitante a presentar cualesquiera otras pruebas que considere necesarias"*.

La expedición del certificado, siempre que no concurra alguna de las excepciones, es obligatoria[776], como se sigue del artículo 68. Sin embargo, la autoridad no debería estar obligada a aceptar una solicitud incompleta[777]. El propio formulario IV marca los extremos que han de referirse de forma obligatoria.

Aunque el solicitante prescinda del formulario de solicitud, la autoridad podrá compelerle a que en su instancia cumplimente todos los extremos que son obligatorios en el marco de los dos Reglamentos, pues debe entenderse que, sin los mismos, no se puede juzgar lo pertinente de la solicitud. En caso

---

[776] Así lo recuerda el considerando 72, que al esbozar el procedimiento, lo primero que indica es que *"La autoridad competente debe expedir el certificado cuando así se le solicite"*.

[777] Sobre este extremo se volverá en el capítulo siguiente, pues no todo dato que no se cumplimente podría impedir la expedición del certificado o posibilitar a la autoridad desestimar la solicitud.

de que no se cumplimenten, se podrá abstener de expedir el certificado, aunque el artículo 67 no contemple tal posibilidad, debería ser la primera de las opciones, tampoco se menciona en el artículo 65. No obstante, los casos en los que se inadmita la solicitud deberían ser residuales.

A la vista del artículo 66.1 transcrito, puede que la solicitud sea íntegra y la actuación del expedidor se limite a verificar, pero puede que para llevar a cabo su cometido la autoridad necesite indagar determinados elementos, lo cual puede hacer de oficio, siempre que lo permita su legislación, o requerir al interesado a presentar las pruebas oportunas[778], más allá de la necesidad apuntada de que la solicitud sea completa.

La labor de verificación implica una actuación de oficio que presupone que la autoridad expedidora pueda cuestionar lo aportado[779], que la autoridad requerida llevará a cabo en el marco de su propia Ley nacional, reguladora de su estatuto jurídico[780].

No obstante, algún autor va más allá y pone de manifiesto la existencia de unas competencias de indagación, de oficio, a fin de asegurar la calidad del certificado[781].

---

778 Las obligaciones de la autoridad se regulan por su propia ley, pues no estará obligada a indagar o buscar nuevas pruebas si el solicitante puede aportarlas. Cuestión distinta es que preste determinadas actuaciones de gestión documental, como hacen los notarios en España, las cuales llevarán su coste adicional. En el fondo, el segundo inciso del artículo 66.1, lo que pretende es dar cobertura a todas las autoridades de los Estados miembros parte del Reglamento. En el ámbito italiano, niega que el notario tenga facultades de indagación de oficio, MEUCCI, S., *op. cit.,* p. 109.

779 Ver, al respecto, KRESSE, B., *op. cit.*, p. 724. POPESCU, D. A., *op. cit.*, p. 109, habla de un labor de verificación activa.

780 KRESSE, B., *op. cit.,* p.725.

781 FLAMINI, A. y LAROCCA, S., "El Certificado Sucesorio Europeo: una perspectiva unificadora", en MONJE BALMASEDA, O., *El patrimonio Sucesorio: Reflexiones para un debate reformista;* ed. DYKINSON, S.L., Madrid 2014, p. 1688.

La interpretación anterior, respecto de esas actuaciones "de oficio" que podría interpretarse impone el Reglamento y que quedan, en la práctica, al albur del margen que conceda el estatuto jurídico del expedidor, evitaría el problema que supone, de facto, que la responsabilidad no será la misma para todos los expedidores. Al mismo tiempo, en unos países puede que el peticionario tenga más fácil la tramitación, como consecuencia de esas actuaciones que impone el Reglamento[782].

Sea como fuere, bien de oficio, bien requiriendo al interesado, el expedidor debe asegurarse del respaldo del material probatorio aportado o recabado, a fin de asegurar que el certificado sea correcto.

Siendo cierto lo anterior, el trámite de expedición del Certificado Sucesorio Europeo no debe ser utilizado en ningún caso como un procedimiento alternativo para revisar el fondo de los documentos aportados, que tendrán su cauce procesal con arreglo al Derecho que resulte aplicable. Lo que está claro es que el Reglamento ni pretende, ni puede, perseguir el objetivo de unificar el procedimiento para el libramiento del Certificado Sucesorio Europeo[783].

El Reglamento es bastante flexible y aunque invita a que se presenten documentos fehacientes que acrediten los extremos a certificar, permite acudir a otros medios de prueba, siempre que sean bastantes a juicio de la autoridad emisora, conforme al artículo 66.2, según el cual: *"Si el solicitante no puede presentar copias de los documentos pertinentes, que reúnan las*

---

782 Lo que ha sido puesto de manifiesto por JIMÉNEZ GALLEGO, C.; *op. cit.*, p. 343, pero, que sin embargo, entendemos que es consustancial al nivel de integración de las distintas autoridades en el proceso de expedición, con distintas competencias, a la vista de sus respectivos Derechos internos.

783 *Ibidem,* p. 1688.

condiciones necesarias para considerarlas como auténticas, la autoridad emisora podrá decidir aceptar otros medios de prueba".

Debe llamarse la atención sobre el hecho de que la autoridad goza de una amplia discrecionalidad a la hora de admitir medios de prueba diferentes. Si el régimen de obtención de las copias auténticas que se mencionan existe, deberán aportarse por el solicitante, y sólo pudieran dispensarse si, por ejemplo, el contenido del documento que no se haya aportado individualmente se contiene en otro documento auténtico que sí se ha aportado[784]. La admisión de medios de prueba diferentes incidirá en el régimen de responsabilidad del expedidor, al que podrían trasladársele los perjuicios generados por haber expedido un certificado sin que los extremos que se certifican se le hubieran acreditado suficientemente.

Puede darse el caso de que el interesado no aporte determinados medios de prueba que hayan sido requeridos por la autoridad expedidora, ello debería dar lugar a la negativa a certificar, o, al menos, a no certificar la parte que debería haberse cubierto con tales medios. El requerimiento por parte de la autoridad de tales medios o, en su caso, la negativa a certificar por no haberse aportado, deberán ser motivados.

A tal fin, tanto el requerimiento de medios como la negativa a certificar, podrán ser objeto de recurso, en el marco del art. 72. El objeto del recurso sería, en tales casos, bien el requerimiento de otros medios, bien la negativa a certificar por falta de los mismos.

El artículo 66.3 establece que *"Si así lo dispone su ordenamiento jurídico, y en las condiciones que se establezcan en el mismo, la*

---

784 Pensemos, por ejemplo, en el certificado de últimas voluntades que aparece ya referido en un acta de notoriedad, como reconoce la DGRN RR 3.4.1995 y 17.09.2018.

autoridad emisora podrá pedir que las declaraciones se hagan bajo juramento[785] *o, en su lugar, mediante declaración responsable".*

Se trata de una norma que, en el marco de la ley de la autoridad expedidora, recuerda que el solicitante debe conducirse diligentemente. Por ello firma la solicitud. Así, lo que depone en el proceso de certificación debe trasladarle responsabilidad y servir de medida de la buena fe para, posteriormente, calibrar si, en su caso, merece ser acreedor de la protección que dispensa el art. 69, al hablar de los efectos del Certificado Sucesorio Europeo.

La expedición del certificado no afecta sólo al solicitante, sino a todo aquel que tenga algún derecho reconocido en la sucesión que se pretenda certificar[786].

Algún autor pone de relieve una mayor facilidad en la tramitación si existe testamento o pacto sucesorio[787]. Sin embargo, debe ser una cuestión que se analice a la vista del caso concreto. El testamento, por ejemplo, especialmente el notarial, goza de unas fuertes presunciones, pero puede que el propio causante haya omitido deliberadamente algún interesado, como sucede en los casos de preterición. Esa tutela expansiva de los efectos

785 La doctrina, en el ámbito del Derecho italiano, apunta que la referencia al juramento denota una perspectiva marcadamente judicial, en el Reglamento, en punto a la expedición del certificado y pone de manifiesto, lo extraño que es en el ámbito notarial; así, PATTI, S., "Il certificato successorio europeo nell'ordinamento italiano", en *Rivista Familia,* Ed. Pacini Giuridica, Pisa 2016; disponible en <http://www.rivistafamilia.it/wp-content/uploads/2016/07/2_Patti.pdf> visto 27.02.2017, p. 13.

786 Deben excluirse a los acreedores que son terceros a la sucesión, aunque puedan ser beneficiarios de los efectos que dispensa el artículo 69 en relación al uso del certificado.

787 JIMÉNEZ GALLEGO, C.; *Un comentario notarial. El Reglamento Sucesorio Europeo;* Ed. Consejo General del Notariado, 2016, p. 316.

del certificado a favor de personas no peticionarias hace lógica la medida de información prevista en el artículo 66.4.

El art. 66.4, establece: "*La autoridad emisora tomará todas las medidas necesarias para informar a los beneficiarios de la solicitud de certificado. De ser necesario para acreditar los extremos que deban certificarse, oirá a cualquier persona interesada y a cualquier ejecutor o administrador y publicará anuncios para que otros posibles beneficiarios tengan la oportunidad de alegar sus derechos*".

El precepto maneja un concepto amplio, desde el punto de vista de los destinatarios de las notificaciones, no limitándolo al solicitante ni a los beneficiarios posibles solicitantes, debiendo admitirse a cualquiera al que la sucesión reconozca o pudiera reconocer algún derecho, incluso aunque se trate de derechos no ciertos[788].

Este inciso, que se prevé para tutelar la posibilidad de contradicción de los otros interesados en la sucesión[789]. Algún autor[790], llevando a sus últimas consecuencias la posibilidad de contradecir, entiende que en caso de contradicción el notario no podrá expedir el certificado, sobre la base de que una disputa previa a la propia expedición que paraliza la misma.

No se comparte tal afirmación. La paralización o no de la actividad de expedición dependerá de la regulación interna y, especialmente, a falta de ella, del estatuto interno de la autoridad expedidora, que tendrá carácter supletorio.

---

788 KRESSE, B., *op. cit.*, p. 728-729.

789 Ver, en tal sentido BENANTI, C., "Il certificato successorio europeo: ragioni, disciplina e conseguenze della sua applicazione nell'ordinamento italiano. Parte seconda", en *La Nuova giurisprudenza civile commentata*, Vol. 30, N°. 2, 2014, págs. 85-96, p. 87. También, KRESSE, B., *op. cit.*, pp. 727-728, quien argumenta, además, citando el art. 41.2 de la Carta de los Derechos Fundamentales de la UE.

790 BARONE, R.; "Il certificato successorio europeo"; en *Notariato* 4/2013; ed. Wolkers Kluwer Italia; pp. 427-439, en concreto, pp. 430-431.

En puridad, la paralización de la actividad de certificación requerirá la presentación de la correspondiente demanda atacando alguno de los documentos que sirven de base al certificado, tal y como se desprende del art. 67.1.A). Lo contrario supondría poner en manos de los interesados que se sintiesen minusvalorados por el causante una libérrima facultad de paralizar el proceso de expedición por su sola voluntad, incluso, al margen de toda justificación.

Se puede apuntar una segunda finalidad a las notificaciones que manda realizar el art. 66.4, que sería la de evitar que se soliciten nuevos certificados, como apunta REINHARTZ, B.[791] o que se expidan certificados contradictorios, en opinión de KRESSE, B.[792].

La puesta en marcha de la actividad que apunta el artículo 66. 4 comprende una serie de obligaciones para la autoridad expedidora. En efecto, en el marco del artículo 66.4, el primer deber que impone es el de informar al resto de beneficiarios. De lo que se trata es de que materialmente la autoridad expedidora tenga certeza de que ha desplegado una actividad de información suficiente, pues puede que posteriormente se le impute responsabilidad por los perjuicios causados por no haber puesto en conocimiento del resto de beneficiarios la solicitud del certificado[793].

791 REINHARTZ, B., *op. cit.*, p. 268.

792 KRESSE, B., *op. cit.*, p. 727-728.

793 Piénsese, por ejemplo, en el supuesto en el que existía un testamento que no aparecía en el certificado de últimas voluntades –en ocasiones presentan errores por falta de notificación– o en aquellos casos en los que el causante tuvo nuevos hijos-legitimarios después de otorgar el testamento. Pero también aquellos otros casos en el que ya existe un certificado total o parcial o se ha iniciado procedimiento de certificación ante otra autoridad o, incluso, existe cualquiera de las situaciones contenidas en el art. 67.1 que obligan a suspender la tramitación.

El propio Reglamento habla de "medidas necesarias", lo cual deja un amplio margen de discrecionalidad a la autoridad, lo que será conveniente, desde el punto de vista del expedidor, es que, llegado el caso, la propia autoridad emisora pueda probar su propia diligencia y que el beneficiario tuvo conocimiento de la solicitud[794].

Consiguientemente, el traslado de la información no siempre requerirá un procedimiento formal, nótese que, en tales casos, la celeridad que busca el Reglamento podría frustrase[795].

---

794 De la transcendencia del proceso de expedición como posible fuente de responsabilidad para el expedidor es reflejo una de las menciones finales del formulario V de expedición del certificado, cuando en el cierre del mismo, como cuestión preliminar o encabezamiento alerta que *"La autoridad certifica que ha tomado todas las medidas necesarias para informar a los beneficiarios de la solicitud de expedición del certificado y que, en el momento de la expedición del mismo, ninguno de los elementos en el contenidos habían sido impugnados por los beneficiarios"*. Con esta fórmula se ampara tanto lo dispuesto en el artículo 66.4, que obliga a la autoridad emisora a informar, en los términos que comentamos; por otro lado, también se recuerda a la autoridad expedidora que, so pena de incurrir en responsabilidad no podrá expedir un certificado si los extremos que se han de certificar son objeto de un recurso o no fuera conforme con una resolución que afectara a los mismos, como se desprende del art. 67.1.

795 Algún autor, entiende que corresponde a la legislación interna concretar la forma y plazos, no lo compartimos, como se desprende del desarrollo, quedando siempre el remedio de exigir a la autoridad expedidora responsabilidad en caso de dolo o negligencia grave en el ejercicio de sus funciones. Ver, en este sentido CARRIÓN GARCÍA DE PARADA, P.; "Los documentos públicos y el Certificado Sucesorio Europeo en el Reglamento 650/2012"; en *La Notaría,* I-2015, pp. 127-139, Ed. Colegio Notarial de Cataluña, Barcelona 2015, p. 137. Sin embargo, pese a ello, añade que no se pretende una labor intensa de investigación, a cargo de la autoridad expedidora, bastando que pruebe una diligencia razonable. A la misma conclusión parece llegar, tras plantearse distintas

Puede que en ocasiones, el beneficiario comparezca, *a posteriori,* ante la autoridad expedidora, en tales casos firmará una diligencia. Puede que se le haya remitido, sin más una carta por correo certificado. En casos dudosos deberá acudirse a un procedimiento formal de comunicación. En caso de que la comunicación sea interna, se efectuará con arreglo al régimen previsto por el Estado miembro de la autoridad. En el supuesto de que la notificación sea internacional, acudiendo al sistema de cooperación jurídica internacional que proceda, entre ellos los previstos en el R(UE) 2020/1784.

También puede suceder que haya recibido la comunicación pertinente, el interesado, pero no comparezca, algún autor entiende que esa no comparecencia puede ser valorada por el expedidor en función de las circunstancias[796].

Aunque en el Reglamento se trata de tutelar a otros interesados o beneficiarios, el supuesto normal debería ser de actuaciones de común acuerdo y falta de contradicción, existiendo intereses concurrentes en la certificación para poder ejecutar la herencia fuera del Estado miembro en el que se ha tramitado la apertura de la sucesión, al existir elemento internacional. Lo normal será, efectivamente, que al proceso de certificación se llegue con toda la herencia resuelta. Sólo en aquellos casos en los que haya habido abuso por parte del

---

formas de practicar las comunicaciones, JIMÉNEZ GALLEGO, C.; *Un comentario notarial. El Reglamento Sucesorio Europeo;* Ed. Consejo General del Notariado, 2016, pp. 348 y ss. En favor de la flexibilidad, atendidas las circunstancias y a criterio del expedidor, MARCOZ, C. A., *op. cit.,* "The European Certificate…", p. 525.

796 Es el parecer de MARCOZ, C. A., *op. cit.,* "The European Certificate…", p. 526, que no acaba de explicarlo, entendemos, tal vez que se refiera a aquellos supuestos en los que, además de informar se le pedía un determinado comportamiento en defensa de unas posiciones no suficientemente clarificadas, a fin de que la autoridad, en el proceso de expedición, pudiera resolver en uno u otro sentido.

peticionario se deberían activar los resortes que impiden certificar, a tenor de lo dispuesto en el art. 67.

En algunos casos, puede que la herencia tenga repercusiones que deban ser tenidas en cuenta para certificar y que excedan de los propios beneficiarios, en tales supuestos, es posible dar audiencia, no sólo a los beneficiarios sino a cualquier persona interesada[797]. Para este fin, en determinados casos, puede que se publiquen anuncios[798] para que otros posibles beneficiarios tengan la posibilidad de alegar sus derechos, pero no sólo éstos, en consideración al régimen de información que aquí defendemos. Pero también será posible, en atención a la finalidad de celeridad que inspira el proceso de expedición, una flexibilización de los medios de dar traslado a esos interesados, admitiéndose mecanismos laxos[799] que no tendrían cabida en otros procedimientos, como sería un mail o una comunicación telefónica, sin perjuicio, entendemos, de que la autoridad será responsable, posteriormente, y deberá probar su diligencia.

---

797 Así se desprende del segundo inciso del artículo 66.4, debiendo entenderse que el concepto de "interesado" es más amplio y acoge al otro concepto, que maneja el mismo precepto, de "beneficiarios". El artículo 66.4 incluye ese concepto de interesado yuxtapuesto al de ejecutor y administrador. No se ve perjuicio en el enfoque amplio que se sostiene, especialmente, si se conecta con las facultades de indagación que permite hacer a la autoridad expedidora, el mismo artículo 66, pero en su primer número.

798 No se ve inconveniente, en España, en utilizar aquí el sistema de anuncios previsto para las actas notariales de declaración de herederos *abintestato*, a través del BOE, que son gratuitos y participan, en este punto, de la naturaleza jurídica de los que se publican con ocasión de la expedición del certificado; todo ello, sin perjuicio de que la autoridad expedidora, como también sucede en las propias actas de herederos españolas, pueda acudir a otros medios de publicidad, ver, en este sentido, el art. 55.2, párrafo 3 LN.

799 KRESSE, B., *op. cit.*, p. 728.

Como se ha apuntado anteriormente, para casos análogos, será la autoridad expedidora la que deberá justificar, posteriormente, en caso de conflicto, su diligencia a la hora de publicar o no anuncios, pues la publicación no parece ser obligatoria si todos los elementos y beneficiarios están determinados inicialmente.

Debe indicarse que, en aquellos casos en los que la autoridad o tribunal requerida para la expedición haya optado por comunicar, en su caso, el archivo del expediente, deberá procederse a comunicar la reapertura en los mismos términos del artículo 66.4 [800].

En este punto debe criticarse el Reglamento. En unas ocasiones, el autor del texto legislado parece pensar que la expedición del certificado es inocua, concurren todos los posibles beneficiarios e interesados, no hay ningún cabo suelto. En otras ocasiones, hace al expedidor extremar el celo, con todas las obligaciones de información. Sin embargo, de forma sorprendente, deja todo al arbitrio del expedidor, pues no prevé, por ejemplo, el sentido de la información que se da a los interesados, en el caso del art. 66.4. Tal información, sin unos plazos para formular alegaciones, parece que es estéril. Sin embargo, el propio último inciso del artículo 66.4, precisamente, alude a la posibilidad de alegar sus derechos.

Será, por tanto, la autoridad expedidora la que deba establecer unos plazos, lo cual hace que en aquellos supuestos en los que no hayan concluido todos los interesados a la solicitud, o se haya preconstituido la situación procesal de los mismos,

---

[800] Sobre esta cuestión se volverá, en este mismo capítulo, al analizar el régimen de comunicaciones impuestas en el artículo 67.2, así como en el capítulo siguiente, al referir el proceso de comunicaciones que debe realizar el notario español, a tenor del mismo precepto.

difícilmente podrá darse una expedición inmediata o coetánea a la solicitud, por mucho que la herencia ya se haya liquidado.

En este contexto, parece razonable traer a colación los plazos que establece el artículo 50.5 para recurrir sobre la solicitud de declaración de fuerza ejecutiva, diferenciando entre que el beneficiario al que se le participó el proceso de expedición resida en el mismo Estado que la autoridad expedidora o en otro diferente. En función de esa residencia el plazo será de treinta días o de sesenta.

Somos conscientes de que es una solución que puede no satisfacer, al no estar legislada expresamente, sin embargo, desde el punto de vista del expedidor, parece una buena medida de diligencia que podrá corregir por exceso o por defecto, con la suficiente motivación[801], en los términos que se proponen en el capítulo IV al hablar de la motivación del expediente de expedición.

Nótese que la autoridad expedidora debe buscar el equilibrio entre la tutela de los derechos de los otros beneficiarios a los que les concede la posibilidad de alegar y la obligación de expedir el certificado con celeridad, en los términos del artículo 67.1. Por lo que debe ser cuidadosa al conceder plazos excesivos, si no quiere incurrir en responsabilidad frente al peticionario, o en arbitrar plazos breves para alegar, si no quiere ser responsable frente a los otros beneficiarios.

Puede ser que a la vista de la comunicación el beneficiario decida formular alegaciones, en tales casos, tampoco el Reglamento establece la forma de realizarlas, por lo que parece que habrá que estar a lo que determine la propia legislación

---

801 No obstante, de seguirse fielmente el criterio propuesto, el propio art. 50 niega la posibilidad de prórroga en razón de la distancia, lo que no quiere decir que no quepa prórroga, en esta sede atendidos otros motivos que deberá calibrar la autoridad requerida.

interna analógicamente, la cual deberá corregirse, si no se prevé nada, con el criterio de prudencia de la autoridad requerida.

Ahora bien, con independencia de los efectos de la notificación y de la posible responsabilidad en que podría incurrir la autoridad expedidora, de no producirse tales notificaciones o haberse practicado negligentemente, el límite se encuentra en la protección de los terceros de buena fe, que no podrán perjudicarse cuando confíen en el certificado[802].

Por último, en consideración a que el Reglamento es directamente aplicable en cada Estado miembro con la cualificación de Derecho propio, se impone la necesaria cooperación entre autoridades a fin de facilitar la obtención de los documentos necesarios para certificar cuando estos se encuentren en registros públicos.

Esa deseada cooperación no implica que la autoridad expedidora tenga una facultad libérrima de acceso a los Registros[803]. El límite se encuentra en el régimen de acceso que a las autoridades internas impone la ley del lugar donde se encuentren los correspondientes registros, todo ello se desprende del artículo 66.5, según el cual: *"A los efectos del presente artículo, las autoridades competentes de los Estados miembros facilitarán a la autoridad emisora del certificado de otro Estado miembro, cuando esta lo solicite, la información contenida, en particular, en los Registros de la propiedad inmobiliaria, en los Registros Civiles y en los Registros de últimas voluntades o de otros hechos relevantes para la sucesión o para el régimen económico matrimonial o equivalente del*

---

[802] Llama la atención, sobre este extremo, CARRIÓN GARCÍA DE PARADA, P., *op. cit.*, p. 137. Se hace remisión, en este punto, a lo que se expone al hablar de los efectos del Certificado Sucesorio Europeo.

[803] En este mismo sentido, FERNÁNDEZ-TRESGUERRES GARCÍA, A.; *op. cit.*, *Las sucesiones…*, p. 636, quien va más allá y considera, incluso, que se trata de una intromisión del legislador de la Unión en las competencias de los Estados miembros.

causante, cuando dichas autoridades competentes estén autorizadas en virtud de su legislación nacional a facilitar dicha información a otras autoridades nacionales"[804].

f. Resolución del expediente de certificación

La labor del autor del texto legal, en la parte del certificado, era compleja, al implementarse *ex novo* una nueva figura. Ello justifica la técnica reglamentarista que se pone de manifiesto. Sin embargo, tal vez, la sistemática y contenido del artículo 67, que se destina a regular la resolución del expediente y la de los artículos que siguen es manifiestamente mejorable.

En efecto, el primer inciso del art. 67, relativo a la obligación de la autoridad de expedir el certificado sin demora, debería haber ido seguido del contenido del certificado. En otro inciso o artículo separado, deberían haberse hecho constar los motivos de denegación, recalcando tanto el carácter ejemplificativo de la enumeración como los principios que subyacen tras la denegación, que en el fondo no son otros que los de evitar que el certificado se debilite al poder ser contradicho. No hubiera sido impertinente, además, anunciar la posibilidad de recurrir la decisión del expedidor, negativa, correlacionando esta parte con los artículos que regulan las vías de recurso.

Por último, en inciso o norma separada se debería haber hecho constar la obligación de notificar el resultado del expediente, no solo en el caso positivo, de expedición, también en el negativo, como se verá posteriormente en el desarrollo.

---

804 Sin perjuicio de la cooperación, en consideración al nivel de desarrollo e interconexión de Registros, muchas veces lo más rápido será que el propio interesado gestione la obtención de dichos documentos. Como quedó expuesto, ni el art. 66.1 ni, ahora, el art. 66.5 desplazan las obligaciones del solicitante en lo relativo a aportar la documentación necesaria para la expedición del certificado.

Frente a ello, como se ha anticipado, el régimen legal, que pasamos a exponer, es farragoso y de deficiente sistemática.

i. Resolución negativa

Formulada la solicitud, se desplazan las actuaciones procesales del solicitante a la autoridad. Habría una fase de instrucción. En ella, la actuación de la autoridad expedidora verificará y analizará, en los términos del artículo 66, su propia competencia y examinará la solicitud y material probatorio aportado por el interesado, en los términos que han quedado expuestos.

Posteriormente, la segunda fase del proceso consistirá en la propia expedición del certificado, como ordena el asistemático art. 67, que contiene dos normas procesales junto a una enumeración, que se estima ejemplificativa, de los motivos que impiden a la autoridad expedir el certificado.

Así, el artículo 67.1, en su primer inciso, dispone: *"La autoridad emisora expedirá sin demora el certificado de acuerdo con el procedimiento establecido en el presente capítulo una vez que los extremos que vayan a ser certificados hayan sido acreditados con arreglo a la ley aplicable a la sucesión o en virtud de cualquier otra ley aplicable a extremos concretos de la herencia. Expedirá el certificado utilizando el formulario establecido de acuerdo con el procedimiento consultivo a que se refiere el artículo 81, apartado 2"*.

La primera obligación que se impone, en dicho precepto, a la autoridad expedidora, es la relativa a que su actuación venga marcada por una diligencia temporal. Como es lógico, el Reglamento no puede descender a fijar plazos, pues, por un lado, cada sucesión tendrá sus especificidades y complejidad, tanto material como formal, pudiendo darse el caso de que falte aportar u obtener documentos necesarios para poder certificar.

Habrá que estar a las circunstancias del caso y a la ley de la autoridad para comprobar si se ha cumplido la diligencia debida[805]. Lo que sí es claro, en el marco del artículo 67, es que el *dies a quo* del deseable plazo para certificar no empieza hasta que se hayan acreditado los extremos que vayan a ser certificados.

La prueba de los elementos a certificar puede que implique a diferentes normas de conflicto. Por un lado, las relativas a la propia sucesión, consiguientemente las determinadas por el Reglamento de Sucesiones. Puede darse el caso de que sean llamadas otras normas de conflicto. Sucede esto en aquellos supuestos en los que se trate de otros elementos necesarios para fijar el marco de una determinada sucesión, siendo muy importante, en este caso, la posición que se mantenga en relación a la cuestión previa, como ya ha quedado expuesto en este trabajo.

El Reglamento prevé excepciones a la expedición del certificado, así, el segundo inciso del artículo 67.1 establece: *"La autoridad emisora no expedirá el certificado, en particular: a) si los extremos que se han de certificar son objeto de un recurso*[806]*, o b) si el certificado no fuera conforme con una resolución que afectara a esos mismos extremos"*[807].

---

805 En este mismo sentido, POPESCU, D. A., *op. cit.*, p. 109.

806 Hay quien, como KRESSE, B., *op. cit.*, p. 739, se plantea el alcance del término "recurso" en el artículo 67.1.a) y sí éste ha de ser, necesariamente judicial o, simplemente bastaría con cuestionar algún extremo ante la autoridad expedidora. En nuestra opinión, el recurso es judicial o, al menos, en el marco del procedimiento correspondiente de la sucesión, lo cual debe entenderse, sin perjuicio de plantear ante la autoridad expedidora las dudas que procedan en trámite de audiencia. En tales casos, la autoridad podrá resolver certificando, sin perjuicio de que su decisión sea recurrible, con arreglo a los preceptos del Reglamento, a la misma conclusión parece llegar el autor citado.

807 De la transcendencia del art. 67.1, cuyo incumplimiento generará responsabilidad para el expedidor, se hace eco el propio formulario de Certificado Sucesorio Europeo, que como se indicó anteriormente,

Como ha quedado explicado al hablar de la competencia, no se trata propiamente de abrir la puerta al régimen de litispendencia y conexidad, sin embargo, los efectos que se persiguen tienen algún punto en común, pues se trata de evitar que el certificado sea contradicho por adolecer de alguna de las patologías que el precepto señala.

La posición del Reglamento es lógica, pues se trata de crear un título que circule de forma incuestionable y que certifique solo elementos respecto a los que no quepa controversia jurídica.

Por ello es muy importante la declaración expresa sobre inexistencia de recurso que la letra l) del artículo 65.3 impone al solicitante, como quedó expuesto. Que el certificado no pueda expedirse, como haya sido solicitado, por haberse recurrido algunos extremos no quiere decir que no se pueda expedir un certificado parcial, como ya se ha puesto de manifiesto.

Algún autor, con buen criterio, apunta la posibilidad de que se certifique parcialmente cuando el recurso no afecte a otros elementos incontrovertidos y que sean susceptibles de

---

en el cierre del mismo, como preliminar, hacer constar que *"La autoridad certifica que ha tomado todas las medidas necesarias para informas a los beneficiarios de la solicitud de expedición del certificado y que, en el momento de la expedición del mismo, ninguno de los elementos en él contenidos habían sido impugnados por los beneficiarios"*. KRESSE, B., *op. cit.*, p. 740, diferencia entre resoluciones jurisdiccionales y no jurisdiccionales, quedando reservado a las primeras el remedio de impedir expedir el certificado. Parece, no obstante, que debería contextualizarse tal decisión en el marco de la naturaleza, con arreglo a la legislación aplicable, del proceso que resolvió la sucesión. Debiendo tenerse, en cuenta, además, el concepto amplio de "tribunal", que acoge el Reglamento. Para el autor citado, *op. cit.*, p.741, las resoluciones que motiven denegar la expedición deben recaer sobre los mismos extremos alegados por el solicitante.

ser certificados autónomamente[808]. Sin embargo, siendo cierto lo anterior, la existencia de un recurso producirá un efecto disuasorio para el expedidor.

Debe tenerse en cuenta que la solicitud de expedición del Certificado Sucesorio Europeo puede tener un resultado negativo.

Pueden existir otras causas impeditivas más allá de los motivos que el artículo 67.1 enumera, con carácter ejemplificativo[809], como indica el propio texto legal que antepone a los motivos de denegación la expresión *"en particular"*.

Así, pues pueden existir otras causas por las que no se expida el certificado, tales como la falta de presentación de documentos necesarios para expedir el certificado[810], incongruencia en la solicitud, falta de legitimación para solicitar el certificado o falta de competencia en la autoridad podrán ser algunas de las causas, además de las ya referidas relativas a la tramitación o

808 MARCOZ, C. A., *op. cit.*, "The European Certificate…", p. 526, así como la nota anterior y su referencia al cierre del certificado.

809 Se hace remisión, en este punto, a lo tratado con relación a la no expedición o suspensión del proceso por contrariedad con otro CSE ya expedido o por estar tramitándose otro certificado, en sede de competencia de autoridades en este mismo capítulo. Sobre el carácter ejemplificativo de la lista del art. 67, de motivos de denegación, puede verse REINHARTZ, B., *op. cit.*, p. 270, en el mismo sentido, KRESSE, B., *op. cit.*, p. 740 y CALVO VIDAL, I. A., "El Certificado Sucesorio Europeo"; en GARRIDO DE PALMA, V. M. (ed.) en *Instituciones de Derecho Privado;* Civitas-Thomson Reuters, Cizur Menor (Navarra) 2016, 2ª ed., pp. 793-864, p. 831.

810 Ver KRESSE, B., *op. cit.*, p. 735, que insiste en el hecho de que se debe certificar sobre la base del estatus estrictamente acreditado, que, sin acreditación no hay que expedir el certificado (p. 738). La consecuencia lógica es que el primer motivo de denegación es la falta de acreditación de los extremos no acreditados. En el mismo sentido, MARCOZ, C. A., *op. cit.*, "The European Certificate…", p. 527.

coetánea de un certificado relativo a los mismos extremos[811]. En tales supuestos, con arreglo a la normativa interna que proceda aplicar, la autoridad o tribunal requerido debería dictar una resolución motivada[812] la cual será recurrible en los términos del artículo 72[813].

ii. Resolución positiva

La terminación natural o deseable del proceso de certificación debería ser que el tribunal o autoridad requerida para la expedición dictase una resolución positiva, en los términos del artículo 67. Los casos de resolución negativa deberían ser residuales y reservarse para supuestos realmente patológicos o conflictivos.

En este punto, y en la práctica forense española, centrándonos en el ámbito notarial, que es el objeto de este trabajo, debe llamarse la atención sobre la flexibilidad que suele presidir la actuación notarial. Como se verá en el capítulo siguiente, normalmente, el notario, en España, como consecuencia de su doble carácter de funcionario público y profesional del Derecho, guiará al solicitante en su petición, pues tiene la misión legal encomendada, como tal profesional de

---

811 Ver, al respecto, lo analizado en sede de competencia e inaplicación de la litispendencia.

812 Sobre la necesidad de motivar la resolución negativa, ver BENANTI, C., "Il certificato successorio europeo: ragioni, disciplina e conseguenze della sua applicazione nell'ordinamento italiano. Parte seconda", en *La Nuova giurisprudenza civile commentata,* Vol. 30, Nº. 2, 2014, págs. 85-96, pp. 87 y 88; también, MARCOZ, C. A., *op. cit.,* "The European Certificate…", pp. 527-528; y, RIVA, I., *op. cit.,* p.p. 105-106, de ahí la importancia del modelo de expedición que se propone en este trabajo y se expone en el capítulo IV.

813 Sobre esta cuestión se volverá al hablar del sistema de recursos previstos en el Reglamento, en el artículo 72.

"asesorar a quienes reclaman su ministerio y aconsejarles los medios jurídicos más adecuados para el logro de los fines lícitos que aquéllos se proponen alcanzar"[814].

Ello impone al notario una labor de asesoramiento en la redacción de la solicitud, lo que no quiere decir que el notario tenga la obligación de redactar la solicitud por el interesado.

Sin embargo, en la práctica, normalmente, se realiza en la oficina notarial un asesoramiento preventivo y preliminar. Ese asesoramiento hace que, salvo supuestos en los que es necesario desplegar actuaciones posteriores, como, por ejemplo, las notificaciones a los interesados que podrían hacer cambiar el resultado de la certificación, lo normal sea que el interesado conozca, inicialmente, el resultado del proceso, como consecuencia del estudio preliminar que los notarios suelen hacer de los expedientes sobre los que despliegan su función.

Sobre la concepción que defendemos del proceso de certificación que, en el fondo, opera sobre una sucesión resuelta cuya circulación transfronteriza se pretende con el certificado, los problemas deberían ser pocos. Al menos desde la óptica de los certificados expedidos notarialmente en España, habida consideración a la alta cualificación de estos funcionarios y de la proactividad que preside su régimen de funcionamiento.

De hecho, los mayores problemas que se presentan en la práctica española del certificado sucesorio son consecuencia de una mala cumplimentación del formulario, en los casos en los que estos certificados se recepcionan para ser utilizados en España.

Por el contrario, los certificados expedidos en España, notarialmente, encuentran su fundamento último material en una herencia sustanciada en la notaría. Precisamente, en la

---

[814] Art. 1 RN.

tramitación de la herencia se deberían haber resuelto todos los problemas que, de lo contrario, se plantearían en la expedición del certificado sucesorio.

Es muy importante, no obstante, tener clara tanto la naturaleza del certificado como las pautas procedimentales que debe seguir la autoridad para la expedición del certificado. Es, precisamente esto, el servir de guía para la autoridad en el proceso de expedición, el fin primordial de este trabajo.

iii. Información a los beneficiarios de la expedición

Como norma de cierre del proceso de expedición, el artículo 67.2, establece: *"La autoridad emisora adoptará todas las medidas que sean necesarias para informar a los beneficiarios de la expedición del certificado"*. Para la herencia certificada, la expedición del certificado supone un hito que abre la puerta a su libre circulación en el territorio de la Unión.

Es lógico que se imponga la obligación de informar. La expedición del certificado podrá afectar a lo que esos beneficiarios hayan alegado en el proceso de expedición a tenor de lo dispuesto en el art. 66.4. El citado precepto no habla de "interesados" sino de "beneficiarios", se trata de un concepto más restringido y así deberá ser interpretado.

Con esta prevención de información, se evita en la medida de lo posible que se reiteren solicitudes de certificación. Y ello sin perjuicio de la necesaria creación de un Registro de certificados sucesorios que haría mucho más eficaz el sistema previsto por el Reglamento.

En la línea de lo que se ha mantenido respecto de la cumplimentación del formulario, aquella persona a la que se haya notificado la expedición de un certificado total o parcial será responsable si reitera una solicitud de un certificado relativo a los mismos extremos.

Nada se dice respecto a la necesidad de informar a esos mismos beneficiarios en caso de que la resolución haya sido negativa. Evidentemente, *de lege lata,* no existe obligación para la autoridad requerida de cursar esas notificaciones. Sin embargo, teniendo en cuenta la inexistencia de un registro de certificados, parece conveniente realizar dicha notificación. De esa manera, ante la posibilidad de que se presente una nueva solicitud de certificación, de contenido total o parcialmente coincidente, por otro interesado se podría aprovechar lo ya realizado y se le podría imputar responsabilidad por no alegar aquello a lo que hubiere tenido conocimiento por causa del certificado frustrado. Con el texto del Reglamento actual será algo que se producirá o no en función del celo que tenga el expedidor, pero sin incurrir en responsabilidad por no hacerlo.

Debe indicarse que, en caso de cursarse la comunicación de no expedición, para ponerlo en conocimiento de los beneficiarios, si se reabre el proceso de expedición, parece prudente y coherente reiterar las comunicaciones del artículo 66.4.

El contenido de la comunicación de información será suficiente si el expedidor se limita a informar que el certificado se ha expedido o, en caso de que se admita la conveniencia de informar los supuestos negativos, no se ha producido la expedición. Ni se pide por el Reglamento ni parece que deba pedirse que se informe el contenido del certificado, pues para ello ya está el régimen de publicidad de este, a través del sistema de copias, y con las restricciones de posibles peticionarios que el mismo tiene.

El cauce formal de esa información queda al arbitrio de la autoridad expedidora, por lo que deben tenerse aquí por reproducidas las consideraciones que se hicieron al exponer el régimen de comunicaciones al amparo del art. 66.4, al no haber motivo que permita diferenciar entre unas y otras. Sin embargo, algún autor se postula en favor de que sea la *lex fori* la que determine como se realiza el proceso de información[815].

3. EL CERTIFICADO SUCESORIO EUROPEO

En el apartado antecedente hemos analizado el proceso de expedición del Certificado Succsorio Europeo. Comprendería las actuaciones previas a la plasmación del resultado del mismo en el formulario de expedición del Certificado Sucesorio Europeo.

Nos parece conveniente para la exposición de este estudio disociar ese proceso de expedición, por su marcado carácter procesal, del certificado sucesorio en sí. El contenido del certificado debe entenderse por el receptor del mismo. El certificado, una vez expedido es autónomo del proceso de expedición, circula por el territorio de la Unión Europea, pudiendo surgir unas patologías que afecten al propio certificado y produce unos efectos regulados en el Reglamento.

a. Finalidad, sistemática y aspectos formales del formulario

i. Obligatoriedad del formulario

El proceso de expedición, para la autoridad expedidora, culmina con la cumplimentación del formulario obligatorio, contenido en el anexo 5 del R(UE)1329/2014.

Dicho formulario, a su vez, se acompaña de cinco anexos que deberán cumplimentarse, siempre con carácter obligatorio, si de las circunstancias del caso, resultan estar presentes los ele-

---

815 Ver KRESSE, B., *op. cit.*, p. 743.

mentos objeto de dichos anexos[816]. Puede que se expida el certificado y que no haya que cumplimentar ninguno de esos anexos.

La extensión del certificado, que puede que incremente la complejidad de la labor del expedidor puede ser su principal amenaza, pues puede que haga compleja su recepción. Si se hubiera limitado el ámbito material del formulario a los aspectos más frecuentes de una sucesión, podría haber facilitado su

---

816 Llama la atención, como viene siendo habitual la descoordinación entre el formulario V y la rúbrica de los anexos en la versión española. En efecto, en la parte general del formulario no todos los anexos reciben idéntico nombre que en el título del anexo. Existen errores de traducción y, especialmente de coordinación de número al utilizar los plurales y singulares, se puede confrontar, a tal fin, con la versión francesa, bastante mejor construida. Los anexos, en número de seis, hacen referencia a los *"Datos relativos al solicitante o solicitantes"* (Anexo I); a los *"Datos relativos al representante de los solicitantes"* (Anexo II); a la *"Información sobre el régimen económico matrimonial o régimen patrimonial equivalente del causante"* (Anexo III); a la *"Cualidad y derechos del heredero"* (Anexo IV); a la *"Cualidad y derechos de los legatarios con derechos directos en la herencia"* (Anexo V); y, *"Poderes para ejecutar un testamento o administrar la herencia"* (Anexo VI). Debe llamarse la atención, una vez más, sobre el hecho de que la traducción es manifiestamente mejorable, pues aunque se indica al lado de todos ellos *"Obligatorio si…"*, no siempre quiere decir que cumplimentarlo sea voluntario si no se da la circunstancia que se relaciona, simplemente, o es obligatorio cumplimentar el anexo o no se cumplimenta. La última casilla del apartado correspondiente está destinada a hacer constar que *"No se incluye anexo"*, lo cual debe juzgarse favorablemente, pues quien recepcione el certificado ha de estar en condiciones, en todo caso, de poder saber fácilmente si es íntegro o se ha sustraído algún documento o alterado el certificado; en ese mismo sentido debe interpretarse el inciso, previo a la firma de la autoridad en el certificado, en el que se hace constar *"Los siguientes puntos no se han rellenado por no considerarse pertinentes para el fi para el que se ha expedido el certificado"*, lo cual debe rellenarse obligatoriamente; al igual que debe cumplimentarse la referencia *"En caso de adjuntarse hojas adicionales, indíquese el número total de páginas"*.

circulación. Sin embargo, para algunos autores, se ve, en esa configuración tan amplia, un acierto, a fin de que el receptor se pueda formar cabal juicio de todos los extremos de la sucesión[817].

Con la expedición del certificado no acaba la tarea de la autoridad, que, seguidamente, deberá proporcionar una copia del mismo al interesado[818].

El uso obligatorio del formulario lo refrenda, como quedó dicho, el artículo 67.1 *in fine*, al decir: *"Expedirá el certificado utilizando el formulario establecido de acuerdo con el procedimiento consultivo a que se refiere el artículo 81, apartado 2"*.

---

817 MORENO SÁNCHEZ-MORALEDA, A.; "El certificado Sucesorio Europeo en El Reglamento (UE) num. 650/2012", en DIEZ-PICAZO, L. (es.), *Estudios Jurídicos en homenaje al Profesor José María Miquel*, Ed. Aranzadi, Cizur Menor (Navarra), 2014, pp. 2045-2088, pp. 2071-2072. REQUEJO ISIDRO, M.; "El certificado sucesorio (o de heredero) europeo: propuestas de regulación", en *Diario La Ley*, nº 7185, 29 de mayo de 2009; ed. LA LEY, p. 8, apuntaba, en el ámbito registral, que un certificado extenso facilitaría el acceso a los Registros. En contra, PAZ LAMELA, R. S.; "El Certificado Sucesorio Europeo como mecanismo de gestión internacional de patrimonios hereditarios"; en *Anuario Europeo de Derecho Internacional Privado, t. IX. 2009*, pp. 715-732, p. 727, quien ya apuntaba, en la fase previa a la aprobación que un certificado simplificado facilitaría y potenciaría su uso.

818 No se comparte la sistemática del Reglamento al intercalar los efectos del certificado (art. 69) entre el artículo destinado a su contenido (art. 68) y el artículo destinado a la expedición de copias del certificado (art. 70). Parece que los efectos, en buena lógica, deberían haber cerrado el capítulo, pues el resto de normas, relativas a la *rectificación, modificación o anulación del certificado* (art. 71), a las *vías de recurso* (art. 72); y, *a la suspensión de los efectos del certificado* (art. 73), en cierto modo, inciden bien en el proceso de expedición, bien en las actuaciones necesarias para que el certificado sea incuestionable jurídicamente. Por tal motivo, pospondremos la exposición de los efectos del certificado para el final.

La posición, al respecto, del legislador de la Unión es coherente con su intención de facilitar la libre circulación de las herencias. Admitir libertad en el soporte documental del certificado frustraría esa finalidad del Reglamento, pues a mayor heterogeneidad formal, mayor dificultad para el destinatario en entender el alcance de lo certificado y la identificación del documento como tal certificado.

Debe tenerse en cuenta, además, que los destinatarios de los certificados pueden carecer absolutamente de conocimientos jurídicos y no estar familiarizados con el tratamiento de la documentación correspondiente. La estandarización facilita la recognoscibilidad del certificado y su traducción, lo cual justifica esa obligatoriedad de uso[819].

Por los mismos motivos, el expedidor debe ser cauteloso y no unir al certificado nada que no conste netamente diferenciado, así como tampoco interlinear o añadir aclaraciones fuera del formulario normalizado que pudieran inducir a error[820].

ii. El idioma de expedición

En este punto debe distinguirse el certificado en sí, de la copia del Certificado Sucesorio Europeo que es lo que realmente circula.

La distinción es importante, pues la autoridad retiene el Certificado Sucesorio Europeo expedido, distinto de la copia que circula, para la expedición posterior de nuevas copias cuando es requerida para ello.

---

819 Ver, en este sentido MARCOZ, C. A., "The European…", *op. cit.*, p. 488; y, KRESSE, B., *op. cit.*, p. 743 quien, además, se postula expresamente en favor de la nulidad del certificado que no se acomoda al formulario oficial.

820 MARCOZ, C. A., *op. cit.*, "The European Certificate…", p. 489.

Que la autoridad conserve el certificado, además, es primordial, al margen de su estatuto interno, para contrastar el certificado expedido con la copia que circula, en caso de que surjan problemas posteriores que den lugar a la rectificación, modificación o anulación del certificado.

Así las cosas, la matriz del Certificado Sucesorio Europeo debe expedirse en el idioma oficial de la autoridad expedidora, lo cual es lógico, en consideración a su propia normativa que, normalmente, le impondrá tal utilización.

Debe tenerse en cuenta, además, que con posterioridad a la expedición puedan sobrevenir nuevas patologías que hagan necesario que la autoridad que custodia el certificado vuelva a necesitar el empleo de su matriz, tales como la expedición de nuevas copias o la referida rectificación, modificación o anulación del certificado. Si se admitiese la expedición en un idioma que no fuera el oficial de la autoridad puede que los que le sucedan en la custodia desconozcan el idioma que pudiera haberse empleado, aunque lo conociese el expedidor.

El empleo obligatorio del idioma del Estado miembro en que se encuentra la autoridad expedidora no será obstáculo para que la propia autoridad, en caso de conocer el idioma o que se le aporte la correspondiente traducción jurada[821], cumplimente, como ya está sucediendo en la práctica, además, una copia del certificado en un segundo idioma que se haya requerido. Si bien, no se puede exigir tal actuación a la autoridad, la cual tendrá la facultad de desestimar la petición.

---

[821] O en el caso posible de que el certificado no contenga texto traducible por aparecer sólo casillas marcadas o nombres y datos numéricos cumplimentados.

Lo que debe desecharse y no parece correcto es que la matriz del certificado se expida en varios idiomas para, posteriormente proceder a expedir las copias en función del idioma solicitado[822].

No obstante, para el caso de que se cumplimente en un segundo idioma, cabe plantearse si estamos ante dos certificados de una misma sucesión o, por el contrario, un solo certificado, expedido en la lengua oficial de la autoridad y una copia de dicho certificado expedido en otro idioma, que se incorporó al expediente de certificación.

La respuesta debe ser necesariamente la segunda. Si se considerase que estamos ante dos ejemplares del certificado, en distinto idioma, siempre cabría la duda de qué es lo certificado correctamente. Por ello, en caso de que al expediente se incorpore una versión en otro idioma, debe prevalecer, en todo caso, el idioma oficial del certificante, pues es ese único documento el que contiene el proceso de certificación y su resultado.

Por supuesto, en aquellos casos en los que la autoridad expedidora no facilite una copia en idioma no oficial, cabrá también que, posteriormente, por intérprete jurado se proceda a traducir la copia auténtica del certificado entregada al solicitante. Esta última labor estará al margen, consiguientemente, de la autoridad expedidora[823]. Y, debe recordarse,

---

822 La posibilidad de expedir el certificado en un segundo idioma, siempre que conste el idioma del expedidor, la apunta también CARRIÓN GARCÍA DE PARADA, P.; "Los documentos públicos y el Certificado Sucesorio Europeo en el Reglamento 650/2012"; en *La Notaría,* I-2015, pp. 127-139, Ed. Colegio Notarial de Cataluña, Barcelona 2015, p. 136.

823 Consiguientemente, partiendo de que el certificado deberá expedirse siempre en el idioma oficial del expedidor, salvo cuando la legislación interna permita lo contrario, caben las siguientes posibilidades: 1) Expedición en el idioma del expedidor y copia en el

aunque resulte evidente, los eventuales errores de traducción y perjuicios causados por la misma, serán responsabilidad del intérprete.

Para el caso de que sea la autoridad certificante la que expida la copia del certificado en otro idioma, el error en la traducción deberá ser tratado como un error en copia con los efectos que se analizan al tratar la rectificación, modificación o anulación del certificado.

iii. La sistemática del formulario obligatorio

Con las declaraciones formuladas, documentación aportada por el solicitante e indagaciones practicadas por la autoridad en el marco del artículo 66, la autoridad deberá cumplimentar al formulario V, obligatorio, y, en caso de encontrarse en el supuesto correspondiente, sus anexos.

El Reglamento 1329/2014 desarrolla el formulario a partir del contenido del certificado que prevé el artículo 68. Una vez más se aprecia la minuciosidad del legislador de la Unión

---

idioma del expedidor; 2) Expedición en el idioma del expedidor y versión en otro idioma incorporada al expediente; 3) Expedición en el idioma del expedidor sin versión en otro idioma pero copia expedida directamente en otro idioma; 4) Cualquiera de las anteriores será compatible con la correspondiente traducción jurada en cualquier idioma. Parece que, en relación a las traducciones juradas, una buena práctica impone que se utilice el formulario en el idioma correspondiente. En cuanto a las lenguas cooficiales, como sucede en España, teniendo en cuenta que el certificado, en principio, sin perjuicio de lo anunciado en el desarrollo, es para ser utilizado en otro Estado miembro, no procede la expedición en un idioma no comunicado como oficial a la UE, de hecho el formulario no existe en el Reglamento 1329/2014 en esos idiomas. Sin perjuicio de que el solicitante pueda, atendida la legislación interna y régimen de cooficialidad, formular su solicitud en lengua cooficial.

en su contenido. Sin embargo, en este caso, se puede llamar la atención sobre el hecho de que en algunos extremos el formulario de expedición parece una copia automática del formulario de solicitud.

De determinados aspectos, en el certificado, podría haberse prescindido o no haberse descendido tanto al detalle en consideración a la autonomía del certificado respecto de la solicitud y la documentación que a ésta se acompaña y, especialmente, si se tiene en cuenta que la solicitud puede formularse prescindiendo del modelo oficial.

Todo ello hace necesario resaltar y anticipar que cumplimentar el certificado es una tarea farragosa, persiguiendo el bienintencionado objetivo de generar un documento estandarizado y fácilmente recognoscible.

¿Debe cumplimentarse todo el formulario, en todo caso? La respuesta debe ser negativa, en primer lugar, porque el artículo 68 comienza advirtiendo que *"El certificado contendrá la siguiente información, en función del fin para el cual se expide"*, lo que da a entender que, algunos elementos, no se cumplimentarán porque no son necesarios al fin previsto. Sucederá esto, principalmente, en aquellos casos en los que se expida un certificado parcial.

En muchos puntos el formulario de expedición va más allá de lo que pide el propio Reglamento, en ocasiones, las más de las veces, aparece un asterisco indicando que la cumplimentación de determinada casilla es obligatoria. En la mayoría de los casos en los que se respetan las prescripciones del Reglamento, la casilla suele ser obligatoria. En tales supuestos deberá cumplimentarse no solo la casilla sino la que desarrolla dicha mención[824].

---

824 Por ejemplo, cuando el numeral 8.2 del formulario de expedición pone obligatoriamente que se cumplimente el fundamento de la ley aplicable y cómo quedó determinada, en tales casos, no se marcan

En otras ocasiones, el formulario se ha extralimitado en relación con el Reglamento, en tales casos, se cumplimentará la casilla correspondiente si se dispone de le información[825].

Debe criticarse tal forma de proceder por parte del autor del formulario, pues, aunque, en principio, parece deseable que el formulario contenga todos los extremos que incidan, de otra manera, en el patrimonio del causante y, el régimen económico matrimonial, por ejemplo, es uno de ellos. En la práctica, el expedidor huirá de cumplimentar los extremos no obligatorios, pues le generan responsabilidad.

Al mismo tiempo, no deja de suponer una extralimitación del formulario que, en algunos casos, contraviene el propio ámbito de aplicación material del Reglamento[826]. Y es que, en el fondo, el autor del Reglamento es consciente de que es muy complicado el tratamiento aislado de una sucesión sin el resto de las cuestiones que colindan con ella, como la, tantas veces aludida, liquidación del régimen económico matrimonial.

Al hablar de la solicitud cuestionábamos la sistemática seguida por el formulario si se compara con el orden que determinaba el artículo 65.3. En el caso del formulario V, previsto para el certificado sucesorio, a esa crítica, que también se puede

---

obligatoriamente todas las opciones porque sólo se debe cumplimentar una, pero debe cumplimentarse una obligatoriamente.

825 Sucede esto, por ejemplo, en los aspectos relativos a la determinación del régimen económico del matrimonio o de la unión del causante, en el anexo III, numerales 7, 8 y 9.

826 Es el caso de los extremos relativos al régimen económico matrimonial, por ejemplo. ¿Hasta qué punto se podrá beneficiar quien confía en esos extremos certificados de los efectos del artículo 69? Parece, una vez más, que el autor de los Reglamentos debería haber omitido tales cuestiones o haber introducido en el certificado una mención a que tales menciones se hacen con valor meramente informativo pero no quedan dentro del ámbito de protección del artículo 69.

dar aquí por reproducida, se debe añadir el hecho de que, sin explicación, el Reglamento sucesorio presenta en distinto orden determinados datos en el artículo 68, si se compara con su equivalente previo, artículo 65.3 para la solicitud[827].

Sin embargo, pese a separarse ambos formularios entre sí y no ser respetuosos con la secuencia del Reglamento, desde una perspectiva formal, el formulario de expedición del Certificado Sucesorio Europeo parece obedecer a una lógica.

El certificado, en sí, está destinado a recoger los particulares identificativos de la sucesión para después descender a las concretas vicisitudes del concreto proceso sucesorio. Así, hay unos extremos que son comunes a todo certificado, una vez determinados los aspectos formales del mismo: 1) Los particulares relativos a la autoridad expedidora (numerales 1 y 2, del formulario) y fundamentación de su competencia (numeral 4); 2) La identificación del expediente sucesorio (numeral 3); 3) Los datos del solicitante (numeral 5); 4) Los datos del causante (numeral 6); y, 5) Los particulares relativos a las reglas del proceso sucesorio, formalmente, comprendiendo el titulo sucesorio (numeral 7), y, materialmente, relacionando la ley aplicable a la sucesión (numeral 8). Si el formulario se

---

[827] Así, por ejemplo, desde el punto de vista del propio Reglamento, mientras que en la relación de datos de la solicitud el primero de ellos es el relativo al causante, tras el cual se hace mención al solicitante (art. 65.3 letras a) y b)), en el certificado (art, 68.e) y f)) se presenta primero al solicitante y después al causante; en este caso, en cambio, sí que el formulario de expedición es respetuoso con la secuencia del artículo 68, lo que podría llevar a pensar que la sistemática del formulario de solicitud obedece a guardar un paralelismo con el formulario del certificado sucesorio. Sin embargo, cualquiera que sea el motivo, se podría haber sido más ordenado en la redacción de los textos, de forma que los dos artículos y formularios guardaran un auténtico paralelismo.

aperturaba con la relación de los anexos, se culmina con los campos relativos a garantizar la integridad del formulario[828].

Hay otros extremos de la sucesión que son contingentes y para los cuales están destinados los anexos, pues puede que aparezcan en unas sucesiones y no en otras. No obstante, como se ha puesto de relieve, el certificado propiamente dicho está destinado para constatar lo que podría denominarse el núcleo de una concreta sucesión.

A lo largo del desarrollo, se pondrán de manifiesto algunos aspectos que se echan en falta en el formulario de expedición. Especial transcendencia, al respecto, tiene el que no se puedan relacionar en un campo los documentos aportados para certificar, que sí aparecen en el formulario de solicitud. De esta manera, se disiparían dudas en algunos casos en los que el receptor puede cuestionarse si se ha tomado en consideración determinado documento. Igualmente, el propio certificado dejaría patente que ha embebido determinados documentos que pueden ser exigidos por la legislación interna, como el certificado de últimas voluntades y cuya presentación solo podría ser difícilmente exigida, en tales casos, para la inscripción en el Registro de la Propiedad español, por ejemplo.

b. Aspectos materiales: El contenido del certificado

i. Cuestiones preliminares

En este caso, en consideración al hecho de que el formulario previsto para el Certificado Sucesorio Europeo es de uso obligatorio, a diferencia de lo que sucedía con el formulario de solicitud,

---

828 Sobre esta cuestión se volverá posteriormente.

seguiremos en nuestra exposición, en la medida de lo posible[829], el orden del propio formulario y no el del artículo 68[830],

---

829 Pues debe tenerse en cuenta que la coherencia de la exposición requerirá, en ocasiones, anticipar determinadas cuestiones que, de seguirse el esquema del formulario, deberían posponerse, ya que, a veces, el formulario relega determinados datos a los anexos que, por el contrario, parece más adecuado, tratar de forma integral, para no romper la unidad expositiva y la vinculación material de los mismos.

830 El artículo 68 relaciona el contenido del Certificado Sucesorio Europeo al decir: *"El certificado contendrá la siguiente información, en función del fin para el cual se expide: a) nombre y dirección de la autoridad emisora; b) número de referencia del expediente; c) los extremos que fundamentan la competencia de la autoridad emisora para expedir el certificado; d) fecha de expedición; e) datos del solicitante: apellidos (si procede, apellidos de soltera); nombre; sexo; fecha y lugar de nacimiento; estado civil; nacionalidad; número de identificación (si procede); dirección y, en su caso, relación con el causante; f) datos del causante: apellidos (si procede, apellidos de soltera); nombre; sexo; fecha y lugar de nacimiento; estado civil; nacionalidad; número de identificación (si procede); dirección en el momento del fallecimiento; fecha y lugar del fallecimiento; g) datos de los beneficiarios: apellidos (si procede, apellidos de soltera); nombre y número de identificación (si procede); h) información relativa a las capitulaciones matrimoniales celebradas por el causante o, en su caso, al contrato celebrado por el causante en el contexto de una relación que conforme a la ley aplicable surta efectos similares al matrimonio e información relativa al régimen económico matrimonial o equivalente; i)la ley aplicable a la sucesión y los extremos sobre cuya base se ha determinado dicha ley; j) la información relativa a si la sucesión es testada o intestada, incluyendo la información sobre los extremos de los que se derivan los derechos o facultades de los herederos, legatarios, ejecutores testamentarios o administradores de la herencia; k) cuando proceda, información sobre la naturaleza de la aceptación o renuncia de la herencia de cada beneficiario; l) la parte alícuota correspondiente a cada heredero y, cuando proceda, el inventario de los derechos y/o bienes que corresponden a cada heredero determinado; m) el inventario de los derechos y/o bienes que corresponden a cada legatario determinado; n) las limitaciones de los derechos*

que como ha quedado expuesto, tampoco se sigue en este caso por el formulario[831].

Debe llamarse la atención sobre la densidad del contenido que acoge el art. 68 para ser volcado en el certificado, algunos autores lo han criticado, pues el exceso de información y la asimilación de la misma por el receptor podría frustrar la finalidad del certificado y la correspondiente circulación transfronteriza de las herencias[832].

Por el mismo motivo, el expedidor debe ser cauteloso y no introducir en el certificado contenido no amparado por el Reglamento y su formulario de desarrollo. No solo porque, formalmente, no existe lugar para introducir esa información, como no sea forzando alguno de los campos libres del formulario; sino,

---

del heredero o los herederos y, en su caso, del legatario o los legatarios en virtud de la ley aplicable a la sucesión o de una disposición mortis causa; o) las facultades del ejecutor testamentario o del administrador de la herencia y sus limitaciones en virtud de la ley aplicable a la sucesión o de una disposición mortis causa".

831 Tal vez, otra causa de esa alteración de orden pueda encontrarse en el hecho de no haberse redactado coetáneamente el artículo destinado al contenido y el propio formulario, al encontrarse en distintos instrumentos normativos, pudiendo haberse utilizado el formulario para rectificar y mejorar la sistematización presentada en el propio Reglamento Sucesorio. Un ejemplo evidente sería el relativo a la fecha de expedición, que parece lógico que aparezca, bien al principio del formulario, bien al final, pero no como una mención intercalada tras la competencia del tribunal o autoridad, como parece seguirse de la letra d) del art. 68. La referencia a la fecha, además, aparece, en el formulario, tanto en el numeral 3 como en el propio pie del formulario, sobre esta cuestión se volverá posteriormente.

832 BUDZIKIEWICZ, C., en CALVO CARAVACA, A.L., DAVI, A. *et* MANSEL, H. P.; *The EU Succession Regulation A Comentary;* Ed. Cambridge University Press, Cambridge 2016, p. 746, y los que la autora cita en notas al pie 6 y 7.

también, porque introducir contenido atípico podría frustrar la finalidad de circulación del Certificado Sucesorio Europeo[833].

Lo primero que aparece en el formulario es su encabezamiento en el que se deja claro al que recepciona el documento que está en presencia de un Certificado Sucesorio Europeo y el fundamento legal de dicho documento. Debe juzgarse favorablemente esa forma de proceder, pues de tal manera se facilita la recognoscibilidad del documento y, por consiguiente, su circulación.

Aclarado lo anterior en el certificado puede leerse: *"El original del presente certificado queda en posesión de la autoridad emisora"*. Se trata de una observación impertinente, expidiéndose por un tribunal o autoridad es de suponer que conocerá suficientemente el régimen de expedición. Cierto que de esta manera lo primero que se advierte a la autoridad es que debe conservar el original, pues puede que tenga que expedir nuevas copias del mismo en el futuro (art. 70) o que el certificado se vea afecto por una de las patologías que se relacionan en los artículos 71 a 73, sin embargo, parece excesivo que se tenga que explicar al expedidor tal circunstancia.

Seguidamente, ubicado en el mismo recuadro, se contiene una segunda observación, está más bien dirigida tanto al solicitante del certificado o poseedor del mismo como al destinatario frente al cual se va a hacer valer el contenido del certificado. Paradójicamente, no son pocas las veces, en la práctica, en las que debe recordarse a la autoridad que debe hacerse

---

833 Para BUDZIKIEWICZ, C., *op. cit.*, p. 746, tal práctica se entiende proscrita y conlleva la aplicación del régimen de modificación previsto en el art. 71.2. Así, por ejemplo, en el formulario no se piden los particulares a la ley sucesoria hipotética, como pone de relieve la misma autora (p. 756).

constar un plazo de vigencia de la copia, habiendo sido, incluso, objeto de una cuestión planteada al TJUE[834].

Así, se inserta la siguiente leyenda: *"Las copias auténticas del presente certificado son válidas hasta la fecha indicada en la casilla contenida al final de este formulario"*. Con tal indicación se pone alerta a las personas indicadas para que antes de invocar el certificado o confiar en sus efectos comprueben la vigencia de la copia[835].

El tercer bloque preliminar del formulario, como se apuntó, cumple la finalidad de poder comprobar la integridad del Certificado Sucesorio Europeo una vez que se pone en circulación. Se relacionan, con carácter obligatorio, los *"Anexos incluidos en el certificado"*. A cada uno de los anexos nominalmente relacionados precede una casilla de validación que deberá marcarse si se acompañan al certificado[836].

---

834 Ver, al respecto STJUE, de 1 de julio de 2021 (C-301/20) (TOL 8.488.994), que declara que la copia expedida con la mención "por tiempo indefinido", es válida durante un periodo de seis meses a partir de su fecha de expedición. El Tribunal fundamenta su decisión en el hecho de que la validez temporal del certificado se rige por el Reglamento y no por la legislación interna. También se pone de relieve que la celeridad en los tiempos de tramitación que inspira el Reglamento se frustraría si se tuviese que devolver al interesado, la copia, para que solicite una nueva copia. Por tal motivo, entendemos, parece que se puede aplicar la misma interpretación al caso en que la copia del certificado carece de mención relativa a la duración.

835 Sobre los plazos de vigencia y no caducidad del certificado, pero sí de la copia, se volverá en su momento oportuno.

836 Aunque no está claro si el autor del formulario ha pensado en ello, en el apartado final relativo a la relación de puntos no rellenados debería indicarse los anexos no acompañados, pues no dejan de ser, las casillas de verificación de los anexos, puntos que no se han cumplimentado, si bien el certificado parece estar pensando sólo en los distintos numerales del certificado. Debe señalarse que si existe

ii. Identificación de la autoridad expedidora

Cumplimentados tales preliminares, los numerales 1 y 2 del formulario hacen referencia a los datos identificativos de la autoridad expedidora. Serían los extremos que desarrollan la letra a) del artículo 68, que exige que se haga constar el "*nombre y dirección de la autoridad expedidora*"[837].

iii. Identificación del expediente

El numeral 3 del formulario desarrolla, y en el mismo orden, la letra b) del artículo 68, que establece como una de las menciones "*el número de referencia del expediente*".

En el mismo lugar, el numeral 3 del formulario no sólo pide que se haga constar dicho *número de referencia* (3.1); también pide que se constate la fecha de expedición del certificado (3.2).

Las menciones exigidas tienen por finalidad identificar el expediente[838], lo cual debe juzgarse favorablemente. Sin embargo,

---

contradicción entre lo presentado y la relación de puntos no cumplimentados el receptor podría dudar de la integridad del certificado, por lo que se debe ser especialmente cuidadoso en este extremo e, incluso, devolver al expedidor el certificado en tales casos.

837 En este caso no existe diferencia entre el formulario de solicitud y el de expedición, por lo que deben entenderse aquí reiterados los particulares puestos de manifiesto al explicar aquel.

838 Es algo habitual en todos los procedimientos, expedientes o documentos. Así, por ejemplo, los instrumentos públicos notariales españoles se encabezan con un número de protocolo, que equivaldría a número de expediente; y, una fecha, que podría calificarse de fecha de expedición, utilizando la terminología del certificado. La fecha, como se ve, ayuda a hacer cierto el expediente. Por ejemplo, "escritura autorizada bajo el número de protocolo 2132, el día 27 de octubre de 2022, en Alicante, ante su notario, Don Antonio Ripoll Soler…". En esas dos líneas se ha hecho mención a la autoridad y

debe llamarse la atención sobre el hecho de que la fecha del expediente se exige, como "fecha de expedición", tanto en el numeral 3.2 del formulario como en el pie del mismo.

En consideración al procedimiento de expedición que aquí se defiende y expondrá, en la casilla 3.2 se hará referencia a la fecha que identifica al expediente, es uno de los elementos más para determinar el expediente de expedición del Certificado Sucesorio Europeo. En el modelo que proponemos, será la del acta en que se centraliza todo el procedimiento de expedición y a la que se incorpora el Certificado Sucesorio Europeo.

Dicha fecha debería permitir localizar el expediente de expedición del Certificado Sucesorio Europeo. Puede darse el caso, en el supuesto de que estemos ante un notario expedidor español, que en un acta se haya tramitado la expedición y, sin embargo, como se verá, en otra acta se haya incorporado el Certificado Sucesorio Europeo expedido, fruto de dicha tramitación. En tales supuestos, parece que la fecha es la de apertura del expediente y, sin embargo, no se producen defectos de identificación porque, en buena práctica notarial, acta de apertura y acta de cierre estarán correlacionadas con el correspondiente sistema de notas.

Por todo lo anterior, debe tenerse en cuenta que la fecha de expedición no es la del Certificado Sucesorio Europeo sino la del expediente que lo causa. Tales fechas podrán coincidir, en función de las normas procesales de la ley de la autoridad expedidora, pero puede que no coincidan en aquellos

---

al número de referencia, aparecen, como se ve, totalmente identificadas. Sucede, sin embargo, que, en muchas ocasiones, la fecha que identifica al expediente no coincide, necesariamente, con la fecha de su cierre. En efecto, piénsese en un acta de notoriedad, por ejemplo, española, que conforme a los artículos 55 y 56 LN y 209 bis RN se desarrolla bajo dos números de protocolo, por lo que el expediente se inicia en una fecha, que lo identifica, y se termina en otra.

supuestos en los que se haya tenido que realizar una tramitación adicional para la expedición. Pensemos, por ejemplo, el supuesto en el que no concurran todos los interesados a la solicitud y no se aporte todo el material probatorio, en tales casos, necesariamente, la fecha del expediente no podrá ser la fecha de expedición.

Paradójicamente, el autor del formulario, en un mal desarrollo de la letra d) del art. 68, añade en la información relativa al expediente, la fecha de expedición del certificado. Nótese que de interpretarse literalmente el formulario y considerar que en el numeral 3.2 se debe introducir la fecha de expedición, esto sería redundante con el pie del certificado, en el que se dice, expresamente *"Hecho en ... el ... (dd/mm/aaaa)"*.

Así, en el sistema de los formularios, nos podemos encontrar, a estos efectos, con tres fechas. La primera sería la del expediente de certificación, que es la que nos ocupa ahora. La segunda sería la fecha de expedición del certificado, que es la que aparece en el pie del mismo. Y, por último, la tercera sería la fecha de la copia, que podrá coincidir con la de expedición del certificado pero, también ser posterior a la misma.

La fecha de expedición, como se verá, puede tener su trascendencia en los supuestos patológicos de expedición del certificado sin mención a su duración[839].

La fecha de expedición de la copia es autónoma, respecto de la de expedición del certificado, aunque pueden coincidir. Pero puede que tenga lugar en un momento posterior o, incluso, que

839 BUDZIKIEWICZ, C., *op. cit.*, p. 750, entiende que la referencia a la fecha de expedición tiene sentido si se pone en relación con la necesidad de resolver problemas de prioridad, en caso de certificados contradictorios, al ser este criterio el que parece acoger la autora.

no se llegue a expedir nunca si decae la necesidad de utilización[840] del certificado.

También debe tenerse en cuenta que, entre la solicitud del certificado y la propia expedición del mismo, el propio Reglamento contempla la posibilidad de que transcurra un lapso de tiempo a la vista de las actuaciones que impone a la autoridad el artículo 66. En función de la normativa interna de la autoridad expedidora existirá una fecha inicial del expediente, lo que hace cuestionarse si la mención del numeral 3.2 realmente es a la fecha de expedición o a la fecha del expediente, en los términos expuestos, inclinándonos más por la segunda posibilidad.

iv. Fundamento de la competencia

El artículo 68.c) hace necesario relacionar en el certificado *"los extremos que fundamentan la competencia de la autoridad emisora para expedir el certificado"*. Se trata de una forma habitual de proceder en la práctica forense.

La autoridad o tribunal debe fundamentar su competencia, para ello debe acudir a los criterios competenciales que le brinda el Reglamento, conforme a lo dispuesto en el artículo 64 en relación con los artículos 4, 7, 10 y 11, que hacen referencia, respectivamente, a la competencia general, a la

---

840 Piénsese en el caso en el que se solicite la expedición del Certificado Sucesorio Europeo conjuntamente a la tramitación de la herencia, lo cual es posible en España, pero se diga expresamente que no se expida la copia hasta el momento en el que el interesado va a viajar al correspondiente país para hacer uso de la misma y tramitar, entonces, las cuestiones sucesorias pendientes en dicho Estado miembro. Tal forma de actuar es útil si se tiene en cuenta que la copia del certificado bajo la cual circula éste en el tráfico tiene un plazo de caducidad, a la vista de lo dispuesto en el artículo 70.3.

competencia en caso de elección de ley, a la competencia subsidiaria y, por último, al *forum necessitatis*[841].

A tal finalidad se destina el numeral 4, en el primero de sus incisos se hace referencia al criterio atributivo empleado y en el segundo, en cambio, lo que se pretende es que se fundamente el criterio seleccionado, por ello, como el propio modelo de certificado indica, bajo los *"elementos adicionales sobre cuya base la autoridad expedidora se considera competente para expedir el certificado"* deberán relacionarse datos tales como *"la última residencia habitual del causante o un acuerdo relativo a la elección del foro"*[842].

No parece, en cambio, que el numeral 4.2 del formulario, al hacer referencia a los *"Elementos adicionales sobre cuya base la autoridad expedidora se considera competente para expedir el certificado"*, deba emplearse para fundamentar la competencia interna, que queda fuera del Certificado Sucesorio Europeo y para lo que podría utilizarse el expediente de expedición que proponemos. Lo cual es congruente con el criterio que mantenemos de no enturbiar el certificado con cuestiones que incrementasen la complejidad de su recepción por destinatarios allende las fronteras de la autoridad expedidora.

v. Datos del solicitante

Identificada la composición formal del formulario, la autoridad expedidora y los datos pertinentes del expediente, queda identificado el procedimiento de expedición.

En el Certificado Sucesorio Europeo se deben hacer constar, además, como indica la letra e) del artículo 68, los *"datos*

---

841 Se hace remisión, en este punto, a lo expuesto anteriormente en relación a la competencia, en sede de solicitud.

842 Según consta en la propia llamada que hace el formulario, bajo el número (2).

del solicitante: apellidos (si procede, apellidos de soltera); nombre; sexo; fecha y lugar de nacimiento; estado civil; nacionalidad; número de identificación (si procede); dirección y, en su caso, relación con el causante".

Si se tiene en cuenta que, como se defiende en este trabajo, el procedimiento de expedición genera, por sí mismo, un expediente autónomo del propio certificado, no acaba de verse utilidad a que se reitere una página de información, relativa al peticionario, que ya consta en el propio expediente y que nada aporta a la libre circulación de la herencia. No debe olvidarse que la cualidad de peticionario no afecta a la utilización del certificado por otros interesados no solicitantes[843].

Lo que interesará es que estén identificados los beneficiarios y, en su caso, administradores o ejecutores de la herencia. A fin de cuentas, como se verá al hablar de los efectos, el certificado es un título de legitimación.

Es cierto que la referencia al solicitante se emplea, posteriormente, en los anexos del formulario, números IV, V y VI para constatar si el solicitante se encontraba en alguna de esas situaciones, pero, la realidad es que la cualidad de heredero, legatario con derecho directo a los bienes o albacea o ejecutor, expedido el certificado, cobra autonomía de la figura del solicitante, aunque pueda y deba coincidir con una de esas posiciones jurídicas.

Por todo ello, se puede decir que el sistema empleado por el formulario, en este punto es farragoso y artificioso[844].

---

843 Cfr. STJUE de 1 de julio de 2021 (TOL 8.488.994).

844 En cuanto a las menciones que se deben cumplimentar respecto al solicitante se hace remisión a lo ya relacionado al exponer la figura del solicitante en el formulario de solicitud. Debe tenerse en cuenta también los anexos I y II del formulario de expedición que se refieren a los datos del solicitante persona jurídica y del representante del solicitante; haciéndose también remisión, en este punto, a lo expuesto en sede de solicitud.

vi. Datos del causante

La letra f) del art. 68, con la salvedad sistemática que hemos apuntado antes, y de forma paralela al art. 65.3.a), en sede de solicitud, relaciona los particulares que debe contener el certificado en relación a la persona del causante.

De la persona que causa la sucesión se piden, en el citado precepto, los *"datos del causante: apellidos (si procede, apellidos de soltera); nombre; sexo; fecha y lugar de nacimiento; estado civil; nacionalidad; número de identificación (si procede); dirección en el momento del fallecimiento; fecha y lugar del fallecimiento"*.

Todas estas menciones, en el formulario de expedición del certificado sucesorio, se contienen en el numeral 6 que, a su vez, se desarrolla en nueve puntos con sus correspondientes subdesarrollos[845].

Cómo se apuntó al analizar el apartado correspondiente al formulario de solicitud, debe destacarse que el Certificado Sucesorio Europeo, sólo puede comprender una sucesión. No es posible, en el diseño del Reglamento, por muy conveniente que pueda resultar en determinados casos, expedir un Certificado Sucesorio Europeo que comprenda, por ejemplo, la transmisión del patrimonio familiar de una pareja, habiendo fallecido ambos[846].

---

845 Al igual que sucedía en relación a los datos del solicitante, se hace remisión en este punto a lo que se ha apuntado al exponer la solicitud del Certificado Sucesorio Europeo.

846 Ver lo expuesto, al analizar los datos del causante en el formulario de solicitud.

vii. Régimen económico matrimonial o de la unión

La falta de redacción coetánea del artículo 68 y del formulario de expedición, dificulta, como quedó apuntado, la sistemática expositiva.

Anticipamos aquí las cuestiones relativas a la letra h) del artículo 68, pues parece que la liquidación del régimen matrimonial, o equivalente, en caso de haberlo, debería ser anterior al tratamiento de las cuestiones vinculadas a los beneficiarios del haber hereditario, en el que necesariamente se incluirán las resultas de dicho régimen.

Así, el referido artículo 68.h) ordena relacionar *"información relativa a las capitulaciones matrimoniales celebradas por el causante o, en su caso, al contrato celebrado por el causante en el contexto de una relación que conforme a la ley aplicable surta efectos similares al matrimonio e información relativa al régimen económico matrimonial o equivalente"*.

Con la información aportada por el solicitante, en el anexo IV del formulario de solicitud y con las indagaciones efectuadas por el expedidor, en el marco del artículo 66, se deberá cumplimentar el anexo III del formulario de expedición de Certificado Sucesorio Europeo.

Como cuestión preliminar, debe llamarse la atención sobre el hecho de que puede que existan varios ejemplares de este anexo en aquellos casos en los que exista más de un régimen económico matrimonial, así se indica en la llamada que hace la rúbrica del referido anexo III[847].

---

[847] La cuestión no sólo es frecuente en la práctica y en los distintos Derechos internos, también los Reglamentos 2016/1103 y 2016/1104 la tienen en cuenta, pues permiten el cambio de ley aplicable al régimen económico matrimonial, durante el matrimonio, lo que podría incidir en una sucesión de regímenes matrimoniales, ver al respecto, por ejemplo, el artículo 22.2 de cada uno de dichos

Dicha "liquidación pendiente" puede ponerse en relación no solo con el cónyuge viudo, pues es posible que se hubiera sustituido un régimen económico matrimonial por otro, sin romperse el vínculo matrimonial y sin haber liquidado el primer régimen. También puede resultar que existan relaciones patrimoniales no liquidadas con un primer cónyuge, anterior al cónyuge viudo.

Seguidamente, en los numerales 7, 8, 9 del anexo, se insertarán, con carácter voluntario, cuestiones relativas a las vicisitudes del régimen económico matrimonial. De hecho, exceden el tenor literal del artículo 68.h), por lo que, si se dispone, con el mismo régimen de certeza, dicha información, que haga posible certificar, se cumplimentará, en caso contrario se dejará en blanco[848].

Debe tenerse en cuenta que en sede de expedición se minimizan las cuestiones que no tendrán transcendencia posterior, pues puede que el cónyuge sea beneficiario y aparezca en otras partes del certificado.

En efecto, una vez concretado, por un lado, si existían capitulaciones matrimoniales[849] o acuerdo equivalente[850], en caso de unión de hecho[851] , y, por otro lado, la ley aplicable al régimen

---

Reglamentos o los artículos 26.3 (REM) y 26.2 (EPUR). Nótese que, incluso, puede que los distintos regímenes económicos tengan causa en relaciones del causante con distintas personas.

848 Esta forma de proceder, por parte del autor del formulario, es criticable, pues desincentivará a cumplimentar los campos no obligatorios, ya que se genera responsabilidad al expedidor que podrá evitar dejando la casilla en blanco.

849 Numeral 4, anexo III.

850 Numeral 5, anexo III.

851 Debe tenerse en cuenta, como quedó dicho en su momento, que el concepto de unión con efectos patrimoniales comparables al matrimonio es mucho más amplio que el contenido en el Reglamento

patrimonial[852], haciendo constar, en su caso, la existencia o no de un acuerdo de elección de ley[853]; el anexo III hace hincapié en el concreto régimen patrimonial que rige, en su caso, el matrimonio o la unión de hecho[854].

Así, el numeral 7, toma en consideración, el concreto régimen patrimonial, ofreciendo, en su desarrollo, los regímenes de separación de bienes, comunidad universal de bienes, sociedad de gananciales, participación en ganancias[855] o comunidad diferida de bienes. Deja también un campo abierto para el caso improbable de que no se pudiese reconducir el régimen a ninguno de los anteriores.

Para terminar de concretar el régimen, el numeral 8 hace la siguiente indicación: *"Especifíquese el régimen económico matrimonial en la lengua original y las disposiciones jurídicas correspondientes"*, además, en una llamada indica que *"puede obtenerse más información sobre los regímenes nacionales relativos a los efectos patrimoniales del matrimonio y de la unión registrada en el Portal europeo de e-Justicia"*.

Lo transcrito motiva varias reflexiones. Aunque las cuestiones relativas al régimen económico matrimonial o de la unión de hecho quedan fuera del Reglamento (art. 1.2.d), éstas persiguen al legislador de la Unión por todos los formularios, lo cual es natural por la propia esencia del proceso sucesorio en el que el causante se encuentra casado o es miembro de una unión.

2016/1104 (EPUR), pues no coincide exactamente el ámbito material del mismo con el del Reglamento, siendo este más amplio que aquel, abarcando situaciones convivenciales que no han sido armonizadas, con los problemas que ello conlleva.

852 Numeral 6, anexo III.

853 Numeral 6.1, anexo III.

854 Se maneja, como quedó dicho, un concepto amplio de unión de hecho.

855 En el formulario, por error, se habla de "participación en gananciales".

Por otro lado, se pone de relieve, con la referencia a la *"unión registrada"* en la llamada, la complicación de interrelacionar lo legislado, en el ámbito de la Unión, con la variedad de situaciones patrimoniales, por razón de la convivencia, en las que puede verse inmerso el causante.

Por último, descendiendo al tenor del numeral 8, si las cuestiones patrimoniales del matrimonio o de la convivencia *more uxorio* están fuera del Reglamento, se grava notablemente al expedidor, que, si se lee literalmente el formulario, no solo tendrá que encasillar el régimen en una de las opciones del formulario (numeral 7), sino también poner el nombre del régimen en la lengua original y sus disposiciones jurídicas correspondientes (numeral 8). Si lo último es obligatorio tal vez huelgue el contenido del numeral 7, pues se impone al expedidor una responsabilidad de calificación que podría exceder del ámbito del Reglamento.

Sin embargo, el legislador de la Unión, cualquiera que sea el motivo, ha optado por incluir las cuestiones relativas al régimen patrimonial. Para compatibilizar el numeral 7 con el numeral 8, tal vez podría entenderse que en este sólo se incluirían aquellas situaciones convivenciales distintas del matrimonio con nomenclatura y efectos específicos en función de la ley aplicable. Pese a ello, la propia llamada que se contiene en dicho numeral, incluye, además de la unión registrada, el matrimonio, por lo que, literalmente, debería cumplimentarse lo ordenado en dicho apartado.

Como consecuencia lógica de hacer constar todo lo relativo al régimen económico matrimonial, el numeral 9 del anexo III, pide que se haga constar si *"las relaciones patrimoniales basadas en el régimen económico matrimonial o equivalente del causante y la persona a la que se refiere el punto 1 han sido liquidadas y los bienes repartidos"*.

Sin embargo, pese a lo bienintencionado de tal ruego voluntario al expedidor, lamentablemente, el Certificado Sucesorio

Europeo se encuentra encorsetado por el ámbito de aplicación previsto en el art. 1.2.d) , que excluye las cuestiones relativas al régimen económico matrimonial.

Ello motiva una serie de contradicciones internas en la arquitectura del formulario de expedición. Así, el legislador, parece ser consciente de que si el el formulario no alcanza a certificar el proceso de liquidación del régimen económico matrimonial y sus resultas, difícilmente facilitará la circulación de la transmisión del patrimonio familiar, al fallecer uno de los progenitores, en caso de matrimonio o, en su caso, unión de hecho con efectos patrimoniales.

Ello justifica el guiño que a tales cuestiones suponen los numerales 7, 8 y 9 del formulario.

Sin embargo, a diferencia de lo que sucede en los anexos relativos al heredero (numeral 9) y legatario (numeral 5), donde se hace referencia a los bienes adjudicados a uno y otro; en el anexo III, no se insertan las adjudicaciones habidas por el cónyuge como consecuencia del proceso de liquidación, con lo que puede que se frustre la circulación de la herencia, pues esta aparece conectada a la previa liquidación del régimen económico matrimonial que es, normalmente coetánea a la liquidación de la herencia.

Este problema no existirá en aquellos supuestos en los que el régimen económico matrimonial no haya propiciado la existencia de un patrimonio común de la pareja.

Así, por ejemplo, en el caso de una herencia con repercusiones en España, sin la liquidación del régimen económico matrimonial no accederán al Registro de la propiedad las adquisiciones hereditarias de bienes que formen parte de la masa de la sociedad conyugal, pues es necesario de conformidad con el principio del tracto sucesivo hipotecario[856].

---

[856] Art. 20 LH.

Lo anterior, no se contradice por el hecho de que en determinados casos, puntuales, atendidas las circunstancias, pueda acceder la herencia al Registro de la propiedad sin que se presente la liquidación de gananciales, porque de los certificados de las respectivas herencias de cada cónyuge resultase evidente que ambos agotan e implican la liquidación de la sociedad de gananciales.

Imaginamos el caso en que sólo existe un bien en el matrimonio, no existen privativos, y hay dos testamentos idénticos, habiendo concurrido los mismos interesados, por ejemplo, los hijos, que tienen idéntica participación en la herencia de uno y otro cónyuge. En tales supuestos, y otros análogos, la Dirección General de Fe pública y Seguridad jurídica, ha admitido excepcionalmente, el acceso, al Registro de la propiedad, de la partición hereditaria, pese a no constar formalmente la previa liquidación del régimen económico matrimonial[857]. Sin embargo, son soluciones puntuales atendidas las circunstancias del caso concreto. No pueden generalizarse ni para España, ni para el resto de Estados miembros que tienen su propia normativa interna y, en su caso, normas registrales, excluidas del ámbito del Reglamento de Sucesiones (art. 1.2.l).

Por eso, no está mal plantearse, para qué sirve un certificado sucesorio que se encuentra limitado para la circulación de este tipo de herencias vinculadas a la economía del matrimonio.

Parece inevitable, una actuación de legislador de la Unión Europea que coordine los Reglamentos REM y EPUR con el Reglamento Sucesorio, para lo cual bastaría, al menos, a estos

---

857 RDGFPYSJ 20.07.2007 (BOE 17.8.2007, TOL 1.115.857), reiterada, posteriormente en resolución de 19.11.2007 (BOE 18.12.2007; TOL 1.211.332) y en la de 11.06.2020 (BOE 31.07.2020; TOL 8.026.382), así como, *obiter dicta*, en la resolución de 26.11.2020 (BOE 10.12.2020; TOL 8.226.844).

efectos, la ampliación del ámbito de lo certificable, con la correspondiente modificación del anexo III, relativo al cónyuge.

Como remedio, a nivel de Derecho interno, lo cual aunque deseable es impensable, a la vista de la forma de funcionar nuestro legislador, también sería plausible la modificación correspondiente creando un supuesto de tracto abreviado para la inscripción de las adquisiciones hereditarias certificadas, pese a la no inscripción previa de la liquidación. Sin embargo, la solución se antoja técnica y políticamente muy complicada, pues implicaría sustraer al ámbito de la calificación registral la liquidación no certificada en la parte adjudicada al cónyuge viudo.

Así, se da la paradoja de que una sucesión, con su liquidación previa del régimen económico matrimonial, que ha sido documentada y certificada en España, podrá acceder al Registro con la documentación interna formalizada. Sin embargo, si, por ejemplo, al cónyuge viudo se le atribuyeron derechos en otro Estado miembro, en la previa, pero coetánea liquidación del régimen, para la circulación de su adquisición será insuficiente el Certificado Sucesorio Europeo. El cónyuge, deberá, además, obtener la certificación prevista en el art. 58.1 R(UE) 2016/1103. Igualmente, si se trata de una unión de hecho registrada que haya precisado la liquidación de un régimen económico, la certificación será la que establece el R(UE) 2016/1104, en su art. 58.1[858].

Lo sorprendente de lo planteado, es poco en comparación al supuesto que formulamos, en el que, habiendo acaecido el fallecimiento de ambos cónyuges, se ha tramitado la totalidad de la sucesión del patrimonio familiar, incluyendo todos los

---

[858] Este formulario se desarrolla, como formulario II, en los Reglamentos (UE) de ejecución 2018/1935, de 7 de diciembre; y 2018/1935, de 11 de diciembre, respectivamente aplicables a los matrimonios y a las uniones registradas.

bienes de la sociedad conyugal. Para la formalización del proceso se ha otorgado, en España, una única escritura de aceptación de herencia por todos los interesados, liquidación de régimen económico matrimonial y subsiguiente partición hereditaria de ambos cónyuges fallecidos.

Lo que se relata admite tanta complejidad como se desee. Piénsese, por ejemplo, en el caso en el que los interesados de una y otra sucesión son personas diferentes, para lo cual basta que existan descendientes no comunes.

En tales casos, el tribunal o autoridad certificante se encontrará con una escritura que sustancia no solo la totalidad transmisión hereditaria de los bienes de uno y otro cónyuge. La propia escritura agota, en sí, la totalidad de la transmisión del patrimonio familiar, que es un concepto más amplio que el de masa hereditaria individual, en relación al causante casado. Sin embargo, pese a ello, para que el resultado final de dicho proceso circule se tendrán que expedir dos certificados sucesorios europeos, uno por causante, que, sin embargo, puede que no alcancen a cumplir su finalidad, al no certificar la previa liquidación del régimen económico matrimonial.

Esta forma de proceder implicará mayores costes en la circulación de documentos, piénsese, por ejemplo, en la necesidad de traducir los documentos públicos a que la certificación se refiere; lo cual es contrario a la propia finalidad del Certificado Sucesorio Europeo, que, en este punto, se frustra.

Cualquiera que sea la solución, de compromiso, que se adopte, la realidad es que en el anexo III del formulario de expedición se pueden filtrar cuestiones relativas al régimen económico matrimonial, con el problema de dilucidar su valor.

A tal fin, deben tenerse en cuenta los considerandos 11 y 12, que respectivamente determinan: *"(11) El presente Reglamento no debe aplicarse a ámbitos del Derecho civil distintos de la sucesión. Por motivos de claridad, algunas cuestiones que podría considerarse que tienen un vínculo con la materia sucesoria deben excluirse expresamente del ámbito de aplicación del presente Reglamento. (12) En consecuencia, el presente Reglamento no debe aplicarse a las cuestiones relativas a los regímenes económicos matrimoniales, incluidos los acuerdos matrimoniales tal como se conocen en algunos sistemas jurídicos en la medida en que no aborden asuntos sucesorios, ni a regímenes patrimoniales de relaciones que se considera que tienen efectos similares al matrimonio. No obstante, las autoridades que sustancien una sucesión con arreglo al presente Reglamento deben tener en cuenta, en función de la situación, la liquidación del régimen económico matrimonial o de un régimen patrimonial similar del causante para determinar la herencia de este y las cuotas hereditarias de los beneficiarios".*

La dicción del último inciso del considerando es evidente, pues si no está previamente liquidado el régimen, difícilmente se puede saber la composición de la masa hereditaria. El equilibrio que busca el considerando es muy frágil, pues como se ha dicho, nos encontraremos con un certificado sucesorio completo que, sin embargo, no consigue agotar la liquidación hereditaria, por no alcanzar a las adjudicaciones derivadas de la liquidación del régimen económico matrimonial.

La complejidad se incrementa si se confronta lo anterior con el considerando 71, en cuyo inciso inicial, dispone: *"El certificado debe surtir los mismos efectos en todos los Estados miembros. No debe ser un título con fuerza ejecutiva por sí mismo pero debe tener efecto probatorio y se ha de presumir que demuestra de manera fidedigna elementos que han quedado acreditados de conformidad con la ley aplicable a la sucesión o con cualquier otra ley aplicable a elementos específicos, tales como la validez material de las disposiciones mortis causa [...]".*

Ese considerando 71, se asume y se va más allá del mismo, en el art. 69.2, al decir: *"Se presumirá que el certificado prueba los extremos que han sido acreditados de conformidad con la ley aplicable a la sucesión o con cualquier otra ley aplicable a extremos concretos de la herencia"*. Dicho inciso, enlaza, además, con el previo art. 67.1, conforme al cual: *"La autoridad emisora expedirá sin demora el certificado de acuerdo con el procedimiento establecido en el presente capítulo una vez que los extremos que vayan a ser certificados hayan sido acreditados con arreglo a la ley aplicable a la sucesión o en virtud de cualquier otra ley aplicable a extremos concretos de la herencia [...].".*

Aunque es controvertido qué debe entenderse por *"extremos concretos de la herencia"*, parece evidente que debe de ser algo distinto de la herencia, la cual está bajo el espectro de la ley sucesoria con toda la amplitud que se ha analizado en el capítulo I.

Por ello, debe entenderse que todo lo que se certifica, en consideración a la labor desplegada por la autoridad emisora, en tanto en cuanto tenga cabida en el formulario, debe estar protegido por los efectos del artículo 69. No otra cosa se desprende de los artículos 67.1 y 69.2 al yuxtaponer *"ley aplicable a la sucesión"* a *"ley aplicable a otros extremos concretos de la herencia"*.

De esta manera, en este caso, se filtran algunas cuestiones matrimoniales que, en principio, estarían excluidas, en el ámbito del Reglamento de sucesiones y en el Certificado Sucesorio Europeo. Negar efectos a dichos extremos certificados, pese a no tener naturaleza hereditaria, conllevaría una labor de interpretación del certificado a cargo del receptor que es, precisamente, lo que se quiere evitar.

viii. Título formal de la sucesión

Relacionados los particulares del causante, y lo que ayuda a formar la masa hereditaria, el formulario introduce en los numerales 7 y 8, respectivamente, las cuestiones relativas al título sucesorio y ley aplicable a la sucesión[859].

---

859 Por tal motivo, como anticipábamos, nos ocuparemos ahora de tales cuestiones, para ser fieles a la sistemática del formulario. Posteriormente seguiremos el orden del Reglamento y concluiremos la exposición con el resto de las cuestiones que apunta el cierre del formulario.

Ambas cuestiones, pese a tener dos letras diferentes en el artículo 68 (i y j, respectivamente), se encuentran íntimamente relacionadas.

Como quedó dicho anteriormente, son aspectos ineludibles en toda sucesión con elemento internacional, aparecen vinculadas a lo que hemos denominado el "núcleo duro" del proceso sucesorio. El art. 68.i) hace obligatoria la referencia en el formulario a: *"La ley aplicable a la sucesión y los extremos sobre cuya base se ha determinado dicha ley"*.

Por su parte, el art. 68.j), pide que se haga constar: *"La información relativa a si la sucesión es testada o intestada, incluyendo la información sobre los extremos de los que se derivan los derechos o facultades de los herederos, legatarios, ejecutores testamentarios o administradores de la herencia"*.

En este caso, alterar el orden del artículo 68, en las letras transcritas, puede tener cierta lógica. Puede que el causante haya fallecido intestado, en tal caso, no habrá disposición *mortis causa* que contenga una *professio iuris,* en los términos que se formula en el artículo 22. Sin embargo, puede que exista un documento que contenga una cláusula de elección de ley aplicable a la sucesión, de forma autónoma[860], pues es posible que dicho documento sólo contenga la *optio legis.* No parece una mala idea que lo primero que haga el formulario sea, pese a que el Reglamento antepone los particulares de la ley aplicable a la sucesión, hacer referencia al título formal de la sucesión (sucesión testada/intestada, en el numeral 7), pues de esa manera se evitarán remisiones reiterativas cuando se tenga que hacer referencia la posible existencia, o no, de una cláusula de elección de ley aplicable[861].

---

860 Ver, en este sentido, RIPOLL SOLER, A., *op. cit.* "Hacia un nuevo modelo...", p. 55.

861 Aunque no de la misma manera, el formulario de solicitud también antepone las referencias al título formal de la sucesión a las relativas a la ley aplicable, que aparecen tímidamente mencionadas y de

Así, en el numeral 7 del formulario de expedición, bajo la rúbrica *"Sucesión testada/intestada"*, se debe hacer constar por la autoridad expedidora si la sucesión es testada, intestada o parcialmente testada o intestada (7.1)[862].

Seguidamente, caso de que una[863] disposición *mortis causa*, se haya tenido en cuenta para expedir el certificado, sea un

---

forma incompleta, como quedó dicho, en el numeral 6.5 del formulario IV. En cambio, en el caso del formulario V, como no puede ser de otro modo, a la autoridad expedidora se le pide que desgrane minuciosamente la ley aplicable y su fundamento.

862 De forma distorsionadora y asistemática se introduce en el numeral 3 del formulario V, anexo IV relativo a la cualidad y derechos del heredero la referencia a si *"El heredero ha sido designado por una disposición mortis causa o por la ley"*; lo cual no acaba de entenderse y es una muestra más de que tanto cumplimentar el certificado como enfrentarse a un certificado que ya circula puede resultar sumamente farragoso. No se entiende qué aporta reiterar en este punto una información que ya se suministró en el propio cuerpo del certificado.

863 Como lamentablemente venimos reiterando, una vez más se pone de relieve el maltrato del español por los traductores de la Unión Europea. Así, se aprecia mayor precisión en las versiones francesa, inglesa o italiana que en la propia española, al decir respectivamente: (FR) "*7.2. Si la succession est testamentaire en tout ou en partie, le certificat se base sur la ou les dispositions à cause de mort valables suivantes [...]*"; (EN) "*7.2. If the succession is testate o partially testate, the certificate is base don the following valid disposition(s) of property upon death [...]*"; y, (IT) "*7.2. Se la successione è testametnaria o parcialmente testamentaria, il certificato si fonda sulla o sulle seguenti disposizioni a causa de morte [...]*"; frente a esas tres versiones, la española se redacta en los siguientes términos: "*7.2. Si la sucesión es testada o parcialmente testada, el certificado se basa en la siguiente disposición mortis causa válida [...]*". Curiosamente, en la versión italiana, como contrapartida tampoco se hace referencia a que la disposición sea "válida", es algo obvio, pero que no debería dejarse al arbitrio del traductor.

testamento, bien simple o bien mancomunado, o sea un pacto sucesorio[864], se deberá identificar.

La identificación del documento sucesorio exigirá hacer constar la naturaleza del acto sucesorio, su fecha, el lugar de otorgamiento, la autoridad ante la cual se otorgó, la fecha de registro o depósito, la denominación del registro o del depositario, el número de referencia de la disposición en el registro o en el depositario o, en su caso, otro número de referencia.

Debe tenerse en cuenta que todas las menciones que se relacionan en los desarrollos del numeral 7.2 del formulario ni son obligatorias ni pueden serlo.

En efecto, en algunos casos puede que concurran casi todas las mencionadas en dichos desarrollos, piénsese en el caso de que el testamento se haya otorgado en documento público. En otras ocasiones, puede que se esté ante un testamento en documento privado, consiguientemente, no se podrán rellenar las menciones relativas a la autoridad.

El autor del formulario es consciente de que pueden existir diferentes títulos formales sucesorios, distintos testamentos o documentos que recojan las últimas voluntades del causante, por eso lo indica expresamente en la llamada que hace en el numeral 7.2 y exige que se hagan constar todos ellos, en caso de que se hayan empleado para certificar.

---

864 Debe recordarse que el Reglamento yuxtapone en su artículo 3 la sucesión *abintestato* a aquella que deriva *"de un acto voluntario en virtud de una disposición mortis causa"*; considerando la sucesión contractual como un subtipo, frente a la testamentaria, de la voluntaria, cuestión que nos limitamos a apuntar, aunque excede del ámbito de este trabajo, pese a que los efectos de una y otra no son siempre coincidentes, más allá de la *ratio* de obedecer a la exteriorización de la voluntad sucesoria plasmada por el causante.

Utilizar todos o no, no será una cuestión que quede al arbitrio de la autoridad expedidora, vendrá condicionado por la finalidad para la que se expida el certificado.

Si el certificado es total se deberán tener en cuenta todos los testamentos o documentos sucesorios existentes y que no hayan sido revocados, otra cosa podrá pasar en el caso de que se pretenda sólo certificar alguno de los elementos de la sucesión[865].

Con buen criterio, los mismos datos que se exigen para los testamentos "vigentes" se piden para los nulos o revocados, al solicitar el numeral 7.3 que se haga constar lo relativo a *"Que la autoridad expedidora tenga conocimiento, otras disposiciones mortis causa efectuadas por el causante y que han sido revocadas o declaradas nulas y sin efecto [...]"*.

Sin embargo, pese a lo acertado de hacer constar dichas disposiciones que han devenido ineficaces, no se acaba de comprender el diferente enfoque de lo que debe relacionarse como disposición revocada o declarada nula, frente a las disposiciones que se han tenido en cuenta para certificar.

Así, si se interpreta literalmente el formulario, parece que deben relatarse todas las disposiciones declaradas nulas o revocadas y, frente a ello, sólo deben relacionarse las disposiciones válidas tenidas en cuenta para certificar, no, en cambio las no tenidas en cuenta, aunque fuesen válidas, piénsese, por ejemplo, en el caso de un certificado sucesorio parcial. Por

---

865 La admisión de distintos testamentos concurrentes en una misma sucesión que permite el formulario pone en entredicho la posición mantenida por la Dirección General de Registros y del Notariado, referida anteriormente, de 15 de junio de 2016 (TOL 5.787.194) en la que prácticamente se proscribe la escisión documental de la sucesión, desconociendo la diferencia entre unidad de ley sucesoria y unidad de título formal sucesorio.

ello, en buena *praxis*, unas y otras deberían aparecer mencionadas en el certificado[866].

A las disposiciones revocadas o declaradas nulas deben asimilarse aquellas que son ineficaces[867], respecto de las que la autoridad expedidora ha llegado a tal conclusión, incluso aunque no haya habido un procedimiento de declaración de nulidad. Pensemos, por ejemplo, un testamento posterior a un testamento mancomunado en el que no concurrieron todos los legitimados en virtud de la ley aplicable para hacer la modificación. Tal sería el caso de modificación por uno de los cónyuges, unilateralmente, tras el fallecimiento del otro de las disposiciones correspectivas, que devienen irrevocables tras el fallecimiento. En tales casos, no parece necesario acudir a un procedimiento que declare la nulidad del testamento posterior, pues, de ser así, bastaría el otorgamiento, de mala fe, de tales testamentos unilaterales, posteriores al mancomunado, a fin de frustrar o entorpecer la voluntad común paccionada.

---

866 En efecto, un problema frecuente con que se encuentra el operador jurídico que se enfrenta a una sucesión internacional, es el relativo a si determinada disposición que, en principio puede parecer inocua o ajena a un concreto ámbito territorial se ha tenido en cuenta o no al expedir, no ya el certificado sucesorio sino, en el sistema ajeno al Reglamento, el concreto certificado sucesorio nacional, como, por ejemplo un *erbschein* alemán o una *notorieteè* francesa. En tales casos ayuda mucho saber si el expedidor del documento sucesorio que circula ha tenido en cuenta o no la globalidad de la sucesión. Nótese que, en ocasiones, nos encontraremos con ordenamientos que traten de forma contradictoria, por ejemplo, la existencia de testamentos posteriores o parciales, cuestión que deberá ser abordada desde el punto de vista de la ley aplicable a la sucesión.

867 Ver, en este sentido, BUDZIKIEWICZ, C., *op. cit.*, p. 757, quien propone, además, a tal fin, el empleo de la casilla 7.4 del formulario.

Del numeral 7, por último, debe criticarse el hecho de que en el caso de que la sucesión sea intestada los particulares al título formal de la sucesión parecen pasarse por alto, por ello deberá hacerse referencia a los mismos en el numeral 7.4 como otra información pertinente.

Ya hemos apuntado que el certificado no es la sede para suplir documentación sobre la cual se certifica, como una declaración de herederos *abintestato*. Frente a la laxitud del formulario V, en el formulario de solicitud sí que se podían subsumir tales cuestiones en el elenco de documentos adjuntos que aparecen el numeral 7.

ix. Ley aplicable a la sucesión

Determinado el título formal sucesorio, el formulario de expedición del Certificado Sucesorio Europeo, en el numeral 8, se ocupa de las cuestiones relativas a la *"Ley aplicable a la sucesión"*.

La primera validación que debe hacer la autoridad expedidora es la relativa a la concreta ley que resulta aplicable (numeral 8.1), con referencia al Estado cuya Ley gobierna la sucesión, seguidamente, se fundamentará tanto el punto de conexión como otras cuestiones que podrían incidir en el régimen sucesorio.

En efecto, aquí el Reglamento 1329/2014 va más allá de lo previsto para el formulario de solicitud y pide que se certifique el fundamento de la Ley sucesoria que ha sido determinada respecto al causante sobre el que versa el certificado. El certificado vuelca las distintas conexiones que contiene el Reglamento en sus artículos 21.1, 22, 21.2, 34, 36 y 37 y 30, por este orden.

En el formulario se maneja un concepto amplio de ley aplicable a la sucesión, pues aunque inciden en las reglas del juego del proceso hereditario se ponen en el mismo nivel que los tres puntos de conexión claves del Reglamento –residencia habitual, como ley supletoria natural, elección de ley aplicable, como instrumento de planificación; y, vinculación más estrecha, como cláusula de excepción- que las excepciones a la inaplicación del reenvío (art. 34) y las excepciones por razón de restricciones *relativas o aplicables a la sucesión de determinados bienes* (art. 30). Común a los tres puntos de conexión que hemos llamado "claves", sería el proceso de determinación de la concreta ley, en caso de sistemas plurilegislativos (art. 36 y 37).

Cualquiera que sea el motivo que ha tomado en consideración el autor del formulario, debe tenerse en cuenta que, tanto en los numerales 8.2.3 (vinculación más estrecha), 8.2.4 (reenvío), 8.3 (sistemas plurilegislativos), y 8.4 (disposiciones especiales), el propio certificado sucesorio hace que se especifiquen los elementos que permitan fundamentar la aplicación de una determinada ley o que se determinen esas disposiciones especiales o restrictivas.

Frente a ellos, no se pide lo propio en relación a la fundamentación de la residencia habitual en un determinado país o a la validez de una *professio iuris.* El expedidor del certificado, no obstante, si quiere evitar responsabilidad, debería haber hecho constar en el expediente de expedición los extremos que fundamentan una determinada residencia o nacionalidad, pues no siempre resultan de la documentación aportada[868].

---

[868] Piénsese que, en ocasiones, resultará que la *professio iuris*, por ejemplo, será válida, pero puede que no se haya acreditado la nacionalidad en el momento del otorgamiento de la disposición *mortis causa* que la contiene. Sucederá, lo mismo, con relación a la residencia habitual, si se tiene en cuenta que el concepto que maneja el Reglamento es mucho más amplio e implica una valoración, que la sola permanencia en un determinado Estado al tiempo del fallecimiento.

x. Beneficiarios de la sucesión

El Certificado Sucesorio Europeo conecta a un determinado causante, y su herencia, con unas personas, a las que, por disposición *mortis causa* de aquel, les corresponderá un determinado papel en la sucesión, como herederos, legatarios con derecho directo a los bienes, o como administradores o ejecutores de la sucesión.

El concepto de "beneficiario" que maneja el Reglamento en el artículo 68 es amplio, no debe entenderse referido como perceptor de un concreto beneficio económico, como una alícuota de la herencia o como un bien.

El concepto de beneficiario, en el certificado se refiere a cualquier persona que puede invocar el certificado para hacer valer cualquiera de las posiciones jurídicas que se desprenden de una concreta sucesión certificada.

Por eso, cuando el artículo 68.g) incluye en el contenido del Certificado Sucesorio Europeo la referencia a *"datos de los beneficiarios: apellidos (si procede, apellidos de soltera); nombre y número de identificación (si procede)"*, debe ponerse en relación con cualquiera de esas posiciones jurídicas apuntadas.

En la arquitectura del certificado se pretende relacionar cualquier persona que pueda invocar el certificado y luego reconducirla a su concreta posición jurídica y correspondientes facultades. En esta parte, el desarrollo del formulario puede parecer asistemático y se separa del orden del Reglamento, si bien, ello obedece al hecho de que en una misma persona, como se verán, pueden concurrir distintas posiciones jurídicas[869].

---

[869] Debe llamarse la atención sobre el hecho de que ya no se menciona ni en el Reglamento ni en el formulario, al cónyuge de manera autónoma, pues sucede que éste se habrá tenido en cuenta en el proceso de expedición, bien para excluir su condición de beneficiario, bien para refrendarla, por el título que proceda; y ello con

Así, los datos de los beneficiarios podrán coincidir con los del solicitante, en cuyo caso aparecerán en el numeral 5 del formulario y, por consiguiente, en su caso, en el anexo I[870].

Puede que el heredero o legatario con derecho directo a los bienes no hayan sido solicitantes, en tales casos, en los anexos IV y V, respectivamente, en los numerales 1.2 y sus correspondientes desarrollos, se harán constar los datos[871].

El administrador o ejecutor de la sucesión[872], si fue solicitante, aparecerá en el numeral 5 del formulario, pero en caso

---

independencia de las operaciones previas de liquidación de régimen económico matrimonial que hubieran podido tener lugar. En cuanto a las menciones que se relacionan en la letra g) del artículo 68, se hace remisión al apartado correspondiente, expuesto, del formulario de solicitud.

870 En uno y otro caso podrán aparecer en las hojas adicionales que pueden unirse al formulario cuando sean varios los solicitantes. Debe criticarse el hecho de que no se haga constar el carácter obligatorio de adicionar hojas o, en su caso, la necesidad de especificar la alícuota con carácter obligatorio, en la casilla 8 del anexo IV, pues, de lo contrario, si se cumplimenta literalmente el formulario, puede surgir incertidumbre, al recepcionarse, sobre la extensión del llamamiento hereditario. Se hace remisión al apartado correspondiente, en el que se analiza el contenido patrimonial del certificado.

871 Aquí coinciden los datos con los que se han expuesto para la solicitud, por lo que se hace remisión al apartado correspondiente. Debe tenerse en cuenta, además, que los datos de herederos, legatarios con derecho directo a los bienes, así como los de administradores y ejecutores testamentarios se complementarán con otros desarrollos que se relacionan en el artículo 68 y en el formulario de expedición y sus anexos, de los que nos ocuparemos más tarde.

872 Aquí el Reglamento maneja un concepto amplio de beneficiario, pues si no se subsume dentro de la letra g) del art. 68 no aparecería mencionado en el Reglamento, sin embargo, al mismo tiempo, para el Reglamento, beneficiario, en sentido estricto, es quien recibe una atribución patrimonial en la concreta herencia, como se desprende de las letras k), l) y m) del art, 68.

de no haberlo sido se puede presentar en más situaciones que el heredero o legatario con derecho directo a los bienes, pues el propio anexo VI contempla no sólo el caso de que se tenga que cumplimentar, por primera vez sus datos, al ser persona distinta del solicitante, para lo cual se hace constar el numeral 1.4 de dicho anexo y sus correspondientes desarrollos. También podrá darse el caso de que concurra en él la condición de heredero o legatario, en tal supuesto, los numerales 1.2 y 1.3, respectivamente, del anexo VI lo remiten a los datos que constan bien en el anexo IV, bien en el V[873].

Un problema que puede plantearse es el relativo a la existencia de problemas de identificación de dichos beneficiarios. Piénsese en aquellos supuestos en los que el causante cometió un error en su identificación. En tales supuestos deberá acudirse a la ley sucesoria. En efecto, el propio art. 23.2.b), coloca dentro del ámbito de esta la "determinación de los beneficiarios". Su identificación no deja de formar parte de ese proceso de determinación[874]. Si bien, será aconsejable que esto se constate y motive en el expediente de expedición, si se adopta el modelo propuesto en este trabajo.

xi. Menciones sobre aceptación o renuncia hereditaria

El certificado, a tenor de lo dispuesto en la letra k) del art. 68 contendrá: *"cuando proceda, información sobre la naturaleza de*

---

873 Fácilmente puede deducirse que la tarea de cumplimentar el formulario no sólo exige una especial diligencia material sino también formal, por las continuas llamadas y remisiones que los formularios hacen entre sus partes y anexos. En cuanto a los datos del administrador o ejecutor, debe tenerse en cuenta lo referido anteriormente respecto a otras posiciones jurídicas.

874 Así, por ejemplo, desde la perspectiva del Derecho común español, esta cuestión se regula en el art. 773 C.c.

la aceptación o renuncia de cada beneficiario". Esta letra se desarrolla en los numerales 2, 4, 5 y 6[875], del anexo IV, para el heredero y en los numerales 2 y 3 del anexo V, para el legatario.

En lo relativo a la aceptación o renuncia de la herencia o, en su caso, del legado, los anexos IV y V al formulario V son, tal vez, excesivamente minuciosos. Sin embargo, debe aplaudirse la iniciativa del legislador al concretar en el formulario lo que debe incardinarse dentro de la *"naturaleza de la aceptación o renuncia"* [876]. Se pretende que quede claro la posición de cada uno de esos beneficiarios, así como si esta es definitiva y, en su caso, si tiene alguna limitación o matización[877].

---

875 De forma asistemática, el numeral 3 del anexo IV hace referencia a si el heredero ha sido designado por un disposición *mortis causa* o por la ley. Dichas menciones, que son obligatorias, son redundantes, pues el numeral 7 del formulario de expedición ya contempla tales extremos. Ponerlo en relación con el concreto heredero nada aporta, pues el Certificado Sucesorio Europeo es, al menos, un medio de prueba legitimador. En caso de que un concreto heredero quiera atacarlo tiene expedita la posibilidad de acudir a cada uno de los documentos que han servido de base para ello. No aportando nada, por consiguiente, tal mención en el anexo relativo a la cualidad y derechos del heredero.

876 Esa falta de concreción de la naturaleza de la aceptación o renuncia es una crítica que hace DÍAZ FRAILE, J. M.; "El Certificado Sucesorio Europeo. Especial referencia a sus efectos y a su condición de título inscribible en el Registro de la Propiedad"; en *Boletín del Colegio de Registradores de España;* num. 31, julio 2016, pp. 765-779, p. 771; quien, sin embargo, pese a que el trabajo es posterior a la fecha del R(UE) 1329/2014, no parece tomar en consideración la interpretación auténtica que, como decimos, hace el legislador de la Unión.

877 En función de la ley material que resulta aplicable puede que determinados intereses o expectativas deban ser tenidas en cuenta, de todo ello deberá advertir el Certificado Sucesorio Europeo expedido, en caso de que esa sea la finalidad para la que se expidió.

Debe tenerse en cuenta que el certificado podrá exhibirse a los acreedores del causante, sobre la base de los efectos que despliega, conforme a lo dispuesto en el art. 69. Es lógico que cualquier persona a la que se le presente un Certificado Sucesorio Europeo deba estar en posición de conocer cualquier limitación que pueda afectar a la posición jurídica del heredero o del legatario. Por ello, si existe algún condicionante que matice tales posiciones, es lógico que el certificado lo recoja.

A los fines de determinar las posibles limitaciones que afecten a la aceptación del heredero, el numeral 2.1, 2.2 y 2.3 del anexo IV, contiene tres opciones: *"Sí, sin condiciones. Sí, a beneficio de inventario. Sí, con otras condiciones (especifíquense los efectos)"*.

En parecidos términos se desarrolla el numeral 2.1 y 2.2, para el legatario, si bien, como parece lógico, no contempla la opción de aceptar a beneficio de inventario, pues tal instituto legal se vincula al heredero de forma exclusiva.

La opción incondicional iría vinculada al adagio romano *"semel heres, semper heres"*, en virtud del cual la condición de heredero, adquirida ésta, es definitiva.

Las *"otras condiciones"* a que se refieren los numerales 2.2 y 2.3, respectivamente, de los anexos IV y V, aunque parecen vinculadas a la posibilidad de que el herededero autolimite la responsabilidad por deudas hereditarias pueden dar cabida, también a otros supuestos.

En efecto, deben también ponerse en relación con la existencia de llamamientos a término o fideicomisarios, en la forma que permita la ley aplicable a la sucesión, tanto desde el punto de vista de las manifestaciones limitativas que pueda hacer el heredero o legatario, como desde la perspectiva del causante a la hora de configurar los llamamientos. Al servicio de este último fin, especialmente, podrá utilizarse el numeral 11 y 7, respectivamente, de cada anexo, que permiten introducir *"otra información pertinente o explicaciones adicionales"* debiendo especificarse.

Especial importancia adquirirá la utilización del beneficio de inventario, que se tiene en cuenta, en relación con el heredero, en el numeral 2.2. En este sentido, es interesante la posición del autor del certificado que pide que se especifiquen los efectos. Se trata de algo importante, pues, aunque esencialmente el beneficio de inventario permite al heredero limitar su responsabilidad por deudas hereditarias, no todos los ordenamientos lo regulan de la misma manera[878].

Debe criticarse, especialmente, para con el heredero, el enfoque que adopta el formulario. Tal vez hubiera resultado más conveniente hacer referencia a los efectos de la aceptación o, en su caso, no repudiación, respecto a las deudas hereditarias, pues no todos los ordenamientos jurídicos requieren aceptación y tampoco la aceptación produce los mismos efectos, aunque no vaya seguida de una declaración, por parte del heredero, limitativa de responsabilidad, como sucede con la aceptación a beneficio de inventario[879]. En este sentido, parece conveniente que dentro de las condiciones a las que se refieren los distintos apartados del numeral 2 del formulario, se haga, de algún modo, referencia a los supuestos de limitación de responsabilidad del heredero *ex lege*[880], y no solo de los que procedan de una determinada declaración expresa del heredero.

---

878 La autoridad o tribunal deberá especificar los efectos, en ocasiones bastará transcribir los preceptos legales, si bien, en algunos casos, será necesario aclarar cómo funciona en la práctica dicho beneficio de inventario.

879 Así, por ejemplo, los arts. 355 y ss. Código del Derecho Foral de Aragón, que establecen una limitación legal de responsabilidad, sin necesidad de declaración especial, a diferencia de lo que sucede, por ejemplo, en el Derecho común español.

880 BUDZIKIEWICZ, C., *op. cit.*, p. 758.

El anexo IV al formulario V, simplemente se centra en si con arreglo a la ley aplicable a la sucesión no era necesaria la aceptación[881], en el numeral 2.4, conectado con el heredero[882], cuando, tal vez debiera haberse planteado qué sucede ante la falta de aceptación expresa.

Entre el elenco de posibilidades que brinda la aceptación de herencia en el formulario, sin embargo, llama la atención que no se haga referencia a la posición jurídica del heredero que no acepta ni repudia. El reconocimiento de legitimación para instar el certificado que se hace en este trabajo al heredero antes de la aceptación, obliga a hacer constar tal circunstancia en los espacios destinados a las limitaciones que tiene el heredero así como la información adicional, numerales 10 y 11, respectivamente, del anexo IV del formulario V[883].

La renuncia a la herencia y al legado también son tenidas en cuenta en los correspondientes anexos (numerales 4, para la herencia, anexo IV; y 3, para el legado, anexo V). Tales

---

881 ¿*Quid iuris* en caso de que si no se efectúa una determinada declaración se entienda renunciada con arreglo a una determinada ley aplicable?¿Qué sucede en el caso de la *interpellatio in iure* en los ordenamientos que la prevean, como pasa en el art. 1005 del Código civil español? Son cosas que el autor del formulario no parece haberse planteado y que son difícilmente reconducibles al corsé marcado en el mismo. Por ello, se insiste, debería haber bastado en si la posición del heredero era firme o claudicante y si se quería ir más allá, apuntar opciones tales como: "a) En virtud de la ley; b) Por una declaración…".

882 En iguales términos, el numeral 2.3 del anexo V al formulario, en relación al legado.

883 Debe hacerse remisión, en este punto, a lo expuesto en relación a la legitimación para solicitar el certificado por parte de la persona que no ha aceptado ni repudiado la herencia, posibilidad que se ha defendido en este trabajo.

referencias sólo sirven para reconocer legitimación al renunciante, como se apuntó en el apartado correspondiente.

El intérprete podrá plantearse, en tal caso, la conveniencia de que las vicisitudes de la renuncia aparezcan en el anexo relativo al heredero, pues una vez que ha renunciado el llamado a una herencia desaparece del proceso sucesorio. Sin embargo, el autor del formulario incluye tal mención en los referidos anexos.

Pueden plantearse dos escenarios. El primero sería aquel en el que el renunciante instó la certificación para acreditar en otro Estado miembro que su llamamiento había decaído. En tal caso, lo normal sería un certificado parcial en el que no se hiciera referencia más que a esa renuncia.

El segundo escenario será el planteado en el caso de que, como consecuencia de la renuncia, se defiera la herencia a otro heredero, con independencia de su título sucesorio, en tales casos, salvo que se haya pedido expresamente, no parece conveniente, y poco aporta, reseñar los herederos intermedios, pues hacen farragoso el certificado. Evidentemente, la autoridad que expidió el certificado habrá realizado las comprobaciones oportunas y será responsable del resultado certificado, sin embargo, como se indica, no debería transcender al certificado la cadena de delaciones hereditarias que se frustraron por las renuncias[884].

Sin embargo, el autor del formulario no parece creer en el sistema que implementa el legislador de la Unión Europea. A la vista del Reglamento, el certificado circula autónomamente de los documentos sobre los cuales se ha construido o llevado a cabo el proceso de certificación. En sede de principio,

[884] En este sentido, puede tomarse como ejemplo el *erbschein* alemán que circula autónomamente del proceso de su generación y de los correspondientes títulos sucesorios.

el receptor de un Certificado Sucesorio Europeo válidamente expedido no es necesario, ni puede que conveniente, que tenga en su poder, por ejemplo, el título sucesorio. No debe olvidarse que el tribunal o autoridad expedidor será responsable del contenido del certificado en el marco del régimen previsto en los artículos 66 y 67 que ya han sido puestos de manifiesto.

Y es que, debe tenerse en cuenta que el certificado se expide para facilitar la circulación de la herencia, no como algo añadido que lleve a replantearse al receptor si el certificado estaba correctamente emitido, lo cual, erróneamente, se propiciaría si el certificado viajase junto con todo el expediente sucesorio que sirvió de material documental para certificar.

La misma crítica se puede hacer en relación con el numeral 5 y 6 del anexo IV del formulario V, cuando respectivamente se pide al expedidor que se postule sobre si *"el heredero ha aceptado la legítima"* o *"si el heredero ha renunciado a su derecho a la legítima"*.

Se trata de una cuestión que deberá abordarse desde la óptica de la concreta ley sucesoria. Por eso, no deberían, tampoco, haberse admitido tantas posibilidades, o, al menos, debería haberse sido más riguroso en la configuración de las opciones legisladas. La realidad es que lo normal no será que se dé una situación en la que se produzca una escisión intelectual entre la posición de heredero y la de legitimario, la práctica es bastante más sencilla, por lo que el enfoque de los formularios resulta ampuloso y de laboratorio científico.

Aproximémonos a la cuestión desde un punto de vista práctico. La realidad de los ordenamientos jurídicos es que la legítima o reserva hereditaria juegue como un límite a la facultad dispositiva *mortis causa* de un eventual causante.

La vulneración de la legítima se apreciará en el momento de la apertura de la sucesión. Es entonces cuando puede comprobarse si el causante fue más allá, bien *inter vivos*, bien *mortis causa,* a la hora de hacer atribuciones gratuitas a favor de terceros no reservatarios o legitimarios.

La legítima, en los distintos ordenamientos jurídicos, tiene diferente naturaleza jurídica e, incluso, diferente forma de atribución[885]. Por eso no se entiende bien que el anexo IV del formulario V yuxtaponga el heredero que acepta la legítima al que no la acepta. A lo sumo tendría interés hacer constar si existe un concreto legitimario que podría reclamar frente al heredero y que, en su caso, su crédito pudiera ser preferente o su posición jurídica gravase los bienes hereditarios (como, por ejemplo, sucedía con las medidas de protección que establecía el derogado artículo 28 LH, en España); sin embargo, que el heredero acepte o renuncie su propia legítima resulta absolutamente intranscendente, como no sea para acreditar, por ese legitimario renunciante, tal situación donde proceda. Su posición, a diferencia del heredero renunciante, es muy dudoso que deba ser tenida en cuenta.

---

885 En unas ocasiones, como sucede en el Derecho común español, se configura como una *pars bonorum* o derecho concreto a los bienes. En otras ocasiones aparece configurada como un derecho de crédito o *pars valoris,* que los reservatarios tienen frente al heredero instituido, como continuador de la personalidad del causante, esto sucede, por ejemplo, en el Derecho catalán o en el Derecho alemán; en tales ordenamientos los legitimarios podrán reclamar frente al heredero, sin embargo, puede que no lo hagan y que su derecho decaiga, bien por prescripción, bien por tener un plazo de caducidad. No faltarán ordenamientos en los que que se configure un derecho de alimentos contra la herencia, en cierto modo, pese a su diferente naturaleza jurídica, podrían incardinarse aquí las provisiones familiares del Derecho inglés. Sin embargo, la legítima puede atribuirse por cualquier título, lo importante es que se cumpla su finalidad, puede traerse a colación, en este sentido, el artículo 815 Cc: *"El heredero forzoso a quien el testador haya dejado por cualquier título menos de la legítima que le corresponda, podrá pedir el complemento de la misma".*

En efecto, así como el heredero llamado puede presentarse como deudor, con responsabilidad *ultra vires*, frente a los acreedores de la herencia, el legitimario, en cambio, normalmente recibe una cuota neta, como atribución, por lo que su responsabilidad final por deudas hereditarias es muy teórica, sin perjuicio de las reclamaciones hasta lo percibido, de las cuales está exento el renunciante, o de aquellos supuestos en los que la legítima se atribuyó al legitimario a título de heredero, en cuyo caso, la información sería renunciante.

Por lo expuesto, en cierto modo, el legitimario, salvo los supuestos en los que tenga derecho a una *pars bonorum*, no tiene una posición distinta a la de un acreedor, los cuales no son tenidos en cuenta en el certificado[886].

Por el mismo motivo, debe criticarse el numeral 7 del anexo IV, formulario V, cuando pide que se haga constar si "7. *Se ha declarado la incapacidad*[887] *de suceder del heredero. 7.1. Una disposición mortis causa. 7.2. Ley. 7.3. Una resolución judicial*".

Cualquiera que sea la naturaleza jurídica que se atribuya a los supuestos en que esté pensando ese numeral, la realidad

---

886 Se hace remisión, en este punto, a lo expuesto al hablar de la legitimación de los legitimarios para instar la expedición del Certificado Sucesorio Europeo y la posibilidad de que quede reflejada su posición jurídica en los numerales 10 y 11 del formulario V, anexo IV.

887 Una vez más debe llamarse la atención sobre la peculiar forma de traducir las versiones del Reglamento, donde la traducción española resulta, como viene siendo habitual, maltratada. Así, en el numeral 7 se hace referencia a haber *"declarado la incapacidad"*, frente a los términos más propios que se emplean en la versión italiana, *"L'erede è diseredato o dichiarato indegno"* (desheredado o declarado indigno); o la francesa, *"L'heritier est exclu de la succession"*; o, incluso, la inglesa, *"The heir has been disqualified from inheriting"*. El término "incapacidad", en español, tiene unos matices específicos y no son coincidentes con las fórmulas que se emplean en las otras versiones.

es que se está haciendo referencia a personas que no tienen derechos actuales a la herencia, estos han decaído.

Todos ellos tienen un matiz de penalidad, bien como consecuencia de una desheredación, bien por estar incluido quien podría haber tenido derecho a los bienes en el supuesto de hecho de una norma, bien como consecuencia de una resolución judicial. Las personas que se encuentren en cualquiera de los supuestos previstos carecerán de interés actual en invocar un Certificado Sucesorio Europeo, pues su situación no es subsumible en ninguno de los supuestos comprendidos en el artículo 63. Para la tutela de sus derechos, deberán acudir a otras vías, bien sobre la base de los argumentos que les brinde la ley aplicable a la sucesión, bien alegando lo que a su derecho convenga (art. 66.4), bien impugnando el concreto Certificado Sucesorio Europeo, ya expedido, en los casos a que se refiere el art. 71 [888].

A la vista de todos los problemas planteados, puede que la finalidad de reseñar todas aquellas posiciones jurídicas que

---

888 Por buscar una justificación a la posición legislada, anunciar la exclusión de un heredero puede servir para advertir de la existencia de una posición jurídica claudicante o amenazada del heredero "certificado" en el formulario; sin embargo, se puede afirmar que esa no ha sido la intención del legislador europeo, pues introduciría un sesgo de duda sobre el propio certificado que penalizaría su circulación. Además, si tal fuera la finalidad debería haberse hecho constar en casilla independiente quién es ese heredero excluido, porque, evidentemente, por los motivos expuestos en el texto no será el heredero solicitante del certificado o que aparece en él; del mismo modo, se debería haber hecho constar las consecuencias de esa exclusión y la posible pendencia o derecho a reclamar los bienes hereditarios en el caso de impugnar la exclusión; nada de eso parece haberse contemplado en el formulario. No debe olvidarse que el solicitante debe declarar la inexistencia de litigio pendiente (art. 65.3.l) y la autoridad no podrá certificar si hay un recurso pendiente (art. 67.1.a).

han decaído y se han relacionado anteriormente[889], en el contexto de un modelo de certificado tan minucioso, sea la de abrir la posibilidad de que el certificado sea utilizado de forma combinada con la titulación interna.

Certificado y documentación interna de un Estado miembro tienen distintas formas de circulación. En algunos casos se puede presentar el certificado como un interesante medio de prueba de determinados aspectos cuando los títulos internos de la sucesión son insuficientes. Por ejemplo, renuncias de derechos hereditarios habidos ante otra autoridad, pero también podría servir para probar el Derecho extranjero aplicable, tal como la propia ley sucesoria, las facultades de los herederos o de los ejecutores testamentarios, lo que se hace constar, sin ánimo exhaustivo.

Lo cual no es obstáculo para plantearse si tal elenco de posibilidades, en el devenir de la aplicación del Reglamento será la clave del éxito o, por el contrario, la causa del fracaso del Certificado Sucesorio Europeo, pues como se pone de manifiesto, en ocasiones, el resultado puede ser tanto o más complejo que el problema que se pretende evitar.

xii. Contenido patrimonial del certificado y limitaciones

La fuerza expansiva del Reglamento Sucesorio, en los términos que se deducen del art. 1, se extiende sobre la configuración del Certificado Sucesorio Europeo.

El formulario, en su minuciosidad, va más allá de lo que recogen otros títulos legitimadores, como por ejemplo el *Erbschein*

---

889 Tales como el renunciante, el desheredado, declarado indigno y supuestos asimilados, sin perjuicio de la utilidad que puede tener para el renunciante, como se ha puesto de manifiesto.

alemán. Muestra de ello es que amplía el ámbito de lo certificable a los elementos reales de la sucesión.

En efecto, el certificado comprende, por consiguiente, las alícuotas que correspondan a los beneficiarios, cualquiera que sea el *nomen* que tengan con arreglo a la ley aplicable. Incluye también el inventario de bienes y derechos y, en su caso, las limitaciones que tengan dichos beneficiarios al actuar la posición jurídica que la ley aplicable a la sucesión les confiera en relación a los mismos. Son menciones que no siempre se cumplimentarán, pero existe la posibilidad de que formen parte del contenido de un concreto certificado.

Este es el objeto de las letras l), m) y n) del art. 68, al decir: *"El certificado contendrá la siguiente información, en función del fin para el cual se expide: [...] l) la parte alícuota correspondiente a cada heredero y, cuando proceda, el inventario de los derechos y/o bienes que corresponden a cada heredero determinado; m) el inventario de los derechos y/o bienes que correspondan a cada legatario determinado; n) las limitaciones de los derechos del heredero o los herederos y, en su caso, del legatario o los legatarios en virtud de la ley aplicable a la sucesión o de una disposición mortis causa".*

A su vez, las letras transcritas encuentran desarrollo en los números 8, 9 y 10, del formulario V, anexo IV, relativo al heredero. Estas apuntan la posibilidad de especificar, como contenido certificable, lo relativo a: *"8. El heredero tiene derecho a la siguiente parte alícuota de la herencia (especifíquese). 9. Bienes atribuidos al heredero y para los que se ha solicitado el certificado (especifíquense los bienes e indíquense todos los datos de identificación pertinentes). 10. Condiciones y restricciones relativas a los derechos del heredero (indíquese si los derechos del heredero están sujetos a restricciones en virtud de la ley aplicable a la sucesión o por disposición mortis causa)".*

La referencia, en el número 8 transcrito, a la alícuota sin especificar el carácter obligatorio de la determinación de la misma en el certificado puede generar problemas. Como quedó indicado, anteriormente, no se indica obligatoriamente la necesidad de reseñar todos los herederos. Simplemente, en la nota (11) que abre el anexo IV se hace referencia a la posibilidad de adjuntar más hojas si hay más herederos. Debe entenderse bien la obligatoriedad de adjuntar más hojas, bien la obligatoriedad de concretar la alícuota. En el caso de no hacerlo se pueden generar dudas sobre la extensión del llamamiento hereditario y su contenido patrimonial, lo cual se propicia por la posibilidad de la existencia de un certificado parcial. Piénsese en un certificado en el que sólo se certifica la posición de un heredero de entre varios existentes, pues el Reglamento permite los certificados parciales, como es sabido.

Así las cosas, no existiendo más hojas ni alícuota determinada, debe entenderse que el llamamiento es a la totalidad de la herencia, al cien por cien del haber hereditario, como no se haya procedido a determinar cualquier limitación en la casilla 10, en cuanto a la extensión del mismo, que no parecería muy lógico, porque tal alícuota tenía su lugar específico en la casilla 8. Por todo lo anterior, si el expedidor es minucioso habrá cumplimentado dicho numeral haciendo referencia al cien por cien, eliminando cualquier duda interpretativa, con independencia de que se esté ante un certificado total o parcial. Pues no debemos olvidar que el carácter parcial del certificado se infiere de su extensión, pero no hay casilla en la que se haga referencia a que el certificado expedido abarca o no la totalidad de la sucesión.

En el certificado, como se sigue de la casilla 9, pueden constar los bienes y derechos concretos atribuidos. Sin perjuicio de las salvedades que se hacen en la letra l) del art. 1, en relación a las inscripciones de derechos y los Registros nacionales, debe tenerse en cuenta que el Certificado Sucesorio Europeo, respetando las exigencias de dicha *lex registrii,* tiene vocación de título inscribible. Por eso el numeral 9, bajo la llamada número (13), establece: *"Indíquese si el heredero ha adquirido la titularidad y otros derechos sobre los bienes (en este último caso, indíquese la naturaleza de estos derechos y las demás personas que tengan también derechos sobre los bienes). En caso de un bien registrado, indíquese la información requerida en virtud de la legislación del Estado miembro en el que se halle el registro, a fin de permitir la identificación del bien (por ejemplo, para los bienes inmuebles, dirección exacta del bien, registro de la propiedad o referencia catastral, descripción del bien (en caso necesario, adjúntense los documentos pertinentes))"*[890].

La referencia a la *"Información requerida en virtud de la legislación del Estado miembro en el que se halle el registro"* no deja de ser un guiño a esa vocación de título inscribible que se pretende del Certificado Sucesorio Europeo, con el límite infranqueable de la ley interna del Estado en que radique el registro.

En iguales términos se pronuncia la llamada (15) que en el número 5 del formulario V, anexo V, se establece en relación al legatario.

Tanto en el supuesto del heredero, como en el del legatario, debe tenerse en cuenta que el primer inciso de la llamada, cuando se alude a la naturaleza de los derechos adquiridos y, en su caso, a las situaciones de cotitularidad, en el fondo, lo que se pretende es poner en relación la ley aplicable a la sucesión y sucesión concreta con la configuración que de los derechos reales se haga en el ordenamiento jurídico aplicable a los bienes que integren la sucesión certificada. No debe olvidarse el proceso de adaptación que ordena el artículo 31.

El desarrollo para el legatario se encuentra en los números 4, 5 y 6 del formulario V, anexo V, que redactados con el siguiente tenor: *"4. El legatario tiene derecho a la siguiente parte*

---

890 Si bien, para HEREDIA CERVANTES, I.; "*Lex successionis* y *lex rei sitae* en el Reglamento de Sucesiones"; en *Anuario Español de Derecho Internacional Privado,* t. XI, 2011, pp. 415-445, p. 445, el Reglamento no ha resuelto correctamente el tema del valor que debe atribuirse a la información reflejada en el Certificado Sucesorio Europeo de cara a la transmisión de los bienes hereditarios.

alícuota de la herencia (especifíquese). 5. Bienes atribuidos al legatario y para los que se ha solicitado el certificado (especifíquense los bienes e indíquense todos los datos de identificación pertinentes). 6. Condiciones y restricciones relativas a los derechos del legatario (indíquese si los derechos del legatario están sujetos a restricciones en virtud de la ley aplicable a la sucesión o por disposición mortis causa."

Llama la atención que, a diferencia de lo que sucede para el heredero, las limitaciones del legatario se marcan como una de las menciones obligatorias. No acaba de verse explicación, pues tan importantes son las relativas al heredero como las relativas al legatario. Puede que ello no deje de ser consecuencia del propio sistema seguido para configurar el certificado, pues lo lógico sería haber hecho referencia a todas las menciones necesarias al fin para el que se pide la certificación, sin haber entrado en apuntar lo que es obligatorio de lo que no.

A fin de cuentas, el autor del certificado será responsable, en caso de que el certificado sea incompleto, aunque no se hubiese indicado la mención como obligatoria en el formulario. Se trata de que el que se enfrente a un certificado invocado pueda confiar en la integridad y exactitud del mismo con arreglo a la ley aplicable a la sucesión y los distintos elementos de la misma. Por ello, tal vez sea un exceso entrar a diferenciar lo obligatorio de lo que no lo es.

Una importante cuestión a la que se enfrentará la autoridad que complemente el certificado, a la vista de la arquitectura del formulario, será la de diferenciar entre las figuras de heredero y legatario[891].

---

[891] Este numeral podría suponer un solapamiento entre las figuras del heredero y del legatario, tras el subyace la tensión entre ambos conceptos que no son propias solo, por ejemplo, del Derecho civil común español, están presentes en el resto de los ordenamientos jurídicos. Para el Derecho civil común, puede verse RIVAS MARTÍNEZ, J.J., *Derecho de sucesiones común. Estudios sistemático y jurisprudencial;*

Tal vez, desde la perspectiva del autor del formulario, con independencia de la posición doctrinal que se sustente en relación a la delimitación de los conceptos de heredero y legatario, lo importante será atender al *nomen* que tenga con arreglo a la concreta disposición sucesoria o al régimen legal aplicable.

Surge aquí un problema, pues admitir la figura del legado de parte alícuota como subsumible en el formulario relativo al *"legatario que tenga derechos directos en la herencia"*, puede generar confusión. A diferencia de lo que sucede en el formulario relativo al heredero, donde se hace constar, como quedó expuesto, el régimen de la aceptación y la posible responsabilidad por deudas hereditarias (numerales 2.2, 2.3 y 11 del formulario V, anexo IV), en el caso del legatario nada se indica expresamente al respecto, cuando en aquellos supuestos u ordenamientos en los que el *nomen* "legatario" desplace al de "heredero", puede que exista una virtual coincidencia entre el régimen de responsabilidad de uno y otro.

En estos supuestos, el expedidor del certificado cuidadoso deberá haber indicado el régimen de responsabilidad del legatario en relación a las deudas hereditarias. Ello nos hace plantearnos si hubiera sido más adecuado haber reconducido la figura del legatario de parte alícuota al formulario del heredero y haber dejado el formulario del legatario limitado a los legados vindicatorios naturales, en los que el beneficiario tiene derecho directo a un bien concreto. Los extremos relativos al *quantum* del heredero o legatario de parte alícuota se comentan por sí solos.

---

ed. Tirant lo Blanch, Valencia 2020, pp. 121-129 para la diferencia entre los conceptos de heredero y legatario; y, 129 y ss., respecto a la figura del legatario de parte alícuota, su diferenciación con la posición del heredero y la admisibilidad de la misma en el Derecho civil común español.

No obstante, algún autor critica el art. 68.l), considerando que casa mal con los sistemas de transmisión romana de la herencia, en los que hasta que tiene lugar el acto de aceptación de todos no se sabrá la cuota[892].

La referida crítica, en nuestra opinión, se debe a un defectuoso enfoque del sistema legislado. Implica desconocer tanto la existencia de certificados sucesorios parciales, como el hecho de que, en el Reglamento, para bien o para mal, el Certificado Sucesorio Europeo es un documento vivo, evolutivo o variable[893], en tanto en cuanto, como defendemos en este trabajo, no es necesario que se haya ejecutado totalmente la sucesión para que se pueda ir certificando alguno de los elementos de la misma.

Evidentemente, este sistema es complejo, pues, en la práctica, puede que se sucedan modificaciones del certificado en función de los actos posteriores de renuncia de alguno de los herederos.

Este tipo de vicisitudes dan sentido el plazo de vigencia de seis meses de la copia y, al mismo tiempo, es criticable la inexistencia de un Registro de certificados sucesorios europeos.

Como se verá al tratar las patologías del certificado, puede que el plazo de caducidad de la copia sea para evitar que circule el Certificado Sucesorio Europeo en aquellos casos en los que existe un error. Sin embargo, ese error, esa falta de precisión, puede deberse no a un fallo en su expedición sino a que

---

892 DÍAZ FRAILE, J. M.; "El Certificado Sucesorio Europeo. Especial referencia a sus efectos y a su condición de título inscribible en el Registro de la Propiedad"; en *Boletín del Colegio de Registradores de España;* num. 31, julio 2016, pp. 765-779, p. 771. El autor considera que se trata de una mala copia del sistema alemán.

893 Ver esta misma consideración del certificado en FERNÁNDEZ-TRESGUERRES GARCÍA, A.; *Las sucesiones "mortis causa" en Europa: aplicación del Reglamento (UE) nº 650/2012;* ed. Aranzadi, Cizur menor, 2016, p. 608.

el proceso sucesorio está en *itinere*. En estos casos, una copia de corta duración hace que se aproxime más el certificado a la realidad jurídica certificada, cuanto ésta fue superando distintos hitos del proceso de liquidación hereditaria. En este sentido, a los efectos de la duración de la copia del Certificado Sucesorio Europeo, tal vez, hubiera sido conveniente diferenciar los supuestos en los que estamos ante un certificado parcial de aquellos otros en los que el certificado es total.

A pesar de todo, debe destacarse que, serán importantes las alícuotas certificadas en aquellos casos en los que el certificado sirva de título formal sucesorio para luego ejecutar un concreto reparto de bienes con arreglo a los quebrados que resulten del mismo. La cuota a la que se hará referencia debe entenderse en un sentido amplio, con lo que se deberá incluir la que resulte vinculada al concepto de sucesión *mortis causa* que contiene el Reglamento. Así, por ejemplo, la cuota incrementada, en el Derecho alemán, en caso de disolución del matrimonio por fallecimiento[894]. No otra cosa se sigue de la STJUE Mahnkoph[895].

El *quale*, los concretos bienes o derechos atribuidos, al heredero o legatario, tendrá su transcendencia cuando lo que se pretenda es el ejercicio de las facultades que tales bienes o derechos atribuyan al heredero o legatario; incluidas las relativas al acceso al Registro de la propiedad, en aquellos casos en los que la ley aplicable al Registro no pida un requisito añadido y en el certificado se contengan todos los elementos necesarios para tal acceso.

Las condiciones y restricciones a las que se alude en los números 10 y 7, de los respectivos formularios, serán de constancia obligatoria, incluso, como quedó dicho, aunque no lo haya

---

894 BUDZIKIEWICZ, C., *op. cit.*, p. 760.

895 STJUE de 1 de marzo de 2018 (C-558/16, Mahnkopf) (TOL 6.519.954).

constatado del mismo modo el autor de los formularios. Bajo tales se subsumirán desde las cargas y modos hereditarios hasta cualesquiera limitaciones a los concretos llamamientos, tales como llamamientos con término inicial o final, prohibiciones de disponer, sustituciones fideicomisarias, o cualesquiera otros que permita la ley aplicable a la sucesión[896].

En estos casos se tendrá que conciliar la ley aplicable a la sucesión con la posible adaptación de los derechos reales, *ex* art. 31 y, en su caso, con el orden público que imponga la configuración económica de un determinado ordenamiento jurídico.

Como información de cierre, el numeral 11, para el heredero, y el 7, para el legatario, de contenido coincidente, establecen que se haga constar: *"Otra información pertinente o explicaciones adicionales (especifíquese)"*.

Esta información funciona como una especie de cajón desastre en el que cabe añadir cualquier cuestión pertinente para las respectivas posiciones jurídicas que se certifican, a juicio y bajo la responsabilidad de la autoridad expedidora.

Como se ha mantenido en otras partes de este trabajo, las posiciones del heredero y legatario, desde el punto de vista de la circulación del Certificado Sucesorio Europeo se encontrarán limitadas por el hecho de que el formulario no de cobijo, cuando proceda a la previa y necesaria liquidación del régimen económico matrimonial. Ello constituirá un hándicap para conseguir el efecto práctico que con el mismo se pretende. Este escollo, no podrá salvarse, ni siquiera, introduciendo, por

---

896 No serán rechazables, al menos desde el punto de vista de las leyes de España, la mayor amplitud de una eventual sustitución fideicomisaria frente a las reguladas en nuestro territorio, el ejemplo se encuentra, por ejemplo, en la diferente extensión que esta institución tiene en el Derecho común frente a las leyes de Navarra, véase respectivamente art. 781 CC y Ley 224 FN de Navarra.

la puerta de atrás, la liquidación del régimen de la pareja, matrimonial o no, en los numerales 11 y 7 que acabamos de citar.

xiii. Facultades de ejecución y administración

Las menciones relativas a las facultades de administradores y ejecutores podrían haber sido analizadas en el epígrafe antecedente, pues no dejan de incidir en el aspecto dinámico del patrimonio. Si bien, estas figuras presentan cierta autonomía respecto de las facultades del heredero, las cuales también podrán ser objeto de reseña en este apartado, como se verá[897]. De hecho, en la génesis del certificado, como quedó expuesto, convergen los posibles certificados de herencia, por un lado, y de ejecutores y administradores, por otro.

Así, la última letra del art. 68, la o), se destina al ejecutor testamentario o administrador de la herencia y establece como información obligatoria, en función de la finalidad del certificado: *"las facultades del ejecutor testamentario o del administrador de la herencia y sus limitaciones en virtud de la ley aplicable a la sucesión o de una disposición mortis causa"*.

El desarrollo de esa letra se encuentra en el formulario V, anexo VI, bajo la rúbrica *"Facultades para ejecutar el testamento o administrar la herencia"*. El referido anexo, relativo al ejecutor

---

897 No debe olvidarse que el heredero puede tener facultades de ejecución, en función de la ley aplicable, por eso, la solución que proponemos es la de traer, en estos casos, con la debida aclaración, tales facultades del heredero. Ello se logra coordinando, por ejemplo, el formulario V, anexo V, en su numeral 11, con las facultades del formulario V, anexo VI, bloque de numerales 4 y campos libres del mismo. Si bien, no deja de tener razón FERNÁNDEZ-TRESGUERRES GARCÍA, A.; *op. cit.*, *Las sucesiones…*, p. 670, cuando critica la falta de previsión expresa al respecto por el autor de los formularios.

testamentario o administrador de la herencia es el más extenso de los anexos del Certificado Sucesorio Europeo.

El legislador de la Unión, probablemente, es consciente de lo heterogéneo de estas figuras en los distintos ordenamientos jurídicos[898], lo cual se incrementa, exponencialmente, como consecuencia de las facultades de configuración que las distintas leyes aplicables dan al testador o disponente.

El anexo VI, sistemáticamente, se configura como el último de los apéndices que pueden acompañar al Certificado Sucesorio Europeo. Ello obedece no solo a que la finalidad de *"invocar, en otro Estado miembro, su cualidad de tales o ejercer [...] sus facultades como ejecutores testamentarios o administradores de la herencia"* sea la última de las previstas como causa de expedición del Certificado Sucesorio Europeo.

También subyace en la arquitectura del formulario de expedición la idea de que puede que, con arreglo a la ley aplicable, el heredero o legatario sea también ejecutor testamentario o administrador de la herencia, por lo que, en el proceso de redacción de este último anexo se debería tener en cuenta lo que se haya plasmado en los anexos anteriores del formulario.

No será infrecuente que cumplimentado un determinado anexo relativo al heredero o al legatario se deba rellenar, además, el anexo VI, pues lo que interesa al tráfico es el aspecto dinámico del patrimonio hereditario, que va más allá de conocer quién tiene derecho a unos determinados bienes.

A los terceros, puede convenir saber con quién pueden trabar relaciones jurídicas antes de haberse formalizado, por

---

898 Llama la atención como el anexo rehúye a nominar dicha figura, sin embargo, introduce de soslayo, en el propio anexo, el término de "albacea". Véase, en este sentido, el desarrollo que aparece al final de la relación de numerales que se despliegan bajo el numeral 4, así como la llamada 16 ó 17, que aparece en el anexo.

ejemplo, la partición hereditaria. Esto invita a pensar que no debe identificarse, necesariamente, este anexo VI con la presencia de un auténtico ejecutor testamentario, albacea, contador-partidor o cualquier otra figura de análoga naturaleza que pueda existir en el derecho aplicable.

No será preciso que exista tal cargo con independencia de los herederos o legatarios. Podrá darse el caso y en tales supuestos habrá que tenerse en cuenta si con arreglo a la ley sucesoria, una misma persona puede ser, por ejemplo, contador-partidor y heredero[899].

Sin embargo, en otros casos, de lo que se tratará es de dilucidar las facultades que corresponden a los herederos[900] tanto si no existe persona designada para administrar la herencia o ejecutar el testamento, como si se ha designado una persona que excluya de tales facultades a los primeros o concurra con éstos.

Todo lo anterior permite afirmar que el anexo VI reviste una mayor complejidad que los otros. Lo que es consecuencia inmediata de que, normalmente, los efectos legitimadores que irradian del certificado *ex* art. 69 sean mayores en relación a los actos imputables a quien invoque facultades de administración o ejecución hereditaria[901].

---

899 Posibilidad excluida en el Derecho civil común español, por ejemplo, ver, en este sentido el art. 1057 C.c..

900 Así, por ejemplo, en el Derecho civil común español, los herederos, incluso antes de la aceptación, son los naturalmente llamados a la administración de la herencia, ver, en este sentido los artículos 999 ó 1026 C.c. y, en cuanto fueran aplicables, las normas generales de la comunidad de bienes contenidas en los artículos 392 y ss. C.c..

901 No en vano, uno de los antecedentes legislativos del Reglamento, el Convenio de la Haya, de 2 de octubre de 1973, sobre Administración Internacional de Sucesiones, se ocupa, precisamente, sólo de la administración hereditaria y no de dilucidar quien tiene derecho a los bienes, pues esto último, será una cuestión que

Puede cuestionarse, desde un punto de vista formal que, una vez más, sin justificación aparente, el autor del formulario se desmarque de la estructura empleada en otras partes contenidas en los anexos previos. Así, por ejemplo, salta a la vista si se compara, simplemente, el número 1 de los anexos IV y V, que comparten redacción, con el número 1 del anexo VI, que podría haberla compartido.

Aportados o reutilizados los datos relativos al ejecutor o persona con facultades de administración, pues éstos son comunes al resto de actores del proceso hereditario, abierta la sucesión, lo que interesa aquí es destacar el propósito del anexo VI[902].

El anexo destinado a las facultades de ejecución testamentaria y de administración de herencia persigue, por un lado, delimitar el ámbito objetivo sobre el que puede operar el ejecutor testamentario o el administrador de herencia.

Por otro lado, al propósito del anexo VI, le resulta primordial aclarar el régimen jurídico y extensión de dichas facultades, a fin de dilucidar a qué puede comprometerse el administrador/ejecutor frente a terceros y qué puede actuar.

La tercera cuestión sobre la que hace hincapié el formulario es el origen del cargo y los derechos y obligaciones del albacea frente a la masa y los beneficiarios.

En cuanto al ámbito objetivo, a su vez, pide el formulario información sobre si se contienen facultades de ejecución del testamento, de administración de la herencia o ambas.

---

afecte, más que a los terceros y al tráfico jurídico-económico, a los solos interesados o beneficiarios finales de la sucesión.

902 En cuanto a esos datos comunes, se hace remisión a lo dicho en apartados anteriores, por compartir la fundamentación de los mismos, en los términos expuestos.

A la determinación de ese ámbito objetivo se destina el numeral 2. La distinción entre ambas facultades puede resultar, desde la perspectiva de algunos ordenamientos jurídicos, excesivamente detallista o, incluso, artificial. Probablemente se trate de una concesión a la forma de abordar el proceso sucesorio la legislación inglesa, que diferencia entre la *grant of probate*, cuando existe testamento y las facultades del *executor* tienen su origen en el mismo, y las *letter of administration*, que, en cambio, se plantean en el escenario de sucesión intestada.

Dentro del ámbito objetivo de las facultades de administración o ejecución, se encuentra también la delimitación del conjunto de bienes sobre el que recaen. A ello se destina el numeral 3.

No será infrecuente que, por ejemplo, el causante haya distinguido entre conjuntos patrimoniales para conferir la administración a una u otra persona, en función de la finalidad e intereses que se pretendan proteger[903].

La parte más compleja, sin duda, de este anexo, será la relativa a cumplimentar las facultades que corresponden al administrador o ejecutor. Tal labor implica un conocimiento o previa información de la ley aplicable a la sucesión, lo cual será fácil en aquellos casos en los que la finalidad del Reglamento

---

903 Pongamos un ejemplo, puede que al testador interese, por un lado, organizar la administración del patrimonio empresarial de una determinada manera y, en cambio, prefiera encomendar los intereses patrimoniales de los frutos de ese patrimonio que correspondan a su familia-beneficiaria a otra persona. Tampoco será infrecuente esa forma de proceder, si, salvando las distancias, se toman en consideración los distintos *trust* que coexisten en el ámbito del derecho anglosajón en función del destino al que queden afectos los patrimonios. Incluso, es habitual atribuir facultades a unas personas en relación a los bienes que se encuentren en un Estado y a otras en relación a los que se encuentren en otro Estado.

se haya cumplido y coincidan *forum*, o competencia de la autoridad expedidora, y el *ius*. Sin embargo, puede que no se de ese caso, pues también, como en la práctica esta sucediendo, especialmente si se fallece con testamento, puede que la ley aplicable venga determinada por una *professio iuris* que aleje al tribunal o autoridad expedidora del certificado del derecho material que rija la herencia y, por consiguiente, incremente la complejidad[904].

La enumeración de posibles facultades, que hace el desarrollo del numeral cuatro, como la casilla 4.23 indica, no es exhaustiva, pues cabe que se incluyan cualesquiera otras facultades que resulten de la ley aplicable a la sucesión.

El abanico de facultades que ha tenido en cuenta el autor del anexo es, no obstante, muy amplio, a fin de estandarizar el formulario. Así, aparecen relacionas las facultades para *"4.1. Obtener toda la información relativa a los bienes y deudas de la herencia. 4.2. Conocer todos los testamentos y otros documentos relativos a la herencia. 4.3. Adoptar o solicitar cualesquiera medidas cautelares. 4.4. Adoptar medidas urgentes. 4.5. Recoger bienes. 4.6. Cobrar las deudas y emitir un recibo válido. 4.7. Celebrar y rescindir contratos. 4.8. Abrir, gestionar y cerrar una cuenta bancaria. 4.9. Tomar préstamos. 4.10. Transferir o constituir cargas sobre los bienes. 4.11. Constituir derechos reales o hipotecas sobre los bienes. 4.12. Vender: ( ) bienes inmuebles ( ) otros bien. 4.13 Prestar. 4.14. Llevar una empresa. 4.15 Ejercer derechos de accionista. 4.16. Demandar y ser demandado. 4.17. Liquidar deudas. 4.18. Distribuir legados. 4.19. Dividir*

904 En tales casos, el expedidor del certificado se enfrenta a efectuar un testimonio de vigencia de leyes, como se conocen en el ámbito material, o una labor de prueba del derecho extranjero, con un alto grado de responsabilidad. Es fácil, en la práctica, anticipar que será frecuente acudir a los diferentes mecanismos de cooperación entre autoridades de distintos Estados y el dictamen pericial, a fin de poder cumplimentar esta parte del formulario.

la herencia. 4.20. Distribuir el remanente. 4.21. Solicitar el registro de derechos sobre bienes muebles o inmuebles en un registro. 4.22. Hacer donaciones. 4.23. Otros. Si marcar una o más de las casillas anteriores no da una indicación exacta de las facultades conferidas al albacea/administrador de la herencia, añádanse todas las especificaciones adicionales necesarias (...). Especifíquese si cualquiera de las facultades a que se refiere la seción 4 se ejercen como facultades residuales de conformidad con lo dispuesto en artículo 29, apartado 2, segundo párrafo, y en el artículo 29, apartado 3, párrafo primero del Reglamento (UE) 650/2012".

En el numeral 4 se incluyen unas facultades preliminares o de información, unas facultades conservativas, unas facultades de auténtica gestión, incluso con carácter dispositivo y, por último, facultades de liquidación, tanto en sentido amplio, como las relativas a la venta de bienes, o pagar deudas, como las referente a la liquidación administrativa de la herencia, tal como la inscripción de bienes en el Registro de la propiedad, sin perjuicio, dentro de este último grupo, de las naturales de división patrimonial y entrega de bienes a los beneficiarios.

Hagamos alguna aclaración en relación al elenco de facultades que se derivan del transcrito numeral. Así, la primera facultad que se enumera es la relativa a "*Obtener toda la información relativa a los bienes y deudas de la herencia*". Se trata de una de las tareas preliminares para cumplimentar la liquidación fiscal y la formación del inventario de bienes. En este punto debe juzgarse ágil la referencia, pues, al menos desde la perspectiva de la práctica bancaria española, propiciada al amparo de la normativa fiscal, lo primero que se hará será obtener los correspondientes certificados bancarios que hagan constar las posiciones del causante.

También puede ser interesante para obtener la relación de deudas que puede tener contraídas el causante. Piénsese que se trata de datos sensibles y no siempre serán accesibles.

Esta facultad debería permitir acceder al contenido de los Registro públicos, a los efectos oportunos. Por eso, la presentación del certificado, relacionando estas facultades, facilitará el conocimiento de estos extremos, cruciales para la administración y ejecución sucesoria.

Como segunda facultad, se relaciona la de "*conocer todos los testamentos y otros documentos relativos a la herencia*". Una de las cuestiones que más afloró al contestar los extremos relativos a un eventual registro testamentario, en el Libro verde de sucesiones, fue la relativa a cómo dar publicidad y quien tenía acceso al contenido de dichos eventuales registros.

Se trata de una cuestión que debe analizarse desde la perspectiva de la ley aplicable a la sucesión, marcar positivamente esta casilla implicará reconocer la legitimación más amplia admitida, sin embargo, no debe llevar aparejada una libérrima facultad para obtener cualquier testamento, por ejemplo, pues en determinados ordenamientos no se permite obtener testamentos revocados si no se cumplen determinadas condiciones. En otros ordenamientos, sin embargo, para haber podido cumplimentar el anexo será necesario haber obtenido ya el testamento y se habrá relacionado en el propio certificado.

En cuanto al resto de documentos relativos a la herencia, la genérica facultad del certificado no bastará para obligar, por ejemplo, a una autoridad pública a entregar un determinado documento relativo a la herencia, habrá que estar a las prescripciones del derecho aplicable a dicha solicitud, sin perjuicio de la natural legitimación que despliegue el certificado a favor del administrador o ejecutor, en caso de haberse cumplimentado esta casilla. En cualquier caso, esta facultad va más allá de la mera indagación en abstracto de la última voluntad.

El ejecutor testamentario debe conocer su misión y habrá extremos que no se habrán volcado en el certificado. Sucederá tal con las instrucciones respecto a cómo se debe partir la herencia, reconocimientos de deuda o aspectos obligacionales que no giren, estrictamente, en punto a la configuración del llamamiento hereditario o de los derechos que correspondan al legatario que, en términos del Reglamento, tenga derecho directo a los bienes, lo cual se menciona a título ejemplificativo.

En tercer lugar, entre las posibles facultades se mencionan las de *"adoptar o solicitar cualesquiera medidas cautelares"*. Y es que las facultades de administración conllevarán, normalmente, las necesarias para velar por la conservación del patrimonio hereditario, por ello, es interesante que el autor del anexo haya reparado en este extremo.

En cuarto lugar, al autor del formulario le preocupa la facultad de *"adoptar medidas urgentes"*. Tal vez, las *medidas urgentes*, literalmente fueran incardinables dentro de las *medidas cautelares* del número anterior, por lo que fruto del excesivo casuismo del formulario, su autor ha preferido hacer referencia a las mismas. Sin embargo, si se va más allá de la literalidad, puede que hagan referencia a aquellas medidas que son necesarias para la conservación de la masa hereditaria, para que no se causen perjuicios a los posibles interesados y que no están cubiertas por otras de las facultades enumeradas.

Como quinta facultad se menciona la de *"recoger bienes"*. El término *"recoger"* debe ponerse en relación con el siguiente número que hace referencia a la posibilidad de cobrar deudas, incluirá todo lo relativo a recibir bienes en pago de deudas hereditarias, así como la posibilidad de recibir la posesión de bienes de la herencia, incluso la posibilidad de ejercitar una acción reivindicatoria, lo que se conecta, además, con el numeral 4.16, que hace referencia a la legitimación procesal activa, como posible facultad. Esta facultad de recibir bienes es una de las que se conectan especialmente con los efectos del Certificado Sucesorio Europeo a que se refiere el art. 69.

En sexto lugar, aparece la posibilidad de marcar la facultad de *"Cobrar las deudas y emitir un recibo válido"*. Se trata de una facultad natural de administración y liquidación hereditaria, y que, como lo anterior, enlaza, directamente, con los efectos legitimadores que se atribuyen al Certificado Sucesorio Europeo *ex* art. 69.

Como séptima facultad aparece la de *"celebrar y rescindir contratos"*. Al marcar esta casilla, se requerirá, por lo indeterminado, pues no todos los contratos tienen la misma naturaleza ni finalidad, aclaración en los términos que permite el anexo, cuando más adelante, indica: *"Si marcar una o más de las casillas anteriores no da una indicación exacta de las facultades conferidas al albacea/administrador de la herencia, añádanse todas las especificaciones adicionales necesarias"*.

Seguidamente, como octavo campo de facultades, aparece el relativo a *"abrir, gestionar y cerrar una cuenta bancaria"*. La referencia a esta facultad es útil y no será infrecuente acudir a ella, cuando la ley aplicable lo permita. En ocasiones puede ser conveniente, bien aperturar una cuenta bancaria, para atender a los gastos y domiciliaciones que se generen como consecuencia de la administración de los bienes hereditarios, especialmente los inmuebles. También será frecuente, como actividad de gestión, que surja la necesidad de ingresar los cobros, como, por ejemplo, cuando se abonen las rentas que genere un eventual arrendamiento sobre un inmueble hereditario. Por último, no será inusual que en el proceso hereditario surja la necesidad de cancelar cuentas. Todas estas gestiones se agilizarán con el certificado, pues es parte del proceso de liquidación retirar el efectivo de las cuentas y entregar el producto de las mismas, tras su cancelación, a los distintos beneficiarios.

La novena facultad típica que prevé el formulario es la relativa a *"tomar préstamos"*. Sin duda, se trata de una facultad que tendrá difícil encuadre en una gran parte de Derechos materiales aplicables. No sólo desde el punto de vista de la configuración jurídica que tengan las facultades atribuidas en la correspondiente ley sucesoria, también, a la vista de la práctica bancaria, tan reacia a entrar en relación con situaciones jurídicas de pendencia. Puede pensarse en el caso de que los préstamos tengan vencimientos cortos y tengan finalidad conservativa de los bienes hereditarios u obligaciones derivadas de la administración o liquidación de la herencia. Se nos ocurren los casos en los que los préstamos estén, a su vez, garantizados con productos bancarios que formen parte de la masa. De esta manera, en el fondo, es una cuestión de mantener la rentabilidad del caudal y atender a las necesidades del mismo.

Seguidamente, se pueden marcar las siguientes facultades: *"Transferir o constituir cargas sobre los bienes. 4.11. Constituir derechos reales o hipotecas sobre los bienes. 4.12. Vender: ( ) bienes inmuebles ( ) otros bienes"*.

En relación a los numerales en los que estas se encuentran (10, 11 y 12, del numeral 4), da la impresión de que el autor del formulario no acababa de tener claro a qué facultades quería referirse.

Con el primero de los números se cubrían los dos segundos. Debe tenerse en cuenta, además, que estos numerales, como el resto, estarán sujetos a la eventual aclaración del alcance de las facultades que se permite al final de la redacción del numeral 4 y que ya fue referida anteriormente.

Las facultades de venta tendrán su campo natural en aquellos casos en los que la finalidad del albaceazgo sea de carácter liquidatorio. No hace falta alejarse mucho de nuestras instituciones próximas y referirlo especialmente al *executor* inglés. También, en España, por ejemplo, es frecuente y está reconocida dicha figura, así, por ejemplo, el albacea universal de realización de herencia, en Cataluña, cuyas facultades se regulan en el art. 429-9 de su Código civil.

En cuanto a la constitución de derechos reales, puede ser una forma amplia de ejecutar la herencia, siguiendo las instrucciones del causante o la finalidad del albaceazgo.

La constitución de garantías reales irá aparejada, normalmente, como medida de aseguramiento de alguna de las obligaciones impuestas a algún beneficiario, como, por ejemplo, cuando se constituye una renta a favor de alguien, en ejecución de las disposiciones sucesorias, y se pide una hipoteca en garantía de las mismas. También podrá tener cabida en aquellos casos en los que se constituya la garantía coetáneamente al ejercicio de la facultad de tomar dinero a préstamo, referida en el numeral 9, del mismo apartado 4.

Como decimotercera facultad prevista se incluye la de "*Prestar*". La facultad de prestar podría subsumirse dentro del numeral 4.7, pues no dejamos de estar ante un contrato, que se incluya aquí no deja de ser prueba de que el autor del formulario no acaba de tener claro cómo facilitar la circulación del Certificado Sucesorio Europeo y acaba siendo prisionero de un casuismo excesivo en la confección del modelo normalizado.

Por ello, la autoridad expedidora deberá ser especialmente minuciosa, pues puede que se enfrente a cumplimentar casillas que fuesen contradictorias o excluyentes entre sí o que matizasen lo anteriormente cumplimentado, sin perjuicio de la tan reiterada posibilidad de aclaración al final del elenco de facultades.

El numeral 14 hace referencia a la facultad de "*llevar una empresa*". Es interesante la referencia a esta facultad. En efecto, el autor del formulario es víctima del ámbito objetivo del Reglamento. Será, en ocasiones, difícil conciliar el elenco de facultades que se enumeran aquí con las exclusiones que se hacen en el artículo 1.2.

En este caso nos estamos refiriendo a la letra h) de dicho art. 1.2, que excluye del Reglamento *"las cuestiones que se rijan por la normativa aplicable a las sociedades, asociaciones y otras personas jurídicas, como las cláusulas contenidas en las escrituras fundacionales y en los estatutos de sociedades, asociaciones y otras personas jurídicas, que especifican la suerte de las participaciones sociales a la muerte de sus miembros"*.

Evidentemente, además, en este caso, nos encontramos con un problema de calificación, pues la palabra "empresa" no necesariamente tendrá que canalizarse hacia una forma social. Lo que es evidente es que el certificado no sirve para suplir la normativa del Derecho de sociedades del Derecho aplicable y la forma de acreditar la representación.

Así, por ejemplo, desde el punto de vista de las empresas españolas, que se desarrollan, normalmente, bajo la forma de sociedad, estas facultades tendrán escasa virtualidad, pues se encontrarán con el límite infranqueable de las configuraciones típicas que permite el TRLSC y RRM, con la sola salvedad de algunos supuestos de sociedad unipersonal y las posibilidades que brinda el art. 108 y 109 RRM.

En otros casos, no obstante, el ejecutor testamentario puede haber sido nombrado, precisamente, para garantizar la transmisión ordenada de la empresa, profesionalizar su gestión, cuando los herederos son menores de edad o no están cualificados, así como para garantizar la propia continuidad de la empresa. Estos supuestos serán difícilmente conciliables con la lacónica mención de "llevar una empresa". Precisamente, los actos de ejecución con llevarán un cambio del órgano de administración. No será, infrecuente, que marcar esta casilla deba conciliarse con los cambios de aclaración de las mismas.

Seguidamente, el numeral 15 refiere la facultad de *"ejercer derechos de accionista"*. Es una facultad distinta de la anterior y se puede predicar tanto de las pequeñas como las grandes empresas con forma societaria. Así, en las primeras, se produciría, a veces, un solapamiento fáctico, que no jurídico, con la facultad anterior. En las grandes empresas societarias, en cambio, tendría su interpretación estricta y funcionaría de forma autónoma respecto de la facultad de "llevar una empresa".

Por ello, debe llamarse la atención sobre el impropio uso de la palabra "accionista" en el formulario, en este caso puede que se deba, no solo a un error de traducción, sino a arrastrar la fórmula que adoptan otras legislaciones de nuestro entorno. A diferencia de lo que sucede en ellas, en nuestro Derecho debería haberse empleado, en un texto jurídico, la palabra "socio" y no accionista, pues la primera aglutina tanto al que tiene parte de capital en una sociedad anónima como limitada, o incluso, en cualquier otra persona jurídica, frente a la de accionista, que tiene su campo natural en las sociedades anónimas.

En estos casos, cuando aparezca marcada esta casilla, de forma correcta, la utilidad del certificado es evidente, así, por ejemplo, desde la perspectiva de nuestro Derecho, servirá para acreditar la representación de la cuota de socios, por ejemplo, en una junta general, como se desprende de los artículos 183 y 184 TRLSC, respectivamente, para las sociedades limitadas y las anónimas.

El numeral 16 llama la atención sobre la facultad procesal de *"demandar y ser demandado"*. Se regula en este inciso los aspectos relativos a la legitimación procesal del administrador para representar a la herencia, tanto activa como pasivamente. Se trata de un supuesto en el que deberá ponerse en relación la configuración que de la ley sucesoria a la masa patrimonial que resulta de la transmisión hereditaria y su proceso, con el foro concreto en el que se pretendan ejercer los derechos, sin que baste la aplicación automática, tomando por ejemplo la ley procesal española, del art. 798 LEC, pues el administrador podrá ser tratado, en función de la perspectiva que adopte la *lex successionis,* como el representante de una masa patrimonial independiente en los términos que se deducen de la aplicación del art. 7.5 LEC, cuestión que nos limitamos a apuntar porque excede del ámbito de este estudio.

A continuación, aparece la facultad de *"liquidar deudas"*. Se trata de una de las posibilidades de actuación naturales del ejecutor testamentario y, especialmente, del administrador de herencias, en aquellos ordenamientos en los que se acude a esta figura de forma recurrente.

La liquidación de las deudas hereditarias se hace para transmitir la herencia ya libre de deudas, a los beneficiarios. Sobre esta figura se establece un distinto régimen de responsabilidad para los herederos-beneficiarios a la que opera en aquellos sistemas en los que estos son continuadores de la personalidad del causante.

El paradigma de administradores hereditarios es el propio del Derecho inglés, sin embargo, no es el único. Se aprecia aquí, una vez más, el excesivo casuismo del numeral que se comenta.

El numeral 19 se pone al servicio de la facultad de *"distribuir legados"*. El término "distribuir" no parece el más apropiado, se debe a seguir las versiones francesa, *"distribuer"*, o inglesa, *"distribute"*, que contrastan con la más propia en italiano, donde se emplea *"soddisfare"*, en lugar de *"distribuire"*.

La entrega de los legados no es exclusiva de los administradores de la herencia o ejecutores testamentarios como cargo independiente, así, por ejemplo, en el Derecho civil común español, es una de las facultades que se encomiendan al heredero junto al albacea, como se desprende del artículo 885 C.c.; incluyéndose en el art. 81 R.h. al contador partidor.

Debe tenerse en cuenta, además, que no todos los ordenamientos jurídicos configuran de igual manera los legados y el derecho a los mismos, así, existen unos en los que se configuran directamente, con carácter real, otros con carácter obligacional. También existen ordenamientos jurídicos en los que coexisten distintos tipos de legados, una manifestación significativa de dichas posibilidades cumulativas, entre nosotros, es el Derecho civil catalán.

En el numeral 19 se incluyen las facultades de *"dividir la herencia"*. Muchas de las facultades que lleven aparejada la división de la herencia dependerán de lo que se haya encomendado al que deba ejercitarlas, de cómo se hayan configurado en la correspondiente disposición sucesoria, o, bien, de lo que permita la ley aplicable a la sucesión.

Se ve, una vez más, como se superponen facultades, pues esta comparte ámbito material que, en ocasiones, podría solaparse con la distribución de legados (4.18) y con la distribución del remanente (4.20), al menos en un sentido impropio. Si bien, el campo natural de esta facultad es la auténtica partición hereditaria, como contrato en el que se ejecuta el reparto de los bienes, que queda dentro del ámbito de la ley aplicable a la sucesión (art. 23.2.j)[905].

En el numeral 20 se incluye la facultad de *"distribuir el remanente"*. Por la redacción dada, parece referir su campo natural al supuesto en el que se haya realizado, mediante el proceso liquidativo correspondiente, la herencia por el ejecutor testamentario o administrador, habiendo pagado deudas, cobrado créditos, cumplido contratos... Esta facultad implicará la culminación del proceso hereditario, normalmente, y es consecuencia lógica de muchas de las que están relacionadas en el numeral 4.

La mención 21 hace referencia a la facultad de *"solicitar el registro de derechos sobre bienes muebles o inmuebles en un registro"*.

Formalmente, tanto en la versión española como en otras, la francesa, por ejemplo, este numeral está mal redactado, pues, parece lógico que, si se solicita el registro es en un registro.

Materialmente, la facultad es mucho más compleja de lo que parece, pues en ella se enfrentan dos posibles leyes aplicables. Por un lado la propia ley sucesoria, que es el contenido natural del Reglamento, sin embargo, aunque la ley sucesoria atribuya facultades, puede que estas no le sean conferidas por la ley del Registro, la cual queda excluida del 1.2.l. Como sabemos, será la ley del Estado donde radique el Registro la que resulte aplicable a este extremo.

---

905 En el Derecho civil común español corresponde dicha facultad, cuando ha sido designado, al contador-partidor, regulado en el artículo 1057 C.c., todo ello sin perjuicio de la posibilidad de designar contador-partidor dativo.

Será una cuestión que deba analizarse caso por caso, e integrar, en lo posible el Reglamento sucesorio con la ley interna, debiéndose buscar su compatibilidad, como se ha declarado en el asunto Kubicka (STJUE de 12 de octubre de 2017). En dicha sentencia se postulaba el tribunal en relación a la inscripción de un legado vindicatorio en Alemania, donde los legados tienen carácter obligacional.

Así, podrá darse el caso de que una misma herencia con bienes en distintos Estados, con arreglo a la ley sucesoria el administrador tenga facultades para solicitar la inscripción, pero la ley de uno de los Estados las admita y las de algún otro no.

Esta facultad debe entenderse supeditada a lo que diga el correspondiente Derecho aplicable al Registro.

Desde el punto de vista del ordenamiento jurídico español, referido a bienes inmuebles, el art. 6 L.H., confiere una posición muy amplia respecto a los legitimados para pedir la inscripción, por lo que no debiera ser obstáculo utilizar el Certificado Sucesorio Europeo para acreditar la legitimación a efectos de solicitar la inscripción de bienes inmuebles en el Registro de la Propiedad español.

El numeral 22, como facultad, se ocupa de la relativa a *"hacer donaciones"*. La facultad de hacer donaciones, se puede entender en un sentido estricto, que comprenderá la facultad de hacer las liberalidades contra el patrimonio hereditario. Habrá que estar a lo que resulte de la ley aplicable.

Sin embargo, desde el punto de vista de los ordenamientos civiles que coexisten en España, será una facultad extraña como no se conecte con los llamados "modos hereditarios", que no son propiamente legados o con aquellas disposiciones que permiten hacer atribuciones gratuitas en aquellos ordenamientos que se permiten las distintas posibilidades que brinda el testamento por comisario. Estas últimas, sin embargo, normalmente requerirán la aclaración que permite hacer el numeral 4.23.

El autor del formulario, zanja el elenco de facultades con un numeral residual en el que se incluye la mención *"otros"*. Esto implica reconocer que se es consciente de que el elenco es meramente ejemplificativo, por ello se deja la posibilidad de que se relacionen cualesquiera otras facultades que correspondan al que administra la herencia o ejecuta el testamento, cualquiera que sea el *nomen* que se le haya atribuido.

Dicho numeral 23 comparte finalidad con lo dispuesto al final de la lista, al decir: *"Si marcar una o más de las casillas anteriores no da una indicación exacta de las facultades conferidas al albacea/administrador de la herencia, añádanse todas las especificaciones adicionales necesarias"*.

En la misma línea debe entenderse el asistemático cierre de este formulario-anexo, el numeral 8, no bastándole el penúltimo inciso del numeral 4, ordena que se hagan constar *"Las condiciones o restricciones relativas a las facultades mencionadas en la sección 4"*.

El inciso debe criticarse, tal vez por reiterativo, pues debería bastar la referencia que contiene el penúltimo inciso del numeral 4, y, en cualquier caso, por asistemático, pues no se entiende por qué se introduce al final del formulario totalmente desgajado de las facultades a las que esos eventuales limites hacen referencia. Una vez más se incrementa, innecesariamente, la complejidad del formulario, tanto en su expedición como en su recepción en el tráfico.

Esta batería de alertas que, en el fondo, no hacen más que poner de relieve la enjundia de la tarea de certificar va a propiciar que se incremente la complejidad del proceso de circulación del Certificado Sucesorio Europeo. Cuantos más campos de libre configuración existan, más necesaria se hará la traducción, con el consiguiente incremento de costes y tiempos, que se hubiera eludido si bastasen los campos no variables, pues se traducían confrontando las distintas versiones de los formularios.

Tal vez, ello debiera hacer plantearse si hubiera sido conveniente facilitar la circulación de lo típico y más necesario de ejecución, en lugar de propiciar un certificado omnicomprensivo. Cierto es que siempre cabrá acudir a una certificación parcial, pues al solicitarse el certificado, el propio interesado podrá, advertido por la autoridad, tribunal o, en su caso, profesional que le asesore, valorar dónde se cruza la curva del tiempo y costes de expedición con la extensión del certificado. A lo mejor se conforma con que se le certifique una concreta facultad que se vaya a ejercitar y se tenga interés en que se haga de forma rápida.

También cabría plantearse *quid iuris* el caso de que una facultad no se hubiese marcado no debería implicar, necesariamente que no se tiene, sino, simplemente, que no se ha certificado. Se solventaría tal problema llevando el formulario hasta el infinito y más allá, estableciendo "si/no", como opciones, pero cabe preguntarse ¿realmente este fin de viaje era el que preveían los autores del Reglamento?¿puede que se les haya ido de las manos la consecución del objetivo y el certificado acabe siendo inoperativo por exceso?

Como cierre se establece en el numeral 4, relativo a la lista de facultades, se establece: *"Especifíquese si cualquiera de las facultades a que se refiere la seción 4 se ejercen como facultades residuales de conformidad con lo dispuesto en artículo 29, apartado 2, segundo párrafo, y en el artículo 29, apartado 3, párrafo primero del Reglamento (UE) 650/2012"*. Se trata de una mención para facilitar la recepción del certificado[906].

---

906 En este inciso, el formulario toma en consideración el complejo sistema previsto en el artículo 29, el cual como ponen de manifiesto BONOMI, A y WAUTELET, P., *op. cit. El Derecho Europeo de Sucesiones...;* para los citados autores, con la solución del artículo 29 se trata de armonizar los sistemas que se inspiran en la sucesión en los bienes con los que se inspiran en la sucesión en la persona. Ante la posibilidad de que se disocien *forum* y *ius*, puede que la *lex fori* exija

Como ya anticipamos, al formulario le preocupa no solo a quién corresponde el ejercicio de la administración y sus facultades, también el origen de su nombramiento el cual, además, incidirá también en su régimen de responsabilidad y derechos y obligaciones frente a la masa hereditaria y, en su caso, frente a los herederos. A tal fin se destinan los numerales 5 a 7 del formulario V anexo VI.

El numeral 5 se ocupa del origen del cargo, al pedir que se haga constar lo relativo a que *"El albacea o el administrador de la herencia ha sido designado por: 5.1. Una disposición mortis causa (véase el punto 7.2 del formulario del certificado)*[907].

---

el nombramiento de un administrador para ejecutar la transmisión la herencia. En tales casos opera la solución del artículo 29 (ver p. 390). Sin embargo, a su vez, puede suceder que los poderes del administrador que se le atribuyan con arreglo a la ley sucesoria, por exigir el nombramiento de administrador la *lex fori*, no sean suficientes, en tales casos se amplían dichos poderes acudiendo a la *lex fori* (facultades residuales, art. 29.2) para atribuirle más facultades que los de la ley sucesoria, pero sujetos a los límites de la misma (art. 29.2. párrafo 3); a su vez, en casos excepcionales pueden atribuirse todos los poderes previstos en la *lex fori* (art. 29.3), pero con los límites establecidos en punto a la *"determinación de los beneficiarios y sus derechos sucesorios, incluyendo su derecho a la legítima, o las reclamaciones contra la herencia o contra los herederos, conforme a la ley aplicable a la sucesión"*. En el fondo, en nuestra opinión, se trata de una invasión o injerencia de la *lex fori* en el ámbito de la ley sucesoria, se sacrifica, en cierto modo, el funcionamiento absoluto de la regla de unidad de la sucesión para facilitar la ejecución de la misma en determinados Estados. Por ello, tratándose de una anomalía regulada, el autor del formulario, consciente del casuismo del numeral 4, se ve en la obligación de alertar sobre que determinadas facultades son consecuencia de haber roto el régimen natural de ley sucesoria. De esta manera, se advierte al receptor del formulario, la causa de esa discordancia para que no dude sobre la correcta expedición del certificado.

907 Es frecuente, en muchos ordenamientos que para facilitar la ejecución del testamento y evitar controversias entre los herederos el

5.2. Una resolución judicial[908]. *5.3. Un acuerdo entre los herederos*[909]. *5.4. Una ley*[910]".

---

testador o el disponente prevea el nombramiento de un administrador, con independencia de su *nomen*. Así, desde el punto de vista del Derecho civil común español, podría traerse a colación los artículos 892 y ss. C.c., para el albacea; y artículo 1057.1 C.c. para el contador-partidor. El nombramiento de estos cargos no tiene que implicar la prevención de un litigio, necesariamente. También puede hacerse en contemplación a una mayor agilidad en la transmisión de los bienes, en caso de existir menores y poder surgir un eventual conflicto de intereses entre éstos y el progenitor representante sobreviviente. Puede servir, por otro lado, como instrumento desincentivador de presiones al cónyuge sobreviviente, progenitor de la estirpe común del causante, cuando dicho sobreviviente tiene avanzada edad y su voluntad flaquea por cariño o confianza en dichos descendientes también favorecidos. En este primer inciso se aprecia, por un lado, la esquizofrenia a que aboca el certificado, tanto en la cumplimentación del mismo por la autoridad, como en la recepción por los terceros, pues se hace remisión a otra parte del formulario para averiguar la concreta disposición a la que debe su origen el cargo. Por otro lado, también se observa la falta de coherencia, como ya se puso de relieve al hablar de dónde se regula la sucesión (numeral 7 del formulario V), no se apuntan las concretas resoluciones o acuerdos de los que emana la función, sin que exista una explicación lógica al respecto.

908 El término "resolución judicial" debe entenderse en un sentido amplio incluyendo también aquellos supuestos en los que se nombra un contador partidor dativo, de forma notarial, por ejemplo, como es el caso del art. 1057.2 C.c..

909 El acuerdo entre los herederos tendrá cabida, especialmente, en aquellos casos en los que la ley aplicable a la sucesión lo permita de forma expresa, como forma normal de resolver la sucesión. Pero no se agota en ese supuesto, todos los coherederos pueden, de común acuerdo, acudir al nombramiento de contador-partidor dativo, por ejemplo, en el caso del art. 1057.2 C.c. español. En tales casos será necesario marcar la casilla relativa a la resolución y la correspondiente al acuerdo.

910 El cargo también podrá tener un origen legal, bien porque las facultades se atribuyan naturalmente a determinadas personas, como a

El propio formulario sugiere la posibilidad de marcar más de una opción, habrá que estar al derecho aplicable, sin embargo, no parece que lo habitual sea que concurran tantos orígenes posibles del cargo.

Podría pensarse en aquellos supuestos en los que el nombramiento efectuado bien por el causante, bien por los interesados, no es suficiente y entra en aplicación el juego del artículo 29, aunque, como se verá, se plantean otros supuestos posibles de origen cumulativo, sin que se acabe de ver utilidad en marcar varias casillas, tal vez, lo conveniente hubiera sido, como sucede en otras partes del formulario, marcar la preponderante.

El numeral 6, completa el anterior y se dedica al origen no ya del cargo sino de las facultades, al pedir que se haga constar lo relativo a que *"Las facultades derivan de:: 6.1. Una disposición mortis causa (véase el punto 7.2 del formulario del certificado). 6.2. Una resolución judicial. 6.3. Un acuerdo entre los herederos. 6.4. Una ley* [911] *"*.

Se terminarían las menciones relativas al marco legal del albacea con la referencia a sus obligaciones y derechos, que deben hacerse constar, conforme al numeral 7, del anexo, si derivan de[912]: *"7.1. Una disposición mortis causa (véase el punto 7.2 del formulario del certificado). 7.2. Una resolución judicial. 7.3. Un acuerdo entre los herederos. 7.4.*[913] *Ley"*.

---

los herederos, por ejemplo, como quedó dicho anteriormente; bien cuando se imponga la administración *ex lege*, sin perjuicio de que, además, se acuda a un procedimiento de concreción de la persona, como sucede con las *letters of administration* del derecho inglés.

911 Cabe reiterar aquí las mismas cuestiones que se han apuntado respecto al numeral 5 y sus notas.

912 Se hace remisión en este punto a lo referido al numeral 5 y sus notas.

913 Se observa en este numeral el agotamiento del legislador que, no se sabe si errata o descuido, olvida poner el artículo "una", en relación

En este numeral lo que se trae a colación, en el fondo, es el régimen de responsabilidad de quien ostenta las facultades que se relacionan en el formulario frente a la masa, herederos o terceros, en su caso.

Sin embargo, será difícil entender, sin un profundo conocimiento de la arquitectura del Reglamento, tan finas distinciones y su utilidad, en el caso de los apartados, 5, 6 y 7, por lo que, realmente, debemos volver a plantearnos si para facilitar la vida del ciudadano es necesario incrementar tanto la complejidad de la labor del expedidor.

xiv. Instrucciones para la autoridad expedidora

En el formulario no solo de vuelca el contenido de los elementos de la sucesión que se acredita. También se contienen determinadas advertencias hacia la autoridad y previsiones formales, que debe tomar en consideración ésta, en punto a cómo se debe cumplimentar a fin de que no se produzcan dudas durante su circulación.

Se trata de que el certificado no sólo refleje fielmente la sucesión o los elementos certificados. También debe garantizarse la integridad del mismo, a fin de evitar que se dude sobre una posible alteración de su contenido. Por eso, hemos apuntado que no debe introducirse contenido atípico, o no normalizado, en el formulario, pues, en este sentido, no debe admitirse un trasvase de formas desde la legislación interna del expedidor al formulario tal y como ha sido acotado por el legislador de la Unión[914].

---

a la ley, rompiendo una vez más formalmente la estructura del formulario en si se compara con los numerales 5 y 6 del mismo anexo.

914 Ver, en este mismo sentido, RIVA, I., *op. cit.*, p. 113.

La primera de ellas es que como presupuesto de la expedición en el cierre del formulario, justo antes de la firma por la autoridad aparece la referencia a que *"La autoridad certifica que ha tomado todas las medidas necesarias para informar a los beneficiarios de la solicitud de expedición del certificado y que, en el momento de la expedición del mismo, ninguno de los elementos en él contenidos habían sido impugnados por los beneficiarios"*.

No sería necesaria tal mención, pues se desprende del régimen legal, sin embargo, bien está que el certificado alerte al expedidor de que se está haciendo responsable de su labor y del cuidado que debe tomar al expedir el certificado[915].

Las dos siguientes menciones que se contienen en el certificado son sumamente importantes para garantizar la integridad formal del certificado.

En primer lugar, se obliga al autor del certificado a relacionar los puntos que no se han cumplimentado, al decir: *"Los siguientes puntos no se han rellenado por no considerarse pertinentes para el fin para el que se ha expedido el certificado"*.

En el proceso de expedición, la autoridad o tribunal habrá omitido cumplimentar determinados puntos, incluso aunque sean obligatorios, si no se consideran pertinentes para la finalidad que se pretende cubrir con el certificado expedido[916].

---

915 Ya nos hemos referido a esta cuestión al explicar el contenido de los artículos 66.4 y 67.1.

916 Consiguientemente, la falta de cumplimentar una cuestión obligatoria no debe implicar necesariamente devolver el certificado, pues puede que el expedidor no lo considerase pertinente al fin del certificado. Habrá, no obstante, campos que sean inexcusables, cualquiera que sea la finalidad, como sucederá, por ejemplo, aunque pueda resultar obvio, a gran parte de los datos del causante, dentro de éstos, aun así, existen algunos que no se acaba de ver su capital transcendencia, por ejemplo la mención del sexo en el numeral 6.3. ¿En qué afecta a la transmisión hereditaria que el fallecido sea

La minuciosidad del certificado, que se ha reiterado en esta exposición, generará muchas veces dudas sobre si determinado extremo debiera cumplimentarse o no. La falta de cumplimentar un determinado campo podrá llevar aparejada la consecuencia de que el certificado sea devuelto al expedidor, por el receptor, sea el interesado, sea aquel a quien se le presente, o a instancias de éste, a fin de que se cumplimente lo que quedó en blanco y, consiguientemente, se subsane el error por el procedimiento establecido en el artículo 71.

Nótese que, si el certificado se expidió correctamente, desde un punto de vista formal, la autoridad habrá hecho constar que determinada casilla no se cumplimentó, a tenor de lo dispuesto en el campo que se comenta, con lo que el proceso de subsanación, parece oportuno, debiera implicar cumplimentar un nuevo certificado o que la copia que circule sea sobre un formulario típico. Debería descartarse, en estos casos, la adición de enmiendas que hagan dudar sobre la integridad del certificado.

Por el mismo motivo, en caso de subsanación, la copia debería tener una fecha posterior al momento en que la autoridad que recepcionó el certificado y denegó su utilización, pues de lo contrario se corre el riesgo de que el tenedor del certificado cumplimente los campos en blanco, sería difícil saber si tales casillas han sido objeto de manipulación del certificado.

En tales supuestos, la responsabilidad será doble, por un lado para el expedidor que emitió la copia sin cumplimentar, por otro lado, para el receptor que la utilizó siendo consciente de que la subsanación no se había hecho de forma regular.

---

hombre o mujer? Sólo se nos ocurren aquellos supuestos en los que cuando no aparezca el sexo pueda surgir alguna incongruencia con algún extremo del certificado.

El hecho de que en el artículo 71 se hable de "rectificar" o "modificar" el certificado no quiere decir que se pueda enmendar sin más. En buena práctica, la enmienda, rectificación o modificación que se haga de cualquier forma no debería transcender formalmente al certificado, sino que se debería expedir una nueva copia para que circule impoluta en el tráfico y disipando cualquier duda al receptor de esta.

Por todo ello, además, siguiendo con el *iter* del formulario, parece imprescindible que se cumpla el mandato establecido para que se relacione lo no cumplimentado. Tal elenco de casillas en blanco blinda la posibilidad de que, por ejemplo, se manipule el certificado poniendo una marca de validación en una casilla que se dejó en blanco, con el consiguiente riesgo de que se puedan invocar más facultades de las que realmente se tienen[917]. Consiguientemente, en aquellos casos en los que se invoque un certificado en el que no aparece cumplimentada esta casilla, que se debe rellenar con carácter obligatorio, será bastante probable, y el receptor estará legitimado para ello, que no se acepte el certificado para producir los efectos correspondientes.

El segundo de los campos, al servicio de la integridad formal del certificado, es el que seguidamente obliga al expedidor en los términos que se siguen cuando se relaciona lo siguiente: *"En caso de adjuntarse hojas adicionales, indíquese el número total de páginas"*. La finalidad es la misma que la de la instrucción anterior y con las mismas consecuencias.

---

917 En los primeros certificados que, como notario, he recepcionado, es uno de los errores que se han puesto de relieve, lo cual supone una ralentización del proceso de circulación del certificado, contrario a los fines del Reglamento, como ha recordado la STJUE de 1 de julio de 2021 (TOL 8.488.994). Es una razón más a favor de haber hecho un certificado más sencillo pues su complejidad abocará a errores formales cuando el expedidor no sea minucioso.

Con la fecha se pone de manifiesto que lo certificado se basa en documentos anteriores a determinada fecha. Piénsese en el caso de que con posterioridad a la expedición aparezcan nuevos documentos o se impugnen determinados documentos. La fecha de expedición será determinante para calibrar las consecuencias y responsabilidades que se podrían generar.

No obstante lo anterior, algún autor considera que la fecha puede tener su transcendencia para decidir la prioridad entre certificados contradictorios[918]. El problema es determinar a quién corresponde decidir. Por otro lado, la cuestión incrementa complejidad en tanto en cuanto puede que se trate de certificados parciales, relativos a extremos distintos de una sucesión y que sean contradictorios sólo en algunos aspectos concreto y válidos respecto del resto. Será algo que haya que dilucidar en función del caso concreto.

La firma y sello, por otro lado, implica asumir responsabilidad de expedición por parte de la autoridad y no precisa mayor comentario.

No se entiende bien que el propio formulario V, no diferencia lo que es el certificado de lo que es la copia del certificado y como cierre, antes de los anexos al mismo, se refiera a las menciones que en buena técnica debería contener solo la copia

---

918 Ver, en este sentido, REINHARTZ, B., en BERGQUIST, U. *et al.*, *EU Regulation on Succession and Wills;* ed. Otto Schimidt, Colonia 2015, p. 273. Algunos autores, incluso antes de la aprobación del Reglamento, ya apuntaban que, si se trataba de evitar una injerencia del legislador de la Unión en el Derecho de los distintos Estados miembros, lo que debería es haberse dilucidado la prioridad entre certificados contradictorios; ver, al respecto, PAZ LAMELA, R. S.; "El Certificado Sucesorio Europeo como mecanismo de gestión internacional de patrimonios hereditarios"; en *Anuario Europeo de Derecho Internacional Privado, t. IX. 2009,* pp. 715-732, p. 723.

del Certificado Sucesorio Europeo, que es lo que realmente circula en el tráfico y se presenta por el interesado como título de legitimación.

c. El vehículo de circulación del CSE: La copia

i. El CSE vs. la copia del CSE

El proceso normal[919] de expedición del certificado presenta final bifronte. Por un lado, se cumplimenta el propio formulario del Certificado Sucesorio Europeo, con sus anexos. Por otro lado y, seguidamente, se debe entregar al peticionario su copia auténtica. Dicha copia es el documento que va a circular en el tráfico y que va a producir los efectos que se derivan del artículo 69.

A tal fin, el artículo 70, bajo la rúbrica *"copias auténticas del certificado"* establece: *"1. La autoridad emisora conservará el original del certificado y entregará una o varias copias auténticas al solicitante y a cualquier persona que demuestre un interés legítimo. 2. A los efectos del artículo 71, apartado 3, y del artículo 73, apartado 2, la autoridad emisora conservará una lista de las personas a quienes se entregaron copias auténticas en virtud del apartado 1. 3. Las copias auténticas tendrán un plazo de validez limitado a seis meses que se hará constar en ellas mismas, especificando su fecha de expiración. En casos excepcionales debidamente justificados, la autoridad emisora podrá decidir ampliar el plazo de validez. Transcurrido ese plazo,*

---

919 Hablamos de terminación "normal" porque los artículos 71 a 73, cuyo régimen se expondrá posteriormente, se ocupan de lo que podríamos llamar "patologías del certificado". En ellos se hace referencia a la rectificación, modificación o anulación del certificado, a la posibilidad de recurrir las decisiones de la autoridad expedidora y a la suspensión de los efectos del certificado.

cualquier persona en posesión de una copia auténtica deberá solicitar a la autoridad emisora, para poder utilizar el certificado a los efectos indicados en el artículo 63, una prórroga de su plazo de validez o una nueva copia".

El formulario V, destinado, tal y como ha sido expuesto, a la expedición del Certificado Sucesorio Europeo, sin embargo, no concluye con la expedición del certificado. El modelo normalizado finaliza, en cambio, con el pie de copia[920], que es autónomo del propio certificado[921]. Y es que, como del propio artículo 70 se sigue, la autoridad expedidora del certificado conserva el original.

A quien encargó el certificado se le entrega una copia de este, dicha copia tiene el valor de documento público y, por consiguiente, la misma naturaleza que el certificado expedido. En la cláusula de suscripción normalizada[922] se hace referencia a los extremos que exponemos a continuación.

Debe destacarse que las menciones que han de aparecer en la cláusula de suscripción del certificado, a diferencia de lo que sucede con otros campos de la batería de formularios que integra el Certificado Sucesorio Europeo, son todas obligatorias, por lo que deberán constar de forma inexcusable.

---

920 O "cláusula de suscripción", el "pie de copia", como se conoce en terminología notarial al cierre de la copia autorizada que se entrega al interesado, conservándose el original, o matriz, en la notaría, está destinado a que la autoridad expedidora de la copia, que no necesariamente ha de coincidir con la autoridad emisora del certificado, incorpore las menciones necesarias para que el documento que se entrega a dicho peticionario, sea reputado como tal copia auténtica del certificado o documento matriz (pueden verse los arts. 221 y ss. RN).

921 Se hace remisión, en este punto, a la crítica formulada anteriormente respecto de la estructura del formulario V, que no disocia entre el documento matriz y la copia.

922 Ver formulario V *in fine*.

Si bien, nos referiremos posteriormente al supuesto de que alguno de esos campos no estuviese cumplimentado. Anticipando, no obstante que, pese a la bondad de los postulados del TJUE[923], en los casos en los que existan dudas sobre la integridad de la copia presentada por la falta de cumplimentación de alguno de los extremos de la cláusula de suscripción o tales extremos no puedan ser integrados fácilmente con el resto de datos que constan en el certificado, la copia deberá ser devuelta a la autoridad o tribunal expedidor a fin de que cumplimente el hueco correspondiente. En estos casos, el abaratamiento de costes y la descarga procedimental que se pretende para el ciudadano debe tener por límite el hecho de que la copia del certificado presentada sea incuestionable formalmente.

La copia que se expide tiene el carácter de copia auténtica del documento. En efecto, el documento que se entrega al interesado tiene el mismo valor que el original del Certificado Sucesorio Europeo, a los efectos de acreditar los extremos contenidos en el mismo.

A diferencia del propio certificado que lo retiene el tribunal o autoridad expedidora, en este caso, el notario, la copia auténtica es el título legitimador que se entrega a quien tiene derecho a ello[924], siempre al peticionario, pero no sólo al peticionario como se verá.

En la cláusula de suscripción de la copia auténtica del certificado se debe hacer constar la fecha de expedición de la misma. Se trata de una mención habitual en todos los testimonios y copias auténticas. La fecha de expedición identifica la

---

923 Ver STJUE de 1 de julio de 2021 (TOL 8.488.994).

924 Debe llamarse la atención sobre el hecho de que no todos los notariados conservan los documentos, en ocasiones el documento autorizado se entrega al interesado en original y no en copia, como en determinados casos sucede en Alemania o en Francia.

copia[925] y permite ponerla en relación con otras copias anteriores o posteriores y, en su caso, con modificaciones acaecidas posteriormente, en los casos del artículo 71. Al mismo tiempo, la fecha de la copia se ha utilizado por el TSJUE para integrar el plazo de duración de la misma cuando aquella, indebidamente, se expidió por tiempo indefinido[926].

En la copia deberá aparecer la *"firma y/o sello de la autoridad expedidora"*. En este punto, el autor del formulario parece haber querido respetar las especificidades formales del Derecho interno a que se somete dicha autoridad.

Expedida la copia del Certificado Sucesorio Europeo la misma está lista para ser utilizada en el tráfico jurídico. El certificado podrá ser invocado en otro Estado miembro por los herederos, legatarios que tengan derechos directos en la herencia y ejecutores testamentarios o administradores de la herencia (art. 63), a él viene ligado el elenco de efectos que se relacionan en el art. 69 [927]. No será necesaria la apostilla[928].

En principio, la copia se expide en el idioma oficial del expedidor, sin perjuicio de la posibilidad de que se expidan

---

925 Lo cual tiene su transcendencia como se pone de manifiesto en el artículo 70.2; así como en los casos patológicos contemplados en el artículo 71 a 73.

926 Ver STJUE de 1 de julio de 2021 (TOL 8.488.994), sobre esta cuestión se volverá posteriormente.

927 Los cuáles serán analizados en la parte final de este capítulo.

928 Ver art. 74. En relación a la dispensa de apostilla puede verse el muy interesante trabajo de DIAGO DIAGO, M. P., "La circulación de documentos públicos en situaciones transfronterizas: la tensión entre la seguridad jurídica y la reducción de las cargas para el ciudadano", curso 2019, Vitoria-Gasteiz, en *Cursos de Derecho Internacional y Relaciones Internacionales de Vitoria- Gasteiz 2019*, Tirant lo Blanch, Valencia, 2020, capítulo segundo, pp. 145-339.

copias en otro idioma previsto en los formularios, lo cual no será exigible al expedidor[929].

ii. Legitimados para obtener copia e interés legítimo

La primera mención que contendrá la cláusula de suscripción es la relativa a la persona a cuyo favor se expide la copia del Certificado Sucesorio Europeo. Debe destacarse que son varios los posibles legitimados para obtener copia. Como el propio formulario indica legitimado podrá ser *"el solicitante o solicitantes (sic. del certificado), o [...] personas que hayan demostrado un interés legítimo"*; y es que el artículo 70, da derecho a copia a unos y otros[930].

En este sentido, debe llamarse la atención sobre el hecho de que, conforme al Reglamento, no todos los que pueden tener interés en la existencia de un Certificado Sucesorio Europeo, están legitimados para solicitar la expedición del certificado, pues el elenco de solicitantes queda acotado en el art. 63 y 65.

Restringir la posibilidad de pedir copia del certificado a los legitimados para solicitar la expedición no parece estar dentro del espíritu del Reglamento. Así, por ejemplo, como argumento en favor de ampliar los posibles beneficiarios, se puede tener

---

929 Se hace remisión, en este punto, a lo que se ha avanzado ya al hablar del idioma de expedición del propio certificado.

930 Erróneamente, a nuestro juicio BUDZIKIEWICZ, C., *op. cit.*, p. 798, diferencia, respecto al solicitante, su interés legítimo para la obtención de la primera copia, que se presume, frente a la solicitud de copias ulteriores, por el solicitante, que debería probar el interés legítimo. Se trata de una postura que debe criticarse y que sólo tendría sentido si se pusiera en relación con una ampliación del plazo de vigencia de la copia o la expedición de una copia por plazo superior al previsto en el Reglamento; pues por el sólo hecho de ser solicitante se tiene interés legítimo en la obtención de la copia y no decae por el hecho de que se trate de una segunda copia.

en cuenta el hecho de que en el art. 66.4 se habla de "persona interesada" yuxtapuesta a "beneficiarios de la solicitud". No es infrecuente que en los distintos ordenamientos se atienda al concepto de "interés legítimo" para fundamentar solicitudes de personas que quedan fuera de las partes del instrumento, pero a las que les puede convenir invocar su contenido[931].

La posibilidad de traer a colación el concepto de interés legítimo manejado a nivel interno se encuentra, además, refrendada en los propios considerandos del Reglamento, así, en el 72 se establece: *"[...] la autoridad de expedición, que debe expedir una o más copias del certificado al solicitante y a cualquier otra persona que demuestre tener un interés legítimo. Esto no debe ser óbice para que los Estados miembros, de conformidad con sus normas nacionales sobre acceso del público a los documentos, permitan que se difundan al público copias del certificado [...]"*.

Por todo ello, debe mantenerse un concepto amplio de los posibles solicitantes de la copia. Si la voluntad del legislador hubiera sido la de restringir los mismos lo conveniente habría sido referir los posibles legitimados para la solicitud de una copia del certificado a los posibles peticionarios y ello, en cambio, no ha sido lo que ha tomado en consideración el art. 70.

Mención especial merecen los acreedores, tanto del causante como del heredero, en punto a la posibilidad de ser considerados posibles peticionarios, alegando su condición de tales como fundamento de su interés legítimo.

---

931 Puede verse, en este sentido, el art. 224.1 RN, al decir: *"Además de cada uno de los otorgantes, según el artículo 17 de la Ley, tienen derecho a obtener copia, en cualquier tiempo, todas las personas a cuyo favor resulte de la escritura o póliza incorporada al protocolo algún derecho, ya sea directamente, ya adquirido por acto distinto de ella, y quienes acrediten, a juicio del notario, tener interés legítimo en el documento"*.

Alguna autora se ha planteado la posibilidad, en todo caso, de reconocer interés legítimo a los acreedores de la herencia y a los acreedores del heredero. Así FERNÁNDEZ-TRESGUERRES, con una posición generosa concluye que es posible que la obtengan, siempre previa valoración de la autoridad custodia, atendidas las circunstancias del caso[932].

Otros autores, en cambio, niegan el derecho de los acreedores obtener copia del certificado, es el caso de CALVO VIDAL, quien mantiene una posición restrictiva, aunque no taxativa, para el autor citado, los acreedores deberán obtener la información al margen del Reglamento acudiendo a los cauces del Derecho interno[933].

Aun teniendo las dos posiciones sólidos argumentos, entendemos que el análisis de la cuestión debe hacerse desde otra perspectiva.

---

932 Se plantea FERNÁNDEZ-TRESGUERRES GARCÍA, A., *op. cit., Las sucesiones…*, p. 618-619 la posibilidad de que los acreedores del causante puedan solicitar copia del certificado, apunta a favor los argumentos de que con el certificado podrían conocer a qué ley se somete la responsabilidad por deudas del heredero, así como que la finalidad del certificado es *"la protección de las personas próximas al causante así como a los acreedores"* (el Reglamento matiza, expresamente, y dice *"acreedores de la sucesión"*, lo que la autora presupone en su desarrollo). La autora considera que deberá valorar las circunstancias la autoridad. Aunque su posición jurídica no es totalmente coincidente, no debe olvidarse que también podrían plantearse solicitudes por parte de los acreedores del heredero, pues podrían estar interesados en conocer los derechos que tiene su deudor en respecto a la herencia certificada.

933 CALVO VIDAL, I., *op. cit., El Certificado Sucesorio Europeo,* pp. 136-137, quien considera que las personas que, en principio no tienen legitimación, entre los que señala a los acreedores, deben buscar su cauce de reparación en el ámbito del Derecho interno correspondiente.

Las “ganas de saber” que siempre tienen terceros en relación al contenido de determinados documentos deben conciliarse con el concepto de “interés legítimo”.

Evidentemente, la autoridad, como apunta la autora citada, valora. Sin embargo, se puede ir un poco más allá para dilucidar si los acreedores, no solo los del causante, también los del heredero, tienen derecho a obtener copia del certificado.

El certificado no debe amparar solicitudes exorbitantes de documentos sucesorios que no tendrían cabida desde la perspectiva del Derecho interno. Pensemos por ejemplo en España, en principio, el acreedor del heredero, sin más, no puede obtener copia del testamento de su causante por el sólo hecho de ser acreedor; que la herencia haya sido certificada no debe cambiar la perspectiva y permitir que el acreedor, entonces, gane el derecho a pedir copia, ni del testamento ni, por consiguiente, del certificado.

Así, debe ponerse en relación la posibilidad de pedir copia con los efectos del certificado y con lo que éste es en sí, intrínsecamente, más allá de estos efectos. Por ello, la cuestión debe analizarse en dos niveles.

El primero, con relación a los efectos, el certificado puede utilizarse por uno de los posibles peticionarios, en el caso que nos ocupa, por el heredero o por el ejecutor sucesorio. Protege el crédito, tanto las relaciones crediticias contra el causante como las que son a su favor. Puede que un acreedor reciba bienes en pago, en tal caso, al acreedor le interesará que el pago esté bien hecho. No parece muy problemático concluir que el acreedor exigirá al heredero o al ejecutor, no a la autoridad, que éste le exhiba el certificado o, incluso, le provea de una copia. En la práctica, aunque se pretenda la finalidad de cobrar, los operadores jurídicos tratan de asegurar que el pago esté bien hecho, piénsese, por ejemplo, en las daciones en pago hipotecarias. Puede, que no lo exhiba, pero puede que el que hace el pago o la transmisión del bien en pago, haya invocado su posición jurídica en virtud de un certificado, en ese caso, el acreedor debería tener derecho a copia, pues la copia completa el título de transmisión y haber invocado el certificado supone una especie de autorización para la obtención de la copia del certificado.

En un segundo nivel, puede darse el caso de que el acreedor ya disponga de los documentos sucesorios internos, recuérdese que en la concepción que se defiende en este trabajo el certificado sucesorio no es más que actuación de certificación sobre algo ya existente o documentado.

En tal caso, el certificado constituye un auténtico manual de instrucciones de esos documentos internos, con lo cual, acompañando a la solicitud de copia esos documentos, que ya tiene el acreedor, no debería haber obstáculo para la obtención de esta. Sin embargo, la simple condición de acreedor sea del causante, sea del heredero, no legitima, sin más para la obtención de la copia del certificado.

El problema, por otro lado, puede ser más teórico que real pues ante la falta de un Registro de certificados sucesorios o de la obligación de comunicar al Registro de Actos de Última Voluntad (sin perjuicio de lo que se apunta en este trabajo, para el caso de España), difícilmente el acreedor tendrá conocimiento de la expedición del certificado, si lo tiene, en el caso de España es porque tiene una copia de un documento protocolar, normalmente la partición de herencia, atributivo de competencia, y puede que se encuentre, entonces, en uno de los supuestos indicados.

No parece bastante alegar que el concepto de interés legítimo es, también, un concepto autónomo del Derecho de la Unión. Podrá predicarse esto respecto del núcleo duro de las solicitudes de copia. Sin embargo, es el propio Reglamento, en sus considerandos, el que permite remitirse a la legislación interna que, en estos casos podrá ser tomada como guía de interpretación.

Admitida la posibilidad de solicitar copia del certificado por parte no solo de los solicitantes, legitimados para solicitar el certificado y personas con interés legítimo, debe llamarse la atención sobre el hecho de que, como sucede a nivel interno, la concurrencia de dicho "interés legítimo" en un solicitante de la copia deberá ser considerada por la autoridad a la que dicha solicitud se dirige.

En este contexto, destaca la falta de previsión en el Reglamento para el caso de que el notario al que se dirige la solicitud niegue la copia por no concurrir tal interés legítimo en el peticionario.

En efecto, en el art, 72 sólo se hace referencia a la posibilidad de recurso de las decisiones adoptadas por la autoridad emisora en el marco de art. 71. La negativa a expedir copia se encontraría ínsita en el artículo 70. No parece una interpretación muy forzada colmar la laguna en la literalidad del Reglamento extendiendo las mismas posibilidades de recurso a esta negativa. A tal conclusión se podría llegar sobre la base de que quien demuestra interés legítimo puede instar la rectificación, modificación o anulación del certificado (art. 71.2) así como recurrir las decisiones adoptadas en el marco de los artículos 71 y 73, como permite el artículo 72.2. La posibilidad de interponer estos recursos, se debe, a nivel interno superponer con la propia normativa de la autoridad que custodia el certificado y a la que se encarga la expedición de la copia. Así, caso de tratarse un certificado notarial, el que invocó un interés legítimo no tenido en cuenta podrá acudir al recurso, de naturaleza administrativa, que permite el art. 231 RN, ante la DGSJyFP[934].

---

[934] Así, establecer el art. 231 RN: *"Contra la negativa del Notario a expedir una copia se dará recurso de queja ante la Dirección General, la cual, oyendo al propio Notario y a la Junta directiva del Colegio respectivo, dictará la resolución que proceda. Si la resolución fuese ordenando la expedición de la copia, el Notario lo hará constar en las notas de expedición y suscripción de*

No existen en el Reglamento limitaciones ni al número de copias que se pueden solicitar[935], bien simultáneamente, bien sucesivamente, ni tampoco en cuanto a las prórrogas. No parece una mala *praxis* que la autoridad que controla el proceso solicite una justificación razonable ante solicitudes que puedan revelarse abusivas. En tales casos, parece que decaerá el interés legítimo para solicitar nuevas copias o prórrogas.

Acreditado el interés legítimo, se deberá expedir la copia, sin que quepa limitarse la solicitud, si el interesado se encuentra dentro de uno de los posibles peticionarios. Algún autor italiano[936], sin embargo, ha entendido que sería una medida de prudencia que el expedidor pidiera una declaración de mantenimiento de las circunstancias certificadas, a fin de evitar la expedición de un certificado si éstas han cambiado y el certificado puede ser cuestionado. Aunque bienintencionada, es una posición que no tiene respaldo legal. Sin perjuicio de que si el expedidor de la copia sabe que dichas circunstancias han cambiado deberá adoptar las cautelas que le impone el art. 71 y ss..

---

la misma copia". Lo que no parece conveniente, a la vista del texto normalizado, es hacer constar en la cláusula de suscripción, referencia alguna a que se expide como consecuencia de un recurso; más que nada porque sería "ensuciar" el certificado para su circulación en el tráfico, cuando se recibe en otro país, imponiendo al receptor la carga de conocer el Derecho interno de la autoridad expedidora. En tales casos, parece que sería suficiente que en la nota que se causa en la matriz del certificado, a los efectos del art. 70.2, como se verá, quedase constancia de que se ha expedido a instancias de la resolución recaída. A fin de cuentas, expedir el certificado como consecuencia de un recurso o sin éste, no resta valor ni le añade nada al formulario normalizado.

935 De hecho el considerando 72 alude a que la autoridad de expedición *"[…] debe expedir una o más copias auténticas del certificado al solicitante […]".*

936 MEUCCI, S., *op. cit.*, p. 110.

Cualquiera que sea la persona a la que se le expida la copia, no debe olvidarse que el art. 70.2 impone la obligación a la autoridad emisora de conservar una lista de las personas a quienes se entregaron copias auténticas. La finalidad que la norma proclama es la de dar cumplimiento a las obligaciones que se imponen en los casos de rectificación, modificación o anulación del certificado (art. 71.3) o suspensión de sus efectos (art. 73.2).

En el caso del notario español, sobre la base del expediente que se defiende en este trabajo como modo normal de actuación, la lista se formará, como es habitual en los documentos notariales con las notas de expedición[937].

Sin embargo, parece que habrá que incluir, además, alguna forma de localización del tenedor de la copia, pues de lo contrario se frustraría la finalidad de impedir que circule una copia inexacta, bien por error del certificado, bien por defecto de transcripción de la misma[938].

No se dice cuáles son los medios de localización del tenedor de la copia, en todo caso, parece prudente pedir una dirección postal, número de teléfono y correo electrónico. En última instancia se trata de que pueda ser localizado, con lo que deberá tomarse en consideración un criterio flexible atendidas las circunstancias.

---

937 Ver art. 244 RN.

938 Nótese que entre las patologías del art. 71 no se contempla el hecho de que la copia pueda ser inexacta, por error de transcripción; también a este supuesto deberán extenderse las posibilidades del art. 71. A favor de dicha solución milita no solo la propia lógica del sistema, también, desde la perspectiva del Derecho interno, el hecho de que la copia notarial tiene el mismo valor que su matriz, conforme al art. 221 RN. A la misma conclusión debe llegarse cuando el error haya sido de traducción, para el caso de que el propio notario expedidor haya procedido a volcar el certificado expedido en un formulario de otro idioma para expedir la copia.

Cabe llamar la atención sobre el hecho de que dicha lista no será pública, se encuentra limitada su publicidad por la legislación de protección de datos, al contener datos protegidos. Puede considerarse que cualquier interesado que pueda tener derecho a copia tiene derecho a conocer quién ha pedido o tiene otra copia, pero no sus datos personales que son materia reservada. La publicidad de la lista solo será entre autoridades al objeto de cumplir lo previsto en el artículo 73.2, inciso primero[939].

Por último, en relación a la publicidad del Certificado Sucesorio Europeo, debe tenerse en cuenta que el Reglamento deja la puerta abierta a una mayor difusión del certificado, a la vista de lo dispuesto en el considerando 72, en cuyo tercer inciso, tras sentar las directrices en que se inspira el art. 70, establece: *"Esto no debe ser óbice para que los Estados miembros, de conformidad con sus normas nacionales sobre acceso del público a los documentos, permitan que se difundan al público copias del certificado"*. Así, por ejemplo, desde la perspectiva del Derecho español, podría traerse a colación toda la normativa de acceso por las Administraciones Públicas, especialmente, la fiscal, al contenido de los documentos públicos.

iii. Vigencia de la copia

En la copia del certificado, que no en el certificado, por eso hemos criticado la no diferenciación en los anexos entre uno y otro documento, deberá hacerse constar la fecha en la que expira la copia del certificado sucesorio.

---

939 Debe hacerse remisión, en este punto, al análisis contenido con ocasión del tratamiento del artículo 73.

La determinación del momento en que decae la validez de la copia del certificado, se hará constar con expresión, en números, del día, mes y año, y por ese preciso orden[940].

El que se exprese la fecha en números, y no en letras como, por ejemplo, se hace habitualmente en los documentos notariales españoles, debe obedecer a la finalidad de evitar, en lo posible, la necesidad de traducción de los campos libres del certificado.

La expresión de la fecha de validez es una mención obligatoria. En este punto el formulario, al marcar como obligatoria dicha mención, es fiel a la literalidad del artículo 70, en el que se indica que *"3. Las copias auténticas tendrán un plazo de validez limitado a seis meses que se hará constar en ellas mismas, especificando su fecha de expiración [...]"*.

Como indica el art. 70.3, el plazo natural de duración es de seis meses para la copia del certificado. Dicho plazo no afecta al certificado, que no caduca, sólo a su copia auténtica, que está sometida a plazo[941].

Se trata de un plazo de caducidad, pues expira, salvo prórroga solicitada y concedida, perdiendo, dicha copia, los efectos legitimadores del certificado más allá de la fecha prevista de validez.

---

940 (dd/mm/aaaa), se llama la atención por el hecho de que, a diferencia de lo que sucede en algunos idiomas, especialmente en inglés, donde se acoge el formato (mm/dd/aaaa), cualquiera que sea la versión e idioma, se normaliza la forma de datar en los formularios, a favor de la primera, más amplia y difundida.

941 Por ello, con buen criterio, el art. 70.3 distingue entre el certificado y la copia; a la última se le aplicará la caducidad, no, en cambio, al certificado, que no caduca. En este mismo sentido STJUE 1 de julio de 2021 (TOL 8.488.994).

No existe en los considerandos del Reglamento ni en el artículo 70, explicación sobre por qué se limita el plazo a seis meses. Sin embargo, debe destacarse que, teniendo en cuenta la flexibilidad formal del formulario, que no exige ningún tipo de papel especial, sellos, registro… no parece inadecuado que se pretenda tener bajo control la circulación de los certificados. A ese control ayudará un plazo generoso, pero no excesivo, a fin de evitar que los poderosos efectos legitimadores que despliega la copia del certificado, favorezcan a falsificaciones o manipulaciones del mismo.

Algunos autores, además, ven en el plazo una forma de evitar que circulen certificados incorrectos o de que sus efectos se propaguen más allá de lo imprescindible[942]. Parece que el legislador ha tratado de buscar equilibrio entre los distintos intereses en juego[943]. A esta misma conclusión llega el TJUE en la sentencia de 1 de julio de 2021 (TOL 8.488.994).

También hemos apuntado, anteriormente, que la existencia de este plazo juega en favor de que, en caso de que se trate de certificados sucesorios parciales, se puedan tomar en consideración alteraciones habidas en la situación hereditaria certificada, como consecuencia de la dinámica de ejecución del proceso sucesorio.

---

942 Ver, en este sentido, REINHARTZ, B., *op. cit.*, p. 292. También, HERTEL, C.; *op. cit.*, p. 401.

943 Debe recordarse, no obstante, la aclaración que consta en el art. 6.7 DR (Documento de reflexión 2008) que se trata de evitar con ello la existencia de dos certificados contradictorios circulando a la vez, lo que se pretende conseguir con un lapso corto de duración. En dicho documento se sugería un plazo de un mes, lo cual resulta, cuando menos frívolo si se tiene en cuenta la vocación de circulación que tiene el certificado y los plazos que se manejan en la práctica por los posibles receptores públicos o privados del mismo.

Es evidente que en el momento en el que se implemente un registro de certificados sucesorios o la posibilidad de validarlos electrónicamente, decaerá la necesidad de limitar el plazo de vigencia de la copia[944]. Así pues, para que el certificado pueda ser utilizado en el tráfico requiere que esté vigente la copia auténtica. Cuando la copia esté caducada, al tenedor de la misma le caben dos alternativas.

La primera es pedir una nueva copia a la autoridad que custodia el certificado expedido[945]. Parece que será la opción más conveniente, pues se trata de retirar de la circulación una copia caducada y expedir una nueva copia. Es el sistema que podríamos llamar "normalizado" en los formularios, ante la falta de previsión reglamentada sobre cómo prorrogar la copia ya expedida, cuestión sobre la que volveremos.

También permite el Reglamento, pese a lo dicho, que se solicite una prórroga del certificado. En relación a la prórroga parece que no es obligatorio esperar a la caducidad de la copia. El articulo 70.3 solo establece tal obligación utilizando el término "deberá" cuando la copia esté caducada y se pretenda utilizar; lo cual no impide solicitar la prórroga por causa justificada anticipadamente. No parece haber inconveniente a que se traiga aquí a colación el concepto de interés legítimo que se expuso anteriormente, aplicable, por consiguiente, también a la solicitud de la prórroga. A mayor abundamiento, si

---

944 En este mismo sentido se postula REINHARTZ, B., *op. cit.*, p. 292.

945 Debe tenerse en cuenta que la autoridad que prorroga o expide la nueva copia, pese a la ficción del art. 70 no es necesariamente la que lo expidió, sino la encargada, con arreglo al Derecho interno, de custodiar dicho certificado. No existirán problemas en los casos de órganos impersonales, como los tribunales, si, en cambio, cuando se esté ante un notario, será el titular que custodie el protocolo en el que conste el protocolo el que proceda a la expedición de la nueva copia o a la prórroga de la copia caducada.

el propio solicitante puede pedir una segunda copia del certificado tiempo después de obtenida la primera, pero antes del plazo de seis meses, no parece haber obstáculo a que se pueda pedir la prórroga antes.

No obstante, como se ha apuntado, admitida la posibilidad de prórroga, pero sin haber previsto un formulario-anexo que añadir para hacer constar la prórroga, difícilmente se podrá dar el caso de prórroga o no sería respetuoso con la normalización que se espera de un formulario.

En efecto, si el formulario contuviese una casilla para hacer constar la prórroga, se generará el problema de que se podría manipular, como sucede con el resto de casillas que no se cumplimentan pero se reseña que no lo están. Si, por el contrario, se trata de un texto añadido por la autoridad, no estaría normalizado, por eso, en nuestra opinión, debe desecharse la prórroga y expedir una nueva copia, en tanto en cuanto no se modifique el formulario de la copia en el sentido referido.

Por ello, parece conveniente que en una revisión futura, el legislador de la Unión prevea un anexo normalizado para hacer constar la prórroga de vigencia, en cuyo caso, *de lege ferenda*, debería hacer referencia a la copia del Certificado Sucesorio Europeo a la que dicho anexo se adiciona, el plazo de prórroga y mismo tipo de firma o autorización que tenga la copia expedido, con arreglo al estatuto interno de la autoridad expedidora, así, por ejemplo, desde la perspectiva de la expedición por notario español, autorización notarial completa.

La aplicación del plazo de seis meses de caducidad debería tener en cuenta la situación administrativa en que se encuentra la copia utilizada. No debe ser valorada de la misma manera la copia que no se encuentra aportada a ningún expediente y está en poder de un tenedor de la misma para ser invocada en el tráfico, de aquella otra que se ha aportado a un expediente.

Por tal motivo, si el tenedor ha sido diligente y formulado en tiempo una petición, pública o privada, la copia caducada seguirá produciendo sus efectos, en el ámbito en el que se hubiera invocado en plazo, aunque la petición se atienda vencido el plazo de seis meses[946].

---

946 Pongamos un ejemplo. Piénsese en el no infrecuente caso en el que el certificado se presente al Registro de la propiedad bien como título inscribible bien como documento complementario; la fecha que deberá tomarse en consideración será la de su presentación y la copia servirá al fin para el que se presentó aunque el documento se despache posteriormente. No otra cosa se infiere, por ejemplo, del artículo 24 LH, al decir: *"Se considera como fecha de la inscripción para todos los efectos que ésta deba producir, la fecha del asiento de presentación que deberá constar en la inscripción misma"*; en el mismo sentido, podría verse, en sede de denominaciones sociales, el art. 412 RRM, que aplica una solución similar respecto a las certificaciones que caducan con posterioridad a la presentación. Por el mismo motivo, en el caso de que el Certificado Sucesorio Europeo se incorpore a una escritura de partición de herencia, ésta será integra sin que se vea afectada la caducidad posterior de la copia incorporada; pues la escritura de partición será íntegra. Lo contrario implicaría una carga excesiva para el interesado diligente que le obligaría a estar reiterando solicitudes, no siempre fáciles, cuando el certificado fuera un documento complementario de un título que se presenta sucesivamente en distintas instancias, como cuando se suceden presentaciones en distintos registros de la propiedad de una misma escritura de partición en la que se ha incorporado la copia del certificado. A esa misma conclusión llega la STJUE de 1 de julio de 2021 (C-301-20) (TOL 8.488.994), el razonamiento del tribunal descansa en motivos de economía, por un lado, pues hacer renovar la vigencia de la copia implicaría incrementar los tiempos y costes, lo cual es contrario a la finalidad del Reglamento; también, sobre todo, apunta que el ciudadano que presentó la copia ha sido diligente con la presentación, y que no corresponde a él el impulso procesal del procedimiento, que escapa a su control, resultando contrario a su tutela trasladarle a él la carga de que la copia estuviera vigente hasta la finalización del expediente. En este sentido, entendemos, la forma en la que se aporte la copia del certificado a un expediente también será

Puede suceder, no obstante, que se emplee una copia caducada; en tales casos, la cuestión debe solventarse al margen del Reglamento. Pues no brinda solución. La eficacia de la copia ha decaído por su caducidad, sin que nada sea imputable al texto de la Unión. El receptor de la misma fue negligente, al tomarla en consideración[947].

Debe llamarse la atención sobre el hecho de que *"en casos excepcionales debidamente justificados, la autoridad emisora podrá decidir ampliar el plazo"*. No se trata de una solicitud de prórroga, sino de pedir, inicialmente, que la copia se expida por un lapso de tiempo mayor.

Llama la atención que la DGSJyFP en resolución de 9 de julio de 2024 (TOL 10.110.952), aunque *obiter dicta*, haga constar que *"El certificado es ineficaz por transcurso del plazo previsto, puesto que la validez de la copia –el certificado circula siempre en copia– conforme al artículo 70 del Reglamento (UE) n.º 650/2012, es de seis meses, habiéndose expedido indebidamente por el plazo de un*

---

importante, pongamos un ejemplo: Se emplea un certificado sucesorio para formalizar una escritura de adjudicación de herencia, no parece una mala *praxis* que este bien se testimonie para su incorporación a la escritura de herencia, bien se incorpore a la escritura de adjudicación de herencia directamente. Teniendo en cuenta que el otorgamiento del documento público implica, en sentido amplio, el inicio del procedimiento por el que debería resultar inscrito un determinado bien a favor de los herederos, que conste el certificado incorporado a la escritura evitará que este decaiga por el transcurso de tiempo si hubiera caducado cuando se presente a inscripción la referida escritura. Si, en cambio, el certificado no se incorporó, sino que se acompañó a la escritura, debería estar vigente en el momento de la presentación de dicha escritura, con el certificado que la acompaña, en el Registro de la propiedad competente. Y todo ello, sin perjuicio de la posibilidad de presentación telemática de la escritura, el mismo día del otorgamiento, como se hace en la práctica salvo desistimiento del interesado.

947 PATTI, S., *op. cit,* p. 18.

año y ya transcurrido el plazo legal de los seis meses es cuando es presentado en el Registro […]". Lo que está claro es que se trata de una mala interpretación de la STJUE de 1 de julio de 2021 (TOL 8.488.994), que cita la propia resolución. Pues en dicha sentencia lo que se proscriben son las copias expedidas por tiempo indefinido, no que se pueda ampliar el plazo, lo cual es, simplemente, una duda que se plantea al tribunal por el proponente de la cuestión y que no se llega a resolver.

El hecho de decidir implica la posibilidad de denegar un plazo mayor a los seis meses. Tal decisión, aunque no esté contemplada entre las recurribles, en el art. 72, parece que debería poderse someter a revisión a fin de no generar indefensión[948]. No obstante, aunque se admita el recurso, los tiempos de decisión del mismo harán ilusoria la pretensión del recurrente.

Ahora bien, el interesado en que el plazo de amplíe deberá justificar su petición, y, al mismo tiempo, la autoridad emisora de la copia deberá actuar de forma restrictiva, a favor de esto último debe traerse a colación las otras versiones del Reglamento, en las que se emplea con rotundidad el término de que no solo se requiere que los casos sean excepcionales, sino que, también, la derogación de la regla constituye una excepción[949].

---

948 Puede suceder que la copia del certificado se tenga que gestionar en un determinado Estado ante diferentes Administraciones y existan unos plazos mínimos dilatorios que excedan inicialmente de los seis meses. Podría decirse que al interesado siempre le cabrá la posibilidad de ir solicitando copias conforme ello acaezca, sin embargo, parece que sería contrario al espíritu del Reglamento que trata de evitar tramites innecesarios el exceso de carga administrativa para el ciudadano, sin perjuicio de los costes añadidos que ello comporta.

949 Así, la traducción correcta sería: "En casos excepcionales, debidamente justificados, la autoridad emisora, podrá, *a modo de excepción*, decidir ampliar el plazo de validez […]"; en cambio, en la redacción oficial no aparece "a modo de excepción", a diferencia de lo que

La ampliación del plazo podrá solicitarse no solo antes de la expedición de la copia, también cabrá en el caso de que se soliciten prórrogas, iniciales o sucesivas. Lo que no parece admisible es que la copia del certificado se expida por menos tiempo del inicialmente previsto. Parece razonable pensar que la prórroga se debe expedir por el mismo plazo que la nueva copia, pues, de lo contrario, se haría de peor condición a ésta frente a la copia, que entendemos, aunque sea ulterior, debe expedirse por el plazo mínimo de seis meses. Sin embargo se trata de una cuestión abierta que no ha resuelto el legislador.

Existen distintas patologías en punto al plazo de duración de la copia del certificado. En concreto, a la vista del art. 70.3, en principio parece irregular entender aplicable supletoriamente el plazo previsto y dejar el espacio en blanco, integrándose con el plazo de seis meses.

Tampoco es viable, en el sistema del Reglamento, que la copia se expida con carácter indefinido, pues el hecho de que el Reglamento prevea que se fije una fecha de expiración es incompatible con la existencia de copias de vigencia indefinida.

No obstante lo anterior, debe traerse a colación la STJUE de 1 de julio de 2021 (TOL 8.488.994), la cual, para un supuesto en el que se había establecido un plazo de duración "indefinido", que considera que *"es válida durante un período de seis meses a partir de su fecha de expedición y surte efectos, en el sentido del artículo 69 de dicho Reglamento, si es válida en el momento de su presentación inicial ante la autoridad competente"*. El Tribunal fundamenta su decisión en que se trata de un error formal no imputable al interesado y dilataría el proceso devolver la copia al expedidor para la subsanación del plazo.

---

sucede en las versiones francesa, inglesa o italiana. Una vez más se aprecia el maltrato a la lengua oficial española en las traducciones institucionales de la Unión.

¿*Quid iuris* el caso de que se haya dejado en blanco la casilla relativa a la expiración de la copia? ¿Se considera entonces que estamos ante un supuesto de expedición por tiempo indefinido y se aplica la doctrina de la citada sentencia? ¿Se trata de un supuesto distinto? En este punto existe un error grave en los fundamentos de la STJUE 1 de julio de 2021 (TOL 8.488.994), pues, aunque el fallo hace referencia expresa sólo a la copia expedida por un tiempo indefinido, en sus fundamentos se hace alusión a ambos supuestos como equiparables[950].

Evidentemente, aunque se pueda predicar la misma solución, los supuestos son netamente diferenciables. Así, cuando la autoridad fija un plazo indefinido puede concluirse que ha habido una determinación expresa en punto a la duración de la copia, la casilla correspondiente, con la mención "indefinido", se ha inutilizado. Será criticable la labor del expedidor y podría, incluso, tener responsabilidad con arreglo a su estatuto. Sin embargo, se aplica el plazo supletorio, tal y como interpreta la sentencia.

Cuando la autoridad, en cambio no determina un plazo y, a diferencia del supuesto anterior, no se inutiliza la casilla, en realidad se corre el riesgo de que se manipule la copia y se ponga un plazo superior a los seis meses.

Sin embargo, el Tribunal, aunque no lo declare expresamente, hace de igual condición ambos supuestos y, parece, debería llegarse a idéntica conclusión de aplicación supletoria del plazo de seis meses. A favor de esta interpretación milita la *ratio decidendi* del Tribunal que descansa en minorar los costes

---

950 *"(26) No obstante, se plantea la cuestión de si, cuando la autoridad emisora ha precisado expresamente, en el formulario V, que dicha copia no tiene fecha de expiración, esta debe considerarse válida por un período de seis meses o si esta falta de fecha de expiración impide la utilización de dicha copia, en el sentido del artículo 63 de dicho Reglamento".*

formales al interesado, si bien, como se apunta, no son supuestos totalmente equiparables.

Parece fraudulento, aunque no esté regulado, que la autoridad fije un plazo exorbitante a fin de hacer la duración de la copia indefinida, de facto. Sin embargo, el supuesto se agotará en la responsabilidad que puede exigirse a dicha autoridad, para el caso de que sobrevengan perjuicios, así como en la posible responsabilidad disciplinaria, con arreglo a su estatuto del expedidor. No parece, en cambio que se pueda cuestionar a quien confíe en la copia del certificado expedida de tal manera, el cual quedará protegido por el sistema legitimador que tutela el art. 69 y concordantes.

Puede darse el caso en el que conste la fecha de expiración pero no la de expedición, en tales caso, parece que se tratará un error formal y que se sanará por la caducidad determinada, expresamente, en la casilla de duración.

Por último, aunque, a la vista de la generosidad de la citada STJUE de 21 de julio de 2021 (TOL 8.488.994), deberían reducirse los supuestos al mínimo. En ocasiones deberá procederse a la devolución de la copia al expedidor.

Así, por ejemplo, en aquellos casos en los que no conste ni la fecha de expedición de la copia, ni la de expiración, parece que debería devolverse la copia con la sola excepción de aquellos supuestos en los que, constando en el formulario la fecha de expedición del certificado, ésta no sea anterior a más de seis meses al momento de la presentación del certificado para su utilización. Si la fecha es más antigua deberá no se nos ocurre ninguna alternativa de integración temporal de dicha copia.

En estos casos, debería haberse previsto la posibilidad de retirada de la copia por la autoridad receptora cuando se aprecian este tipo de errores. De esta manera se evitaría que el propio interesado se viese tentado a cumplimentar esas casillas, de forma evidentemente fraudulenta. Un principio de lealtad institucional y cooperación entre autoridades de la Unión debería amparar esa solución.

d. Patologías del certificado: Errores, recursos y suspensión de efectos

i. Planteamiento

La autoridad o tribunal requerido debería acabar su cometido con la entrega de la copia del certificado al interesado. Este es el modo normal de finalización del proceso. Sin embargo, una vez autorizada la copia podrá suceder que se pongan de manifiesto determinadas incidencias que obliguen a rectificar, modificar o anular el certificado. Serán actuaciones a las que pueda verse abocada la autoridad o tribunal que lo expidió, bien de oficio, bien a instancia de persona con interés legítimo.

Tales actuaciones, cuando son realizadas a instancia de parte, puede que sean estimatorios de la pretensión de rectificación, modificación o anulación del Certificado Sucesorio Europeo. También puede suceder que el expedidor no estime la pretensión formulada. En tales casos, se deberá tutelar el interés legítimo de aquellas personas cuyas pretensiones no sean estimadas mediante el correspondiente sistema de recursos.

Al mismo tiempo, que un Certificado Sucesorio Europeo se vea afectado por una de estas patologías, lleva consigo unas medidas a fin de minimizar las consecuencias negativas que este documento público con eficacia claudicante podría generar en el tráfico jurídico-económico, habida consideración a los poderosos efectos legitimadores del mismo, mientras no se produzca la rectificación, modificación, anulación o, en su caso, suspensión[951].

[951] En este mismo sentido, MAIDA, F., *op. cit.*, p. 90.

Por ello, el considerando 72, como cierre programático de la regulación del Certificado Sucesorio Europeo, establece: *"El presente Reglamento debe prever la posibilidad de recurso contra las decisiones de la autoridad de expedición, incluidas las decisiones de denegar la expedición de un certificado. En caso de que se rectifique, modifique o retire el certificado, la autoridad de expedición debe informar a las personas a las que se hayan expedido copias auténticas con objeto de evitar un uso indebido de esas copias"*.

Así, el artículo 71 se ocupa de la rectificación, modificación o anulación del certificado; el artículo 72 de los recursos con los que se tutela al interesado cuando no es atendida su petición de rectificación, modificación o anulación; y, el artículo 73, por último, de la posible suspensión se los efectos del certificado que se encuentre en alguna de las situaciones anteriores.

ii. Rectificación, modificación o anulación del CSE

Conforme al artículo 71: *"1. La autoridad emisora deberá rectificar el certificado, de oficio o a petición de cualquier persona que demuestre tener un interés legítimo, en caso de error material. 2. La autoridad emisora deberá modificar o anular el certificado, a petición de toda persona que demuestre tener un interés legítimo o, si ello es posible en virtud del Derecho nacional, de oficio, cuando se haya acreditado que el certificado o extremos concretos del mismo no responden a la realidad. 3. La autoridad emisora comunicará sin demora a todas las personas a las que se entregaron copias auténticas del certificado en virtud del artiículo 70, apartado 1, cualquier rectificación, modificación o anulación del mismo."*

El precepto aparece sistematizado en tres numerales, los dos primeros se centran en la naturaleza de las patologías que puede adolecer el certificado. El último, en cambio, hace referencia a las medidas a adoptar a fin de minimizar los daños que puede conllevar un certificado inexacto en todo o en parte. Estas medidas deben llevar a la suspensión de efectos regulada en el artículo 73.

Como cuestión preliminar, debe apuntarse que las copias del certificado, en tanto en cuanto son testimonios del certificado expedido, pueden también encontrarse dentro del ámbito de las actuaciones del artículo 71, especialmente, dentro de los supuestos de rectificación, como se verá[952].

Debe llamarse la atención sobre la terminología que emplea el artículo 71. En dicho precepto aparece yuxtapuesta la palabra "rectificación" a "modificación". En español, el significado de ambos términos es prácticamente coincidente. Sin embargo, en otros idiomas, el primer término aparece, más bien, referido a meras erratas o correcciones, frente al segundo que se toma en consideración cuando los errores tienen naturaleza sustancial[953].

Precisamente, el propio Reglamento se encarga de diferenciar en el artículo 71 la naturaleza de la actuación en función de que estemos ante un error material o, por el contrario, el error afecte sustancialmente al certificado.

En efecto, en el primer inciso del artículo 71 tendrían cabida los errores materiales. El segundo inciso aparece referido a aquellos otros errores que afectan a la sustancia del

---

952 Al igual que, como quedó expuesto, la negativa a expedir copia debería subsumirse dentro de los posibles objetos de recurso del artículo 72, por lo que, cabe anticipar, que debe hacerse una interpretación extensiva de la materia recurrible, no siendo los motivos contemplados considerables como una lista cerrada.

953 BUDZIKIEWICZ, C., *op. cit.*, p. 746, entiende aplicable el 71.2 a aquellos supuestos en los que el expedidor introduce más información en el certificado de la prevista en el art. 68, resultando una causa de modificación del mismo. En el fondo, entendemos, se trata de facilitar que el uso del certificado no de lugar a errores, por lo que, parece, se debe ser generosos en el régimen de rectificación, modificación o anulación del certificado cuando por la forma de haberse expedido se pueda frustrar su finalidad.

Certificado Sucesorio Europeo[954], lo que parece incidir en las medidas cautelares previstas en el Reglamento.

Nótese que la transcendencia de los errores, que será prácticamente nula en los materiales y grave en los sustanciales determina un distinto régimen de medidas cautelares en el propio Reglamento. Sólo los errores sustanciales abren la puerta a la suspensión de los efectos del certificado ex art. 73, al menos si se aplica literalmente la letra a) del apartado 1 de dicho artículo. Sucede, sin embargo, que la letra b) del art. 73.1, aplica el mismo régimen de efectos suspensivos tanto a los errores materiales como a los errores sustanciales, al prever que el órgano judicial (en fase de recurso) pueda adoptar las medidas a instancia de cualquier legitimado para recurrir en virtud del art. 72, sin diferenciar el objeto del recurso. Ello dará lugar a que se genere una práctica en punto a esa igualación o no, pues el matiz que introducimos puede servir de guía de actuación para que la autoridad emisora estime o no la suspensión.

El competente para llevar a cabo las actuaciones previstas en el art. 71 es el expedidor del certificado. Las actuaciones tanto para la rectificación o, con mayor propiedad, corrección de errores materiales, como para la modificación de errores sustanciales se podrán tomar por la autoridad tanto de oficio como a instancia de persona con interés legítimo[955]. Parece que dentro de estas personas tendrían cabida aquellas contra las que se pretendiera usar el certificado o a las que éste perjudicara[956]. Como se trata de una cuestión sujeta al Derecho interno de la autoridad expedidora el Reglamento no regula

---

[954] Por eso, precisamente, en el primer inciso se habla literalmente de *"error material"*, mientras que en el segundo se alude a los casos en los que *"se haya acreditado que el certificado o extremos concretos del mismo no responden a la realidad"*.

[955] Ver art. 71.1 y 71.2.

[956] BUDZIKIEWICZ, C., *op. cit.*, p. 808.

procedimiento para solicitar la rectificación, por lo que tal requerimiento deberá formularse con arreglo a las normas del procedimiento de la autoridad expedidora.

El margen de actuación de oficio de la autoridad emisora no está totalmente delimitado en el Reglamento. Así como en el caso de la corrección de errores materiales las actuaciones de oficio están amparadas por el propio Reglamento, en el caso de errores sustanciales, la legislación interna debe permitir dicha actuación de oficio, pues el Reglamento no lo contempla, pero no debe reputarse prohibido por tal motivo.

Debe criticarse este último extremo, pues si la actuación de certificación se toma sobre la base de los documentos aportados por los interesados o indagados por el expedidor y no obedecen a consentimientos prestados por el solicitante, debería permitirse dicha rectificación de oficio en todo caso, con el único límite de que no se podrán subsanar unilateralmente los errores que se arrastren al certificado como consecuencia de errores de concepto existentes en los documentos sobre cuya base se certificó[957]. Nótese que la autoridad expedidora será responsable de sus actos, parece que debería permitírsele minorar los daños de su posible negligencia amparando, en todo caso, esas actuaciones de oficio, sin esperar a que un interesado ponga de manifiesto el error.

---

957 Así, por ejemplo, el expedidor del certificado no podrá subsanar el documento que sirvió para certificar ni tampoco el error que éste cause en el certificado, salvo determinados errores materiales. Pensemos, por ejemplo, el supuesto en el que existe un número bailado en el documento de identidad plasmado en el testamento que sirvió para certificar, pero que resulta evidente al confrontar todos los documentos del expediente de certificación, en este caso, se tratará de un error material que el expedidor podrá y deberá impedir que transcienda al certificado. No podrá, en cambio, subsanar, por ejemplo, una designación de heredero imprecisa, salvo cuando lo permita la legislación nacional.

A pesar de lo referido, las actuaciones o consecuencias de cada una de esas patologías no parecen ser las mismas. En la mente del legislador de la Unión parece que los errores materiales irían ligados a una simple enmienda del certificado mientras que los errores sustanciales deberían llevar una actuación formal más profunda que podría incluso llevar a la anulación del certificado y sustitución por uno nuevo.

Por desgracia, ni en el Reglamento ni en los formularios de ejecución aparece previsto cómo se hace formalmente la rectificación, modificación o anulación.

Lo deseable es que el propio formulario contuviese una cláusula al pie de la copia en la que se indicasen los siguientes extremos: 1) Que el certificado y su copia ha sido modificado; 2) La fecha de la modificación; 3) La naturaleza de la modificación y casillas a las que afecta. Se trataría de que quien reciba dos copias del certificado, bien simultáneamente, por ser presentadas por personas distintas; bien sucesivamente, por ser la copia inicial y la copia subsanada, pueda tener, en todo momento, cabal conocimiento de cual es la copia auténtica correcta o de a qué obedece la disparidad entre ambas[958].

---

958 Nótese que la falta de concordancia entre dos copias auténticas no debe obedecer necesariamente a un error del certificado que se corrija. También puede darse el caso de que las copias son dispares entre sí porque una de ellas adolece de un error de transcripción de un certificado exacto material y sustancialmente. Desde el punto de vista de la legislación notarial española, debe tenerse en cuenta el art. 243 RN, según el cual: *"Las copias en soporte papel no podrán contener interpolaciones, tachaduras, raspaduras o enmiendas, ni siquiera en su pie o suscripción. Cuando fueran advertidos errores u omisiones, se subsanarán mediante diligencia posterior autorizada de igual modo que la copia haciendo constar, además, por nota al margen de ésta, la rectificación"*. Sin embargo, precisamente, la falta de normalización en la subsanación hace difícil aplicar este sistema.

Ante el silencio del Reglamento, parece aconsejable hacer constar en el pie de copia normalizado, en el primer inciso: *"Esta copia auténtica del Certificado Sucesorio Europeo ha sido expedida a: [...]"*, no solo la persona a cuyo favor se expide sino que la copia sustituye a otra anteriormente expedida por el mismo peticionario, identificando la fecha de la primera; además, se debería hacer constar la referencia al art. 71.1 ó 71.2[959]. También debe quedar rastro en la matriz de la rectificación, modificación o anulación operada.

Como se puso de manifiesto al hablar de la prórroga del certificado, no hubiera sido una mala solución crear un anexo que se pudiera adicionar a la copia ya expedida en el que constasen las rectificaciones operadas. Al no haberse hecho, se distorsiona la homogeneidad de circulación pues cada autoridad expedidora hará lo que buenamente se le ocurra a fin de realizar las modificaciones cuando procedan. Debe insistirse en el hecho, por consiguiente, de que lo más conveniente será retirar las copias del certificado y expedir unas nuevas, cuando ello sea posible.

En cualquier caso, ante el silencio normativo, no parece correcto hacer ninguna tachadura o enmienda en el certificado pues, en la práctica, frente al receptor del mismo, se estaría

---

[959] Debe tenerse en cuenta que el certificado, aunque expedido para ser utilizado en el tráfico, tendrá por destinatarios personas cualificadas frente a las que se invoquen los efectos que se derivan del certificado. Muchas veces un notario, tribunal o letrado asesor, la referencia de tales circunstancias en el pie de copia disipará cualquier duda que, sin embargo, se mantendría en caso de disparidad sin explicación. Evidentemente, no es una solución reglamentada pero no vulnera el espíritu del Reglamento y parece más eficiente que presumir la sustitución de una copia por otra o hacer cualquier tachadura o enmienda en el certificado que hiciera dudar de su integridad.

penalizando la circulación de dicho formulario, sembrando dudas sobre su integridad o autenticidad.

Materialmente, debe llamarse la atención sobre el hecho de que la anulación y, especialmente, la modificación, pueden conllevar la solicitud de nuevos documentos o, incluso, poner en conocimiento, la pretensión de modificación, de aquellas personas que debieron ser citadas por la autoridad para expedirlo, *ex* art. 66.4. Por ello debe criticarse lo escueto del Reglamento en este punto, dejando demasiadas lagunas necesarias de interpretación en función del caso concreto.

El último numeral del art. 71, el 3, introduce unas prevenciones a fin de evitar que los errores, cualquiera que sea su naturaleza, detectados en el certificado, se extiendan a otras actuaciones posteriores, para eso establece que: *"La autoridad emisora comunicará sin demora a todas las personas a las que se entregaron copias auténticas del certificado en virtud del artículo 70, apartado 1, cualquier rectificación, modificación o anulación del mismo"*[960].

El legislador de la Unión parece entender que la copia siempre se conservará por el solicitante, ello facilitaría trasladar las soluciones oportunas a la misma; al mismo tiempo, parece exigir una cierta responsabilidad en su custodia, por parte del tenedor, que debería conocer, en todo momento, como rescatar la copia aportada a determinada tramitación. Sin embargo, ello no siempre será así. Conviene llamar la atención, una vez más, sobre la necesidad inaplazable de un registro de certificados sucesorios europeos, que permitiese reflejar todo ese tipo de vicisitudes y minimizar los efectos derivados de las patologías a que puede verse afecto el Certificado Sucesorio Europeo.

---

960 El inciso transcrito comparte redacción con el primer inciso del art. 73.2, relativo a la suspensión de efectos del certificado, que impone la misma cautela no solo, en este caso a la autoridad expedidora sino también al órgano judicial, entendido por tal el que conoce del recurso al que se refiere el art. 72.

No se establece plazo para llevar a cabo la rectificación, modificación o suspensión, sin embargo, la misma exigencia de celeridad, si no más, deberá pedirse en estos casos por los perjuicios que se pueden generar al desplegar el certificado unos efectos que puede que no estén basados en la realidad. A esta conclusión se llega aplicando analógicamente el art. 67.1.[961]

iii. La modificación sin errores

Pese a la simplicidad que busca el legislador de la Unión, paradójicamente, no toma en consideración la posibilidad de modificar el certificado sin existir errores.

En algunas ocasiones puede que el certificado esté correctamente expedido, y que el peticionario quiera que se cumplimente algún extremo más del propio certificado.

Pensemos, por ejemplo en que se quiere que aparezca alguna finalidad no tenida en cuenta inicialmente, o que se certifique algún extremo que no se solicitó inicialmente.

En tales caos, no estamos ante un certificado erróneo, pero tampoco parece necesario ni conveniente iniciar un nuevo proceso de expedición.

Por eso, debe admitirse la posibilidad de ampliar el contenido del certificado y, por consiguiente, modificarlo, sin necesidad de que exista un error. Tal posibilidad no está expresamente prevista en el Reglamento, pero es admisible tanto desde la perspectiva de la finalidad del Reglamento, como de una interpretación del artículo 71, que impone la modificación cuando algún extremo del certificado no responda a la realidad, pero no prohíbe realizarla en otro caso.

---

961 Recordemos que dicho precepto empieza diciendo: *"La autoridad emisora expedirá sin demora el certificado [...]"*, se hace remisión al apartado correspondiente.

Esta modificación, conllevará para el expedidor requerido, la obligación de, respecto de la modificación, retrotraer las actuaciones, al momento procesal y cumplimiento de requisitos que para cada caso han quedado expuestos, en función de lo que se pretenda certificar. Así, si lo que se pretende modificar, no afecta a ningún otro posible interesado, como sería la finalidad, la modificación será fácil. Sin embargo, en aquellos otros supuestos en los que se viertan en el certificado unas mayores facultades de los herederos, por ejemplo, o se afecte a otros bienes, deberán realizarse las actuaciones oportunas, como si se tratase de la expedición de un nuevo certificado, pero aprovechando lo ya realizado.

Evidentemente, en estos casos de modificación en los que no existen errores, no procede la suspensión de los efectos del certificado que, para los supuestos de errores puede proceder conforme al art. 73; de lo contrario se frustraría la finalidad del Reglamento.

La modificación del certificado, sin errores, plantea notables problemas de competencia que no han sido tomados en consideración por el legislador de la Unión y que se incrementan en función de la legislación interna aplicable, especialmente, en aquellos supuestos en los que existen varias autoridades competentes. Se hace remisión, en este punto, a la crítica que se formula en el capítulo siguiente respecto al sistema español atributivo de competencia.

iv. Recursos

El R(UE) 650/2012 se preocupa de tutelar los derechos, según el caso, de los solicitantes o de quienes demuestren interés legítimo y para ello establece las vías de recurso. Así, el art. 72, establece: *"1. Toda persona que tenga derecho a solicitar un certificado podrá recurrir las decisiones tomadas por la autoridad emisora en virtud del artículo 67. Toda persona que demuestre tener un interés legítimo podrá recurrir las decisiones tomadas por la autoridad emisora en virtud de artículo 71 y del artículo 73, apartado 1, letra a). El recurso se interpondrá ante un órgano judicial del Estado miembro de la autoridad emisora, de conformidad con la ley de dicho Estado. 2. Si, como consecuencia del recurso contemplado en el apartado 1, resulta acreditado que el certificado expedido no responde a la realidad, el órgano judicial competente rectificará, modificará o anulará el certificado, o garantizará que la autoridad emisora lo rectifique, modifique o anule. Si, como consecuencia del recurso contemplado en el apartado 1, resultare acreditado que la negativa a expedir el certificado era injustificada, el órgano judicial competente expedirá el certificado o garantizará que la autoridad emisora vuelva a examinar el caso y tome una nueva decisión".*

La norma del artículo 72 trata de dar cobertura a todos los sistemas que coexisten en los distintos Estados miembros, tanto en relación con la expedición del certificado como respecto a la resolución de recursos. El requisito, en todo caso, es que el recurso se sustancie ante un órgano judicial.

Las decisiones recurribles no son solo las que se incardinan en el ámbito del inmediato artículo 71 relativas a la rectificación, modificación o anulación del certificado. El propio artículo 72 hace referencia a las *tomadas por la autoridad emisora en virtud del artículo 67.*

Y es que, lo primero que debería poder recurrirse es la negativa a expedir el certificado. La negativa podrá basarse en una de las causas contempladas en el segundo inciso del artículo 67.1. Sin embargo, como se explicó en su momento, son causas ejemplificativas. La negativa puede basarse en muchas otras causas que, lógicamente, deberán estar justificadas.

Por ejemplo, como supuestos no expresados en dicho precepto, que pueden llevar aparejada la negativa a expedir el certificado, se encontrarían la falta de presentación de documentos necesarios para expedir el certificado, incongruencia en la solicitud, falta de legitimación para solicitar el certificado o falta de competencia en la autoridad podrán ser algunas de las causas.

Ante una solicitud de certificado que no se expide la autoridad requerida, debería dictar una resolución desestimatoria, que sería lo verdaderamente recurrible. Junto con estas resoluciones debe tenerse en cuenta que es también recurrible, a la vista del art. 72.1, inciso segundo, la resolución de la autoridad expedidora desestimando la suspensión del certificado cuando adolezca de alguna de las patologías del artículo 71.2 [962]

Como quedó indicado, no se contempla expresamente en el artículo 72, pero parece que también debería poder ser recurrida la decisión de no expedir copia a quien invoque un interés legítimo[963].

Cabe plantearse la posición procesal del beneficiario al que se le notifica la expedición del certificado *ex* art. 67.2. ¿Le ampara dicho precepto para interponer recurso contra la expedición del certificado? Pensamos que el precepto citado sólo es una norma procesal para tutelar sus derechos y que no se genere indefensión. El recurso contra el certificado indebidamente expedido encontrará su cauce, en alguno de los supuestos del artículo 71, del cual nos hemos ocupado. Evidentemente, el anuncio de la oposición a la expedición

---

962 Parece, de una interpretación sistemática, que también cabe pedir la suspensión en el supuesto del art. 71.1; de rectificación de errores materiales, sin embargo, la enjundia de dichos errores hace pensar que serán muy residuales los supuestos en los que ello proceda o pueda prosperar. También, cabe pensar que si se ha de decretar la suspensión por un elenco de errores materiales puede que estos sean tan graves que, en realidad, estemos en presencia de errores sustanciales y por eso se permite la suspensión de los efectos del certificado.

963 La posibilidad de recurrir en el marco del Reglamento es compatible con recurrir tal negativa de expedición por vía administrativa, por ejemplo, en el caso del notario español, como alternativa al recurso judicial.

deberá ser valorado por la autoridad emisora y le podría generar responsabilidad, si fue negligente en le expedición.

La resolución del recurso, en caso de ser estimatoria, para el órgano judicial *ad quem*, que decide sobre la decisión recurrida, en el marco del Reglamento podrá adoptar una de dos vías. Bien rectificar, modificar, anular o expedir directamente el certificado por el órgano que decide sobre el recurso; bien garantizar que la autoridad emisora lo rectifique, modifique, anule o vuelva a examinar el caso y tome una nueva decisión.

La posición del Reglamento es respetuosa con los distintos sistemas nacionales, de forma que cada Estado, en su legislación interna, en función de la naturaleza y régimen de actuación de las autoridades expedidoras procederá a desarrollar el modo de actuación a fin de que el interés de los recurrentes se vea satisfecho a la vista de la resolución recaída.

Cualquiera que sea el cauce que se dé, no debería perderse la perspectiva temporal en el marco del cual debe interpretarse toda actuación ligada a la expedición del Certificado Sucesorio Europeo. Nos estamos refiriendo al hecho de que no debería ralentizarse la circulación de la herencia, pues sería contrario a los fines del Reglamento.

v. Suspensión de efectos

Que el certificado padezca cualquiera de las patologías que se han puesto de manifiesto al explicar el régimen de los artículos 71 y 72 lleva aparejada la necesidad de arbitrar unas medidas que impidan que los poderosos efectos que conlleva el Certificado Sucesorio Europeo correctamente expedido se desplieguen basándose en un certificado irregular.

Por ello el artículo 73 regula la *suspensión de los efectos del certificado,* con el siguiente tenor: *"1. Los efectos del certificado podrán ser suspendidos por: a) la autoridad emisora, a instancia de cualquier persona que demuestre tener un interés legítimo, en tanto se procede a modificar o anular el certificado en virtud del artículo 71, o b) el órgano judicial, a instancia de cualquier persona que tenga derecho a recurrir la decisión adoptada por la autoridad emisora en virtud del artículo 72, en tanto se sustancia dicho recurso. 2. La autoridad emisora o, en su caso, el órgano judicial comunicará sin demora a todas las personas a las que se entregaron copias auténticas del certificado en virtud del artículo 70, apartado 1, cualquier suspensión de sus efectos. En tanto dure tal suspensión no podrán expedirse otras copias auténticas del certificado".*

La primera cuestión sobre la que debe llamarse la atención es que la suspensión del certificado no es obligatoria. La autoridad expedidora podrá proceder a suspender los efectos del certificado, pero podrá también no suspenderlos. Será algo que deberá valorar a la vista de las circunstancias y, especialmente, de los perjuicios que se pueden generar de que el certificado siga circulando[964].

Nótese que, de una interpretación literal del Reglamento parece que, no todas las patologías en que puede verse inmerso el Certificado Sucesorio Europeo legitiman para suspender los efectos. Sólo cabrá la suspensión respecto de los errores sustanciales. Sin embargo, tal afirmación decae si se tiene en cuenta que puede pedirse la suspensión de los efectos, en fase de recurso con independencia de que la resolución contra la que se recurra tenga por efecto sólo la rectificación o también

964 Piénsese, por ejemplo, sin ánimo exhaustivo, en el caso de que se hayan transcrito mal las facultades dispositivas de los ejecutores testamentarios, pero se han agotado previsiblemente los actos de disposición y aquellos fueron salvados por el concurso de los interesados. Podría suceder, también que se hubiera determinado mal la ley sucesoria pero la aplicación del criterio supletorio llevase a un resultado coincidente, bien por que señala la misma ley, bien porque los efectos de la ley que debiera aplicarse son coincidentes con los de la ley que se certificó.

la modificación o anulación, pues la letra b) del art. 73.1 no diferencia entre unas y otras. Evidentemente, no todas las resoluciones recurribles pueden generar efectos suspensivos, pues estos sólo caben en el caso de que el certificado sucesorio haya llegado a expedirse[965].

La suspensión de los efectos podrá pedirse tanto cuando se solicita la modificación o anulación como en aquellos supuestos en los que se recurren las decisiones desestimatorias de tales actuaciones. Por eso el destinatario de la solicitud será el expedidor[966], en aquellos casos en los que se ha solicitado simplemente la modificación o anulación, pero no se ha desestimado. Sin embargo, en fase de recurso, sea contra decisión judicial o notarial, será sólo el órgano decisor del recurso el destinatario de la solicitud[967].

En el régimen del Reglamento no se permite que la suspensión se decrete de oficio. Sólo cabe a instancia de quien demuestre interés legítimo, en caso de que se solicite a la vez o mientras se este sustanciando la decisión de modificar o anular el certificado por la autoridad emisora. En fase de recurso sólo están legitimado para promover la suspensión los legitimados para recurrir las decisiones adoptadas en el marco del artículo 71 en relación con el artículo 72.

En cualquier caso deberá recaer, tanto si se solicita inicialmente como si es objeto de recurso, una resolución estimatoria o desestimatoria de la suspensión de efectos. La resolución desestimatoria será recurrible, en caso de que haya sido dictada

---

965 Consiguientemente, no cabrá la suspensión de efectos en el caso de que se recurra contra la negativa a expedir el Certificado Sucesorio Europeo (art. 67).

966 En el caso español, el notario o Juez de Primera Instancia.

967 En el caso español, el Juez de Primera instancia.

por el expedidor en el marco del artículo 72, durante el proceso de rectificación, modificación o anulación.

Debe criticarse seriamente el hecho de que se de legitimación a la autoridad emisora para rectificar, modificar o anular, de oficio el certificado sucesorio (art. 71.1 y 2), pero que, sin embargo, no pueda, de oficio decretar la suspensión de efectos.

Tratando de buscar una explicación, puede ser que en la mente del legislador subyazca la idea de que las actuaciones de oficio, si la autoridad emisora se ha visto abocada a tal actuación es porque debiera ser inexistente el lapso de tiempo entre la decisión y ejecución de la misma. Sin embargo ello no tiene que ser necesariamente así. La autoridad emisora puede tener claro que existe un error sustancial que obliga a la modificación pero puede que aún no tenga formado criterio sobre el sentido de la modificación porque sea necesario recabar algún documento o información de la cual aún no se disponga.

Por ello, pese al silencio del Reglamento, debe entenderse que la autoridad emisora podrá también adoptar de oficio esos efectos suspensivos. Nótese, además, que las medidas de diligencia tras la adopción de los efectos suspensivos previstas en el Reglamento, son las mismas, al imponerse la obligación de notificar a aquellos a quienes se entregó copia del certificado cualquier suspensión de sus efectos.

Como norma de cierre, el artículo 73.2 se ocupa de las consecuencias de la decisión de suspender los efectos que giran en torno a las comunicaciones a los tenedores de copias del certificado y a la imposibilidad de expedir nuevas copias.

La autoridad emisora o el órgano judicial quedará obligada a comunicar *"sin demora a todas las personas a las que se entregaron copias auténticas del certificado en virtud del artículo 70, apartado 1, cualquier suspensión de efectos"*.

Se trata de una medida lógica, pues enerva la buena fe de las actuaciones que haga el solicitante de la copia basándose en la apariencia creada por el certificado.

Sin embargo, ello no sana la situación de la persona a la que se exhiba por el tenedor del certificado y se encuentre en los supuestos del artículo 69. Por ello, el sistema del Reglamento debe reputarse ineficiente en tanto en cuanto no se proceda a crear el correspondiente registro de certificados sucesorios europeos en el que pueda comprobarse la existencia, vigencia e integridad de dichos certificados. Lo cual resulta, además anacrónico e incongruente con la lógica de las nuevas tecnologías y de los objetivos que se pretenden conseguir con el certificado.

Más allá de la observación material anterior, para que funcione el rudimentario sistema formal de comunicaciones previsto por el Reglamento en el inciso primero del art. 73.2[968], será necesario distinguir según quien declare la suspensión de efectos.

Si es la autoridad emisora, la que declara la suspensión, tendrá en su poder la lista de solicitantes de copias, será una obligación que pueda cumplir autónomamente y cuyo incumplimiento le generará responsabilidad.

Si, por el contrario es el tribunal *ad quem*, que decide el recurso, el que decreta la suspensión, en el sistema del Reglamento, parece que lo oportuno será bien que éste oficie a la autoridad emisora para que haga las comunicaciones, bien que oficie para que se le facilite la copia de la lista de tenedores y direcciones a fin de poder comunicar directamente el órgano judicial[969].

---

968 El cual es común tanto para los efectos suspensivos, como para la subsanación de las patologías (art. 71.3), se complementa con la prevención del régimen del art. 70.2.

969 Aunque podría cuestionarse, la autoridad expedidora estará legitimada para facilitar las direcciones y datos personales de los

Cualquiera que sea la forma, se ve, una vez más, la ineficiencia del sistema del Reglamento.

El último inciso del artículo 73.2 es lógico y se justifica con su sola lectura, pues se prohíbe la expedición de nuevas copias auténticas del certificado mientras dure la suspensión. Se trata de evitar que los errores que se pretenden subsanar se propaguen más allá del momento de la resolución de suspensión con la expedición de nuevas copias.

La norma es, evidentemente, bienintencionada, sin embargo, merece una crítica. Su aplicación literal puede generar indefensión a los otros posibles legitimados para solicitar una copia que, sin embargo, no la solicitaron antes de dicho momento. Con la aplicación literal del artículo 73.2 se ven privados de la posibilidad de conocer el contenido del Certificado Sucesorio Europeo y poner de manifiesto otros errores, de cualquier naturaleza, que no han sido tenidos en cuenta.

Por tal motivo, el Reglamento debería contener la posibilidad de obtener bien una copia con valor meramente informativo, bien una copia auténtica, pero, en ambos casos, debidamente inutilizada para evitar los efectos que genera dicha copia en virtud del artículo 69.

La norma del art. 73.2 *in fine*, debe entenderse dirigida a la autoridad expedidora, sin embargo, debería haberse impuesto la obligación de notificar la resolución suspensiva a dicha autoridad, en caso de recurso, para que se abstenga de expedir nuevas copias.

---

tenedores que sean necesarios para cursar las notificaciones a que se refiere el precepto, pese a ser datos protegidos. Tal cesión está amparada por el sistema del Reglamento. Se hace esta aclaración porque una de las preocupaciones subyacentes en las respuestas a las cuestiones sobre registros testamentarios, en el Libro Verde de Sucesiones era la relativa a la protección de datos.

Debe apuntarse, que no se establece en el Reglamento el tiempo que debe estar suspendido el certificado, como indica REINHARTZ, B.[970], si bien, en nuestra opinión, no debe ser juzgado una laguna, sino que es coherente con el sistema de expedición del art. 67, pues tampoco hay plazo para expedir y deben, uno y otro, ser abordados con el criterio de *"sin demora"* que tal precepto impone.

Por último, debe destacarse que, la suspensión de efectos del certificado, que debería ser excepcional, pone de manifiesto lo ampuloso del sistema de circulación del mismo, a través de una copia sujeta a un plazo tan corto de vigencia. ¿Subsistirá la vigencia de la copia cuando en caso de reactivarse los efectos de un certificado suspendido?

El Reglamento parece tener el prejuicio de que suspendidos los efectos el certificado será rectificado. Sin embargo, esa suspensión de efectos puede ser meramente cautelar, pensemos en el supuesto en el que la autoridad emisora debe decidir ante una duda razonable fundamentada en los términos del art. 71.

Por lo que puede suceder que suspendidos los efectos y desestimada la modificación, anulación o rectificación del certificado, bien inicialmente, bien en fase de recurso, la copia haya caducado[971].

---

970 REINHARTZ, B., *op. cit.*,p. 248 y ss.

971 BUDZIKIEWICZ, C., *op. cit.*, p. 804, para estos casos, parece defender la viabilidad de una reactivación de una copia. En cierto modo, podríamos entender que debería hacerse constar en el certificado como se haría constar una prórroga, sin embargo, para facilitar la circulación, parece más conveniente expedir una nueva copia. De mantenerse una suspensión de la vigencia de la copia y acudir a un sistema formal equivalente al de las prórrogas, no parece que se pudiera hacer constar una fecha superior a adicionar el tiempo que estuvo

e. Efectos del Certificado Sucesorio Europeo

Parece que antes de analizar los concretos efectos que van ligados al Certificado Sucesorio Europeo, lo primero que debe plantearse es en virtud de qué mecanismo despliega sus efectos el Certificado Sucesorio Europeo.

El punto de partida para esclarecer esta cuestión se encuentra en el art. 69.1, que literalmente ordena que *"el certificado surtirá sus efectos en todos los Estados miembros sin necesidad de ningún procedimiento especial"*.

Entendemos que los efectos del Certificado Sucesorio Europeo se derivan directamente del Reglamento. Anticipabamos, como se vió al hablar de la naturaleza jurídica del certificado, que se trata de un documento netamente europeo, no es, en cambio, un documento interno que se pretenda que circule fuera del país de expedición.

En efecto, la autoridad expedidora ejerce una potestad derivada del Reglamento, que, circunstancialmente, le ha sido delegada por el respectivo Estado al hacer su designación como autoridad o tribunal competente, lo cual no quiere decir que el Certificado Sucesorio Europeo se convierta en un documento interno con vocación de circulación por el territorio de la Unión. Se trata, por consiguiente, de un documento europeo[972].

Cuando el art. 69.1 enuncia *"todos los Estados miembros"*, no lo hace yuxtaponiendo el Estado de emisión al resto de Estados,

---

suspendida la vigencia del certificado, de lo contrario, a todos los efectos, estaríamos ante una prórroga de la copia del certificado.

972 En este sentido, RODRÍGUEZ MATEOS, P., "La sucesión por causa de muerte en el Derecho de la Unión Europea", en *Revista Electrónica de Estudios Internacionales,* junio-2014, disponible 12.06.2017 < http://www.reei.org/index.php/revista/num27/articulos/sucesion-causa-muerte-derecho-union-europea>, p. 56.

todos ellos, en cambio, se encuentran en un plano horizontal de relaciones. No otra cosa se desprende cuando el art. 62.2, en su segundo inciso dispone: *"No obstante, una vez expedido para ser utilizado en otro Estado miembro, el certificado producirá los efetos enumerados en el artículo 69 en el Estado miembro cuyas autoridades lo hayan expedido con arreglo a lo dispuesto en el presente capítulo"*[973].

Por lo expuesto, no nos parece correcto, al hablar de los efectos del Certificado Sucesorio Europeo, enfocar la cuestión desde la perspectiva de la institución del reconocimiento.

No obstante lo anterior, algunos autores[974], con interesantes argumentos, se lo han planteado y para ello han acudido al mecanismo de enfrentar el artículo 69.1 con el art. 39.1.

---

973 No se comparte, y es errónea, la posición de DÍAZ FRAILE, J. M.; "El Reglamento Sucesorio europeo: El principio de adaptación de los derechos reales y los límites impuestos por la *lex rei sitae*. Especial referencia al certificado sucesorio", en *Revista Crítica de Derecho Inmobiliario,* Enero-Febrero 2014, Núm. 741, pp. 67-111, p.101, que pretende restar eficacia al certificado en el Estado de expedición. El enfoque no es correcto porque si estamos ante una sucesión no internacional, el Reglamento no tiene cabida, pero de tratarse de una sucesión internacional, el certificado produce sus efectos, sin excepción, en todos los Estados miembros, incluido aquel en el que se expidió.

974 CALVO VIDAL, I. A., *op. cit.*, "El certificado..."; en GARRIDO DE PALMA, V. M., p. 857 y ss., quien, además, cita las RDGRN 27.07.2012 (TOL 2.654.328) y 20.06.2013 (TOL 3.855.839), aplicando analógicamente su doctrina respecto de las resoluciones reconocidas en el marco del Reglamento Bruselas II bis. También habla de reconocimiento del certificado VALLE MUÑOZ, J. L., "El Certificado Sucesorio Europeo y sus consecuencias registrales"; en GINEBRA MOLINS, M. E. y TARABAL BOSCH, J., *El Reglamento (UE) 650/2012: Su impacto en las sucesiones transfronterizas;* ed. Marcial Pons, Madrid 2016, pp. 299-326, en p. 319; este último autor incurre en contradicción, en sus planteamientos, cuando posteriormente dice, con razón, que el Certificado Sucesorio Europeo no es un documento extranjero a los efectos del art. 36 RH, pues el Derecho de la Unión forma parte de nuestro sistema de fuentes (p.310).

Aluden a que ambos preceptos contienen la dicción de *"sin necesidad de recurrir a procedimiento alguno"*. Sin embargo, la naturaleza de los documentos que se toman en consideración en uno y otro precepto son diferentes.

En el caso de las resoluciones judiciales, se trata de documentos extranjeros cuya eficacia se pretende hacer valer fuera de las fronteras del Estado en que se expidieron. Como hemos visto, en cambio, el Certificado Sucesorio Europeo, no es un documento extranjero[975].

Pero es que, por otro lado, el enunciado de uno y otro precepto es distinto, las resoluciones judiciales se reconocen (art. 39.1), el certificado sucesorio produce sus efectos (art. 69.1).

No debemos olvidar que un Certificado Sucesorio Europeo podría pretenderse hacer valer en todos los Estados miembros, en función de las circunstancias del caso concreto, además del Estado emisor, entender que se habla de un reconocimiento en el art. 69.1 resultaría entonces artificioso y contrario a los fines del Reglamento.

---

975 Algún autor, de forma errónea, a nuestro juicio, ha considerado que con el certificado se están burlando las normas de reconocimiento de resoluciones y aceptación de documentos públicos, pues en tanto en cuanto estos se filtran en el certificado se les dispensa del régimen ordinario de circulación, en favor de uno privilegiado. Ver, al respecto, MORENO SÁNCHEZ-MORALEDA, A.; *op. cit.*, p. 2077-2078. No compartimos esa posición en tanto en cuanto se trata de un efecto querido por el legislador de la Unión que, a tal fin, es soberano; siendo, además, consecuencia lógica de la forma de llevarse a cabo el proceso de integración europeo. Acierta, al negar la condición de documento extranjero, al Certificado Sucesorio Europeo, VALLE MUÑOZ, J. L., *op. cit.*, p. 310. Sorprende, sin embargo, que pese a esa afirmación, el mismo autor, hable de "reconocimiento del certificado" (p. 319).

La creación de una figura *ex novo* como el Certificado Sucesorio Europeo garantiza, precisamente, esa uniformidad de efectos en todos los Estados miembros, algo que, tal vez no se habría conseguido si se hubiera acudido a propiciar el reconocimiento de los distintos documentos sucesorios de cada Estado miembro[976]. Por eso, su naturaleza debe ser exactamente la misma en todo el ámbito de la Unión Europea[977].

Como cuestión preliminar, debemos indicar que los efectos del Certificado Sucesorio Europeo se encuentran amparados por el Reglamento Sucesorio, por ello, parece que sólo en casos manifiestos de defectos formales de expedición, se podría ignorar, por la autoridad receptora, de un Certificado Sucesorio Europeo[978].

Se plantean algunos autores[979], en diferentes sentidos, sobre la posibilidad de calificar la competencia del expedidor. En este sentido debemos diferenciar, en nuestra opinión, la

---

976 Como puso de manifiesto en la fase preparatoria, IGLESIAS BUHIGUES, J.L., "Desarrollo del Espacio Europeo de Justicia: Hacia el nuevo D.I. Privado de sucesiones en la UE", en Cursos de derecho internacional y relaciones internacionales de Vitoria-Gasteiz, 1-2008, pp. 337-364, p. 361.

977 MARCOZ, C. A., "The European Certificate of Succession", en VV. AA. STEFANIA BARIATTI, S. *(Coord.) et al., Towards the entry into forcé of the succession regulation: Building future uniformity upon part divergencies. JUST/2013/JCIV/AG/4666. FINAL STUDY;* Università degli Studi di Milano; Milán 2016, p. 478.

978 Ver, en este sentido, BUDZIKIEWICZ, C., *op. cit.,* p. 773.

979 En posición muy restrictiva CALVO VIDAL, I. A., *op. cit.,* "El certificado…"; en GARRIDO DE PALMA, V. M., p. 860. VALLE MUÑOZ, J. L., *op. cit.,* p. 321, más favorable a un control competencial, quien, además, parece diferenciar en función de si el expedidor es una autoridad (notario) o un tribunal, lo cual no parece adecuado, teniendo en cuenta que uno y otra ejercen sus funciones, en esta materia, en un plano casi equivalente.

competencia interna de la competencia internacional. Nuestra opinión es que tal control relativo a la competencia debería ser mínimo. Entendemos que un certificado que se expide en el formulario y, consiguientemente, tiene una apariencia formal de validez, en principio debe ser reputado válido.

En la línea que defendemos, nos parece acertada la posición de FERNÁNDEZ-TRESGUERRES, A., cuando niega que, si quiera, se pueda entrar a calificar la nota de extraterritorialidad que requiere la expedición del propio Certificado Sucesorio Europeo, pues es consustancial al ámbito de aplicación del Reglamento sucesorio europeo[980]. Lo que no dice, expresamente, la autora citada es que el elemento internacional deberá haber sido valorado por el expedidor.

Una expedición indebida, por carecer de carácter transfronterizo la sucesión[981], posibilitará a la persona a la que perjudique instar el procedimiento de revocación del certificado, pero, en tanto en cuanto éste no haya sido cuestionado, con la consiguiente suspensión de efectos del Certificado Sucesorio Europeo, no se puede restar eficacia al mismo. No otra cosa se sigue de los artículos 71 a 73 [982].

En estos casos, el expedidor de un certificado carente de elemento internacional será responsable en su actuación, lo cual no quiere decir que se pueda calificar tal elemento internacional. Admitiéndose la existencia de certificados parciales y, por otro lado, no filtrándose en el formulario de expedición

---

980 FERNÁNDEZ-TRESGUERRES GARCÍA, A.; *Las sucesiones "mortis causa" en Europa: aplicación del Reglamento (UE) nº 650/2012;* ed. Aranzadi, Cizur menor, 2016, p. 612.

981 En contra de la expedición sin elemento internacional, MEUCCI, S., *op. cit*, p. 113.

982 Se hace remisión, en este punto, a lo que se expone en el apartado relativo al artículo 65.3.f), al hablar de la finalidad para la que se solicita el certificado, que debe reflejarse en la solicitud.

la concreción del elemento internacional, el certificado expedido goza de una presunción de que la herencia a que se refiere tiene carácter internacional[983].

No debe olvidarse que, en consideración a la eficacia del Certificado Sucesorio Europeo, si el expedidor no fuese responsable, por la vía de los hechos se estaría alterando el Derecho interno del Estado correspondiente, dándole valor a un certificado expedido sin elemento internacional.

El legislador de la Unión, prefiere sacrificar esos supuestos patológicos, que deberían ser residuales, a fin de garantizar el efecto útil del Certificado Sucesorio Europeo. Incluso, hay quien se plantea que autoridad controle lo hecho por el expedidor del Certificado Sucesorio Europeo, y, por consiguiente, revise el fondo del certificado[984]. Por los mismos motivos expuestos, respecto del ámbito de aplicación, debe vetarse tal posibilidad.

Ello no obstante, por un principio de lealtad institucional entre autoridades, no vemos obstáculo en que el receptor del certificado pueda proceder a remitir a la autoridad emisora consulta respecto a una eventual modificación, rectificación o anulación, en los términos del art. 71.

Tal autoridad podría bien directamente, bien a través del que invoque frente a ella el Certificado Sucesorio Europeo, ser

---

983 Por ello, se hace conveniente que se revise el formulario de expedición, en el futuro, a los fines expuestos, de manera que, inequívocamente, el expedidor sea consciente, como debería, de que una expedición sin elemento internacional genera responsabilidad.

984 Es lo que defiende, con escasa fundamentación, con una especie de deslealtad institucional, pervirtiendo el efecto útil del certificado, e inspira a DÍAZ FRAILE, J. M.; "El Certificado Sucesorio Europeo. Especial referencia a sus efectos y a su condición de título inscribible en el Registro de la Propiedad"; en *Boletín del Colegio de Registradores de España;* num. 31, julio 2016, pp. 765-779.

considerado persona con interés legítimo, en los términos del art. 71. Lo cual no quiere decir que el Certificado Sucesorio Europeo sea revisado por la autoridad receptora, para lo cual es incompetente.

Llegados a este punto, debemos plantearnos si sería siempre necesario acudir al procedimiento que acabamos de exponer para que el receptor del Certificado Sucesorio Europeo no se vea vinculado por el mismo. Entendemos que no en casos límite, como, por ejemplo, aquellos en los que se haya prescindido del formulario o se haya certificado una herencia causada fuera del ámbito temporal de vigencia del Reglamento.

Tal control estaría prohibido en aquellos supuestos en los que se exijan al certificado menciones o requisitos no impuestos por la legislación interna de la *lex registrii,* por la necesidad de compatibilizar las letras k) y l), del art, 1.2, con el último inciso del art. 69.5 [985].

El Certificado Sucesorio Europeo se diseña al servicio de la finalidad establecida en el artículo 63[986], conforme al cual: *"1. El certificado se expedirá para ser utilizado por los herederos, legatarios que tengan derechos directos en la herencia y ejecutores testamentarios o administradores de la herencia que necesiten invocar, en otro Estado miembro, su cualidad de tales o ejercer sus derechos como herederos o legatarios, o bien sus facultades como ejecutores testamentarios o administradores de la herencia. 2. El certificado podrá utilizarse, en particular, como prueba de uno o varios de los siguientes elementos: a) la cualidad y/o los derechos de cada heredero o, en su caso, de cada legatario mencionado en el certificado y sus respectivas cuotas hereditarias; b) la atribución de uno o varios bienes concretos*

---

985 CALVO VIDAL, I. A., *op. cit.*, "El certificado…"; en GARRIDO DE PALMA, V. M., p. 862 y ss.,. También habla de reconocimiento del certificado VALLE MUÑOZ, J. L., *op. cit.*, p. 304.

986 Se hace remisión a lo expuesto en la parte preliminar de este capítulo, al analizar el art. 63.

que formen parte de la herencia al heredero o a los herederos o, en su caso, al legatario o a los legatarios mencionados en el certificado; c) las facultades de la persona mencionada en el certificado para ejecutar el testamento o administrar la herencia".

Esos efectos, ya se apuntan en la génesis del Certificado Sucesorio Europeo, así REVILLARD, M., incidía en que debía indicar los herederos, sus cuotas en la sucesión, diferenciar la sucesión testada y la intestada, permitiendo la inscripción en los Registros de la propiedad y el reparto, por los bancos, de las cuentas y valores mobiliarios. Consiguientemente, se apuntaba una finalidad, esencialmente, al servicio de la sucesión[987].

El Certificado Sucesorio Europeo, desde el punto de vista de sus efectos, parece presentarse *prima facie* el CSE como un instrumento probatorio[988] (Cons. 67 y 71; y, art. 63) para facilitar a los actores del proceso hereditario el ejercicio de sus derechos o facultades. Este efecto, favorece, primordialmente, a quien lo exhibe. También, tiene un efecto en favor del que confía en lo exhibido, que hace que su buena fe se presuma[989].

---

987 REVILLARD, M., "L'Introduction d'un Certificat International d'Héritier et la Pratique du Droit International Privé des Successions ", en DNoiT, *Les Successions Internationales dans l'UE Perspectives pour une Harmonisation,* pp. 519-534, Würzburg 2004, disponible 07.06.2017 en < http://www.successions.org> , pp. 529-530.

988 De "fuerza probatoria cualificada" habla BENDITO CAÑIZARES, M.T., *op. cit.,* p. 2058. El valor probatorio es el primero que se destaca por la doctrina, también en el ámbito del Derecho comparado, PATTI, S., *op. cit.,* p. 16.

989 FLAMINI, A. y LAROCCA, S., *op. cit.,* p.1688.

Se pretende potenciar su uso[990], aunque no sustituye a los documentos internos, tiene vocación de sustituirlos[991], pues

---

990 Ver, en este sentido, BENDITO CAÑIZARES, M. T.; "Comienza la apuesta europea por la armonización en las sucesiones transfronterizas", en *Revista Crítica de Derecho Inmobiliario,* julio-agosto 2015, núm. 750, pp. 2017-2089, p. 2055; FLAMINI, A. y LAROCCA, S., "El Certificado Sucesorio Europeo: una perspectiva unificadora", en MONJE BALMASEDA, O., *El patrimonio Sucesorio: Reflexiones para un debate reformista;* ed. DYKINSON, S.L., Madrid 2014, p. 1678. También, MARCOZ, C. A., *op. cit.,* "The European Certificate…", p. 481, tomando en consideración los efectos más fuertes que podría tener frente a los distintos certificados internos, que daría lugar a llegar a plantearse su implementación para las sucesiones internas, entendemos, lógicamente, de ser esa la postura que adopta cada Estado miembro, copiando el modelo del Certificado Sucesorio Europeo. Aunque posible, nos parece un poco ambicioso a la vista del funcionamiento de los distintos Parlamentos internos.

991 CRONE, R.; "Le certificat successoral européen", en KHAIRALLAH, G. Y REVILLARD, M., *Droit Européen des Successions Internationales. Le Réglement du 4 Julliet 2012, Defrénois,* Lextenso éditions, Paris 2013, p.172. Desde la perspectiva del Derecho Italiano, hace una valoración muy positiva BARONE, R.; "Il certificato successorio europeo"; en *Notariato* 4/2013; ed. Wolkers Kluwer Italia; pp. 427-439, p. 436, para quien debe considerarse un instrumento probatorio "de rango superior respecto a los análogos y distintos instrumentos del Derecho interno (acta de notoriedad y declaración sustitutiva)"; el autor, hace tales afirmaciones en consideración a los efectos que lleva aparejados el certificado. El mismo autor pone de relieve que en caso de contradicción con un documento interno se podrá utilizar el certificado para atacar dicho documento, como medio de prueba cualificado (p. 434). No puede compartirse esa posición, por la propia naturaleza que se sostiene en este trabajo del proceso de expedición. A lo sumo, lo que cabrá utilizar en un eventual proceso es el expediente de certificación, que proponemos, pero no el certificado en sí, pues conceptualmente no debería ser posible la existencia de un Certificado Sucesorio Europeo contradictorio con el documento interno que sirve de base para la expedición. FLAMINI, A. y LAROCCA, S., "El Certificado Sucesorio Europeo:

conforme al art. 69.1: *"El certificado surtirá sus efectos en todos los Estado miembros sin necesidad de ningún procedimiento especial"* [992], lo que debería conllevar que se prefiriese el uso de éste al de aquellos.

Es cierto que la coexistencia del Certificado Sucesorio Europeo con los documentos internos podría generar problemas[993], especialmente en aquellos casos en los que su contenido no fuera coincidente[994].

---

una perspectiva unificadora", en MONJE BALMASEDA, O., *El patrimonio Sucesorio: Reflexiones para un debate reformista;* ed. DYKINSON, S.L., Madrid 2014, p.1681, apunta la complejidad de las relaciones entre el Certificado Sucesorio Europeo y los documentos internos, citando a LAGARDE, para quien el certificado no interviene en la normativa interna y a MAIDA, que opina lo contrario.

992 Concordante con el primer inciso del Considerando 71, según el cual *"El certificado debe surtir los mismos efectos en todos los Estados miembros"*, añadiendo el art. 69.1 la innecesariedad de procedimiento especial para que el certificado despliegue dichos efectos, lo cual es congruente con el hecho de que el certificado se diseña como un vehículo para la libre circulación de las herencias transfronterizas.

993 Ver, en tal sentido, NOURISSAT, C; "Le futur droit des successions internationales de l´Union europėene", *Defrenois* 28.02.2010, Nº 4, PP. 394-418.

994 Ver, RECHBERGER, W. "Das Europäische Nachlasszeugnis und seine Wirkungen", en *ÖJZ,* 2012/1, para quien no deberían contradecirse. En el mismo sentido FÖTSCHL, A., "The Relationship of the European Certificate of Succession to National Certificates", en *European Review of Private Law,* v. 18, N.º 6, pp. 1259–1271, p. 1262, para quien frente a las opciones que dan primacía bien al Certificado Sucesorio Europeo, bien a la prioridad de la expedición, el sistema del Certificado Sucesorio Europeo funciona sobre una suerte de círculos concéntricos en los que éste envuelve a los certificados internos, de forma que no puede haber contradicciones en el sistema. Otros autores, como KRESSE, B, *op. cit.,* p. 682, entienden, de forma errónea, a nuestro juicio, que se trata de una cuestión que debe ser resuelta por la legislación nacional. Tampoco se comparte

Algún autor[995], más inspirado por un entusiasmo europeísta, ante la nueva regulación, que en la relación existente entre el Derecho interno y el Derecho de la Unión, sugería que debería haber una relación de primacía y exclusión, en la que el Certificado Sucesorio Europeo desplazase a los certificados internos. Sin embargo, entendemos que ni desde la perspectiva del Reglamento, ni del sistema de fuentes de la Unión, cabe tal posibilidad. Sí que se podrían haber minimizado los casos de discrepancias, como se viene apuntando en este trabajo, especialmente con la creación del correspondiente Registro de certificados sucesorios europeos.

La cuestión debería ser analizada en función del caso concreto y acudir a los mecanismos de rectificación, modificación o anulación del certificado, previstos en el art. 71. A tal solución se llega si se toma en consideración la naturaleza del certificado, aquí defendida, frente a tales documentos, donde aquel no puede generarse sin la previa existencia de estos.

Por eso, parece que las discrepancias deberían ser más formales que materiales, por un error en el proceso de certificación, de toma de razón, antes que porque los documentos internos no fueran materialmente coincidentes con lo que el Certificado Sucesorio Europeo proclama, pues éste no puede existir sin aquellos[996].

---

la posición de CARRASCOSA GONZÁLEZ, J. "Reglamento Sucesorio Europeo y actividad Notarial"; *Cuadernos de Derecho Transnacional*, (marzo 2014), vol. 6, No 1, pp. 5-44, que, en la p. 39, declara la primacía del CSE, para lo cual se apoya en el art. 72, que, a nuestro juicio, no conlleva esa conclusión que el autor ni siquiera explica.

995 GIMENO GÓMEZ LAFUENTE, J. L.; "El Certificado Sucesorio Europeo"; en *Revista Crítica de Derecho Inmobiliario*, Enero-Febrero 2014, Núm. 741, pp. 113-151, p. 122.

996 GÓMEZ TABOADA, J., "El Certificado Sucesorio Europeo. Breve aproximación"; en GINEBRA MOLINS, M. E. y TARABAL BOSCH, J., *El Reglamento (UE) 650/2012: Su impacto en las sucesiones transfronterizas;* ed. Marcial Pons, Madrid 2016, pp. 285-298, p. 288.

No obstante, en caso de que existan errores, bien en el certificado, bien en los documentos internos, conviene llamar la atención sobre el hecho de que el régimen de rectificación es distinto para unos y otros[997].

En función de los perjuicios que se hayan podido generar como consecuencia de esa discordancia deberá buscarse la solución. Evidentemente, antes de la aparición de los perjuicios, sólo se habrán generado retrasos como consecuencia del proceso de rectificación del certificado. Sin embargo, los fuertes efectos que se dirán, tiene el certificado, determinará que, con la primacía de los mismos, deba resarcirse el interés del perjudicado repitiendo contra el expedidor negligente, así como por la vía de las acciones de enriquecimiento sin causa.

Y es que, cualquiera que sea la posición que se adopte, la realidad es que los efectos del Certificado Sucesorio Europeo y, en su caso, los que se producen también cuando se ha expedido erróneamente, se insertan en una realidad normativa que desborda el propio Reglamento, no solo por la posible coexistencia del instrumento de la Unión con los certificados internos. También como consecuencia de la posible entrada en juego de instituciones que quedan al margen del Reglamento y que su regulación corresponde al correspondiente Derecho interno, como los efectos del Registro de la Propiedad o los propios principios de Derecho civil y tutela del crédito, dentro de cada ordenamiento.

Algún autor se ha planteado si la expedición del Certificado Sucesorio Europeo bloquea la expedición de certificados internos posteriores[998]. En nuestra opinión, debe diferenciarse

---

997 JIMÉNEZ GALLEGO, C.; *op. cit.*, p. 361.

998 KRESSE, B, *op. cit.*, p. 682. HERTEL, C.; "European Certificate of Succession –content, issue and effects"; en ERA Forum (2014), pp. 393-407; DOI 10.1007/S12027-014-0355-y, p. 399,

entre aquellos sistemas, como el alemán, que es, además, la óptica que adopta el citado autor, basados en la existencia de un certificado sucesorio interno, frente a aquellos otros en los que las herencias no se certifican, como sucede en el caso de España.

Pensamos que se trata de una cuestión no resuelta por el Reglamento y que difícilmente podría haber resuelto, pues incluso en aquellos casos en los que el Certificado Sucesorio Europeo se superponga a un certificado interno en cuanto a su extensión y contenido, los diferentes efectos que el Reglamento y la correspondiente legislación interna atribuyen, respectivamente, al Certificado Sucesorio Europeo y al certificado sucesorio interno, harán inevitable esa coexistencia. En ese sentido, *de lege ferenda*, sería conveniente la existencia de una recomendación de la Unión para que el los distintos Estados miembros, en aquellos casos de coincidencia, superpusiesen a los efectos propios del Certificado Sucesorio Europeo, los efectos que en el propio territorio tendría un certificado sucesorio interno. Sin embargo, incluso con tal recomendación, es una cuestión sumamente compleja y de difícil solución.

La inicial vocación probatoria del certificado se proclama en el Considerando 71, al decir: "*[...] debe tener efecto probatorio y se ha de presumir que demuestra de manera fidedigna elementos que han quedado acreditados de conformidad con la ley aplicable a la sucesión o con cualquier otra ley aplicable a elementos específicos, tales como la validez material de las disposiciones mortis causa [...]*".

Sin embargo, no hay ningún precepto que proclame ese efecto probatorio y sólo se infiere del art. 69 [999].

---

apunta que hubiera sido deseable ese bloqueo, a fin de evitar el conflicto de decisiones entre autoridades y Estados.

999 ZANOBETTI, A., *op. cit.*, p. 242.

El límite a su valor probatorio, *prima facie,* debería encontrarse en el ámbito material del Reglamento[1000], por ello, el Considerando 71, sigue diciendo: *"[...] El valor probatorio del certificado no debe afectar a los elementos que no se rigen por el presente Reglamento, como la cuestión de la filiación o la determinación de si un bien pertenecía al causante o no[...]".*

El carácter probatorio del certificado, puesto de manifiesto en los incisos transcritos del mismo, se desarrolla en el art. 69.2, según el cual: *"Se presumirá que el certificado prueba los extremos que han sido acreditados de conformidad con la ley aplicable a la sucesión o con cualquier otra ley aplicable a extremos concretos de la herencia. Se presumirá que la persona que figure en el certificado como heredero, legatario, ejecutor testamentario o administrador de la herencia tiene la cualidad indicada en él o es titular de los derechos o de las facultades que se expresen sin más condiciones o limitaciones que las mencionadas en el certificado".*

Nótese la llamada a *"cualquier otra ley aplicable a extremos concretos de la herencia";* que, por consiguiente, presenta como inescindible del efecto probatorio un efecto legitimador del certificado. Por lo que al expedidor le resultará imprescindible diseccionar, a la vista de la documentación sobre cuya base el certificado se expide, lo que permite la ley sucesoria y lo que no con relación a las facultades de los elementos personales de la sucesión.

REINHARTZ, B.[1001], con una posición restrictiva, insiste en que la presunción de veracidad que entraña el art. 69 solo procede respecto de los aspectos sucesorios, no, en cambio, respecto de los derivados de los sistemas internos de Derecho internacional privado. Y es que parece que, de acuerdo con el art. 69.2 se debe entender que el expedidor ha extraído las

---

1000 Tal y como ha quedado definido en el capítulo I de este trabajo.

1001 REINHARTZ, B., *op. cit.*, p. 284.

conclusiones legales de los hechos en los que se basaba con arreglo a la ley aplicable en el Estado de expedición, lo que no quiere decir que el Estado en el que se invoque el certificado esté obligado a reconocer situaciones legales establecidas bajo una ley de familia extranjera. Por eso, parece que todo lo que se base en las normas de conflicto del Reglamento estará cubierto por el art. 69, no, en cambio, lo que derive de las normas de conflicto autónomas, como apunta BUDZIEWICZ[1002]. Lo cual pone sobre la mesa del intérprete, una vez más, el espinoso tema de las cuestiones previas[1003].

Algunos autores, tratando de aclarar el alcance de la palabra "extremos" en el art. 69.2, para así determinar el ámbito de protección de los efectos del certificado, lo conectan con el art. 67.1. La opinión más extendida considera que se refiere tanto a la situación legal determinada como a las circunstancias de hecho en que descansa, y no sólo a la situación legal o sólo a las circunstancias de hecho[1004].

El núcleo duro del ámbito material de la prueba que brinda el certificado se contiene en el art. 63.2, conforme al cual: *"El certificado podrá utilizarse, en particular, como prueba de uno o varios de los siguientes elementos: a) la cualidad y/o los derechos de cada heredero o, en su caso, de cada legatario mencionado en el certificado y sus respectivas cuotas hereditarias; b) la atribución de uno o varios bienes concretos que formen parte de la herencia al heredero o a los herederos o, en su caso, al legatario o a los legatarios mencionados en el certificado; c) las facultades de la persona mencionada en el certificado para ejecutar el testamento o administrar la herencia".*

1002 BUDZIKIEWICZ, C., *op. cit.*, p. 777.

1003 En el mismo sentido, CALVO VIDAL, I. A., "El Certificado Sucesorio Europeo"; en GARRIDO DE PALMA, V. M. (ed.) en *Instituciones de Derecho Privado;* Civitas-Thomson Reuters, Cizur Menor (Navarra) 2016, 2ª ed., pp. 793-864, p. 844.

1004 BUDZIKIEWICZ, C., *op. cit.*, p. 776.

Algún autor como BARONE[1005], frente a la posibilidad de que el certificado sea considerado como título para la mutación del derecho, destaca la naturaleza probatoria, pues requiere un acto previo de adquisición del derecho hereditario y, lo contrario conllevaría retocar todas las legislaciones de los Estados miembros. Nos parece adecuada tal posición, sucede, sin embargo, que, entendemos, que en caso de que el certificado tenga por objeto probar ese acto previo, sin ese acto previo de adquisición del derecho hereditario, no es posible expedir el certificado[1006].

No obstante, como se pone de manifiesto en el curso de este trabajo, el Certificado Sucesorio Europeo, es mucho más que un instrumento probatorio, pues los efectos que se ligan a él, cualquiera que sea la interpretación que de los mismos se haga, van más allá del campo de la prueba.

En los propios considerandos, sin entrar en el texto del Reglamento, ya se apuntan otros muchos efectos que por sí solos justificarían la implementación de la figura.

Se declara su posible cualidad de título inscribible o sus relaciones con los Registros inmobiliarios (Cons. 68), sin perjuicio de las exclusiones que se establecen en el artículo 1, apartado 2, letras k) y l), con relación a la *naturaleza de los derechos reales, y cualquier inscripción de derechos sobre bienes muebles o inmuebles en un registro, incluidos los requisitos legales para la práctica de los*

1005 BARONE, *op. cit.*, p. 428. En el mismo sentido, referido al Derecho interno español, GÓMEZ TABOADA, J., "El Certificado Sucesorio Europeo. Breve aproximación"; en GINEBRA MOLINS, M. E. y TARABAL BOSCH, J., *El Reglamento (UE) 650/2012: Su impacto en las sucesiones transfronterizas;* ed. Marcial Pons, Madrid 2016, pp. 285-298, p. 286.

1006 No debe olvidarse que para una parte importante de la doctrina italiana, la solicitud del certificado implica aceptación de herencia, por eso el autor hace coincidir el acto con la prueba del acto.

asientos, y los efectos de la inscripción o de la omisión de inscripción de tales derechos en el mismo, respectivamente (art. 69.5 en relación a los artículos 1.2.k) y l))[1007]. Debe recordarse, en este momento, que las exclusiones de dichas letras k) y l) del art. 1.2 no pueden servir, en ningún caso para cuestionar lo ya probado en el certificado y excluir el mismo de su condición de título inscribible, sin perjuicio de que la *lex registrii* pueda pedir requisitos añadidos en el marco del procedimiento registral[1008].

No obstante, algunos autores han cuestionado la utilidad del art. 69.5, en tanto en cuanto, la configuración de los registros queda dentro del ámbito de las competencias de los distintos Derechos internos. También por existir una desigualdad entre los distintos sistemas naciones. Y, por último, porque si se pone el Certificado Sucesorio Europeo, al mismo nivel que los certificados nacionales, es evidente su carácter de título inscribible[1009].

Esa igualación con los certificados nacionales[1010], no es correcta, pues puede predicarse respecto a aquellos certificados nacionales que acceden al Registro, desde un punto de vista cualitativo, pero no en cuanto a la extensión de los mismos, pues el Certificado Sucesorio Europeo, como se ha visto, en la práctica, comprende muchos más aspectos de la sucesión que los certificados nacionales. Baste, por ejemplo, comparar el formulario de expedición del Certificado Sucesorio Europeo con el escueto *erbschein.*

1007 Se hace remisión en este punto al desarrollo realizado en el capítulo I.

1008 En el mismo sentido, ver, BUDZIKIEWICZ, C., *op. cit.*, p. 794.

1009 Ver LÓPEZ FERNÁNDEZ, J.; "El certificado de heredero: Acceso al Registro de la Propiedad", en *Revista Jurídica de la Región de Murcia,* nº 50, Murcia 2016, pp. 138-154, quien concluye, además, favorablemente, pese a lo apuntado, a la inclusión de la norma en el Reglamento.

1010 Que apunta LÓPEZ FERNÁNDEZ, J., *Ibidem,* p. 142.

Se le atribuye la virtualidad de poder complementar un título ejecutivo, interpretando, *a contrario*, el primer inciso del considerando 71, al decir: *"No debe ser un título con fuerza ejecutiva pero debe tener efecto probatorio [...]"*[1011]. En este sentido, guarda un cierto paralelismo al certificado que se expide para conformar el título ejecutivo europeo, donde la ejecutividad reside en el título que se certifica y no en el certificado que da noticia del carácter de título ejecutivo europeo[1012].

Por eso, como apunta FERNÁNDEZ-TRESGUERRES, en el diseño del Reglamento, es compatible la existencia de un Certificado Sucesorio Europeo que haga referencia, por ejemplo, a una partición hereditaria documentada en escritura pública, con la certificación prevista en el artículo 60, a los efectos cuando se pretenda hacer valer los efectos ejecutivos de la escritura de partición[1013].

Uno de los efectos primordiales es dar seguridad al tráfico jurídico que gira en torno a la propia circulación de la herencia transfronteriza. Con el certificado se pretenden atribuir efectos legitimadores que, a su vez, protejan a los terceros de buena fe. Los terceros de buena fe, deben estar protegidos tanto

---

1011 Por eso no se comparte la posición que centra la nota de ejecutividad en el estatuto del expedidor, como la de COBAS COBIELLA, M.E., "Certificado sucesorio europeo. Algunas ideas preliminares"; en *Barataria. Revistra Castellano-Manchega de Ciencias Sociales,* nº. 19, pp.103-113, 2015, disponible en < http://dx.doi.org/10.20932/barataria.v0i19.28 >, visto 04.07.2017, p. 108.

1012 Apunta RIVA, I., *op. cit.*, p. 135, que no atribuirle efectos ejecutivos, en la práctica, merma la eficacia o utilidad del Certificado Sucesorio Europeo, si bien, la solución contraria hubiera supuesto una injerencia excesiva en los sistemas procesales internos.

1013 FERNÁNDEZ-TRESGUERRES GARCÍA, A.; *Las sucesiones "mortis causa" en Europa: aplicación del Reglamento (UE) nº 650/2012;* ed. Aranzadi, Cizur menor, 2016, p. 610.

si entregan bienes[1014] o efectúan pagos a personas facultadas para recibir unos u otros en virtud del certificado[1015] como, a la inversa, si reciben bienes de persona facultada en el certificado para entregarlos (Cons. 71 y art. 69.3 y 69.4).

En estos casos, como apunta MAIDA, F., en las hipótesis mencionadas, el verdadero interés del tercero no es tanto que se le pruebe la cualidad de heredero de la contraparte, como el no incurrir en responsabilidad en contraposición con el verdadero heredero por haber entregado un bien hereditario a la persona equivocada; liberarse de la obligación y no volver a ser reclamado para efectuar el mismo pago; o, poder confiar en la validez y estabilidad de su propia adquisición[1016].

Sin embargo, el Certificado Sucesorio Europeo, no parece amparar ni probar el pasivo hereditario ni, las relaciones crediticias preexistentes[1017].

1014 Pone de manifiesto BENANTI, C., "Il certificato successorio europeo: ragioni, disciplina e conseguenze della sua applicazione nell'ordinamento italiano. Parte seconda", en *La Nuova giurisprudenza civile commentata,* Vol. 30, Nº. 2, 2014, págs. 85-96, p. 94 la tutela que dispensa el Certificado Sucesorio Europeo, en relación a la entrega de bienes que deberá complementarse con lo que determine cada Derecho interno sobre el instituto de las adquisiciones *a non domino* y supuestos de irreivindicabilidad, entendemos que sobre la base de que tales materias colindan con la naturaleza de los derechos reales, excluidos del ámbito del Reglamento (art. 1.2).

1015 Desde la perspectiva del Derecho italiano, BENANTI, C., *ibidem,* p. 92, pone de manifiesto que tiene entrada en el ordenamiento italiano una figura de "acreedor aparente", que obliga al verdadero acreedor a resarcir su derecho judicialmente.

1016 MAIDA, F., *op. cit.,* pp. 79-80.

1017 FERNÁNDEZ-TRESGUERRES GARCÍA, A.; *op. cit., Las sucesiones…,* p. 673. En el mismo sentido, RIVA, I., *op. cit.*, p. 184 y ss.. Sin embargo, el certificado no sana los defectos que pudiera tener el correspondiente contrato, ver en este sentido, RIVA, I., *op. cit.,* p. 211. En este mismo sentido, RODRÍGUEZ MATEOS, P., *op. cit.* p. 54.

Las normas que dispensan protección al tercero de buena fe, en el Reglamento, tienen carácter material, lo cual es consecuencia lógica de que, como apunta CALVO VIDAL, I. A.[1018], *"solamente el Reglamento que crea el certificado, procurando el tratamiento uniforme de los protagonistas de las sucesiones transfronterizas, puede establecer la regulación de sus efectos, aunque para ello deba servirse de normas de carácter material o sustantivo como las del artículo 69, apartados 3 y 4."*. Por los mismos motivos, las presunciones que se desprenden del juego del art. 69, son autónomas frente a lo que los distintos Derechos internos de los Estados miembros consideren[1019].

Debe llamarse la atención sobre la diferente redacción del Considerando 71 en relación al art. 69, siendo este último más preciso y omnicomprensivo, pues en el considerando 71 se refiere la entrega de bienes a los herederos o legatarios, cuando estos van de un tercero a alguno de los beneficiarios de la herencia y, en cambio, se habla de "persona que en el certificado aparece facultada", como actor de las entregas de bienes que formen parte de la masa hereditaria.

Por eso, frente al considerando, el art. 69 parece más correcto, pues siendo más genérico, comprende todos los desplazamientos patrimoniales que se pueden originar con el proceso hereditario, tanto centrífugos, de la masa de la herencia a terceros interesados, como centrípetos, de los terceros a la masa hereditaria, siendo intranscendente que esos movimientos se propicien en torno a un heredero, legatario o liquidador.

[1018] CALVO VIDAL, I. A., *op. cit.*, "El certificado…"; en GARRIDO DE PALMA, V. M., p. 845.

[1019] Ver, en este sentido FERNÁNDEZ-TRESGUERRES GARCÍA, A.; *op. cit.*, *Las sucesiones…*, p. 668.

Lo importante para el art. 69 es el destino de los bienes, con independencia del título que motive el movimiento, sea un pago pecuniario o sea la extinción de una obligación no pecuniaria, incluyendo todos los movimientos de propiedad que genera el proceso hereditario, con independencia de cuál sea el sistema hereditario que gobierne la transmisión en función de la ley sucesoria que corresponda aplicar.

El Reglamento parece excluir que el certificado propicie adquisiciones *a non domino*[1020], sin embargo, sí que, sobre la figura de la irreivindicabilidad y los efectos liberatorios del pago de buena fe hecho al acreedor aparente, dispensa protección al tercero que pagó (Cons. 71)[1021].

No da el art. 69 un concepto de buena fe, si bien, es evidente que no opera de buena fe el que conoce las discordancias entre el certificado y los documentos que sirvieron para certificar, pues estos últimos se mueven en el plano de la realidad sucesoria. Tampoco tendrá buena fe quien conozca la existencia de un recurso y, evidentemente, no tendrá buena fe el que tenga en su poder o conozca la existencia de dos certificados contradictorios.

1020 En este sentido BUDZIKIEWICZ, C., *op. cit.,* p. 780, que se postula claramente en contra del que el certificado sirva para legitimar adquisiciones a *non domino.* Para la misma autora el certificado sirve para justificar la ausencia de poder de disposición, no la inexistencia de una propiedad en la sucesión (*op. cit.,* p. 782, en relación con el art. 69.4). También en contra, GÓMEZ TABOADA, J., *op. cit.,* p. 296; y JIMÉNEZ GALLEGO, C.; *op. cit.*, p. 362; LÓPEZ FERNÁNDEZ, J.; *op. cit,* p. 153. A favor de la posibilidad de adquisiciones *a non domino,* sobre la base de un Certificado Sucesorio Europeo, PATTI, S., *op. cit.,* p. 18, si bien, el autor cita a BENANTI, como defensor de esa posibilidad sin que, en realidad, se postule firmemente, el autor citado, a favor de la misma.

1021 Se plantea RIVA, I., *op. cit.,* p. 164, sobre la posibilidad de que nos encontremos ante un concepto europeo de adquisiciones *non domino,* en nuestra opinión, debe excluirse pues conllevaría invadir el estatuto real y cuestiones excluidas.

La prueba de que una persona sabía que el certificado no era preciso es una cuestión no resuelta por el Reglamento y habrá que acudir al Derecho interno, con arreglo al cual se formule la reclamación, siguiendo a REINHARTZ, B.[1022], si bien, no por ello debe dejar de diferenciarse entre la buena fe en casos internacionales y en casos internos, la primera será la que se gobierne por el Reglamento de Sucesiones. No obstante, para la autora sería deseable que, a la larga, ambos conceptos se solaparan. Pero sí que parece que el artículo 69.4 establece una presunción de buena fe, en favor del tercero, con la referencia que "a menos que tenga conocimiento (el tercero)", por lo que corresponderá al reclamante probar la ausencia de buena fe o la existencia de culpa grave. La mala fe debe ser en relación a elementos relevantes de la transacción y apreciada en función del caso concreto, sucediendo lo mismo respecto a la culpa grave[1023].

Entendemos que para que el tercero sea considerado de buena fe, debe haber confiado en el certificado y su contenido, como consecuencia de la exhibición del mismo. Por eso, no debe ganar protección el tercero al que no se le exhibió el certificado, pues éste no sirvió de título legitimador de los actos que el art. 69 protege[1024].

1022 Ver, en este sentido REINHARTZ, B., *op. cit.*, p. 258.

1023 BUDZIKIEWICZ, C., *op. cit.*, p. 785-786, la autora, pone, además, el ejemplo de que no basta para enervar la buena fe que el tercero tenga conocimiento de que el certificado va a ser modificado, pues la modificación podría referirse a otros extremos.

1024 En contra, sorprendentemente, BUDZIKIEWICZ, C., *op. cit.*, p. 776. La autora alega la dicción literal del art. 69, así como el considerando 71, por no exigirse de modo expreso. No puede compartirse tal opinión, pues tanto en el 69.3 como en el 69.4, se requiere que la persona actúe, para ganar la protección, *"en virtud de la información contenida en el certificado"*, así como, el cons. 71 se habla de *"si ha actuado de buena fe basándose en la exactitud de la información acreditada en*

La protección del tercero de buena fe que dispensa el Reglamento no se extiende a cuestiones previas, como pone de manifiesto CALVO VIDAL, I. A., que excluye, por ejemplo la capacidad de quien recibe el pago o la entrega, o la titularidad de los bienes que son objeto de entrega[1025].

Debe llamarse la atención sobre el hecho de que, a diferencia de lo que sucede en muchos ordenamientos internos como, por ejemplo, el español, donde no se dispensa el mismo nivel de protección, en supuestos asimilados a los previstos en el art. 69, en función de que sea el acto oneroso o gratuito, en este caso, el Reglamento no distingue y la protección es la misma[1026].

No obstante lo anterior, puede que la protección dispensada por el Certificado Sucesorio Europeo se tenga que poner en relación con la posibilidad de que, con arreglo a la

---

el certificado” La autora, sin embargo, como se verá sí que exige que exista una copia vigente que sea invocada, para poder utilizar el certificado, *op. cit.*, pp. 773-774, lo que parece ser contradictorio con su posición respecto a la buena fe. En efecto si se invoca el certificado es porque se exhibe y si se exhibe es cuando se gana la protección, pues los efectos tuitivos del Certificado Sucesorio Europeo son el reverso o consecuencia de sus efectos legitimadores. En el mismo sentido que nosotros defendemos, ver CALVO VIDAL, I. A., *op. cit.*, “El certificado…”; en GARRIDO DE PALMA, V. M., p.846, quien exige un mínimo deber de diligencia al tercero que pretenda gozar de la protección que dispensan los efectos del certificado, exigiendo que haya confiado en una copia auténtica y vigente.

1025 CALVO VIDAL, I. A., *op. cit.*, “El certificado…”; en GARRIDO DE PALMA, V. M., pp. 846-848, quien cita, en apoyo de su posición el cons. 71, conforme al cual *“El presente Reglamento no debe determinar si dicha adquisición de bienes por una tercera persona es efectiva o no”*.

1026 BUDZIKIEWICZ, C., *op. cit.*, p. 783. Se plantea RIVA, I., *op. cit.*, p. 184, si la falta de distinción, supone una superación de la misma. Ahora bien, la misma autora, considera que los actos de disposición realizados por el heredero o legatario certificado sólo serán los inter vivos.

ley interna se pueda acudir a reclamaciones basadas en otras instituciones, al margen del Derecho sucesorio, como el enriquecimiento sin causa[1027].

Lo cual, pone de manifiesto, una vez más, la dificultad a la que se enfrenta el legislador de la Unión, para implementar una protección absoluta que va más allá del ámbito de las sucesiones internacionales. En este contexto, será muy relevante una adecuada labor de calificación del supuesto de hecho desde la perspectiva del DIPr.

Pese a la bondad de efectos que ha quedado predicada, la flexibilidad del Reglamento se convertirá en uno de sus principales puntos débiles. Permitir coexistir el certificado con los documentos internos circulando por el extranjero, ya que su solicitud no es obligatoria[1028] (art. 62.2), restará eficacia a la

---

1027 BUDZIKIEWICZ, C., *op. cit.*, p. 788; por ello, para JIMÉNEZ GALLEGO, C.; *op. cit.*, p. 364, la relación entre el verdadero heredero y el tercero que ha adquirido del heredero aparente tiene que regirse por la ley que determine el sistema de Derecho internacional privado correspondiente. Algún autor piensa, desde la óptica del Derecho italiano, que debe avanzarse hacia un nuevo concepto, el de "heredero certificado", que, en su ámbito, desplace al de "heredero aparente", ver, al respecto, MEUCCI, S., *op. cit.*, pp. 114-115. Desde la perspectiva del Derecho español, RODRÍGUEZ SÁNCHEZ, J. S, "Una introducción al Reglamento de Sucesiones de la UE –desde la perspectiva de los derechos reales sobre bienes inmuebles y el Registro de la Propiedad en España–", en *Cuadernos de Derecho Registral, Editorial Colegio de Registradores de la Propiedad y Mercantiles de España*, Madrid, 2013, pone de manifiesto que la protección que dispensa el Registro de la Propiedad, está por encima de la del Reglamento, si bien, el autor, no parece tener claro que el Reglamento y el Registro de la Propiedad no tienen un relación jerárquica, sino competencial y, por consiguiente, aunque pueden solaparse, juegan en planos diferentes y, a veces, complementarios.

1028 No obstante, algún autor, vaticina un éxito en su utilización, pues bajo su paraguas se hace posible que circulen, de forma sencilla,

pretendida armonización de la circulación de las herencias transfronterizas en el ámbito de la Unión Europea.

Esa multiplicidad de soluciones, lejos de ser penalizada en el Reglamento, paradójicamente, se potencian. Al interesado le quedan siempre expeditas otras alternativas, además de acudir a los procedimientos internos respectivos oportunos (art. 63.2), también podrá bien buscar soluciones en los otros niveles de circulación de documentos que se establecen en el Reglamento, resoluciones, documentos públicos o transacciones judiciales (Cons. 69).

Y todo ello, sin perjuicio de que en aquellos extremos no cubiertos por el Reglamento los interesados deberán cobijarse bajo el amparo de otros textos normativos que completan al Reglamento Sucesorio, en efecto, nos estamos refiriendo a los Reglamentos REM y EPUR[1029] y sus formularios[1030] de

---

muchos documentos internos, así, DEVAUX, A.; "The European Regulations on Succession of July 2012: A Path Towards the End of the Successions Conflicts of Law in Europe, or not?"; en *The International Lawyer,* 2013, vol. 47, nº 2, pp. 229-248, p. 244.

1029 Debe valorarse positivamente la entrada en aplicación de estos dos Reglamentos, pues de lo contrario se produciría un desajuste en la determinación de la masa hereditaria, en función de las reglas de liquidación que la norma de conflicto, antes no armonizada, hubiera considerado. Sobre los desajustes anteriores a la entrada en aplicación de tales Regalmentos, ver BENANTI, C., "Il certificato successorio europeo: ragioni, disciplina e conseguenze della sua applicazione nell'ordinamento italiano. Parte seconda", en *La Nuova giurisprudenza civile commentata,* Vol. 30, Nº. 2, 2014, págs. 85-96, pp. 89-90.

1030 Reglamento de Ejecución (UE) 2018/1935 de la Comisión, de 7 de diciembre de 2018, *por el que se establecen los formularios a que se refiere el Reglamento (UE) 2016/1103 del Consejo por el que se establece una cooperación reforzada en el ámbito de la competencia, la ley aplicable, el reconocimiento y la ejecución de resoluciones en materia de regímenes económicos matrimoniales*; y, Reglamento de Ejecución (UE) 2018/1990

desarrollo, en relación a la posición del cónyuge viudo y de la pareja de hecho y las adjudicaciones a estos que no tengan naturaleza hereditaria, pero se hagan como consecuencia de la liquidación del régimen motivada por el fallecimiento de la pareja matrimonial o no.

No obstante, como se puso de manifiesto al exponer el anexo III del formulario V, el Certificado Sucesorio Europeo, pese a las exclusiones del art. 1.2, no es totalmente ajeno a las cuestiones relativas al régimen económico matrimonial, filtrándose en el mismo determinados aspectos del matrimonio, de la pareja u de la liquidación de sus regímenes respectivos. De lo contrario, quedaría totalmente vacía de contenido la operatividad del Certificado Sucesorio Europeo, pues son pocos los casos en los que no se han de compatibilizar tales otros aspectos[1031].

A pesar de lo anterior, aunque el uso del certificado, previsiblemente, acabará imponiéndose, ni el legislador de la Unión quiso, ni, siendo honestos, tampoco hubiera podido eliminar los distintos documentos internos a tal fin destinados, por ello el Considerando 67 dispone: "*[…] Conforme al principio de subsidiariedad, el certificado no debe sustituir a los documentos que puedan existir con efectos similares en los Estados miembros*". Lo cual, no es obstáculo para la crítica formulada.

---

de la Comisión, de 11 de diciembre de 2018, *por el que se establecen los formularios a que se refiere el Reglamento (UE) 2016/1104 del Consejo por el que se establece una cooperación reforzada en el ámbito de la competencia, la ley aplicable, el reconocimiento y la ejecución de resoluciones en materia de efectos patrimoniales de las uniones registradas*, respectivamente.

1031 Ver, en este sentido, LARA AGUADO, Á., "Claves del Reglamento (UE) 650/2012 a la luz de la jurisprudencia del TJUE: de la especialización a la (in)coherencia a través del mito del principio de unidad y las calificaciones autónomas unívocas", en *Revista Electrónica de Estudios Internacionales (REEI)*, nº 39, junio 2020. p. 34.

Afortunadamente, lo que está excluido es mermar los efectos del certificado, pues, conforme al considerando 69, "*[...] ninguna autoridad o persona ante la que se presente un certificado expedido en otro Estado miembro debe estar facultada para pedir en lugar del certificado la presentación de una resolución, de un documento público o de una transacción judicial*".

Sin embargo, como apunta KRESSE[1032], debe destacarse que la obligatoriedad de admisión es para las autoridades y funcionarios, no para las personas privadas, pues la Unión Europea carece de competencias para obligar entre partes, pese al tenor del segundo inciso del considerando 69. Aún compartiéndose tal afirmación, entendemos, debe matizarse, pues que la Unión no tenga competencias para obligar en las relaciones inter partes no quiere decir que el particular que desconozca los efectos de un Certificado Sucesorio Europeo no esté actuando de mala fe o abusando de un pretendido derecho que es bastante relativo y, por consiguiente, podrá ser responsable de los daños y perjuicios que produzca al conducirse de tal modo.

A la vista de todo lo anterior, teniendo en cuenta, además, la naturaleza del certificado, que se defiende en este desarrollo, este no crea nuevas situaciones jurídicas, simplemente legitima para el ejercicio de los derechos y facultades inherentes a la posición de heredero, legatario con derecho directo a los bienes, albacea o ejecutor testamentario. El uso de este, dispensa protección para quienes confían en él.

Por eso, el certificado se inspira en los principios de exhibición y legitimación, por virtud de los cuales, para que éste despliegue sus efectos absolutos es necesario que la persona que

1032 KRESSE, B, *op. cit.*, p. 681.

lo invoque tenga una copia de él y que ésta esté vigente[1033]. Sin perjuicio de que los efectos del Certificado Sucesorio Europeo deriven de este mismo y no de su copia[1034].

Por último, debe recordarse que el interesado puede elegir entre que la herencia circule a lomos de un Certificado Sucesorio Europeo o, por el contrario, propiciar su circulación con los documentos internos tradicionales. La elección será una cuestión de oportunidad y costes, pero también de los efectos que se pretendan, pues los documentos internos no tienen los mismos efectos que hemos apuntado para el Certificado Sucesorio Europeo[1035]. En ocasiones, incluso, se obtiene una mayor protección acudiendo a la que dispensa el certificado sucesorio que bajo el cobijo de los documentos internos, en este sentido, en la doctrina italiana se habla de que se produce una "discriminación a la inversa"[1036].

1033 Ver, en este sentido, BUDZIKIEWICZ, C., *op. cit.*, pp. 773-774; se hace remisión en este punto a lo que reseñamos al hablar de la vigencia de la copia del Certificado Sucesorio Europeo.

1034 BUDZIKIEWICZ, C., *op. cit.*, p. 774.

1035 Ver, REINHARTZ, B., en BERGQUIST, U. *et al.*, *EU Regulation on Succession and Wills;* ed. Otto Schimidt, Colonia 2015, p. 248; en el mismo sentido KRESSE, B, *op. cit.*, p. 680.

1036 Ver, BARONE, R., *op. cit.*, p. 434. Toma en consideración el problema, también en relación a Italia, PATTI, S., *op. cit.*, p. 19. En este mismo sentido CALVO VIDAL, I. A., "El Certificado Sucesorio Europeo"; en GARRIDO DE PALMA, V. M. (ed.) en *Instituciones de Derecho Privado;* Civitas-Thomson Reuters, Cizur Menor (Navarra) 2016, 2ª ed., pp. 793-864, p. 804, quien entiende que esa eventual causa de discriminación debería propiciar un *"movimiento de reforma legislativa en los ordenamientos de los Estados miembros, ya equiparando los efectos de los documentos internos a los del certificado, ya admitiendo éste respecto de aquellas sucesiones estrictamente nacionales"*. Endiende, no obstante, MEUCCI, S., *op. cit.*, p. 113, que las discriminaciones a la inversa no afectan a la Unión Europea, pues se trata de cuestiones meramente de derecho interno.

Existirán casos en los que, teniendo en cuenta que los documentos internos sobre los que se certifica son preexistentes al propio Certificado Sucesorio Europeo, el interesado podrá elegir entre el sistema de protección que más le acomode, acudiendo, bien a la normativa interna, sobre la base de esos documentos internos, bien al art. 69, apoyándose en el Certificado Sucesorio Europeo expedido[1037].

También, desde el punto de vista de los antecedentes, apuntó este tipo de discriminación, TEN WOLDE, M. H., *op. cit.*, p. 510.

1037 HERTEL, C.; *op. cit.*, p. 406.

Capítulo 4

El Certificado Sucesorio Europeo en la práctica notarial española

1. EL NOTARIO COMO AUTORIDAD DESIGNADA: REGLAMENTO Y NORMATIVA INTERNA (DF 26ª LEC)

Es innegable que para el legislador de la Unión Europea los notarios juegan un papel primordial en el Reglamento Sucesorio[1038]. El texto del Reglamento alude a ellos hasta en diez ocasiones. Bien para referirse a sus funciones en el ámbito de los distintos Derechos internos, bien para atribuirles competencia internacional en materia sucesoria, bien para mencionarlos como posibles actores en el ámbito sucesorio de una u otra manera.

Es una constante, para el legislador de la UE, diseccionar y diferenciar los supuestos en los que los notarios ejercen funciones jurisdiccionales frente a aquellos otros en los que ejercen funciones de otra naturaleza, atribuidas por su correspondiente Derecho interno. Sin embargo, esa delimitación no siempre supone una tarea fácil.

1038 En este sentido, BARONE, R.; "Il certificato successorio europeo"; en *Notariato* 4/2013; ed. Wolkers Kluwer Italia; pp. 427-439, pp. 429-430, quien argumenta a favor del notario como autoridad expedidora por ser quien resuelve la mayoría de las sucesiones y por motivos de economía procesal.

Así, por ejemplo, en el considerando 20 se alude a los notarios como asimilados a los tribunales, en aquellos casos en los que ejercen funciones jurisdiccionales, frente a otros supuestos en los que su intervención no tiene tal naturaleza[1039].

En otras ocasiones, como en el considerando 21, el Reglamento se encarga de precisar que éste no quita competencias que tengan atribuidas por su Derecho interno, los distintos notariados. Sin embargo, cuando su labor sea asimilable a la de un tribunal, les serán aplicables las normas del Reglamento[1040].

Esa diferenciación transciende también al tercer sector, pues, en el considerando 22, se tienen en cuenta los notarios tanto en el ejercicio de funciones jurisdiccionales, circulando los documentos notariales con arreglo a las disposiciones sobre reconocimiento, fuerza ejecutiva y ejecución de resoluciones; como en aquellos casos en los que, por no ejercer funciones jurisdiccionales, los documentos públicos notariales circularán con arreglo a las normas sobre documentos públicos[1041].

1039 *"[…] A efectos del presente Reglamento, se debe dotar al término «tribunal» de un sentido amplio de modo que abarque no solo a los órganos judiciales en sentido propio, que ejercen funciones jurisdiccionales, sino también a los notarios […], que, en determinados supuestos, ejercen tal tipo de funciones, así como los notarios y los profesionales del Derecho que, en algunos Estados miembros, ejercen asimismo tales funciones jurisdiccionales en una sucesión determinada, por delegación de un tribunal. […] En cambio, el término «tribunal» no debe incluir a las autoridades no judiciales de un Estado miembro que, en virtud del Derecho nacional, están facultadas para sustanciar sucesiones, como los notarios en la mayoría de los Estados miembros, en aquellos casos en los que, como ocurre habitualmente, no ejercen funciones jurisdiccionales".*

1040 *"El presente Reglamento no afecta a las competencias que los Estados miembros atribuyan a los notarios en materia de sucesiones. La vinculación de los notarios de un Estado miembro a las normas de competencia establecidas en el presente Reglamento depende de si están incluidos en la definición de «tribunal» contenida en el mismo".*

1041 *"Los actos expedidos por notarios en materia de sucesiones en los Estados miembros deben circular de acuerdo con el presente Reglamento. Cuando los*

En ocasiones el Reglamento tiene también en cuenta las funciones de los notarios para apuntar una luz en la resolución de determinadas situaciones complejas que se pueden dar cuando en ejercicio de competencias sucesorias no jurisdiccionales puedan invadir actuaciones que podrían estar dentro del ámbito del Reglamento, así sucede, por ejemplo, en los supuestos previstos en el considerando 36[1042].

No obstante, las menciones anteriores que, argumentalmente justifican por qué el notario es tomado en consideración por el Reglamento de Sucesiones, no son determinantes para la atribución a los notarios de competencias de expedición. En efecto, siendo uno de los campos habituales y naturales del notariado de los distintos Estados miembros la intervención en materia sucesoria es normal que el Reglamento se ocupe de la función del notario, especialmente cuando ejerce funciones jurisdiccionales.

Precisamente, la naturaleza de la actuación notarial en materia sucesoria ha sido objeto de distintos pronunciamientos

---

notarios ejercen funciones jurisdiccionales, están vinculados por las normas de competencia, y las resoluciones que dicten deben circular de acuerdo con las disposiciones sobre reconocimiento, fuerza ejecutiva y ejecución de resoluciones. Cuando los notarios no ejercen funciones jurisdiccionales, no están vinculados por las normas de competencia, y los documentos públicos que expidan deben circular de acuerdo con las disposiciones sobre estos".

1042 *"Dado que las sucesiones en algunos Estados miembros pueden ser sustanciadas por autoridades no judiciales, como los notarios, que no están vinculadas por las normas de competencia establecidas en el presente Reglamento, no se puede excluir que se incoen simultáneamente en distintos Estados miembros un acuerdo sucesorio extrajudicial y un procedimiento judicial que tengan por objeto la misma sucesión, o dos acuerdos sucesorios extrajudiciales que tengan por objeto la misma sucesión. En ese caso, incumbe a las partes interesadas, una vez hayan conocido la existencia de procedimientos simultáneos, acordar entre ellas la manera de proceder. Si no logran alcanzar un acuerdo, corresponde a los tribunales que sean competentes en virtud del presente Reglamento conocer de la sucesión y pronunciarse sobre esta".*

del Tribunal de Justicia de la Unión Europea. Así, la STJUE de 21 de junio de 2018 (C-20/17, Oberle)[1043] (TOL 6.646.651); STJUE 16 de julio de 2020 (C-80/19) (TOL 8.012.485) y STJUE de 23 de mayo de 2019 (C-658/17 WB) (TOL 7.227.665). Lo cual ha dado lugar a una interesante producción doctrinal sobre la naturaleza de las funciones notariales y su incardinación en el Reglamento[1044].

1043 Sobre la consideración de la función notarial como función jurisdiccional, a propósito de esta sentencia, resulta interesante el trabajo de RUEDA VALDIVIA, R., "Competencia internacional del notario español para la tramitación de expedientes sucesorios nacionales en sucesiones de dimensión transfronteriza: Un análisis a la luz de la jurisprudencia del TJUE"; en LARA AGUADO, Á. (Dir.), *Sucesión mortis causa de extranjeros y españoles tras el Reglamento (UE) 650/2012: Problemas procesales, notariales, registrales y fiscales;* Ed. Tirant lo Blanch, España 2020, pp. 89-152, quien concluye que, en las actas de herederos, el notario español es tribunal, ver, p. 109.

1044 CASTELLANOS RUIZ, M. J., "Competencia internacional en materia de expedicón de certificados sucesorios: A propósito de la sentencia del TJUE 21 junio 2018, Vincent Pierre Oberle, c-20/17", en *Cuadernos de Derecho Transnacional,* marzo 2020, vol. 12, nº 1, pp. 473-511; JIMÉNEZ BLANCO, P., "El concepto de "órgano jurisdiccional" en los Reglamentos europeos de Derecho internacional privado"; en *Anuario español de Derecho internacional privado,* t. XIX-XX, 2019-2020, pp. 121-162. MARIÑO PARDO, F. M., "De nuevo sobre la actuación notarial en el marco del Reglamento europeo de sucesiones. Sentencia del Tribunal de Justicia, de 16 de julio de 2020, C-80/19: E E. y loi applicable aux successions", *La Ley Unión Europea,* nº 85, octubre 2020, Wolters Kluwer (consultada edición digital); MARIÑO PARDO, F.M., "Doctrina y algunas consecuencias sobre las actuaciones de los notarios españoles en el marco del Reglamento 650/2012 a partir de la STJUE de 23 de mayo de 2019", *La Ley Unión Europea,* nº 74, octubre 2019, Wolters Kluwer (consultada edición digital). REQUEJO ISIDRO, M., "El artículo 3, apartado 2, del Reglamento nº 650/2012: Autoridades no judiciales y otros profesionales del Derecho"; en *Revista electrónica de estudios internacionales,* nº 39, junio 2020. Anterior a las sentencias, en un momento inicial, puede

La realidad es que, al margen de cual sea la naturaleza de la actividad notarial, contiene, el Reglamento contiene una norma atributiva de competencia en favor de los notarios para la expedición del Certificado Sucesorio Europeo, siempre y cuando lo refrenden los distintos Estados miembros en ejercicio de sus competencias.

Así, el considerando 70 establece: *"El certificado se debe expedir en el Estado miembro cuyos tribunales sean competentes en virtud del presente Reglamento. Debe corresponder a cada Estado miembro determinar en su legislación interna qué autoridades serán competentes para expedir el certificado, ya sean tribunales tal como se definen a efectos del presente Reglamento, ya sean otras autoridades con competencias en asuntos sucesorios como, por ejemplo, los notarios*[1045]. *También debe corresponder a cada Estado miembro determinar en su legislación interna si la autoridad de expedición puede recabar la participación de otros organismos competentes en el proceso de expedición, por ejemplo la participación de organismos competentes para recibir declaraciones en lugar de un juramento. Los Estados miembros deben comunicar a la Comisión la información pertinente relativa a sus autoridades de expedición a fin de que se dé publicidad a esta información"*.

Consecuentemente, el artículo 64 del Reglamento, dispone: *"El certificado será expedido en el Estado miembro cuyos tribunales sean competentes en virtud de los artículos 4, 7, 10 u 11. La autoridad expedidora deberá ser: a) un tribunal tal como se define en el artículo 3, apartado 2, u b) otra autoridad que, en virtud del Derecho nacional, sea competente para sustanciar sucesiones mortis causa"*.

---

citarse CARRASCOSA GONZÁLEZ, J. "Reglamento Sucesorio Europeo y actividad Notarial". *Cuadernos de Derecho Transnacional,* (marzo 2014), vol. 6, No 1, pp. 5-44.

1045 La atribución de competencia a jueces y, especialmente, a los notarios, ya fue apuntada, en los antecedentes, entre otros, por TEN WOLDE, M. H., *op. cit.*, p.513.

En la mente del autor del Reglamento parece estar la idea de ligar la competencia de expedición al hecho de haber intervenido en la sucesión. Sin embargo, a la postre, en el artículo 78, se invita a los Estados miembros a comunicar la concreta autoridad competente para la expedición, al decir: *"1. A más tardar el 16 de enero de 2014, los Estados miembros comunicarán a la Comisión: [...]" c) la información pertinente relativa a las autoridades competentes para expedir el certificado en virtud del artículo 64 [...]".*

En el caso de España, se han comunicado como expedidores del certificado a los Tribunales de Primera Instancia y a los notarios[1046], concurriendo los requisitos establecidos en la DF 26 de la Ley de Enjuiciamiento Civil, introducida por la Ley 29/2015, de 30 de julio, de cooperación jurídica internacional en materia civil. Así, en relación a la expedición por órgano jurisdiccional, la DF 26.11. 2.ª LEC, establece: *"La competencia para expedir judicialmente un Certificado Sucesorio Europeo corresponderá al mismo tribunal que sustancie o haya sustanciado la sucesión [...]".*

Respecto a la expedición notarial, la DF 26.14 LEC dispone: *"Expedición por notario del Certificado Sucesorio Europeo. 1.ª Previa solicitud, compete al notario que declare la sucesión o alguno de sus elementos o a quien legalmente le sustituya o suceda en su*

[1046] Los notarios, a tal fin, han sido considerados por otros Estados miembros como expedidores, pueden consultarse dichos Estados en CALVO VIDAL, I. A., "El Certificado Sucesorio Europeo"; en GARRIDO DE PALMA, V. M. (ed.) en *Instituciones de Derecho Privado;* Civitas-Thomson Reuters, Cizur Menor (Navarra) 2016, 2ª ed., pp. 793-864, p. 806. El mismo autor, pone de manifiesto, que en legislador español se ha conducido, en la atribución de competencia interna de expedición, con un mimetismo excesivo respecto de las soluciones propuestas para la expedición del título ejecutivo europeo, así, ver pp. 815-818 y p.830.

protocolo, la expedición del certificado previsto en el artículo 62 del Reglamento (UE) n.º 650/2012 [...]"[1047].

El legislador español, para no hacer malo el refrán de "*no por mucho madrugar amanece más temprano*", el día 30 de julio de 2015, aprueba la Ley de Cooperación jurídica internacional en materia civil, Ley 29/2015. La publicación de la norma tiene lugar el 31 de julio de 2015. La Ley 29/2015, en su disposición final segunda introduce unas modificaciones en la Ley de Enjuiciamiento civil. Por lo que a nosotros ahora nos interesa, se introduce la disposición final 26ª, con la siguiente rúbrica: "*Medidas para facilitar la aplicación en España del Reglamento (UE) n.º 650/2012 del Parlamento Europeo y del Consejo, de 4 de julio de 2012, relativo a la competencia, la ley aplicable, el reconocimiento y la ejecución de las resoluciones, a la aceptación y la ejecución de los documentos públicos en materia de sucesiones «mortis causa» y a la creación de un Certificado Sucesorio Europeo*".

El procedimiento legislativo debe ser severamente criticado. Las modificaciones introducidas, que, por lo que ahora interesa, hacen referencia a la expedición del Certificado Sucesorio Europeo, no entran en vigor hasta tres días después de la plena entrada en aplicación del Reglamento Sucesorio.

En efecto, si el Reglamento 650/2012 se aplica a los fallecimientos acaecidos a partir de 17 de agosto de 2015, en los términos que han quedado delimitados en este trabajo, al exponer el ámbito temporal de la norma de la Unión; las modificaciones del Derecho interno español, a los fines de facilitar la expedición del Certificado Sucesorio Europeo, no son eficaces hasta el 20 de agosto de 2015[1048].

1047 De dicha competencia se toma razón en el portal E-justice, puede consultarse, al respecto, el siguiente enlace https://e-justice.europa.eu/380/ES/succession?SPAIN&member=1 (visto 02.02.2022).

1048 Ver, en este sentido la DF 6ª de la Ley 29/2015, relativa a la entrada en vigor.

Cierto es que la crítica es meramente formal, pues por el orden lógico que se observa al tramitar una sucesión, era imposible (cumpliendo los plazos legales) que en tres días cualquier notario español estuviese en disposición de expedir un Certificado Sucesorio Europeo de una persona fallecida entre el 17 de agosto de 2015 y el 20 de agosto de 2015. Para ello era necesario que la herencia se hubiera tramitado íntegramente en esos tres días y no es posible si, como se sabe, no se puede obtener certificado del Registro de últimas voluntades español hasta transcurridos 15 días a contar del fallecimiento de una persona[1049]. Sin embargo, no por ello, debe dejar de llamarse la atención sobre la patética forma de legislar que refleja el Parlamento español en los últimos tiempos[1050].

Cualquiera que sea el *iter* legislativo, de la DF 26ª de la Ley de enjuiciamiento civil, en ella se regula, de nueva planta, junto con el resto del desarrollo de los aspectos que clamaban regulación interna en el R(UE) 650/2012, los aspectos relativos a la expedición del Certificado Sucesorio Europeo.

El legislador disocia la expedición judicial de la notarial, atribuyendo competencia a juzgados y notarios en función de que la sucesión, en los términos que se verán, se hubiera sustanciado judicial o notarialmente. La regulación, sin embargo, ni es una ni es igual para jueces y notarios. Cierto es que para la expedición judicial debe tenerse en cuenta que el legislador inserta las normas de expedición y recursos en un sistema común. Frente a ello, en el ámbito notarial, la materia

---

1049 Art. 5.3 Anexo II RN, que regula el Registro de Actos de Última Voluntad.

1050 Al respecto, para el mismo momento en que la norma que se comenta vio la luz, es muy esclarecedor el prólogo a la 9ª edición de IGLESIAS BUHIGUES, J.L., ESPLUGUES MOTA, C. y PALAO MORENO, G. Dir., *Derecho Internacional Privado,* 9ª Ed. Tirant lo Blanch, Valencia 2015.

es totalmente novedosa, pues además de regular la forma de expedición, también es necesario dotar del régimen de recursos al que hacía referencia el Reglamento de sucesiones.

Nótese que ni salvando esas cuestiones, se respeta un enfoque común para la expedición judicial y la notarial. Así, por ejemplo, en la DF 26ª, la competencia judicial se atribuye *"[…] al mismo tribunal que sustancie o haya sustanciado la sucesión"*. Frente a ello, la competencia notarial corresponde *"al notario que declare la sucesión o alguno de sus elementos […]"*.

Se trata de matices que llevan a soluciones distintas en el ámbito notarial frente al ámbito judicial, lo cual no siempre está justificado, tratándose de un mismo documento, el Certificado Sucesorio Europeo, cuyo tratamiento, en la medida de lo posible, debería ser unitario.

La puesta en escena, en el ordenamiento interno español, del Certificado Sucesorio Europeo, sin embargo, no se limita a la DF 26ª de la Ley de Enjuiciamiento civil. También se toma en consideración para referirlo como título formal de la sucesión. Así, se establece en el artículo 14 LH, cuyo tenor actual dispone: *"El título de la sucesión hereditaria, a los efectos del Registro, es el testamento, el contrato sucesorio, el acta de notoriedad para la declaración de herederos abintestato y la declaración administrativa de heredero abintestato a favor del Estado, así como, en su caso, el Certificado Sucesorio Europeo al que se refiere el capítulo VI del Reglamento (UE) n.º 650/2012"*[1051].

1051 La norma se introduce también en la borrachera legislativa del verano de 2015. Sorprende que el legislador, en el mismo mes, sin entrar en vigor, da nueva redacción a un precepto que ya había sido reformado unos días antes. En efecto, la Ley 15/2015, de la Jurisdicción voluntaria, de 2 de julio, en su DF 12ª, había dado la siguiente redacción al meritado art. 14 LH: *"El título de la sucesión hereditaria, a los efectos del Registro, es el testamento, el contrato sucesorio, el acta de notoriedad para la declaración de herederos abintestato, la declaración*

Volviendo a la DF 26ª LEC, en sus numerales 14 a 17, que es la que en este momento interesa, a los efectos notariales, que constituyen el objeto de este trabajo, se ocupa de los siguientes extremos: Expedición por notario del Certificado Sucesorio Europeo, tomando en consideración la competencia, naturaleza del certificado y aspectos procedimentales de la expedición; la rectificación, modificación o anulación del Certificado Sucesorio Europeo emitido por notario; el régimen de recursos y los efectos del recurso. De todo ello pasamos a ocuparnos seguidamente.

2. NATURALEZA DE LA ACTUACIÓN NOTARIAL DE CERTIFICACIÓN

La expedición del Certificado Sucesorio Europeo puede ser definida como el conjunto de procesos a instancia de parte interesada que realiza la autoridad expedidora, que tienen por objeto mediante la comprobación de los elementos de una sucesión la generación de un documento público con vocación de circulación entre los Estados miembros de la Unión Europea.

Cualquiera que sea el tribunal o autoridad al que se encomiende la expedición del Certificado Sucesorio Europeo, el proceso de expedición opera sobre una realidad del fenómeno hereditario que ya ha sido delimitada con anterioridad a la generación del certificado[1052].

---

administrativa de heredero abintestato a favor del Estado y en su caso, el Certificado Sucesorio Europeo." . La redacción pese a ser prácticamente coincidente, ni es la misma, ni se entiende en la forma de producirse.

1052 Ver, en este mismo sentido, CARRIÓN GARCÍA DE PARADA, P.; "Los documentos públicos y el Certificado Sucesorio Europeo en el Reglamento 650/2012"; en *La Notaría,* I-2015, pp. 127-139, Ed. Colegio Notarial de Cataluña, Barcelona 2015, pp. 135-136; FERNÁNDEZ-TRESGUERRES GARCÍA, A.; *Las sucesiones "mortis causa"*

Así, cuando el notario expide el Certificado Sucesorio Europeo, en realidad lo que está haciendo es trasladar al formulario, de uso obligatorio, los distintos elementos que ya se han determinado, con carácter previo, en relación a una determinada sucesión.

Puede que la herencia esté determinada en todos sus elementos, lo cual sería lo deseable. Sin embargo, en otras ocasiones, puede que sólo se hayan sustanciado algunos elementos de la sucesión. En uno y otro supuesto, esa realidad jurídica, previamente determinada, se trasladará al formulario, por el notario expedidor, sujeto a su régimen de responsabilidad.

Que se certifique toda la sucesión o solo alguno de sus elementos, lo único que supone es una mayor o menor extensión del certificado y que este sea reputado total o parcial[1053]. Sin embargo, esencialmente, la naturaleza de la actuación notarial, en uno u otro caso es exactamente la misma.

Por tal motivo, debe juzgarse positivamente, cuando la DF 26ª.14, en su primer inciso atribuye competencia *"al notario que declare la sucesión o alguno de sus elementos"*. La razón de atribuir competencia es porque obran en su poder los elementos que se han de certificar, los cuales pueden, como de la propia norma se desprende, ser relativos a toda la sucesión o sólo a algunos aspectos de la misma, como quedó dicho, y todo ello en coherencia con el régimen previsto en los artículos 65.3, que

---

en Europa: aplicación del Reglamento (UE) nº 650/2012; ed. Aranzadi, Cizur menor, 2016, p. 622; y, GÓMEZ TABOADA, J., "El Certificado Sucesorio Europeo. Breve aproximación"; en GINEBRA MOLINS, M. E. y TARABAL BOSCH, J., *El Reglamento (UE) 650/2012: Su impacto en las sucesiones transfronterizas;* ed. Marcial Pons, Madrid 2016, pp. 285-298, p. 287.

1053 Se hace remisión, en este punto, al capítulo anterior III, donde se hace analiza la posibilidad de expedición de certificado sucesorio parcial.

alude a los *"elementos que el solicitante desea que le sean certificados [...]"* o el art. 67.1, cuando dice: *"[...] una vez que los extremos que vayan a ser certificados hayan sido acreditados [...]"*.

Así las cosas, puede que exista una sucesión totalmente sustanciada, pero que, en consideración a la finalidad del certificado (art. 65.3.f), sólo interese al peticionario que se certifique parte de la misma. En otras ocasiones, puede que no se haya sustanciado toda la sucesión, da igual la causa, pero interese certificar alguno de los extremos incontrovertibles, ya definidos. En uno y otro caso será viable la expedición de un certificado sucesorio parcial.

La expedición del certificado sucesorio total, sobre cuya base parece estar construido el modelo legislado, requerirá, en cambio, que el proceso sucesorio se haya agotado y sea omnicomprensivo de toda la sucesión hereditaria.

En cualquier caso, los procesos tendentes a la certificación comprenden la suma de distintos elementos, dentro de los cuales, pero previos al mismo puede que tengan que adoptarse unas determinadas decisiones; lo que no quiere decir que la expedición del certificado, en sí, sea asimilable a un juicio, aunque deba ser motivada[1054].

1054 Insiste BARONE, R.; "Il certificato successorio europeo"; en *Notariato* 4/2013; ed. Wolkers Kluwer Italia; pp. 427-439, P. 432 en el carácter complejo de la actividad de certificación, en la que se integran una serie de juicios que el expedidor debe hacer. Nosotros, ya se apunta en el desarrollo, desde la perspectiva del Derecho español, relativizamos el carácter de "juicios", en relación a las decisiones que adopta el notario requerido para la expedición.

3. NATURALEZA DOCUMENTAL DEL CSE EXPEDIDO POR NOTARIO

Debe llamarse la atención sobre el hecho de que la DF 26ª.14.2ª, califica al Certificado Sucesorio Europeo diciendo *"que tendrá el carácter de documento público conforme al artículo 17 de la Ley del Notariado de 28 de mayo de 1862"*.

Sin embargo, no se determina la concreta naturaleza documental de dicho certificado, desde el punto de vista de la actividad notarial, no se hace referencia a qué tipo de documento notarial debe reconducirse.

El artículo 17 LN, a los efectos de nuestro Derecho interno, debe ponerse en relación con el artículo 1216 C.c., al decir: *"Son documentos públicos los autorizados por un Notario o empleado público competente, con las solemnidades requeridas por la ley"*.

El artículo 17 LN, en su primer inciso, establece: *"El Notario redactará escrituras matrices, intervendrá pólizas, extenderá y autorizará actas, expedirá copias, testimonios, legitimaciones y legalizaciones y formará protocolos y Libros-Registros de operaciones"*.

El precepto desarrolla, seguidamente, de forma programática, lo que es cada uno de los documentos públicos que se enumeran en el mismo.

Aunque no siempre es fácil, resulta conveniente alejar al Certificado Sucesorio Europeo de algunos tipos documentales notariales.

a. Exclusiones del certificado expedido notarialmente de otras categorías de documentos notariales

El Certificado Sucesorio Europeo no es una póliza notarial. En efecto, baste a tal fin la cita del quinto inciso del art. 17.1 LN, conforme al cual: *"Las pólizas intervenidas tienen como contenido exclusivo los actos y contratos de carácter mercantil y financiero que sean propios del tráfico habitual y ordinario de al menos uno de sus otorgantes, quedando excluidos de su ámbito los demás actos y negocios jurídicos, especialmente los inmobiliarios"*.

Ni materialmente ni por los sujetos implicados en una sucesión, puede reconducirse, como se ve, a la categoría de las pólizas el Certificado Sucesorio Europeo.

Tampoco parece que el Certificado Sucesorio Europeo sea una "copia". No es obstáculo a esta premisa el hecho de que la circulación del certificado se produzca, tal y como está previsto en el artículo 70, mediante copias auténticas del mismo. Sin embargo, una cosa es el documento que recoge las posiciones jurídicas de *"herederos, legatarios que tenga derechos directos en la herencia y ejecutores testamentarios o administradores de la herencia que necesiten invocar, en otro Estado miembro, su cualidad de tales o ejercer sus derechos como herederos o legatarios, o bien sus facultades como ejecutores testamentarios o administradores de la herencia"* (art. 63.1) y otra el soporte documental, la copia auténtica, que se entrega al legitimado para ser presentada en el tráfico. El certificado puede circular mediante copias auténticas, pero ello no quiere decir que el certificado sobre el que se expide el documento que se entrega al interesado tenga, a los efectos del Derecho interno notarial español, la consideración de copia auténtica.

La inclusión de las "copias" en el artículo 17 LN debe tomarse más como una descripción del quehacer de los notarios que como una categoría autónoma de documento público. De hecho, en puridad, las copias lo pueden ser tanto de las escrituras matrices como de las actas, e, incluso, de las propias pólizas en supuestos que actualmente quedan con el carácter de residual. A la vista del art. 221 RN, se puede definir la copia como la reproducción total o parcial de una escritura matriz o de una póliza que, conforme al art. 222 RN, sólo podrá expedirse por el notario a cuyo cargo se encuentre el protocolo. En la práctica, expedir una copia, acreditado el interés legítimo del peticionario, en los términos del art. 224 RN, no implica ninguna valoración, es una labor de reproducción. Formalmente, la copia autorizada de una escritura, al igual que de un acta, se diferencia en que en la escritura matriz es donde se estampan las firmas de los interesados junto con la autorización notarial. Frente a la matriz, en la copia sólo aparece la autorización notarial tras la correspondiente cláusula de suscripción. Las escrituras matrices y las actas se conservan en el protocolo y quedan fuera del tráfico, estando reservada la circulación del negocio jurídico documentado, o del contenido del acta, a las copias de la matriz en que éste consta. El notario, para expedir una copia no hace comprobaciones añadidas, que, sin embargo, sí que puede que sean necesarias para la expedición del Certificado Sucesorio Europeo cuando el interesado aporte otros documentos que no consten en el protocolo. Además, formalmente, si se compara el formulario de expedición del Certificado Sucesorio Europeo con cualquier escritura notarial, dista mucho de tener el más mínimo parecido.

Por todo ello, ni formalmente, ni materialmente, puede reconducirse el Certificado Sucesorio Europeo a una copia notarial, a lo que se añade el hecho de que el certificado expedido, al igual que sucede con las escrituras y actas, no circulan en original, sino que es preciso, como quedó dicho, expedir una copia del mismo, en los términos del artículo 70.

Debe alejarse al Certificado Sucesorio Europeo de la categoría de las escrituras matrices se enumeran como el primero de los documentos públicos notariales en el artículo 17 LN. Cierto que es el quehacer tradicional de los notarios, sin embargo, no debe subsumirse en ellas al Certificado Sucesorio Europeo. Sin que contradiga esta posición el hecho de que, cómo se verá, el Certificado Sucesorio Europeo pueda quedar incorporado por diligencia a una escritura matriz. En efecto, el propio artículo 17.1 LN en su inciso segundo dispone: *"Las escrituras públicas tienen como contenido propio las declaraciones de voluntad, los actos jurídicos que impliquen prestación de consentimiento, los contratos y los negocios jurídicos de todas clases"*. En la expedición del Certificado

Sucesorio Europeo el único consentimiento que se presta es el relativo a la solicitud que formula el legitimado para instar la misma. Sin embargo, tal consentimiento ni es una propia declaración de voluntad ni tampoco tiene naturaleza negocial. Por tal motivo, debe excluirse de la naturaleza jurídica de "escritura pública" al Certificado Sucesorio Europeo.

Procede también la exclusión del Certificado Sucesorio Europeo de la categoría de las actas notariales. Si bien, la diferenciación entre ambos tipos documentales es más compleja. Así, conforme al art. 17.1 LN, inciso octavo, *"Las actas notariales tienen como contenido la constatación de hechos o la percepción que de los mismos tenga el Notario, siempre que por su índole no puedan calificarse de actos y contratos, así como sus juicios o calificaciones"*. En el mismo sentido, el primer inciso del artículo 198 RN, dispone: *"Los notarios, previa instancia de parte en todo caso, extenderán y autorizarán actas en que se consignen los hechos y circunstancias que presencien o les consten, y que por su naturaleza no sean materia de contrato"*. Así, las actas aparecen yuxtapuestas a las escrituras, la frontera entre unas y otras la constituye, desde el punto de vista del Derecho notarial español, el contenido negocial, que queda reservado para las escrituras, sin perjuicio de las pólizas, que comparten esa naturaleza material, en el ámbito bancario, como quedó dicho.

Podría decirse que en el certificado sucesorio se constatan hechos, sin embargo, en este trabajo se defiende que la actividad de certificación opera sobre una realidad jurídica ya delimitada, con carácter previo. No parece que la solicitud del certificado, pueda implicar que autónomamente, se declaren posiciones jurídicas que no estaban reconocidas con carácter previo a la certificación.

Pongamos un ejemplo, en algunas ocasiones, se ha defendido que en el certificado se puede proceder a determinar los herederos intestados de una persona. En cambio, para nosotros, certificar una sucesión intestada implica plasmar en el certificado unos herederos intestados que han sido previamente determinados con arreglo a la ley aplicable, tanto procedimentalmente como formalmente. Así, por ejemplo, no cabe sustraer la determinación de los herederos intestados, por muy internacional que sea la herencia, de la correspondiente tramitación del acta notarial para la declaración de herederos *abintestato* conforme a los artículos 55 y 56 LN[1055]. Teleológicamente, el certificado sucesorio, concluye con la cumplimentación de un formulario, entregándose al interesado una copia de este. En efecto, por eso el artículo 70.1 yuxtapone original a copia del Certificado Sucesorio Europeo, al decir. *"La autoridad emisora conservará el original del certificado y entregará una o varias copias auténticas al solicitante y a cualquier persona que demuestre un interés legítimo"*. Como se verá, debe diferenciarse entre le proceso de certificación y el resultado de dicho proceso, que culmina con la cumplimentación del certificado y entrega de una copia de este al interesado.

A la misma exclusión del certificado sucesorio como acta se llega si se desciende a los concretos tipos de acta previstos en el Reglamento notarial, pues el Certificado Sucesorio Europeo, aunque puede tener puntos en común con determinadas actas, en realidad, no son subsumibles, totalmente, dentro de ninguna de ellas. En efecto, el Certificado Sucesorio Europeo no es ni un acta de remisión de documentos por correo[1056], pues, en puridad, no se remite ningún documento, en sí, durante el proceso de expedición. Tampoco es un acta de notificación

---

1055 Debe tenerse en cuenta, como se verá, que la propia declaración de herederos *abintestato* será el documento protocolar atributivo de competencia, en los términos del la DF 26ª.14 LEC, por lo que sin esta no habrá competencia notarial de expedición. Se hace remisión, al respecto, al apartado correspondiente donde se analizan las normas de competencia del Derecho interno, para la expedición notarial de Certificado Sucesorio Europeo.

1056 Art. 201 RN.

ni de requerimiento[1057], aunque se ponga en conocimiento de determinadas personas las vicisitudes del proceso de expedición (arts. 66.4, 67.2, 71.3 ó 73.2). No son actas de exhibición de documentos[1058]. Realmente la mayoría de los documentos que se emplean para certificar, en el modelo español, obrarán ya en poder del notario certificante. Tampoco se subsumen dentro de las distintas categorías que se incluyen dentro del art. 207 RN[1059], aunque puedan tener en común, la finalidad formal de alguno de dichos tipos. Así como tampoco es posible subsumir al Certificado Sucesorio Europeo dentro de la categoría de las actas de referencia[1060], pese a que durante el proceso de expedición se deban realizar determinadas manifestaciones, aunque sólo sean incorporadas a la solicitud (por ejemplo, las declaraciones que se contemplan en el art. 65.3) o las declaraciones que se mencionan en el artículo 66.3. No son actas de notoriedad[1061], pues aunque el notario realice comprobaciones y averiguaciones (art. 66), la expedición del certificado no implica una labor de constatación de hechos sobre los cuales pueden ser declarados derechos; lo cual no es obstáculo para predicar del certificado los efectos legitimadores que se le atribuyen ex art. 69. Aunque el certificado sucesorio se protocoliza, no estamos ante un acta de protocolización de documentos[1062], pues el notario verifica una actividad de comprobación, a la vista de lo que predican los artículos 66 y 67.

[1057] Arts. 202 a 206 RN.

[1058] Art. 207 RN.

[1059] En efecto, ni persiguen la finalidad de acreditar que un documento se encuentra en poder de una persona; ni recoger un documento que va a circular como documento privado con firma legitimada en el extranjero; ni se emplean para reconocer una firma, ni, por último, para fijar el saldo de un contrato de crédito.

[1060] Art. 208 RN.

[1061] Art. 209 RN.

[1062] Arts. 211 a 215 RN.

Además, como quedó dicho, frecuentemente, los documentos sobre los que se expide el certificado formarán ya parte del protocolo, bien como escritura matriz bien como documentos incorporados a la misma. No son, en fin, actas de depósito[1063], ni actas para la generación de un documento fehaciente de liquidación[1064]; lo cual se explica con la sola enunciación de dichos tipos de acta.

No es el Certificado Sucesorio Europeo, por último, un testimonio. Dentro del Título IV del Reglamento notarial, que se rubrica como *"Del instrumento público"*, se encuentra el capítulo III, destinado a *"otros documentos notariales"*. En dicho capítulo se regulan los testimonios y legalizaciones.

La exclusión del Certificado Sucesorio Europeo de la categoría de "legalización", en el Reglamento notarial, es evidente, pues esta viene reservada a la legalización diplomática, por lo que, no merece mayor comentario.

En el mismo capítulo IV, sin embargo, se regulan los testimonios. En la evolución histórica de los distintos documentos notariales se observa como los testimonios se han filtrado lentamente en la Legislación notarial[1065]. De hecho, la rúbrica del capítulo IV, citada, deja entrever una cierta configuración legal como cajón de sastre.

En la reforma del Reglamento notarial de 2007[1066] se depura y sistematiza el régimen de los testimonios, lo cual es congruente con la línea adoptada por la Ley del Notariado en la reforma operada por Ley 36/2006, de 29 de noviembre, a la que se debe

---

1063 Art. 217 RN.

1064 Arts. 218-219 RN.

1065 Puede verse, al respecto, GOMA LANZON, I. en VV. AA., *Nueva legislación notarial comentada,* Ed. Colegio Notarial de Madrid, Madrid 2007, pp. 691 y ss..

1066 Real Decreto 45/2007, de 19 de enero.

la redacción del art. 17 LN en la que se incluyen, como quedó dicho, dentro del quehacer notarial los testimonios.

Esa configuración como cajón desastre, a la que acabamos de aludir para referirnos a los testimonios, no era ajena a la práctica notarial. No es infrecuente, por los notarios, utilizar los testimonios para dar acceso al Libro indicador[1067], regulado en el artículo 264 RN, a aquellos documentos que, en principio, no estaba prevista su protocolización pero que bien por motivos legales o prácticos resultaba conveniente su conservación. Un ejemplo de lo que se relata podría verse en el certificado de Título Ejecutivo Europeo. Así, en la DF 21ª LEC, en cuyo numeral 3, se dispone: *"Compete al notario autorizante, o a quien legalmente le sustituya o suceda en su protocolo, la expedición del certificado previsto en el artículo 25.1 y en el anexo III del Reglamento (CE) n.º 805/2004.De dicha expedición dejará constancia mediante nota en la matriz o póliza, y archivará el original que circulará mediante copia"*. A la vista del precepto legal, no parecía que la expedición de un certificado relativo al título ejecutivo europeo tuviera autonomía suficiente para ser un documento protocolar (escritura o acta), pero la norma, sin embargo, imponía su archivo. En ese contexto, parecía adecuada la solución de incorporar la matriz del certificado al Libro indicador, para dar cumplimiento al archivo que imponía la DF 21ª LEC. Sin embargo, no parece que el Certificado Sucesorio Europeo pueda ser asimilado a un testimonio. Los testimonios tienen dos rasgos característicos, carecen de matriz y se refieren a

---

1067 El Libro indicador tiene por finalidad ordenar y asentar los testimonios, en los términos que se establecen en el artículo 264 RN. Con él, quedan archivados en la oficina notarial los documentos de esta naturaleza, evitando que circulen en el tráfico sin la posibilidad de ser cotejados una vez expedidos. Es una buena forma, en todo caso, para que el notario pueda salvar su responsabilidad en el caso de uso indebido o falsificación de un testimonio.

hechos o a juicios realizados por el notario[1068]. Cierto es que el notario realiza una serie de valoraciones o juicios para expedir el Certificado Sucesorio Europeo (arts. 66 y 67). También, la labor de certificación, en gran parte, implica trasladar al formulario un resumen de los documentos que se certifican. En este sentido, el Certificado Sucesorio Europeo se aproximaría a un testimonio en relación[1069].

Por último, en el proceso de expedición del Certificado Sucesorio Europeo, se acreditan determinados extremos relativos al Derecho material aplicable, a la ley sucesoria, lo que hace que el certificado participe, en cierto modo, de la naturaleza de los testimonios por vigencia de leyes, regulados en el artículo 255 RN, al decir que *"Los notarios podrán expedir testimonios cuyo objeto sea acreditar en el extranjero la legislación vigente en España o en el estatuto personal del requirente"*[1070]. Sin embargo, el notario realiza mucho más que eso. No solo porque, por ejemplo, procedimentalmente, es necesario hacer una serie de traslados de información, en gran parte de los casos, a distintos implicados en el proceso sucesorio. También debe tenerse en cuenta

---

1068 Ver, en este sentido, GOMA LANZÓN, I., *op. cit.*, p. 691.

1069 Así, dice GOMA LANZON, I., *op. cit.*, p. 696 que *"el testimonio en relación se opone al literal y consiste en una reproducción abreviada de un determinado documento realizada por el notario, en un trabajo técnico de resumen; y el testimonio parcial se contrapone al total, y supone la reproducción de algunos aspectos del documento, haciendo constar el notario que en lo lo omitido no hay nada que amplíe, restrinja, modifique o condicione lo transcrito"*.

1070 GOMA LANZON, I., *op. cit.*, p. 705, recuerda, respecto a este tipo de testimonios, que *"GONZÁLEZ PALOMINO, en cuanto que son juicios del notario, los consideraba más que testimonios, certificaciones o dictámenes y su valor dependerá de la eficacia que le conceda el derecho extranjero, sin perjuicio de que en la práctica la tengan por la autoridad profesional de quien los emite. El reglamento -dice- recoge una regla de la experiencia y estimula a los notarios para que colaboren a la comodidad del tráfico internacional"*.

que los testimonios, normalmente son documentos sencillos, fáciles, "menores". Caracteres que en ningún caso pueden predicarse del Certificado Sucesorio Europeo[1071].

Por último, en contra de la categorización del Certificado Sucesorio Europeo como testimonio, se encuentra la propia dicción de la DF 26ª. 14.2ª, cuando establece: *"De dicha expedición del Certificado Sucesorio Europeo, que tendrá el carácter de documento público conforme al artículo 17 de la Ley del Notariado de 28 de mayo de 1862, se dejará constancia mediante nota en la matriz de la escritura que sustancie el acto o negocio, a la que se incorporará el original del certificado, entregándose copia auténtica al solicitante. Si no fuera posible la incorporación a la matriz, se relacionará, mediante nota, el acta posterior a la que deberá ser incorporado el original del certificado"*. De donde resulta que, en todo caso, al incorporarse a la matriz o a una nueva acta, el certificado, su naturaleza se aleja de la consideración de testimonio.

A la vista de las exclusiones referidas, por contraposición a otros tipos documentales notariales, puede afirmarse, sin ningún genero de dudas que, en todo caso, desde la perspectiva del Derecho notarial español, el Certificado Sucesorio Europeo es un documento protocolar.

b. El Certificado Sucesorio Europeo como documento protocolar

Como ha quedado expuesto en los apartados anteriores, desde una perspectiva notarial, resulta difícil reconducir el Certificado Sucesorio Europeo a cualesquiera de los tipos documentales regulados, con anterioridad, en la legislación notarial. Podría prescindirse, sin más, de esta tarea de ubicación

---

1071 A diferencia de lo que sucede, por ejemplo, con el certificado de título ejecutivo europeo, cuya naturaleza no se prejuzga, al no ser objeto de este trabajo, sin perjuicio de la solución apuntada anteriormente.

del Certificado Sucesorio Europeo. Sin embargo, es importante abordarla, en tanto en cuanto ayuda a perfilar las obligaciones del notario expedidor al acometer la tarea de formalizar el Certificado Sucesorio Europeo.

Así las cosas, en cualquier caso, lo que es incuestionable es que se trata de un documento protocolar. El protocolo puede ser definido, a la vista de los artículos 17 LN y 272 RN como la colección ordenada por fechas de instrumentos públicos -escrituras o actas- y demás documentos incorporados a los mismos, autorizados durante un año en una notaría.

Consiguientemente, tomando en consideración la DF 26ª.14.2ª, al decir: *"De dicha expedición del Certificado Sucesorio Europeo, que tendrá el carácter de documento público conforme al artículo 17 de la Ley del Notariado de 28 de mayo de 1862, se dejará constancia mediante nota en la matriz de la escritura que sustancie el acto o negocio, a la que se incorporará el original del certificado, entregándose copia auténtica al solicitante Si no fuera posible la incorporación a la matriz, se relacionará, mediante nota, el acta posterior a la que deberá ser incorporado el original del certificado"*, se pueden extraer las siguientes notas definitorias, formalmente, desde la perspectiva notarial, del Certificado Sucesorio Europeo.

En primer lugar, el Certificado Sucesorio Europeo, una vez expedido, se incorpora al protocolo. De esta manera, la normativa interna de desarrollo, da cumplimiento, en el ámbito notarial, a lo dispuesto en el artículo 70, al decir: *"1. La autoridad emisora conservará el original del certificado y entregará una o varias copias auténticas al solicitante y a cualquier persona que demuestre un interés legítimo"*.

La incorporación puede hacerse mediante una diligencia[1072], a la escritura notarial atributiva de competencia, esto es,

---

1072 Impropiamente, la DF 26ª.14.2ª LEC habla de nota, cuando, como se verá, se debería referir a una diligencia.

aquella que sustancia el acto o el negocio sucesorio. También es posible que el certificado se incorpore a un acta posterior, en la que se extenderá una nota de correlación, para vincular el documento atributivo de competencia con el documento, acta en este caso, en el que se ha producido la incorporación del certificado sucesorio.

En segundo lugar, es un documento autónomo, que pese a estar vinculado formalmente a una escritura matriz o a un acta, circula en el tráfico independientemente de dicha escritura o acta que le abrió la puerta del protocolo. Esto no deja de ser algo anómalo a la técnica notarial, y, así, las copias del Certificado Sucesorio Europeo se asimilarían al régimen de circulación de los documentos incorporados a una escritura matriz o un acto.

En este sentido, debe tenerse en cuenta lo dispuesto en el artículo 252 RN, al decir: *"No podrán ser testimoniados: 1.° Los documentos matrices que conforman el protocolo, sin más excepciones que las previstas en este Reglamento. Los documentos unidos a una matriz podrán ser objeto de testimonio identificando en éste la matriz a la que se hallan incorporados [...]"*. Así, la forma legal de circular un documento unido es bajo la figura del testimonio. Este régimen se ha venido aplicando a todos aquellos documentos incorporados a una escritura matriz (o un acta), si bien, eran documentos accesorios de la misma, que ayudaban a conformar esta[1073].

Sin embargo, si como se defiende en este trabajo, lo habitual será que el Certificado Sucesorio Europeo fuera incorporado a un acta, lo cual está permitido por la DF 26ª LEC, lo principal será el propio certificado, que, en la práctica, es autónomo, en

[1073] Sucedería así, por ejemplo, con las licencias administrativas, autorizaciones judiciales, certificados del Registro civil y otros documentos que sirven para conformar el negocio principal que consta a una escritura. Son documentos que se precisan para la plena validez del negocio, pero accesorios del mismo.

sí, de los documentos antecedentes que han servido para su expedición, pero a los que se encuentra vinculado.

Por todo ello, parece que expedido notarialmente, o no, el Certificado Sucesorio Europeo, debe ser reputado, formalmente, como un documento público autónomo amparado por la legislación de la Unión Europea, a cuyo servicio, se ponen procedimentalmente, los distintos Derechos internos que regulan el estatuto de la autoridad o tribunal expedidor.

4. EL EXPEDIENTE NOTARIAL PARA LA CERTIFICACIÓN DEL CERTIFICADO SUCESORIO EUROPEO VS. CERTIFICADO SUCESORIO EUROPEO

Conceptualmente, debemos distinguir el proceso de expedición del Certificado Sucesorio Europeo del resultado del mismo: el propio Certificado Sucesorio Europeo[1074].

Así, desde el punto de vista de la actividad notarial española, el proceso de expedición del Certificado Sucesorio Europeo podría ser definido como el conjunto de actuaciones realizadas por el Notario a fin de tomar razón y constatar los extremos de la sucesión cuya certificación se pretende.

Yuxtapuesto al proceso de expedición aparece el Certificado Sucesorio Europeo. El Certificado Sucesorio Europeo, desde la perspectiva del notario español, podría ser definido como el documento que recoge los extremos acreditados al notario durante el proceso de expedición con el valor y efectos que le atribuyen el R(UE) 650/2012[1075].

1074 En esta parte de este trabajo de análisis notarial.

1075 Debe tenerse en cuenta que ambas definiciones son extrapolables a cualquier autoridad o tribunal expedidor, sin embargo, deliberadamente se menciona al notario, al ser el objeto de este trabajo la expedición notarial.

Como se pone de manifiesto en este trabajo, el certificado no es autónomo de una sucesión ya sustanciada o de sus elementos, según el certificado sea total o parcial. Al contrario, aparece estrechamente vinculado a la previa tramitación de una sucesión o a la existencia de un elemento de la misma, los cuales son preexistentes al propio Certificado Sucesorio Europeo en la que una u otros se vuelcan.

El proceso de certificación puede revestir distinta complejidad en función de las circunstancias del caso concreto. En ocasiones, el certificado expedido por notario español será la consecuencia natural de una escritura de aceptación o partición de herencia. Aunque inicialmente podría reputarse un supuesto sencillo, ello sólo será así en el caso de que estemos ante una ley sucesoria que configure las legítimas como *pars bonorum* o en el caso de que todos los posibles interesados en la sucesión hayan concurrido en el proceso de sustanciación de la sucesión.

En efecto, el previo concurso de los legitimarios, que pueden no coincidir con los otros interesados en la partición, determinará que se llegue al momento de la expedición del certificado con todos los extremos de la sucesión sin controversia. El otorgamiento de la escritura de aceptación y partición de herencia de todos los interesados en la sustanciación de la sucesión facilitará el proceso de certificación, pues supondrá un punto de partida exento de conflictos, al haber depurado los mismos el consentimiento sanador de todos los interesados.

Puede ser, sin embargo, que en otros casos no hayan concurrido todos los interesados en una determinada sucesión que se pretenda certificar. Piénsese, por ejemplo, en aquellos supuestos en los que la ley sucesoria configura la legítima como una *pars valoris* o de naturaleza crediticia. También sucederá, lo propio, en aquellos casos en los que la liquidación de la sucesión sea realizada por una tercera persona, no necesariamente beneficiaria de la sucesión. No serán, por último, infrecuentes, los casos en los que la existencia de legados y la naturaleza que les atribuya la ley sucesoria incida en el concurso o no de los legatarios en esa escritura en la que se sustancie la totalidad de la sucesión.

Así pues, la *lex successionis* se presenta como un elemento que puede incidir en la mayor o menor complejidad del proceso de certificación. En otras ocasiones la complejidad vendrá determinada por el hecho de que lo que se pretenda obtener por el interesado sea un certificado sucesorio parcial, en los términos que han sido acotados en este trabajo, al permitirlo el Reglamento.

Al contrario de lo que pudiera parecer, es más complejo expedir un Certificado Sucesorio Europeo parcial que uno total. En el total, todos los elementos de la sucesión están agotados. De esta manera será, por ejemplo, menor el número de notificaciones que deban realizarse para poner en conocimiento de todos los interesados la existencia de la solicitud de expedición, en los términos del art. 66.

Frente a esto, en un certificado parcial, puede que haya interesados que pretendan algún derecho o que aún no esté claro si va a surgir algún conflicto. También, en estos casos, el elemento sucesorio parcial que se pretenda certificar deberá ponerse en relación con los otros elementos de la sucesión que, aunque no se certifiquen, puede que condicionen el proceso de expedición.

De lo dicho hasta ahora resulta que no debe considerarse el proceso de certificación, *a priori*, como algo natural y poco complejo, subsiguiente a la declaración notarial de la sucesión o de alguno de sus elementos.

Por eso parece conveniente que el proceso de expedición se centralice en un expediente que recoja todas las vicisitudes que se pongan de manifiesto durante su tramitación. Dicho expediente culminaría con la incorporación al mismo del certificado sucesorio expedido como consecuencia del proceso de expedición.

En el modelo notarial de expedición del Certificado Sucesorio Europeo previsto por el legislador español, éste aparece incorporado al instrumento público[1076] atributivo de competencia[1077]. Alternativamente, se prevé la incorporación del Certificado Sucesorio Europeo a un acta cuyo objeto primordial sea la incorporación del certificado, poniendo nota de correlación en la escritura atributiva de competencia.

Para que se pueda llevar a cabo la expedición notarial del certificado sucesorio, anticipamos ahora, será necesario que en su protocolo conste un documento atributivo de competencia. Si el notario titular del protocolo no ha autorizado la sucesión o alguno de sus elementos, aunque tenga competencia internacional, no tendrá competencia interna de expedición[1078].

Formalmente, habrá casos en los que la expedición del Certificado Sucesorio Europeo podrá ser, conceptualmente,

---

1076 La DF 26.14.2 LEC impropiamente habla de *"escritura que sustancie el acto o negocio"*, cuando hubiera sido más correcto hablar de "instrumento público" o incluir la mención al acta (*"escritura o acta")*, como se verá.

1077 FERNÁNDEZ-TRESGUERRES GARCÍA, A.; *Las sucesiones "mortis causa" en Europa: aplicación del Reglamento (UE) nº 650/2012;* ed. Aranzadi, Cizur menor, 2016, p. 608, enlaza esa vinculación protocolar con el hecho de que lo que se recibe en el certificado, al menos desde la perspectiva de nuestro Derecho, existe ya protocolizado y es precisamente el protocolo lo que se toma como base para expedir el certificado. La afirmación, que se entiende, sin embargo, no es generalizable a todo el contenido del certificado, que va más allá de la constatación en un formulario de extremos que constan el en protocolo, aunque, en ocasiones, todos esos extremos podrán haber sido protocolizados. Pensemos, por ejemplo, en el caso de una escritura de aceptación y partición en la que todos los documentos complementarios se han agotado e incorporado a la matriz de la misma.

1078 Sobre esta cuestión se volverá posteriormente, al hablar de la competencia notarial. Se introduce y avanza aquí para entender el desarrollo.

simultánea a la autorización del documento atributivo de competencia. En tales supuestos, la diligencia de incorporación del Certificado Sucesorio Europeo expedido podrá hacerse *uno ictu*, sin solución de continuidad, seguidamente a la firma de la escritura en la que se sustancia *el acto o negocio* atributivo de competencia.

El legislador español parece estar pensando en el supuesto "normal" en el que en que los otorgantes de una escritura de aceptación y partición de herencia tienen intención, atendidas las circunstancias del caso, de que esta circule fuera de España. En tales casos, es viable que, al autorizar la escritura, en su redacción se incluya el requerimiento de expedición del Certificado Sucesorio Europeo.

Sin embargo, pese a la buena intención del legislador español, no parece aconsejable esa forma de proceder. Es cierto que en aquellos supuestos en los que en una escritura se sustancie la totalidad de la sucesión, hayan intervenido todos los interesados, agotándose la sucesión en la misma, puede que sea una forma ágil y que razones de economía procesal aboguen en favor de la misma.

Por todo ello, parece conveniente disociar siempre, como se desprende de lo explicado, el instrumento atributivo de competencia del expediente de expedición del Certificado Sucesorio Europeo al que se incorporará éste[1079]. Así, la función

---

[1079] CALVO VIDAL, I. A., "El Certificado Sucesorio Europeo"; en GARRIDO DE PALMA, V. M. (ed.) en *Instituciones de Derecho Privado;* Civitas-Thomson Reuters, Cizur Menor (Navarra) 2016, 2ª ed., pp. 793-864, p. 825, aproxima el proceso de expedición al acta de notoriedad de herederos *abintestato*, lo cual debe valorarse positivamente, si bien, su naturaleza es distinta y, en ningún caso la expedición del certificado, en nuestra opinión, puede ser asimilada a un juicio notarial de notoriedad. Llevando su posición a sus últimas consecuencias, el autor considera que el expediente se incorpora

principal de ese expediente de expedición será la de centralizar todas las actuaciones que posibilitan la formalización del Certificado Sucesorio Europeo y que culminan con la expedición del propio certificado[1080].

El expediente para la expedición que proponemos se construye sobre un esquema bien definido. Comenzaría con la solicitud, al mismo se incorporarían en original o testimonio todos los documentos necesarios para la expedición del certificado. Los documentos unidos formarían parte del requerimiento inicial.

Notarialmente, el requerimiento para el inicio constaría en un acta independiente en la que se contendría la solicitud[1081], con referencia al documento atributivo de competencia que obre en el protocolo del notario requerido.

Admitido el requerimiento de expedición, el notario requerido desplegaría la actividad que le impone el artículo 66, de examen de la solicitud. Se harían constar por diligencia todas

---

posteriormente al protocolo bajo un número independiente, al margen del proceso de tramitación, como sucede con el desdoblamiento de las actas notariales de herederos *abintestato*, entre el requerimiento inicial y la emisión del juicio de notoriedad.

1080 La idea de proceso de expedición ya fue apuntada por REQUEJO ISIDRO, M.; "El certificado sucesorio (o de heredero) europeo: propuestas de regulación", en *Diario La Ley*, nº 7185, 29 de mayo de 2009; ed. LA LEY, p. 11, que proponía adaptar el modelo de las actas notariales de declaración de herederos *abintestato*, entendiendo que, prácticamente no era necesaria la creación de un procedimiento *ad hoc*. Sin embargo, como se ve en este trabajo, el legislador no es que haya creado un procedimiento *ad hoc* sino que ha dado por supuesta la existencia de dicho procedimiento que, en la práctica, quedará, salvo los puntos básicos legislador, al arbitrio del buen hacer de los notarios.

1081 Se hace remisión, en este punto, a lo que se expondrá al analizar la conveniencia o no del empleo del formulario de solicitud,

las actuaciones sucesivas que fuera haciendo el notario, previas y necesarias para la certificación, como las que, a título ejemplificativo, se relatan seguidamente.

Contenido de las diligencias para la certificación y que formarían parte del expediente se encontrarían las comunicaciones a que se refiere el art. 66. Igualmente, en su caso, las manifestaciones subsiguientes que cualquier interesado, comunicada la tramitación del expediente, hiciera en defensa de sus derechos o en relación a la sucesión.

También se incorporarían por diligencia los documentos posteriores que se aportasen por el interesado o que el notario obtuviese para la certificación.

El modelo que se propone permitiría, fácilmente, dejar constancia de todas las incidencias que afectasen a la expedición, incluso, por ejemplo, la de no expedición del certificado en los casos previstos en el art. 67.1.

Con carácter previo a la expedición, el notario tendría la oportunidad de motivar en una diligencia aquellos aspectos que le llevaran a cumplimentar el formulario en uno u otro sentido. Por un lado, porque el formulario no deja de ser una resolución del expediente de certificación, la cual debe estar motivada, con arreglo a los más elementales principios procedimentales; por otro lado, porque de esta manera el notario salva su responsabilidad o la aminora, en caso de que el certificado fuera inexacto y generase algún tipo de problema posterior.

El cierre natural del expediente se produciría con la expedición del Certificado Sucesorio Europeo que, en los términos previstos en los arts. 67 y 70, así como en la DF 26.14.2 LEC, quedaría incorporado al propio expediente para su conservación por el notario, en el caso de nuestro Derecho interno, como documento protocolar.

Posteriormente, en el expediente, mediante la técnica de notas constarían la remisión del parte de expedición al Registro General de Actos de Última Voluntad o las copias expedidas, en los términos que se dirán.

Podrían existir otras diligencias posteriores, como serían las relativas a los supuestos patológicos que pueden afectar al Certificado Sucesorio Europeo una vez expedido. Así, la solicitud de rectificación o la rectificación acaecida de oficio en los términos del art. 71; las decisiones relativas a la suspensión de los efectos del certificado, en el marco del artículo 73; y, especialmente, todas las obligaciones que se impongan al notario expedidor, como consecuencia de la decisión recaída judicialmente, en caso de recurso ante la negativa del notario a rectificar, modificar, anular o expedir un Certificado Sucesorio Europeo, en los términos de la DF 26.16 LEC. En todos estos supuestos patológicos, debería reflejarse no solo las notificaciones que mandan los artículos 71 a 73, también debería solicitarse la devolución de las copias en caso de que fueran contradictorias con la resolución final del expediente, a la vista del resultado del recurso[1082].

La forma de rectificar el certificado, como quedó dicho en el capítulo III, será expidiendo un nuevo certificado, el cual deberá ser incorporado, a su vez, al protocolo, por ello, será viable la existencia de una nueva diligencia a tal fin.

[1082] Cierto es que el plazo de duración de la copia, normalmente hará que sea innecesaria la devolución, pues es probable que mientras acontece todo el proceso de recurso y rectificación, ésta habrá decaído. Sin embargo, todas estas cuestiones plantean, de nuevo, la necesidad inaplazable de crear un Registro de certificados sucesorios europeos que pueda facilitar el conocimiento de todo ese tipo de incidencias, para evitar que se utilice una copia inexacta o cuyos efectos puedan haber sido suspendidos, en los casos del artículo 73. Como ya se ha puesto de relieve al analizar esta materia en el capítulo III.

Puede que en determinados casos, no sea posible la incorporación a la misma acta del expediente, lo que acaecerá, especialmente, en aquellos casos en los que el protocolo haya sido encuadernado, en los términos del artículo 206 RN. En tales casos, será viable que se aperture una nueva acta en la que se sigan haciendo constar las correspondientes diligencias causadas por actuaciones posteriores, relativas a un certificado ya expedido. Ello viene amparado, no solo por el párrafo segundo de la DF 26.14.2 LEC, al decir: *"Si no fuera posible la incorporación a la matriz, se relacionará, mediante nota, el acta posterior a la que deberá ser incorporado el original del certificado"*. Tal forma de proceder es coherente con la práctica notarial para aquellos supuestos en los que no se puede incorporar la diligencia a la misma acta[1083].

Lo que aquí se propone que resulta aconsejable siempre, parece imprescindible en aquellos casos en los que en el documento protocolar atributivo de competencia no conste toda la información y actuaciones y se deba realizar cualquier tipo de averiguación posterior por parte del expedidor.

Puede concluirse que cuanto más compleja sea una sucesión y menos completa su tramitación, más importante será el expediente centralizador que se propone en este trabajo.

Una vez expedido el Certificado Sucesorio Europeo, incorporado al acta que centraliza el expediente, se pondría nota de correlación en la escritura atributiva de competencia, a fin de vincular el documento protocolar en que se sustanció la sucesión o alguno de sus elementos al acta que amparó la expedición del Certificado Sucesorio Europeo.

1083 Ver, en este sentido TAMAYO CLARES, M., *Temas de Derecho notarial*; Ed. Ilustre Colegio Notarial de Granada (Publicaciones de la Academia Granadina del Notariado), 4ª ed., Granada 1998, p. 186.

Una buena técnica notarial aboga por este sistema. Se consigue así centralizar todo el proceso y dar cumplimiento al resto de obligaciones que pueden surgir como patologías del Certificado Sucesorio Europeo, con posterioridad a la expedición de este, a las que se refieren los artículos 71 a 73.

De lo contrario, se daría la situación no deseable de incorporar diligencias a una escritura que había agotado el proceso sucesorio en el plano interno pero que, por motivos procedimentales, para facilitar la circulación de la herencia, fuera de España, quedaba abierta. Lo cual no parece ni estético, ni ordenado, ni práctico.

El propio legislador español, no acaba de creerse que Certificado Sucesorio Europeo se incorpore, sin más, al instrumento atributivo de competencia, en los términos de la DF 26.14.2 LEC, pues en la DF 26.17.3ª LEC, ordena, con clara referencia a un acta de protocolización, en relación a los efectos del recurso que: *"En todo caso, deberá constar en la matriz de la escritura que sustancie el acto o negocio y en la del acta de protocolización del Certificado Sucesorio Europeo emitido, nota de la rectificación, modificación o anulación realizadas, así como de la interposición del recurso y de la resolución judicial recaída en el mismo".*

5. EXPEDICIÓN DEL CERTIFICADO SUCESORIO EUROPEO

a. Competencia

Para que un tribunal o notario español puede expedir el Certificado Sucesorio Europeo se precisa que tenga competencia internacional.

En aquellos casos en los que las autoridades españolas resulten competentes para llevar a efecto la expedición del certificado habrá que dilucidar qué autoridad o tribunal es competente para la expedición.

Debe tenerse en cuenta, al respecto, que en España la competencia funcional, para la expedición del certificado sucesorio, se ha atribuido a los jueces y a los notarios, en función de las circunstancias del caso.

Dilucidado si se trata de un supuesto de expedición judicial o de expedición notarial y, en el caso de atribuirse al notario la competencia, el objeto de este estudio, habrá que determinar que concreto o concretos notarios podrán ser competentes para la expedición, a fin de cursar la correspondiente solicitud. De todo ello nos pasamos a ocupar.

i. La competencia internacional como presupuesto de la competencia interna notarial

Como se expuso, en el capítulo III de este estudio, en la regulación de la competencia, se observan unas líneas maestras. En efecto, por un lado, la competencia para la expedición del certificado aparece subordinada a las soluciones del Reglamento para la competencia internacional. Por otro lado, el Reglamento, correctamente, trabaja en dos niveles. Diferencia la competencia internacional, que viene determinada por el Reglamento. La competencia interna, que resultará fijada por la legislación interna de cada Estado respecto de sus tribunales o autoridades expedidoras.

Como se puso de manifiesto, debe llamarse la atención sobre el hecho de que, para el legislador de la UE, parece que la expedición del Certificado Sucesorio Europeo deriva o va íntimamente ligada a la actividad de sustanciar la sucesión.

La norma atributiva de competencia de expedición sería meramente descriptiva de la consecuencia natural que supone atribuir al órgano resolutivo de la sucesión las facultades de certificación.

En coherencia con ello la DF 26 LEC, en sus apartados 11 y 14, respectivamente, en el ámbito judicial, dispone que *"La competencia para expedir judicialmente un Certificado Sucesorio Europeo corresponderá al mismo tribunal que sustancie o haya sustanciado la sucesión [...]"*; y en el ámbito notarial *"compete al notario que declare la sucesión o alguno de sus elementos o a quien legalmente le sustituya o suceda en su protocolo, la expedición del certificado"*.

A la vista de la norma interna, desarrollando el Reglamento, se puede sentar la conclusión de que sin sustanciar la sucesión -judicial o notarialmente- o alguno de los elementos de la sucesión -notarialmente-; no cabe la expedición del certificado sucesorio. La expedición notarial del certificado sucesorio, como se verá, debe aparecer conectada a un documento protocolar que afecte a la sustanciación de la sucesión o de alguno de sus elementos. No cabe que se expida el certificado sucesorio, autónomamente, si no consta dicha vinculación. Lo impide la normativa interna de desarrollo.

Por eso, además, en aquellos casos en los que la sucesión se haya sustanciado extrajudicialmente por acuerdo de los interesados, a los que se refiere el Considerando 43 del Reglamento, al decir: *"Ello no debe impedir a las partes optar por resolver la sucesión de manera extrajudicial en otro Estado miembro, en caso de que ello sea posible en virtud de la ley de dicho Estado miembro"*. No se abre la posibilidad de que decaigan las normas atributivas de competencia para la expedición del certificado sucesorio (arts. 4, 7, 10 y 11). En tales supuestos, como quedó dicho, a los efectos de la expedición por notario español, deberá buscarse la vinculación protocolar. Decimos expedición por notario, y no judicial, porque, al tratarse de una resolución extrajudicial, la competencia interna judicial queda excluida.

Así, no solo es necesaria la vinculación protocolar, como se ha apuntado y se desarrolla posteriormente; también es necesaria la existencia de competencia internacional, sin que baste la existencia de un documento protocolar, válido, pero autorizado por un notario que no tenía competencia internacional, en el marco del Reglamento[1084].

ii. Competencia judicial vs. competencia notarial

El legislador español, como ya se ha indicado, distribuye la competencia funcional para la expedición del Certificado Sucesorio Europeo, entre jueces y notarios. La DF 26 LEC toma en consideración a unos y otros como posibles expedidores del Certificado Sucesorio Europeo, así se desprende, respectivamente, del apartado 11, regla 2ª, para los jueces, al decir: *"La competencia para expedir judicialmente un Certificado Sucesorio Europeo corresponderá al mismo tribunal que sustancie o haya sustanciado la sucesión [...];* y del apartado 14, regla 1ª, para los notarios, conforme al cual: *"Previa solicitud, compete al notario que declare la sucesión o alguno de sus elementos o a quien legalmente le sustituya o suceda en su protocolo, la expedición del certificado previsto en el artículo 62 del Reglamento (UE) n.º 650/2012 [...]".*

Un análisis simplista de la forma de construir la competencia para la expedición del Certificado Sucesorio Europeo, por el legislador español, llevaría a afirmar que cuando la herencia se ha judicializado el certificado lo expide el juez que dictó la resolución que ganó firmeza. Por el contrario, cuando la herencia se ha desarrollado al margen del juzgado y, por consiguiente, con la intervención notarial, el Certificado Sucesorio Europeo deberá ser expedido por el notario. Sin embargo, ese enfoque debe ser, necesariamente, tachado de impreciso, poco riguroso e insuficiente.

1084 Se trataría del supuesto al que se refiere el Considerando 43. Sin embargo, no parece ser esta la posición de FERNÁNDEZ-TRESGUERRES GARCÍA, A.; *Las sucesiones "mortis causa" en Europa: aplicación del Reglamento (UE) nº 650/2012;* ed. Aranzadi, Cizur menor, 2016, p. 628.

Para analizar la distribución de la competencia que hace la Ley de Enjuiciamiento Civil, al implementar el desarrollo de la expedición interna del Certificado Sucesorio Europeo debe tomarse en consideración, por un lado, la realidad sobre la que opera la norma y, por otro lado, la distinta redacción que tienen las normas atributivas de competencia.

Desde la perspectiva del operador jurídico español, lo normal es que la herencia, tenga o no elemento internacional, se sustancie al margen del juzgado. A ello contribuyen distintas razones.

Jurídicamente, tanto si la herencia contiene elemento internacional, como si no, suele estar planificada desde un testamento notarial. En efecto, el testamento notarial, en este caso, constituye pieza angular de la seguridad jurídica preventiva hereditaria.

La intervención del notario, entre otras cuestiones, controla la capacidad del potencial causante, evita la captación de voluntad, aconseja en su caso sobre los modos de operar una cláusula de *optio legis,* controla la cuenta de las legítimas, advierte sobre las consecuencias de la existencia de disposiciones inoficiosas, posibles pretericiones, ventajas o inconvenientes de una eventual desheredación, o aconseja sobre el enfoque adecuado de la disposición testamentaria para facilitar el ulterior reparto de los bienes minimiza mucho la judicialización hereditaria.

A la no judicialización de la sucesión, una vez abierta, contribuyen, además, los distintos expedientes sucesorios que se han actualizado y acercado al notario, cuando no eran de su competencia, con la Ley 15/2015, de 2 de julio, de Jurisdicción la Voluntaria; coetánea, por consiguiente, a la entrada en aplicación del R(UE) 650/2012.

Con la reforma de la jurisdicción voluntaria, se acercan a la competencia funcional notarial determinadas cuestiones sucesorias que, anteriormente, o bien se sustanciaban judicialmente, o bien tenían limitada la intervención notarial a determinados supuestos.

Así, por ejemplo, tras dicha ley, se atribuye, totalmente, la competencia para la declaración de herederos abintestado a los notarios[1085]; se desjudicializa la protocolización de testamentos cerrados[1086]; sucede lo propio con la adveración y protocolización de testamentos ológrafos[1087]; con los testamentos otorgados en forma oral[1088]; en materia de albaceazgo y contadores partidores[1089]; o, la formación de inventario para hacer uso del beneficio de inventario y el derecho a deliberar[1090].

Económicamente, además, habiendo intervenido notario en la planificación sucesoria, se habrán minimizado los problemas, lo cual desincentiva al heredero disidente a acudir al juzgado. Sucede también que la composición de la masa hereditaria media de causantes conectados en España es muy

---

1085 Con anterioridad a la LJV los notarios tenían competencia sólo para la declaración de herederos intestados que fueran descendientes, ascendientes o cónyuge del causante. Con la reforma se amplía la competencia a los colaterales, lo que implica traer todas las declaraciones de herederos al ámbito notarial (arts. 56 y 56 LN). Sobre la jurisdicción voluntaria notarial en las actas como equivalente a las actuaciones notariales, ver ESPIÑEIRA SOTO, I., "Competencia internacional del Notariado Español en expedientes de jurisdicción voluntaria al hilo de una STJUE"; en *www.notariosyregistradores.com* , visto en <https://www.notariosyregistradores.com/web/secciones/oficina-notarial/otros-temas/competencia-internacional-del-notariado-espanol-en-expedientes-de-jurisdiccion-voluntaria-al-hilo-de-una-stjue/ > visto 24.03.21.

1086 Arts. 57-60 LN.

1087 Arts. 61-63 LN.

1088 Arts. 64-65 LN.

1089 Art. 66 LN.

1090 Arts. 67-68 LN.

magra; bien porque la familia media española, cuyos cabezas de familia fallecen en esta época tienen entre dos y cuatro hijos y se ven abocados a un reparto del patrimonio hereditario sobre la base de proindivisos que, normalmente, conllevarán la realización económica de los bienes de la herencia a un tercero. En caso de tratarse de causantes extranjeros, el reparto de los bienes que tienen en España suele, también, ser ágil, bien por el carácter residual de los mismos, bien por la forma de operar la ley sucesoria.

Con todo, pese a ello, no está excluida la posibilidad de que una herencia, inicialmente pacífica, acabe siendo el objeto de un juicio sucesorio que, por consiguiente, se sustancie ante un Juez o Tribunal. Es entonces cuando se debe realizar una tarea de análisis jurídico fino que permita diseccionar la competencia funcional para la expedición del Certificado Sucesorio Europeo, a fin de clarificar cuándo se expedirá judicialmente y cuándo corresponderá al notario cumplimentar el formulario del certificado.

En este caso, debe llamarse la atención sobre la diferente redacción de las disposiciones atributivas de competencia. Para la expedición judicial, *"La competencia para expedir judicialmente un Certificado Sucesorio Europeo corresponderá al mismo tribunal que sustancie o haya sustanciado la sucesión"*[1091]. Será competente, en cambio, para la expedición notarial el *"notario que declare la sucesión o alguno de sus elementos"*[1092].

Llegados a este punto, a la vista de la diferente redacción de la norma atributiva de competencia, debemos plantearnos que supone "sustanciar la sucesión" y qué implica atribuir al notario competencia cuando "declare" "alguno de sus elementos",

---

1091 DF 26.11.2 LEC.

1092 DF 26.14.1 LEC.

como yuxtapuesto a la posibilidad, simplemente, de sustanciar la sucesión, que es el requisito para la expedición judicial.

Prima facie, parece que los supuestos de competencia notarial, atendida la literalidad de la norma, deben ser más amplios que los de competencia judicial. Si tomamos en consideración la definición que de "sustanciar" da la RAE, su segunda acepción se refiere a *"tramitar un asunto o un juicio hasta que quede resuelto en una sentencia"*.

Es plausible entender que la tramitación judicial debería agotar la liquidación hereditaria total o parcialmente, con atribuciones de bienes. Esto se desprende no solo del mayor ámbito literal que parece tener la competencia notarial. También de la forma normal de plantear los procesos que pueden estar conectados a una sucesión hereditaria, pongamos algún ejemplo.

En ocasiones se puede debatir sobre aspectos tales como la validez de un testamento. Puede, darse el caso de que se cuestione la capacidad del testador. También puede plantearse demanda sobre la eficacia de alguna de las cláusulas del mismo. Así, el desheredado podrá impugnar una desheredación o el preterido solicitar que se produzcan los efectos de una preterición para poder reclamar lo que proceda. En otras ocasiones, al Juez se le pedirá que de carta de naturaleza a una determinada interpretación de la voluntad testamentaria.

En ninguno de esos casos, el *status quo* establecido por la resolución judicial permitirá afirmar que estamos ante una "herencia sustanciada". Así, si se impugna un testamento por falta de capacidad y prospera, la resolución judicial implicará la declaración de nulidad del testamento. En tales casos, habrá que estar a lo que disponga un testamento anterior o, en su caso, deberá procederse a la declaración de herederos intestados. Ello implica devolver la sucesión a la sede notarial, para que emprenda un nuevo camino con los elementos de la sucesión ya sustanciados (testamento anterior) o por sustanciar (declaración notarial de herederos *abintestato*).

Si se anula alguna de las cláusulas de un testamento, el pronunciamiento judicial, tampoco habrá sustanciado la sucesión, simplemente habrá depurado el documento, normalmente notarial, elemento de la sucesión, pero que no agota ésta, en el que consta la última voluntad.

Una desheredación impugnada, que prospera, implica una sentencia que elimina la desheredación y ordena que se entregue al legitimario la legítima que proceda; sucede algo parecido con los supuestos de preterición.

Por último, la interpretación judicial de una cláusula dudosa, devolverá la herencia al notario elegido por las partes, para que, entonces sí, con la interpretación fijada judicialmente, se proceda a ejecutar la sucesión.

En todos estos casos, la labor judicial habrá allanado el camino para que se agote el proceso de transmisión hereditaria de los bienes, sin embargo, no se habrá procedido a sustanciar la sucesión judicialmente. Ni siquiera alguno de sus elementos, pues la intervención judicial es depurativa, pero vinculada al elemento de la sucesión que se pone en valor tras la actuación judicial.

Por todo ello, como primera conclusión puede sentarse la idea de que sólo cuando la actuación judicial, la sentencia que falla en un determinado sentido, implica una adjudicación de bienes, es cuando el Certificado Sucesorio Europeo podrá expedirse judicialmente. Ello sucede, propiamente, en los juicios divisorios que tienen por objeto un caudal hereditario[1093].

La expedición judicial, por otro lado, requerirá la firmeza de la resolución, en los términos que resultan del art. 207.2 y 207.3 LEC. Como se dijo, lo normal es que la sucesión hereditaria se desarrolle al margen del juzgado, en tales casos debe

---

1093 Arts. 782 y ss. LEC.

tenerse en cuenta el artículo 17 bis.2.b) LN, al decir: *"Los documentos públicos autorizados por Notario en soporte electrónico, al igual que los autorizados sobre papel, gozan de fe pública y su contenido se presume veraz e íntegro de acuerdo con lo dispuesto en esta u otras leyes"*; al igual que el artículo 143, párrafo tercero, cuando en el mismo sentido, dipone: *"Los documentos públicos autorizados o intervenidos por notario gozan de fe pública, presumiéndose su contenido veraz e íntegro de acuerdo con lo dispuesto en la Ley"*.

Debe tenerse en cuenta, además, que con arreglo al principio de titulación pública contenido en el art. 3 LH, la escritura pública es, además el paradigma de documento que abre las puertas del Registro de la Propiedad de los supuestos no patológicos de transmisiones hereditarias.

A la vista del valor que nuestro Derecho interno atribuye a los documentos notariales, cualquier instrumento que contenga un elemento de la sucesión, siempre que el notario tenga competencia internacional, será susceptible de servir para atribuir competencia interna para la expedición del Certificado Sucesorio Europeo; lo cual, no se puede predicar, en cambio, de cualquier pronunciamiento judicial[1094].

Como quedó dicho, es posible que se expida un certificado sucesorio total, que se refiere al completo proceso hereditario o solo parcial, relativo a alguno de sus elementos. En función del tenor de la solicitud y de lo que se aporte, a la vista del art. 67, el certificado tendrá un mayor o menor alcance. Por eso, es totalmente viable, como se expuso al hablar de los legitimados para solicitar el Certificado Sucesorio Europeo[1095], que se certifique sobre un concreto elemento de la sucesión, por ejemplo,

---

1094 Sobre esta cuestión se volverá seguidamente, al hablar de la vinculación protocolar como norma atributiva de competencia y los distintos documentos protocolares que generan competencia notarial.

1095 Ver al respecto lo que se puso de manifiesto al exponer los conceptos de vocación, delación, aceptación, renuncia hereditaria y CSE.

sobre la condición de heredero llamado a la herencia en virtud de un concreto testamento, incluso antes de la aceptación.

Lo expuesto hasta ahora permite sentar una segunda conclusión en virtud de la cual la competencia judicial no excluye la competencia notarial. Pongamos un ejemplo que facilitará la comprensión del supuesto.

Puede darse el caso, como se ha defendido, de que una sucesión se haya sustanciado judicialmente y se haya producido un juicio sucesorio en el que, teniendo en cuenta una declaración notarial de herederos, se haya procedido a repartir el caudal hereditario, que era el auténtico objeto de la *litis*. En tales casos, los interesados en que concurran las circunstancias del art. 63, podrán solicitar del juzgado que emitió el pronunciamiento que puso fin al juicio sucesorio de división de la herencia, la expedición del correspondiente Certificado Sucesorio Europeo. Normalmente, en tal caso, en los autos, deberían obrar todos los antecedentes necesarios para expedir el certificado en los términos del artículo 67.

En el mismo supuesto, sin embargo, puede que por motivos de agilidad, proximidad o economía, al mismo interesado le resulte más conveniente solicitar idéntico certificado al notario que había tramitado la declaración de herederos *abintestato*, pues se trata de uno de los elementos de la sucesión, que atribuye competencia notarial, en los términos de la DF 26.14.1 LEC y que no limita la materia certificable, pues resultando un notario competente, este puede certificar sobre la totalidad de la sucesión. Evidentemente, en tales casos, al notario se le deberán facilitar todos los antecedentes necesarios al objeto de proceder a la expedición del certificado. En este caso, especialmente, el testimonio de la sentencia firme recaída en el juicio divisorio.

Pero es que, incluso, en estos casos, puede que la competencia notarial haya atraído ese juicio divisorio para sí, pues no debe olvidarse que aprobadas, en sede judicial, las operaciones particionales, debe procederse a protocolizar las mismas, a tenor de lo dispuesto en los artículos 787 y 788 LEC.

Así pues, queda claro que la competencia judicial no excluye la notarial y que la labor del notario puede desplegar sus efectos, a la hora de expedir el Certificado Sucesorio Europeo, en muchos más casos que corresponderían atendiendo a la competencia judicial.

Lo anterior es coherente con la desjudicialización que se produce a partir de la Ley de Jurisdicción Voluntaria, en el año 2015, con arreglo a la cual muchos expedientes se trasladan del juzgado a la notaría. Este es el marco legal que debe servir para interpretar la distribución de la competencia de expedición del Certificado Sucesorio Europeo.

iii. La vinculación protocolar como norma atributiva de competencia

Verificada la competencia internacional del notario español, en relación a una determinada sucesión, por encontrarse en uno de los supuestos previstos en los artículos 4, 7, 10 u 11, procede determinar a qué concreto notario, dentro del territorio español le corresponde expedir el Certificado Sucesorio Europeo respecto dc csa misma sucesión.

Hasta la reforma operada con la Ley de Jurisdicción Voluntaria, en el año 2015, que afecta profundamente a la Ley del Notariado, los supuestos en los que el notario se veía limitado en su actuación, por razón del territorio, en relación a determinados asuntos eran excepcionales.

Así, cualquier notario de España podía autorizar cualquier tipo de instrumentos públicos, con la sola limitación de que no podía ejercer la fe pública fuera de su distrito notarial o, tampoco, en población del mismo distrito, de la suya, en que estuviera demarcada notaría.

Por eso, se consagra el principio, en favor de los particulares, de libre elección de notario, en relación al cual el art. 3 RN establece: *"Los particulares tienen el derecho de libre elección de notario sin más limitaciones que las previstas en el ordenamiento jurídico"*.

Antes del cambio normativo de 2015, las excepciones, a ese derecho de libre elección se concretaban, básicamente, en las actas de declaración de herederos *abintestato*; en las actas para la venta extrajudicial forzosa; en determinados supuestos de modificaciones de entidades hipotecarias, tales como los excesos de cabida. También, venía limitada la competencia por razón del lugar en el que se tuviera que practicar una determinada diligencia, así, por ejemplo, el notario debía ser competente territorialmente en el lugar donde se requiriese a una persona o donde se debiera personar.

En todos estos casos, se ponía en valor, por un lado, la proximidad que tenía el notario para conocer la notoriedad de determinados hechos, lo cual es bastante relativo en una ciudad grande. Por otro lado, se trataba de tutelar el interés del ciudadano, que debía tener acceso fácil al lugar donde se estuviese tramitando un determinado expediente o donde, por ejemplo, debiera hacer uso del derecho a contestar en las actas de requerimiento y notificación.

A partir de 2015, con la desjudicialización que implica la reforma causada por la Ley de Jurisdicción Voluntaria, se toma en consideración el principio de libre elección del notario para abrir los distintos foros que permiten atribuir competencia a un concreto notario en un expediente determinado. Así, la nueva regulación, por ejemplo, es más generosa que la anterior a la hora de atribuir la competencia a distintos notarios[1096].

[1096] Baste comparar la competencia, establecida antes de la reforma, para las actas de declaración de herederos *abintestato*, en el art. 209 bis RN, al decir: *"Será Notario hábil para autorizarla cualquiera que sea*

Sin embargo, al mismo tiempo, los nuevos expedientes determinan nuevas normas de competencia y, por consiguiente, excepciones, a ese principio de libre elección de notario.

Así, en todos los expedientes sucesorios, se copia idéntica norma de competencia, con el mismo tenor: "*Notario competente para actuar en el lugar en que hubiera tenido el causante su último domicilio o residencia habitual, o donde estuviere la mayor parte de su patrimonio, o en el lugar en que hubiera fallecido, siempre que estuvieran en España, a elección del solicitante. También podrá elegir a un Notario de un distrito colindante a los anteriores. En defecto de todos ellos, será competente el Notario del lugar del domicilio del requirente*"[1097].

---

competente para actuar en la población donde el causante hubiera tenido su último domicilio en España. A tal efecto, dicho domicilio se acreditará preferentemente, y sin perjuicio de otros medios de prueba, mediante el Documento Nacional de Identidad del causante. De no haber tenido nunca domicilio en España, será competente el Notario correspondiente al lugar de su fallecimiento y, si hubiere fallecido fuera de España, al lugar donde estuviere parte considerable de los bienes o de las cuentas bancarias", con la nueva regulación que se establece en el art. 56 LN, donde, en la práctica, el requirente dispone de un amplio elenco de notarios potencialmente competentes, que hacen, más formales que reales las limitaciones de competencia. Tal forma de proceder debe juzgarse en estos casos favorablemente, pues, aunque parece lógico que tratándose de expedientes de jurisdicción voluntaria deba haber unas mínimas reglas de competencia, la naturaleza de los mismos no parece aconsejar que tales normas competenciales sean tan estrictas como las que se darían en sede judicial.

1097 Al respecto, pude verse, el art. 55 LN, para la declaración de herederos *abintestato*; art. 57 LN, para la protocolización de testamentos cerrados; art.61 LN, para la adveración y protocolización de testamentos ológrafos; art. 64 LN, para los testamentos otorgados en forma oral; art. 66 LN, en materia de albaceazgo y contadores partidores; o, art. 67 LN, para la formación de inventario que posibilite hacer uso del beneficio de inventario y el derecho a deliberar.

El legislador español, al distribuir la competencia notarial para expedir el Certificado Sucesorio Europeo por notario español internacionalmente competente, podría haber caído en la tentación de seguir idéntico criterio que para los expedientes sucesorios referidos.

Como quedó dicho, en tales expedientes sucesorios, realmente, no se plantean problemas por ampliar el elenco de notarios competentes. Al final, el interesado hace de tamiz, pues es el que debe aportar los distintos documentos tramitados ante notario competente para ejercer sus derechos, por ello, parece lógico que se le acerque la competencia notarial, con tal flexibilidad.

Frente a ello, en la expedición de un Certificado Sucesorio Europeo, se pueden presentar muchas patologías, como se vio en el capítulo III, que aconsejan no atomizar la competencia del expedidor de la misma manera que se ha hecho en el resto de los expedientes[1098]. Por otro lado, no faltan expedientes en los que, en cierto modo, se restringe ese principio de libre elección, que el legislador sacrifica cuando las circunstancias del caso lo precisan, en consideración, especialmente, a que, normalmente, se trata de competencias que se ejercen bajo el paraguas de la jurisdicción voluntaria.

1098 No es este el parecer de GÓMEZ TABOADA, J., "El Certificado Sucesorio Europeo. Breve aproximación"; en GINEBRA MOLINS, M. E. y TARABAL BOSCH, J., *El Reglamento (UE) 650/2012: Su impacto en las sucesiones transfronterizas;* ed. Marcial Pons, Madrid 2016, pp. 285-298, p. 290, para quien, habida cuenta del principio de libre elección de notario, la norma interna restringe injustificadamente ese principio. JIMÉNEZ GALLEGO, C.; *Un comentario notarial. El Reglamento Sucesorio Europeo;* Ed. Consejo General del Notariado, 2016, p. 318, llama la atención sobre el hecho de que se produzca una restricción al principio de libre elección de notario, sin llegar a criticarlo.

Permitir que cualquiera de los notarios que se han referido para el resto de los expedientes sucesorios pudiera tramitar la expedición del Certificado Sucesorio Europeo habría conducido a una situación esquizofrénica. A lo cual ayuda la inexistencia de un Registro de certificados sucesorios europeos. En esa situación habría sido muy fácil que se duplicasen expediciones, con el riesgo de existir certificados contradictorios. Se trata de una cuestión en la que los autores del Reglamento tampoco han sido muy cuidadosos y que se agrava con este tipo de normas generosas de distribución de competencia interna.

Por otro lado, mientras que en los expedientes sucesorios referidos anteriormente, en la práctica se da una desconexión total entre el notario y la sucesión a la que se afectan, pues el notario aún no ha intervenido. En el caso del Certificado Sucesorio Europeo, la sucesión o alguno de sus elementos ya ha sido sustanciada notarialmente. Lo cual, como se dijo, en su momento, es coherente con la forma de construir la competencia el legislador de la Unión Europea, que parece primar que el certificado se expida por quien sustanció la sucesión.

Esto lleva a valorar acertadamente que sea expedidor algún notario que ya ha entrado en relación con la concreta herencia que se certifica. Cuestión distinta es si se juzga conveniente o no que se escinda la competencia entre los distintos notarios que entraron en conexión con una concreta herencia, al sustanciar alguno de sus elementos. Pues, sabemos, no tiene por qué ser el mismo notario el que haya conocido todos los hitos sucesorios relativos a una determinada persona y su herencia.

Así, la DF 26.14.1ª, dispone que *"compete al notario que declare la sucesión o alguno de sus elementos o a quien legalmente le sustituya o suceda en su protocolo, la expedición del certificado previsto en el artículo 62 del Reglamento (UE) n.º 650/2012"*.

Al margen de lo que se entienda por declarar la sucesión o alguno de sus elementos, como cuestión preliminar, debe llamarse la atención al analizar la DF 26.14.1ª LEC, sobre lo que se entiende por *"notario que declare"*, yuxtapuesto a al notario que *"le sustituya o suceda en su protocolo"*.

Se trata de conceptos que en el ámbito notarial no es preciso aclarar, sin embargo, parece correcto apuntar aquí que el notario que declara la sucesión es el que autoriza o ante quien se otorga, el correspondiente instrumento atributivo de competencia.

Aunque puede que el proceso de certificación, como se ha reiterado en este desarrollo, sea muy posterior al proceso de sustanciación del elemento hereditario, en tales casos puede que el notario que declaró el elemento atributivo haya cesado en la notaría por jubilación, fallecimiento, excedencia o traslado. En estos casos su protocolo se entrega a otro notario que será el nuevo titular de la concreta notaría, este sería el notario que sucede en el protocolo del primeramente designado.

Por último, el notario sustituto será aquel que en un momento determinado supla la imposibilidad accidental o reglamentaria del titular del protocolo, sea el autorizante del instrumento atributivo o su sucesor, para atender la notaría. Ello puede ocurrir en los supuestos de enfermedad, ausencia o licencia, todos ellos regulados en la legislación notarial.

Del propio tenor de la disposición se sigue que pueden resultar varios notarios competentes[1099]. Pues como quedó explicado, a diferencia de lo que sucede en ámbito judicial, la atribución de competencia no viene determinada, solamente, por haber sustanciado la totalidad de la sucesión.

[1099] La primera actuación que debe hacer el notario, recibida la solicitud, es analizar su propia competencia y, en caso de ser competente aceptar el requerimiento de expedición; en cambio, faltando la competencia, por no custodiar el protocolo en que se encuentre un documento atributivo, deberá proceder a denegar la solicitud. Sobre esta cuestión se volverá posteriormente.

La redacción de la norma atributiva de competencia notarial se juzga bienintencionada pero ampulosa, pues las referencias al notario que *"legalmente le sustituya o suceda en el protocolo"*, se podrían haber cubierto con la aplicación de la legislación notarial o redactando la norma con el siguiente tenor: *"compete al notario custodio del protocolo en que se declare la sucesión o alguno de sus elementos, la expedición del certificado previsto en el artículo 62 del Reglamento (UE) n.º 650/2012".*

Así, como conclusión, cabe sentar el hecho de que para que un notario sea competente debe obrar en su protocolo un documento atributivo de competencia relativo a la sustanciación de la sucesión o de alguno de sus elementos, en los términos que pasamos a analizar.

iv. El supuesto tipificado: Escritura de partición y CSE

Hemos expuesto, al hablar de la concurrencia entre la competencia judicial y la notarial, lo que implica sustanciar una sucesión.

Así, en el ámbito notarial, parece que la sucesión queda sustanciada cuando se otorga la correspondiente escritura de aceptación y partición de herencia.

Tal afirmación es totalmente predicable en aquellos supuestos en que resulte aplicable a la sucesión una de las distintas leyes civiles españolas, de corte romano y aceptación con efectos retroactivos a la fecha del fallecimiento del causante.

Cuando la ley sucesoria sea inspirada en un sistema germanista, de repudiación de la adquisición hereditaria ya consumada, al fallecer el causante, también con las adaptaciones oportunas[1100], la escritura que formaliza la adquisición hereditaria

---

1100 Así, por ejemplo, en Alemania, lo que existe es un *ius repudiationis* en determinado plazo, por lo que cuando el notario formaliza ese

por el heredero, que opera a modo de partición de herencia, es el documento que sustancia la totalidad de la sucesión.

Como se pone de manifiesto en distintas partes de este trabajo, se admite la posibilidad de certificados parciales[1101]. Sin embargo, tanto el Reglamento de Sucesiones, como la normativa española interna de desarrollo, están pensando como supuesto normal en la expedición de un Certificado Sucesorio Europeo total. O, al menos, en que el alcance de la certificación, total o parcial, dependa de la voluntad del peticionario, pues el tribunal o autoridad certificante, potencialmente podría certificar toda la sucesión.

Así se puede predicar en el ámbito de nuestro Derecho interno, en el caso del certificado expedido en sede judicial. También, podría decirse que, en el ámbito notarial, la idea es que el notario competente, potencialmente tenga todo el material necesario para la expedición de una certificación total. Pues se insiste en la idea de certificar sobre la base de sustanciar la sucesión y ya hemos apuntado, al hablar de la competencia notarial y judicial, del alcance que debe darse al término "sustanciar".

El hecho de poder expedir solo certificados parciales, en aquellos casos en los que no se ha limitado el alcance del proceso de certificación, en la propia solicitud, por no requerirse más que para un fin acotado por el solicitante, conforme a lo dispuesto en el art. 65.3.f, o porque nos encontramos ante uno de los supuestos patológicos previstos en el artículo

---

tipo de adquisiciones hereditarias, los herederos, en las escrituras que se autorizan, en buena *praxis,* ratifican formalmente, la adquisición que se causó al fallecer el causante.

[1101] Se hace remisión en este punto a lo tratado en el capítulo III al hablar de la competencia para la expedición, o la finalidad del certificado, así como la certificación parcial, en el caso del artículo 67, cuando no es posible certificar toda la sucesión.

67.1, constituye una anomalía, permitida por el legislador de la Unión, pero que, en principio no es deseable.

En efecto, admitir certificados parciales, como se puso de manifiesto en el capítulo III, al hablar de la competencia de expedición, podría generar la existencia de certificados contradictorios[1102]. Sin perjuicio de que una certificación parcial pueda ser entendida como tal desde dos perspectivas. Así, no parece lo mismo que se certifique todo el proceso sucesorio tramitado existente, aunque no comprenda la totalidad de la sucesión que, respecto de una sucesión totalmente tramitada, se permita solicitar un certificado sucesorio parcial. Se trata de algo que no parece haber sido tenido en cuenta por el legislador de la Unión.

La secuencia normal en la génesis de una sucesión hereditaria[1103], a lo cual no es ajeno el legislador español, sería la que pasamos a relatar[1104].

Puede que, en vida, una persona haya planificado su sucesión. En tal caso habrá otorgado el correspondiente testamento o pacto sucesorio. Aunque la realidad supera siempre a la

---

1102 Sobre esta cuestión volveremos al analizar la concurrencia de notarios expedidores, en sede de aceptación de solicitud.

1103 En este punto la tramitación de una sucesión con elemento internacional o una sucesión interna sería básicamente coincidente, y sólo se distanciarían, por un lado, en las peculiaridades que se insertan en la escritura que documenta la aceptación y partición hereditaria, que es la que, en sí, como quedó dicho, sustancia la sucesión. Por otro lado, como es sabido, sólo la herencia con elemento internacional tiene vocación de circulación transfronteriza, en otro Estado miembro, y a ella se reserva la posibilidad de expedir el Certificado Sucesorio Europeo.

1104 La secuencia que se relata se hace a modo ejemplificativo, sin agotar todas las posibilidades documentales que se pueden haber producido durante la vida del causante y hasta la formalización de la aceptación y partición hereditaria.

ficción, el supuesto normal es que dicha persona se acordase, al expresar su última voluntad, de los parientes más próximos, normalmente, de haberlos, los hijos y su cónyuge, en los que, además, es frecuente que concurra la condición de legitimarios, en aquellos sistemas, mayoritarios en los que existen las llamadas reservas hereditarias.

Acaecido el fallecimiento, esos parientes, suelen plantearse el destino de los bienes de su familiar, tras su muerte[1105]. En ese momento suelen buscar consejo legal. En España, lo habitual es que tales familiares acudan directamente al notario, pues existe, socialmente, "cultura notarial". Tampoco es infrecuente que se pongan en manos de su asesor que será el que ensamble el expediente sucesorio y acuda al notario. Esto último, será el modo normal de proceder cuando los causantes sean no residentes o, aún siendo residentes, sean nacionales de un Estado con, lo que podríamos llamar, "cultura de abogado", lo que sucede, normalmente, por ejemplo, en los ciudadanos del Reino Unido.

También puede que el causante no hubiese planificado su sucesión, en tales casos se tramita en España la correspondiente declaración notarial de herederos *abintestato.* Residualmente, la tramitación de la declaración de herederos agota los trámites sucesorios[1106]. Sin embargo, lo normal es que sea el primer paso natural para, sin solución de continuidad, proceder a formalizar la escritura que documente la transmisión hereditaria de los bienes.

1105 Muchas veces, cuando los testadores, preocupados, me preguntan qué pasa si pierden el testamento, o cómo se enteran sus hijos, tras explicarles el proceso, concluyo diciéndoles, que no se preocupen, que, si no se enteran, tal vez es que no merecen heredar.

1106 Excepcionalmente, los interesados buscan sólo tener el título formal de la sucesión para tramitar alguna cuestión fiscal o de la Seguridad Social.

Dicha escritura se suele encargar al mismo notario que autoriza el acta de notoriedad para la declaración de herederos intestados[1107]. Como excepción, podría citarse el supuesto en que fallecido el primero de los cónyuges, los interesados posponen la tramitación de la sucesión, completa, en todo el patrimonio familiar, al fallecimiento del segundo. En tales supuestos, puede que exista un notario intermedio que tramitó la declaración de herederos del primer fallecido; y que puede no coincidir con el que formalice la totalidad de la transmisión hereditaria.

Así, a pesar de que en la Ley de Enjuiciamiento civil se habla de notario que *"declare la sucesión o alguno de sus elementos"*, no debe pensarse que lo habitual sea enfrentarse a una multiplicidad de documentos atributivos de competencia.

Del mismo modo, tampoco será lo habitual, acudir al notario que, habiéndose sustanciado la totalidad de la sucesión, con la formalización de la escritura de aceptación y partición de herencia, no ha sido el autorizante de la misma y sí de alguno de los elementos previos sobre los que se construye esa escritura.

Por eso, la conclusión natural es que aunque existan distintos elementos en una sucesión, declarados de forma independiente, normalmente, la expedición del Certificado Sucesorio Europeo se llevará a cabo por el notario autorizante de la escritura de aceptación y partición de herencia.

1107 A esa coincidencia entre notario autorizante de la declaración de herederos y el que formaliza la escritura de aceptación y partición de herencia ayuda la amplitud de foros para la tramitación notarial de dichas actas, así como la posibilidad de que estas sean realizadas por exhorto notarial. Lo que sucede cuando un notario recoge el requerimiento que lo traslada, internamente, a notario competente, para que proceda a emitir el correspondiente juicio de notoriedad.

Quid iuris se introducen los otros elementos de la sucesión, disociados de la escritura de aceptación y partición hereditaria. Aunque no se expresa en la exposición de motivos[1108] de la Ley de Cooperación Jurídica Internacional, que es la que introduce la DF 26 en la Ley de Enjuiciamiento Civil, intuitivamente, se puede decir que milita a favor de abrir los posibles notarios expedidores a los que hayan sustanciado alguno de los elementos de la sucesión, el hecho de que puede que no se haya otorgado la escritura de aceptación y partición de herencia, pero se precise el Certificado Sucesorio Europeo en otro Estado miembro. En tales casos, será cuando tales notarios, en la práctica, resulten competentes. Lo cual vuelve a poner sobre la mesa la conveniencia de articular un Registro flexible que recoja los certificados sucesorios europeos y sus vicisitudes.

Debe tenerse en cuenta, además, que considerar que el notario que autorice la escritura de aceptación y partición de herencia sea el que acabe expidiendo el Certificado Sucesorio Europeo, y que esta forma de actuar constituye el supuesto tipificado, en detrimento de otros posibles notarios competentes, por haber sustanciado alguno de los elementos es coherente con la forma de preparar la escritura de partición de herencia.

[1108] La EM de la LCJI se limita a apuntar: *"Finalmente, se introducen […], una disposición final segunda que modifica la Ley 1/2000, de 7 de enero, de Enjuiciamiento Civil para adaptarla a lo establecido en el Reglamento (UE) 1015/2012 del Parlamento y del Consejo, de 12 de diciembre de 2012, relativo a la competencia judicial, el reconocimiento y la ejecución de resoluciones judiciales en materia civil y mercantil, y al Reglamento (UE) n.º 650/2012 del Parlamento Europeo y del Consejo, de 4 de julio 2012, relativo a la competencia, la ley aplicable, el reconocimiento y la ejecución de las resoluciones, a la aceptación y la ejecución de los documentos públicos en materia de sucesiones «mortis causa» y a la creación de un Certificado Sucesorio Europeo, además de una disposición final primera de modificación de la Ley Hipotecaria que incorpora dicho certificado".*

En este sentido, deben volver a traerse a colación, como se hizo en el capítulo I al hablar, los cambios que ha supuesto para la práctica notarial la entrada en aplicación del Reglamento Sucesorio, también en punto a la autorización de escrituras de aceptación y partición de herencia.

Al respecto, reiteramos, resultaba especialmente interesante la RDGRN de 10 de abril de 2017[1109], al decir con relación a la nueva normativa: *"Asimismo, supone un cambio evidente en la autorización de documentos públicos por notario español, en cuanto exige una mayor diligencia en su actuación"*.

En esa Resolución, en tono didáctico, como quedó dicho, se sientan las bases de cómo debería autorizarse la escritura de partición de herencia con elemento internacional.

En tal escritura, preliminarmente se analizará y determinaría la existencia de elemento internacional[1110]. Calificada la herencia como transfronteriza, se determinará la ley aplicable a la sucesión, con los criterios que establece el Reglamento, con las especialidades que se añaden en el caso de que resulte aplicable la ley de un Estado con distintas legislaciones civiles, como sucede en España. Todo ello, además, debería, quedar plasmado en la escritura como motivación de la solución autorizada notarialmente.

Por último, apuntar, que, a los efectos atributivos de la competencia, será intranscendente que la partición se haya

---

1109 BOE 26 de abril de 2017 (TOL 6.051.006).

1110 Nos resulta interesante la llamada de atención que hace FERNÁNDEZ-TRESGUERRES GARCÍA, A.; *op. cit., Las sucesiones…*, p. 684, quien ante la posibilidad de que el elemento internacional pueda surgir posteriormente, invita a que lo primero que se haga sea determinar la residencia habitual del causante. En tales casos, si no hay elemento internacional, lo relativo a la residencia, será inocuo, si posteriormente surge el elemento internacional, la escritura de partición habrá sido bien planteada.

efectuado por los herederos o que se trate de una partición realizada por contador partidor, en cualquiera de sus formas de presentarse, en los términos que permita no solo el Derecho interno español, si éste fuera aplicable a la sucesión; también cabrán cualesquiera otras formas de partir, conforme a la ley sucesoria que rija la concreta sucesión.

Así las cosas, parece razonable pensar que el enfoque legal debiera haberse corregido, primando, legislativamente, en todo caso, el notario ante el que se formaliza la escritura de aceptación y partición.

En este sentido, para una revisión, deseable pero impensable a la vista del *modus operandi* de nuestro legislador, parece más razonable la redacción de la norma atributiva de competencia del siguiente modo: *"Previa solicitud, compete al notario que declare la sucesión, o alguno de sus elementos, cuando en este último caso, no se haya declarado la sucesión, o a quien legalmente le sustituya o suceda en su protocolo, la expedición del certificado [...]"*.

La redacción que se propone minimizaría los problemas que causa la atomización de la competencia de expedición, que, como ha quedado expuesto, propicia la expedición de certificados contradictorios.

Ese deseable enfoque legal, además, es más respetuoso con el régimen de autorresponsabilidad que se impone al solicitante del certificado, pues el artículo 65.3.m) impone al solicitante plasmar en la solicitud: *"cualquier otra información que el solicitante considere útil a los efectos de la expedición del certificado"*. Indudablemente, haberse declarado la totalidad de la sucesión es un dato relevante a los efectos de la expedición. Además, en el marco de la actuación notarial, el propio notario, en caso de que no se emplee el formulario, invitaría al solicitante a manifestar que no se ha sustanciado la sucesión; lo cual también podría requerir el notario expedidor, cuando se le presentase el formulario normalizado de expedición.

En cualquier caso, para que la escritura de partición sea atributiva de competencia, se requiere, como quedó expuesto, que el notario que la autorizó también tenga competencia internacional. Puede darse el caso de que alguno de los documentos que se han empleado sea extranjero, por un ejemplo, una *notoriété* francesa, o un testamento. En tales casos FERNÁNDEZ-TRESGUERRES, A.[1111], parece exigir que se acuda a los formularios del art. 60. No compartimos esa postura, pues el Reglamento no lo impone y respeta el modo de trabajar existente hasta la fecha, pues de lo que se trata con él es de facilitar la tramitación no de imponer requisitos añadidos. Por ello, consideramos que los documentos extranjeros podrán seguir beneficiándose del régimen e aceptación anterior al Reglamento, siendo potestativo para el expedidor, exigir las certificaciones, sin que su falta vicie el Certificado Sucesorio Europeo.

v. Los distintos tipos de documentos protocolares atributivos

Como se acaba de exponer, el legislador español, al atribuir la competencia, está pensando en el supuesto normal en el que ante un notario se formaliza la totalidad de la sucesión y, por consiguiente, se concluye el proceso natural de liquidación hereditaria con entrega a los herederos de bienes concretos. Se trataría del modo habitual en el que los herederos aceptan la herencian y, en el mismo acto, procediendo a liquidar el régimen económico matrimonial, o no, seguidamente, se formaliza la partición del caudal hereditario. Sin perjuicio del enfoque y particularidades que confieran a la herencia la concreta *lex successionis,* así como la composición del haber hereditario.

[1111] FERNÁNDEZ-TRESGUERRES GARCÍA, A.; *op. cit., Las sucesiones…,* p. 683.

Sin embargo, la propia DF 26.14.1 LEC, abre el abanico de posibles notarios expedidores[1112], al decir que *"compete al notario que declare la sucesión o alguno de sus elementos o a quien legalmente le sustituya o suceda en su protocolo"*.

Acabamos de apuntar que una de las razones para ampliar los posibles notarios expedidores, más allá del que agote con su actuación la sustanciación de la sucesión, podría ser la de prever la contingencia de que no se hubiera sustanciado la sucesión y

---

1112 DE LA FUENTE SANCHO, A., en "Certificado sucesorio europeo I: Presupuestos", < www.notariosyregistradores.org > en el enlace < https://www.notariosyregistradores.com/web/secciones/oficina-notarial/informes-mensuales-o-n/informe-oficina-notarial-junio-de-2022-certificado-sucesorio-europeo-i-presupuestos/ > visto el 11.0.2022, reduce los títulos atributivos de competencia notarial a la partición de herencia y a la declaración de herederos *abintestato.* Este mismo planteamiento parece inspirar a FERNÁNDEZ-TRESGUERRES GARCÍA, A.; "*Las sucesiones "mortis causa" en Europa: aplicación del Reglamento (UE) nº 650/2012";* ed. Aranzadi, Cizur menor, 2016, p. 626, aunque luego amplía los supuestos a las declaraciones de herederos, a la actuación notarial respecto de testamentos no abiertos, a la formación de inventarios y a las actuaciones relativas a albaceas y contadores, incluida la partición si se realiza por el contador partidor dativo (p. 627). El planteamiento, del primer autor citado, aunque bienintencionado, no puede compartirse, por un lado, porque entendemos que caben, como se expone en el desarrollo, muchos más títulos atributivos de competencia notarial. Por otro lado, el enfoque es erróneo, pues el autor, en realidad, diferencia entre que la herencia haya sido aceptada y partida, si era testamentaria, mientras que parece serle intranscendente que haya aceptación y partición, si era intestada. En el primer supuesto atribuye la competencia al notario que formaliza la partición, en el segundo, al notario que formaliza el acta de herederos. La relación entre el acta de herederos y la partición no es horizontal, como sí que lo serían la relación entre el testamento y el acta de herederos.

debiera expedirse el Certificado Sucesorio Europeo, parcial, en relación con lo que se precisa que circule en otro Estado miembro.

A lo anterior se pueden añadir otras causas de la ampliación de notarios competentes.

Por un lado, se podría buscar en la ampliación de foros notariales una mala comprensión del principio de libre elección de notario[1113]. La Ley de Jurisdicción Voluntaria, en 2015, supone una ampliación de los posibles notarios competentes para la tramitación no solo de la declaración de herederos *abintestato*[1114], con ella se flexibiliza la competencia notarial en muchos de sus expedientes.

También podría encontrarse justificación en el carácter más amplio que tienen los foros judiciales, lo cual obedece, evidentemente, a motivos distintos que los que inspiran la atribución de competencia notarial.

1113 Deben tenerse aquí por reproducidas las consideraciones apuntadas sobre la desjudiciliazación y foros notariales, al hablar de la vinculación protocolar como norma atributiva de competencia.

1114 Puede verse, en este sentido, el art. 55 LN -que se repite en todos los expedientes sucesorios introducidos por la LJV en el ámbito notarial-, al decir: *"Esta se tramitará en acta de notoriedad autorizada por Notario competente para actuar en el lugar en que hubiera tenido el causante su último domicilio o residencia habitual, o donde estuviere la mayor parte de su patrimonio, o en el lugar en que hubiera fallecido, siempre que estuvieran en España, a elección del solicitante. También podrá elegir a un Notario de un distrito colindante a los anteriores. En defecto de todos ellos, será competente el Notario del lugar del domicilio del requirente";* el cual puede confrontarse con el artículo 209 bis RN, atributivo de competencia, para tales actas de declaración de herederos, en el régimen anterior, que establecía: *"1. Será Notario hábil para autorizarla cualquiera que sea competente para actuar en la población donde el causante hubiera tenido su último domicilio en España. [...] De no haber tenido nunca domicilio en España, será competente el Notario correspondiente al lugar de su fallecimiento y, si hubiere fallecido fuera de España, al lugar donde estuviere parte considerable de los bienes o de las cuentas bancarias".*

Cualquiera que sea la causa, sin embargo, en la atribución de competencia al notario que haya sustanciado *"algún elemento de la sucesión"*, debería haberse producido de forma excepcional.

Lo contrario, implica desconocer la naturaleza del proceso de certificación. En efecto, la expedición del Certificado Sucesorio Europeo requiere la existencia de una herencia previamente sustanciada o tramitada. En este contexto, el Certificado Sucesorio Europeo, por mucha enjundia que tenga el proceso de certificación, no deja de ser accesorio de la tramitación de la sucesión realizada materialmente.

Por ello, debería haberse propiciado la coincidencia entre la autoridad ante la que se sustancia la sucesión y expedidor del certificado. A fin de evitar atomizar o dispersar el proceso de certificación, desde un punto de vista competencial, con el riesgo de que se produzca la existencia de distintos certificados sucesorios europeos parciales contradictorios entre sí, o, incluso, contradictorios con un eventual certificado total en los extremos comunes a todo certificado.

Con independencia de la crítica que se formula, la realidad es que el legislador español atribuye competencia al notario que *declare la sucesión o alguno de sus elementos.* Debemos analizar los distintos documentos sucesorios atributivos de competencia notarial para la expedición del Certificado Sucesorio Europeo al margen de la escritura que documenta conjuntamente la aceptación y partición de herencia.

Antes de pasar a exponer los distintos documentos atributivos de competencia, al margen de la escritura de aceptación y partición hereditaria, debe apuntarse que, de la DF 16.14.2ª, parece inferirse que la declaración de alguno de los elementos debe constar necesariamente en escritura, pues se hace mención a *"la matriz de la escritura que sustancie el acto o negocio"*. Si bien, por el concepto amplio de "elementos de la sucesión", que manejamos en este trabajo, no necesariamente se tratará de una escritura, también puede contenerse en un acta, siendo su prototipo, como fácilmente se puede colegir, el acta para la declaración de herederos *abintestato*[1115].

Por ello, lo correcto hubiera sido que en la DF 16.14.2ª o se hubiera hecho referencia a *"escritura o acta que sustancie"* o se hubiera sustituido la mención a una y otra por la referencia al *"instrumento"*.

Debe apuntarse, aunque resulte evidente, que tales documentos atributivos, se habrán tenido que autorizar en España, por notario español, con independencia de que la ley que rija la sucesión sea una de las leyes civiles existentes en España o una legislación extranjera. Pero, en cualquier caso, sin documento protocolizado ante notario español, no existe competencia notarial para la expedición del Certificado Sucesorio Europeo. Este es un argumento más en contra de que en el Certificado Sucesorio Europeo puedan declararse directamente derechos o posiciones jurídicas, al menos desde la perspectiva del notario español, y no puede desplazar, en su caso a la previa tramitación de la declaración de herederos *abintestato*.

Seguidamente, se exponen los distintos posibles documentos atributivos de competencia notarial por declarar alguno de los elementos de la sucesión. La enumeración que se hace pretende tener vocación exhaustiva; si bien, debe entenderse que es abierta, pues puede que, atendidas las circunstancias del caso, y la evolución de la práctica de expedición, algún elemento de la sucesión conste declarado en un documento que no sea uno de los de la lista.

En la práctica, debemos entender que, lo normal, aunque no esté legislado, como se dijo anteriormente, será que el notario que autorice la aceptación y partición hereditaria acabe

---

1115 Sobre la diferencia entre escritura y acta puede verse lo expuesto al hablar de la naturaleza del CSE como documento público, así como el art. 17 LN.

siendo el que expida el Certificado Sucesorio Europeo. Ese notario centraliza todo el proceso sucesorio y, además, es el más próximo a la expedición tanto desde el punto de vista del propio expediente sucesorio, como de los posibles solicitantes del certificado, de hecho, ellos fueron, normalmente, los que lo eligieron para la autorización de la escritura de partición.

Acudir a un notario diferente de entre los competentes no deja de ser artificioso por varios motivos. Por un lado, porque aparecen alejados en el tiempo del *iter* del proceso sucesorio. Pensemos por ejemplo en que el notario que autorizó el testamento puede haberse jubilado o trasladado, al poder ser la expresión de la última voluntad muy anterior en el tiempo al fallecimiento. También, si dicho notario es diferente al que autorizó la escritura de aceptación y partición, los propios interesados prescindieron del autorizante del testamento, en favor de otro distinto para declarar la sucesión.

Por otro lado, sucede que los otros documentos atributivos de competencia, relativos a alguno de los elementos de la sucesión, que veremos en breve, suelen ser accesorios a la partición y puede que se sustancien ante notarios deslocalizados con relación al solicitante del certificado. Resultando absurdo que el Reglamento se inspire en el principio de proximidad y, en cambio, la norma interna atributiva de competencia prescinda de dicho principio.

Por todo ello, esta ampliación competencial debería ser residual teniendo solo sentido en aquellos casos en los que no se ha declarado la totalidad de la sucesión.

Con independencia de lo anterior, debe recordarse que sin competencia internacional no cabe que el notario proceda a expedir Certificado Sucesorio Europeo. Esta afirmación no decae por el hecho de que conste en el protocolo de dicho notario un documento atributivo, sea relativo a declarar la totalidad de la sucesión o, en cambio, sólo alguno de sus elementos.

vi. Concretos documentos que declaran algún elemento de la sucesión

Como se pone de manifiesto al enumerar y desarrollar los documentos atributivos de competencia distintos de la declaración total de toda la sucesión, la nota común de los mismos es que contienen algún elemento que se filtra en el certificado sucesorio y es por ello por lo que deben ser tomados en consideración a la hora de atribuir competencia notarial.

Lo anterior, no es óbice para criticar la dispersión de documentos atributivos que permite el legislador español en su diseño competencial.

Algún autor ha visto, con recelo, aquellos casos en los que se autoriza un documento, que sustancie alguno de los elementos de la sucesión, con el sólo fin de acercar la competencia de expedición a un determinado notario[1116].

Sin embargo, nótese que la tutela de los interesados que vieran defraudas sus expectativas no podrá obtenerse aludiendo al carácter defraudatorio de dicho documento. Es una posibilidad que deja abierta el sistema de competencia interna y, realmente, en la práctica, deberían ser pocos los casos patológicos y los problemas que se pudieran derivar de los mismos. En el fondo, en tales casos, no estaríamos más que ante una aplicación del principio de proximidad que también se reconoce en el Reglamento, por ejemplo, en los casos del art. 7, respecto a la sumisión al tribunal de la ley de la nacionalidad elegida.

[1116] JIMÉNEZ GALLEGO, C.; *Un comentario notarial. El Reglamento Sucesorio Europeo;* Ed. Consejo General del Notariado, 2016, p. 322. El mismo autor, pp. 322-323, trata de corregir el criterio atributivo de competencia, por existir un documento protocolar, en favor de aquel protocolo en el que existan, lo que llama "actuaciones completas", sin embargo, no llega a aportar fundamento en favor de tal toma de posición.

a) Testamento

Desde el punto de vista del Derecho material español, que es el que nos interesa a estos efectos, pues nuestro legislador adopta el modo de operar en el foro para normar la competencia, el principal elemento conexo a la sustanciación de una sucesión es el testamento.

Su carácter de título sucesorio, en el ámbito registral, viene recordado en el artículo 14 LH. Indudablemente, es un documento llamado a sustanciar alguno de los elementos de la sucesión, el cual, además, es especialmente transcendente, pues, normalmente comprenderá la total planificación sucesoria del causante.

En efecto, en España es habitual otorgar testamento notarial para ordenar la transmisión hereditaria de los bienes. Existiendo testamento la tramitación de la sucesión es sencilla. Basta aportar este, los documentos complementarios y la relación de propiedades. Los plazos, cuando hay testamento se acortan, a diferencia de cuando se fallece intestado. Por ello, normalmente, una herencia testada será el prototipo de transmisión hereditaria desde el punto de vista del ordenamiento jurídico español.

Teniendo en cuenta que en la DF 26.14.2 se hace referencia a la necesidad de dejar *"nota en la matriz de la escritura que sustancie el acto o negocio"*, solo el testamento notarial será susceptible de atribuir competencia para la expedición del certificado. No, en cambio, el testamento ológrafo ni, tampoco, el notario al que se haya entregado el testamento cerrado[1117], antes de

[1117] En relación al testamento cerrado puede verse, a título ejemplificativo, los artículos 706 y ss. C.c. o los artículos 421-14 y ss. C.c. Cataluña; además, desde el punto de vista de la protocolización de los mismos, tras el fallecimiento del testador, de los artículos 57 y ss. LN.

adverar, pues sin la adveración no hay elemento declarado de la sucesión y, en ocasiones, ni siquiera "matriz" de la escritura, como sucede en el caso del testamento ológrafo que hasta su protocolización vive ajeno al mundo notarial.

Para que el notario sea competente por constar el testamento en su protocolo, tal testamento debe ser eficaz y no haber sido revocado[1118], pues en caso de revocación el testamento deviene ineficaz y no puede ser considerado un documento que declare algún elemento de la sucesión.

Quid iuris testamento ineficaz por ser contrario a un testamento irrevocable anterior. El notario en cuyo protocolo se encuentre dicho testamento posterior deberá examinar su propia competencia sobre la base del documento atributivo, en caso de resultar que el testamento se otorgó en contra de un testamento irrevocable deberá inhibirse y no expedir el Certificado Sucesorio Europeo, sobre la base de lo dispuesto en el artículo 67.2 [1119].

En algunos casos puede que existan varios testamentos eficaces relativos a una misma persona. Es lo que sucede, por ejemplo, en los casos de testamentos compatibles por hacer referencia a distintas masas patrimoniales de bienes. Pensemos, por ejemplo, en un supuesto en el que un testador ordena la sucesión hereditaria de los bienes gananciales, de común acuerdo con su cónyuge, y en cambio, ordena la sucesión de los bienes privativos en un testamento distinto. En tales casos, los dos testamentos serán eficaces y, por consiguiente, atributivos de competencia, al haber declarado algún elemento de la sucesión.

1118 Sobre esta cuestión volveremos al tratar del testamento revocado como atributivo de competencia de expedición.

1119 Debe tenerse en cuenta que los motivos de denegación de la expedición, como quedó expuesto en el capítulo III, no son taxativos, sino simplemente ejemplificativos.

Esa multiplicidad de testamentos atributivos de competencia, sumada al resto de documentos atributivos que se relacionan seguidamente, pone de manifiesto la irracional configuración de esta materia por nuestro legislador interno.

b) Codicilo y memorias testamentarias

Existen una seric de documentos de menor entidad, frente al testamento, que pueden ser utilizados por una persona para complementar la planificación de su sucesión[1120].

Se trata de una categoría heterogénea que agrupa a los codicilos y memorias testamentarias, en ocasiones se alude a *"papeles privados"* [1121] y otras nomenclaturas, en función de la ley reguladora de dichos documentos.

La nota característica de los mismos es su carácter accesorio o complementario de la declaración de voluntad que podríamos llamar "principal" y que estará contenida en un testamento.

Los requisitos formales de dichos documentos varían en función de la ley aplicable, así, por ejemplo, en el ámbito del Derecho común español resplandece su carácter privado, por lo que viven al margen del protocolo notarial[1122]; ello es debido a que en el Derecho común, el testamento no requiere institución de heredero.

En otras ocasiones, como en aquellos ordenamientos en los que la institución de heredero es determinante para la existencia del testamento como tal, como sucede en Cataluña,

---

1120 Ver, al respecto, RIVAS MARTÍNEZ, J.J., *Derecho de sucesiones común. Estudios sistemático y jurisprudencial;* Ed. Tirant lo Blanch, Valencia 2020.

1121 Ver, en este sentido, el art. 672 C.c., que alude a *"papeles privados"* y a *"cédulas"*.

1122 Art. 672 C.c..

las formalidades se reconducen a las del testamento[1123]. Así, para que uno de estos documentos pueda ser atributivo de competencia notarial debe darse el doble requisito de que declare un elemento de la sucesión y de que sea un documento protocolar.

Si se trata de un codicilo notarial, en tales supuestos será, directamente, documento atributivo de competencia para la expedición de Certificado Sucesorio Europeo. Si, en cambio, es un documento privado, deberá ajustarse a la protocolización y adveración de este, por lo referido en el apartado anterior, para ser susceptible de ser reputado un documento atributivo de competencia de expedición.

Podría cuestionarse la necesidad de atribuir competencia de expedición sobre la base de este tipo de elementos sucesorios menores. Sin embargo, la norma competencial no ha sido muy cuidadosa al respecto, por lo que no existe justificación para excluir la competencia basada en estos documentos. No obstante, en la práctica, los supuestos deberían ser inexisten tes, por infrecuentes.

c) Testamento revocado

El testamento, por definición, no produce sus efectos hasta el fallecimiento del testador. De hecho, suele ser un acto revocable, salvo aquellos casos en los que el testamento tiene naturaleza irrevocable, como sucede, por ejemplo, en general, en los testamentos mancomunados previstos en los distintos Derechos civiles de España o en el testamento berlinés, propio del Derecho alemán.

El notario expedidor del certificado, en caso de que se trate de una sucesión que no se haya declarado totalmente y

---

1123 Ver art. 421-20.3 C.c.Cataluña, para los codicilos.

su competencia le venga atribuida por ser el autorizante del testamento, deberá cerciorarse de que dicho testamento está vigente; de que, finalmente, fallecido el testador, debe regir en todo o en parte la transmisión de los bienes hereditarios.

En muchos ordenamientos, el testamento posterior produce, normalmente, la revocación del anterior[1124]. En otros casos, puede que el testamento posterior, no sea revocatorio y pueda coexistir con un testamento anterior, bien porque se trata de testamentos complementarios; bien porque la ley aplicable al testamento o a su revocación[1125], así lo permita, como sucede, por ejemplo, en el Derecho inglés.

A la hora de admitir la competencia sobre la base de un testamento posterior que, conforme a la ley aplicable, revoque el anterior, el notario expedidor deberá ser cuidadoso, pues puede que haya supuestos en los que una aparente revocación de testamento anterior por testamento posterior sea manifiestamente ineficaz, como sucedería, por ejemplo, en aquellos casos en los que un cónyuge alemán testa unilateralmente en contra del testamento berlinés anterior, mancomunado, de naturaleza irrevocable. Serían supuestos de falsa revocación.

En otras ocasiones, puede que un testamento revocado reviva, como consecuencia de que se ha declarado la nulidad del posterior. En tales casos, dicho testamento ganaría valor como atributivo de competencia de expedición[1126].

Así las cosas, en este contexto, cuando el notario asuma la competencia sobre la base de obrar en su protocolo un testamento debe cerciorarse de que éste rige realmente la sucesión o parte de ella, pues en caso contrario, no se filtra en

---

1124 Así, por ejemplo, art. 739 C.c..

1125 Ver art. 26.2 en relación art. 24.

1126 Debe tenerse en cuenta lo referido con anterioridad al diferenciar la competencia judicial de la competencia notarial.

el certificado el contenido de un testamento revocado y, consiguientemente, no produce efectos atributivos de competencia.

Por este motivo, una interpretación de la legislación interna en el marco del Reglamento sucesorio y de los formularios de desarrollo debería permitirnos concluir que para que un testamento sea atributivo de competencia, debe tener una transcendencia al Certificado Sucesorio Europeo.

d) Adveración de declaraciones de última voluntad

Frente a los testamentos notariales, existen formas de expresar la última voluntad que, en principio, a algunos testadores, se les parecen antojar más sencillas. Se evita al disponente el trago, si puede ser considerado como tal, de ponerse frente al notario. Es lo que sucede con el testamento ológrafo.

En otras ocasiones, se acude a estas formas testamentarias en aquellos supuestos en los que existe una urgencia por hallarse, por ejemplo, el testador, en peligro de muerte y no es posible que acuda el notario a tiempo.

Entre unas y otras se encontraría el testamento cerrado, el cual tampoco está exento de formalidades posteriores al fallecimiento, pues se requiere su protocolización.

Esa inicial sencillez se torna en complejidad cuando fallecido el testador se tiene que iniciar un proceso de adveración y protocolización de la última voluntad así expresada[1127].

En esta sede nos estamos refiriendo a las actas que recogen y concluyen con la protocolización de testamentos ológrafos, testamentos cerrados y testamentos otorgados verbalmente. Se trata de una categoría heterogénea de testamentos que

---

1127 GARRIDO MELERO, M., *El testamento y su interpretación*; Ed. Tirant lo Blanch, Valencia, 2021.

vendrá determinada por la ley que dé cobertura al concreto acto dispositivo de última voluntad, pues todos ellos, de una u otra manera, se toman en consideración por los distintos derechos aplicables.

La finalidad de tal proceso de adveración y protocolización no es otra que la de garantizar, en los términos previstos por el ordenamiento jurídico, la imputación de esa última voluntad a la persona del causante y comprobar la integridad del soporte en el que se ha plasmado el supuesto testamento.

Esas formalidades posteriores, en muchas ocasiones frustran la eficacia de la última voluntad así expresada, especialmente en aquellos casos en los que no se cumplen los plazos que marca la ley aplicable para llevarse a cabo. En otras ocasiones, esos testamentos nacen viciados, pues por muy elemental que sean sus reglas, el testador suele desconocerlas y no se ajusta a ellas, con lo que determina el vicio de la última voluntad[1128].

1128 Me parece oportuno traer a colación un triste ejemplo real. Durante la pandemia de COVID-19, en la primera fase en la que se confinó a la población española, un enfermo llamó a su notario de referencia, le dijo que veía inminente su muerte. Le contó al notario lo que quería hacer, el notario no tenía duda de la identidad y capacidad de su interlocutor. Le escribió un correo electrónico en el que le ponía, al enfermo, literalmente lo que debía redactar en su testamento manuscrito. Le explicó, y le puso, además, en el correo electrónico como debía redactar el testamento para su validez. A los días el notario, sorprendido, recibió un sobre con la última voluntad. El testador falleció en el ínterin. El notario contactó con la viuda y con los hijos para la apertura del sobre. Para sorpresa del notario, el testamento era materialmente coincidente con la última voluntad expresada telefónicamente, pero formalmente no cumplía los requisitos que el notario había aconsejado. El testamento ológrafo no cumplió su finalidad.

Desde el punto de vista notarial y con relación a nuestro Derecho interno, estos procesos se regulan en los artículos 61 a 65 LN.

El hecho de que el Reglamento de sucesiones excluya de su ámbito *"la validez formal de las disposiciones mortis causa hechas oralmente"* (art. 1.2.f) es intranscendente a los efectos que aquí nos interesan. Pues una vez adverado el testamento, este será título sucesorio certificable a los efectos de la expedición del Certificado Sucesorio Europeo.

Desde la perspectiva del notario español será documento atributivo de competencia el acta de protocolización de los testamentos referidos anteriormente.

La protocolización se habrá llevado a efecto, mediante acta, ante el *"Notario competente para actuar en el lugar en que hubiera tenido el causante su último domicilio o residencia habitual, o donde estuviere la mayor parte de su patrimonio, con independencia de su naturaleza de conformidad con la ley aplicable, o en el lugar en que hubiera fallecido, siempre que estuvieran en España, a elección del solicitante. También podrá elegir a un Notario de un distrito colindante a los anteriores. En defecto de todos ellos, será competente el Notario del lugar del domicilio del requirente"*[1129].

Debe tenerse en cuenta que, a los efectos de la atribución de competencia, es el acta de cierre del expediente, la que implica la protocolización de la última voluntad, el documento atributivo de competencia y no, en cambio, aquella que inicia el expediente de protocolización.

1129 Arts. 61 y 65 LN, respectivamente relativos a *"la presentación, adveración, apertura y protocolización de los testamentos ológrafos"* y a *"la presentación, adveración, apertura y protocolización de los testamentos otorgados en forma oral"*.

e) Contratos sucesorios

La inclusión de los contratos sucesorios como atributivos de la competencia para la expedición del Certificado Sucesorio Europeo viene determinada por constituir título de la sucesión hereditaria.

A efectos hipotecarios, al igual que sucede para el testamento, se consagra su carácter de título para la sucesión, a los efectos del Registro de la propiedad, en el artículo 14 LH.

Debemos recordar que la sucesión contractual no está permitida en todos los ordenamientos jurídicos. También, es importante tener en cuenta que dentro de los contratos sucesorios los hay universales y particulares, así como con transmisión de presente de bienes o, en cambio, diferida al momento del fallecimiento del causante.

La atribución de competencia a partir de un pacto sucesorio, resultará evidente en aquellos casos en los que la sucesión hereditaria se planifique totalmente sobre tal pacto. Resultando, por consiguiente, el notario en cuyo protocolo conste el pacto competente para expedir certificado sucesorio total o parcial, pues ya se ha explicado que la competencia no aparece limitada al elemento que consta en el protocolo; puede extenderse a la totalidad de la sucesión.

La naturaleza jurídica de tales pactos debe ponerse en relación, en cada caso concreto, con la posibilidad de ser subsumidos dentro del ámbito del Reglamento o no. En este sentido el TJUE en sentencia de 9 de septiembre de 2021 (C-277/20) (TOL 8.579.253), reconoce el carácter de pacto sucesorio a aquel por el que la transmisión singular de un bien viene diferida al momento del fallecimiento del disponente.

¿Quiere ello decir que queden excluidos los pactos que consisten en entrega de bienes de presente? A falta de un pronunciamiento expreso del tribunal, la respuesta debe ser negativa. Existen muchos pactos sucesorios que implican entrega de bienes de presente. Tienen especial transcendencia en aquellos casos en los que, además, afectan a los derechos legitimarios futuros en una concreta sucesión, como sucede, por ejemplo, con los contratos de definición[1130], para Mallorca, y finiquito[1131] de legítima, para Ibiza y Formentera.

Partiendo de que el Certificado Sucesorio Europeo, toma en consideración la legítima en los numerales 5 y 6 del anexo IV del formulario V de expedición; parece evidente que pueden ser reputados, esos pactos con entrega de presente, como elementos que sustancian algún elemento de la sucesión: el alcance de la legítima. Consiguientemente, tales contratos sucesorios podrán ser atributivos de competencia notarial en favor del notario en cuyo protocolo consten.

No obstante, no está de más recordar, la debilidad práctica de este tipo de foros competenciales, pues lo normal será acudir al notario que está tramitando la totalidad de la sucesión.

Sin perjuicio, además, de que la utilidad práctica de la competencia en favor de un notario en cuyo protocolo consta un pacto será menor en función de la naturaleza del pacto, pues, evidentemente, no es lo mismo que obre en su protocolo un pacto omnicomprensivo de la totalidad de la sucesión que, por ejemplo, un pacto singular renunciativo, cuya incidencia e interés en el momento de expedir el certificado será residual, pues se limita a evitar reclamaciones sobre la legítima. Interés en tales pactos tendrá el heredero llamado al resto de los bienes que quiera evitar reclamaciones legitimarias. Lo normal será que dicho heredero encargue la expedición al notario que tramita la totalidad de la sucesión, pues, como se viene manteniendo, resulta lo más operativo.

1130 Arts. 38 y ss. Ley 8/2022, de 11 de noviembre, de sucesión voluntaria paccionada o contractual de las Illes Balears.

1131 Arts. 74 y ss. Ley 8/2022 Islas Baleares.

f) Declaración de herederos abintestato

Junto con los testamentos y los contratos sucesorios, en los términos que unos y otros han quedado delimitados anteriormente, la declaración de herederos *abintestato* constituye el tercer y último título formal de la sucesión. A efectos hipotecarios, puede verse, en este sentido, el artículo 14 LH.

En efecto, testamento, contrato sucesorio y el acta notarial para la declaración de herederos *abintestato*, son los tres títulos formales a los que se reconducen las formas de deferirse la sucesión. El artículo 14 LH, coloca, en el mismo nivel, *"la declaración administrativa de heredero abintestato a favor del Estado, así como, en su caso, el Certificado Sucesorio Europeo"*. Si bien, la declaración administrativa, no es más que una variante, por la naturaleza del destinatario final de los bienes, del soporte documental en el que se hace constar un llamamiento intestado. En cuanto al Certificado Sucesorio Europeo, así como en el caso de los tres títulos citados, son el reflejo formal de los tres modos materiales de deferirse la sucesión: voluntad testamentaria, acuerdo de voluntades contractual, o disposición de la ley, ante la falta de previsión del disponente. El Certificado Sucesorio Europeo, tiene una naturaleza bien distinta, como se verá, a efectos del Registro de la propiedad es un título meramente formal en el que se vierte cualquiera de los modos por los que se defiere la sucesión, pero no existe un título material del cual el certificado sea título formal exclusivo.

En efecto, como sabemos, la sucesión puede deferirse testamentariamente, contractualmente o por ministerio de la ley[1132]. Como quedó expuesto en el capítulo II, las soluciones sucesorias no son las mismas ni en todos los Estados miembros de la Unión ni, tampoco, en todos los Estados.

1132 No procede en esta sede analizar la naturaleza jurídica determinadas instituciones, tales como las legítimas.

El Reglamento tiene vocación universal en punto a la ley aplicable a la sucesión (art. 20). Por lo que, en función de la ley aplicable a una concreta sucesión, puede que sea más frecuente, o no, que la sucesión haya sido intestada.

Por las normas de competencia del Reglamento, en los términos que quedaron expuestos en el capítulo II, en caso de que una persona haya fallecido intestada, procederá la declaración de herederos *abintestato*. En este caso, será especialmente importante que, a los efectos que nos interesan, el notario español tenga competencia internacional para la autorización del acta de herederos intestados. Obsérvese que sin competencia internacional, el notario español no podrá declarar los herederos *abintestato*, aunque tenga competencia interna, en los términos del art. 55 LN.

Debe llamarse la atención de que, como consecuencia de la existencia de sistemas sucesorios que permiten la concurrencia de la sucesión testada con la intestada, como sucede, por ejemplo, con el sistema de Derecho común español. Puede que coexista un testamento con una declaración de herederos, como documentos atributivos de competencia notarial, al suponer uno y otra elementos de la sucesión, en los términos de la DF 26.14.1 LEC. Igualmente, en tal caso, tales documentos podrán atribuir la competencia a distintos notarios, pues puede que ambos instrumentos los custodie un mismo notario en su protocolo, o puede que no.

La particularidad del acta notarial de herederos *abintestato* radica en el hecho de que, a diferencia de lo que sucede con el testamento, ésta es coetánea bien al fallecimiento del testador, bien a la tramitación de la totalidad de la sucesión. Es más probable que los interesados en la sucesión encarguen, autorizada el acta, la formalización de la partición al notario que tramitó la declaración de herederos. Pues como se dijo, el testamento puede haberse otorgado muchos años antes al fallecimiento, estando, por consiguiente, en el momento de la tramitación de la sucesión alejado del ámbito de actuación espacial de los interesados en la concreta sucesión.

Así, el notario que haya tramitado la declaración de herederos será uno de los que podrá expedir el Certificado Sucesorio Europeo. Procede, no obstante, hacer una llamada de atención sobre qué concreto notario será el expedidor, cuando se ha emitido la declaración de herederos.

La Ley del Notariado, en sus artículos 55 y siguientes, tomando el antecedente del 209 bis RN, en su redacción del año 2007, procede a mantener el sistema de acta desdoblada.

En un primer documento protocolar, una primera acta, se recoge el requerimiento para la declaración de herederos *abintestato*. Este debe formularse ante notario competente en los términos del artículo 55 LN.

El juicio de notoriedad, declarando los herederos intestados, se emite en un documento independiente. Este, en puridad, será el que recoja el elemento de la sucesión atributivo de competencia, y no el requerimiento inicial. Lo cual es coherente con el criterio que hemos mantenido respecto a los procesos de adveración de testamentos ológrafos o verbales, que hemos expuesto anteriormente.

En determinados casos, puede que el requerimiento para la tramitación de la declaración de herederos se haya formalizado mediante exhorto notarial. Sucede esto cuando los interesados están alejados de uno de los posibles notarios competentes, ex art. 55 LN, y formulan el requerimiento ante un notario próximo para que lo transmite a notario competente. Este segundo notario competente es el que, en puridad, inicia el acta y emite el correspondiente juicio de notoriedad en acta separada. En este supuesto serán tres las actas, una primera de requerimiento para exhortar a otro notario; una segunda que recoge el requerimiento para la declaración de herederos; y, una tercera en la que se emite el juicio de notoriedad. En este caso, la última será la atributiva de competencia.

En estos casos, especialmente cuando no se vaya a tramitar la partición, reviste especial importancia ser cuidadoso con el notario que se selecciona, pues, en el fondo, éste será el que deba proceder a expedir el Certificado Sucesorio Europeo, necesariamente parcial en el supuesto referido.

g) Aceptación de herencia

La declaración de voluntad por la que el llamado a una herencia la admite a su favor recibe el nombre de aceptación hereditaria[1133].

Como se ha puesto de relieve en el capítulo II, en función de cómo esté estructurado el proceso de adquisición hereditaria, por la ley aplicable a la sucesión, puede que sea necesaria la aceptación de la herencia cuyos efectos se retrotraen al fallecimiento del causante. Ello sucede en todos los ordenamientos de corte romanista como, por ejemplo, todos los que coexisten en España[1134].

Aunque la aceptación de la herencia puede ser tácita[1135], por hechos concluyentes del llamado que implican, necesariamente la aceptación, lo normal es que exista una exteriorización de voluntad determinante de la aceptación.

La ley aplicable a la sucesión no exige siempre que la aceptación expresa conste en documento público; en el caso de España, en escritura pública. Es posible que la *lex successionis* permita una aceptación expresa en documento privado[1136].

1133 Ver, en este sentido, RIVAS MARTÍNEZ, J.J., *op. cit.*, p. 2616.

1134 Así, por ejemplo, arts. 988 y ss. C.c.; arts. 342 y ss. CDFA; o, 411-5 C.c. Cataluña.

1135 Ver, en este sentido, art. 999 C.c.; art. 349 CDFA; o, art. 461-3 C.c. Cataluña.

1136 Como permite, por ejemplo, el art. 999 C.c..

Sin embargo, teniendo en cuenta que estamos analizando la competencia del notario español para la expedición del Certificado Sucesorio Europeo. Desde el punto de vista de nuestro foro, lo normal será que la aceptación de la herencia, especialmente en el caso de que existan inmuebles, conste en escritura pública, con la sola excepción del caso previsto en el art. 14.3 LH para el supuesto de que se trate de heredero único y no existan legitimarios.

En efecto, bien por motivos fiscales, bien por el hecho de que en la sucesión suele haber algún inmueble, en España, es normal que la aceptación se haya plasmado en una escritura pública, de forma expresa.

Esa expresión de voluntad puede que sea concordante con la aceptación hereditaria, pero, también, en la práctica, las más de las veces, simplemente implica una ratificación documental de algo que ya ha sucedido en la realidad, pues no es infrecuente que antes del otorgamiento de la escritura de aceptación, los herederos ya hayan realizado actos concluyentes que implican una aceptación tácita.

Del mismo modo, así como es habitual documentar el proceso hereditario notarialmente; no es usual que se disocie la aceptación hereditaria de la total ejecución de la sucesión mediante la escritura de partición de herencia. En la misma escritura suele plasmarse la aceptación de la herencia, la liquidación, cuando existe, del régimen económico matrimonial, y la partición hereditaria. Sin embargo, en aquellos casos en que la aceptación se haya documentado de forma independiente, ante notario, dicho documento también será atributivo de competencia, a favor del correspondiente fedatario.

En consideración al régimen de la aceptación, en caso de pluralidad de herederos, es posible, al menos, conceptualmente, que cada uno acepte la herencia ante notarios diferentes, lo que dará lugar a una multiplicación de los posibles notarios expedidores del Certificado Sucesorio Europeo.

Evidentemente, en aquellos casos en los que la aceptación se haya formalizado en documento privado o de forma tácita, no podrá conllevar competencia notarial de expedición; si bien, tarde o temprano, en la práctica, deberá procederse a plasmar esa aceptación notarialmente, por el modo de producirse, habitualmente, la tramitación de la transmisión hereditaria.

h) Renuncia hereditaria

La aceptación de la herencia define el proceso de transmisión de los bienes hereditarios. Sin embargo, la renuncia hereditaria, también es susceptible de incidir en ese proceso de transmisión hereditaria. En caso de aceptación, los bienes hereditarios siguen el decurso inicialmente previsto por el planificador de la transmisión, el actual causante. La renuncia, sin embargo, supone un giro, un accidente, al orden previsto por el disponente, o, en su caso, por la ley, si se trataba de una sucesión intestada.

La existencia de una renuncia hereditaria determinará la delación en favor de otras, con arreglo a los llamamientos previstos por el disponente o, en su caso, por la Ley. Por ello, se puede considerar que la renuncia hereditaria, al igual de la aceptación, constituye un elemento de la sucesión, en los términos de la DF 26.14.1 LEC y, consiguientemente, atributivo de competencia para la expedición del Certificado Sucesorio Europeo.

Así como la aceptación de la herencia se formaliza, normalmente, de forma coetánea a la partición y acaba recogiéndose la de todos los herederos en la misma escritura de partición, la renuncia hereditaria es frecuente que aparezca disociada, documentalmente, del resto de la tramitación.

En unas ocasiones, la renuncia se habrá hecho en consideración a la existencia de pasivo hereditario. No faltan los supuestos en los que tras las renuncias subyacen decisiones familiares, por las cuales se trata de, indirectamente, favorecer a otra persona a la que naturalmente irá la herencia, al renunciar. Tampoco faltan ocasiones en las que las renuncias son una forma de desentenderse de una herencia en la que existe un trasfondo problemático entre los distintos herederos que, tal vez por las decisiones tomadas por el causante en vida, se encuentren enfrentados.

Por todo ello, no es infrecuente que en una escritura de aceptación y partición de herencia, llamada a culminar la totalidad de la transmisión hereditaria, se recojan renuncias acaecidas ante otros notarios.

Desde la perspectiva del Derecho común español, a diferencia de lo que sucede con la aceptación, la renuncia hereditaria deberá constar en escritura pública.

La existencia de distintas renuncias, como sucedía en el caso de la aceptación, también implica una multiplicación de los posibles notarios expedidores del Certificado Sucesorio Europeo.

i) Interpellatio in iure

En aquellos sistemas en los que la adquisición hereditaria requiere un acto de aceptación es frecuente encontrarse con la figura de la *interpellatio in iure.*

Con ella se brinda a quien acredite su interés en la sucesión la posibilidad de ganar certidumbre sobre la posición jurídica de un determinado heredero. Se trata de una forma de evitar que la pasividad del heredero deje indefensos a aquellos otros que tienen un derecho cuya configuración o satisfacción depende de la aceptación del heredero pasivo.

Cada ordenamiento regula la institución con unos perfiles propios[1137], si bien, básicamente se trata de que aquél a quien

---

[1137] Ver, por ejemplo, el art. 1005 C.c.; el art. 348 CDFA; o, el art. 461-12 C.c. Cataluña.

se le defirió la herencia tome posición en punto a la aceptación o repudiación o, legalmente, se impute a su silencio un determinado valor jurídico que dé certidumbre a la posición jurídica del interesado interpelante.

Así, por ejemplo, los coherederos aceptantes, cuando el coheredero no acepta ni repudia la herencia, se benefician de la interpelación efectuada por un acreedor, pues el resultado de esta incidirá en sus relaciones para con la porción de herencia a la que era llamado quien no aceptaba ni repudiaba.

Los ordenamientos tratan de compeler a que el llamado exprese su voluntad. Puede que la falta de expresión de esa voluntad conlleve que se tenga por aceptada la herencia, con el régimen de responsabilidad por deudas hereditarias, correspondiente, como sucede en el ámbito del Código civil español (art. 1005), por ejemplo, lo cual será altamente perjudicial si la herencia era pasiva. También puede que se le tenga por repudiante, como sucede, por ejemplo, en el régimen sucesorio catalán (art. 461-12 C.c. Cataluña), lo que le perjudicará en caso de herencia con activo manifiesto, cuando la posición del heredero pasivo buscaba, por ejemplo, ganar una determinada ventaja con su falta de actuación.

Sucede que los ordenamientos valoran la pasividad ante la interpelación de distintas maneras. Con lo que, en tales casos, debe destacarse que la *interpellatio in iure* deberá reconducirse al elemento atributivo de competencia correspondiente y a lo dicho respecto de este.

En cualquier caso, cualesquiera que sean los efectos que se le imputen, resultará que la *interpellatio in iure* es un elemento de la sucesión y la competencia notarial de expedición del Certificado Sucesorio Europeo podrá basarse en el mismo.

j) Inventario hereditario

En este caso nos estamos refiriendo a todas aquellas actuaciones notariales que vengan impuestas por la *lex successionis* para limitar la responsabilidad del heredero por deudas hereditarias. Todas ellas se reconducen a la institución, de origen romano, conocida como la aceptación de la herencia a beneficio de inventario.

A efectos notariales, actualmente debe tenerse en cuenta la regulación notarial actualizada por la reforma de la Jurisdicción voluntaria. La Ley 15/2015 clarifica y amplía las competencias notariales en punto a la formación de inventario cuando este se precise para aceptar o repudiar la herencia. La regulación se encuentra en los artículos 67 y 68 LN.

Debe destacarse que, en la línea de lo que hemos apuntado anteriormente para la declaración notarial de herederos *abintestato* y para la adveración de testamentos ológrafos y en forma oral, los foros competenciales notariales son muy amplios. Coinciden con los apuntados para esos otros supuestos, resultando, competente, a elección del requirente *"el Notario con residencia en el lugar en que hubiera tenido el causante su último domicilio o residencia habitual, o donde estuviere la mayor parte de su patrimonio, con independencia de su naturaleza de conformidad con la ley aplicable, o en el lugar en que hubiera fallecido, siempre que estuvieran en España, a elección del solicitante. También podrá elegir a un Notario de un distrito colindante a los anteriores. En defecto de todos ellos, será competente el Notario del lugar del domicilio del requirente"* [1138]. Sin embargo, debemos destacar que la declaración por la que aquel al que se ha deferido la herencia declara su voluntad de aceptar a beneficio de inventario, de hacer uso del derecho a deliberar o cualquier otro instituto análogo, con el fin de limitar la responsabilidad por deudas hereditarias, conforme

---

1138 Art. 67 LN.

a la ley aplicable a la sucesión, puede que se efectúe ante un notario distinto de aquel competente para formar el inventario. Incluso puede que la formación de inventario sea posterior a la aceptación, cuando la ley aplicable a la sucesión permita disociar ambas declaraciones, la de aceptar y la de hacer uso de cualquier beneficio limitativo de responsabilidad por deudas hereditarias[1139].

El propio Reglamento de sucesiones, recoge esta posibilidad en su artículo 13, cuando permite formular tal declaración ante el tribunal de su residencia habitual; sin perjuicio, en estos casos, de que la tramitación procedimental del inventario se efectúe ante el órgano competente en el país en el que se esté sustanciando la sucesión.

En estos casos debemos plantearnos si el inventario en sí constituye elemento de la sucesión autónomo que permita atribuir competencia notarial en favor del notario que lo haya tramitado o en cuyo protocolo se encuentre el acta correspondiente.

El concepto amplio que parece acoger la DF 26.14.1 atributiva de competencia, debería llevar a la solución afirmativa.

Sin embargo, lo que limita la responsabilidad por deudas hereditarias, en caso de que se forme inventario, es el cumplimiento de los requisitos establecidos por la ley aplicable a la sucesión para tal limitación de responsabilidad. En ocasiones, incluso, no es preciso que se haga una declaración expresa de hacer uso de tal beneficio de inventario, conforme a la ley aplicable[1140], siempre que se cumplan los requisitos impuestos por la ley para limitar la responsabilidad.

En este contexto, cuando no se haya formulado expresamente la declaración limitativa de responsabilidad parece

---

1139 Ver, por ejemplo, art. 461-17 C.c. Cataluña.

1140 Ver, al respecto, el párrafo segundo del art. 461-17 C.c. Cataluña.

conveniente que el heredero que pretenda beneficiarse de ella, tanto si solicitó el certificado como si fue citado por el notario expedidor, en los términos del art. 66.4, ponga en conocimiento de éste lo que proceda a fin de evitar que se expida un certificado sin tomar en consideración tal limitación de responsabilidad. No debe olvidarse que una de las casillas que debe marcarse al expedir el Certificado Sucesorio Europeo es la relativa a si el heredero aceptó a beneficio de inventario y sus efectos, como se invita a hacer en el numeral 2.2 del anexo IV del formulario V.

Así la cosas, el inventario sólo constituye un requisito para limitar la responsabilidad por deudas hereditarias, cuando así lo exige la ley aplicable a la sucesión. Consiguientemente, no parece que, en sí mismo, por sí solo, el inventario constituya un elemento de la sucesión atributivo de la competencia en los términos de la DF 26.14.1 LEC.

k) Adición de herencia

En el orden lógico de los procesos de sucesión hereditaria, lo normal es que determinado el título sucesorio, producida la aceptación, los herederos acuerden el reparto de los bienes hereditarios.

En ese momento se formaliza la escritura que recoge la aceptación y partición de herencia de conformidad con el título de la sucesión y los derechos que en él se atribuyen a cada interesado.

Lo normal es que la escritura de partición de herencia suponga el cenit y culminación del proceso de transmisión hereditaria, tras ella, en la práctica, sólo quedan las operaciones de liquidación fiscal y actuaciones de gestión para la correspondiente inscripción de los bienes inmuebles en el registro de la propiedad o, en su caso, liquidación de activos bancarios.

Estas últimas actuaciones, en sí, no forma parte del proceso hereditario sino que son reflejo de la transmisión que este produce. No obstante, no son infrecuentes los casos en los que los herederos, deliberadamente o no, dejan fuera de la escritura de partición de herencia alguno de los bienes, derechos u obligaciones que forman parte del caudal hereditario.

Unas veces, puede que no exista acuerdo sobre el modo de partir alguno de los bienes. En tales casos, sin perjuicio del cumplimiento de la normativa fiscal, que obliga a inventariar todos los bienes del causante, objeto de transmisión, a veces, la escritura de partición no contiene el bien o bienes sobre los que no se ha alcanzado acuerdo para su reparto.

En otras ocasiones, tampoco se incluye algún bien cuando los herederos lo olvidaron. Son errores que se dan sobre la base, normalmente, de despreciar algún bien que se piensa que está fuera del proceso de transmisión.

Tampoco es infrecuente el supuesto en el que los herederos desconocían la existencia de un bien en la sucesión y este queda fuera del proceso de transmisión hereditaria.

Por último, a veces, después de efectuada la partición surge el problema de incluir formalmente en esta algún bien que en el momento del fallecimiento ya no formaba parte del caudal pero que, sin embargo, para cumplir con las formalidades de transmisión los herederos deben proceder a adjudicar dichos bienes.

En todos estos casos se otorga la correspondiente escritura de adición de herencia. En dicha escritura se recoge el proceso de transmisión hereditaria, con referencia al título sucesorio, al previo otorgamiento de la partición y a la omisión de uno o varios bienes. En ella se procede al reparto, de la manera acordada por los interesados, de conformidad con el título sucesorio, del bien o bienes omitidos.

La naturaleza jurídica de la adición es la misma que la de la partición, por lo que debe reconocerse el carácter atributivo de competencia en favor del notario que haya autorizado la escritura de adición de herencia o que custodie el protocolo en que la adición se encuentre.

No será infrecuente que sean notarios distintos, pues muchas veces pasa un largo lapso entre la partición y la adición. En ocasiones, incluso, ni siquiera son los mismos otorgantes como consecuencia de haber fallecido alguno de los herederos iniciales y ocupar su posición los herederos del que falleció.

l) Protocolización de juicios divisorios

La Ley de Enjuiciamiento civil coloca, como el primero de los juicios destinados a la división de patrimonios, la división judicial de la herencia. Su regulación se encuentra en los artículos 782 y ss. LEC, lógicamente, presupone la inexistencia de una solución extrajudicial para la división de la herencia.

La división judicial de la herencia tendrá lugar en aquellos casos en los que, abierta la sucesión, faltando solución extrajudicial, el testador no hizo la propia partición, así como cuando no designó contador-partidor, cuando falte acuerdo entre los interesados o cuando no se haya acudido a la posibilidad de designar un contador-partidor dativo[1141].

[1141] Los escenarios que se relatan toman en consideración la perspectiva del Derecho común español a la que, sin embargo, se pueden reconducir las situaciones en las que se encuentra una herencia sin liquidar en la mayoría de los Derechos. La causa final por la que el patrimonio se encuentra sin dividir puede ser muy variada, más allá de la simple falta de acuerdo, enunciada en abstracto. Así, a título ejemplificativo, puede que se haya perjudicado la cuenta de las legítimas, haya habido una disputa sobre las valoraciones, no se hayan tomado en consideración la colación de liberalidades, cuando proceda con arreglo a la ley aplicable.

La naturaleza[1142] de este tipo de juicios es mixta, se trata de un auténtico juicio contencioso, pero es un procedimiento especial. Por un lado, se llega a él porque no ha habido consenso entre los interesados y los remedios extraprocesales han fracasado. Sin embargo, se inicia con una fase de intervención judicial mínima, en la que el Letrado de la Administración de Justicia guía el proceso. Por otro lado, cuando pese a ello, no hay acuerdo y se formula oposición, se entra en una fase contenciosa, en los términos que se siguen del artículo 787 LEC.

La transcendencia notarial, a los efectos de atribuir competencia para la expedición del Certificado Sucesorio Europeo, se encuentra en el hecho de que las operaciones particionales deben ser protocolizadas, como se desprende del art. 787.2 LEC.

El notario que haya realizado la protocolización del juicio divisorio, mediante la correspondiente escritura pública, podrá, por consiguiente, ser competente a los efectos de expedir el correspondiente Certificado Sucesorio Europeo[1143].

m) Escrituras relativas a legados

No debe perderse la perspectiva de que estamos analizando la competencia de notario español a la hora de expedir el Certificado Sucesorio Europeo. Los legados pueden tener distinta naturaleza jurídica. Del mismo modo, el legatario consolida su posición jurídica en función de los requisitos que exija la ley

---

1142 CALAZA LÓPEZ, S., en GIMENO SENDRA, V., *et al.; Derecho Procesal Civil Parte especial;* ed. Tirant lo Blanch, Valencia 2020, p. 97 y ss..

1143 En este mismo sentido parece postularse CALVO VIDAL, I. A., “El Certificado Sucesorio Europeo”; en GARRIDO DE PALMA, V. M. (ed.) en *Instituciones de Derecho Privado;* Civitas-Thomson Reuters, Cizur Menor (Navarra) 2016, 2ª ed., pp. 793-864, p. 811.

aplicable. Por ello, lo primero que deberá tenerse en cuenta, cuando el operador jurídico se enfrente a la formalización de la adquisición hereditaria planificada como legado serán los dictados de la ley aplicable a la sucesión.

Puede que el legado esté configurado como universal o particular, que tenga eficacia real u obligacional. Es posible que el legatario tenga derecho a posesionarse de los bienes, por sí, o, por el contrario, puede que necesite un acto formal de entrega de los bienes legados. Dicho acto, normalmente, se materializará bien con la intervención del heredero, bien con la intervención de otra persona facultada para ello, tal como el albacea, contador partidor o, en general, ejecutor testamentario en los términos previstos por la ley aplicable a la sucesión y el título sucesorio.

No será infrecuente que la entrega de legados se haya formalizado en la propia escritura de aceptación y partición de herencia. Motivos de economía procesal y abaratamiento de costes abogan por tal solución. Sin embargo, en ocasiones, dicha entrega se podrá haber formalización en documento independiente, lo cual será más probable, en la práctica, en aquellos sistemas en los que las legítimas hereditarias tengan naturaleza crediticia.

En cualquier caso, existe la posibilidad de que la entrega del legado se haya formalizado ante notario español, en escritura pública[1144]. En tales supuestos, se puede considerar que dicha escritura cumple los requisitos para ser reputada "alguno de los elementos de la sucesión declarados por notario". Por lo que dicha escritura será título atributivo de competencia.

[1144] Véase, al respecto, desde la perspectiva del Derecho hipotecario español, lo dispuesto, por ejemplo, en el art. 81 R.h..

n) Escrituras relativas al albaceazgo o contador-partidor

Puede que el causante haya previsto un ejecutor testamentario, cualquiera que sea su denominación. También es posible que la ley aplicable a la sucesión exija la concurrencia de una persona investida de facultades para formalizar el proceso de transmisión de los bienes.

En tales casos, normalmente, se requerirá un acto formal de aceptación del cargo. En ocasiones, la aceptación del cargo de ejecutor testamentario formará parte de la propia escritura de aceptación y partición de herencia.

En efecto, la forma normal de plantearse el proceso de liquidación hereditaria, en España, suele implicar un conjunto de procesos, cualquiera que sea la ley aplicable, que culminan con el otorgamiento de una escritura omnicomprensiva de toda la transmisión de herencia. Esa escritura constituye un hito documental; sin embargo, también es posible que el proceso pueda descomponerse en distintos documentos.

Consiguientemente, es posible que exista una escritura independiente de aceptación de albaceazgo, contador-partidor o ejecutor testamentario. Tal escritura de aceptación del cargo, en los términos que han sido expuestos, podría también reputarse atributiva de competencia notarial.

Quid iuris la escritura de renuncia o excusa de tales cargos. En algunos casos existe un plazo perentorio para la aceptación de dichos cargos. En otros supuestos, es posible la renuncia a los mismos, antes de ser aceptados o, incluso, la excusa posterior. Son cuestiones que entran dentro del ámbito de la ley aplicable a la sucesión.

La formalización de la renuncia o, incluso, de la excusa, puede requerir su constatación en escritura pública, por lo que, igualmente, dicha escritura podrá ser reputada documento atributivo de competencia notarial.

ñ) Acta de acreditación de ley aplicable a la sucesión

Como se sabe, la ley aplicable podrá haber sido elegida por el causante, en los términos que permite el art. 22. También podrá resultar de la residencia habitual del causante, al tiempo del fallecimiento, por la cláusula supletoria prevista en el art. 21.1 o por la vinculación más estrecha prevista en el art. 21.2.

De la RDGRN de 10 de abril de 2017 (TOL 6.051.006) se infiere que en la formalización de la escritura de partición de herencia se habrá procedido a determinar la ley aplicable. Sin embargo, el proceso de determinación de la ley aplicable no siempre es automático, cualquiera que sea la causa por la que entre a regular una concreta sucesión.

Al hecho de que una concreta ley llegue a ser la ley rectora de la sucesión, formalmente, ayudará una adecuada planificación de la sucesión, sin embargo, puede que esto no haya tenido lugar y la entrada de las cláusulas supletorias sea debida, precisamente, a al juego de estas al faltar previsión por el causante.

La existencia de *professio* iuris, en principio, debería facilitar el trabajo de la autoridad expedidora. No obstante, puede suceder, también, en aquellos casos en los que exista una cláusula de *optio legis* en un testamento que ésta haya de ser completada con alguna actuación posterior al fallecimiento. Piénsese, por ejemplo, en la posibilidad de que no se hubiese acreditado, al formalizar la elección, la nacionalidad del testador. En tales casos, puede que sea necesario llevar a efecto una actividad probatoria de la nacionalidad del causante vinculada a la *professio iuris* para validar la eficacia de la misma.

En otras ocasiones la cuestión será más compleja. Piénsese en aquellas sucesiones en las que, faltando elección de ley aplicable a la sucesión, deba procederse a acreditar la residencia en un concreto Estado, a los efectos de proceder a aplicar la cláusula supletoria del art. 21.1. No debe olvidarse que para determinar la residencia del causante, al tiempo de su fallecimiento, debe realizarse una actuación valorativa, en los términos previstos en los considerandos 23, 24 y 25 del Reglamento.

La complejidad se incrementará cuando se aplique la cláusula de excepción, el trabajo de determinación será más complejo aún, en los términos que resultan de los mismos considerandos. Pues, constatada la inexistencia de cláusula de elección de ley aplicable, el proceso requerirá la una doble determinación.

En primer lugar, se deberá a determinar, como quedó dicho, la ley de la residencia habitual. Tras la concreción de la misma deberá procederse a determinar la existencia de una vinculación manifiestamente más estrecha con otro Estado distinto del de la residencia habitual. Y esa secuencia viene impuesta porque la cláusula de la vinculación más estrecha requiere enervar la residencia habitual.

Puede que todas esas operaciones puede que se hayan formalizado bien en un acta de declaración de herederos *abintestato*, en caso de que el causante no hubiera planificado su sucesión; bien en la propia escritura de formalización de la aceptación y partición de herencia. También es posible que todas esas operaciones se hayan formalizado previamente y de forma independiente, pues puede que al interesado, por ejemplo, le haya convenido indagar antes la ley aplicable a fin de proseguir con el proceso de transmisión hereditaria de los bienes.

En caso de que se haya formalizado en documento notarial independiente, consideramos que el mismo puede ser reputado como documento protocolar atributivo de competencia para la expedición del Certificado Sucesorio Europeo, en España.

Desde el punto de vista de la actuación del notario español, el problema que se presenta es que estos documentos no tienen, en principio, reflejo en el Registro General de Actos de

Última Voluntad. Tampoco causan parte colegial, por lo que se corre el riesgo de que tales actuaciones se repitan ante distintos notarios. Por ello, se ve imprescindible, al margen de la creación de un registro de certificados sucesorios europeos, una reformulación de los actos que deben acceder a nuestro Registro de Últimas Voluntades.

o) Documento de elección de ley

Como sabemos, en el régimen del Reglamento, es posible la *professio iuris* sucesoria. Conforme a lo dispuesto en el art. 22.2, *"La elección deberá hacerse expresamente en forma de disposición mortis causa, o habrá de resultar de los términos de una disposición de ese tipo"*.

En algunas ocasiones, puede que la elección de ley aplicable a la sucesión se disocie documentalmente del documento de planificación que contenga las concretas disposiciones patrimoniales, más allá de la determinación de la ley que deba regir una determinada herencia.

Se trata de una solución que puede resultar conveniente en aquellos supuestos en los que se pretende dar autonomía a la *optio legis* para, posteriormente, proceder a planificar los concretos aspectos de la sucesión en uno o varios documentos independientes[1145]. Cuando esto suceda, el documento que se limite a contener la *professio iuris,* participa de la naturaleza de las disposiciones mortis causa y debe ser considerado como elemento atributivo de competencia notarial.

En nuestro caso, tal documento, debe reconducirse a un documento notarial y, por consiguiente, servir para que el notario fundamente en él su competencia.

1145 Ver, en este sentido RIPOLL SOLER, A., *op. cit.* "Hacia un nuevo modelo de planificación…".

Se hace tratamiento separado del testamento por, pese a lo conveniente, no ser habitual su uso. Parece adecuado traerlo a colación a continuación de la exposición de otros documentos que pueden aparecer vinculados con la ley aplicable a la sucesión. Si bien, como ha quedado dicho, su naturaleza, es netamente testamentaria, y, en todo caso, participa de la naturaleza de las disposiciones de última voluntad, a tenor de lo que establece el art. 22.2.

vii. Efectos de la expedición por autoridad incompetente

La falta de competencia para expedir un Certificado Sucesorio Europeo produce un doble efecto. Jurídicamente, el Certificado Sucesorio Europeo será nulo por defecto competencial y generará responsabilidad en el notario o tribunal que lo expidió indebidamente, nótese que, desde la perspectiva judicial, un certificado mal expedido no es una sentencia y no goza de eficacia de cosa juzgada. Económicamente, producirá dilaciones que frustren el efecto útil del Reglamento, que pretendía facilitar los trámites a los ciudadanos europeos que se enfrenten a una sucesión hereditaria.

Sin perjuicio de tal responsabilidad, la solución a los problemas que se plantean parece que nos la brinda el propio Reglamento, a tenor de lo dispuesto en los artículos 71 a 73. En tales supuestos, el notario, en el caso de España, que se considerase competente, podría requerir a la autoridad interna o, incluso, de otro Estado miembro, para que rectificara, modificara o anulara el certificado (art. 71), con los efectos que se apuntaron al estudiar dichos preceptos.

El principal problema radica en que, coherentemente, aunque no esté expresamente prohibido, no parece que en tales supuestos se pudiese pedir la expedición de otro Certificado Sucesorio Europeo a notario distinto, si se lleva a sus últimas consecuencias lo previsto en el art. 67.1, sin que, previamente se anulase el certificado indebidamente expedido[1146].

Por otro lado, la autoridad ante la que se invoque un certificado sucesorio que adolezca de defecto competencial, deberá ponerlo, bien en conocimiento del interesado, bien del expedidor, incluso de ambos, para que se proceda en los términos del art. 71 y ss.. Piénsese, por ejemplo, en el caso en el que se pretenda hacer valer un Certificado Sucesorio Europeo que adolezca de tales vicios, bien en el marco del otorgamiento de cualquier escritura en España, bien para iniciar el proceso registral de toma de razón de su contenido a los efectos que sean. En tales casos, además, el notario o el registrador, deberán proceder a motivar su negativa, en el marco de la legislación notarial e hipotecaria vigente[1147].

Lo cual, como se acaba de decir, ralentizará el proceso de circulación de la herencia por el territorio de la Unión, en perjuicio del ciudadano a quien se quería facilitar que acabará siendo víctima del sistema.

viii. Crítica del sistema legal de atribución de competencia

La posición del legislador español, a la hora de diseñar la competencia interna de expedición del Certificado Sucesorio Europeo, aunque es justificable, debe ser valorada negativamente.

1146 Debe diferenciarse el supuesto de un certificado con apariencia de validez de aquel otro en el que la nulidad resulta evidente, piénsese en el supuesto en el que el Certificado Sucesorio Europeo se expidió en España por un órgano que no tuviera atribuida competencia funcional, por ejemplo, un Registrador de la Propiedad.

1147 Se hace referencia, deliberadamente al ámbito notarial o registral, porque parecen el ámbito natural del Certificado Sucesorio Europeo para su recepción en España por autoridades, sin perjuicio de otros supuestos o ámbitos que se puedan presentar en la práctica.

Cierto es que, como quedó dicho, arrastra dos problemas que a él no le son imputables.

El primero de ellos es la admisión de la expedición de certificados sucesorios parciales. Ello propicia que puedan existir discrepancias entre los elementos comunes a una sucesión cuando el proceso de certificación se escinde entre varios posibles expedidores competentes.

El segundo de los problemas es el relativo a la inexistencia de un Registro de certificados sucesorios europeos. La existencia de dicho Registro sería el inicio de una serie de mecanismos tendentes, bien a que se expidan certificados sucesorios europeos contradictorios, bien a que expedido un Certificado Sucesorio Europeo quede vetada la posibilidad de que se atribuya competencia a otro posible expedidor distinto del primero.

El legislador del Reglamento podría haber reducido la intensidad y frecuencia con que se planteasen tales problemas, sin embargo, no parece haberse llegado a plantear las consecuencias de su falta de previsión.

Podría decirse que los inconvenientes que se imputan al Reglamento, en cierto modo, contaminan el diseño de la competencia interna de expedición por los distintos Estados miembros. Sin embargo ¿quiere ello decir que el legislador español estaba condenado por las soluciones del Reglamento?

La respuesta debe ser necesariamente negativa. En el proceso de expedición del Certificado Sucesorio Europeo, como quedó dicho, la competencia funciona en un doble nivel.

El primero es el relativo a la competencia internacional. Al legislador europeo correspondía haber minimizado la posibilidad de que autoridades o tribunales de distintos Estados miembros, pudiera corresponderle simultáneamente la competencia de expedición del Certificado Sucesorio Europeo. Y es que, si concurren varias autoridades potencialmente competentes, es más probable que existan certificados sucesorios europeos contradictorios[1148].

En un segundo nivel, dentro de cada Estado miembro, como determina el considerando 70, corresponde a éste determinar a qué concretas autoridades o tribunales corresponde tanto la competencia funcional de expedición como, en su caso, la competencia territorial.

El hecho de que las autoridades o tribunales españolas puedan concurrir competencialmente con las de otros Estados miembros, para la expedición de un Certificado Sucesorio Europeo de una concreta sucesión, no quiere decir que el legislador español no debiera haberse preocupado de evitar que sus propias autoridades o tribunales pudieran expedir certificados sucesorios europeos contradictorios diseñando un eficiente sistema de atribución de la competencia interna de expedición, lo cual, a nuestro juicio, no parece haber tenido lugar.

A la vista de lo anterior, al legislador español se le pueden imputar varios descuidos.

El primero de ello es el relativo a la artificiosa distinción entre competencia judicial de expedición y competencia notarial. Como se puso de relieve, preliminarmente, se produce una *vis* atractiva hacia la competencia notarial, en detrimento de la judicial, lo cual parece más ágil y congruente con la desjudicialización que impulsa el legislador español desde el año 2015. Por eso, parece que hubiera sido más honesto atribuir

---

[1148] La posibilidad de que se expidan certificados contradictorios es algo que, desde un primer momento, ha estado en la mente tanto de académicos, como, especialmente, operadores jurídicos, ver, entre estos últimos, CARRIÓN GARCÍA DE PARADA, P.; "Los documentos públicos y el Certificado Sucesorio Europeo en el Reglamento 650/2012"; en *La Notaría,* I-2015, pp. 127-139, Ed. Colegio Notarial de Cataluña, Barcelona 2015, p.135.

sólo la competencia a los notarios, por los motivos expuestos, reduciendo así las posibilidades de expedición de dos certificados sucesorios europeos totales sobre una misma sucesión, uno judicial y otro notarial, como quedó dicho.

El segundo descuido sería el no haber hecho reformado el régimen legal del Registro General de Actos de Última Voluntad. La falta de previsión del legislador europeo no impedía al legislador español haber reconocido cabida expresa, en el Registro de Últimas Voluntades, de los certificados sucesorios europeos expedidos en España, por sus tribunales o notarios que resultasen competentes a tenor de la DF 26ª LEC. Tal posibilidad existe[1149], si bien, su falta de reconocimiento expreso lastrará gravemente la práctica de remitir la expedición del certificado al Registro de Últimas Voluntades, no solo notarialmente, sino también, y especialmente, de forma judicial, a la vista de que es algo extraño a la práctica de la magistratura.

Tal reforma, que haría posible conocer la existencia de un certificado sucesorio previamente expedido, debería servir para que decayese la competencia de expedición en favor de notario distinto de aquel que inicialmente hubiese expedido un certificado sucesorio, total o parcial, a fin de evitar la existencia de certificados contradictorios. O bien, en caso de quererse mantener la pluralidad de notarios competentes, podía haberse obligado, de forma expresa, al notario requerido en segundo lugar, a tomar en consideración los certificados sucesorios previamente expedidos, prohibiendo emitir un certificado contradictorio. Dicha solución no hubiese sido incompatible con que ese segundo notario, en caso de detectar algún error en el certificado previamente expedido, lo

---

1149 Se hace remisión a lo que se expondrá al hablar de la remisión del parte de expedición al Registro de Actos de Últimas Voluntades, en el modelo de trabajo que proponemos.

notificase al otro notario expedidor, a fin de que iniciase las actuaciones previstas en los artículos 71 y ss..

El tercer descuido, que es coincidente con el anterior, desde otra perspectiva, sería, si no se consideraba oportuno modificar el Registro de Últimas Voluntades, sería el relativo a no haber arbitrado una serie de comunicaciones entre los posibles notarios competentes, en caso de conocerse, que incidieran en la competencia de otros posibles notarios. Piénsese el caso en el que el notario que expide el certificado debiese proceder a comunicar a los otros notarios en cuyo protocolo se encuentre un documento atributivo de competencia la expedición del Certificado Sucesorio Europeo. De esta manera, estos otros notarios, si actuasen diligentemente, deberían tomar en consideración lo hecho por el notario que les ofició.

Por último, hubiera sido deseable, si se considera, como parece y quedó expuesto, que el supuesto tipificado es el de la escritura de aceptación y partición de herencia, el legislador español debiera haber previsto la competencia de ese notario autorizante como excluyente de la de los otros notarios posibles.

Nada de lo anterior, sin embargo, ha tenido lugar, por lo que se augura una posible existencia de certificados sucesorios contradictorios.

Pese a ello, ya se puso de manifiesto al analizar el artículo 67.1 que, implícitamente, existe un deber de abstención, por parte del órgano competente requerido, para certificar cuando el certificado resulte contradictorio con otro anterior[1150].

1150 Lo que se propone no es extraño a otras actuaciones notariales, así, por ejemplo, en materia de actas de juntas de sociedades mercantiles, el art. 105.2 RRM establece: *"No obstante, cuando hubiese sido requerida la presencia de Notario para levantar acta de la Junta o de la Asamblea de socios, no podrá ningún otro Notario prestar sus servicios para*

Esta solución debería extenderse no sólo al supuesto de que se haya expedido ya un certificado sucesorio parcial, también a aquellos casos en los que se haya iniciado la tramitación ante otro notario.

Lo anterior no obsta para que pueda afirmarse que tanto el legislador de la Unión como el legislador español, dejan demasiados aspectos en el aire y al albur del buen hacer de los posibles órganos competentes para la expedición del Certificado Sucesorio Europeo

b. La solicitud de expedición del CSE

i. La rogación notarial

Tanto desde el punto de vista del Reglamento (art. 65.1) como desde la perspectiva de las actuaciones notariales españolas (art. 3 RN) para iniciar el expediente se requiere una solicitud o rogación de persona legitimada para ello. La solicitud para la expedición del Certificado Sucesorio Europeo por parte de notario español requiere que un legitimado, se dirija al notario pidiéndole la expedición. Es necesario para que el notario inicie el proceso de expedición que se formule esa solicitud y que, precisamente, sea imputable a un legitimado. Para ello será necesario que el peticionario asuma la solicitud mediante su firma.

En la práctica puede que el interesado cumplimente el formulario previsto en el Anexo IV del R(UE) 1329/2014. Ese

---

constatar los hechos a que se refiere el apartado anterior". Tal solución es congruente con la forma de funcionar la fe pública notarial, se trata de evitar que la misma se cuestione en caso de contradicción entre dos documentos notariales sobre el mismo asunto.

parece ser el supuesto previsto en el Reglamento que, como se verá, sin embargo, no tiene que ser, al menos desde la perspectiva del notario español, el modo habitual de proceder. También puede ser que el interesado prepare una solicitud ajustándose a lo dispuesto en el artículo 65, pero que no utilice el modelo oficial.

Debemos recordar, como se puso de manifiesto en el capítulo III, que el uso del formulario de solicitud es potestativo, como ha tenido ocasión de recordar el TJUE[1151]. No debe olvidarse, además, como ya se indicó, que cumplimentar la solicitud es una tarea compleja y puede requerir conocimientos técnicos, por lo que no será de extrañar que el peticionario necesite ser asistido para cumplimentarla.

También es posible que el propio interesado acuda al notario español y el contenido de la solicitud forme parte del acta que aperture el expediente de expedición de Certificado Sucesorio Europeo, en los términos que veremos[1152]. Esta posibilidad será la habitual en aquellos casos en los que la solicitud de expedición de Certificado Sucesorio Europeo sea subsiguiente o consecuencia del otorgamiento de la escritura de aceptación y partición de herencia.

En el marco del art. 1 RN, existe un deber de colaboración y asistencia por parte del notario a la hora de cumplimentar la solicitud, pues no otra cosa se sigue del citado precepto, cuando, en su párrafo tercero, con relación a los notarios dice que *"Como profesionales del Derecho tienen la misión de asesorar a quienes reclaman su ministerio y aconsejarles los medios jurídicos más adecuados para el logro de los fines lícitos que aquéllos se proponen alcanzar"*.

[1151] STJUE de 17 de enero de 2019 (C-102/18, *Brisch*) (TOL 6.988.000).

[1152] JIMÉNEZ GALLEGO, C.; *op. cit.*, p. 342, parte de la idea de que la solicitud se incorpora a un acta.

Por eso, desde la perspectiva del notario español, en la práctica, por motivos de economía procesal, en función de lo que presente el interesado para solicitar el Certificado Sucesorio Europeo, se enfocará la solicitud, formalmente, de la manera que el propio notario estime más conveniente para el caso concreto.

La intervención del notario en la confección de la solicitud, además, puede ser conveniente, pues en el acta, el expedidor requerido, podría aprovechar para insertar cualesquiera cuestiones o manifestaciones que puedan facilitar la expedición o minorar una eventual responsabilidad de este por error en la expedición.

Piénsese, por ejemplo, en una manifestación, amparada por los efectos del acta, del interesado, del siguiente tenor: *"Manifiesto que no he solicitado Certificado Sucesorio Europeo con anterioridad"* o *"Manifiesto que este mismo certificado se ha instado anteriormente, sin éxito, ante el Notario Don *, el día *, bajo el número * de protocolo"*. Son cuestiones que al notario requerido le puede interesar conocer y valorar.

La solicitud deberá ir acompañada de los documentos que se relacionan en el art. 65, para lo cual constituye una buena guía el propio numeral 7 del Anexo IV, como quedó expuesto en el capítulo III.

En el modelo de trabajo que proponemos, cuando la solicitud se presente de forma independiente, ésta deberá quedar incorporada a lo que venimos en llamar "expediente de expedición".

En algunos casos, se podría excepcionar la tramitación del expediente, como sucedería cuando la expedición se agotase en la solicitud coetánea a una escritura de aceptación y partición completa, con comparecencia de todos los interesados. Sin embargo, en sede de principio, incluso en esos casos "fáciles", parece conveniente esa documentación separada. No olvidemos que, una vez expedido, el Certificado Sucesorio Europeo funciona y circula de forma independiente a los documentos que sirvieron de base para el proceso certificador.

Llegados a este punto debemos plantearnos la posibilidad de formular solicitudes subsidiarias. Cómo hemos expuesto y reiterado, es posible expedir certificados sucesorios europeos parciales. En el proceso de expedición, desde el punto de vista de la práctica notarial, parece plausible formular una solicitud subsidiaria de la principal. Podemos aplicar, analógicamente, lo que sucede en el ámbito judicial[1153]. Piénsese en aquellos casos en los que ante la imposibilidad de obtener determinados documentos, al interesado le puede convenir que se le certifique lo que sí es posible certificar. El notario no debe proceder de oficio a certificar lo menos, cuando no se pudiese certificar lo más, si no hay una previa solicitud, en tal sentido, del interesado[1154].

Puede ser que la falta de algún documento impida expedir un certificado sucesorio total o relativo a los extremos solicitados por el interesado; en tales casos, el peticionario podrá pedir al notario que se expida un certificado parcial, lo cual no debe hacerse de oficio, salvo en aquellos casos en los que, inicialmente, así lo haya indicado el solicitante al formular su solicitud.

Ante la resolución negativa a expedir el certificado total o de todos los extremos solicitados por parte del notario requerido, al interesado puede convenirle detener el proceso, para volver a presentar la documentación íntegra o, en su caso, replantearse el alcance de su solicitud. Sin embargo, en aquellos casos en los que, inicialmente, se hubiese hecho constar la solicitud subsidiaria de un certificado parcial, el notario podrá

1153 Arg. art. 399 LEC.

1154 Ver, en tal sentido, KRESSE, B., *op. cit.*, p.713.

expedir éste, sin perjuicio de la necesidad de haber requerido previamente las pruebas que faltaran para la petición principal, en los términos del art. 66.1, que se verán.

No existe un lugar específico en el formulario de solicitud, tal petición se puede insertar, añadiendo un folio, pues es algo que no está prohibido. También se puede traer a colación en cualquiera de los campos libres del formulario, como, por ejemplo, en la última casilla del numeral 7.

ii. La firma de la solicitud

En cualquiera de los casos expuestos será necesaria la firma de la solicitud para que el notario inicie el proceso de expedición. Sin embargo, el proceso de firma no siempre será necesariamente igual, en función de cómo se presente la solicitud al notario.

En el sistema español de expedición notarial de Certificado Sucesorio Europeo se requiere que la firma de la solicitud sea imputable al peticionario, así se desprende de lo dispuesto en el art. 198.1.1º y 2º RN.

Tal requisito debe interpretarse en el marco del principio que inspira el Reglamento de facilitar la circulación de las herencias entre los distintos Estados miembros.

Por tal motivo, lo habitual será que el peticionario legitimado comparezca ante notario y que, en su presencia, firme el acta de requerimiento para iniciar el expediente de expedición del Certificado Sucesorio Europeo[1155].

1155 DE LA FUENTE SANCHO, A., *op. cit.*, apunta que la solicitud debe formalizarse mediante acta, anuncia la publicación de un modelo de acta, sin embargo, a salvo lo que ponga de manifiesto el autor, en su momento, no deja clara la diferenciación entre la solicitud en sí y el tratamiento de la misma. En nuestra opinión, la solicitud no debe

En dicho requerimiento, firmado en presencia de notario, con juicio de identidad, se procedería a incorporar la solicitud confeccionada por el peticionario utilizando el formulario o preparada prescindiendo del mismo. También sería posible que la firma fuese asumiendo el propio contenido del acta de inicio del expediente que, en tales casos, sería la propia solicitud.

Puede que el requerimiento aparezca inserto en la propia escritura de aceptación y partición de herencia o, en su caso, en aquel documento protocolar atributivo de competencia, de los reseñados anteriormente, formalizado con ocasión de la apertura de la sucesión, pero que no implicaba la declaración total de la misma.

Sin embargo, también nos parecen posibles dos alternativas. La primera de ellas consistiría en que la solicitud se remitiera al notario con la firma legitimada notarialmente o de cualquier otro modo que permitiese la legislación aplicable, en caso de haberse remitido la solicitud desde otro Estado.

También debería ser posible que se remitiese electrónicamente al notario competente. En tales casos el propio notario podría iniciar el expediente siempre que apareciese firmada electrónicamente con firma electrónica cualificada en los términos del R(UE) 910/2014. Tal firma electrónica permitiría al notario requerido para la expedición del Certificado Sucesorio Europeo imputar la solicitud al peticionario a fin de iniciar el expediente.

---

formularse a través de un acta, sin perjuicio de que, como aquí se defiende, se pueda proceder a incorporar la misma a un acta para darle el tratamiento de expediente de expedición del CSE, en los términos que aquí defendemos.

La flexibilización que reflejan los medios de inicio de expediente apuntados, como se dijo, es congruente con los principios que inspiran el Reglamento Sucesorio.

c. Modelo de trabajo propuesto: El acta para la expedición del CSE

i. La apertura del acta de expedición: Planteamiento

En aquellos casos en los que el expediente se haya iniciado con un acta, cualquiera que sea la forma en la que se han incorporado a la misma los datos que deben aparecer en la solicitud, bien por recogerse en el propio requerimiento, bien por haberse anexado el documento presentado por el interesado a la propia acta que este firmó, ésta constituirá el acta de expedición a la que se irán sumando las distintas diligencias de lo practicado. Esta acta culminará, como se dijo, con la expedición del Certificado Sucesorio Europeo o, en su caso, la negativa a su expedición.

En aquellos otros casos en los que el requerimiento aparecía en el documento protocolar atributivo de competencia o en el caso de que la solicitud se haya remitido al notario de cualquiera de las otras formas previstas con firma electrónica cualificada o confirme legitimada notarialmente se procederá de forma distinta.

En estos últimos casos, pese a que la DF 26.14.2ª parece partir de que lo normal será incorporar todo el proceso a dicho documento protocolar atributivo; en la práctica, parece más conveniente que el notario abra un protocolo, con número independiente, en el que se hará constar que ha sido requerido para la expedición del Certificado Sucesorio Europeo con referencia al medio del requerimiento.

Este modo de proceder tiene cobertura legal en la propia norma de desarrollo[1156] y no solo es más ordenado, pues supone centralizar el expediente de expedición. La solución que se propone, formalmente, también es más lógica, si se tiene en consideración el sistema de foliado[1157] y encuadernación de los protocolos notariales[1158].

Así, constará bien el requerimiento en relación con el documento atributivo de competencia, con identificación completa del mismo y todos los datos necesarios para la tramitación, aportados por el interesado; o, bien, referencia a la instancia recibida y su forma de legitimación, para su imputación al peticionario, con incorporación de la misma a dicha acta y con el contenido necesario para la expedición.

Como se puede observar, todos los sistemas propuestos son materialmente coincidentes y concurren en el acta de expedición que se defiende en este trabajo. En aquellos casos en los que, bien como originales, bien como testimonios, obren en el protocolo del notario requerido los documentos complementarios necesarios para la expedición, estos aparecerán relacionados, en caso de no haberse aportado también, y el notario acudirá a su propio protocolo para cotejar lo que se debe certificar.

1156 En efecto, la DF 26.14.2.ª LEC establece *"De dicha expedición del Certificado Sucesorio Europeo, que tendrá el carácter de documento público conforme al artículo 17 de la Ley del Notariado de 28 de mayo de 1862, se dejará constancia mediante nota en la matriz de la escritura que sustancie el acto o negocio, a la que se incorporará el original del certificado, entregándose copia auténtica al solicitante. Si no fuera posible la incorporación a la matriz, se relacionará, mediante nota, el acta posterior a la que deberá ser incorporado el original del certificado"*.

1157 Ver art. 275 RN.

1158 Ver art. 276 RN.

En caso contrario, el interesado deberá haberlos aportado o indicado dónde se encuentran, con solicitud al notario para la obtención, como acto de gestión, en el marco de sus competencias, de esos otros documentos[1159].

En este último supuesto, los documentos aportados deberán, en original o testimonio, incorporarse al acta de expedición, pues el notario debe poder conservar todo el material probatorio bien para realizar cualquier actuación posterior a la expedición[1160], bien para salvaguardar su responsabilidad, en caso de ser cuestionada su labor de expedición.

La apertura del expediente de expedición deberá reseñarse en el protocolo atributivo de competencia, como se desprende de la DF 26.14.2ª LEC. En el expediente de expedición debería hacerse mención expresa a esa reseña en los términos que se proponen:

"Haré constar, seguidamente, en el documento protocolar atributivo de competencia, la apertura de este expediente de expedición".

A los efectos de extender la nota en el documento protocolar atributivo de competencia, se proponen los siguientes modelos para conectarlo con el expediente de expedición. En el caso de que el documento protocolar atributivo de competencia contenga la solicitud para la expedición del Certificado Sucesorio Europeo[1161], en el supuesto normal de

1159 Se hace remisión, en este punto, a lo expuesto en el capítulo III, de este trabajo, al analizar el artículo 65, así como el numeral 7 del anexo IV, de solicitud del certificado, en el que se hace referencia a los documentos que se acompañan a la solicitud.

1160 Piénsese, por ejemplo, en el caso de tener que proceder, expedido el certificado, a la rectificación, modificación o anulación de este, en el marco del art. 71.

1161 No debe olvidarse que en el supuesto normal de escritura de aceptación y partición de herencia, como quedó dicho, en ella constan, en general, todos los documentos y extremos necesarios para expedir el Certificado Sucesorio Europeo.

escritura de aceptación y partición de herencia, se propone la siguiente nota:

*"Nota.- De conformidad con la rogación contenida en este título, el día de hoy he procedido a aperturar expediente de expedición de Certificado Sucesorio Europeo, bajo el número de protocolo *. En Alicante, a DD/MM/AA. A. Ripoll Soler. Doy fe".*

Puede que la solicitud de expedición del Certificado Sucesorio Europeo haya sobrevenido con posterioridad a la autorización de esa escritura de aceptación y partición de herencia, piénsese en el caso de que, por ejemplo, la herencia, inicialmente, no estaba previsto que debiese circular por la Unión. También puede pensarse en el caso del resto de documentos protocolares atributivos de competencia. En tales supuestos, la nota debería ser del siguiente tenor.

*"Nota.- Hoy he sido requerido para expedir Certificado Sucesorio Europeo en relación a la herencia conectada con este instrumento atributivo de competencia, mediante solicitud incorporada al acta por mi autorizada con el número * de protocolo. En Alicante, a DD/MM/AA. A. Ripoll Soler. Doy fe"*

ii. La fecha del acta de expedición y justificante de la solicitud

La fecha del acta de expedición no tiene que coincidir necesariamente con el momento en el que se curse la solicitud. Deben distinguirse distintos supuestos en función de cómo se inste la expedición del Certificado Sucesorio Europeo.

En aquellos casos en los que en el documento protocolar atributivo de competencia consta la solicitud para la expedición, que como se ha insistido, debería ser el supuesto normal, la fecha de la solicitud puede no coincidir con la fecha del acta.

En efecto, en el documento protocolar atributivo constará el requerimiento de expedición, que obliga al notario de forma fehaciente y, en tal caso, en momento posterior, que no necesariamente debe ser el mismo día, el notario aperturará el acta de expedición.

En otros casos, como se ha expuesto, puede que la solicitud aparezca disociada del documento protocolar atributivo de competencia. En tales supuestos, a su vez, debe diferenciarse. Así, puede que no se emplee el formulario ni que se presente una solicitud confeccionada por el interesado, sino que el notario asista, atendidas las circunstancias, y se firme directamente el acta que contiene los extremos necesarios para instar el proceso de expedición. En este caso, la fecha del acta coincidirá con la de la solicitud.

En otras ocasiones, cuando el interesado presente la solicitud de forma autónoma, bien en el modelo oficial bien en una instancia con los requisitos que impone el art. 65, pero al margen de dicho modelo, con una firma legitimada o susceptible de ser legitimada, en los términos que se indicaron, el notario deberá proceder, a la brevedad posible, si se tiene en cuenta el mandato del art. 67, a aperturar el acta.

Aunque no es obligatorio, pues en la notaría no existe libro de entrada, en el régimen legal vigente. En estos últimos supuestos, debería facilitarse y no podría negarse al interesado peticionario, algún justificante de la presentación. Parece plausible, a tal fin, devolver al interesado una copia de la solicitud, sellada y fechada, con la relación de los documentos presentados, aplicando, analógicamente, los principios que inspiran el art. 16 y concordantes de Ley 39/2015, de 1 de octubre, del Procedimiento Administrativo Común de las Administraciones Públicas.

En los otros supuestos, al ser documentos protocolares, la propia copia de estos serviría, si se solicita, de eventual justificante.

No debe olvidarse, por otro lado, que, a tenor de lo dispuesto en el art. 67, la autoridad requerida, el notario, en este caso, deberá expedir el certificado sin demora. Al peticionario interesará, en todo caso, tener clara la fecha a partir de la cual su solicitud obliga al notario a tomar en consideración y, en su caso, expedir el Certificado Sucesorio Europeo solicitado.

iii. Examen de la solicitud y requerimiento de pruebas adicionales

Debe traerse a colación lo expuesto en el capítulo III al analizar el artículo 66, que impone, en este caso al notario, al recibir la solicitud, verificar *"la información y las declaraciones, así como los documentos y demás pruebas presentadas por el solicitante"*. Del mismo modo, el notario deberá realizar *"de oficio las averiguaciones necesarias para efectuar esta verificación cuando así lo disponga o autorice su propia legislación, o instará al solicitante a presentar cualesquiera otras pruebas que considere necesarias"*.

No obstante, en función de cómo se haya presentado la solicitud al notario español y de la mayor o menor extensión del certificado solicitado, así como del documento atributivo de competencia notarial, su actuación será distinta[1162].

La fase de la instrucción probatoria no se regula en el Reglamento, que se limita a apuntar las líneas maestras de la misma, por lo que habrá que estar a la legislación interna[1163]. En el caso del notario español, su actuación debe extraerse, ante la falta de regulación, de los usos consolidados que se

---

1162 Desde la perspectiva del Derecho italiano, BENANTI, C., "Il certificato successorio europeo: ragioni, disciplina e conseguenze della sua applicazione nell'ordinamento italiano. Parte seconda", en *La Nuova giurisprudenza civile commentata*, Vol. 30, N.º 2, 2014, págs. 85-96, p. 85, se lamenta de la mayor potestad judicial, vía diligencia para mejor proveer, para exigir lo que precise la autoridad judicial, frente al notario; no obstante, entiendo, esta situación no se produce en el ámbito del Derecho español.

1163 BENANTI, *ibidem*, p. 85.

desprenden de los principios que inspiran la legislación notarial y su estatuto jurídico.

No caben actuaciones apriorísticas. Si bien, cuando se trate del supuesto que hemos considerado normal de expedición de Certificado Sucesorio Europeo sobre la base y subsiguiente a una escritura de aceptación y partición de herencia, el examen de la solicitud habrá sido embebido por la tarea de autorización de la propia escritura, por el mismo notario al que se le pide la certificación. Lo cual no quiere decir que se haya obviado dicho examen y labor de verificación.

No obstante, en aquellos otros supuestos en los que la expedición venga referida a un Certificado Sucesorio Europeo parcial y no coetáneo a la escritura de aceptación y partición de herencia, la labor de examen preliminar de la solicitud será, si no más intensa, más visible.

Del mismo modo, si el notario asistió en la confección de la solicitud, normalmente, habrá hecho una labor de precalificación de los documentos e información que se debe aportar, por el peticionario, para expedir el Certificado Sucesorio Europeo. Se trata del modo de proceder en la práctica en las notarías. Lo cual no sucederá, en cambio, en aquellos otros casos en los que la solicitud haya sido formulada sin asistencia del notario, con independencia del modo en que ésta haya sido presentada.

El examen de la solicitud implica una labor doble por parte del notario requerido. Por un lado, el notario despliega una actuación formal, controlando los documentos que han sido presentados, su suficiencia e integridad para proceder a expedir la certificación.

Por otro lado, el notario realiza una actuación material, de calificación de los documentos presentados y de su contenido, a fin de trasladar al certificado cada uno de los extremos que el propio formulario impone. Esa sería la propia actuación de certificación, que será la que culmine las otras actuaciones procedimentales, necesarias para la expedición.

Puede suceder, como se indicó, que la solicitud, sin embargo, se presente al margen de toda actuación notarial. Pensemos, especialmente, en el caso en el que se remite por medios electrónicos, sin anunciarla previamente. No se tratará de un supuesto habitual, pues aunque las notarías son oficinas públicas, en España, es normal una interlocución con el equipo notarial, por parte de los interesados, cualquiera que sea la naturaleza del asunto que se presente. Sin embargo, ello no quiere decir que no se deba actuar cumpliendo unas mínimas formalidades. Esto será especialmente importante, a fin de evitar incurrir en responsabilidad. Pues, como sabemos, el certificado debe expedirse *"sin demora"*, a tenor de lo dispuesto en el art. 67.

Así, una solicitud mal planteada, inconsistente o a la que no se acompañan los correspondientes documentos, deberá ser analizada y recibir el cauce procesal que permite el artículo 66, instando por el notario *"al solicitante a presentar cualesquiera otras pruebas que considere necesarias"*.

Para ello debe emitirse la correspondiente resolución, con advertencia de que la no presentación de los documentos o la subsanación de los defectos puestos de manifiesto por el notario suspenderá la tramitación del certificado[1164].

Se tratará de una resolución recurrible, permitida por el propio artículo 67 que, como se dijo, no contiene una enumeración exhaustiva de las causas por las que no procede la expedición del certificado. El recurso a esta decisión tiene la cobertura del artículo 67, que es directamente aplicable. En dicha resolución debe darse un plazo para la presentación de los documentos que no se hubieren aportado o para realizar la subsanación.

1164 Ver en el anexo modelo de resolución.

La legislación notarial no establece un plazo para que el interesado subsane los extremos que se le requieran. En sede judicial, por ejemplo, actuaciones análogas tienen un plazo de cinco días[1165]; desde el punto de vista del procedimiento administrativo, en cambio, el plazo es de diez días, si bien con la posibilidad de ampliarlo cinco días, a solicitud del interesado o, de oficio, por la autoridad, en aquellos casos en los que la obtención del documento presente dificultades especiales[1166].

Ante la falta de regulación, se podría optar por cualquiera de los plazos supletorios indicados; sin embargo, no parece que sea eso lo que inspira el Reglamento. En general, en todas las actuaciones, se deja una cierta discrecionalidad a la autoridad emisora para que impulse el procedimiento[1167].

El notario requerido, ante la laguna legal, debe ponderar el principio que inspira el Reglamento de facilitar la libre circulación de las herencias, así como de eliminar trámites innecesarios al ciudadano, con el cumplimiento de sus deberes, en el marco de su estatuto profesional. Por ello, parece razonable dar un plazo por el notario, a tenor de las circunstancias y clase de documentos que el interesado no aportó y que el notario le requiere.

En cualquier caso, la advertencia de suspensión o archivo del expediente tampoco supone un problema insalvable, en tales supuestos se podrá reiterar la solicitud; la cual deberá ser despachada ponderando el principio de celeridad que impone el Reglamento de sucesiones, con el orden de evacuación de rogaciones que inspiran la legislación notarial.

1165 Ver art. 275 LEC.

1166 Ver art. 68 LPAC.

1167 Ver, por ejemplo, los arts. 67.4; 67.2, ó 73.2.

Correspondiendo al notario valorar la urgencia y la prioridad que debe darse a una rogación frente a otra[1168].

Evidentemente, parece razonable que el notario valore la diligencia del interesado en la presentación de los documentos a la hora de dar prioridad a su solicitud. Realmente, si el interesado ha sido cuidadoso, se podrá haber asesorado antes por el propio notario expedidor, a fin de haber presentado el expediente completo. Todo ello, sin perjuicio del valor añadido que aporta tener asesor de parte, lo cual no es infrecuente, en la práctica notarial, en el caso de herencias con vocación de circulación internacional.

Aunque algunos documentos puedan ser obtenidos por el notario, no debe olvidarse que, en general, salvo los que vengan impuestos por la ley aplicable y puedan ser propios de cooperación internacional, el notario no está obligado a realizar actividades de gestión. Lo cual, además, inspira el primer inciso del art. 66.1. En cualquier caso, en el supuesto en el que el notario realice los trámites de gestión para la obtención de dichos documentos podrá y deberá pedir la provisión de fondos oportuna, siendo la negativa a aportarla motivo, también, para suspender la tramitación, pues el notario español no tiene obligación de anticipar cantidades por cuenta de aquellas personas de quien recibe un encargo.

Como excepción al archivo debe citarse el caso en que en la solicitud inicial se hubiese hecho referencia a la petición subsidiaria de expedición de certificado parcial.

Desde el punto de vista de la práctica notarial, el notario requerido deberá adoptar las medidas necesarias para informar a otros interesados en la sucesión, en los términos del art. 66.4[1169].

[1168] Ver, para los documentos notariales, en general, TAMAYO CLARES, M., *op. cit.*, p. 31.

[1169] Se hace remisión en este punto a lo expuesto en el capítulo III.

Las comunicaciones deberán hacerse en los domicilios razonablemente aportados por el requirente, el notario deberá guiarse por la prudencia, a tal fin y, en caso de duda, deberá, además, proceder a publicar edictos, tal y como permite el artículo 66.4.

El notario calibrará, atendidas las circunstancias, los plazos que ofrece a los interesados para formular alegaciones. No parece, en el caso del notario español, que la laguna de regulación legal de dichos plazos deba colmarse con los plazos de las actas de herederos *abintestato*, en tanto en cuanto, la propia norma de la Unión, como quedó dicho, al aplicar analógicamente el art. 50, diferencia entre residencia en el mismo Estado miembro o en otro Estado miembro; lo cual no toma en consideración la regulación española de la declaración notarial de herederos intestados[1170]. Con arreglo al meritado artículo 50, el plazo para formular alegaciones sería de treinta o sesenta días, en función de la residencia en el mismo Estado miembro o en otro distinto

Como se indicó en el capítulo III, no consta como se formulan las alegaciones. Una aplicación rigurosa de la legislación notarial impondría comparecencia presencial. Sin embargo, parece ir contra el espíritu del Reglamento, su flexibilidad y celeridad legislada. Por ello, parece razonable pensar que deberían admitirse tanto comparecencias ante el propio notario, por el propio beneficiario o persona con poderes suficientes. También debería ser posible comunicar al notario las alegaciones por correo electrónico con firma electrónica cualificada o mediante escrito con firma legitimada notarialmente. Incluso debería valorarse, analógicamente, la posibilidad de aplicar lo dispuesto en el art. 13, si bien, tales manifestaciones deberán

---

[1170] El art. 56.3 LN establece el plazo de un mes para formular alegaciones, en caso de publicar edictos, lo cual no deja de ser un criterio legal que podría servir, si bien, nos parece más correcto el apuntado.

ser puestas en conocimiento del notario que tramite el expediente a fin de que sean tomadas en consideración y, en su caso, causen algún efecto en relación al mismo.

Cualquier otra forma de realizar alegaciones, ante la ausencia de régimen, deberá ser valorada por el notario siguiendo criterios de prudencia y motivando su no estimación. Sin embargo, ante la flexibilidad apuntada, no debería dejarse la puerta abierta a que se generasen abusos de derecho por los otros beneficiarios presentando alegaciones al margen de los cauces apuntados y sin la más mínima motivación o soporte documental.

En cualquier caso, las alegaciones que se formulen, en caso de que se realicen de forma notarial, estarán dispensadas de apostilla, a tenor de lo dispuesto en el art. 74, para el caso de que se emitan ante notario o, en su caso, funcionario público de uno de los Estados miembros.

Parece razonable que, el notario deberá trasladar las alegaciones al peticionario del certificado sucesorio para que tenga la oportunidad de rebatirlas.

Desde la perspectiva del Derecho español, resulta predicable la conclusión sentada al analizar en el capítulo III el art. 64, en virtud de la cual, la sola contradicción por parte de alguno de los interesados no paraliza el expediente de expedición si no va acompañada de la presentación de la correspondiente demanda judicial[1171]. Sin perjuicio de ello, el notario expedidor, deberá valorar las alegaciones y decidir. El hecho de que no se paralice el expediente no quiere decir que no sea responsable por la expedición de un certificado en contra de lo alegado si luego es impugnado judicialmente.

1171 En contra BARONE, R., *op. cit.*, pp. 430-431, desde la perspectiva del derecho italiano.

Por todo ello, como se verá, es especialmente importante la motivación de cada decisión que va adoptando el notario expedidor en el curso del proceso de expedición. Tanto si, a la vista de las alegaciones, el notario prosigue con la expedición o, por el contrario, paraliza el proceso, siempre cabe, al peticionario o a los otros interesados, la vía de recurso, en los términos del art. 72:

No revisten especialidad las actuaciones de cooperación internacional, del art. 66.5, más allá de los problemas prácticos a la hora de conseguir una cooperación efectiva, ante la falta de instrumentos y mecanismos legislados suficientes; lo cual impondrá al notario un notable trabajo de campo. Consiguientemente, se hace remisión a lo expuesto en tal momento.

iv. Ampliación o modificación de la solicitud

Si algo caracteriza la actuación de los notarios españoles y su inmediatez, en la práctica, es la búsqueda del equilibrio entre el rigor formal y la flexibilidad del tráfico jurídico. Bajo esa premisa es frecuente que se establezca un diálogo entre el requirente y la oficina notarial a fin de lograr la consecución, dentro de los límites que permite el ordenamiento jurídico, de los objetivos pretendidos por el usuario del servicio notarial.

Lo que se apunta encuentra su anclaje en el propio estatuto jurídico del notario, concretamente, en el art. 1 RN, cuando se dice, en relación a los notarios que *"como profesionales del Derecho tienen la misión de asesorar a quienes reclaman su ministerio y aconsejarles los medios jurídicos más adecuados para el logro de los fines lícitos que aquéllos se proponen alcanzar"*.

En este contexto, no será infrecuente que durante la tramitación del expediente se pongan de relieve extremos que aconsejen reformular la solicitud. También es posible que las finalidades previstas inicialmente por el requirente se revelen insuficientes o aparezcan otros extremos que convenga que sean certificados.

En todos estos supuestos, no se encuentra obstáculo a que se presente una nueva comparecencia del interesado, antes de que se haya expedido el certificado, a los efectos de reformular su petición. Ello no debe implicar paralizar el proceso de expedición. Puede que sea necesario obtener nuevas pruebas o realizar nuevas notificaciones. Sin embargo, no debe reiniciarse el expediente, sólo acomodarse a las nuevas circunstancias el proceso de expedición en curso.

En todos estos supuestos, deben cumplirse los requisitos formales que vimos debía tener la solicitud, para ser tomada en consideración su pretendida modificación. En el modelo de trabajo que se propone, deberá autorizarse una diligencia que contenga la solicitud de modificación y el alcance de la misma a la que, en su caso, se unirá el material probatorio aportado a tal fin[1172].

Si la modificación se pretende expedido el certificado, lo cual, como se verá, es posible, en tales casos, el cauce procedimental deberá realizarse en el marco del artículo 71, haciéndose remisión, al respecto, tanto a lo expuesto en el capítulo III como a lo que se verá en este capítulo al hablar de las patologías del Certificado Sucesorio Europeo expedido notarialmente y su modificación sin existencia de errores.

v. Motivación del certificado

El proceso de expedición del Certificado Sucesorio Europeo, como se ha tenido ocasión de apuntar, no siempre tiene la misma enjundia. Habrá supuestos en los que la labor de expedición sea la consecuencia natural de toda la liquidación de la sucesión hereditaria.

[1172] Ver modelos de diligencia en el anexo.

En otras ocasiones, llegar a la expedición habrá supuesto realizar una serie de comprobaciones previas, notificaciones y acopio de material probatorio que no solo giran en torno a las propias circunstancias de hecho de la sucesión, incluyendo las circunstancias del causante, beneficiarios, título sucesorio y bienes que componen la masa hereditaria.

Especial relevancia tendrán las actuaciones tendentes a determinar no solo la ley aplicable a la sucesión sino también el alcance, contenido y vigencia de la ley señalada por la norma de conflicto.

Este último extremo no debería ser complejo en el supuesto natural previsto por el Reglamento de coincidencia entre el *forum* y el *ius*. Sin embargo, como se tuvo ocasión de analizar en el capítulo II, se pueden disociar ambos elementos. En efecto, puede que la competencia internacional basada en la residencia habitual del causante al tiempo del fallecimiento no se altere (art. 4), pero que exista una *professio iuris* que determine, como aplicable, la ley de un Estado distinto al de la autoridad que se enfrente a la sucesión y que, a la postre, tenga que expedir el certificado. También puede suceder que, no existiendo *professio iuris* tampoco se aplique la ley del foro, como consecuencia de que entre en juego la cláusula subsidiaria prevista en el art. 21.2, en favor de la ley del Estado con el que el causante tuviera una vinculación más estrecha.

En todos estos casos en los que el notario expedidor, no aplique su propio Derecho, tendrá que haberse informado sobre el contenido del Derecho extranjero aplicable. El cual resulta aplicable en todo caso, por lo que se deberá proceder a realizar todas las labores pertinentes a fin de obtener su prueba. Así, cuando la expedición del certificado sea subsiguiente a la totalidad liquidación de la sucesión, desde la perspectiva de notario español, por la calidad de la escritura que la documenta, normalmente, será una tarea fácil.

La dificultad se incrementará en aquellos supuestos en los que la transmisión hereditaria no se haya liquidado totalmente en el documento protocolar atributivo de competencia. Cuanto más débil sea el título de atribución competencial y más amplia se pretenda la certificación, más pruebas tendrán que aportarse y actuaciones realizarse en el expediente de expedición.

En el aumento de la complejidad incidirá también cómo configure la ley sucesoria los derechos de los interesados y las facultades de los ejecutores testamentarios. En efecto, en aquellos sistemas como, por ejemplo, el castellano, en el que la legítima se configura como una *pars bonorum*, será prácticamente ineludible la concurrencia de los interesados para la formalización de la escritura de partición de herencia, por lo que se habrán anticipado todos los problemas que conlleva poner en conocimiento de los mismos la tramitación del certificado al momento de la escritura. Sin embargo, en aquellos otros en los que la legítima se configura como una *pars valoris* o crediticia, puede que la escritura se haya formalizado sólo con el heredero y haya que realizar notificaciones a los interesados, sobre la base del art. 66.4, todo ello incrementará las dificultades del proceso de expedición.

Así pues, cómo configure la *lex successionis* el proceso de transmisión hereditaria y las facultades de los distintos agentes del proceso sucesorio podrá implicar que existan escrituras de partición de herencias fáciles con certificados difíciles de expedir y, a la inversa, escrituras de herencia fáciles de formalizar pero que incrementan su dificultad en el momento de expedir el Certificado Sucesorio Europeo.

Como preliminar a la cumplimentación del Certificado Sucesorio Europeo, que vendría a ser la propia expedición con la autorización notarial y subsiguiente expedición de la copia autorizada del certificado, llamada a circular por el territorio de la Unión, debería encontrarse la motivación de aquellos extremos dudosos que podrían acarrear responsabilidad al notario expedidor.

Ello tendrá lugar, especialmente, con relación a aquellos extremos que no consten motivados en el propio documento protocolar atributivo de competencia o que sean consecuencia de incidentes que hayan surgido durante la propia tramitación del certificado.

Especial transcendencia, tendrán los elementos probatorios de las circunstancias que determinan la aplicación de la ley correspondiente a la residencia habitual del causante al tiempo de su fallecimiento, o la ley a la que el causante tenía una vinculación más estrecha[1173]. Una y otra determinan una actuación valorativa que deberá motivarse en el propio certificado, como se sigue de los considerandos 23 a 25.

Evidentemente, en función de la naturaleza que se sostenga de la actividad de certificación, la necesidad de motivar la expedición del certificado tendrá uno u otro anclaje. Así, por ejemplo, para aquellos que consideran que la certificación es en realidad un juicio realizado por parte de la autoridad, se impone la motivación, por coherencia con el resto de principios procesales[1174].

vi. La finalización del expediente

El expediente puede concluir positivamente o negativamente. Una y otra pueden ser calificadas de resolución.

Sin embargo, la expedición del Certificado Sucesorio Europeo, normalmente habrá satisfecho los intereses del peticionario del mismo. Las actuaciones del notario expedidor, en el modelo que proponemos, habrán pasado a formar parte del expediente de certificación.

1173 En un sentido parecido, FERNÁNDEZ-TRESGUERRES GARCÍA, A.; *op. cit., Las sucesiones…*, p. 685 invita a formalizar un acta de acreditación (excluye deliberadamente la palabra “notoriedad”).

1174 Ver, en este sentido BARONE, R., *op. cit.*, p. 432.

Frente al supuesto normal, especialmente en caso de que la herencia no sea litigiosa, de expedición del certificado como modo natural de cierre del expediente, al que se incorporará el Certificado Sucesorio Europeo; se opone aquel otro en el que el certificado no se llega a expedir.

Ya hemos tenido ocasión de apuntar supuestos en los que el certificado no se expide conforme a lo inicialmente pedido. Serían los casos en los que es posible certificar sólo algunos extremos de la sucesión, pero no todo lo solicitado. Puede que, en ocasiones, no se pueda, si quiera, expedir el certificado sucesorio. En tales casos nos encontraremos no solo en los supuestos literales del artículo 67.1, también en aquellos otros que se apuntaron en el capítulo III al analizar dicho precepto, al que se hace remisión.

a) Resolución negativa a la expedición: motivación

Los supuestos de resolución negativa deberían ser pocos si la tramitación de la herencia se llevó a cabo de forma cuidadosa, concurrieron todos los interesados y se actuó de consuno.

A la inexistencia de denegaciones, como se explicó en su momento, incidirá cómo configure la ley aplicable a la sucesión el proceso hereditario, la naturaleza de las legítimas y el estatuto de la autoridad que sustanció la sucesión.

Sin embargo, como quedó apuntado, en ocasiones, se pueden poner de manifiesto durante la tramitación distintas incidencias que conlleven una resolución negativa.

Especial transcendencia tendrán los supuestos mencionados en el art. 67.1, pues, en la práctica, tanto la existencia de un recurso pendiente como la contrariedad a una resolución que afectara a los mismos extremos que se pretenden certificar, supondrán un revés a los intereses del peticionario.

Tales supuestos escapan al control del notario y del propio peticionario y se resuelven al margen del propio proceso de expedición.

Aunque la negativa a expedir el certificado en tales casos sea difícilmente cuestionable, no están cerradas las vías de improbable e hipotético recurso a la vista de lo dispuesto en el art. 72. Que, en la práctica, especialmente en el caso del art. 67.1.a), encontrarán su mejor tutela en el propio procedimiento en el que se estén cuestionando los extremos certificables.

En otras ocasiones, piénsese, como quedó dicho, en la falta de aportación del material probatorio requerido, las paralizaciones serán temporales, siempre que el peticionario tenga interés en impulsar el procedimiento.

En todos los supuestos, el notario expedidor, deberá ser cauteloso y proceder a dictar una resolución denegatoria de la expedición, la cual podrá ser recurrida, en los términos del artículo 72 y con los efectos del art. 73. En el régimen del Reglamento, sin perjuicio de la natural interlocución notarial, lo que no cabe son negativas oficiosas a la expedición, al menos, si se tiene interés en eludir responsabilidad por parte del expedidor, pues el interesado debe tener abierta la tutela que le dispensa la posibilidad de recurrir.

b) Posibilidad de reiterar solicitudes ante otros notarios

La resolución que desestima la petición del interesado en punto a la expedición del Certificado Sucesorio Europeo, pese a que no sea recurrida, y aunque lo fuera, si el recurso es desestimado, no produce efectos de cosa juzgada. Como sabemos, la cosa juzgada sólo se predica respecto de determinadas resoluciones judiciales. Consiguientemente, cabe la posibilidad de que la petición de expedición del Certificado Sucesorio Europeo se reitere posteriormente.

Puede suceder que se hayan removido los obstáculos que impedían la expedición del Certificado Sucesorio Europeo y que determinaron la emisión de la resolución negativa; o, por ejemplo, que se haya obtenido el material probatorio que, en su día, no se pudo aportar. Intentar la obtención de un nuevo certificado parece algo razonable y plausible. También es posible que se trate de obtener el Certificado Sucesorio Europeo acudiendo, si las reglas atributivas de competencia lo permiten, a otro posible expedidor más laxo o que no esté prevenido de los motivos que impidieron la expedición. Se intentaría, con ello, buscar una resolución favorable burlando la negativa del primer notario o expedidor competente requerido.

Evidentemente, en el caso de que se reitere la solicitud ante el mismo notario, sin haberse alterado las circunstancias, el notario requerido tendrá fácil desestimar la petición, con referencia al carácter reiterativo y la ausencia de cambio de tales circunstancias. Sin embargo, la pluralidad de títulos notariales atributivos de competencia tiene el efecto pernicioso de que ante la negativa de un notario a expedir el Certificado Sucesorio Europeo se intente la expedición en otro notario distinto.

En tales casos, *de lege lata* es difícil desincentivar esa práctica que, no puede calificarse de una virtud del sistema sino todo lo contrario. Se trata de una puerta abierta al filibusterismo procesal en manos de aquellos que buscan de forma abusiva el notario que más se acomode a sus aspiraciones.

En este contexto, razones de prudencia, deberían permitir al notario requerido oficiar al resto de notarios posibles competentes para que le remitiesen información sobre si se ha solicitado un Certificado Sucesorio Europeo, si se ha expedido, o, en caso de no haberse expedido, que pusiesen en su conocimiento las circunstancias del caso concreto. El límite se encontraría en el secreto de protocolo que, evidentemente, si no fuese suficiente para enervarlo el propio espíritu del Reglamento, tal pretensión se vería amparada por una autorización al notario requerido contenida en el expediente de expedición para recabar cualquier información sobre cualquier documento protocolar atributivo de competencia.

Por ello, se propone la siguiente cláusula en el expediente de expedición: *"El solicitante autoriza al notario requerido a obtener cualquier información sobre cualquier otra petición de expedición de Certificado Sucesorio Europeo realizada ante cualquier notario, tribunal o autoridad".*

Razones de prudencia, atendidas las circunstancias, llevarán al notario a solicitar o no tales extremos de los otros notarios posibles competentes, el curso será el de un oficio remitido electrónicamente, de acuerdo con los procedimientos normales notariales[1175].

Evidentemente, la obtención de la información referida podría afectar a la petición reitcrada; pues el notario últimamente requerido podría tomar en consideración lo resuelto anteriormente y darle el valor que estime oportuno. Ello no obstante, lo que aquí se propone es una medida de prudencia y diligencia, que no implica, necesariamente, que el notario últimamente requerido esté vinculado por las actuaciones realizadas por otros notarios, si bien, parece una medida conveniente motivar, en el nuevo expediente, por qué se expide el certificado en contra de una resolución negativa anterior.

c) Resolución positiva y expedición del certificado

Como hemos avanzado, el modo natural, o deseable, de concluir el expediente, si de facilitar la circulación de las herencias se trata, consiste en la expedición del Certificado Sucesorio Europeo.

1175 Se incluye modelo de oficio en el anexo.

En la expedición se habrá tenido en cuenta todo el material probatorio y comprobaciones que habrá hecho el notario requerido, en los términos del artículo 67.1 y, en el modelo que proponemos, será crucial la motivación de los aspectos controvertidos a certificar, en los términos que quedaron expuestos y que habrán quedado incorporados al expediente de expedición.

El Certificado Sucesorio Europeo tendrá el contenido que se relaciona en el artículo 68 y, en todo caso, deberá utilizar el formulario V del R(UE) 1329/2014. Se hace remisión, en este punto, al capítulo III en el que se analizó el formulario de expedición.

En el caso del notario español, tratándose de un documento que va a quedar incorporado al protocolo, deberá expedirse bien en papel timbrado de uso exclusivo notarial, bien procederse a reintegrar, en caso de expedirse en papel común, para dar cumplimiento a la normativa fiscal.

Para que el Certificado Sucesorio Europeo esté concluido, será necesaria, desde la perspectiva del expedidor notario español, que se proceda a la autorización[1176] del mismo.

La autorización conlleva la dación de fe notarial, que es inherente a la firma del notario, la cual se compone de signo, firma y rúbrica, que deberá ir acompañada del sello de la notaría. Teniendo en cuenta que el certificado se incorpora a la matriz y es un documento protocolar, en este, a diferencia de lo que sucede con la copia del certificado, no se pondrá el sello de seguridad del Consejo General del Notariado.

[1176] Define la autorización TAMAYO CLARES, M., *op. cit.*, p. 180, como: *"La autorización es la declaración solemne del notario en virtud de la cual da carácter formal de instrumento público al documento del que es autor, con lo que adquiere una categoría y eficacia especial, la de ser un documento público fehaciente por sí mismo"*.

Debe anticiparse que, en consideración a que el certificado sucesorio expedido queda incorporado al protocolo, su tratamiento será el mismo que el resto de documentos protocolares. La copia del Certificado Sucesorio Europeo, que se entrega al peticionario, tiene un tratamiento distinto que analizaremos en su momento.

En el modelo de trabajo propuesto, sin perjuicio de las actuaciones que se deben causar, posteriores a la expedición, de comunicación a interesados, comunicación al Registro General de Actos de Últimas Voluntades, y a la propia expedición de la copia, la parte principal, tras la tramitación del expediente, será la diligencia que produzca la incorporación del Certificado Sucesorio Europeo al acta[1177], aunque la LEC habla de "nota" (DF 26.14.2ª), al decir que *"se dejará constancia mediante nota en la matriz de la escritura que sustancie el acto o negocio, a la que se incorporará el original del certificado, entregándose copia auténtica al solicitante. Si no fuera posible la incorporación a la matriz, se relacionará, mediante nota, el acta posterior a la que deberá ser incorporado el original del certificado";* en realidad, en el sistema propuesto, como norma general, se incorporará al acta, mediante diligencia y se hará una nota de correlación en el documento protocolar atributivo.

Así las cosas, en el documento protocolar atributivo sólo deberían constar dos notas. La primera sería la relativa a la apertura del expediente de expedición, con referencia identificativa del acta correspondiente. La segunda sería la nota de cierre del expediente. Si se interpreta literalmente la ley, también deberían constar las notas que se causan como consecuencia de la resolución de un eventual recurso, aunque, habida consideración del carácter centralizador del expediente, parece que sólo en él deberían reflejarse tales actos procesales.

1177 Ver, en el anexo, el modelo correspondiente de diligencia.

Existe la posibilidad de que, como es usual en la práctica notarial, no quepa formular una diligencia y se tenga que aperturar un número nuevo de protocolo[1178] bajo el cual se realizará la incorporación del certificado expedido y se harán constar las diligencias que causen las actuaciones posteriores.

Como última cuestión, puede apuntarse que, en tanto en cuanto el Certificado Sucesorio Europeo no haya sido expedido, cabe que el interesado desista del mismo, si bien, tras la expedición, el certificado es irrevocable y no puede ser objeto de ningún tipo de desistimiento, sin perjuicio de los supuestos patológicos del art. 71[1179].

vii. Registro del Certificado Sucesorio Europeo

En distintas partes de este estudio hemos apuntado los problemas que conlleva la inexistencia de un Registro de Certificados Sucesorios Europeos. La creación de tal registro facilitaría el funcionamiento del instrumento de la Unión. Evitaría la existencia de certificados contradictorios e, incluso, facilitaría la circulación de las copias.

No obstante, ¿quiere esto decir que el notario expedidor del Certificado Sucesorio Europeo termine su misión con la expedición? ¿Es posible hacer algún tipo de actuación para paliar la inexistencia de tal Registro?

Nuestro propio ordenamiento jurídico nos ofrece una solución que he tenido la oportunidad de explorar en la práctica. Debemos partir de la existencia de nuestro Registro de actos de última voluntad.

1178 Ver, en el anexo, el modelo de acta.

1179 Ver, en el mismo sentido, KRESSE, B., *op. cit.*, p.714.

En el artículo 3 del anexo II del Reglamento notarial, que regula el Registro de últimas voluntades, se establece: "*En el Registro general se tomará razón: a) De los testamentos abiertos, de la autorización del acta de otorgamiento y protocolización de los cerrados o sus respectivas revocaciones de las donaciones mortis causa y, en general, de todo acto relativo a la expresión o modificación de la última voluntad autorizado por Notario de la Península e islas adyacentes, posesiones del Norte de África y demás territorios de soberanía nacional; por Cura párroco, en los puntos en que por ley, fuero o costumbre tenga esta facultad, o por Agente diplomático o consular de España en el extranjero. b) De los testamentos ológrafos, si los otorgantes lo desean y lo hacen constar por medio de acta notarial, en que se expresen la fecha y lugar de su otorgamiento y las demás circunstancias personales expresadas en el artículo siguiente. c) De la protocolización de los testamentos ológrafos y de los abiertos otorgados sin autorización de Notario, de los testamentos otorgados por militares con arreglo a los artículos 716 y 717 del Código Civil y de los otorgados en viaje marítimo. d) Las personas que, residiendo o hallándose accidentalmente en el extranjero, otorgaren testamento ante funcionario del país en que se halle, podrán hacer constar el hecho de este otorgamiento ante el Agente diplomático o consular de España, suscribiendo un acta en la que constará su nombre y apellidos, estado, nombre y apellidos del cónyuge, si fuere casado o viudo, naturaleza y vecindad, nombre de los padres, nombre y apellidos del funcionario que haya autorizado el acto, población en que tenga lugar, fecha y clase del instrumento. El representante diplomático y consular de España, dará referencia de dichas actas, con transcripción de todos sus datos, al Registro general de actos de última voluntad. e) De las ejecutorias que afecten a la validez o nulidad de los testamentos y demás actos de última voluntad*".

De dicho precepto se extraen dos líneas de fuerza. La primera, se trata de un Registro omnicomprensivo, en el fondo, se enumeran como documentos inscribibles todos aquellos que pueden servir de título sucesorio y, como ha quedado expuesto, el Certificado Sucesorio Europeo es título formal de la sucesión[1180]. El hecho de que el Certificado Sucesorio Europeo no aparezca mencionado trae causa de que no se ha adaptado la norma reglamentaria, lo cual no quiere decir que no se pueda inscribir en tal Registro.

La segunda línea de fuerza se encuentra en la letra a) del precepto, que hace referencia a todas las actuaciones notariales vinculadas con la formación del título sucesorio, que acceden al Registro.

Si se interpreta teleológicamente el anexo II, que regula el Registro de Últimas Voluntades, con él se trata de evitar que se ejecute indebida o erróneamente una sucesión, como consecuencia de no haberse tomado en consideración un título sucesorio. Los mismos problemas se pueden generar si se expide un certificado sucesorio contradictorio.

Todo ello permite concluir que la expedición del Certificado Sucesorio Europeo es susceptible de ser reflejada en tal Registro. Incluso, se podría hacer constar el inicio de la tramitación o la conclusión del expediente de expedición sin emisión del certificado, pues son cuestiones que deben ser tenidas en cuenta, como se tienen en cuenta los inicios de tramitación de declaraciones de herederos *abintestato,* cursando el oportuno parte, al que se refiere el art. 209 bis. 3 RN.

Siguiendo esos razonamientos, en mi ejercicio profesional he procedido a remitir parte de la expedición del Certificado Sucesorio Europeo al Registro General de Actos de Última Voluntad, para lo cual, además, en el propio requerimiento inicial, consta una petición expresa, por los requirentes, en tal sentido. Debe tenerse en cuenta que a ellos mismos interesa que nadie cuestione su certificado sucesorio obtenido, con lo que están más protegidos si se cercenan las posibilidades de dualidad de expediciones relativas a una misma sucesión.

1180 Ver, en este sentido, art. 14 LH.

Puede que por estos argumentos o, tal vez, por casualidad, la realidad es que han sido anotados todos los partes de certificados sucesorios europeo por mi expedidos, que he remitido. Lo cual he verificado, obteniendo posteriormente el correspondiente certificado de últimas voluntades, de dicho certificado destaco los particulares que relaciono seguidamente.

En primer lugar, la expedición del certificado se ha reflejado en el parte como un acto otorgado ante mi, en mi residencia, y que se califica como "Certificado Sucesorio Europeo (otras modalidades)".

En segundo lugar, que no ha sido obstáculo que el acto se haya autorizado con posterioridad a la fecha del fallecimiento, como tampoco lo es en el resto de las actuaciones que acceden al Registro, con posterioridad al fallecimiento del causante, pensemos, por ejemplo, en la protocolización de testamentos ológrafos.

Consiguientemente, a la vista de lo anterior, el notario que expida el Certificado Sucesorio Europeo debería proceder a remitir el correspondiente parte al Registro general de actos de última voluntad[1181]. Al menos mientras no haya instrucción en contrario o no se cree un Registro específico. Del mismo modo, la consulta de este registro, en los términos expuestos, abrirá, de una forma real, todas las posibilidades que se pusieron de manifiesto al hablar de la posibilidad de reiterar requerimientos de expedición ante otros notarios.

1181 Se postula REINHARTZ, B., en BERGQUIST, U. *et al.*, *EU Regulation on Succession and Wills;* ed. Otto Schimidt, Colonia 2015, p. 250, en todo caso, a favor de la publicidad interna, pues de esta manera se da a conocer la expedición y se posibilita, en su caso, anular lo contradictorio.

En cualquier caso, se propone, preventivamente, en tanto en cuanto recaigan las adaptaciones normativas oportunas, la inserción de la siguiente cláusula en el acta de expedición que se presenta en este trabajo: *"Advierto y consienten, los requirentes, que remita el resultado del proceso de expedición al Registro General de Actos de Última Voluntad o, en su caso, al Registro que se cree a tal fin, del certificado sucesorio expedido o, en su caso, de cualquier particular relativo al proceso de expedición, incluso cuando sea suspendido, que sea susceptible de ello con arreglo a la normativa vigente, tal como podría ser la autorización del resultado de este requerimiento".*

viii. Puesta en conocimiento del cierre del expediente (art. 67.2)

Expedido el certificado deberá procederse a informar de la expedición del certificado a los beneficiarios de la sucesión. Deben traerse, aquí, en punto a dicho proceso de información, todas las consideraciones expuestas al analizar en el capítulo III el art. 67.2. No obstante, desde un punto de vista práctico de la oficina notarial, puede suceder que a la solicitud del certificado hayan concurrido todos los interesados, personalmente.

En tales supuestos, parece razonable que la retirada del certificado implique la puesta en conocimiento de su expedición. Sin perjuicio de ello, razones de prudencia, aconsejan insertar en la solicitud, en caso de haberse hecho a través de la propia acta y al margen del formulario, una cláusula del siguiente tenor: *"A los efectos del art. 67.2 los peticionarios admiten que la retirada del certificado por cualquiera de ellos implique el cumplimiento de los deberes de información por parte del notario requerido".*

Del mismo modo, puede que la solicitud se hiciese por representante, en el propio proceso de petición, el propio representante podrá haber suscrito una cláusula equivalente o, en caso de no haberlo hecho, podrá asumir la obligación de comunicación. Parece, razonable entender que el notario expedidor habrá cumplido, igualmente, de este modo, los deberes de información que le impone el art. 67.2[1182].

Puede, por último, que la información deba trasladarse a una persona que, siendo beneficiaria, no fue peticionaria del certificado, en tales casos, debe tenerse en cuenta que, previamente, ya se le comunicó el proceso de expedición, a tenor de lo dispuesto en el artículo 66.4. El resultado de esas comunicaciones previas será determinante para que el notario expedidor realice de una u otra manera la puesta en conocimiento del artículo 67.2.

Como ya se indicó, al analizar el artículo 67.2, aunque no está regulado, parece conveniente que se comunique, en el caso de beneficiarios no peticionarios, tanto la expedición como el archivo de las diligencias y, consiguientemente, previsible resultado negativo a la expedición.

En este último caso, debe tenerse en cuenta que si se reabriese el expediente y se hubiese comunicado el archivo del mismo, debería procederse a reiterar las medidas de información previstas en el artículo 66.4[1183].

ix. Expedición notarial de copias del CSE

Se hace remisión en este punto, desde una perspectiva general, a lo expuesto en el capítulo III sobre el régimen de las copias previstas en el Reglamento. Aquí, en cambio, nos vamos a centrar en las especialidades que tiene la expedición de la copia, desde la perspectiva notarial, tomando en consideración el modelo de trabajo que se propone en este desarrollo.

1182 Ver modelos de escritos de información en el anexo.

1183 Ver modelo en el anexo.

La primera cuestión que se pone de relieve es que debe disociarse la copia del expediente de expedición de la copia del Certificado Sucesorio Europeo. Es posible obtener una copia del expediente de expedición, total, que comprenderá el propio Certificado Sucesorio Europeo expedido, o parcial, que comprenderá sólo los particulares previos a la expedición.

La copia del expediente de expedición podrá ser tanto autorizada como simple[1184]. Estas copias no revisten particularidades frente al resto de copias de documentos notariales. Sin embargo, aunque la copia del expediente de expedición lleve incorporado el Certificado Sucesorio Europeo, ésta no será la copia del Certificado Sucesorio Europeo, llamada a circular.

En efecto, lo que circula por el territorio de la Unión es la copia autorizada del Certificado Sucesorio Europeo. Estas copias, en atención a la finalidad del Reglamento, tienen un contenido y formato típico que no debe alterarse por el expedidor.

Como norma de actuación, el expedidor debe tener en cuenta que las únicas especialidades que caben en la copia autorizada del Certificado Sucesorio Europeo son las que vienen impuestas por las especialidades formales, externamente visibles, de la legislación interna del expedidor.

Así, en nuestro caso, las copias autorizadas del Certificado Sucesorio Europeo deberán llevar autorización notarial completa[1185]. Además, deberá emplearse, como sucede en el resto de documentos notariales, papel timbrado y, parece conveniente, deberán rubricarse todas las hojas del certificado. Por último, como sucede con el resto de copias de documentos notariales, se sellarán con el sello de la notaría todas las hojas y, al final, se pondrá el sello de seguridad del Consejo General del

---

1184 Ver art. 224 RN.

1185 Se hace remisión en este punto a lo tratado al hablar de la expedición del Certificado Sucesorio Europeo.

Notariado. Cabe plantearse si es necesario hacer constar los números de los folios de papel timbrado, como sí que sucede en las copias de documentos notariales. Teniendo en cuenta que el empleo del papel timbrado es algo excepcional en el resto de la Unión, parece conveniente, que no se haga mención de tal numeración. Numerar los folios tiene por finalidad evitar que se manipule la copia autorizada. Sin embargo, el legislador de la Unión, parece quedar satisfecho con el sistema de relacionar en el cierre lo no cumplimentado. Añadir los números de los folios, puede que generase confusión en la autoridad no española receptora del certificado, por lo que se desaconseja introducir este contenido atípico. Ello no es obstáculo, y parece conveniente, para que en la nota de expedición se reseñen los folios en los que se expidió el Certificado Sucesorio Europeo, de esta manera se facilita un control, en caso de manipulación de la copia expedida.

Como contrapartida, parece conveniente, utilizar un sistema de sellado de la copia del certificado que evite o haga evidente su manipulación. Pensemos en aquellos casos en los que se casan los folios sellando ambos o se pone un sello de seguridad de forma que cosa todo el certificado.

El fin natural del expediente de expedición del Certificado Sucesorio Europeo se encuentra en la cumplimentación del certificado y, coetáneamente, expedición de la copia para su entrega al interesado.

Aunque conceptualmente es posible disociar la expedición del certificado de la cumplimentación y entrega de la copia, no parece que esté llamada esta posibilidad a convertirse en un supuesto normal.

Lo habitual será que el interesado tenga prisa en tener en su poder la copia para perseguir la finalidad para la que solicitó el certificado. Pensemos que en el Estado en el que se pretendiese utilizar el certificado también existirán unos plazos que el interesado pretenderá cumplir.

Desde el punto de vista de la legislación notarial española, la solicitud del Certificado Sucesorio Europeo implica la solicitud de su copia, así se desprende del art. 249.1 RN, al decir: *"Las copias deberán ser libradas por los notarios en el plazo más breve posible, dando preferencia a las más urgentes. En todo caso, deberá expedirse en los cinco días hábiles posteriores a la autorización"*.

En la práctica, por consiguiente, lo normal será que la copia del Certificado Sucesorio Europeo lleve la misma fecha que la de la expedición del propio certificado.

Cabe, no obstante, la posibilidad de que al peticionario del Certificado Sucesorio Europeo le interese disociar la expedición del certificado de la de su copia, posponiendo ésta a un momento posterior. Y todo ello alcanza su sentido sobre la base del plazo de caducidad de seis meses de la copia expedida (art. 70.3). Así, es posible y válido que al interesado le convenga posponer la expedición de la copia al momento en el que la vaya a utilizar, habiendo solicitado de forma anticipada el certificado para evitar los problemas que pueden surgir durante su expedición.

En estos casos, para evitar el juego de la norma supletoria del art. 249.1 RN, referido anteriormente, el interesado deberá haber hecho constar tal ruego en el requerimiento inicial, para lo cual se propone el siguiente texto: *"He advertido al interesado que expediré copia del Certificado Sucesorio Europeo, para entregársela, coetáneamente a la expedición del certificado, ante lo cual desiste de la misma y me manifiesta que formulará su petición en el futuro en la fecha que le convenga"*, el cual sustituirá al que aparece en el modelo general, del siguiente tenor: *"He advertido al interesado que expediré copia del Certificado Sucesorio Europeo, para entregársela, coetáneamente a la expedición del certificado y reitera su solicitud de la misma"*.

El art. 70.2 impone al expedidor, en este caso, el notario, la obligación de conservar una lista de las personas a quienes se entregaron copias auténticas. Tal finalidad viene cumplida con la nota de expedición que se pone en todo instrumento público protocolar al expedir la copia (cfr. 244 RN).

En punto a la expedición de copias del Certificado Sucesorio Europeo, lo dicho hasta ahora se incardinaría estrictamente en el sistema previsto en el Reglamento. Sin perjuicio de ello, a la vista del tercer inciso del considerando 72, conforme al cual, *"[...] los Estados miembros, de conformidad con sus normas nacionales sobre acceso del público a los documentos permitan que se difundan al público copias del certificado"*, podemos cuestionarnos sobre la viabilidad de copias simples y testimonios del Certificado Sucesorio Europeo.

Lo que ahora planteamos, no obstante, hace más referencia a manifestaciones formales de publicidad y conservación, por los interesados, del Certificado Sucesorio Europeo, antes que a una eventual ampliación de los posibles demandantes de la publicidad del mismo[1186].

Respecto a las copias simples, podemos apuntar, en tanto en cuanto el Certificado Sucesorio Europeo consta incorporado a un documento protocolar, se podrá obtener copia simple de todo el documento, al cual irá incorporado, también el Certificado Sucesorio Europeo, así se desprende del art. 224 RN.

La posibilidad de expedir una copia simple sólo del Certificado Sucesorio Europeo, sin incluir el resto del expediente de certificación, o el documento protocolar al que se encuentra incorporado, no está prevista ni en el Reglamento sucesorio ni en la legislación notarial española, por lo que no parece que

---

1186 Ya hemos tenido la posibilidad de apuntar en el capítulo III, al hablar de las copias del cetificado sucesorio europeo, que este inciso del cons. 70, abriría la puerta, por ejemplo, a todas las demandas de publicidad de documentos públicos que, en el marco de la legislación española, formulan las Administraciones públicas para dar cumplimiento a sus respectivos fines.

pueda exigirse al notario tal copia simple. Pensemos, por ejemplo, que la posibilidad de dar publicidad a los documentos unidos a una matriz, y, en este sentido, el Certificado Sucesorio Europeo lo es, tiene por cauce formal, en la legislación notarial española, el testimonio (art. 252.1 RN). Lo que también se desaconseja, pues supone abrir la puerta a contaminar el proceso de circulación del Certificado Sucesorio Europeo. Por lo que tampoco parece conveniente esa copia simple, si se ve desde la perspectiva de la finalidad del Reglamento. Propiciar la existencia de las mismas puede incrementar la complejidad de recepción por parte de autoridades de otros Estados, que pueden no tener clara la naturaleza de tal tipo de copias.

Respecto de la posibilidad de testimoniar un Certificado Sucesorio Europeo, podemos hacer las consideraciones que se exponen seguidamente.

Por un lado, debe acotarse el testimonio a aquel que se produce de la copia ya expedida del Certificado Sucesorio Europeo, no, en cambio, del propio certificado, protocolizado, pues para este tipo de publicidad está prevista la propia expedición de la copia auténtica del certificado. Así, en este sentido, el Reglamento Sucesorio, prevalece sobre la legislación interna de cada Estado miembro, de acuerdo con el sistema de fuentes de la Unión.

En cuanto al testimonio de la copia auténtica del Certificado Sucesorio Europeo, no parece haber especialidad respecto del resto de testimonios que puede expedir cualquier notario español, por lo que cualquier notario podrá testimoniar dicha copia auténtica del Certificado Sucesorio Europeo (art. 251 RN).

Ello no obstante, no podemos evitar hacer dos puntualizaciones respecto a este tipo de testimonio.

La primera, aunque sea posible la expedición de testimonios, no parece conveniente, pues se puede generar la apariencia de una copia auténtica cuando, en realidad, el receptor de un testimonio se encontraría ante una copia de copia. Es algo que cualquier notario español sabría diferenciar, sin embargo, el Certificado Sucesorio Europeo está pensado para circular por la Unión, por lo que, en cierto modo, la proliferación de certificados sucesorios europeos testimoniados produce un efecto pernicioso, al igual que acabamos de apuntar respecto a las copias simples.

La segunda consideración respecto de estos testimonios, necesariamente nos lleva a plantearnos su valor y, evidentemente, debemos dejar claro que el testimonio de un Certificado Sucesorio Europeo nunca tendría el valor de copia auténtica ni produciría sus efectos.

De lo anterior se excepciona el testimonio del certificado que puede librarse para incorporar, por ejemplo, a la matriz de la escritura de aceptación y partición de herencia, pues no se producen en él los riesgos que se pretenden evitar con la posición adoptada.

x. Los costes de expedición

Los costes de expedición del Certificado Sucesorio Europeo dependerán, como es lógico, aunque no predicable de todos los documentos notariales españoles, de la enjundia de la tarea de certificación. Se trata de una cuestión interna, como apunta FERNÁNDEZ-TRESGUERRES, A., habida cuenta de las estructuras de las autoridades designadas en cada país y sus sistemas de remuneración, no susceptibles de uniformización[1187].

1187 FERNÁNDEZ-TRESGUERRES GARCÍA, A.; *Las sucesiones "mortis causa" en Europa: aplicación del Reglamento (UE) nº 650/2012;* ed. Aranzadi, Cizur menor, 2016, pp. 608-609.

En el ámbito notarial debe tomarse consideración el RD 1426/1989, de 17 de noviembre, por el que se aprueba el Arancel de los Notarios. No nos parece adecuado asimilar el Certificado Sucesorio Europeo a un concreto documento notarial[1188], pues tampoco establece tales asimilaciones el arancel notarial, que sólo diferencia entre documentos sin cuantía y con cuantía.

En el modelo de expedición del Certificado Sucesorio Europeo que se propone deberá cobrarse un concepto, sin cuantía, del acta de expedición, como ordena el número 1 del arancel. Nótese que los conceptos arancelarios de cuantía se habrán generado, en su caso, en la autorización de los documentos oportunos, especialmente, en la escritura de partición de herencia.

Puede que con ocasión de la expedición del Certificado Sucesorio Europeo se hayan tenido que formalizar documentos accesorios, por ejemplo, una *interpellatio in iure*, tales documentos serán independientes en su minutación. Además del concepto de acta, deberán minutarse las distintas diligencias que se hayan ocasionado, en el marco del número 5 del arancel.

La propia expedición del certificado tiene la naturaleza de un testimonio en relación, por lo que, además, de lo anterior se minutará el testimonio en relación, tomando en consideración los documentos que hayan servido de base para la certificación. La copia auténtica del certificado, se minutará con el número 4 del arancel notarial como copia autorizada.

Por último, si, como parece aconsejable, se expide copia del expediente de certificación, deberá generarse el correspondiente

---

[1188] Tal asimilación, en este caso a las actas de notoriedad para la declaración de herederos *abintestato*, de una forma más intuitiva que fundamentada, la hace CARRIÓN GARCÍA DE PARADA, P., *op. cit.*, p. 136.

concepto de copia autorizada del acta de expedición, también bajo el número 4 del arancel notarial. Como conceptos extra arancelarios deben incluirse todas las actuaciones de gestión que se hayan encomendado o haya tenido que realizar el notario requerido.

Se cobrarán, por último, todos los suplidos que haya tenido que hacer el notario requerido para la expedición del Certificado Sucesorio Europeo, como los gastos de correos, obtención de documentos que tenían que tomarse como base para certificación, tales como certificados de últimas voluntades, copias autorizadas requeridas a otros notarios y cualesquiera otros.

Será posible la solicitud de provisión de fondos en los términos que permite la norma octava, apartado segundo del Arancel. La minuta estará sujeta al resto de requisitos formales de expedición, comunes al resto de minutas notariales, incluida la posibilidad de ser recurrida.

Desde el punto de vista fiscal, más allá de las repercusiones que tiene el empleo del papel timbrado, no está sujeto a tributación. Piénsese que, si por ejemplo, lo expide notario español, sobre la base de una partición de herencia documentada en España, esos documentos ya habrán tenido sus repercusiones fiscales. Consiguientemente, estaríamos ante un dudoso supuesto de doble imposición[1189].

1189 No obstante, apunta MARCOZ, C. A., *op. cit.*, "The European Certificate…", p. 497, que cada Estado miembro podrá someterlo a tributación, con arreglo a su propia normativa.

6. PATOLOGÍAS DEL CERTIFICADO: RECTIFICACIÓN DE ERRORES, MODIFICACIÓN Y ANULACIÓN

a. Subsanación del certificado en los supuestos de error

Como se apuntó en el capítulo III, puede suceder que un certificado sucesorio expedido, pese a las cautelas tomadas por el notario expedidor, contenga errores. Ello puede generar graves problemas, a la vista de los fuertes efectos que el Reglamento atribuye al certificado y que potencian la circulación de la herencia certificada, entre los distintos Estados miembros.

Es posible que los errores, sin más frustren o impidan la circulación de la herencia. Piénsese, por ejemplo, en el caso en el que se haya reflejado mal el nombre del causante. En tales supuestos, cuando se pretenda invocar el certificado frente a alguien, aquel a quien se alegue negará su eficacia por la falta de concordancia entre el causante certificado y el causante real. En este caso, se producirá un perjuicio dilatorio, el cual podría ser grave cuando existan plazos perentorios.

En otras ocasiones, los errores harán que el certificado sea inexacto y produzca efectos contrarios a los que corresponderían a la sucesión certificada. Pensemos, por ejemplo, en el supuesto en el que se certifica como heredero a quien no lo es. En este caso, el certificado erróneo puede conllevar graves consecuencias, al desplegar unos efectos legitimadores en beneficio de personas que no eran favorecidas en la sucesión y en perjuicio de quien sí lo hubiera sido.

No faltarán ocasiones en las que los errores consistan en imprecisiones o insuficiencia de lo certificado, pensemos, por ejemplo, en aquellos casos en los que no se han certificado suficientemente, o de forma clara, las facultades de los herederos, albaceas o ejecutores testamentarios.

Puede que dichos errores se detecten por el notario expedidor, expedido el certificado, pero antes de haber sido expedida la copia o antes de haberse entregado ésta al interesado. En este caso, el supuesto tendrá escasa transcendencia, pues la no circulación del Certificado Sucesorio Europeo habrá impedido que se generen perjuicios. El notario expedidor, como veremos en breve, tendrá el control del certificado y fácilmente evitará los inconvenientes que llevan aparejados tales errores.

Téngase en cuenta que puede que el Certificado Sucesorio Europeo ya esté en fase de circulación, al haberse entregado la copia expedida al interesado. En tales supuestos, a su vez, puede que el notario expedidor detecte el error, pero, lo normal, será que el propio interesado, bien al contrastar el certificado, bien al presentarlo en el tráfico, sea el que detecte los errores.

Al respecto debe retenerse que el interesado tiene en su poder no el Certificado Sucesorio Europeo, sino su copia auténtica, que es lo que se le entrega y, además, lo que en la práctica está llamado a circular. La copia auténtica, como se expuso en el capítulo III, es el vehículo formal de circulación del Certificado Sucesorio Europeo.

Por tal motivo, no parece impertinente plantearse, como se apuntó en el capítulo III, que los errores puestos de manifiesto pueden encontrarse en el Certificado Sucesorio Europeo expedido y, consiguientemente, haberse volcado en la copia entregada al interesado, ante la concordancia que debe haber entre una y otro. En otras ocasiones, tales errores pueden haberse generado al transcribir en la copia auténtica el Certificado Sucesorio Europeo expedido.

Así, al igual que sucede en el resto de los documentos notariales, los errores pueden estar en la matriz del certificado, y haberse arrastrado necesariamente a su copia. Pero también pueden encontrarse, dichos errores, sólo en la copia, por una mala labor de transcripción.

La actuación del notario expedidor para subsanar los errores será distinta en uno y otro supuesto. En aquellos casos en los que se hayan producido errores de transcripción en la copia de un certificado correctamente expedido, bastará confrontar la copia con la matriz.

Sin embargo, la labor será más compleja en aquellos otros supuestos en los que los errores se hayan generado en el propio certificado y desde él se hayan arrastrado a su copia. En efecto, en tales casos, el notario expedidor deberá analizar el certificado expedido. Puede que los errores sean fácilmente subsanables como consecuencia de confrontar el certificado con los documentos que han servido de base a la expedición. También puede que la subsanación sea más compleja si los errores se encontraban en los documentos que sirvieron para utilizar.

Pensemos, por ejemplo, en relación a este último tipo de errores, en aquellos supuestos en los que se expidió un certificado de últimas voluntades impreciso y se certificó tomando en consideración un título sucesorio que realmente no plasmaba la última voluntad del causante. Pensemos, también, en esta misma línea, en aquellos casos en los que aparece un título sucesorio desconocido o se desconocía la existencia de algún heredero, como sucedería, por ejemplo, en los casos de preterición.

La regulación española de implementación del Certificado Sucesorio Europeo, no contiene previsión respecto a la subsanación de los errores en el certificado o en su copia, por lo que habrá que aplicar, hasta donde ésta lo permita, la legislación notarial y resto de normas internas que definen el estatuto del notario para este tipo de actuaciones.

El primero de los preceptos que deben tomar en consideración, paradójicamente, se encuentra fuera de la legislación notarial. Nos estamos refiriendo al art. 22 LH, conforme al cual: *"El Notario que cometiere alguna omisión que impida inscribir el acto o contrato, conforme a lo dispuesto en el artículo anterior, la subsanará extendiendo a su costa una nueva escritura, si fuere posible, e indemnizando, en su caso, a los interesados de los perjuicios que les ocasione su falta".*

El citado artículo regula la responsabilidad notarial, y deja claro que debe procederse a subsanar el error, si bien, debe tenerse en cuenta que la indemnización de perjuicios a que alude solo procede en aquellos supuestos en los que sea consecuencia de una mala *praxis*, en este caso, por el expedidor. No otra cosa se colige de la expresión ligada a la indemnización de perjuicios a los interesados, que les ocasione la *"falta"* cometida por el notario.

Tenga o no responsabilidad el notario expedidor, en función de la naturaleza y causa del error, la imputación de responsabilidad no debe dilatar la subsanación del defecto. El notario, en todo caso, deberá facilitar la rectificación del error, pues, aunque no hubiera sido responsable por la expedición, si podría serlo por la dilación en la subsanación.

En segundo lugar, habría que traer a colación, en este caso, respecto a la forma de hacer la subsanación, el art. 153 RN, que establece: *"Los errores materiales, las omisiones y los defectos de forma padecidos en los documentos notariales inter vivos podrán ser subsanados por el Notario autorizante, su sustituto o sucesor en el protocolo, por propia iniciativa o a instancia de la parte que los hubiera originado o sufrido. Sólo el Notario autorizante podrá subsanar la falta de expresión en el documento de sus juicios de identidad o de capacidad o de otros aspectos de su propia actividad en la autorización. Para realizar la subsanación se atenderá al contexto del documento autorizado y a los inmediatamente anteriores y siguientes, a las escrituras y otros documentos públicos que se tuvieron en cuenta para la autorización y a los que prueben fehacientemente hechos o actos consignados en el documento defectuoso. El Notario autorizante podrá tener en cuenta, además, los juicios por él formulados y los hechos por él percibidos en el acto del otorgamiento. La subsanación podrá hacerse por diligencia en la propia escritura matriz o por medio de acta notarial en las que se hará constar el error, la omisión, o el defecto de forma, su causa y la declaración que lo subsane. La diligencia subsanatoria extendida antes de la expedición de ninguna copia no precisará ser trasladada en éstas, bastando trascribir la matriz conforme a su redacción rectificada. En caso de hacerse por acta se dejará constancia de ésta en la escritura subsanada en todo caso y en las copias anteriores que se exhiban al Notario. Cuando sea imposible realizar la subsanación en la forma anteriormente prevista, se requerirá para efectuarla el consentimiento de los otorgantes o una resolución judicial".*

La primera cuestión que debe destacarse, al estar proscrita la subsanación de documentos *mortis causa*[1190], es que el Certificado Sucesorio Europeo no es un documento *mortis causa*, aunque su objeto sea una sucesión. Precisamente, se trata de un documento *post mortem*, que podrá recoger la última voluntad, y sus efectos, pero de una sucesión ya causada, así como también distintos aspectos de la misma, que tienen la consideración de actos inter vivos, como sería, por ejemplo, la partición hereditaria.

Consiguientemente, parece que puede subsumirse el Certificado Sucesorio Europeo dentro del ámbito del artículo 153 RN y los cauces de subsanación que en él se prevén. Por tal motivo, el notario español puede y debe subsanar de oficio todos aquellos errores que resulten del simple hecho de confrontar el certificado expedido con los documentos que han servido de antecedente al mismo.

Por los mismos motivos, tratándose de actuaciones que quedan al margen de la voluntad y disposición del peticionario del certificado y resto de interesados, podrá subsanar de oficio todas aquellas actuaciones unilaterales que haya realizado el notario.

[1190] Para subsanar un testamento debe procederse al otorgamiento de uno nuevo.

Dentro de este último ámbito se encontrarán toda la actividad valorativa que puede haber sido necesaria para expedir el certificado, en los términos expuestos en el capítulo III.

Igualmente, podrá subsanar la omisión de una notificación e, incluso, el hecho de no haber tenido en cuenta un documento público, por ejemplo, un testamento posterior no relacionado en el certificado de últimas voluntades que, en realidad, era el título sucesorio, en detrimento del considerado.

Lo que no podrá subsanar es el contenido de los documentos que sirvieron de base para certificar, salvo cuando lo autorice su legislación. Pensemos, por ejemplo, que el notario podrá subsanar la escritura de partición, que él autorizó, cuando sea posible con arreglo a la legislación notarial. En cambio, no podrá el notario expedidor, sea o no autorizante, subsanar el testamento que ordenaba la sucesión certificada.

Antes de haberse expedido la copia del Certificado Sucesorio Europeo, como es usual, procederá a redactar la correspondiente diligencia, que incorporará al expediente de certificación que aquí se propone, en la que constará la subsanación del certificado y las vicisitudes relativas al proceso de subsanación. Expedida la diligencia, lo más correcto parece cumplimentar un nuevo certificado e incorporarlo al expediente, haciendo constar en la referida diligencia que sustituye al anterior.

Si actúa de oficio, el notario, hará constar en la diligencia, la fórmula "por mi y ante mi", no siendo necesario, por consiguiente, la firma del interesado.

Puede suceder que el procedimiento de subsanación se impulse por el interesado, en tales casos deberá cursar la oportuna solicitud al notario expedidor. Si se trata de subsanar un error material o que resulte de contrastar el certificado con los documentos aportados, el notario podrá pedir que se formule la correspondiente petición formal. Sin embargo, como sucede con el resto de documentos protocolares, en este punto, es frecuente comunicar oficiosamente el error a la oficina notarial y que se produzca la rectificación, por motivos de economía procesal. En tales casos, el notario expedidor, dejará en el expediente propuesto, el rastro que considere oportuno y la motivación de la subsanación, en el marco que se ha comentado anteriormente.

Puede que los errores no se encuentren en el certificado, sino en la copia expedida, al haberse trasladado defectuosamente alguno de los extremos certificados.

En los casos de errores en copia, con las debidas adaptaciones, parece aplicable el art. 243 RN, conforme al cual: *"Las copias en soporte papel no podrán contener interpolaciones, tachaduras, raspaduras o enmiendas, ni siquiera en su pie o suscripción. Cuando fueran advertidos errores u omisiones, se subsanarán mediante diligencia posterior autorizada de igual modo que la copia haciendo constar, además, por nota al margen de ésta, la rectificación".*

Si bien, como ha quedado expuesto en determinados puntos de este trabajo, no siendo oportuna la existencia de anexos y diligencias en las copias, parece que lo más conveniente es proceder a la expedición de una nueva copia con retirada de la anterior.

Sorprende, por último, que, a diferencia de lo que se hace en sede de recurso judicial, donde la DF 26ª.17.3ª establece: *"En todo caso, deberá constar en la matriz de la escritura que sustancie el acto o negocio y en la del acta de protocolización del Certificado Sucesorio Europeo emitido, nota de la rectificación, modificación o anulación realizadas, así como de la interposición del recurso y de la resolución judicial recaída en el mismo"*, nada se diga cuando las actuaciones equivalentes las haga el notario sin llegar a ser necesaria la interposición de recurso.

En tales casos, lógicamente, se deberán causar unas actuaciones equivalentes. Así, el notario procederá a hacer constar en la matriz atributiva de competencia la actuación causada, por imperativo legal. Pues, respecto a la misma debería bastar la nota de correlación con la matriz del acta de expediente de expedición que proponemos. En el acta de expediente de expedición, en cambio, sería donde sí deberían constar todas esas actuaciones causadas y reflejarse la realidad final del Certificado Sucesorio Europeo[1191].

b. Modificación del certificado sin existir errores

Como se puso de manifiesto en el capítulo III, es posible que, expedido el certificado, interese realizar una ampliación de su contenido, sin acudir a iniciar un proceso de certificación.

En tales casos, no se ve obstáculo, sobre la base de lo expuesto al analizar el art. 71, a la posibilidad de que el interesado solicite la modificación del certificado para que sean tenidos en consideración extremos que no se reflejaron, por no haberse solicitado inicialmente, en el certificado expedido de forma correcta.

En estos supuestos, deberá procederse a presentar la oportuna solicitud, para lo cual no parece pertinente utilizar el anexo IV. En efecto, puede que la modificación se pretenda por el mismo interesado, pero también es posible que la solicite otra persona beneficiaria que no concurrió inicialmente al proceso de solicitud.

Cuando esto suceda, se podrá formular la solicitud con una diligencia al acta inicial, por iguales cauces procedimentales que quedaron expuestos para presentar la solicitud inicial.

Como quedó dicho, el expedidor, el notario, deberá proceder a adaptar y adoptar las previsiones oportunas para que se tomen en consideración las cautelas necesarias expuestas a fin

---

1191 Ver en el anexo los modelos correspondientes.

de que la modificación tenga las mismas garantías que se prevén para la propia expedición del certificado, especialmente, en lo relativo a las puestas en conocimiento de los interesados cuando deba haber lugar a ello.

Sin embargo, en estos supuestos, tales interesados ya habrán sido notificados y el proceso de notificación será más sencillo, a la vista de las amplias facultades que se conceden al expedidor en los arts. 66.4 ó 67.2.

Al igual que se ha expuesto en el apartado anterior, cualquier actuación posterior que altere el certificado emitido, deberá reflejarse en el expediente. Se hace remisión, en este punto, a lo referido en dicho apartado.

c. La existencia de copias no coincidentes

En el estado ideal de cosas arraigado en la mente del legislador, el Certificado Sucesorio Europeo correctamente expedido, con el vehículo de su copia, circularía sin problemas.

Ahora bien, por distintos motivos, pueden surgir errores en su expedición, que causen la modificación del certificado. También, como quedó dicho, es posible que el certificado sea modificado pese a no existir errores. En estos casos, el notario que controla el proceso será el mismo.

La existencia de un registro electrónico de certificados sucesorios europeos expedidos facilitaría notablemente el proceso de modificación, cualquiera que sea su causa, así como la circulación de las copias del certificado, especialmente cuando ha acaecido alguna de las patologías expuestas.

Ante la falta de Registro y, al margen de los supuestos de dualidad de certificados expedidos por distintas autoridades, relativos a una misma sucesión, que no proscribe el Reglamento, parece que el notario expedidor debe hacer inteligible a aquel ante quien se pretenda hacer valer una copia auténtica del Certificado Sucesorio Europeo, la recepción de esta, en el caso de haber distintas copias relativas a una misma sucesión.

Nótese que es posible que una misma persona reciba dos copias de un Certificado Sucesorio Europeo, que estas sean contradictorias o que una modifique, ampliando, la anterior.

En estos casos, ya quedó dicho en el capítulo III al hablar de las copias y de la rectificación del certificado, que en el pie de copia se debería haber insertado el correspondiente campo, que cabía la posibilidad, de que el expedidor hiciese las aclaraciones oportunas, si bien, en tales casos, ello podría hacer compleja la labor del receptor de interpretar el contenido de tales aclaraciones.

Por ello no parece una mala praxis que en el expediente de expedición se cause una diligencia explicando la relación entre las copias y que se entregue al interesado un testimonio de dicha diligencia. Habrá supuestos en los que una copia deba sustituir a la otra. Sin embargo, en otras ocasiones, ambas copias serán compatibles[1192].

El testimonio de la diligencia referida se tratará de un documento expedido en el marco del Reglamento y, por consiguiente, estará dispensado de apostilla para ser presentado en otro Estado miembro. El receptor podrá, no obstante, pedir la oportuna traducción.

Evidentemente, no es una solución legislada ni la mejor, pero ante el silencio normativo, parece conveniente para disipar cualquier duda que se ponga de manifiesto en la circulación del certificado, en tanto en cuanto no se produzca la deseable actualización del Reglamento y de sus formularios.

[1192] Existen modelos en el anexo.

7. RECURSOS Y SUSPENSIÓN DE EFECTOS

En la regulación de esta materia, a salvo el hecho de que el legislador español en la DF 26, reglas 16 y 17, relativas al "recurso" y a "los efectos del recurso", respectivamente, se limita a introducir, para aclarar el Reglamento, en ejercicio de sus competencias internas, que el recurso contra las decisiones notariales se formula *"ante el juez de Primera Instancia del lugar de residencia oficial del notario, y se sustanciará por los trámites del juicio verbal"*.

El resto de la regulación, como, por desgracia, viene a siendo habitual al desarrollar los Reglamentos de la Unión, se limita a calcar la regulación de los artículos 72 y 73. Por lo que deben tenerse en cuenta las consideraciones expuestas en el capítulo III al analizar tales preceptos.

La posición del legislador español es criticable, pues incluso, ha mantenido la alternativa de procedimientos de subsanación que, por respeto a los distintos Estados miembros, permite el Reglamento; pero que no debería ser extrapolable a una legislación interna de desarrollo, o, al menos, no debería trasladarse sin la más mínima aclaración, diferenciación o justificación.

En efecto, así como el Reglamento, en el art. 72.2 y 3 prevé, ante los diferentes supuestos patológicos, en caso de ser estimada la pretensión del interesado, dispone que *"el órgano judicial competente expedirá el certificado o garantizará que la autoridad emisora lo rectifique, modifique o anule"* (art. 72.2 res) o *"vuelva a examinar el caso y tome una nueva decisión"* (art. 72.3), la misma dualidad mantienen las reglas 17.1 y 17.2 DF 26ª.

Ello generará una práctica dispar en función del juzgado que conozca al que, sorprendentemente no impone la obligación de notificar al notario el resultado del recurso, aunque, sin embargo, sí impone al notario expedidor que se constate en la matriz la resolución judicial recaída en el mismo (DF 26ª.17.3ª).

Es lógico que el resultado del recurso se plasme en la matriz, y, tal vez, en la mente del legislador, subyazca la idea de que el propio notario sea el que subsane el certificado a la vista del pronunciamiento judicial, sin embargo, el legislador mantiene la alternativa.

En la práctica, lo deseable, teniendo en cuenta que el proceso de expedición se centraliza en la notaría, sería que volviese el certificado a la sede notarial para la correspondiente subsanación, imponiendo la obligación de comunicar el Juez al Notario y habiendo establecido unos plazos cortos para la expedición del certificado ya subsanado, como no podría ser de otro modo, teniendo en cuenta que, en este caso, el notario no tendría responsabilidad al no poder entrar a valorar la resolución judicial, como sucede en el resto de casos análogos de nuestro sistema, no solo en sede notarial, también registral.

También es posible que el recurso se desestime. Por tal motivo, debería haberse regulado la obligación del juez de oficiar al notario la desestimación del recurso y consiguiente confirmación de su decisión, lo cual no se ha hecho y debe ser criticado.

Con poco rigor, la LEC, en la DF 26.17.3ª impone, a pesar de lo dicho, al notario una serie de actuaciones, al decir: *"En todo caso, deberá constar en la matriz de la escritura que sustancie el acto o negocio y en la del acta de protocolización del Certificado Sucesorio Europeo emitido, nota de la rectificación, modificación o anulación realizadas, así como de la interposición del recurso y de la resolución judicial recaída en el mismo"*.

Como se ha dicho anteriormente, al hablar del cierre normal por el notario, bastaría, especialmente en estos casos patológicos, que tales actos procesales se reflejasen solo en el acta del expediente de expedición, no en ésta y en la matriz protocolar atributiva de competencia.

Difícilmente podrá el notario hacer constar tales actuaciones, faltando la obligación de notificar al notario, por parte del Juez, como quedó dicho. Y, menos aún, podrá el notario dejar constancia de la *"rectificación, modificación o anulación realizadas"*, si no conoce el contenido de las mismas. Lo correcto y normal será que el Notario vuelva a expedir el Certificado Sucesorio Europeo en el marco de lo decidido judicialmente. En tales supuestos se causará una nueva diligencia de incorporación y en el acta de expediente de expedición aparecerá el certificado inicialmente expedido y el certificado resultante de la rectificación, que, en tales casos, será el único eficaz. Evidentemente, en caso de anulación sólo se haría constar tal circunstancia, lo que implicaría la ineficacia del certificado que se expidió, pero no habría un nuevo certificado salvo que se ordene o, en su caso, solicite, una nueva expedición, tomando en consideración la nueva situación procesalmente determinada.

Para el resto de las cuestiones que se plantean en relación al recurso y suspensión de efectos, debe tenerse en cuenta lo expuesto en el capítulo III, al que se hace remisión.

8. RECEPCIÓN DE CSE EXTRANJERO POR NOTARIO ESPAÑOL

El presente capítulo, hasta ahora, se ha centrado en las vicisitudes del Certificado Sucesorio Europeo cuando corresponde su expedición al notario español. Desde el punto de vista de la práctica notarial española, la expedición del Certificado Sucesorio Europeo parece formalmente la parte más relevante de la actuación del notario al entrar en relación con el R(UE) 650/2012.

En efecto, en el resto de cuestiones, a salvo el peso que tiene la función del notario español, a la hora de planificar la sucesión y, especialmente, al asesorar al potencial causante en la selección de la Ley aplicable, de entre las que le brinda el catálogo de leyes potencialmente reguladoras de una sucesión, en los términos del art. 21 y 22, la actuación del notario no dista mucho del resto de operadores jurídicos que entran en relación con una herencia con elemento internacional.

Sin embargo, la expedición del Certificado Sucesorio Europeo, en el ámbito de España, es una competencia reservada a los notarios, en concurrencia con los jueces, sin perjuicio del carácter residual que está llamado a tener el ejercicio de esa competencia por los tribunales, en los términos puestos de manifiesto al hablar de este tema en la parte inicial de este capítulo.

Ahora bien, no debe olvidarse que el Certificado Sucesorio Europeo, como se ha puesto de manifiesto en el capítulo III, está llamado a ser el vehículo para que las herencias circulen por el territorio de la Unión.

En consideración a que, de acuerdo con el diseño del legislador español, es habitual que las sucesiones se sustancien en las notarías con la correspondiente autorización de la escritura de partición de herencia, no será infrecuente la recepción de tales certificados en la oficina notarial para ser empleados a tal fin.

a. El CSE expedido en el extranjero como título de la sucesión hereditaria

El punto de partida, a efectos prácticos, se encuentra, necesariamente, en el párrafo primero del art. 14 LH, introducido por la LCJI, al decir: *"El título de la sucesión hereditaria, a los efectos del Registro, es el testamento, el contrato sucesorio, el acta de notoriedad para la declaración de herederos abintestato y la declaración administrativa de heredero abintestato a favor del Estado, así como, en su caso, el Certificado Sucesorio Europeo al que se refiere el capítulo VI del Reglamento (UE) n.º 650/2012"*[1193].

1193 Ver sobre el concepto de título de la sucesión hereditaria, el análisis, anterior al R(UE) 650/2012 que del art. 14 LH hacen ROCA SASTRE

En esta materia, debe tenerse en cuenta que, aunque el notario está llamado a sustanciar todas las herencias, existan o no bienes inmuebles, en la práctica, es habitual que la actuación notarial se circunscriba a las herencias en cuya masa hereditaria existen bienes inmuebles y, especialmente, si éstos están sitos en España.

Por tal motivo, la cita del art. 14 LH resulta ineludible, pues la escritura de partición de herencia, con vocación de ser inscrita en el Registro de la Propiedad español, en cumplimiento del principio de titulación pública, contenido en el art. 3 LH, será la puerta de entrada del Certificado Sucesorio Europeo, expedido en el extranjero, en el quehacer habitual de los notarios españoles.

Así, la primera función que está llamada a cumplir el Certificado Sucesorio Europeo es la de ser título sucesorio a los efectos de autorizar las escrituras de aceptación, partición hereditaria, entrega de legados, ejecución de herencia y cualesquiera otras en las que se pongan de manifiesto o deban ser invocadas cuestiones hereditarias.

Tal función es congruente, además, con lo que se establece en el art. 63, en cuanto a la finalidad del certificado y en el artículo 62. De este último precepto, debe destacarse la paridad entre el Certificado Sucesorio Europeo y documentos internos con fines similares y el carácter no obligatorio para los interesados pero de aceptación ineludibles para las autoridades ante quienes se pretenda utilizar.

Consiguientemente, los extremos que consten acreditados en el Certificado Sucesorio Europeo gozarán del régimen privilegiado de los mismos y su presentación excusará

R. M. y ROCA-SASTRE MUNCUNILL L. en *Derecho Hipotecario,* 8ª ed. Ed. Bosch, Barcelona 1997, tomo V, pp. 647 y ss. y la crítica, al mismo, en las pp. 423 y ss del tomo I

al interesado de presentar certificados de defunción, últimas voluntades, con la salvedad que se verá al hablar de la inscripción en el Registro de la Propiedad, testamentos, contratos sucesorios, actas de notoriedad de declaración de herederos y cualesquiera otros documentos que sean antecedente del otorgamiento de una de las escrituras de las clases referidas y que aparezcan certificados.

b. Control del CSE extranjero por el notario español

i. Viabilidad de control notarial

En la mente del legislador de la Unión parece subyacer la idea de que por la sola existencia de la regulación el Certificado Sucesorio Europeo, éste, circulará de forma eficaz y sin problemas. Sin embargo, como se ha puesto de manifiesto en el desarrollo, la labor de expedición es compleja.

En efecto, a la propia complejidad del proceso de expedición, en consideración a las cautelas que ha de tomar el tribunal o autoridad requerido se suma el problema práctico, no previsto por el legislador del Reglamento, de ensamblar el proceso de expedición previsto en el texto de la Unión con las distintas legislaciones internas.

En el Certificado Sucesorio Europeo converge la regulación de la Unión con las distintas legislaciones internas. La legislación de los distintos Estados miembros se puede plantear a dos niveles.

El primero de esos niveles sería el de las regulaciones específicas de desarrollo que, en su caso, se hayan generado para implementar el Reglamento en los distintos Estados miembros.

El segundo nivel que puede plantearse en la práctica sería, como sucede en España, el relativo al estatuto jurídico de la autoridad expedidora. Así, por ejemplo, en España se tiene en cuenta, para la expedición del Certificado Sucesorio Europeo, además del Reglamento 650/2012, la DF 26ª LEC y, en el caso de los notarios, la legislación notarial, que también resulta aplicable.

Esa disparidad normativa, como se ha apuntado en este trabajo, puede propiciar y propicia, ante la falta de un desarrollo general uniforme para todos los Estados miembros, que los certificados sucesorios europeos se presenten con aditamentos o añadidos que podrían tener anclaje con el estatuto jurídico interno de la autoridad expedidora pero que enturbian la función del certificado.

En efecto, el receptor del certificado, como se defiende en este trabajo, se debería enfrentar a un formulario cumplimentado que no tenga ni más ni menos de lo que pide el Reglamento. Sin embargo, los expedidores, de buena fe, con un exceso de celo, dificultan la finalidad de circulación del formulario reglamentado, al añadir especificidades propias que luego deben ser descifradas por el receptor del certificado.

Añadir al formulario cosas no reguladas en el Reglamento Sucesorio podrá restar la eficacia de circulación en aquellos supuestos en que lo añadido genere confusión o no se conozca por el receptor del certificado.

Así, no está de más recordar, en este punto, que el formulario V es de uso obligatorio y debería proscribirse, de manera expresa, que se ampliase o alterase su estructura con el pretexto de dar cumplimiento a requerimientos de una eventual legislación interna que no están armonizados en el propio modelo de la Unión.

Por tal motivo, en distintas partes de este trabajo, se ha propuesto que, al margen del formulario, se puedan aportar documentos explicativos, expedidos por la autoridad expedidora, de aquellas cuestiones que pudieran generar confusión en la recepción[1194].

El Certificado Sucesorio Europeo expedido, en nuestro caso, por autoridad o tribunal extranjera tiene, al igual que el expedido por notario o tribunal español, vocación de circulación por el territorio de la Unión, en los términos que proclama el art. 62, 63 y 69, con los efectos que en tales preceptos se proclaman.

Sin embargo, debemos plantearnos, si puede el notario español, al igual que el resto de las autoridades, proceder a cuestionar el Certificado Sucesorio Europeo recibido, cuando se ha expedido en el extranjero.

La respuesta debe ser necesariamente afirmativa. En efecto, centrándonos en el ámbito notarial, recepcionar un Certificado Sucesorio Europeo implica una labor de control por parte del notario ante el que se invoque.

El control que aquí se propone que tiene que hacer el notario puede ser tanto formal como material.

ii. Control formal

El Certificado Sucesorio Europeo, conforme al art. 74, es un documento expedido en el marco del Reglamento y está dispensado de apostilla[1195]. Sin embargo, a la hora de recepcionar un Certificado Sucesorio Europeo expedido en el extranjero este debe, externamente, respetar unos mínimos que deben ser controlados.

1194 Ver al respecto el apartado relativo a la existencia de copias contradictorias del certificado.

1195 Ya he tenido ocasión de plantearme y pronunciarme sobre la supresión generalizada de la apostilla y su conveniencia, ver, en este sentido RIPOLL SOLER, A., *op. cit.* “La UE como factor…”, p. 158.

El primer control formal será el relativo al propio empleo del formulario V del R(UE) 1329/2014, por sorprendente que pueda parecer, en ocasiones se presentan simulacros de Certificado Sucesorio Europeo al margen del modelo oficial.

En este mismo sentido, como se ha insistido, añadir, eliminar o modificar partes del formulario, puede dar lugar a que sea cuestionado el empleo del propio modelo, por lo que, en tales supuestos, el notario deberá rechazar tales documentos, al no ajustarse o desviarse del modelo reglamentado.

En segundo lugar, aunque se haya empleado el formulario, lo que se presente al notario, por los motivos expuestos, debe ser un documento íntegro. La integridad debe y puede predicarse en un doble sentido.

Por un lado, deben haberse cumplimentado las casillas que prevé el formulario para lograr tal finalidad, concretamente, en la parte final, aquellos huecos en los que consta: *"Los siguientes puntos no se han rellenado por no considerarse pertinentes para el fin para el que se ha expedido el certificado"*; y, *"En caso de adjuntarse hojas adicionales, indíquese el número total de páginas"*[1196].

Por otro lado, no deben aparecer, en el documento presentado, indicios que hagan dudar de la autenticidad del certificado o que lleven, al notario receptor, a cuestionarse si el documento ha sido alterado. En este sentido, se recuerda la solución propuesta de coser de algún modo el certificado, a fin de que, externamente se presente como un documento que no ha sido alterado[1197].

1196 Al respecto, se hace remisión al capítulo III, donde ha sido tratada esta cuestión.

1197 Ver, en este mismo capítulo y en el anterior, las soluciones propuestas al respecto.

iii. Control material

También hemos apuntado la posibilidad de que el notario español ejerza un control material sobre el Certificado Sucesorio Europeo expedido en el extranjero y que se pretenda utilizar invocándolo frente a él.

Este control debería ser residual, pues los documentos públicos expedidos en el extranjero deberían gozar de una presunción de legalidad. Sin embargo, en ocasiones, puede que el certificado que se pretenda utilizar esté manifiestamente mal expedido, piénsese en el caso de que el fallecimiento del causante haya acaecido antes del 17 de agosto de 2015.

Habrá casos que los defectos sean evidentes y resulten del propio certificado. Pensemos, por ejemplo, en aquellos supuestos en los que exista incongruencia entre alguno de los extremos del certificado. Resulta significativo, en estos casos, la existencia de posibles defectos de competencia. Piénsese en aquellos casos en los que se declare la residencia última del causante en la casilla 6.8.3 en un país y se diga que se aplica la residencia habitual como punto de conexión y se declara otro país distinto para señalar la *lex successionis*, en la casilla 8.1, ambas del formulario V o, incluso, que la autoridad expedidora tiene su residencia en un Estado diferente y así se ha hecho constar en la casilla 1 del formulario V.

También es posible que, al notario, como sucede en la práctica, no se le presente sólo el certificado sino también los documentos que sirvieron al fin de expedir el certificado. En tales casos, no cabe que el notario español proceda a realizar una actividad calificadora de los juicios emitidos, en su caso, por el expedidor. Sin embargo, sí parece que podría poner de manifiesto los errores o incongruencias que resulten evidentes a la vista de tales documentos[1198].

[1198] Se hace remisión, en este punto, a lo expuesto al hablar de los efectos del Certificado Sucesorio Europeo, en el capítulo III.

Por lo que presentar tales documentos puede ser un arma de doble filo, pues, aunque pueden ser útiles, pueden dar lugar a que el certificado sea cuestionado. De ahí la conveniencia del expediente de certificación, que puede servir para aclarar esas discordancias.

En cualquier caso, la inadmisión de un Certificado Sucesorio Europeo, que goza de presunción de validez, deberá motivarse, pues podría ser generadora de responsabilidad.

iv. Actuaciones del notario español al detectar errores en el certificado

Si bien es cierto que el notario ante el que se emplee un certificado, en principio, queda amparado por los efectos legitimadores que éste despliega a la vista del art. 69, debe llamarse la atención sobre el hecho de que tal precepto enerva los efectos del certificado cuando el receptor conoce que el certificado *"no responde a la realidad o no tenga conocimiento de ello por negligencia grave"* (art. 69.2 y 69. 3). Cierto es que tal norma parece dirigida preliminarmente a las personas obligadas a hacer los pagos o entregar bienes o a los adquirentes de bienes hereditarios. Sin embargo, con mayor motivo se le deberá exigir al notario ante el que se invoque un certificado el mismo deber de diligencia, cuando no uno superior.

No obstante, lo anterior, el notario no está obligado a revisar el certificado más allá de lo referido anteriormente.

Llegado el caso de que el certificado adolezca de alguno de los defectos referidos anteriormente, parece plausible que el notario pueda emprender una de las dos vías que se relatan a continuación, a fin de que quede subsanado el defecto.

La primera de ellas es poner de manifiesto el error al particular que le presentó el certificado, para que éste se dirija al expedidor y proceda a realizar la rectificación, modificación o anulación del certificado, en los términos del artículo 71.

La segunda opción, consistiría en contactar directamente con el expedidor, por cualquiera de los mecanismos de cooperación jurídica internacional, a fin de que éste, de oficio, inicie, cuando ello sea posible, la rectificación o modificación del certificado. Esta opción, en principio, puede que sea la más rápida inicialmente, pues, en la práctica, al interesado le desborda el hecho de que se le haga volver al expedidor a fin de subsanar unos defectos que el propio interesado desconoce.

En este último supuesto, la negativa del expedidor a subsanar el certificado, no parece que legitime al notario español a interponer el recurso, pues parece que tales actuaciones quedan fuera de su estatuto jurídico. En tales casos, debería proceder a ponerse en conocimiento del interesado para que sea éste el que inste, nuevamente la rectificación y, en su caso, el recurso correspondiente[1199].

c. El Certificado Sucesorio Europeo y el Registro de la propiedad

Se ha considerado oportuno introducir este subapartado como cierre de las actuaciones relativas al CSE expedido en el extranjero realizadas por notario español, en tanto en cuanto, no es infrecuente que, en la práctica, se acuda a la notaría con un certificado más o menos completo y se pregunte al notario

---

[1199] Estas posibilidades también las defiende LARA AGUADO, Á., "Claves del Reglamento (UE) 650/2012 a la luz de la jurisprudencia del TJUE: de la especialización a la (in)coherencia a través del mito del principio de unidad y las calificaciones autónomas unívocas", en *Revista Electrónica de Estudios Internacionales (REEI)*, nº 39, junio 2020, cuando trata de hablar de un concepto, no recogido en el Reglamento, de "denegación del certificado", ver, al respecto, pp. 50-51.

sobre qué fin darle a los efectos de obtener, en última instancia, la ejecución de la herencia internacional en España con la consiguiente inscripción, de los bienes sitos en nuestro país, en el Registro de la Propiedad español.

No debe olvidarse que, normalmente, con la inscripción de los bienes en el Registro de la Propiedad español, con independencia del valor que se de a la misma, se entiende socialmente agotado el proceso de transmisión hereditaria de los bienes.

En este punto, debe recordarse que la calidad, cuidado y diligencia con la que se haya expedido el Certificado Sucesorio Europeo, en el extranjero, como sucederá a la inversa, en caso de expedición por notario español, respecto de bienes sitos allende nuestras fronteras, incidirá en los efectos que pueda desplegar dicho Certificado Sucesorio Europeo en España y, en particular, respecto de la inscripción en el Registro de la propiedad.

En efecto, cuanto más perfecto sea el certificado presentado, menos serán los trámites complementarios que deban realizarse en España. Así, debe tenerse en cuenta el art. 69.5, que establece: *"El certificado será un título válido para la inscripción de la adquisición hereditaria en el registro competente de un Estado miembro, sin perjuicio de lo dispuesto en el artículo 1, apartado 2, letras k) y l)"*.

Del mismo modo, deben traerse, respectivamente, a colación, las letras k) y l del art. 1.2, según las cuales: *"Quedarán excluidos del ámbito de aplicación del presente Reglamento: [...] k) la naturaleza de los derechos reales, y; l) cualquier inscripción de derechos sobre bienes muebles o inmuebles en un registro, incluidos los requisitos legales para la práctica de los asientos, y los efectos de la inscripción o de la omisión de inscripción de tales derechos en el mismo"*.

Así pues, de tales preceptos se sigue, en principio, que el Certificado Sucesorio Europeo, expedido en el extranjero, es inscribible en el Registro de la propiedad español, y el principio de titulación pública se salva por el hecho de que, en principio, la competencia para expedir el certificado lleva aparejado que estemos ante un documento público, que es, formalmente, la naturaleza que tiene el propio certificado.

Evidentemente, la posibilidad de inscribir el Certificado Sucesorio Europeo aparecerá vinculada al contenido que el certificado tenga en el caso concreto. Así, en este sentido, propone BENDITO CAÑIZARES la diferenciación entre certificados particionales y no particionales[1200]. No obstante, que el certificado pueda asumir contenido particional, no implica que sea, en sí, por sí solo, un documento particional, si no consta, documentada la partición hereditaria, previamente, bien, por un negocio contractual, entre los interesados en la sucesión, bien porque el testador hizo en su testamento la partición[1201].

Por eso, se puede afirmar, ni el Reglamento ni, en nuestro caso, la legislación interna española, ampara que, si el certificado es íntegro y contiene todas las menciones exigidas por la legislación hipotecaria, el Registrador pueda pedir la escritura de partición[1202].

1200 BENDITO CAÑIZARES, M. T.; "Comienza la apuesta europea por la armonización en las sucesiones transfronterizas", en *Revista Crítica de Derecho Inmobiliario,* julio-agosto 2015, núm. 750, pp. 2017-2089, p. 2060.

1201 A esta misma conclusión llega DÍAZ FRAILE, J. M.; "El Certificado Sucesorio Europeo. Espacial referencia a sus efectos y a su condición de título inscribible en el Registro de la Propiedad"; en *Boletín del Colegio de Registradores de España;* num. 31, julio 2016, pp. 765-779, p. 772 quien, con acierto señala que *"es muy dudoso que el certificado pueda incluir como contenido autónomo y propio las manifestaciones de voluntad integrantes del contrato sobre partición de la herencia, contrato que tiene como presupuesto el título sucesorio, pero que es también distinto de él".* Y es que, entendemos, en el certificado no hay declaraciones de voluntad, sólo verdades oficiales desprendidas de otros documentos.

1202 En este sentido, ver LARA AGUADO, Á., *op. cit.*, "Claves del Reglamento…", p. 52. En contra, DÍAZ FRAILE, J. M.; "El Certificado

Tampoco podrá requerirse al interesado, por el Registrador, que aporte las declaraciones de herederos ni los testamentos, si estos, como es habitual en la práctica, aparecen embebidos en el propio certificado[1203].

Puede suceder que el expedidor del certificado no haya llegado a cumplimentar en el propio certificado toda la información que requiere la legislación hipotecaria española, para conseguir la inscripción. Igualmente, cabe la posibilidad de que el certificado no se acompañe de los documentos pertinentes o que sea necesarios consentimientos añadidos. En tales casos, será posible emplear el certificado complementado, en mayor o menor medida, con una escritura pública autorizada por notario español que lo tome en consideración.

La posibilidad de inscribir la transmisión hereditaria, por consiguiente, deriva del propio Reglamento[1204], sin perjuicio de que, actualmente, la Dirección General de Seguridad Jurídica y Fe Pública, ya lo ha admitido en aquellos casos en los

---

Sucesorio Europeo. Especial referencia a sus efectos y a su condición de título inscribible en el Registro de la Propiedad"; en *Boletín del Colegio de Registradores de España;* num. 31, julio 2016, pp. 765-779, p. 771.

1203 En contra, *ibidem,* p. 773.

1204 Se postula, rotundamente, a favor de la inscripción directa, sin aportar otros documentos nacionales, JIMÉNEZ GALLEGO, C.; *op. cit.*, p.365, siempre que del mismo resulte la aceptación y, en caso de ser varios herederos, las adjudicaciones. Todo ello, sin perjuicio de la posibilidad de completar el certificado, sin necesidad de rectificarlo, con la información que se precise para el acceso registral. Pensemos, por ejemplo, ampliación de descripciones, datos registrales, referencias catastrales, sin ánimo exhaustivo. En el ámbito registral, también se postula a favor de la inscripción directa LÓPEZ FERNÁNDEZ, J.; "El certificado de Heredero: Acceso al Registro de la Propiedad", en *Revista Jurídica de la Región de Murcia,* nº 50, Murcia 2016, pp. 138-154, p. 150.

que el autorizante del documento extranjero cumpla funciones equivalentes al notario español[1205].

La calificación registral deberá ceñirse, en todo caso, a la estricta aplicación del Derecho hipotecario español y los principios que lo inspiran. El ámbito de aplicación nuestro el juego de nuestro Derecho interno registral empieza donde acaba el ámbito de aplicación del Reglamento Sucesorio y del instrumento que crea como vehículo de circulación de las sucesiones transfronterizas.

Por todo lo anterior, no compartimos concepciones, desde la óptica registral, que parecen no haber entendido que el Certificado Sucesorio Europeo, con sus aciertos y errores, supone un punto de inflexión y no puede ser tratado ni como un documento interno ni, tampoco, como si nada hubiera cambiado[1206].

1205 Ver RDGRN 07.02.2005 (TOL 599.884), anulada por SJPI de Santa Cruz de Tenerife de 09.03.2006, confirmada por SAP de Santa Cruz de Tenerife de 22.11.2006, igualmente confirmada por STS 19.06.2012 (BOE 26.11.2014), reiterada en RDGRN de 20.05.2005, anulada por SJPI de Alicante 05.07.2007, confirmada por SPA Alicante 02.03.2011, también confirmada por el TS; así como por RDGRN de 27.02.2014 (TOL 4.154.101), RDGRN 23.02.2015 (TOL 4.771.305), RDRN 05.03.2015 (TOL 4.787.042), RDGRN 06.03.2020 (TOL 8.007.777) y RDGRN 23.02.2022 (TOL 8.830.013).

1206 Es el enfoque que inspira, por ejemplo, los trabajos de DÍAZ FRAILE, J. M.; "El Certificado Sucesorio Europeo. Especial referencia a sus efectos y a su condición de título inscribible en el Registro de la Propiedad"; en *Boletín del Colegio de Registradores de España;* num. 31, julio 2016, pp. 765-779, y, del mismo autor, DÍAZ FRAILE, J. M.; "El Reglamento Sucesorio europeo: El principio de adaptación de los derechos reales y los límites impuestos por la *lex rei sitae*. Especial referencia al certificado sucesorio", en *Revista Crítica de Derecho Inmobiliario,* Enero-Febrero 2014, Núm. 741, pp. 67-111. Se hace remisión, en este punto, a lo que se expone al hablar de los efectos del Certificado Sucesorio Europeo en el capítulo III. En la misma línea, VALLE MUÑOZ, J. L., *op. cit.,* p. 326. También

La cuestión, pese a ser evidente su corto recorrido, estaba abierta hasta hace relativamente poco y motivó la siguiente cuestión prejudicial C-354/21, de 4 de junio de 2021, por la que se plantea al Tribunal "… *en el sentido de que no se oponen a las disposiciones legislativas del Estado miembro en el que está situado el bien inmueble conforme a las cuales únicamente puede inscribirse el derecho de propiedad en el registro de la propiedad sobre la base de un Certificado Sucesorio Europeo en el caso en que dicho certificado recoja todos los datos necesarios para la inscripción?*". El Tribunal ha dado respuesta en STJUE de 9 de marzo de 2023 (TOL 9.436.902), en virtud de la cual "*no se oponen a una normativa de un Estado miembro que establece que la solicitud de inscripción de un bien inmueble en el Registro de la Propiedad de ese Estado miembro puede denegarse cuando el único documento presentado en apoyo de esa solicitud es un Certificado Sucesorio Europeo que no identifica ese bien inmueble*". Por lo que, si se sigue el hilo argumental de la sentencia, de la misma, *a sensu contrario*, se desprende que el certificado sucesorio es título inscribible en el Registro de la Propiedad siempre que contenga las menciones y circunstancias previstas en la legislación registral del Estado miembro en el que se pretenda causar la inscripción.

Por consiguiente, para lograr la inscripción de una adquisición recogida en el Certificado Sucesorio Europeo podrá plantearse alguna de las siguientes situaciones. La primera, y más fácil, desde el punto de vista de la agilización que se pretende para el ciudadano, sería que el propio certificado contuviese todas las circunstancias necesarias para la inscripción. En tales casos, no podrá recaer calificación denegatoria

---

relativiza los efectos del Certificado Sucesorio Europeo en el ámbito registral, al parecer en defensa de unos intereses que no se justifican, GIMENO GÓMEZ LAFUENTE, J. L.; "El Certificado Sucesorio Europeo"; en *Revista Crítica de Derecho Inmobiliario*, Enero-Febrero 2014, Núm. 741, p. 138.

por el solo hecho de que el título presentado sea un Certificado Sucesorio Europeo. Puede, en cambio, como segunda situación, plantearse el caso de que en el certificado falten menciones previstas en la legislación hipotecaria. En tales supuestos, parece que lo conveniente será el otorgamiento de una escritura complementaria en el que, sobre la base del certificado, se incluyan las menciones que se obviaron en el certificado. En otras ocasiones, puede darse el caso, en tercer lugar, de que el Certificado Sucesorio Europeo se complete acompañando con algún documento público que pueda ser necesario para la inscripción.

Un problema que no será infrecuente y que no está bien resuelto por el Reglamento es el derivado de la necesidad de liquidar previamente el régimen económico matrimonial. Tendrá especial transcendencia en aquellos casos en los que se pretenda inscribir un bien adquirido constante matrimonio y que pertenezca a la sociedad conyugal del causante. En tales supuestos, la sola condición de heredero del cónyuge no le legitima para adjudicarse el bien, basándose en el certificado, sin concurrencia del resto de herederos. El supuesto ha sido abordado por la Dirección General en resolución de 31 de enero de 2024. El Centro directivo acierta en la solución pero yerra en la argumentación, pues, de forma poco precisa, parece desconocer la existencia de certificados sucesorios parciales y parece asimilar el certificado sucesorio europeo a las actas de herederos, cuando certifican una herencia intestada. Como ya ha quedado expuesto en el desarrollo, su naturaleza es totalmente diferente[1207].

Posteriormente, la DGSJyFP ha vuelto a plantearse la posibilidad de inscribir directamente el certificado sucesorio europeo sin previo otorgamiento de escritura de liquidación de

---

1207 Ver RDGSJyFP 31.01.2024 (TOL 9.902.952).

la sociedad de gananciales. Es el supuesto de la RDGSJyFP de 6 de junio de 2024 (TOL 10.075.885), que estima el recurso para propiciar la inscripción conjunta de dos certificados sucesorios que determinan la adjudicación de bienes gananciales a los únicos hijos del matrimonio por partes iguales. La resolución opta por una argumentación muy práctica que soslaya los problemas conceptuales de la arquitectura del certificado sucesorio europeo, que, como se ha puesto de relieve, no toma en consideración la necesaria coordinación con las normas de liquidación de los regímenes matrimoniales de corte comunitario. Por eso, buscando el efecto útil del R(UE) 650/2012, admite la inscripción de la transmisión hereditaria de bienes gananciales sin documentar la previa liquidación de la sociedad conyugal. Se trata de una resolución valiente, que, sin embargo, la misma proclama que puede no ser extrapolable a otros casos.

Hubiera sido deseable que la Dirección General, en este último caso, sentara una doctrina general, pero no se le puede pedir más de lo que puede dar, a la vista de la complejidad de la norma que ha sido objeto de estudio en este trabajo y cuyo funcionamiento y potencialidad se irá perfilando con el esfuerzo de los operadores jurídicos llamados a aplicarla.

Anexo

Formularios notariales

El presente trabajo estaría inconcluso si las conclusiones del estudio del Certificado Sucesorio Europeo y del modelo de actuación notarial propuesto no se plasmasen en unos formularios que recojan las distintas actuaciones documentales que han de formalizarse para la expedición del Certificado Sucesorio Europeo.

En la presentación de estos modelos se ha procurado seguir, en la medida de lo posible, el orden temporal con el que se pueden ir sucediendo los distintos hitos documentales. Esta forma de ordenación, además, es respetuosa, a nuestro juicio, con la propia sistemática del Reglamento, que transciende, en este punto, de los distintos formularios de desarrollo.

Así, entre la solicitud y la resolución que culmina con la expedición del Certificado Sucesorio Europeo se encuentran las distintas actuaciones que el expedidor debe llevar a cabo para poder general el certificado.

Estas actuaciones podrían ser consideradas como actos de ordenación del proceso de expedición.

En la presentación de estos modelos, por consiguiente, distinguirimos, cuatro grupos.

En un primer bloque se hará referencia a las distintas posibilidades de presentar la solicitud y de que quede incorporada al expediente notarial de expedición que proponemos.

Seguidamente, se hará referencia a los distintos actos que el notario debe realizar a fin de poner en conocimiento a los interesados lo que proceda, así como para solicitar la información que estime pertinente, incluso, con la posibilidad de que, en caso de no aportarse, se suspenda la actuación. En este bloque se encontrarán, por consiguiente, modelos de diligencias y notas, usando terminología notarial, pero también comunicaciones y edictos.

En un tercer bloque se plantearán formularios relativos a la conclusión del expediente, tanto si esta es negativa como si es positiva, con la subsiguiente expedición e incorporación del Certificado Sucesorio Europeo.

En cuarto lugar se presentarán los distintos modelos documentales que pueden generarse con ocasión de lo que hemos venido a llamar "patologías del certificado sucesorio".

Por último, se hará referencia a las actuaciones documentales que debe realizar el notario, en caso de que se interponga algún recurso.

MODELOS DE ACTAS DE EXPEDIENTE DE EXPEDICIÓN

Acta de expediente sin formulario de solicitud

Se trata de un modelo básico para cuando la solicitud es coetánea y subsiguiente a la autorización de la escritura de aceptación y partición de herencia.

«ACTA DE EXPEDIENTE DE EXPEDICIÓN DE CERTIFICADO SUCESORIO EUROPEO»

NÚMERO *.

En Alicante, a *.

Ante mí, ANTONIO RIPOLL SOLER, Notario de esta Capital y del Ilustre Colegio de Valencia.

==== C O M P A R E C E N ====

DON *, profesión, mayor de edad, estado civil*, vecino de * (CP*), provincia de *, con domicilio *, número *; provisto de Documento Nacional de Identidad y Número de Identificación Fiscal, según me acredita, *.

DOÑA *, profesión, mayor de edad, estado civil*, vecino de * (CP*), provincia de *, con domicilio *, número *; provista de Documento Nacional de Identidad y Número de Identificación Fiscal, según me acredita, *.

====INTERVIENEN====

En su propio nombre y derecho.

Tienen, a mi juicio, capacidad legal suficiente e interés legítimo para otorgar la presenta ACTA DE EXPEDIENTE DE EXPEDICIÓN DE CERTIFICADO SUCESORIO EUROPEO, y al efecto:

===EXPONEN[1208] ====

I.- Que por escritura autorizada por mí el día de hoy, número * de protocolo se ha sustanciado la sucesión y practicado las operaciones particionales de la herencia de su madre, DOÑA *, con *, de nacionalidad *, fallecida en *, de donde era vecina, el día *.

II.- Que los comparecientes manifiestan, como resulta del referido título atributivo de competencia, ser los únicos herederos de su madre, DOÑA * y que no existe ninguna circunstancia que contradiga los dispuesto en la escritura de adjudicación de herencia anterior, ni ningún otro beneficiario en la herencia.

III.- Que no hay en curso ningún litigio pendiente sobre cuestiones relativas a la citada sucesión.

[1208] En la exposición se manifiestan aquellas cuestiones que no necesariamente deben aparecer en la escritura de aceptación y partición de herencia y que, sin embargo, son exigidas por el Reglamento o por la lógica del proceso de expedición.

IV.- Que, a efectos de complementar sus datos personales, manifiesta Don * que su teléfono personal es el * y que designa como correo electrónico, a efectos de notificaciones por ese medio, el * correoelectronico@cse.com, y Doña * que su teléfono personal es el * y su dirección de correo electrónico correoelectronico@cse.com.

V.- Que no conocen la existencia de copropiedades entre la fallecida y ninguna otra persona, remitiéndose a lo dispuesto en el referido título atributivo de competencia.

VI.- Que, a fecha de fallecimiento, la causante no mantenía ninguna relación de convivencia con ninguna otra persona ni existen personas que pudieran tener derecho alguno en la sucesión por razón de relaciones conyugales, convivenciales o de pareja anterior de hecho o de derecho.

VII.- Me solicitan a mí, el Notario, como autoridad competente al efecto, la expedición de Certificado Sucesorio Europeo correspondiente a la causante DOÑA *, con la finalidad de *.

VIII.- A tales efectos se remiten al contenido del documento protocolar otorgado ante mí, el día de hoy, número * de orden, en el cual constan todos los datos necesarios, y apoderan a Doña *, con D.N.I. *, para completar y aportar los datos y documentos requeridos a efecto de llevar a término el presente expediente de expedición de Certificado Sucesorio Europeo.

IX.- Manifiestan no haber solicitado Certificado Sucesorio Europeo con anterioridad* (o * Manifiestan que este mismo certificado se ha instado anteriormente, sin éxito, ante el Notario Don *, el día *, bajo el número * de protocolo).

X.- No obstante lo anterior, los solicitantes autorizan al notario requerido a obtener cualquier información sobre cualquier otra petición de expedición de Certificado

Sucesorio Europeo realizada ante cualquier notario, tribunal o autoridad y, del mismo modo, autorizan a obtener copia de cualquier otro posible documento atributivo de competencia a los efectos que el notario requerido considere pertinentes.

ACEPTACIÓN DEL REQUERIMIENTO

Yo, el notario, siendo competente, de conformidad con lo dispuesto en los artículos 64 y 4 del R(UE) nº 650/2012, de 4 de julio; al ser España la última residencia[1209] de la causante al tiempo del fallecimiento; y teniendo competencia interna, de conformidad con lo dispuesto en la Ley de Enjuiciamiento Civil, al haber sustanciado la sucesión, como ha quedado expuesto y haciéndose remisión al referido instrumento, a los efectos de constatar los fundamentos de la competencia, en los términos que en él aparecen reseñados. Acepto el requerimiento que practicaré por medio de diligencia a la que incorporaré el certificado expedido.

Del mismo modo, hago constar que en el día de hoy procederé a poner nota en la matriz del documento protocolar atributivo.

Advierto y consienten, los requirentes, que remita el resultado del proceso de expedición al Registro General de Actos de Última Voluntad o, en su caso, al Registro que se cree a tal fin, del certificado sucesorio expedido o, en su caso, de cualquier particular relativo al proceso de expedición, incluso cuando sea suspendido, que sea susceptible de ello con arreglo a la normativa vigente, tal como podría ser la autorización del resultado de este requerimiento.

1209 Debe reseñarse el criterio atributivo de competencia.

He advertido al* a los* interesado*s que expediré copia del Certificado Sucesorio Europeo, para entregársela, coetáneamente a la expedición del certificado y reitera su solicitud de la misma[1210].

A los efectos del art. 67.2 R(UE) 650/2012 los peticionarios, en caso de ser varios, admiten que la retirada del certificado por cualquiera de ellos implique el cumplimiento de los deberes de información por parte del notario requerido

Los comparecientes prestan su consentimiento de acuerdo con lo dispuesto en la legislación de protección de datos a que los suyos personales objeto de este otorgamiento se incorporen a los ficheros informáticos existentes en la Notaría para la gestión documental que deba efectuarse de este instrumento.

Leo esta acta a los requirentes, renunciando a su derecho a hacerlo por sí mismos del que previamente les advertí y firmando conmigo.

De la identificación de los comparecientes por el medio supletorio al principio indicado y de todo lo demás consignado en este instrumento público extendido en * folios de papel timbrado de uso exclusivamente notarial, el presente, y los * posteriores correlativos en orden, de la misma serie, yo el Notario, Doy fe.

[1210] En su caso, atendiendo a la voluntad del peticionario, como quedó expuesto al hablar de la expedición notarial de la copia del certificado, este párrafo se podrá sustituir por el siguiente: “He advertido al interesado que expediré copia del Certificado Sucesorio Europeo, para entregársela, coetáneamente a la expedición del certificado, ante lo cual desiste de la misma y me manifiesta que formulará su petición en el futuro en la fecha que le convenga” y, a su vez, cabrá establecer una fecha determinada, lo cual es difícil inicialmente, salvo que el expediente esté totalmente conformado o, una fecha por relación a su terminación.

Acta de expediente de expedición de Certificado Sucesorio Europeo con formulario de solicitud y comparecencia del solicitante

«ACTA DE EXPEDIENTE DE EXPEDICIÓN DE CERTIFICADO SUCESORIO EUROPEO»

NÚMERO *.

En Alicante, a *.

Ante mí, ANTONIO RIPOLL SOLER, Notario de esta Capital y del Ilustre Colegio de Valencia.

==== C O M P A R E C E N ====

DON *, profesión, mayor de edad, estado civil*, vecino de * (CP*), provincia de *, con domicilio *, número *; provisto de Documento Nacional de Identidad y Número de Identificación Fiscal, según me acredita, *.

DOÑA *, profesión, mayor de edad, estado civil*, vecino de * (CP*), provincia de *, con domicilio *, número *; provista de Documento Nacional de Identidad y Número de Identificación Fiscal, según me acredita, *.

==== I N T E R V I E N E N ====

En su propio nombre y derecho.

Tienen, a mi juicio, capacidad legal suficiente e interés legítimo para otorgar la presenta ACTA DE EXPEDIENTE DE EXPEDICIÓN DE CERTIFICADO SUCESORIO EUROPEO, y al efecto:

=== E X P O N E N[1211] ====

[1211] En la exposición se manifiestan aquellas cuestiones que no necesariamente deben aparecer en la escritura de aceptación y partición de herencia y que, sin embargo, son exigidas por el Reglamento o por la lógica del proceso de expedición.

I.- Que los requirentes son herederos* legatarios con derecho directo a los bienes* albaceas* ejecutores testamentarios de la herencia de, DOÑA *, con *, de nacionalidad *, fallecida en *, de donde era vecina, el día *.

II.- Que consta en mi protocolo documento atributivo de competencia interna para la expedición de Certificado Sucesorio Europeo que identifican como escritura de *, autorizada por *, el día *, protocolo *.

III.- Me solicitan a mí, mediante formulario por ellos cumplimentado que me entregan e incorporo a este instrumento la expedición de Certificado Sucesorio Europeo, en los términos que en él constan y que queda incorporado a este instrumento.

IV.- Manifiestan no haber solicitado[1212] Certificado Sucesorio Europeo con anterioridad* (o * Manifiestan que este mismo certificado se ha instado anteriormente, sin éxito, ante el Notario Don *, el día *, bajo el número * de protocolo).

V.- No obstante lo anterior, los solicitantes autorizan[1213] al notario requerido a obtener cualquier información sobre cualquier otra petición de expedición de Certificado Sucesorio Europeo realizada ante cualquier notario, tribunal o autoridad y, del mismo modo, autorizan a obtener copia de cualquier otro posible documento atributivo de competencia a los efectos que el notario requerido considere pertinentes.

[1212] Tal manifestación no consta en el formulario de solicitud y se considera pertinente introducirla por lo motivos expuestos en el desarrollo.

[1213] La autorización para recabar información y obtener copias no consta en el formulario de solicitud y se considera pertinente introducirla por lo motivos expuestos en el desarrollo

ACEPTACIÓN DEL REQUERIMIENTO

Yo, el notario, siendo competente, de conformidad con lo dispuesto en los artículos 64 y 4 del R(UE) nº 650/2012, de 4 de julio; al ser España la última residencia[1214] de la causante al tiempo del fallecimiento; y teniendo competencia interna, de conformidad con lo dispuesto en la Ley de Enjuiciamiento Civil, al constar en mi protocolo el documento referido en la exposición, acepto el requerimiento que practicaré por medio de diligencia a la que incorporaré el certificado expedido.

Del mismo modo, hago constar que en el día de hoy procederé a poner nota en la matriz del documento protocolar atributivo.

Advierto y consienten, los requirentes, que remita el resultado del proceso de expedición al Registro General de Actos de Última Voluntad o, en su caso, al Registro que se cree a tal fin, del certificado sucesorio expedido o, en su caso, de cualquier particular relativo al proceso de expedición, incluso cuando sea suspendido, que sea susceptible de ello con arreglo a la normativa vigente, tal como podría ser la autorización del resultado de este requerimiento[1215].

He advertido al*a los interesado*s que expediré copia del Certificado Sucesorio Europeo, para entregársela, coetáneamente a la expedición del certificado y reitera su solicitud de la misma[1216].

1214 Debe reseñarse el criterio atributivo de competencia.

1215 Se estima conveniente insertar esta advertencia y consentimiento, a los efectos expuestos en el desarrollo.

1216 En su caso, atendiendo a la voluntad del peticionario, como quedó expuesto al hablar de la expedición notarial de la copia del certificado, este párrafo se podrá sustituir por el siguiente: "He advertido al interesado que expediré copia del Certificado Sucesorio Europeo, para entregársela, coetáneamente a la expedición del certificado, ante lo cual desiste de la misma y me manifiesta que formulará su

A los efectos del art. 67.2 los peticionarios, en caso de ser varios, admiten que la retirada del certificado por cualquiera de ellos implique el cumplimiento de los deberes de información por parte del notario requerido

Los comparecientes prestan su consentimiento de acuerdo con lo dispuesto en la legislación de protección de datos a que los suyos personales objeto de este otorgamiento se incorporen a los ficheros informáticos existentes en la Notaría para la gestión documental que deba efectuarse de este instrumento.

Leo esta acta a los requirentes, renunciando a su derecho a hacerlo por sí mismos del que previamente les advertí y firmando conmigo.

De la identificación de los comparecientes por el medio supletorio al principio indicado y de todo lo demás consignado en este instrumento público extendido en * folios de papel timbrado de uso exclusivamente notarial, el presente, y los * posteriores correlativos en orden, de la misma serie, yo el Notario, Doy fe.

Acta de expediente de expedición de Certificado Sucesorio Europeo con formulario de solicitud remitido al notario y sin comparecencia del solicitante[1217]

«ACTA DE EXPEDIENTE DE EXPEDICIÓN DE CERTIFICADO SUCESORIO EUROPEO»

NÚMERO *.

---

petición en el futuro en la fecha que le convenga" y, a su vez, cabrá establecer una fecha determinada, lo cual es difícil inicialmente, salvo que el expediente esté totalmente conformado o, una fecha por relación a su terminación.

1217 La solicitud del Certificado Sucesorio Europeo de esta manera abre la posibilidad al notario expedidor de solicitar las aclaraciones que, razonadamente, estime pertinentes al peticionario.

En Alicante, a *.

Yo, ANTONIO RIPOLL SOLER, Notario de esta Capital y del Ilustre Colegio de Valencia.

==== HAGO CONSTAR ====

I.- Que el día * he recibido formulario de solicitud de expediente de expedición de Certificado Sucesorio Europeo relativo a la herencia de, DOÑA *, con *, de nacionalidad *, fallecida en *, de donde era vecina, el día *.

II.- Dicho formulario, se me ha remitido mediante correo certificado* ordinario* y consta con la firma legitimada notarialmente en los términos que resultan del mismo, quedando incorporado a este instrumento / electrónicamente con la firma electrónica cualificada que he verificado y resultando imputable al solicitante, del de deduzco testimonio que paso a incorporar a este instrumento.

ACEPTACIÓN DEL REQUERIMIENTO

Yo, el notario, habiendo examinado preliminarmente mi competencia y resultando competente, de conformidad con lo dispuesto en los artículos 64 y 4 del R(UE) nº 650/2012, de 4 de julio; al ser España la última residencia[1218] de la causante al tiempo del fallecimiento; y teniendo competencia interna, de conformidad con lo dispuesto en la Ley de Enjuiciamiento Civil, al constar en mi protocolo el documento referido en la exposición, acepto el requerimiento que practicaré por medio de diligencia a la que incorporaré el certificado expedido.

Del mismo modo, hago constar que en el día de hoy procederé a poner nota en la matriz del documento protocolar atributivo.

[1218] Debe reseñarse el criterio atributivo de competencia.

Advierto y consienten, los requirentes, que remita el resultado del proceso de expedición al Registro General de Actos de Última Voluntad o, en su caso, al Registro que se cree a tal fin, del certificado sucesorio expedido o, en su caso, de cualquier particular relativo al proceso de expedición, incluso cuando sea suspendido, que sea susceptible de ello con arreglo a la normativa vigente, tal como podría ser la autorización del resultado de este requerimiento[1219].

Los comparecientes prestan su consentimiento de acuerdo con lo dispuesto en la legislación de protección de datos a que los suyos personales objeto de este otorgamiento se incorporen a los ficheros informáticos existentes en la Notaría para la gestión documental que deba efectuarse de este instrumento.

Leo esta acta a los requirentes, renunciando a su derecho a hacerlo por sí mismos del que previamente les advertí y firmando conmigo.

De la identificación de los comparecientes por el medio supletorio al principio indicado y de todo lo demás consignado en este instrumento público extendido en * folios de papel timbrado de uso exclusivamente notarial, el presente, y los * posteriores correlativos en orden, de la misma serie, yo el Notario, Doy fe.

Diligencia de modificación de la solicitud

DILIGENCIA.- La extiendo yo, el notario requerido para hacer constar que hoy, dd/mm/aaaa, comparece[1220] ante mi, el requirente, cuyos datos constan en el requerimiento inicial.

1219 Se estima conveniente insertar esta advertencia y consentimiento, a los efectos expuestos en el desarrollo.

1220 Caben aquí todas las posibilidades apuntadas en lo relativo a la forma de presentar la solicitud.

EXPONE

I.- Que con posterioridad a la solicitud ha resultado (*motivo de la modificación*).

II.- Por tal causa,

SOLICITA

Sea rectificada su solicitud para que se haga constar en el Certificado Sucesorio Europeo, solicitado en este expediente (*lo que se pretenda*).

DOCUMENTOS COMPLEMENTARIOS.- Se aportan los siguiente documentos para completar el expediente (*en su caso documentos aportados*).

Y en prueba de conformidad, firma conmigo, el notario, quedando extendida esta diligencia en el presente folio para su incorporación al número * de mi protocolo del año en curso. En Alicante, mi residencia, yo, el notario, doy fe.

ACTOS DE ORDENACIÓN PREVIOS A LA RESOLUCIÓN

Se proponen aquí, por orden secuencial, en la medida de lo posible, las distintas notas y diligencias que se pueden ir causando a lo largo de la tramitación del expediente. También se insertan las comunicaciones que se han de generar y remitir a las personas que proceda, de conformidad con el Reglamento.

Se ha procurado seguir el orden que plantea el Reglamento al explicar las distintas actuaciones que se van causando como consecuencia de las incidencias que surgen durante el proceso.

Evidentemente, no todos los modelos que se proponen de actos deberán estar presentes en todos los certificados sucesorios europeos que se expidan, pues dependerá de las circunstancias del caso.

Tampoco se encontrará referencia a cada acto de los propuestos en el Reglamento. La mayoría son consecuencia de la propia actuación notarial, su estatuto jurídico y la *lex artis* que debe inspirar la buena práctica notarial.

Nota de inicio de tramitación cuando el documento protocolar atributivo de competencia contiene la solicitud de expedición de Certificado Sucesorio Europeo

*"Nota.- De conformidad con la rogación contenida en este título, el día de hoy he procedido a aperturar expediente de expedición de Certificado Sucesorio Europeo, bajo el número de protocolo *. En Alicante, a DD/MM/AA. A. Ripoll Soler. Doy fe".*

Nota de inicio de tramitación cuando el documento protocolar atributivo de competencia no contiene la solicitud de expedición de Certificado Sucesorio Europeo

*"Nota.- Hoy he sido requerido para expedir Certificado Sucesorio Europeo con relación a la herencia conectada con este instrumento atributivo de competencia, mediante solicitud incorporada al acta por mi autorizada con el número * de protocolo. En Alicante, a DD/MM/AA. A. Ripoll Soler. Doy fe".*

Comunicaciones a notarios posibles expedidores

La finalidad de esta comunicación, no obligatoria y no prevista en la normativa interna española de desarrollo, es, en la medida de lo posible, evitar que se genere una multiplicidad de certificados sucesorios europeos que puedan ser contradictorios.

ANTONIO RIPOLL SOLER, Notario del Ilustre Colegio de Valencia con residencia en Alicante, Calle Pintor Lorenzo Casanova, 38, 1, A, teléfono 965923522 y correo electrónico aripollsoler@correonotarial.org, pongo en tu conocimiento, por medio del presente,

OFICIO

I.- Que el día DD/MM/AA he sido requerido, mediante *solicitud con firma legitimada *acta autorizada por mi con el número * de protocolo, por Don *, con DNI * para expedir Certificado Sucesorio Europeo relativo a la herencia causada por DON *, fallecido el día *, lo que se me ha acreditado mediante certificado de defunción, de lo que doy fe y testimonio.

II.- Que mi competencia resulta de * (poner título de atribución competencial).

III.- Que consta en el expediente que tú podrías resultar competencia al constar en tu protocolo un eventual título atributivo de competencia consistente en * (poner posible título atributivo de competencia).

IV.- Que consta en el expediente autorización al notario requerido para obtener cualquier información sobre cualquier otra petición de expedición de Certificado Sucesorio Europeo realizada ante cualquier notario, tribunal o autoridad, de lo que doy fe y testimonio.

V.- Que a fin de evitar la expedición de certificados sucesorios europeos contradictorios te ruego que bien te abstengas de expedir un Certificado Sucesorio Europeo relativo a la misma herencia, bien tengas en cuenta mis actuaciones de expedición, a los efectos oportunos.

VI.- Que en caso de haber iniciado tú la tramitación de expediente, pongas en mi conocimiento si ha sido suspendida, la causa y, en su caso, estado del procedimiento, a fin de abstenerme de la expedición de un nuevo Certificado Sucesorio Europeo que pudiera resultar contradictorio con el expedido por ti.

Fdo.

Antonio Ripoll Soler

En Alicante, a dd/mm/aaaa.

DON * SR. NOTARIO DE *

Nota para hacer constar la recepción de comunicación de inicio expediente

Lo deseable sería, a la vista de la comunicación recibida que el notario se abstuviese de expedir un segundo Certificado Sucesorio Europeo que podría ser incompatible o contradictorio con el primeramente solicitado.

Una buena praxis llevaría a hacer constar en el documento protocolar atributivo la recepción de la comunicación y, en su caso, proceder al archivo de la misma.

Poner en conocimiento del otro notario el inicio de la expedición, incluso, podría subsumirse dentro de las actuaciones de información que pide el art. 66.4 R(UE) 650/2012, evidentemente, el notario no es "otro beneficiario", pero los demás beneficiarios que, eventualmente fueran a solicitar a este un Certificado Sucesorio Europeo, podrían tomar conocimiento de este modo de la expedición, si no hubieran podido ser localizados de otra manera.

Debe tenerse en cuenta que si no se causa la nota, cuando se formule la petición a este segundo notario, no habrá rastro documental que alerte de la situación procesal relativa a la expedición de certificados sucesorios europeos de la herencia en cuestión.

NOTA.- La extiendo yo, Antonio Ripoll Soler, para hacer constar que hoy he recibido comunicación de Don * Notario de *, alertando de que se ha solicitado la expedición de un Certificado Sucesorio Europeo relativo a la herencia conectada con este documento, causando el número de protocolo * de fecha *. En Alicante, mi residencia, a dd/mm/aaa, doy fe.

Comunicación a los beneficiarios de la solicitud de certificado (art. 66.4)

ANTONIO RIPOLL SOLER, Notario del Ilustre Colegio de Valencia, con residencia en Alicante, Cl. Pintor Lorenzo Casanova, 38, 1, A, Alicante, 03003, España, correo electrónico aripollsoler@correonotarial.org.

Estimado Sr.:

Por medio del presente escrito pongo en su conocimiento que he sido requerido para expedir Certificado Sucesorio Europeo con relación a la herencia causada por Don *, de la cual usted podría ser beneficiario.

Sirva esta comunicación para dar por cumplidos los deberes de información que impone el art. 66. 4 R(UE) 650/2012 y concederle un plazo de treinta días si usted es residente en España o de sesenta días si usted fuera residente en otro Estado miembro de la Unión Europea o fuera de ella[1221]; a los efectos de alegar lo que a su derecho convenga, así como para poner en conocimiento la existencia de otro Certificado Sucesorio Europeo expedido o procedimiento en curso relativo a una expedición de Certificado Sucesorio Europeo ante otra autoridad o tribunal.

Tales alegaciones podrá hacerlas presencialmente en mi notaría, por medio de representante o remitiendo documento físico legitimado notarialmente o documento electrónico firmado electrónicamente con firma cualificada.

En Alicante, a *.

1221 Deberá adaptarse el texto en función de la residencia del beneficiario al que se comunica.

Diligencia de incorporación de la comunicación del art. 66.4 R(UE) 650/2012

DILIGENCIA.- La extiendo yo, el notario requerido, para hacer constar que hoy, día *, incorporo documentos relativos a las comunicaciones a que se refiere el art. 66.4 R(UE) 650/2012, causadas a Don *.

Yo, el notario, doy fe del total contenido de esta diligencia que queda extendida en el presente folio, para su incorporación al número * de protocolo del año * en curso. En Alicante, mi residencia, doy fe.

Diligencia de comparecencia de beneficiario tras comunicación del art. 66.4

DILIGENCIA.- La extiendo yo, el notario requerido, para hacer constar que hoy día * comparece ante mi DON/DOÑA *, profesión* , mayor de edad, con domicilio en *; provista de Documento Nacional de Identidad y Número de Identificación Fiscal *, según me acredita, y,

EXPONE

I.- Que se le ha comunicado la tramitación del expediente de expedición de Certificado Sucesorio Europeo relativo a la herencia de Don *.

II.- Que ha solicitado información relativa a los siguientes extremos: *.

III.- Que a la vista de los mismos,

ALEGA

PRIMERO.- Texto de las alegaciones *.

SOLICITA

Sea tenida en cuenta su comparecencia a los efectos de * (poner lo que proceda).

Yo, el notario, doy fe del total contenido de esta diligencia que queda extendida en el presente folio, para su incorporación al número * de protocolo del año * en curso, habiendo firmado el compareciente en mi presencia en prueba de conformidad. En Alicante, mi residencia, doy fe.

Edictos (Art. 66.4)

En algunos casos, como medida de publicidad, puede que el notario proceda a publicar edictos.

El modelo que se propone deberá adaptarse al medio en el que se inserte. Igualmente, también deberán adaptarse los plazos en consideración a la medida de diligencia que el notario deba desplegar a la vista de dar por cumplida la finalidad de comunicación del art. 66.4 R(UE) 650/2012. Si bien, debería darse un plazo mínimo, en todo caso. En este sentido, parece razonable aplicar el plazo del art. 50 R(UE) 650/2012, de 60 días desde la publicación. Tratándose de una publicación genérica, no parece procedente diferenciar entre si se está domiciliado en España o en otro Estado miembro distinto.

En este caso, se pone de manifiesto la conveniencia de que el interesado haya realizado una labor previa de indagación a fin de que no tenga que procederse a realizar la publicación de unos edictos que podrían dilatar en exceso los plazos para la expedición del Certificado Sucesorio Europeo.

ANTONIO RIPOLL SOLER, Notario del Ilustre Colegio de Valencia con residencia en Alicante, en Calle Pintor Lorenzo Casanova, 38-40, 1º A-B, 03003; por medio del presente,

EDICTO

Pongo en conocimiento de a quién pudiera interesar que el día * se ha iniciado ante mi por Don *, expediente para la expedición de Certificado Sucesorio Europeo relativo a la herencia causada por Don *, fallecido el día *.

Remito el presente con el fin de que *sea expuesto en el tablón de anuncios del Ayuntamiento*, durante el plazo de veinte días hábiles, y para que cualquier interesado y especialmente los causahabientes del referido causante, puedan, en su caso efectuar las alegaciones que estime oportunas o aportar documentos u otros elementos de juicio, o por el contrario, si no se tiene nada que alegar respecto a la pretensión del mencionado requirente, no efectuarlas, dentro del plazo de un mes a contar desde el día de la última exposición del presente edicto. (*desde el día de la publicación si es el BOE)

En Alicante, a *.

EXCMO. AYUNTAMIENTO DE *.

Documento de solicitud de nuevas pruebas

Antonio Ripoll Soler, Notario del Ilustre Colegio de Valencia con residencia en Alicante, con domicilio en Cl. Pintor Lorenzo Casanova 38, 1, A, teléfono 965923522, aripollsoler@correonotarial.org, por medio del presente escrito,

HACE CONSTAR

Vista su solicitud, con fecha DD/MM/AA, relativa a la expedición de Certificado Sucesorio Europeo relativo a la herencia causada por *nombre causante*, para la expedición del referido certificado se precisan los siguientes documentos que no se han aportado:

- Documento 1.

- Documento 2.

- ...

SE LE REQUIERE

Para que aporte los documentos referidos en el plazo de *plazo* con advertencia de que si no los aportase se producirá el archivo del expediente, salvo que haya solicitado subsidiariamente la expedición de certificado parcial, en cuyo caso, expirado el plazo, se procederá con la tramitación del expediente a esos solos efectos, quedando también exceptuado el supuesto en el que no hubiese solicitado la expedición de certificado parcial pero en dicho plazo compareciese para reformular su petición.

Contra esta resolución cabe recurso en los términos del art. 72 R(UE) 650/2012 en única instancia, ante el Juez de Primera Instancia del lugar de mi residencia, y se sustanciará por los trámites del juicio verbal.

Antonio Ripoll Soler

Diligencia para solicitar nuevas pruebas

DILIGENCIA.- Hoy he procedido a solicitar al solicitante la ampliación de pruebas que constan en el documento que se incorpora, conforme a lo dispuesto en el art. 66.1. R(UE) 650/2012. Yo, el notario, doy fe del total contenido de esta diligencia que queda extendida en el presente folio, para su incorporación al número * de protocolo, del año en curso. En Alicante, a DD/MM/AA. Antonio Ripoll Soler. Doy fe.

MODELOS RELATIVOS A LA RESOLUCIÓN DEL EXPEDIENTE

Como se ha explicado, la resolución natural es la expedición del Certificado Sucesorio Europeo, que conlleva la incorporación del certificado expedido al acta de expediente de expedición propuesta.

Sin embargo, también es posible que la resolución sea negativa. En congruencia con el desarrollo que hemos planteado, teniendo en cuenta, además, que lo normal, frente a una resolución negativa, sea que el interesado intente la subsanación que se le proponga, planteamos estos modelos haciendo referencia, primero a dicha resolución negativa. Concluirá este apartado de modelos relativos a la resolución del expediente, con la diligencia de incorporación del Certificado Sucesorio Europeo y la comunicación de expedición del certificado, en los términos que plantea el art. 67 R(UE) 650/2012.

Diligencia genérica de resolución negativa

DILIGENCIA.- Yo, Antonio Ripoll Soler, notario del Ilustre Colegio de Valencia con residencia en Alicante, el día DD/MM/AA, hago constar:

Que he resuelto no expedir el Certificado Sucesorio Europeo al que se refiere esta diligencia por los motivos y fundamentos de derecho siguientes, de conformidad con lo dispuesto en el art. 67 R(UE) 650/2012.

Contra esta resolución cabe recurso en los términos del art. 72 R(UE) 650/2012 en única instancia, ante el Juez de Primera Instancia del lugar de mi residencia, y se sustanciará por los trámites del juicio verbal.

Yo, el notario, doy fe del total contenido de esta diligencia, que queda extendida en el presente folio, para su incorporación al protocolo número *, del año en curso.

Abstención de expedición por duplicidad de procedimientos

Diligencia de abstención de expedición

Puede resultar que el notario que oficie a otro, comunicando la iniciación del proceso de expedición, se vea sorprendido resultando que el expediente ya se ha iniciado ante otro notario.

En estos casos, como se ha propuesto en distintos lugares de este trabajo, parece que debiera abstenerse de la expedición de un Certificado Sucesorio Europeo, pues este podría resultar contradictorio con el primeramente requerido.

Lo normal, en estos supuestos, sería causar una diligencia de suspensión de la tramitación del tenor que seguidamente se expone.

DILIGENCIA DE SUSPENSIÓN.- La extiendo yo, el notario requerido, para hacer constar que hoy, día *, he recibido comunicación de Don *, Notario de *, alertándome de la previa expedición (* o inicio de la tramitacioón) de un Certificado Sucesorio Europeo relativo a esta misma herencia.

A la vista de tal oficio, que incorporo a esta diligencia, resuelvo suspender la tramitación de la expedición del Certificado Sucesorio Europeo y procederé a dar traslado al requirente a fin de que alegue lo que a su derecho convenga.

Yo, el Notario, doy fe del total contenido de esta diligencia que queda extendida en el presente folio para su incorporación al número * de protocolo del año en curso. En Alicante, Doy fe.

Contra esta resolución cabe recurso en los términos del art. 72 R(UE) 650/2012 en única instancia, ante el Juez de Primera Instancia del lugar de mi residencia, y se sustanciará por los trámites del juicio verbal.

Yo, el notario, doy fe del total contenido de esta diligencia, que queda extendida en el presente folio, para su incorporación al protocolo número *, del año en curso.

Notificación al peticionario de la suspensión por duplicidad

Antonio Ripoll Soler, Notario del Ilustre Colegio de Valencia con residencia en Alicante, con domicilio en Cl. Pintor Lorenzo Casanova 38, 1, A, teléfono 965923522, aripollsoler@correonotarial.org, por medio del presente escrito,

HACE CONSTAR

He procedido a suspender el expediente de expedición de Certificado Sucesorio Europeo relativo a la herencia causada por Don *, instado por usted, en los términos que constan en la diligencia que en testimonio se le remite.

En Alicante, mi residencia, a DD/MM/AA.

Antonio Ripoll Soler

Diligencia de alegaciones del peticionario tras suspensión por duplicidad sin resolución

Aunque el interesado podría recurrir la suspensión, también puede que el interesado alegue ante notario lo que estime oportuno, a fin de enervar la suspensión del expediente, con carácter previo a la interposición de recurso, en tal caso, se requerirá su comparecencia o la remisión de las alegaciones en cualquiera de las formas que hemos referido, anteriormente, cabe formular la solicitud.

No existe plazo para formular las alegaciones, tampoco para que el notario resuelva sobre las mismas, su actuación se enmarca en el principio de celeridad que le impone el art. 67 R(UE) 650/2012. Respecto del interesado, él mismo será responsable de su diligencia en alegar en tiempo, pues la demora ralentiza que se reanude el proceso de suspensión, al haber sido el notario diligente habiéndole notificado la suspensión.

DILIGENCIA.- La extiendo yo, el notario requerido, para hacer constar que hoy día * comparece ante mi, Don *, cuyos datos constan en el requerimiento inicial a fin de formular alegaciones tras habérsele comunicado la suspensión del expediente de expedición, al constar expedido/*iniciada la tramitación de otro Certificado Sucesorio Europeo relativo a la misma herencia.

A tal fin, manifiesta que habiendo tenido conocimiento de la suspensión, expresa su oposición a la misma por los siguientes motivos:

*

En prueba de conformidad, firma conmigo, dando yo, el notario fe del total contenido de esta diligencia y advirtiéndole que procederé a resolver sobre las mismas, a la brevedad posible, de conformidad con lo dispuesto en el art. 67 R(UE) 650/2012, quedando extendida en * folios de papel timbrado números el presente y posteriores correlativos para su incorporación al número * de protocolo del año en curso. En Alicante, mi residencia, doy fe.

Diligencia de alegaciones del peticionario tras suspensión por duplicidad con resolución simultánea negativa

Existe la posibilidad de que el notario, a la vista de las alegaciones, en el mismo momento, resuelva, lo cual deberá hacer motivadamente, en tales supuestos el interesado se dará por notificado en la propia diligencia. También puede que el notario resuelva posteriormente, en ese caso, deberá notificar la resolución, quedando expedita al interesado las vías de recurso.

DILIGENCIA.- La extiendo yo, el notario requerido, para hacer constar que hoy día * comparece ante mi, Don *, cuyos datos constan en el requerimiento inicial a fin de formular alegaciones tras habérsele comunicado la suspensión del expediente de expedición, al constar expedido/*iniciada la tramitación de otro Certificado Sucesorio Europeo relativo a la misma herencia.

A tal fin, manifiesta que habiendo tenido conocimiento de la suspensión, expresa su oposición a la misma por los siguientes motivos:

*

Yo, el notario, vistas las alegaciones anteriores, me ratifico en la suspensión por los motivos siguientes:

*

En este acto, procedo a notificar al interesado el contenido de mi resolución, sin perjuicio de darle, seguidamente, copia de la misma a los efectos de interponer el recurso correspondiente, del que le he advertido en el marco de los artículos 67 y 72 R(UE) 650/2012 y que podrá interponer en única instancia, ante el juez de Primera Instancia del lugar de mi residencia, y se sustanciará por los trámites del juicio verbal.

En prueba de conformidad, firma conmigo, dando yo, el notario fe del total contenido de esta diligencia y advirtiéndole que procederé a resolver sobre las mismas, a la brevedad posible, de conformidad con lo dispuesto en el art. 67 R(UE) 650/2012, quedando extendida en * folios de papel timbrado números el presente y posteriores correlativos para su incorporación al número * de protocolo del año en curso. En Alicante, mi residencia, doy fe.

Diligencia de alegaciones del peticionario tras suspensión por duplicidad con resolución simultánea positiva.

DILIGENCIA.- La extiendo yo, el notario requerido, para hacer constar que hoy día * comparece ante mi, Don *, cuyos datos constan en el requerimiento inicial a fin de formular alegaciones tras habérsele comunicado la suspensión del expediente de expedición, al constar expedido/*iniciada la tramitación de otro Certificado Sucesorio Europeo relativo a la misma herencia.

A tal fin, manifiesta que habiendo tenido conocimiento de la suspensión, expresa su oposición a la misma por los siguientes motivos:

*

Yo, el notario, vistas las alegaciones anteriores, me levanto la suspensión por los motivos siguientes:

*

En congruencia con el contenido de esta resolución, procederé a reanudar la tramitación de la expedición del cetificado sucesorio europeo.

En este acto, procedo a notificar al interesado el contenido de mi resolución, sin perjuicio de darle, seguidamente, copia de la misma.

En prueba de conformidad, firma conmigo, dando yo, el notario fe del total contenido de esta diligencia y advirtiéndole que procederé a resolver sobre las mismas, a la brevedad posible, de conformidad con lo dispuesto en el art. 67 R(UE) 650/2012, quedando extendida en * folios de papel timbrado números el presente y posteriores correlativos para su incorporación al número * de protocolo del año en curso. En Alicante, mi residencia, doy fe.

Diligencia de resolución posterior negativa o positiva

En caso de que no se resuelva en el mismo acto, el notario deberá causar la correspondiente diligencia, negativa o positiva y proceder a notificar al interesado.

DILIGENCIA.- La extiendo yo, el notario requerido, para hacer constar que vistas las alegaciones formuladas por DON *, me ratifico en la suspensión por los motivos siguientes:

*

Procederé a notificar al interesado el contenido de mi resolución a los efectos de interponer el recurso correspondiente, del que le he advertido en el marco de los artículos 67 y 72 R(UE) 650/2012 y que podrá interponer en única instancia, ante el Juez de Primera Instancia del lugar de mi residencia, y se sustanciará por los trámites del juicio verbal.

Yo, el notario fe del total contenido de esta diligencia quedando extendida en * folios de papel timbrado números el presente y posteriores correlativos para su incorporación al número * de protocolo del año en curso. En Alicante, mi residencia, doy fe.

DILIGENCIA.- La extiendo yo, el notario requerido, para hacer constar que vistas las alegaciones formuladas por DON *, procedo a levantar la suspensión por los motivos siguientes:

*

Procederé a notificar al interesado el contenido de mi resolución a los efectos de interponer el recurso correspondiente, del que le he advertido en el marco de los artículos 67 y 72 R(UE) 650/2012 y que podrá interponer en única instancia, ante el Juez de Primera Instancia del lugar de mi residencia, y se sustanciará por los trámites del juicio verbal.

Yo, el notario fe del total contenido de esta diligencia quedando extendida en * folios de papel timbrado números el presente y posteriores correlativos para su incorporación al número * de protocolo del año en curso. En Alicante, mi residencia, doy fe.

Notificación de la resolución tras las alegaciones

Antonio Ripoll Soler, Notario del Ilustre Colegio de Valencia con residencia en Alicante, con domicilio en Cl. Pintor Lorenzo Casanova 38, 1, A, teléfono 965923522, aripollsoler@correonotarial.org, por medio del presente escrito,

HACE CONSTAR

Vistas sus alegaciones formuladas el día * relativas a la suspensión del expediente de expedición de Certificado Sucesorio

Europeo relativo a la herencia causada por Don *, instado por usted, he procedido a resolver en los términos y con los efectos que constan en diligencia que en testimonio se le remite.

En Alicante, mi residencia, a DD/MM/AA.

Antonio Ripoll Soler

Falta de pruebas o colaboración del peticionario

Diligencia-resolución de archivo por no haberse aportado nuevas pruebas

DILIGENCIA.- Yo, Antonio Ripoll Soler, notario del Ilustre Colegio de Valencia con residencia en Alicante, el día DD/MM/AA, hago constar:

I.- Que el día DD/MM/AA procedía a requerir al interesado, Don *; los documentos que constan en la diligencia correspondiente.

II.- Que ha transcurrido el plazo señalado sin haberse aportado los documentos solicitados.

III.- Por todo lo anterior, de conformidad con lo dispuesto en el art. 67 R(UE) 650/2012.

RESUELVO

Archivar el presente expediente por imposibilidad expedición del Certificado Sucesorio Europeo ante la falta de presentación de los documentos referidos, lo que notificaré al interesado a los efectos oportunos.

Contra esta resolución cabe recurso en los términos del art. 72 R(UE) 650/2012 en única instancia, ante el Juez de Primera Instancia del lugar de mi residencia, y se sustanciará por los trámites del juicio verbal.

Yo, el notario, doy fe del total contenido de esta diligencia, que queda extendida en el presente folio, para su incorporación al protocolo número *, del año en curso.

Notificación de la diligencia de archivo al peticionario

Antonio Ripoll Soler, Notario del Ilustre Colegio de Valencia con residencia en Alicante, con domicilio en Cl. Pintor Lorenzo Casanova 38, 1, A, teléfono 965923522, aripollsoler@correonotarial.org, por medio del presente escrito,

HACE CONSTAR

He procedido a archivar el expediente de expedición de Certificado Sucesorio Europeo relativo a la herencia causada por Don *, instado por usted, en los términos que constan en la diligencia que en testimonio se le remite.

En Alicante, mi residencia, a DD/MM/AA.

Antonio Ripoll Soler

Diligencia de incorporación del CSE expedido

Aunque la LEC, en la DF 26ª.14.2ª parte de que lo normal será que el CSE se incorpore a la matriz atributiva de competencia, en la práctica, tal incorporación se causará, normalmente, en el acta de expedición que proponemos.

En buena técnica notarial se hará constar una diligencia y no una nota, como refiere la LEC. Además, será necesario correlacionar el cierre del expediente en la matriz atributiva.

DILIGENCIA.- La extiendo yo, el notario requerido, para hacer constar que hoy, día *, he procedido a expedir Certificado Sucesorio Europeo, de conformidad con la rogación contenida en el acta, de la que la presente es diligencia. Queda incorporado el Certificado Sucesorio Europeo expedido a la presente diligencia.

Del mismo modo, hago constar en la matriz atributiva de competencia, nota de correlación para reflejar la conclusión del expediente.

Yo, el Notario, doy fe del total contenido de esta diligencia que queda extendida en el presente folio, para su incorporación al número * de protocolo del año en curso.

Acta complementaria cuando no cabe todo el expediente en la primera

Puede suceder que por haberse suspendido la tramitación o por la propia sistemática de encuadernación del protocolo, no se haya podido culminar todo el expediente de expedición en una sola acta.

En este caso, deberá procederse a autorizar una segunda acta en la que se correlacione el acta de expedición, en tales supuestos, en las notas que, en su caso se causen en la matriz, cuando concluya el expediente, se hará referencia a la identificación de ambas actas.

«ACTA COMPLEMENTARIA DE OTRA DE EXPEDIENTE DE EXPEDICIÓN DE CERTIFICADO SUCESORIO EUROPEO»

NÚMERO *.

En Alicante, a *.

Yo, ANTONIO RIPOLL SOLER, Notario de esta Capital y del Ilustre Colegio de Valencia, por mi y ante mi,

==== HAGO CONSTAR ====

I.- Que el día * acepté requerimiento para la expedición de Certificado Sucesorio Europeo relativo a la herencia de, DOÑA *, con *, de nacionalidad *, fallecida en *, de donde era vecina, el día *.

II.- Que no siendo posible incorporar las actuaciones posteriores a la fecha de *, al haber quedado numerado y encuadernado el protocolo, procedo a aperturar la presente acta a la que se incorporarán las actuaciones posteriores mediante diligencia.

III.- En el día de hoy, pongo en la referida acta, nota de correlación.

Yo, el notario doy fe de todo lo consignado en este instrumento público extendido en * folios de papel timbrado de uso exclusivamente notarial, el presente, y los * posteriores correlativos en orden, de la misma serie, yo el Notario, Doy fe.

Notas tras la apertura de nueva acta o expedición de CSE

Nota de correlación entre el acta de inicio del expediente y la complementaria

NOTA.- Hago constar que hoy, día *, he procedido a abrir nueva acta, bajo el número * de protocolo, a fin de hacer constar en ella la tramitación del presente expediente. Doy fe.

Nota de correlación en la matriz atributiva haciendo constar el cierre

NOTA.- Hago constar que hoy, día *, he procedido a expedir el Certificado Sucesorio Europeo relativo a esta herencia, habiendo quedado incorporado al acta de expedición número * de fecha *. Doy fe.

Nota de envío de parte al RGAUV

Hemos apuntado la posibilidad y conveniencia de remitir parte al Registro General de Actos de Última Voluntad, una vez que el Certificado Sucesorio Europeo ha sido expedido. En tales casos, en el acta de expediente de expedición se causará la nota que a continuación se muestra.

NOTA.- Hoy he procedido a remitir al RGAUV el parte correspondiente. En Alicante, a dd/mm/aaa, doy fe.

Cláusulas y comunicaciones vinculadas a informar a los interesados de la expedición de Certificado Sucesorio Europeo (art. 67.2)

Cuando todos los interesados concurren a la solicitud

Se inserta en el modelo básico de acta de expediente de expedición la siguiente cláusula:

"A los efectos del art. 67.2 R(UE) 650/2012 los peticionarios admiten que la retirada del certificado por cualquiera de ellos implique el cumplimiento de los deberes de información por parte del notario requerido".

Cuando concurre posteriormente el representante a la solicitud

DON/DOÑA *, profesión* , mayor de edad, con domicilio en *; provista de Documento Nacional de Identidad y Número de Identificación Fiscal *, según me acredita, *, en nombre y representación de:

DON/DOÑA *, profesión* , mayor de edad, con domicilio en *; provista de Documento Nacional de Identidad y Número de Identificación Fiscal *; y,

DON/DOÑA *, profesión* , mayor de edad, con domicilio en *; provista de Documento Nacional de Identidad y Número de Identificación Fiscal *.

Cuya representación ostenta en virtud del poder que contiene el acta autorizada por el notario de Alicante, Don Antonio Ripoll Soler, el día *, número * de protocolo, retira de esta notaria el certificado sucesorio relativo a la herencia de Don/Doña *, expedido el día * por el mismo notario, dándose por notificado, en la representación que ostenta, de la expedición del mismo lo cual se obliga a hacer saber a sus representados, firmando en prueba de conformidad.

En Alicante, a *

Cuando el beneficiario no es peticionario y el resultado es positivo

Estimado Sr.:

Con relación al proceso de expedición del Certificado Sucesorio Europeo relativo a la herencia causada por Don *, de cuyo inicio ya se le informó, pongo en su conocimiento que ha concluido de forma positiva, el día *, mediante la expedición del Certificado Sucesorio Europeo pretendido.

Antonio Ripoll Soler

Notario de Alicante, España.

Cuando el beneficiario no es peticionario y el resultado es negativo

Estimado Sr.:

Con relación al proceso de expedición del Certificado Sucesorio Europeo relativo a la herencia causada por Don *, de cuyo inicio ya se le informó, pongo en su conocimiento que ha concluido de forma negativa, el día *, produciéndose el archivo del expediente.

Antonio Ripoll Soler

Notario de Alicante, España

Reapertura del expediente tras comunicación de suspensión

Estimado Sr.:

En relación al proceso de expedición del Certificado Sucesorio Europeo relativo a la herencia causada por Don *, de cuyo inicio y suspensión ya se le informó, pongo en su conocimiento que habiéndose subsanado las causas que impedían la expedición, he procedido a reabrir el expediente el día de *, lo que pongo en su conocimiento a los efectos oportunos[1222].

Antonio Ripoll Soler

Notario de Alicante, España.

Diligencia genérica para incorporar las comunicaciones del art. 67

DILIGENCIA.- La extiendo yo, el notario requerido, para hacer constar que hoy, día *, incorporo documentos relativos a las comunicaciones a que se refiere el art. 67 R(UE) 650/2012, causadas a Don *.

Yo, el notario, doy fe del total contenido de esta diligencia que queda extendida en el presente folio, para su incorporación al número * de protocolo del año * en curso. En Alicante, mi residencia, doy fe..

MODELOS RELACIONADOS CON LAS PATOLOGÍAS DEL CSE

Modificación de copias de CSE

Diligencia para hacer constar la modificación de la copia errónea del certificado

Diligencia.- La extiendo yo, el notario requerido, para hacer constar que la la copia del presente Certificado Sucesorio Euro-

---

1222 El notario deberá valorar en estos casos si simplemente se le comunica o se da un plazo para formular alegaciones.

peo expedida el día dd/mm/aaaa ha sido modificada perdiendo su eficacia, por lo que se ha expedido otra con fecha dd/mm/aaaa en sustitución de la anterior. Libraré testimonio de esta diligencia, para acompañar a la copia correcta para evitar los efectos que pudieran seguirse de invocarse la anterior de forma indebida. En Alicante, mi residencia a dd/mm/aaaa. Doy fe.

Diligencia para hacer constar la modificación no errónea de la copia del certificado

Diligencia.- La extiendo yo, el notario requerido, para hacer constar que la la copia del presente Certificado Sucesorio Europeo expedida el día dd/mm/aaaa ha sido modificada al haberse solicitado ampliación del contenido del certificado sin haber perdido su eficacia, la copia antecedente, por lo que se ha expedido otra con fecha dd/mm/aaaa en la que constan los nuevos extremos certificados tras la modificación. Libraré testimonio de esta diligencia, en favor de cualquier interesado para acompañar a cualquiera de las copias referidas a fin de facilitar la circulación de las referidas copias y que no sean reputadas contradictorias. En Alicante, mi residencia a dd/mm/aaaa. Doy fe.

Comunicaciones de suspensión de efectos del CSE a los peticionarios de copias

Estimado Sr.:

En relación a la copia que obra en su poder del Certificado Sucesorio Europeo relativo a la herencia causada por Don *, pongo en su conocimiento que se han suspendido los efectos del certificado sucesorio expedido, por lo que no podrá utilizar la copia referida mientras dure la suspensión.

En caso de que se levante la suspensión se le comunicará tal circunstancia a los efectos de poder seguir utilizando la copia, siempre que no hubiera expirado el plazo de vigencia de la misma, o de solicitar una nueva copia.

Antonio Ripoll Soler

Notario de Alicante, España.

Comunicación de levantamiento de suspensión de efectos del CSE a los peticionarios de la copia

Estimado Sr.:

En relación a la copia que obra en su poder del Certificado Sucesorio Europeo relativo a la herencia causada por Don *, pongo en su conocimiento que se ha levantado la suspensión de los efectos del certificado sucesorio expedido, por lo podrá utilizar la copia referida mientras siempre que estuviera vigente. En caso de haber caducado el plazo de vigencia de ésta deberá solicitar una nueva copia del Certificado Sucesorio Europeo.

Antonio Ripoll Soler

Notario de Alicante, España.

Diligencia de incorporación de comunicaciones de suspensión de efectos

DILIGENCIA.- La extiendo yo, el notario requerido, para hacer constar que hoy, día *, incorporo documentos relativos a las comunicaciones a que se refiere el art. 73.2 R(UE) 650/2012, causadas a Don *.

Yo, el notario, doy fe del total contenido de esta diligencia que queda extendida en el presente folio, para su incorporación al número * de protocolo del año * en curso. En Alicante, mi residencia, doy fe.

Actuaciones judiciales que se trasladan al protocolo

Diligencia de rectificación del certificado sucesorio por mandato judicial

Como se ha expuesto en este trabajo, lo deseable será que el certificado sucesorio expedido notarialmente pero que, por vía de recurso, ha acabado conociendo el Juez, proceda a devolverse al notario expedidor para que expida un nuevo certificado teniendo en cuenta el contenido de la resolución estimatoria del recurso.

En tales casos, se trata de una actuación debida por el notario que, si lo estima conveniente, podrá hacer constar en el expediente, de forma expresa, que la lleva a cabo como consecuencia de la resolución.

En cualquier caso, deberá procederse a incorporar al acta de expedición, en la misma diligencia, salvo que ello no fuera posible porque judicialmente se hubiera obligado a retrotraer las actuaciones a un determinado momento y fuera necesario practicar alguna otra prueba, tanto la resolución judicial como el nuevo certificado sucesorio expedido.

DILIGENCIA.- La extiendo yo, el notario requerido, para hacer constar que hoy, día *, habiéndoseme notificado resolución judicial al respecto, procedo a expedir un nuevo Certificado Sucesorio Europeo, relativo a la herencia objeto de este expediente, tomando en consideración el contenido de la referida resolución. Queda incorporado el Certificado Sucesorio Europeo expedido a la presente diligencia.

Del mismo modo, hago constar en la matriz atributiva de competencia, nota de correlación para reflejar la sustitución del certificado sucesorio expedido anteriormente.

Yo, el Notario, doy fe del total contenido de esta diligencia que queda extendida en el presente folio, para su incorporación al número * de protocolo del año en curso.

Nota de correlación en la matriz de sustitución notarial del certificado sucesorio por mandato judicial

NOTA.- Hago constar que hoy, día *, he procedido a sustituir el certificado referido en la notar anterior, expidiendo uno nuevo, por mandato judicial, quedado incorporado al acta de expedición número * de fecha *. Doy fe.

Nota noticia del acto judicial sin sustitución del certificado expedido notarialmente (DF 26.17.3ª LEC)

Se trata de un supuesto no deseable, conllevaría que se retuviese en la sede judicial el CSE y sería allí donde se expedirían las copias, lo que normalmente, conllevaría dilaciones para el interesado.

En tales casos, para el caso de que se haya notificado al notario el resultado del proceso, deberá hacerse constar una nota tanto en la matriz atributiva como en el acta de expediente de expedición.

NOTA.- El certificado antecedente ha sido modificado, rectificado, anulado judicialmente, en virtud de resolución del Juzgado de Primera Instancia de Alicante, recaída el día *. En Alicante, a día *. Doy fe.

Bibliografía

ABARCA JUNCO, A.P., *et al., Derecho Internacional Privado,* 2ª ed. Liberia UNED, Madrid 2016

ÁLVAREZ GONZÁLEZ, S.; "Vecindad civil y Reglamento 650/2012, de sucesiones. Una polémica artificial"; en *La Ley Unión Europea,* nº 104, Junio 2022, Wolters Kluwer.

ÁLVAREZ GONZÁLEZ, S.; "Derecho de sucesiones en tránsito del sistema autónomo a la reglamentación europea"; en *Anuario Español de Derecho Internacional Privado* 2016; pp. 1165-1183

ALVÁREZ GONZÁLEZ, S., "Las legítimas en el Reglamento sobre sucesiones y testamentos", en *Anuario Español de Derecho Internacional Privado,* tomo XI, pp. 369-406. *Revista de Derecho Civil, vol. III, núm. 2 (abril junio, 2016), Estudios, pp. 23-64.*

ÁLVAREZ GONZÁLEZ, S.; "Sucesiones internacionales: ¿Qué lo que el Reglamento 650/2012 ha unido no lo separe el orden público?"; en *Liber amicorum" Teodora F. Torres García,* coord. por Margarita Herrero Oviedo; Andrés Domínguez Luelmo (dir.), María Paz García Rubio (dir.), 2014, págs. 117-142.

ALVÁREZ GONZÁLEZ, S., "La ley aplicable a la sucesión por causa de muerte en el Reglamento 650/2012: algunos temas seleccionados", en CALVO VIDAL, I.A. (ed.), *El nuevo marco de las sucesiones internacionales en la Unión Europea,* Consejo General del Notariado, Madrid 2014, pp. 43-73.

ALVÁREZ GONZÁLEZ, S., «Adjudicación de la herencia de nacionalidad británica. Reenvío», en *Anuario Español de Derecho Internacional Privado,* 2014/2015, pp. 1233 y ss.

ÁLVAREZ GONZÁLEZ, S., Comentario perteneciente a la Jurisprudencia de Derecho internacional privado, *Revista Española de Derecho Internacional,* 2015-2 (2015-36 Pr), pp. 235-238.

ALVÁREZ GONZÁLEZ, S. "El Reglamento 650/2012, sobre sucesiones y la remisión a un sistema plurilegislativo: Algunos casos difíciles o, simplemente, llamativos", en *Revista de Derecho Civil,* vol. II, núm. 4 (octubre-diciembre, 2015), pp. 7-28.

ÁLVAREZ GONZÁLEZ, S., "*Legatum per vindicationem* y R(UE) 650/2012"; en *La Ley Unión Europea,* nº 55, enero 2018; Ed. Wolters Kluwer.

ÁLVAREZ TORNÉ, M., *La autoridad competente en materia de sucesiones internacionales*. Ed. Marcial Pons, Madrid 2013.

ALVENTOSA DEL RÍO, J. y COBAS COBIELLA, M. E. (Dir.), *Derecho de sucesiones;* ed. Tirant l Blanch, Valencia 2017.

ARENAS GARCÍA, R., «El Reglamento 650/2012, relatiu a la competència, la llei aplicable, el reconeixement i l'execució de les resolucions, a l'acceptació i l'execució dels documents públics en matèria de successions *mortis causa* i a la creació d'un certificat successori europeu», *Revista Catalana de Dret Privat* [Societat Catalana d'Estudis Jurídics], vol. 15-2 (2015), p. 11-65, <http://revistes.iec.cat/index.php/RCDP/.

ASENCIO MELLADO, J.M. (Dir.), *Derecho Procesal Civil Parte General;* ed. Tirant lo Blanch, Valencia 2019.

BALLESTER AZPITARTE, L. y CABANAS TREJO, R., "Comparación esquemática entre los sistemas sucesorios de distintos estados europeos para el otorgamiento en España de testamento de no residente", en *Diario la Ley*, nº. 9089 de 27 de noviembre de 2017, Ed. Wolters Kluver.

BARLOW, M.A *et al., Wills, Administration and Taxation Law and Practice;* Ed. Sweet&Maxwell, Londres 2011.

BARONE, R.; "Il certificato successorio europeo"; en *Notariato* 4/2013; ed. Wolkers Kluwer Italia; pp. 427-439.

BARRIÈRE BROUSSE, I., "Les règlaments européens du 24 juin 2016 relatifs aux régimes matrimoniaux et aux effets patrimoniaux des partenariats en reregistrés", *en Revue trimestrielle LexisNexis IurisClasseur,* Abril-Mayo-Junio 2017, pp. 485-514.

BENANTI, C., "Il certificato successorio europeo: ragioni, disciplina e conseguenze della sua applicazione nell'ordinamento italiano. Parte prima", en *La Nuova giurisprudenza civile commentata,* vol. 30, Nº. 1, 2014, págs. 1-14.

BENANTI, C., "Il certificato successorio europeo: ragioni, disciplina e conseguenze della sua applicazione nell'ordinamento italiano. Parte seconda", en *La Nuova giurisprudenza civile commentata,* Vol. 30, Nº. 2, 2014, págs. 85-96.

BENDITO CAÑIZARES, M. T.; "Comienza la apuesta europea por la armonización en las sucesiones transfronterizas", en *Revista Crítica de Derecho Inmobiliario,* julio-agosto 2015, núm. 750, pp. 2017-2089.

BERCOVITZ RODRÍGUEZ-CANO, R., Dir., *Comentarios al Código civil (Arts. 588 a 818),* Tomo IV, Ed. Tirant lo Blanch, Valencia 2013

BERGQUIST, U. et al., *EU Regulation on Succession and Wills,* ed. Otto Schimidt, Colonia 2015.

BLANCO-MORALES LIMONES, P.; *El ámbito de la ley aplicable, incluida la administración de la sucesión.* Cross-border Successions within the European Union.Bruselas. 15.8.2010, disponible 3 de noviembre de 2016 en http://documentslide.com/documents/blanco-morales-es.html .

BLANCO MORALES, P. y BALMORI, A. L. "Las sucesiones internacionales y su régimen jurídico". *JURISMAT,* Portimao, nº 2, 2013.

BONOMI, A. y WAUTELET, P., *Derecho Europeo de Sucesiones. Comentario al Reglamento (UE) 650/2012,* Thomson-Reuters, Aranzadi, Cizur Menor (Navarra) 2015.

CABANAS TREJO, R. y BALLESTER AZPITARTE, L.; "¿Sirve de algo el testamento en España de un no residente sólo para sus bienes en nuestro país?", en *Diario la Ley,* nº 9061, 16 de Octubre de 2017, Ed. Wolters Kluver.

CABANAS TREJO, R. y BALLESTER AZPITARTE, L. "Breve nota sobre la sentencia del tribunal de justicia de la unión europea asunto C-218/16 (kubicka) de 12 de octubre de 2017 (a propósito del testamento de un no residente en España)"; en *Diario la Ley,* nº 9084, de 20 de noviembre de 2017, Ed. Wolter Kluwers.

CALATAYUD SIERRA, A., «Dos sistemas de solución de conflictos: sus diferencias y su encaje», en CALVO VIDAL, I. A. (Coord.), *El nuevo marco de las sucesiones internacionales en la Unión Europea,* Ed. Consejo General del Notariado, Madrid 2014, pp. 123-150.

CALÒ, EMANUELE; "El proyecto de Reglamento de la Unión Euripea sobre la ley aplicable a las sucesiones: lo que no se ha dicho (Reflexiones desde el derecho italiano)"; en Indret, julio 2010.

CALVO CARAVACA, A.-L. y CARRASCOSA GONZÁLEZ, J. *Tratado de Derecho Internacional Privado;* Ed. Tirant lo Blanch, Valencia 2020.

CALVO CARAVACA, A.L. y CARRASCOSA GONZÁLEZ, J., *Derecho Internacional Privado;* v. II, Ed. Comares, Granada 2014, 15ª ed..

CALVO CARAVACA, A.L., DAVI, A. *et* MANSEL, H. P.; *The EU Succession Regulation A Comentary;* Ed. Cambridge University Press, Cambridge 2016.

CALVO CARAVACA, A.-L. y CARRASCOSA GONZÁLEZ, J. (Dir.) *Litigación internacional en la Unión Europea (IV). Comentario al Reglamento (UE) núm. 650/2012 del Parlamento Europeo y del Consejo sobre sucesiones mortis causa,* Ed. Aranzadi, Cizur Menor (Navarra) 2019.

CALVO VIDAL, I., *"El Certificado Sucesorio Europeo";* Ed. LA LEY, Las Rozas (Madrid) 2015.

CALVO VIDAL, I. A., "El Certificado Sucesorio Europeo"; en GARRIDO DE PALMA, V. M. (ed.) en *Instituciones de Derecho Privado;* Civitas-Thomson Reuters, Cizur Menor (Navarra) 2016, 2ª ed., PP. 793-864.

CALVO VIDAL, I., "El reenvío en el Reglamento (UE) 650/2012, sobre sucesiones", *Bitacora Millennium DIPr,* nº 1/2015, < http://www.millenniumdipr.com/archivos/1433415717.pdf >, visto 25.030.2019.

CALVO VIDAL, I. A. (Coord.), *El nuevo marco de las sucesiones internacionales en la Unión Europea;* Ed. Consejo General del Notariado, Madrid 2014.

CÁMARA LAPUENTE, S., "¿Derecho de sucesiones? Un apunte", en CÁMARA LAPUENTE, S. (Coord.), *Derecho Privado Europeo,* Ed. COLEX, Madrid 2003, pp. 1185-1232.

CARRASCOSA GONZÁLEZ, J. "Transmisión de la propiedad de los bienes hereditarios y reglamento sucesorio europeo", en *Revista de Derecho Patrimonial,* nº 48, Enero-Abril 2019, Ed. Aranzadi.

CARRASCOSA GONZÁLEZ, J. y MARTÍNEZ NAVARRO, J. J., *Prontuario básico de Derecho sucesorio internacional.,* Ed. Comares, Granada 2015.

CARRASCOSA GONZÁLEZ, J., *El Reglamento Sucesorio Europeo 650/2012 de 4 de julio de 2012*. Análisis crítico, Ed. Comares, Granada 2014.

CARRASCOSA GONZÁLEZ, J. "Reglamento Sucesorio Europeo y actividad Notarial". *Cuadernos de Derecho Transnacional,* (marzo 2014), vol. 6, No 1, pp. 5-44.

CASTELLANOS RUIZ, E., "Ámbito de aplicación de la lex successionis y su coordinación con la *lex rei sitae-lex registrationis*: a propósito de los legados vindicatorios", en *Cuadernos de Derecho Transnacional,* vol. 10. Nº 1, 2018, pp. 71-93, visto en internet, 21.12.2020 < https://e-revistas.uc3m.es/index.php/CDT/article/view/4117 >.

CASTELLANOS RUIZ, E., *Unidad vs. pluralidad legal de la sucesión internacional,* Ed. Comares, Granada 2001.

CASTELLANOS RUIZ, E., "Ventajas e inconvenientes de la *professio iuris* en el Reglamento Europeo Sucesorio 650/2012", en *Revista Crítica de Derecho Inmobiliario,* junio 2018, nº 767.

CASTELLANOS RUIZ, M. J., "Competencia internacional en materia de expedicón de certificados sucesorios: A propósito de la sentencia del TJUE 21 junio 2018, Vincent Pierre Oberle, c-20/17", en *Cuadernos de Derecho Transnacional,* marzo 2020, vol. 12, nº 1, pp. 473-511.

CHIKOC BARREDA, N.; "Posesión civilísima y saisine hereditaria: Confusiones, contradicciones y diversidad de funciones en los sistemas español y francés", en *Revista de Derecho Civil*, vol. III, nº 1 (enero-marzo, 2016), pp. 65-106.

CNUE-IRENE-CAE, *"Les successions en Europe. Le droit national de 42 pays européens"*, Ed. Mavrogenis. S.A. 2016.

CRONE, R.; "Le certificat successoral européen", en KHAIRALLAH, G. Y REVILLARD, M., *Droit Européen des Successions Internationales. Le Réglement du 4 Julliet 2012, Defrénois*, Lextenso éditions, Paris 2013.

COBAS COBIELLA, M.E., "Certificado sucesorio europeo. Algunas ideas preliminares"; en *Barataria. Revistra Castellano-Manchega de Ciencias Sociales*, nº. 19, pp.103-113, 2015, disponible en < http://dx.doi.org/10.20932/barataria.v0i19.28 >, visto 04.07.2017.

COLOMER BEA, D., "Conflicto de leyes y doble imposición en materia de sucesiones transfronterizas. Análisis del Reglamento (UE) 650/2012 y de la Recomendación 2011/856/UE", en *Revista Jurídica de la Comunidad Valenciana*, 57/2016, pp. 7-41, Ed. Tirant lo Blanch, Valencia 2016.

DAVI, A. y ZANOBETTI, A., *Il nuovo diritto internazionle privato europeo delle successioni*, Ed. G. Giappichelli Editore, Torino 2014.

DE LA FUENTE SANCHO, A., en "Certificado sucesorio europeo I: Presupuestos", < www.notariosyregistradores.org > en el enlace < https://www.notariosyregistradores.com/web/secciones/oficina-notarial/informes-mensuales-o-n/informe-oficina-notarial-junio-de-2022-certificado-sucesorio-europeo-i-presupuestos/ > visto el 11.0.2022

DE LA QUADRA-SALCEDO JANINI, "El sistema de distribución de competencias en la Unión Europea"; en LÓPEZ CASTILLO, A. (Dir.), *Instituciones y Derecho de la Unión Europea (vol. I). Instituciones de la Unión Europea*, ed. Tirant lo Blanch, Valencia 2022, 4ª ed., pp. 283 y ss..

DEUTSCHES NOTARIARINSTITUT, *Etude de droit comparé sur les règles de conflits de juridictions et de conflits de lois relatives aux testaments et successions dans les Etats membres de l'Union Europeénne, Rapport Final: Synthèse et Conclusions;* disponible en: < http://ec.europa.eu/civiljustice/publications/docs/testaments_successions_fr.pdf > , visto 31.07.2017.

DEUTSCHES NOTARIARINSTITUT, *Les successions internationals dans l'UE: perspectives pour une harmonisation*, Würzburg, 2004.

DEVAUX, A.; "The European Regulations on Succession of July 2012: A Path Towards the End of the Successions Conflicts of Law in Europe, or not?"; en *The International Lawyer,* 2013, vol. 47, nº 2, pp. 229-248.

DIAGO DIAGO, M. P., "El matrimonio y su crisis ante los nuevos retos de la autonomía de la voluntad conflictual", en *Revista Española de Derecho Internacional Privado,* vol. LXXVI/2/2014, Marcial Pons, pp. 49 a 79.

DIAGO DIAGO, M. P., "El Islam en Europa y los conflictos ocultos en el ámbito familiar", en *REEI* 2-2015, p. 1 a 29, disponible en http://www.reei.org.

DIAGO DIAGO, M. P., "La tutela judicial efectiva en el marco internacional: equilibrio entre los derechos del demandante y los derechos del demandado", en MARTÍNEZ CAPDEVILA, C. y MARTÍNEZ PÉREZ, E. J. (Dir.), *Retos para la acción exterior de la Unión Europea;* Ed. Tirant lo Blanch, Valencia 2017, pp. 653-680.

DIAGO DIAGO, M. P., "La prueba de la nacionalidad española y de la vecindad civil: Dificultades en la determinación del régimen económico matrimonial legal", en *Revista Electrónica de Estudios Internacionales,* nº 16, diciembre 2018, pp. 5 y ss., visto en internet 4.12.2019 < http://www.reei.org/index.php/revista/num36/articulos/prueba-nacionalidad-espanola-vecindad-civil-dificultades-determinacion-regimen-economico-matrimonial-legal >.

DIAGO DIAGO, M. P.; "Aplicación del Derecho Civil Aragonés a extranjeros", *en XXXI Encuentros, Foro de Derecho Aragonés 2022,* encuentro 15 de noviembre de 2022, en prensa.

DIAGO DIAGO, M. P., "Comentario a los artículos 21, 22 y 26", en IGLESIAS BUIGUES, J.L. y PALAO MORENO, G., *Régimen económico matrimonial y efectos patrimoniales de las uniones registradas en la Unión Europea,* ed. Tirant lo Blanch, Valencia 2018.

DIAGO DIAGO, M. P., "La circulación de documentos públicos en situaciones transfronterizas: la tensión entre la seguridad jurídica y la reducción de las cargas para el ciudadano", curso 2019, Vitoria-Gasteiz, en *Cursos de Derecho Internacional y Relaciones Internacionales de Vitoria-Gasteiz 2019,* Tirant lo Blanch, Valencia, 2020 Capitulo segundo pp. 145-339.

DIAGO DIAGO, M. P., "Aplicación del Derecho civil aragonés a extran*jeros"; Actas de los trigésimos primeros Encuentros del Foro de Derecho Aragonés,* Ed. El Justicia de Aragón, Zaragoza 2023, pp. 43-62.

DÍAZ FRAILE, J. M.; “El Certificado Sucesorio Europeo. Especial referencia a sus efectos y a su condición de título inscribible en el Registro de la Propiedad”; en *Boletín del Colegio de Registradores de España;* num. 31, julio 2016, pp. 765-779.

DÍAZ FRAILE, J. M.; “El Reglamento Sucesorio europeo: El principio de adaptación de los derechos reales y los límites impuestos por la *lex rei sitae*. Especial referencia al certificado sucesorio”, en *Revista Crítica de Derecho Inmobiliario,* Enero-Febrero 2014, Núm. 741, pp. 67-111.

DÖRNER, H., «Il Certificato successorio europeo da un punto di vista Tedesco. Disposizioni attuative e questioni aperte», Contrato e Impresa/Europa 2-2015, ed. Wolters Kluwer, Milán 2015, pp. 424-433.

ECHEZARRETA FERRER, M. T., “Relación del Reglamento 650/2012 Con otros textos legales según la interpretación del TJUE”; en LARA AGUADO, Á. (Dir.), *Sucesión mortis causa de extranjeros y españoles tras el Reglamento (UE) 650/2012: Problemas procesales, notariales, registrales y fiscales;* Ed. Tirant lo Blanch, España 2020, pp. 55-88.

ESPIÑEIRA SOTO, I., “Pacto sucesorio gallego otorgado por extranjero residente en Galicia. Removiendo los obstáculos puestos por la resolución de la DGSJyFP de 20 de enero de 2022”; en *www.notariosyregistradores.org* , visto 26.10.2022 < https://www.notariosyregistradores.com/web/secciones/oficina-notarial/otros-temas/pacto-sucesorio-gallego-otorgado-por-extranjero-residente-en-galicia/ >.

ESPIÑEIRA SOTO, I., “Competencia internacional del Notariado Español en expedientes de jurisdicción voluntaria al hilo de una STJUE”; en *www.notariosyregistradores.com* , visto en <https://www.notariosyregistradores.com/web/secciones/oficina-notarial/otros-temas/competencia-internacional-del-notariado-espanol-en-expedientes-de-jurisdiccion-voluntaria-al-hilo-de-una-stjue/ > visto 24.03.21.

ESPIÑEIRA SOTO, I., “La competencia del Notariado Español en la expedición del Certificado Sucesorio Europeo”; en *www.notariosyregistradores.com* , *<http://www.notariosyregistradores.com/web/secciones/oficina-notarial/otros-temas/la-competencia-del-notariado-espanol-en-la-expedicion-del-certificado-sucesorio-europeo/>,* Visto 29.09.2015.

FERACI, ORNELLA; “La nuova disciplina europea della competenza giurisdizionale in materia di successioni mortis causa”; en *Cuadernos de Derecho Transnacional,* octubre 2013, pp. 291-314.

FERNÁNDEZ-TRESGUERRES GARCÍA, A., “Aplicación notarial del Reglamento comunitario sobre sucesiones *mortis causa*”, *Escritura publica, 77, 2012 pp.40-41.*

FERNÁNDEZ-TRESGUERRES GARCÍA, A.; *Las sucesiones "mortis causa" en Europa: aplicación del Reglamento (UE) nº 650/2012;* ed. Aranzadi, Cizur menor, 2016.

FLAMINI, A. y LAROCCA, S., "El Certificado Sucesorio Europeo: una perspectiva unificadora", en MONJE BALMASEDA, O., *El patrimonio Sucesorio: Reflexiones para un debate reformista;* ed. DYKINSON, S.L., Madrid 2014.

FÖTSCHL, A., "The Relationship of the European Certificate of Succession to National Certificates", en *European Review of Private Law,* v. 18, nº 6, pp. 1259–1271.

FONT i SEGURA, A. "La remisión intracomunitaria a sistemas plurilegislativos en el Reglamento 650/2012 en materia de sucesiones", en CALVO VIDAL, I.A. (ed.), *El nuevo marco de las sucesiones internacionales en la Unión Europea,* Consejo General del Notariado, Madrid 2014, pp. 75-122.

FONT i SEGURA, A.; "Competencia para autorizar un acuerdo de partición de herencia celebrado por un tutor en representación e interés de unos herederos menores de edad (STJUE de 6 de octubre de 2015, Asunto C-404/14: Marie Matousková", en *La Ley Unión Europea,* nº 35, marzo 2016, pp. 1-12.

FONTANELLAS MORELL, J.M., *La professio iuris sucesoria.* Ed. Marcial Pons Madrid-Barcelona-Buenos Aires 2010.

FONTANELLAS MORELL, J.M.; "Las donaciones mortis causa ante la reglamentación comunitaria de las sucesiones"; en *AEDIPr,* t. XI, 2011, pp. 465-484.

FONTANELLAS MORELL, J.M.; "Los derechos legales del cónyuge supérstite en los instrumentos europeos de Derecho internacional privado"; en *Diario La Ley,* nº 61, 31 de julio de 2018, Ed. Wolters Kluwer, pp. 1-12.

FONTANELLAS MORELL, J. M., "La *professio iuris sucesoria* a las puertas de una reglamentación comunitaria", Dereito Vol. 20, nº 2: 83-129 (2011).

GARAU JUANEDA, L. "La aplicación de los reglamentos de la UE a los llamados "conflictos internos" y el necesario cambio de paradigma sobre la función de las normas de conflicto", en Bitácora Millennium DIPr, 2019 nº 10, < www.bitacoradipr.com >, < http://www.millenniumdipr.com/archivos/1601637358.pdf >, visto 02.12.2020.

GARAU JUANEDA, L., «La integración del Reglamento Europeo en materia sucesoria en el Derecho interregional español», en *Bitácora Millennium DIPr,* 2015, nº 2, < www.bitacoradipr.com > < http://www.millenniumdipr.com/archivos/1537312548.pdf > visto 01.12.2020.

GARAU SOBRINO, F. "El reconocimiento y la declaración de ejecutividad de resoluciones, documentos y actos extranjeros", en GARAU SOBRINO, F., *Derecho Procesal Civil Internacional*, Tema 1, p. 2 visto en internet 02.09.2019 < https://docs.google.com/document/d/e/2PACX-1vT-gvNIghRGUJySPC3qwVF-xwusPXu3Qnvhs077Gxsz21u1A3pZoa-ch6L6cVO-wC319WYwtOLs2AkAmx/pub >

GARCÍA CUETO, E., "Una aproximación al Reglamento 650/2012 (I): la professio iuris", *La Notaría,* 2/2014, pp. 104-116.

GARCÍA CUETO, E., "Algunos apuntes sobre la Propuesta de Reglamento Europeo de Sucesiones y el Certificado Sucesorio Europeo"; en *La Notaria,* 4/2011-1/2012, pp. 127-138

GARRIDO MELERO, M., *El testamento y su interpretación;* Ed. Tirant lo Blanch, Valencia, 2021.

GIMÉNEZ-CANDELA, T., *Derecho Privado Romano,* Ed. Tirant lo Blanch, Valencia 2020, 2ª ed..

GIMENO GÓMEZ LAFUENTE, J.L.; "El Certificado Sucesorio Europeo", en *Revista Crítica de Derecho Inmobiliario,* Enero-Febrero 2014, Núm. 741, pp. 113-151.

GINEBRA MOLINS, M. E. y TARABAL BOSCH, J., *El Reglamento (UE) 650/2012: Su impacto en las sucesiones transfronterizas;* ed. Marcial Pons, Madrid 2016.

GINEBRA MOLINS, M. E., "Sucesiones transfronterizas y Estados plurilegislativos"; en GINEBRA MOLINS, M. E. y TARABAL BOSCH, J., *El Reglamento (UE) 650/2012: Su impacto en las sucesiones transfronterizas*; Ed. Marcial Pons-Colegio Notarial de Cataluña, Madrid 2016, pp. 237-262.

GOMÁ LANZÓN, I., "¿Tienen sentido las legítimas en el siglo XXI?", en *Hay Derecho,* < https://hayderecho.expansion.com/2017/05/01/tienen-sentido-las-legitimas-en-el-siglo-xxi/ > visto el 2.03.2019.

GÓMEZ TABOADA, J., "El Certificado Sucesorio Europeo. Breve aproximación"; en GINEBRA MOLINS, M. E. y TARABAL BOSCH, J., *El Reglamento (UE) 650/2012: Su impacto en las sucesiones transfronterizas;* ed. Marcial Pons, Madrid 2016, pp. 285-298.

GONZÁLEZ BEILFUSS, C.., "El ámbito de aplicación del Reglamento de sucesiones"; en GINEBRA MOLINS, M. E. y TARABAL BOSCH, J., *El Reglamento (UE) 650/2012: Su impacto en las sucesiones transfronterizas;* ed. Marcial Pons, Madrid 2016, pp. 55-77.

GONZÁLEZ PORRAS, J.M., *Manual de sucesión intestada,* Ed. Tirant lo Blanch, Valencia 2011.

HEREDIA CERVANTES, I., "El nuevo reglamento europeo sobre sucesiones", en Diario la Ley, nº 7933, 28 septiembre 2012

HEREDIA CERVANTES, I.; "*Lex successionis* y *lex rei sitae* en el Reglamento de Sucesiones"; en *Anuario Español de Derecho Internacional Privado,* t. XI, 2011, pp. 415-445.

HERTEL, C.; "European Certificate of Succession –content, issue and effects"; en ERA Forum (2014), pp. 393-407; DOI 10.1007/S12027-014-0355-y.

HIJAS CID, EDUARDO; "La *professio iuris* en las sucesiones y matrimonios con elementos transfronterizos"; en *El Notario del siglo XXI,* septiembre-octubre 2016; pp. 22-25.*

IGLESIAS BUHIGUES, J.L. y PALAO MORENO, G., *Sucesiones internacionales. Comentarios al Reglamento (UE) 650/2012,* ed. Tirant lo Blanch, Valencia 2015.

IGLESIAS BUHIGUES, J.L. y PALAO MORENO, G., *Régimen económico matrimonial y efectos patrimoniales de las uniones registradas en la Unión Europea,* ed. Tirant lo Blanch, Valencia 2018.

IGLESIAS BUHIGUES, J.L., "Desarrollo del Espacio Europeo de Justicia: Hacia el nuevo D.I. Privado de sucesiones en la UE", en Cursos de derecho internacional y relaciones internacionales de Vitoria-Gasteiz, 1-2008, pp. 337-364.

IGLESIAS BUHIGUES, J.L., ESPLUGUES MOTA, C. y PALAO MORENO, G. Dir., *Derecho Internacional Privado,* 9ª Ed. Tirant lo Blanch, Valencia 2015.

IGLESIAS VAZQUEZ, M.A.; "A propósito de la Resolución de la DGRN de 15 de junio de 2016 y el Reglamento Sucesorio Europeo"; en *El Notario del siglo XXI,* septiembre-octubre 2016.

IRIARTE ÁNGEL, F.B., "Las sucesiones de los extranjeros con intereses en España: resolución de la DGRN 1 de julio de 2015", en *Millennium Dipr,* visto en internet 27.10.2018 < http://www.millenniumdipr.com/n-151-las-sucesiones-de-los-extranjeros-con-intereses-en-espana-resolucion-de-la-dgrn-1-de-julio-de-2015 >

IRIARTE ÁNGEL, F. B., "Las sucesiones de los extranjeros en España y su tratamiento en la doctrina más reciente de la DGRN: Una mirada crítica", en *Revista Crítica de Derecho Inmobiliario,* nº 754, pp. 986-999.

IRIARTE ÁNGEL, J.L. "Reenvío y sucesiones en la práctica española", en *Perspectivas del derecho sucesorio en Europa: congreso organizado por la Universitat d'Andorra y el Departamento de Derecho y Economía Internacionales de la Universidad de Barcelona, Sant Julià de Lòria (Principado de Andorra), 29 y 30 de noviembre de 2007*, coord. VIÑAS FARRÉ, R. y GARRIGA SUAU, G. 2009, pp. 111-136.

JIMÉNEZ BLANCO, P., "El concepto de "órgano jurisdiccional" en los Reglamentos europeos de Derecho internacional privado"; en *Anuario español de Derecho internacional privado,* t. XIX-XX, 2019-2020, pp. 121-162.

JIMÉNEZ GALLEGO, C., *El Reglamento Sucesorio Europeo. Un comentario notarial,* ed. Consejo General del Notariado, Madrid 2106.

KHAIRALLAH, G. Y REVILLARD, M., «Droit Européen des Successions Internationales. Le Réglement du 4 Julliet 2012», *Defrénois,* Lextenso éditions, Paris 2013.

GIMENO SENDRA, V., *et al.; Derecho Procesal Civil Parte especial;* ed. Tirant lo Blanch, Valencia 2020.

GUZMÁN ZAPATER, M. (Dir.) , *Lecciones de Derecho Internacional Privado;* ed. Tirant lo Blanch, Valencia 2019.

LAFUENTE SÁNCHEZ, R.; *"Hacia un sistema unitario europeo en materia de Ley aplicable a las Sucesiones Internacionales";* en Cuadernos de Derecho Transnacional (Octubre 2013), vol. 5, nº 2, pp. 350-370.

LAGARDE, P., «Le certificate successoral européen dans l'ordre juridique français», *Contrato e Impresa/Europa 2-2015,* ed. Wolters Kluwer, Milán 2015, pp. 405-423.

LARA AGUADO, Á. (Dir.), *Sucesión mortis causa de extranjeros y españoles tras el Reglamento (UE) 650/2012: Problemas procesales, notariales, registrales y fiscales;* Ed. Tirant lo Blanch, España 2020.

LARA AGUADO, Á., "Claves del Reglamento (UE) 650/2012 a la luz de la jurisprudencia del TJUE: de la especialización a la (in)coherencia a través del mito del principio de unidad y las calificaciones autónomas unívocas", en *Revista Electrónica de Estudios Internacionales (REEI),* nº 39, junio 2020.

LARA AGUADO, Á.; "Impacto del Reglamento 650/2012 sobre sucesiones en las relaciones extracomunitarias vinculadas a España y Marruecos"; en *Revista electrónica de estudios internacionales;* nº 28, diciembre 2014; disponible en www.reei.org

LLEDO YAGÜE, F. Y VICANDI MARTÍNEZ, A., "Il certificato successorio europeo e la sua applicazione in Spagna: L'ordinamento giuridico spagnolo è pronto?", *Contrato e Impresa/Europa 2-2015*, ed. Wolters Kluwer, Milán 2015, pp. 449-465.

LÓPEZ CASTILLO, A. (Dir.), *Instituciones y Derecho de la Unión Europea (vol. I). Instituciones de la Unión Europea,* ed. Tirant lo Blanch, Valencia 2022, 4ª ed..

LÓPEZ FERNÁNDEZ, J.; "El certificado de Heredero: Acceso al Registro de la Propiedad", en *Revista Jurídica de la Región de Murcia,* nº 50, Murcia 2016, pp. 138-154.

MAIDA, F., *Il certificato successorio europeo;* Tesi di Dottorato; relatore: Chiar. ma Prof.ssa Marisa Meli, Università degli studi di Catania, 2012-2013, disponible en < http://archivia.unict.it/bitstream/10761/1360/1/MDAFRC83E18I754X-Federico%20Maida%20-%20Il%20certificato%20successorio%20europeo%20-%20Tesi%20di%20dottorato.pdf > visto 01.08.2017.

MAGARIÑOS BLANCO, V. "La subsistencia de la legítima. Un caso de pereza legislativa", en *Hay Derecho < https://hayderecho.expansion.com/2017/02/08/la-subsistencia-de-la-legitima-un-caso-de-pereza-legislativa/* > visto el 2.03.2019.

MARCOZ, C. A., "Il Regolamento (UE) 650/2012: la determinazione della "residenza" e altri problemi", en *Eredita internazionali: Italiani con beni all´estero e stranieri con beni in Italia;* Consiglio Notarile di Milano, Milan 2014, disponible 8.06.2017 en < http://www.consiglionotarilemilano.it/media/22992/cn%20milano%2028.11.2014.pdf>

MARCOZ, C. A., "The European Certificate of Succession", en VV. AA. STEFANIA BARIATTI, S. *(Coord.) et al., Towards the entry into forcé of the succession regulation: Building future uniformity upon part divergencies. JUST/2013/JCIV/AG/4666. FINAL STUDY;* Università degli Studi di Milano; Milán 2016.

MARTORELL GARCÍA, V., "¿Aportación del certificado de últimas voluntades extranjero? Una solución notarial", en *El Notario del siglo XXI,* Ed. Colegio Notarial de Madrid, julio-agosto 2016, pp. *158-161.*

MARÍN LÓPEZ, J. J., "Polonia 'invade' Alemania: la sentencia Kubicka, primera interpretación del Reglamento Europeo de Sucesiones por el Tribunal de Justicia de la Unión Europea", en *El Notario del Siglo XXI,* nº 76, noviembre-diciembre 2017, Ed. Colegio Notarial de Madrid, visto en < http://www.elnotario.es/index.php/hemeroteca/revista-76/practica-juridica/8197-polonia-invade-alemania-la-sentencia-kubicka-primera-interpretacion-del-reglamento-europeo-de-sucesiones-por-el-tribunal-de-justicia-de-la-union-europea > 30.01.2019

MARIÑO PARDO, F. M., "De nuevo sobre la actuación notarial en el marco del Reglamento europeo de sucesiones. Sentencia del Tribunal de Justicia, de 16 de julio de 2020, C-80/19: E E. () y loi applicable aux successions", *La Ley Unión Europea,* nº 85, octubre 2020, Wolters Kluwer (consultada edición digital).

MARIÑO PARDO, F.M., "Doctrina y algunas consecuencias sobre las actuaciones de los notarios españoles en el marco del Reglamento 650/2012 a partir de la STJUE de 23 de mayo de 2019", *La Ley Unión Europea,* nº 74, octubre 2019, Wolters Kluwer (consultada edición digital).

MARTORELL GARCÍA, V., "¿Aportación del certificado de últimas voluntades extranjero? Una solución notarial", en *El Notario del siglo XXI,* Madrid, julio-agosto 2016, pp. *158-161.*

MEUCCI, S., "Apparenza e presunzione della qualità di erede nel Certificato Successorio Europeo", en *Persona e Mercato,* 3-2016, PP. 103-115; disponible 7.06.2017 en < http://www.personaemercato.it/2017/02/apparenza-e-presunzione-della-qualita-di-erede-nel-certificato-successorio-europeo-di-serena-meucci/>

MORENO SÁNCHEZ-MORALEDA, A.; "El certificado Sucesorio Europeo en El Reglamento (UE) num. 650/2012", en DIEZ-PICAZO, L. (cs.), *Estudios Jurídicos en homenaje al Profesor José María Miquel,* Ed. Aranzadi, Cizur Menor (Navarra), 2014, pp. 2045-2088.

MURGA FERNÁNDEZ, J. P., *Los sistemas europeos de liquidación de deudas sucesorias,* Ed. Aranzadi, Cizur Menor 2020.

NOURISSAT, C; "Le futur droit des successions internationales de l´Union européene", *Defrenois* 28.02.2010, Nº 4, PP. 394-418.

OÑATE CUADRADOS, F. J., "¿Sueñan los extranjeros con el derecho foral?", en *Bitácora Millennium DIPr,* N.º 16, Zaragoza, 2022, visto en internet 19.12.2022 < https://www.millenniumdipr.com/ba-105-suenan-los-extranjeros-con-el-derecho-foral >.

ORTIZ DE LA TORRE, J. A., "El Reglamento Europeo sobre sucesiones y testamentos: Breves reflexiones (y algunas digresiones) desde una perspectiva española"; en *Revista Jurídica de Asturias*; nº 37, 2014, pp. 97-127

PALOMAR OLMEDA, A., *Procedimiento administrativo;* ed. Aranzadi, Cizur Menor 2017.

PATTI, S., "Il certificato successorio europeo nell'ordinamento italiano", en *Rivista Familia,* Ed. Pacini Giuridica, Pisa 2016; disponible en <http://www.rivistafamilia.it/wp-content/uploads/2016/07/2 Patti.pdf> visto 27.02.2017.

PAZ LAMELA, R. S.; "El Certificado Sucesorio Europeo como mecanismo de gestión internacional de patrimonios hereditarios"; en *Anuario Europeo de Derecho Internacional Privado, t. IX. 2009,* pp. 715-732.

PÉREZ VELÁZQUEZ, J.P. y PIZARRO MORENO, E., *Derecho de Sucesiones,* Ed. Tirant lo Blanch, Valencia 2015.

POPESCU, D. A., *Guide de droit international privé des successions,* ed. Magic Print 2014.

PRATS ALBENTOSA, L.; "El Derecho civil de sucesiones de la Unión Europea: El Reglamento (UE) 650/2012"; Diario La Ley, nº 8635; Wolters Kluwer; Ed. La Ley.

QUINZÁ REDONDO, P. y CHRISTANDL, G, "Ordenamientos plurilegislativos en el Reglamento (UE) de Sucesiones con especial referencia al ordenamiento jurídico español"; *Indret,* 2013-3, julio 2013, pp. 1-27, www.indret.com .

RECHBERGER, W. "Das Europäische Nachlasszeugnis und seine Wirkungen", en *ÖJZ,* 2012/1.

REINHARTZ, B., en BERGQUIST, U. *et al., EU Regulation on Succession and Wills;* ed. Otto Schimidt, Colonia 2015.

RENTERÍA AROCENA, A, "El reconocimiento de decisiones extranjeras y las sucesiones "mortis causa". El Certificado Sucesorio Europeo", en *Academia Vasca de Derecho, Boletín JADO.* Año XII, nº 25. Diciembre 2013, pp. 7-112.

REQUEJO ISIDRO, M.; "El certificado sucesorio (o de herdero) europeo: propuestas de regulación", en *Diario La Ley,* nº 7185, 29 de mayo de 2009; ed. LA LEY.

REQUEJO ISIDRO, M.; "El tiempo en el Reglamento 650/2012. Ilustraciones de la práctica española"; en *Revista Española de Derecho internacional,* vol. 70/2. Julio-diciembre 2018. Madrid. pp. 127-154.

REQUEJO ISIDRO, M., "El artículo 3, apartado 2, del Reglamento nº 650/2012: Autoridades no judiciales y otros profesionales del Derecho"; en *Revista electrónica de estudios internacionales,* nº 39, junio 2020.

REQUEIXO SOUTO, M.; "El nuevo art. 14, ap. 1º, de la Ley Hipotecaria tras las reformas de 2015"; en *Revista de Derecho Civil,* vol. III, num. 2 (abril-junio, 2016), pp. 107-125; disponible en < http://nreg.es/ojs/index.php/RDC >

REVILLARD, M., "L'Introduction d'un Certificat International d'Héritier et la Pratique du Droit International Privé des Successions ", en DNoiT, *Les Successions Internationales dans l'UE Perspectives pour une Harmonisation,* pp. 519-534, Würzburg 2004, disponible 07.06.2017 en < http://www.successions.org> .

RIPOLL SOLER, A., «La reserva vidual en Derecho Internacional Privado. A propósito de la RDGRN de 13 de agosto de 2014», *La Notaría,* 3-2015, pp. 72-79.

RIPOLL SOLER, A., "Hacia un nuevo modelo de planificación sucesoria notarial: *La professio iuris*", *Revista de Derecho Civil,* vol. III, núm. 2 (abril-junio, 2016) Estudios, pp. 23-64, disponible 30/05/2018 en < http://nreg.es/ojs/index.php/RDC >, con Fe de erratas, vol. IV, núm. 2 (2019), pp. 283-292, disponible 22/01/2020 en < https://www.nreg.es/ojs/index.php/RDC/article/view/433 >

RIPOLL SOLER, A., "Los testadores no quieren la legítima castellana", en *El Blog del Notario* < https://pildoraslegales.com/2017/02/10/los-testadores-no-quieren-la-legitima-castellana/ > visto el 2.03.2019.

RIPOLL SOLER, A., "La UE como factor de facilitación de la actividad del operador jurídico?", en ESPLUGUES MOTA, C. DIAGO DIAGO., P. *et al., 50 ños de derecho privado de la Unión Europea en el diván,* ed. Tirant lo Blanch, Valencia 2019, pp. 153-173.

RIPOLL SOLER, A., "Comentario a los artículos 23, 24 y 25", en IGLESIAS BUIGUES, J.L. y PALAO MORENO, G., *Régimen económico matrimonial y efectos patrimoniales de las uniones registradas en la Unión Europea,* ed. Tirant lo Blanch, Valencia 2018.

RIVA, I., *Certificato successorio europeo. Tutele e vicende acquisitive;* Edizione Scientifiche Italiane, Napoles 2017.

RIVAS ANDRÉS, RAFAEL; "El testamento notarial inglés no se puede utilizar en España sin adveración judicial (Un elogio al arte de la copia)"; en *Revista Jur.dica del Notariado;* Ed. Consejo General del Notariado, Madrid 1016, nº 99, julio-septiembre 2016, pp. 333-365.

RIVAS MARTINEZ, J.J., *Derecho de sucesiones común. Estudios sistemático y jurisprudencial;* Ed. Tirant lo Blanch, Valencia 2020.

ROBLES PEREA, M. A., *Las inversiones inmobiliarias en España de extranjeros y no residentes,* Ed. Wolters Kluwer, Madrid 2020.

ROCA-SASTRE MUNCUNILL, L.; *Derecho de Sucesiones;* Ed. Bosch, Barcelona 1995.

ROCA SASTRE R. M. y ROCA-SASTRE MUNCUNILL L. en *Derecho Hipotecario,* 8ª ed. Ed. Bosch, Barcelona 1997.

RODRÍGUEZ BENOT, A., "La acreditación de la cualidad de administrador de una herencia internacional: El certificado europeo de heredero", en VIÑAS, R. *et* GARRIGA G. (Coords.), *Perspectivas del Derecho sucesorio en Europa;* Ed. Marcial Pons, Madrid 2009, pp. 175-218.

RODRÍGUEZ BENOT, A., *"Los efectos patrimoniales de los matrimonios y de las uniones registradas en la Unión Europea";* en *Cuadernos de Derecho Transnacional,* (Marzo 2019), Vol. 11, No 1, pp. 8-50.

RODRÍGUEZ MATEOS, P., "La sucesión por causa de muerte en el Derecho de la Unión Europea", en *Revista Electrónica de Estudios Internacionales,* junio-2014, disponible 12.06.2017 < http://www.reei.org/index.php/revista/num27/articulos/sucesion-causa-muerte-derecho-union-europea>

RODRÍGUEZ SÁNCHEZ, J. S, "Una introducción al Reglamento de Sucesiones de la UE -desde la perspectiva de los derechos reales sobre bienes inmuebles y el Registro de la Propiedad en España-", en *Cuadernos de Derecho Registral, Editorial Colegio de Registradores de la Propiedad y Mercantiles de España,* Madrid, 2013.

RODRÍGUEZ-URÍA SUÁREZ, I., "La ley aplicable a las sucesiones *mortis causa* en el Reglamento (UE) 650/2012", *Indret* 2/2013.

RODRÍGUEZ-URÍA SUÁREZ, I., *La ley aplicable a los pactos sucesorios,* Servizo de Publicacions da Universidade de Santiago de Compostela, Santiago de Compostela 2014.

ROSOUX, H.; "Arrêt sur le régime transitoire du Règlement successions", en *Revue de planification patrimoniale belge et internationale;* 2014/2, pp. 157-166.

RUEDA VALDIVIA, R., "Competencia internacional del notario español para la tramitación de expedientes sucesorios nacionales en sucesiones de dimensión transfronteriza: Un análisis a la luz de la jurisprudencia del TJUE"; en LARA AGUADO, Á. (Dir.), *Sucesión mortis causa de extranjeros y españoles tras el Reglamento (UE) 650/2012: Problemas procesales, notariales, registrales y fiscales;* Ed. Tirant lo Blanch, España 2020, pp. 89-152.

SÁNCHEZ CALERO, F.J. (coord..), *Curso de Derecho Civil IV. Derecho de Familia y* Sucesiones; Ed. Tirant lo Blanch, 8ª ed.; Valencia 2017, pp. 394 y ss..

SÁNCHEZ HERNÁNDEZ, A., *El usufructo universal vidual y el artículo 820.3 del CC;* Ed. Aranzadi, Cizur Menor 2020.

TAMAYO CLARES, M., *Temas de Derecho notarial;* Ed. Ilustre Colegio Notarial de Granada (Publicaciones de la Academia Granadina del Notariado), 4ª ed., Granada 1998.

TEN WOLDE, M. H., "European Certificate of Inheritance", en BAJONS, E. M. , REVILLARD, M., DAVI, BOUCKAERT F. (Coord.), *Conflict of Law of Succession in the European Union,* (pp. 503–518); Deutsches Notarinstitut; Bruselas (2004).

TENA ARREGUI, R., "Algunas cuestiones prácticas sobre la Jurisprudencia del Tribunal de Justicia de la Unión Europea en Relación al Reglamento de Sucesiones"; en *El Notario del Siglo XXI,* nº 80, julio-agosto 2018, Ed. Colegio Notarial de Madrid, pp. 160-163.

TOMÁS ORTIZ DE LA TORRE, J.A., "El Reglamento Europeo sobre sucesiones y testamentos: Breves reflexiones (y algunas digresiones) desde una perspectiva española"; en Revista Jurídica de Asturias; nº 37, 2014, pp. 97-127

VALLE MUÑOZ, J. L., "El Certificado Sucesorio Europeo y sus consecuencias registrales"; en GINEBRA MOLINS, M. E. y TARABAL BOSCH, J., *El Reglamento (UE) 650/2012: Su impacto en las sucesiones transfronterizas;* ed. Marcial Pons, Madrid 2016, pp. 299-326.

VALVERDE MARTÍNEZ, S.; "La unificación del Derecho sucesorio europeo"; en *La Notaria,* 3-2012, Colegio Notarial de Cataluña; Barcelona 2012.

VOLTERRA, E., *Instituciones de Derecho Privado Romano,* traducción de DAZA MARTÍNEZ, J., Ed. Civitas, 1ª edición 1986, reimpresión 1988.

VIÑAS, R. *et* GARRIGA G. (Coords.), *Perspectivas del Derecho sucesorio en Europa;* Ed. Marcial Pons, Madrid 2009.

VV. AA., *Nueva legislación notarial comentada,* Ed. Colegio Notarial de Madrid, Madrid 2007.

WATERS, D.W.M., *Explanatory Report sixteenth session,* La Haya 1988. WAUTELET, P. y GOOSSENS, E., «Le certificate successoral européen. Perspective Belgue», *Contrato e Impresa/Europa 2-2015,* ed. Wolters Kluwer, Milán 2015, pp. 434-448.

WILKE, F.M., "Das international Esbrecht nach der neuen EU-Erbrecthsverordnung", *Recht der internationalen Wirtschaft,* 2012, num 9, pp. 601-609.

WYSOCKA, A., "How can e valid profession iuris be mader under the UE Succession Regulation?", *Nederlands international privaatrechet,* 2012, pp. 569-575.

YBARRA BORES, A., "La sucesión *mortis causa* de ciudadanos ingleses residentes en España: Problemas y nuevas perspectivas", *Cuadernos de Derecho Transnacional* (Marzo 2015), Vol. 7, No 1, pp. 226-254.

YBARRA BORES, A.; "La sucesión de ciudadanos británicos en España tras la aplicación del Reglamento 650/2012"; en *Cuadernos de Derecho Transnacional,* Marzo 2018, vol.1, nº 1, pp. 466-488.

ZABALO ESCUDERO, M. E. "Conflictos de leyes internos e internacionales: conexiones y divergencias", *Bitácora Millennium DIPr,* nº 3-2015; en http://www.millenniumdipr.com/archivos/1459759995.pdf.

ZANOBETTI, A.,"Il certificato successorio europeo"; en DAVI, A. y ZANOBETTI, A., *Il nuovo diritto internazionle privato europeo delle successioni,* Ed. G. Giappichelli Editore, Torino 2014, pp. 231-248.